Doris Dialer | Andreas Maurer | Margarethe Richter

Handbuch zum Europäischen Parlament

 **Nomos**

Die Deutsche Nationalbibliothek verzeichnet diese Publikation in
der Deutschen Nationalbibliografie; detaillierte bibliografische
Daten sind im Internet über http://dnb.d-nb.de abrufbar.

ISBN 978-3-8329-6474-0 (Print)
ISBN 978-3-8452-6481-3 (ePDF)

1. Auflage 2015

Inhaltsverzeichnis

POLITISCHE AKTEURE, AUFBAU UND DYNAMIKEN

DIE POLITISCHE MACHT DES EUROPÄISCHEN PARLAMENTS

Abbildungsverzeichnis

Tabellenverzeichnis

Vorwort des Parlamentspräsidenten

Mitreißende Reden, kontroverse Debatten, aufsehenerregende Interviews, Begegnungen mit den Großen und Mächtigen der Welt — so wird der parlamentarische Alltag gerne vermittelt. Der Großteil der Arbeit findet aber hinter den Kulissen, fernab der großen Öffentlichkeit statt: in den Ausschüssen, Delegationen und Fraktionen.

Das Europäische Parlament ist einzigartig. Wie kein zweites Parlament vereint es Nationen, politische Familien, Kulturen und Sprachen. In seiner Zusammensetzung und in seiner Arbeitsweise werden der Reichtum und die Vielfalt des europäischen Kontinents sichtbar. Dieses Handbuch wird dem in bemerkenswerter Weise gerecht. Den Autoren gelingt es, das gesamte Spektrum der einzigen demokratisch legitimierten Institution der EU abzudecken. Dies ist umso bemerkenswerter, da es sich um das erste deutschsprachige Werk dieser Art handelt.

Als Präsident des Europäischen Parlaments und gelernter Buchhändler ist es mir ein besonderes Anliegen, dass zur Arbeits- und Funktionsweise des Europäischen Parlamentes publiziert wird. Dazu gehört auch die wissenschaftliche Aufbereitung. Das vorliegende Handbuch leistet nicht nur einen wertvollen Beitrag zur Europaforschung im deutschsprachigen Raum, es trägt nicht zuletzt auch zur Information der europäischen Zivilgesellschaft bei.

Europa ist eine faszinierende Idee — eine Idee, die als Antwort der zweiten Hälfte des 20. Jahrhunderts auf die erste Hälfte des 20. Jahrhunderts entstanden ist. Und es ist eine beispiellose Erfolgsgeschichte, denn was seitdem geschaffen wurde, ist eine der größten zivilisatorischen Errungenschaften, die unser Kontinent je gesehen hat. Gleichwohl wird heftige Kritik an Europa geübt, ja wird das Projekt der europäischen Integration grundsätzlich in Frage gestellt. Eines muss uns klar sein: Unumkehrbar ist weder die europäische Integration noch der durch sie geschaffene Frieden und Wohlstand. Der Satz „Europa ist ohne Alternative" ist falsch. Alles im Leben hat eine Alternative, auch Europa. Die Alternative wäre Renationalisierung, weniger Zusammenarbeit, weniger Wohlstand, weniger Sicherheit. Deswegen müssen wir all jenen, die propagieren jetzt sei die große Stunde der Nationalstaaten gekommen, entgegenhalten, dass ihre Alternative verheerend wäre für die Menschen in Europa, dass wir in einer sich immer weiter und immer schneller globalisierenden Welt nur gemeinsam erfolgreich sein können. Wenn wir uns auseinander dividieren lassen, dann droht Europa die weltpolitische Bedeutungslosigkeit, dann drohen wir zum Spielball anderer Mächte zu werden, die unsere Werte nicht teilen.

Wer unser Europa mitgestalten will, muss das Europäische Parlament als Vertreter seiner Interessen verstehen. Es ist der Ort, an dem die Interessen der Menschen, die Interessen der europäischen Völker vertreten werden. Wissen über das Parlament erzeugt Interesse – und Wissen und Interesse sind unerlässliche Voraussetzungen für politische Akzeptanz. Für alle, die das Innenleben des Europäischen Parlaments in seiner Komplexität begreifen wollen, ist dieses Buch Pflichtlektüre.

Martin Schulz – Präsident des Europäischen Parlaments

Vorwort des Generalsekretärs

Im institutionellen Gefüge der EU nimmt das Europäische Parlament eine Sonderstellung ein. Die Direktwahl seiner Mitglieder, seine Zusammensetzung als mehrsprachiges, multikulturelles Organ sowie seine spezifischen Verhandlungs- und Entscheidungsstrukturen prägen die gängige Institutionenanalyse. Gleichzeitig hat sich das Europäische Parlament in den letzten Jahrzehnten in mannigfaltiger Weise weiterentwickelt. Zusätzlich zur Stärkung der legislativen Rolle hin zum zweiten, gleichberechtigten Arm der europäischen Gesetzgebung auf Augenhöhe mit dem Rat nimmt das Europäische Parlament aktiv Einfluss auf den gesamten Kreislauf europäischer Politikgestaltung und Rechtsetzung: Beginnend vom Agendasetting und einem breit angelegten Konsultationsprozess über die Gesetzgebungsphase selbst bis hin zu einer viel stärker angelegten Rolle in der Kontrolle der Umsetzung und Anwendung beschlossenen Rechts definiert und positioniert sich das Parlament als zentraler Akteur auf der europäischen Bühne. In diesem Zusammenhang sei auch auf die entscheidende Rolle hingewiesen, die das Europäische Parlament 2014 bei der Bestellung der Europäischen Kommission und der (Aus-)Wahl des Kommissionspräsidenten eingenommen hatte: Eine neue EU-Kommission kommt nur mehr über das Parlament ins Amt!

Als Generalsekretär des Europäischen Parlaments richtet sich mein Fokus natürlich in erster Linie auf das Innenleben dieses Organs und darauf, den Mitgliedern alle notwendigen Rahmenbedingungen zur Verfügung zu stellen, die zur Erfüllung dieses wie beschrieben immer breiter werdenden Mandats notwendig sind. Das vorliegende Handbuch liefert einen sehr praxisnahen Blick hinter die Kulissen und trägt damit zum besseren Verständnis einer europäischen Institution bei, ohne die europäische Politik und Gesetzgebung heute nicht mehr machbar ist.

Neben der gängigen Funktionenanalyse werden die Spezifika des Europäischen Parlaments herausgearbeitet. Der bislang spärlich erforschten außenpolitischen Rolle sowie der interparlamentarischen Zusammenarbeit, die ebenfalls mit dem Vertrag von Lissabon aufgewertet wurde, werden zwei eigene Kapitel gewidmet. Wissenschaftlich fundiert wird auch das Plenum beschrieben. Schließlich fungiert es für die sozialwissenschaftliche Integrationsforschung als wesentliche Quelle über das Abstimmungsverhalten der nunmehr 751 Abgeordneten.

Das Autorenteam stellt die berechtige Frage nach dem politischen Einfluss von Abgeordneten, Fraktionen, Ausschüssen und anderen Teilsystemen der Volksvertretung. Dazu wird einerseits der institutionelle und prozedurale Charakter des Europäischen Parlaments sichtbar gemacht, andererseits erhält die Leserschaft einen Einblick in die Binnenstruktur des Organs, die ebenso detailliert wie spannend beschrieben wird. Damit wird ein wichtiger Beitrag zur politikwissenschaftlichen Aufarbeitung der Charakteristika, Arbeitsweisen und Besonderheiten der Beamten und Angestellten der Parlamentsverwaltung geleistet.

Klaus Welle – Generalsekretär des Europäischen Parlaments

Vorwort der Herausgeber

Spätestens seit der Direktwahl 1979 haben sich das Europäische Parlament, seine Abgeordneten, Fraktionen und Fachgremien unter einer Vielzahl von Aspekten zu einem eigenständigen Untersuchungsobjekt der drei integrationswissenschaftlichen Hauptdisziplinen entwickelt. Aus Sicht vieler Beobachter des europäischen Mehrebenensystems ist das Parlament langsam, aber stetig in die Rolle eines zentralen Akteurs gewachsen. Im Institutionengefüge der Europäischen Union stellt es die einzige unmittelbar legitimierte Einrichtung dar, die in ihrer Entwicklung in besonderer Weise die Dynamik des Europäischen Integrationsprozesses veranschaulicht. Als Forum oder Arena der politischen Fraktionen fungiert das Parlament als Scharnier der Aggregation gesellschaftlicher Interessen, Ideen, Wünsche, Ängste und Handlungsstrategien. Im interinstitutionellen Gefüge der EU-Organe operiert das Parlament dagegen eher als weitgehend geschlossener Akteur, um seine Funktionsprofile abzusichern und auszubauen. Wir haben für dieses Buch einen Ansatz gewählt, der die Funktionen des Europäischen Parlaments innerhalb eines dynamischen, vielschichtigen und eher poly- denn hierarchischen Gesamtsystems erfasst. Wir vergleichen dabei die erheblichen Veränderungen in den geschriebenen Vertragstexten (der *„legal constitution"*) mit der Nutzung in der gelebten Vertragspraxis (der *„living constitution"*).

Mit dieser institutionen-, akteurs- und verfahrenszentrierten Analyse verbinden wir den Anspruch, Bilder, Annahmen und Klischees über das Europäische Parlament auf der Grundlage seiner realen Entwicklung und Funktionsprofile zu diskutieren, um dieses einzigartige Gebilde aggregierter Willensbildung vor dem Hintergrund seiner eigenen Legitimations- und Leistungsansprüche zu analysieren.

Wesentliche Elemente unserer Untersuchung haben wir aus einer Vielzahl von Workshops, Gesprächen und Diskussionen mit Europaabgeordneten, Beamten des Generalsekretariats des Parlaments und Mitarbeitern seiner Fraktionen, sowie in Interviews mit anderen Akteuren der nationalen Parlamente, Regierungen und Verwaltungen sowie der Europäischen Kommission und des Generalsekretariats des Rates gewonnen. Ihnen allen möchten wir für die vielfältigen Hilfestellungen, Anregungen und Kommentare zu Ideen und Entwürfen unseres Handbuchs danken.

Ein besonderer Dank gilt schließlich Isabella Kieber für die redaktionelle Koordination der Manuskriptfassungen und das Lektorat der Studie im Rahmen des von der Europäischen Kommission geförderten Projekts „Mehrebenendemokratie und interparlamentarische Zusammenarbeit: Auf dem Weg zu einem ebenenübergreifenden Parlamentarismus" (MILDIPA) am Jean Monnet Chair der Universität Innsbruck.

im Februar 2015

Brüssel	Innsbruck	Straßburg,
Doris Dialer	Andreas Maurer	Margarethe Richter

Abkürzungsverzeichnis

ABl.	Amtsblatt der Europäischen Gemeinschaft
ACTA	Anti-Counterfeiting Trade Agreement/Antipiraterieabkommen
AD	Verwaltungsräte (AD-Beamte)
AdR	Ausschuss der Regionen
AECR	Allianz der Europäischen Konservativen und Reformisten
AEMN	Europäische Allianz der Nationalen Bewegungen
AEUV	Vertrag über die Arbeitsweise der Europäischen Union
AFCO	Commission des Affaires Constitutionnelles/Ausschuss für Konstitutionelle Fragen
AfD	Alternative für Deutschland
AFET	Commission des Affaires Étrangères/Ausschuss für Auswärtige Angelegenheiten
AGRI	Commission d'Agriculture et Développement Rural Ausschuss für Landwirtschaft und ländliche Entwicklung
AKP	Afrikanische, Karibische und Pazifische Staaten
ALDE	Allianz der Liberalen und Demokraten für Europa
APA	Akkreditierte Parlamentarische Assistent/en
Art.	Artikel
AST	Beamte der Funktionsgruppe Assistenz
AStV	Ausschuss der Ständigen Vertreter (der mitgliedstaatlichen Regierungen) bei der EU
AT	Österreich
BE	Belgien
BG	Bulgarien
BSE	Bovine Spongiforme Enzephalopathie
BSP	Bruttosozialprodukt
BUDG	Commission des Budgets/Haushaltsausschuss
Bull. EG/EU	Bulletin der EG/EU
BverfG/BVerfGE	Bundesverfassungsgericht/Entscheidungen des Bundesverfassungsgerichts
CARDOC	Archiv- und Dokumentationszentrum des EP
CDU	Christlich Demokratische Union Deutschlands
CELEX/ EURLEX	Interinstitutionelles Fundstellenverzeichnis des Gemeinschaftsrechts
CEMAC	Central African Economic and Monetary Union
CIA	Central Intelligence Agency
CODACC	Conference of Defense Affairs Committee Chairpersons; Konferenz der Vorsitzenden der Ausschüsse für Auswärtige Angelegenheiten
COFACC	Conference of Foreign Affairs Chairpersons; Konferenz der Vorsitzenden der Verteidigungs- ausschüsse
COHOM	Ratsarbeitsgruppe für Menschenrechtsfragen
CONT	Commission du Contrôle Budgétaire/Committee on Budgetary Control Haushaltskontrollausschuss

CoP	Conference of Presidents of the European Parliament/Konferenz der Präsidenten des EP
COPEC	Beratender Ausschuss für die Chancengleichheit und Vielfalt
COREPER	Comité des Représentants Permanents; Ausschuss der Ständigen Vertreter
COSAC	Conférence des organes parlementaires spécialisées dans les affaires de l'Union des parlements de l'Union européenne Konferenz der Europaausschüsse
CRIM	Commission spéciale sur le crime organisé, la corruption et le blanchiment EP-Sonderausschuss zur Bekämpfung organisierter Kriminalität, Korruption und Geldwäsche in der EU
CRIS	Commission spéciale sur la crise financiére, économique et sociale / EP Sonderausschuss zur Bekämpfung der Finanz, Wirtschafts- und Sozialkrise
CSU	Christlich-Soziale Union in Deutschland
CULT	Commission de la Culture et de l'Éducation / Committee on Culture and Education Ausschuss für Kultur und Bildung
CY	Zypern
CZ	Tschechische Republik
DE	Deutschland
DEG	Democracy Support and Election Coordination Group
DEVE	Commission du Développement/Entwicklungsausschuss
DFR	Durchführungsrechtsakte
DG	Directorate-General
DG ITEC	Directorate-General for Innovation and Technological Support
DK	Dänemark
DR	Delegierte Rechtsakte
DRC	Democratic Republic of the Congo
DROI	Sous-Commission des Droits de l'homme / Unterausschuss für Menschenrechte
DWA	Direktwahlakt
EAD	Europäischer Auswärtiger Dienst
EAF	Europäische Allianz der Freiheit
EAG	Europäische Atomgemeinschaft (Euratom)
EaP	Eastern Partnership
EB	Eurobarometer
EBI	Europäische Bürgerinitiative
EBR	Elektronisches Bezugsregister
EC	European Community
ECG	EP Election Coordination Group
ECON	Commission des Affaires Économiques et Monétaires / Wirtschafts- und Währungsausschuss
ECOWAS	Economic Community of West African States
ECPM	European Christian Political Movement / Europäisch Christliche Politische Bewegung
ECR	European Conservatives and Reformists
ED	Europäische Demokraten

EDD	Europe of Democracies and Diversities Group
EDP	European Democratic Party/Europäische Demokratische Partei
EDSB	Europäischer Datenschutzbeauftragter
EDU	Fraktion Europa der Demokratien und Unterschiede
EE	Estland
EEA	Einheitliche Europäische Akte
EEC	European Economic Community
EEF	Europäischer Entwicklungsfonds
EFA	Europäische Freie Allianz
EFD	Fraktion Europa der Freiheit und der Demokratie
EFDD	Fraktion Europa der Freiheit und der Direkten Demokratie
EFTA	European Free Trade Association
EG	Europäische Gemeinschaft
EGKS	Europäische Gemeinschaft für Kohle und Stahl
EGKSV	Vertrag zur Gründung der Europäischen Gemeinschaft für Kohle und Stahl
EGP	Europäische Grüne Partei
EGV	Vertrag zur Gründung der Europäische Gemeinschaft
EI	Eigeninitiativberichte und -entschließungen
EIDHR	Europäischen Initiative für Demokratie und Menschenrechte
EIPAL	European Institute for Public Affairs and Lobbying
EK	Europäische Kommission
EKR	Fraktion der Europäischen Konservativen und Reformisten
EL	Europäische Linke
ELDR	Europäische Liberale, Demokratische und Reformpartei
EMPA	Euro-Mediterranian Parliamentary Assembly
EMPL	Commission d'Emploi et des Affaires Sociales / Committee on Employment and Social Affairs
	Ausschuss für Beschäftigung und soziale Angelegenheiten
EMRK	Europäische Menschenrechtskonvention
ENP	European Neighbourhood Policy / Europäische Nachbarschaftspolitik
ENVI	Commission d'Environnement, de la Santé publique et de la Sécurité alimentaire
	Committee on Environment, Public Health and Food Safety
	Ausschuss für Umweltfragen, Volksgesundheit und Lebensmittelsicherheit
EP	Europäisches Parlament
EPAA	European Parliament Assistants' Association
EPDCC	European Parliament Delegation for the Conciliation Committee
EPP	European Peoples Party
EPRS	European Parliamentary Research Service
EPSO	European Personnel Selection Office
ER	Europäischer Rat
ESP	Spanien
ESA	Eastern and Southern Africa
ESM	Europäischer Stabilitätsmechanismus
EST	Estland
ESVP	Europäische Sicherheits- und Verteidigungspolitik

ESZB	Europäisches System der Zentralbanken
EU	Europäische Union
EUD	EU-Democrats
EUEOM	EU Election Observation Mission
EuGH	Europäischer Gerichtshof
EUR	Euro
Euratom	Europäische Atomgemeinschaft
EuroLat	Parlamentarische Versammlung Europa-Lateinamerika
EuroNest	Parlamentarische Versammlung des EP und der östlichen Nachbarstaaten Aserbaidschan, Armenien, Georgien, Moldova und Ukraine.
EuroMed	Parlamentarische Versammlung für den Mittelmeerraum
EuroPol	Europäische Polizeibehörde
EU-VO	EU-Verordnung
EUV	Vertrag über die Europäische Union
EVP	Europäische Volkspartei
EVP-ED	Europäische Volkspartei - Europäische Demokraten
EWG	Europäische Wirtschaftsgemeinschaft
EWGV	Vertrag zur Gründung der Europäischen Wirtschaftsgemeinschaft
EWR	Europäischer Wirtschaftsraum
EWS	Europäisches Währungssystem
EWSA	Europäischen Wirtschafts- und Sozialausschuss
Ex-Art.	Ehemaliger Vertragsartikel
EZB	Europäische Zentralbank
EZPWD	Das Europäische Zentrum für Parlamentarische Forschung und Dokumentation
FDP	Freie Demokratische Partei
FEMM	Commission des Droits de la Femme et Égalité des Genres Committee on Women's Rights and Gender Equality Ausschuss für die Rechte der Frau und Gleichstellung der Geschlechter
FI	Finnland
FL	Fraktionslos
FMA	Former Members Association
FN	Front National
FP	Freiheitliche Partei
FPÖ	Freiheitliche Partei Österreichs
FR	Frankreich
FV	Fusionsvertrag
FW	Freie Wähler
G-6	Group of Six (DE, FR, UK, IT, ES, PL)
GASP	Gemeinsame Außen- und Sicherheitspolitik
GB	Großbritannien
GD	Generaldirektion
GD-KOMM	Generaldirektion Kommunikation
GHP	Gemeinsame Handelspolitik
GO	Geschäftsordnung
GOEP	Geschäftsordnung des Europäischen Parlaments

GPA	Gemischte Parlamentarische Ausschüsse
GR	Griechenland
GRÜNE/EFA	Fraktion Die Grünen im Europäischen Parlament / Freie Europäische Allianz
GSVP	Gemeinsame Sicherheits- und Verteidigungspolitik
GUE/NGL	Gauche Unitaire Européen / Nordic Green Left;
HA	Handelsausschuss des Rates (nach Art. 207 AEUV)
HR	Kroatien
HRDN	Human Rights and Democracy Network
HU	Ungarn
HV	Haushaltsverfahren
HVUASP	Hohe Vertreter/in der EU für die Außen- und Sicherheitspoltik
IAEO	International Atomic Energy Agency
ICM	Interparliamentary Committee Meetings / Interparlamentarische Ausschusssitzungen
ICT	Information and Communications Technologies
IdV	Italia Dei Valori - Lista Di Pietro
IEOM	International Election Observation Mission
IGH	Internationaler Gerichtshof
IIA	Interinstitutionelle Abkommen
IMCO	Commission du Marché intérieur et de la Protection des consommateurs Committee on Internal Market and Consumer Protection Ausschuss für Binnenmarkt und Verbraucherschutz
IND/DEM	Independence/Democracy Group / Fraktion Unabhängigkeit und Demokratie
INI	Initiativberichte
INTA	Commission du Commerce International / Committee on International Trade / Ausschuss für Internationalen Handel
IO	Internationale Organisation
IPEX	Interparliamentary EU Information Exchange
IRL	Irland
IT	Italien
ITRE	Commission d'Industrie, de la Recherche et de l'Énergie / Committee on Industry, Research and Energy / Industrieausschuss Ausschuss für Industrie, Forschung und Energie
JCM	Joint Committee Meetings / Gemeinsame Ausschussitzungen
JPCs	Joint Parliamentary Committees
JPM	Joint Parliamentary Meetings / Gemeinsame Parlamentarische Treffen
JTRS	Joint Transparency Register Secretariat / Gemeinsames Transparensregistersekretariat
JURI	Commission des Affaires juridiques / Committee on Legal Affairs / Rechtsausschuss
KGRP	Koordination der Grünen und radikalen Parteien in Europa
KOM	Kommission
KOOP	Kooperationsverfahren

KVEL/NGL	Konföderale Fraktion der Vereinigten Europäischen Linken / Nordische Grüne Linke
LDR	Liberal Democrats
LET	Lettland
LibDem	Liberal Democrats
LIBE	Commission des Libertés civiles, de la Justice et des Affaires intérieures / Committee on CivilLiberties, Justice and Home Affairs / Ausschuss für bürgerliche Freiheiten, Justiz und Inneres
LIT	Litauen
LT	Lettland
LUX	Luxemburg
M5S	MoVimento 5 Stelle / Fünf-Sterne-Bewegung
MdEP	Mitglied des Europäischen Parlaments
MDGs	Millennium Development Goals / Milleniums-Entwicklungsziele
MELD	Bewegung für ein Europa der Freiheit und der Demokratie; europäische Partei
	European Alliance of National Movements
MEN	Montants estimées nécessaires
MER	Movement for European Reform
MERCOSUR	Mercado Común del Sur (engl: Southern Common Market)
MEP	Member of the European Parliament
MIT	Mitentscheidungsverfahren
MoDem	Mouvement Democratique
MOE	Mittel- und osteuropäische Staaten
MS	Mitgliedstaaten
MT	Malta
NA	Non Attached (Fraktionslose)
NATO	North Atlantic Treaty Organization
NEOS	Das Neue Österreich und Liberales Forum
NGO	Non Governmental Organization
NI	Non-Inscrits (Fraktionslose im EP)
NL	Niederlande
NP	Nationale Parlamente
NPD	Nationaldemokratische Partei Deutschlands
NRO	Nicht-Regierungs-Organisation
N-VA	Nieuw-Vlaamse Alliantie / Neue flämische Allianz
NW	Nichtwähler
ODIHR	Office for Democratic Institutions and Human Rights
ÖDP	Ökologisch-Demokratische Partei
OEIC	Organisation for European Interstate Cooperation
OEIL	Observatoire Législatif
ODS	Občanská Demokratická Strana / Demokratische Bürgerpartei
OGV	Ordentliches Gesetzgebungsverfahren
OK	Obligatorische Konsultation
OMK	Offene Methode der Koordinierung
OSZE	Organisation für Sicherheit und Zusammenarbeit in Europa

ÖVP	Österreichische Volkspartei
PAP	Pan-Afrikanisches Parlament
PCI	Partito Communista Italiano
PD	Partito Democratico
PDS	Partei des Demokratischen Sozialismus
PECH	Commisson de la Pêche / Committee on Fisheries / Fischereiausschuss
PeE	Partei auf europäischer Ebene
PES	Party of European Socialists
PETI	Commission des Pétitions / Committee on Petitions / Petitionsausschuss
PiS	Prawo i Sprawiedlwość / Partei für Recht und Gerechtigkeit
PKA	Parlamentarische Kooperationsausschüsse
PL	Polen
PNP-A	Protokoll über die Rolle der nationalen Parlamente in der Fassung des Vertrags von Amsterdam
PNP-L	Protokoll über die Rolle der nationalen Parlamente in der Fassung des Vertrags von Lissabon
PPV	Paritätische Parlamentarische Versammlung
PR	Public Relations
PSV	Protokoll über die Anwendung der Grundsätze der Subsidiarität und der Verhältnismäßigkeit
PT	Portugal
PVV	Partij Voor de Frijheid
RA	Rahmenabkommen
REGI	Commission du Développement regional / Committee on Regional Development
	Ausschuss für regionale Entwicklung
REX	Ausschuss für Außen(wirtschafts)beziehungen
RO	Rumänien
RPF	Rassemblement pour la France
RSS	Rich Sight Summary
S&D	Progressive Allianz der Sozialisten und Demokraten im Europäischen Parlament
SE	Schweden
SEA	Schengener Exekutivausschuss
SEDE	Sous-Commission de la Sécurité et de la Défense / Sub-Committee on Security and Defense
	Unterausschuss für Sicherheits- und Verteidigungspolitik
SF	Finnland
SK	Slowakische Republik
SLO	Slowenien
SNS	Slowakische Nationalpartei
SOC	Socialist Group (Sozialistische Fraktion im EP)
SP	Sozialistische Partei
SPD	Sozialdemokratische Partei Deutschlands
SPE	Sozialdemokratische Partei Europas
SPÖ	Sozialdemokratische Partei Österreichs

STOA	EP Science and Technology Options Assessment
STP	Sao Tome and Principe
SURE	Commission spéciale sur les défis politiques et les ressources budgétaires pour une Union européenne durable après 2013/ Sonderausschuss zu den politischen Herausforderungen und Haushaltsmitteln für eine nachhaltige Europäische Union nach 2013
SYRIZA	Griechisches Bündnis der radikalen Linken
TAXE	Special Committee on Tax Rulings and Other Measures Similar in Nature or Effect / Sonderausschuss zu Steuerbescheiden und anderen Maßnahmen ähnlicher Art oder Wirkung
TEU	Treaty on European Union
TNS opinion	Taylor Nelson Sofres
TR	Transparenz-Register
TRAN	Commission des Transports et du Tourisme / Committee on Transport and Tourism
	Ausschuss für Verkehr und Fremdenverkehr
TTIP	Transatlantic Trade and Investment Partnership
UDI	Union des Démocrates et Indépendants / Union der Demokraten und Unabhängigen
UDF	Union pour la démocratie française
UK	United Kingdom
UEN	Fraktion der Unabhängigen für das Europa der Nationen
UKIP	United Kingdom Independence Party
UMP	Union pour un Mouvement Populaire / Union für eine Volksbewegung
UN	United Nations
UNHRC	United Nations Human Rights Council
UNICEF	United Nations Children's Fund
UNO	United Nations Organization
US	United States
VEL	Vereinigte Europäische Linke
VN	Vereinte Nationen
VVE	Vertrag über eine Verfassung für Europa
WPA	Wirtschaftspartnerschaftsabkommen
WSA	Wirtschafts- und Sozialausschuss
WTO	World Trade Organization
WWU	Wirtschafts- und Währungsunion
ZJIP	Zusammenarbeit in der Justiz- und Innenpolitik der EU
ZU	Zustimmungsverfahren

1 Forum, Arena, Akteur: Facetten supranationalen Parlamentarismus

Im Mai 2014 wurde das Europäische Parlament (EP) zum achten Mal für weitere fünf Jahre direkt gewählt. Mit 43,09 % lag die europaweite Wahlbeteiligung 2014 nochmals unterhalb der 46,10 % im Jahre 2009; der seit 1994 andauernde Abwärtstrend konnte nicht gestoppt werden. Zieht man zudem in Betracht, dass das EP in einer jahrelang geplanten, intensiven und unter Einsatz beträchtlicher finanzieller Ressourcen durchgeführten Informations- und Mobilisierungskampagne nichts unversucht gelassen hat, mehr Bürger und Bürgerinnen an die Urnen zu locken, kann man selbst bei der von den Medien und dem EP selbst behaupteten Zunahme der Wahlbeteiligung von 0,9 % nicht von einem Erfolg sprechen.[1] Offenbar hatte auch die Nominierung von Spitzenkandidaten durch die europäischen Parteien und die damit verknüpfte indirekte „Wahl" des Kommissionspräsidenten EU-weit nicht das erhoffte Mobilisierungspotential.

Es erscheint eigenartig, dass das Ergebnis der Wahlen zum Europäischen Parlament nicht jener Bedeutung gerecht zu werden scheint, in der sich der Prozess der europäischen Integration und das Rollen- und Funktionsprofil des EP gegenwärtig befindet. Von über 383 Mio. Wahlberechtigten blieb mehr als die Hälfte den Wahlurnen fern. Die Ursachen dieser Entwicklung sind vielfältig.[2] Als „Sekundärwahl" ziehen die Europawahlen weniger Aufmerksamkeit auf sich. Beleg dafür ist schon allein die Tatsache, dass die Wahlbeteiligung in der Regel unterhalb der Werte liegt, die bei Direktwahlen zu nationalen Parlamenten erzielt werden. Die „Wahlabstinenz" liegt zweifellos auch darin begründet, dass der Informationsstand der europäischen Bürgerschaft über die Bedeutung und Funktionen dieser supranationalen Volksvertretung der Europäischen Union unzureichend ist. In einer im ersten Halbjahr 2012 von der Generaldirektion Kommunikation des EP in Auftrag gegebenen Eurobarometer-Umfrage „Die Europäer zwei Jahre vor den Europawahlen 2014"[3] bat man die Befragten, spontan drei ihnen bekannte Institutionen aufzuzählen: 53 % nannten das Europäische Parlament, 27 % die Europäische Zentralbank, 25 % die Europäische Kommission und 11 % den Europäischen Rat. 33 % der Befragten konnten keine einzige Institution benennen.

Noch weitgehend unumstritten ist, dass das Parlament heute als schlagkräftiger Akteur in Erscheinung tritt, der im Stande ist, der Kommission, den Mitgliedstaaten und ihren Kollektivorganen Ministerrat und Europäischer Rat Paroli zu bieten. Das EP ist im Institutionengefüge

---

1 Wie im Abschnitt zu den Europawahlen gezeigt wird, stimmen die vom Europäischen Parlament (http://www.erge bnisse-wahlen2014.eu/de/turnout.html) angegebenen Mittelwerte der Wahlbeteiligung nicht mit den vom EP selbst angegebenen Einzelwerten aus den Mitgliedstaaten überein. Zur Überprüfung der vom EP präsentierten EU-weiten Wahlbeteiligung bedarf es mehr Daten als die Grafik selbst bietet. Einfache Mittelwerte sind aber nicht aussagekräftig, da bei der Errechnung automatisch angenommen wird, dass alle Staaten gleich viele Einwohner haben. Um die Werte für die gesamte EU bewerten zu können, benötigt man allerdings die Anzahl der Wahlberechtigten und die Anzahl der Wählerinnen und Wähler. Erst so können die Werte für jeden einzelnen Staat überprüft und zweitens der EU-weite, „gewogene" Durchschnitt berechnet werde. Hierbei wird die aggregierte Masse der Wähler durch die aggregierte Masse der Wahlberechtigten geteilt. Alternativ kann über die Gewichtung der nationalen Wahlbeteiligungen anhand des prozentualen Anteils der Wahlberechtigten pro Staat an der EU-weiten Gesamtmasse der Wahlberechtigten der gewogene Durchschnitt ermittelt werden. Hierzu muss die jeweilige nationale Wahlbeteiligung mit dem entsprechenden prozentualen Anteil an der Gesamtmasse der Wahlberechtigten gewichtet und anschließend summiert werden.
2 Vgl. Niedermayer, Oskar (2014): „Immer noch eine nationale Nebenwahl? Die Wahl zum Europäischen Parlament vom 25. Mai 2014", in: Zeitschrift für Parlamentsfragen, Vol. 45, Nr. 3, S. 523-546.
3 Europäisches Parlament: Eurobarometer (EB/EP 77.4; TNS Opinion) – 2. bis 17. Juni 2012, Die Europäer zwei Jahre vor den Europawahlen 2014, Europäisches Parlament (GD KOMM), 20. August 2012.

der Europäischen Union jene Einrichtung, die in ihrer Entwicklung in besonderer Weise die Dynamik des europäischen Einigungsprozesses anschaulich macht. Vertiefung und Erweiterung spiegeln sich in einem außergewöhnlichen Änderungsverlauf der Funktionen und entsprechenden Rollenprofile – des Parlaments, der Abgeordneten und Fraktionen, der Ausschüsse, Führungs- und Organisationsgremien – wider. Vertiefung deshalb, weil das EP in einem jahrzehntelangen Prozess neue Funktionen und in der Unionsgestaltung einen immer größeren Stellenwert erhielt. Die Erweiterung spiegelte sich in einer ständig zunehmenden Zahl von Abgeordneten, aber auch in einer signifikanten Spreizung der parteipolitischen Profile. Mit heute 751 Sitzen ist das EP das größte multinationale Parlament. Es repräsentiert ein Gemeinwesen von 28 nationalstaatlich gefassten Bürgergesellschaften mit fast 506 Mio. Menschen mit unterschiedlichem ethnischen, politisch-kulturellen und sprachlichen Hintergrund, dessen Vielfalt in 24 Amtssprachen zum Ausdruck kommt. Die besondere historische Entwicklung dieser Einrichtung hat dazu geführt, dass es an drei verschiedenen Orten angesiedelt ist: Brüssel und Straßburg beherbergen große Parlamentsgebäude, in Luxemburg ist das Generalsekretariat ansässig. Diese Dislokation führt zu einem permanenten „Shuttleparlamentarismus", der immer wieder für mediales Aufsehen sorgt.

Das EP ist das einzige direkt gewählte, unmittelbar legitimierte Organ der EU. Seine Rechte wurden im Zuge von Vertragsänderungen wie dem Vertrag von Maastricht (1993), dem Vertrag von Amsterdam (1999), dem Vertrag von Nizza (2003) und dem Vertrag von Lissabon (2009) sowie anderer außervertraglicher Regelungen (Interinstitutionelle Abkommen zwischen den EU-Organen) beständig ausgeweitet. Allein: Mehr Gesetzgebungsrechte, lautstarke Ablehnungen internationaler Abkommen, die unmittelbarere Verknüpfung zwischen der Parlamentswahl und der Bestellung der Europäischen Kommission sowie mehr Kontroll- und Informationszuständigkeiten entfalten nicht die erhoffte, wahlmobilisierende Wirkung. Offenbar tut sich die europäische Bürgerschaft schwer mit dem einzigen, direkt gewählten, supranationalen Parlament der Welt. Ein Parlament, das im Unterschied zu den nationalen Parlamenten sehr viel autonomer gegenüber den Exekutiven agieren kann.

Das Europäische Parlament kann seine inneren Angelegenheiten autonom regeln. Dieses Selbstorganisationsrecht bedeutet, dass es im Rahmen der ihm zugewiesenen Zuständigkeiten und Befugnisse die Möglichkeit besitzt, selbständig die Art und Weise der Erfüllung der ihm zugewiesenen Aufgaben zu regeln. Dieser interne Regelkatalog ist in der Geschäftsordnung des Europäischen Parlaments (GOEP) festgeschrieben. Darüber hinaus ist das EP befugt, Regelungen und allgemeine Bedingungen für die Aufgabenerfüllung der Abgeordneten festzulegen. Seit Juni 2009 gilt erstmals ein gemeinsames Abgeordnetenstatut, das die Rechte der frei gewählten Abgeordneten sichert und eine einheitliche Regelung der Gehälter und Diäten vorsieht. Dieses erst 2009 in Kraft getretene Statut unterstreicht, dass die Mitglieder des Europäischen Parlaments (MdEP) ein freies Mandat ausüben und an keinerlei Weisungen gebunden sind.

In seiner Autonomie liegen Geheimnis und Schicksal des Europäischen Parlaments nahe beieinander: Das EP teilt sich nicht auf in „Regierungsmehrheit" und „Opposition". Obgleich die Kommission, der Ministerrat und der Europäische Rat mit Kompetenzen betraut sind, die wir im nationalen Kontext einer „Regierung" zuordnen würden, operiert diese Form der europäischen „Ko-Gubernative" doch nicht als eine aus den europäischen Parlamentswahlen mittelbar hervorgehende EU-Exekutive, die sich auf eine Mehrheitsfraktion oder -koalition im EP stützen kann oder muss. Das EP agiert gegenüber diesen Exekutivorganen eigenständig; mit wechselnden, in der Gesetzgebung meist großen, fraktionsübergreifenden Mehrheiten. Die in den EU-Verträgen normierten Mehrheitsanforderungen für Abstimmungen im EP wollen es nicht anders und produzieren so implizit ein erhebliches Kommunikations- und Identifikationsdefizit, das das Parlament für die Bürgerschaft undemokratisch, „unecht", schwach oder gar bedeutungslos erscheinen lässt.

Das vorliegende Handbuch versucht, Rollenprofile des nunmehr sechzigjährigen Parlaments zu entwickeln, um ein besseres Verständnis für die Besonderheiten des EP zu wecken. Hierzu ist es erforderlich, den tagesaktuellen Blick auf die EU mit einer empirisch gesättigten Analyse der schrittweise entwickelten Funktionen des Parlaments zu verbinden. Da die EU ein Gebilde „im Werden" ist, nehmen wir als Ausgangspunkt keine fixe Wunschvorstellung vom Parlament an. Stattdessen anerkennen wir die prozesshafte Natur der europäischen Integration und damit auch die Wandlung des institutionellen Kontexts des Parlaments.

Neben den Prozessen, Binnenstrukturen und Akteuren des EP werden Leitbilder unterschiedlicher Ausrichtungen herausgearbeitet. Einerseits wird der institutionelle und prozedurale Charakter des Europäischen Parlaments sichtbar gemacht, andererseits erhält die Leserschaft einen Einblick in den Facettenreichtum des politischen Geschäfts.

1.1 Wie lesen wir das Europäische Parlament? Eine Annäherung

Dieses Buch geht der Aussagekraft dreier Leitbilder zum EP nach, mit der wir immer wieder konfrontiert werden: die ständig wiederkehrende Behauptung seiner marginalen Bedeutung als Schein- oder „unechtes" Parlament, die Betonung seiner gewachsenen Rolle als eigenständiger und durchsetzungsfähiger Akteur im institutionellen Gefüge der EU sowie die in den letzten Jahren häufiger anzutreffende Betonung seiner Eigenschaft als Arena, in der die gesellschaftlichen Grundkonflikte gespiegelt und in Form parteipolitischer Auseinandersetzung offen manifestiert werden. Vor dem Hintergrund dieser unterschiedlichen Leitbilder zum EP nutzen wir für die Realanalyse seiner Rollenprofile einen Katalog parlamentarischer Funktionen.[4]

Unsere Analyse stellt dabei die Frage nach dem politischen Einfluss von Abgeordneten, Fraktionen, Ausschüssen und anderen Teil- bzw. Subsystemen des EP im europäischen Mehrebenensystem. In ähnlicher Weise wie die EU selbst ist das Europäische Parlament verschiedenen politischen und akademischen Interpretationen unterworfen, die ihrerseits an verschiedene integrationspolitische Grundverständnisse, Leitbilder, Strategien und Interessen geknüpft sind.[5] Vor diesem Hintergrund stellt sich die Frage, wie und unter welchen Rahmenbedingungen das EP die ihm vertraglich zugewiesenen Zuständigkeiten umsetzt und wie sich die verschiedenen Funktionsausprägungen erklären lassen.

Das EP ist ein aktiver Mitgestalter des Integrationsprozesses.[6] Die Funktionen der Abgeordneten im Bereich der politischen und rechtlichen Kontrolle der Kommission und des Rates, der

---

4 Vgl. Grabitz, Eberhard/Schmuck, Otto/Steppat, Sabine/Wessels, Wolfgang (Hrsg.): Direktwahl und Demokratisierung. Eine Funktionenbilanz des Europäischen Parlaments nach der ersten Wahlperiode, Bonn 1988; Wessels, Wolfgang: „Wird das Europäische Parlament zum Parlament? Ein dynamischer Funktionenansatz", in: Randelzhofer, Albrecht/Scholz, Rupert/Wilke, Dieter (Hrsg.): Gedächtnisschrift für Eberhard Grabitz, München 1995, S. 879-904; Maurer, Andreas: What next for the European Parliament, London 1999; Maurer, Andreas: Parlamentarische Demokratie in der Europäischen Union: Der Beitrag des Europäischen Parlaments und der nationalen Parlamente, Baden-Baden 2002.

5 Vgl. hierzu: Schneider, Heinrich: Ein Wandel europapolitischer Grundverständnisse? Grundsatzüberlegungen, Erklärungsansätze und Konsequenzen für die politische Bildungsarbeit, in: Jopp, Mathias/Maurer, Andreas/Schneider, Heinrich (Hrsg.): Der Wandel europapolitischer Grundverständnisse: Analysen und Konsequenzen für die politische Bildung, Bonn 1998.

6 Vgl. hierzu allgemein: Wessels, Wolfgang: Die Öffnung des Staates, Opladen 2000, S. 334-337.

Mitwirkung an der Generierung europäischen Rechts sowie der Artikulation transeuropäischer Interessen haben sich auf immer mehr Politikfelder ausgedehnt. Seine Rolle als nicht nur systemunterworfener, sondern auch als systemprägender Akteur hat sich erheblich gesteigert. Die Konsequenzen dieser fortschreitenden Einbeziehung des EP in den Integrationsprozess stehen in Wechselwirkung zur Nutzung seiner traditionellen Repräsentationsleistungen und hieraus hervorgehenden Interaktions- bzw. Kommunikationsfunktionen. Aufgrund seiner erst seit den 1990er Jahren zum Ausdruck kommenden, mehrdimensionalen Ausrichtung als Kontrolleur, Informationsträger, Mitgesetzgeber, informeller Agenda-Setter und Spiegel hoch aggregierter, gesellschaftlicher Konflikte stellt sich das EP für die Bürger als konstitutiver Teil einer immer komplexer werdenden Gesamtmaschinerie dar. Die Abgeordneten sind in der Wahrnehmung der Wähler nicht mehr nur die „parlamentarisch-demokratischen" Gegenspieler der alten „EG/EU-Bürokratie", die die Interessen der Bürger direkt vertreten, sondern Teil des parlamentarischen, in vielerlei verwirrenden Formen beteiligten, Mitgestalters des europapolitischen Establishments.

1.2 Das Europäische Parlament im System der Europäischen Union

1.2.1 Institutioneller Kontext

Bereits die ersten Europäischen Gemeinschaften – die Montanunion (EGKS), die Wirtschaftsgemeinschaft (EWG) und die Atomgemeinschaft (Euratom) – verfügten über eine „parlamentarische Versammlung", in die Vertreter der nationalen Parlamente entsandt wurden. Die Idee zur Einrichtung eines parlamentarischen Organs lässt sich auf einen Besuch Jean Monnets in London kurz nach der Schuman-Erklärung vom 8. Mai 1950 zurückverfolgen.[7] Während der ersten Vorbereitungssitzungen zur Gründung der EGKS schlug die französische Delegation am 20. Juni 1950 die Schaffung der Versammlung offiziell vor. Hauptmotiv war der Wunsch, der Hohen Behörde ein parlamentarisches Kontrollorgan gegenüberzustellen.[8] Im Verhandlungsrahmen der Römischen Verträge fungierte die Versammlung jedoch auch gemeinsam mit dem Rat als Haushaltsbehörde der drei Gemeinschaften. Darüber hinaus besaß sie einige wenige und nicht einklagbare Kontroll- und Informationsrechte gegenüber dem Rat und der Kommission.

Zwar nannte sich die Versammlung seit 1958 selbst Parlament, allerdings bestätigte erst die am 1. Juli 1987 in Kraft getretene Einheitliche Europäische Akte (EEA) die Begriffswahl sowie – aufgrund der Einführung des Kooperations- und des Zustimmungsverfahrens – die von den Abgeordneten seit langem eingeforderte politische und rechtliche Aufwertung.

Das bis zu den ersten Direktwahlen des Europäischen Parlaments 1979 geltende Doppelmandat hatte wesentliche Auswirkungen auf die Gestaltung europäischer Politik und Problemverarbeitung. Denn im Unterschied zu den parlamentarischen Versammlungen anderer internationaler Organisationen bemühten sich die Europaabgeordneten seit Beginn ihrer Tätigkeit in der EGKS um eine autonomere Stellung in zweierlei Hinsicht:

– Gegenüber den beiden an der Rechtsetzung ursprünglich alleine beteiligten Organen Kommission und Rat, indem die Versammlung ihre Haushalts- und Kontrollrechte auszubauen

---

7 Vgl. Brinkhorst, Laurens Jan/Kapteyn, Paul J.G.: „The Assembly", in: Smit, Hans/Herzog, Peter E. (Hrsg.): The Law of the European Economic Community. A Commentary on the EEC Treaty, Vol. 4, New York 1976, S. 5.

8 Vgl. Ebenda., S. 5; sowie: Neunreither, Karlheiz: „Bemerkungen zum gegenwärtigen Leitbild des Europäischen Parlaments", in: Zeitschrift für Parlamentsfragen, Nr. 2/1971, S. 321-323.

versuchte und diese zum Anlass nahm, weitere politikgestaltende Kompetenzen zu gewinnen.

– Gegenüber den nationalen Parlamenten und mitgliedstaatlichen Regierungen, indem die Versammlung Vorschläge für einheitliche Direktwahlen zum Europäischen Parlament formulierte, diese 1979 erfolgreich durchsetzte und hiermit einen Prozess der Abnabelung und Autonomisierung einleitete, der in der drastischen Abnahme von Trägern eines Doppelmandats sowie im Aufbau einer eigenen Verwaltungs-, Parteien- und Fraktionsstruktur und -kultur kulminierte.[9]

Die Gründungsverträge der Europäischen Gemeinschaften (EGKS-Vertrag, Euratom-Vertrag und EWG-Vertrag) waren von Anfang an so angelegt, dass einer Weiterentwicklung der Institutionen, Entscheidungsverfahren sowie der funktionalen Reichweite der Verträge keine unmittelbaren Hemmnisse entgegenstanden. Sowohl für die Ebene des EU-Institutionensystems als auch für die Ebene der mitgliedstaatlichen Organe, EU-relevanten Strukturen und Verfahren gilt damit seit Anbeginn des Integrationsprozesses eine wechselseitige Auf- und Umbaudynamik, die es in diesem Maße weder in anderen internationalen Organisationen noch in den auch nur halbwegs mit der EU vergleichbaren, national-föderal verfassten politischen Systemen gibt.

In diesem Zusammenhang wurde die Umschreibung der EU als ein dynamisches Zwei-[10] bzw. Mehrebenensystem[11] geprägt, das sich vom etablierten Nationalstaat mit seinen zumeist hierarchisch strukturierten parlamentarisch-repräsentativen Regierungssystemen durch die Grundvoraussetzungen für die Gestaltung der institutionell-politischen Ordnung unterscheidet. Das EU-System ist nach wie vor kein den Charakteristika der nationalstaatlichen Parteiendemokratie ähnelnder Suprastaat, sondern ein dynamischer, zukunftsoffener Prozess, ein evolutives, politisches System im Werden.[12]

Im Mittelpunkt der Untersuchung supranational-parlamentarischer Demokratie steht somit die Frage nach der Fortentwicklung des institutionellen Systems der EU und des hiermit verknüpften Auf- und Ausbaus genuin supranationaler Parlamentarisierungsfunktionen auf einer Ebene politischer Herrschaftsausübung, die sich der alleinigen Kontrolle durch die mitgliedstaatlichen Regierungen und Parlamente der EU entzieht.[13]

---

9 Vgl. hierzu bereits Wallace, Helen: „The European Parliament: The Challenge of Political Responsibility", in: Government and Opposition (special edition 1979), S. 433-443.

10 Vgl. Putnam, Robert D.: „Diplomacy and Domestic Politics: The Logic of Two Level Games", in: International Organisation, Summer 1988, S. 427-460; und: Evans, Peter E./Jacobsen, Harold K./Putnam, Robert D. (Hrsg.): Double-Edged Diplomacy. International bargaining and domestic politics, Berkeley 1993.

11 Vgl. Jachtenfuchs, Markus/Kohler-Koch, Beate: „Regieren im Dynamischen Mehrebenensystem", in diess. (Hrsg.), Europäische Integration, Opladen 1996, S. 15-44. Zur europäischen Mehrebenenpolitik siehe auch Scharpf, Fritz W.: „Mehrebenenpolitik im vollendeten Binnenmarkt", in: Staatswissenschaft und Staatspraxis, Nr. 5/1994, S. 475-501; ders. „Autonomieschonend und gemeinschaftsverträglich. Zur Logik einer europäischen Mehrebenen-Politik", in: Weidenfeld, Werner (Hrsg.), Reform der Europäischen Union. Materialien zur Revision des Maastrichter Vertrages 1996, Gütersloh 1995, S. 75-96; Jachtenfuchs, Markus: „Theoretical Perspectives on European Governance", in: European Law Journal, Vol. 1, Nr. 2, 1995, S. 115-133; Die Formulierung geht zurück auf Kaiser, Karl: „Transnationale Politik. Zu einer Theorie der multinationalen Politik", in: Czempiel, Ernst-Otto (Hrsg.), Die anachronistische Souveränität. Zum Problem des Verhältnisses von Innen- und Außenpolitik, PVS-Sonderheft 1, Köln 1969, S. 80-109, S. 102.

12 Vgl. Thöne-Wille, Eva-Maria: Die Parlamente der EG - Das Europäische Parlament und die nationalen Parlamente, Kehl am Rhein u.a. 1984, S. 10.

13 Vgl. Andersen, Svein S./Burns, Tom: „The European Union and the Erosion of Parliamentary Democracy: A Study of Post-parliamentary overnance", in: Svein S. Andersen/Kjell A. Eliassen (Hrsg.):, The European Union: How Democratic Is It?, London 1996; Banchoff, Thomas/Smith, Mitchell P. (Hrsg.): Legitimacy and the European Union. The contested polity, London/New York 1996; Duff, Andrew: „Building a Parliamentary Europe",

Die institutionell-politische Ordnung der EU – definiert als „Summe aller aufgrund des Vertrags- und Verhandlungssystems EU in den Mitgliedstaaten und in den EU-Institutionen wirksamen Politikgestaltungsvorgaben[14] – ist also in ihrer dynamisch[15] und evolutiv[16] angelegten, zieloffenen Struktur weder mit nationalen Verfassungssystemen[17] noch mit Internationalen Organisationen oder Regimen vergleichbar."[18] Ihre Stellung im internationalen System sowie ihre Entwicklung über die letzten sechs Jahrzehnte hängen mit einem nicht vollendeten und wahrscheinlich auch kaum abzuschließenden Wachstums- und Differenzierungsprozess[19] institutionellen und politischen Wandels zusammen:

Erstens zeichnet sich die als polyzentrisches[20] bzw. polyarchisches[21] Mehrebenensystem angelegte, institutionelle Ordnung der EU[22] durch einen stetigen – gleichwohl nicht linearen – Aufgabenzuwachs aus, der den Gesamtumfang der ihr zugestandenen Kompetenzen und Politikbereiche über die Zeit vergrößert hat. Einher geht hiermit – zweitens – die über Verträge und Vertragsreformen sanktionierte Übertragung weiterer Handlungsbefugnisse und -instrumente von der nationalstaatlichen auf die unionale Politikebene. Und drittens werden immer wieder neue Institutionen geschaffen und das vorhandene Institutionensystem mit neuartigen Handlungs- oder Verfahrensermächtigungen weiter ausdifferenziert, um einerseits den anfallenden Aufgabenzuwachs erfolgreich bewältigen zu können, andererseits aber auch den Anforderungen nach problem- und funktionsadäquater Beteiligung der Akteure zu genügen.[23]

Dieser dreidimensionale Prozess der prozeduralen, funktionalen und Akteursdifferenzierung mündet in einen immer höheren Komplexitätsgrad des politischen Systems der EU, da neue Institutionen und Integrationsfunktionen kein politisches Vakuum vorfinden, sondern in ein bereits eng verflochtenes Machtverteilungs- und Funktionsausübungssystem „implantiert" wer

in: Télo, Mario (Hrsg.): Démocratie et Construction Européenne, Edition de l'Université de Bruxelles 1995; Follesdal, Andreas: „Democracy and the European Union: Challenges", in: Follesdal, Andreas/Koslowski, Peter (Hrsg.): Democracy and the European Union, Berlin/New York/Tokyo 1998, S. 1-10; Jacqué, Jean-Paul: „Strategien für das Europäische Parlament: Abschied von nationalen Konfliktlinien", in: Schmuck, Otto/Wessels, Wolfgang (Hrsg.): Das Europäische Parlament im dynamischen Integrationsprozeß: Auf der Suche nach einem zeitgemäßen Leitbild, Bonn 1989.

14 Vgl. zur Definition: Maurer, Andreas: „Die institutionellen Reformen: Entscheidungseffizienz und Demokratie", in: Jopp, Mathias/Maurer, Andreas/Schmuck, Otto (Hrsg.): Die Europäische Union nach Amsterdam, Bonn: Europa Union Verlag 1998, S. 168.

15 Vgl. Thöne-Wille 1984, Ebenda., S. 10.

16 Vgl. hierzu auch: Oeter, Stefan: „Europäische Integration als Konstitutionalisierungsprozeß", in: Zeitschrift für ausländisches öffentliches Recht und Völkerrecht, Nr. 4/1999, S. 901-917.

17 Vgl. Battis, Ulrich/Tsatsos, Dimitris Th./Stefanou, Dimitris (Hrsg.): Europäische Integration und nationales Verfassungsrecht, Baden-Baden 1995; Berranger, Thibaut de: Constitutions nationales et construction communautaire, Paris L.G.D.J. 1995; Masclet, Jean-Claude/Maus, Didier (Hrsg.): Les Constitutions nationales à l'épreuve de l'Europe, Paris 1993.

18 Maurer, Andreas: Parlamentarische Demokratie in der Europäischen Union – der Beitrag des Europäischen Parlaments und der nationalen Parlamente, Baden-Baden, Nomos 2002, S. 27.

19 Vgl. Wessels, Wolfgang: „Staat und (west)europäische Integration. Die Fusionsthese", in: Kreile, Michael (Hrsg.): Die Integration Europas (Politische Vierteljahresschrift, Sonderheft 23, Opladen 1992, S. 36.

20 Vgl. hierzu: Schmitter, Philippe C.: „Imaging the Future of the Euro-Polity with the Help of New Concepts", in: Marks, Gary/Scharpf, Fritz W./Schmitter, Philippe C./Streek, Wolfgang: Governance in the European Union, London 1996, S. 132.

21 Vgl. hierzu: Pfetsch, Frank R.: „Negotiating the European Union: A Negotiation-Network Approach", in: International Negotiation, Nr. 3/1998, S. 293-317, hier S. 295-301. Vgl. auch Milner, Helen V.: Interests, Institutions, and Information: Domestic Politics and International Relations, Princeton 1997; Robinson, William I.: Promoting Polyarchy - Globalization, US intervention and hegemony, Cambridge MT 1996; und Cohen, Joshua/ Sabel, Charles: Directly-Deliberative Polyarchy, unpublished paper, Columbia Law School 1999.

22 Maurer, Andreas: „Die institutionelle Ordnung einer größeren Europäischen Union - Optionen zur Wahrung der Handlungsfähigkeit", in: Lippert, Barbara (Hrsg.): Osterweiterung der Europäischen Union - die doppelte Reifeprüfung, Bonn 2000, S. 32.

23 Vgl. Grabitz, Eberhard et.al. 1988, Ebenda., S. 60; sowie: Wessels 1995, Ebenda. S. 886-887.

den.[24] Jeder Akteur und Funktionsträger versucht dabei Teilnahme- und Mitwirkungsformen im Wettbewerb um effektive Mitsprache, Einfluss und Kontrolle auszuweiten. Der über die letzten 60 Jahre entwickelte und sich in immer mehr Politikfeldern verfestigende Trend zur Verflechtung nationaler, regionaler, europäischer und globaler Handlungsebenen stellt die beteiligten und beteiligungswilligen Akteure somit regelmäßig vor die Frage, wie sich die komplexer werdende Ordnung der EU legitimiert und mit Hilfe welcher Instrumente, Institutionen und Verfahren ihre Orientierung am Demokratieprinzip aufrechterhalten wird.

1.2.2 Demokratiepolitische Probleme europäischer Integration

Der zu einem immer komplizierter werdenden Verflechtungssystem führende Integrationsprozess wird seit der Ratifizierung des Maastrichter Vertrages regelmäßig unter dem Stichwort des Demokratiedefizits als undemokratisch, entparlamentarisiert, intransparent, bürgerfern, kompliziert und ineffizient kritisiert. Dreh- und Angelpunkt dieser EU-Kritik ist dabei die Einschätzung, dass innerhalb der EU durch das Setzen allgemein verbindlicher Entscheidungen, die unmittelbar in die Gestaltungsfreiheit der Bürger und Bürgerinnen eingreifen, öffentliche Herrschaft ausgeübt wird, die nicht den gewohnten Maßstäben demokratischen Regierens entspricht. Insbesondere die Gestaltungs- und politischen Eingriffsoptionen der handlungs- und entscheidungsberechtigten Akteure auf EU-Ebene gelten in diesem Zusammenhang als nicht oder nur unzureichend demokratisch legitimiert.[25]

Es besteht hierbei allerdings kein Konsens über die Kriterien demokratischer Legitimation eines politischen Verhandlungs- und Entscheidungssystems demokratisch legitimierter und souveräner Staaten, die zur Sicherung des Friedens und der Bewältigung gesellschaftlich relevanter Problemlagen auf gemeinsame, ihrer Kontrolle allerdings teil- und zeitweise entzogenen Institutionen und Verfahren zurückgreifen.[26]

Legitimes Regieren im Namen der und für die Bürgerinnen und Bürger der EU ist nicht notwendigerweise an konventionelle Formen der parlamentarischen Demokratie gekoppelt:[27] „Parlamentarismus ist nicht mit Demokratie identisch. Demokratie heißt zu allererst, dass die Staatsgewalt vom Volk ausgeht und in dessen Auftrag von den staatlichen Organen ausgeübt wird. Diese müssen sich wiederum vor dem Volk dafür verantworten. Parlamentarische Vertretungen sind dabei nur ein Hilfsmittel, wenn auch unter den Bedingungen bevölkerungsreicher Flächenstaaten, komplexer Probleme und permanenten Entscheidungsbedarfs ein unentbehrliches. Sie vermitteln zwischen der Meinungs- und Interessenvielfalt in der Bevölkerung und der notwendigen Einheitsbildung im Staat und sorgen zugleich für die Transparenz des

---

24 Der Vertrag von Amsterdam setzte diesen Trend – mit der Gründung eines Beschäftigungsausschusses, der Schaffung einer Strategieplanungs- und Analyseeinheit für die Gemeinsame Außen- und Sicherheitspolitik oder den Zugeständnissen hinsichtlich weiterer Ausnahmeregelungen für einzelne Mitgliedstaaten („Flexibilitäts"-, „Opting-out"- oder „Pick and choose"-Verfahren) – fort.

25 Vgl. Hrbek, Rudolf: „Der Vertrag von Maastricht und das Demokratie-Defizit der EU. Auf dem Weg zu stärkerer demokratischer Legitimation?", in: Randelzhofer, Albrecht/Scholz, Rupert/Wilke, Dieter (Hrsg.): Gedächtnisschrift für Eberhard Grabitz, München 1995, S. 172.

26 Dieser Dissens in der Definition von Legitimität besteht auch im Hinblick auf nationalstaatlich verfasste Gemeinwesen. Vgl. hierzu den Überblick von Hella Mandt in: Nohlen, Dieter/Schultze, Rainer-Olaf (Hrsg.): Lexikon der Politik, Band 1: Politische Theorien, München 1995, S. 284-298. Ausführliche Darstellung der Facetten der Legitimationsproblematik in der EU von: Beetham, David/Lord, Christopher: Legitimacy and the European Union, London/New York 1998.

27 Jachtenfuchs, Markus: „Die EU - ein Gebilde sui generis?", in: Wolf, Klaus-Dieter (Hrsg.): Projekt Europa im Übergang? Probleme, Modelle und Strategien des Regierens in der EU, Baden-Baden 1997, S. 23.

politischen Entscheidungsprozesses, ohne die öffentliche Meinung und Interessenartikulation keinen Ansatzpunkt hätten."[28]

Tatsächlich lässt sich beim Blick auf Monarchien, Diktaturen und Autokratien eine Vielzahl national verfasster Herrschaftssysteme identifizieren, deren Entscheidungen insofern legitim waren und sind, als dass sie sich auf einen „generalisierten Vertrauensvorschuss der Adressaten solcher Entscheidungen gegenüber dem politischen System"[29] und damit auf die Anerkennungswürdigkeit der politischen Ordnung[30] berufen konnten und können, ohne sich auf die Einhaltung formaler Strukturen und Verfahren zur demokratischen Ordnung gesellschaftlicher Konflikte, auf ein zur Kanalisierung dieser Konflikte eingerichtetes Parlament, auf direkte und freie Wahlen, auf die Orientierung am Prinzip der Gewaltenteilung und dem darauf folgenden Prinzip der institutionalisierten Zurechenbarkeit und Kontrollierbarkeit politischer Entscheidungen sowie die hierzu eingerichteten Verfahren stützen zu müssen.

Wir würden aber die Intention und den tatsächlichen Verlauf der letzten 60 Jahre europäischer Zusammenarbeit und Integration komplett ignorieren, zögen wir die hiermit aufgestellte These der theoretisch vorstellbaren Entkoppelung legitimer Herrschaft von den Bedingungen und der Idee des Parlamentarismus einschließlich des dahinterliegenden Konzepts repräsentativer Demokratie als Richtschnur zur Bewertung des – suboptimal – funktionierenden und im Übrigen auf Fortentwicklung und Prozess angelegten Systems der EU heran.

Vor diesem Hintergrund lassen sich auch die gängigen Vorstellungen von Legitimität innerhalb des EU-Kontextes hinterfragen. Legitimität bezeichnet eben nicht nur die simple Anerkennungswürdigkeit eines Gemeinwesens in materieller, auf den Output bezogener Hinsicht, sondern auch die Rechtmäßigkeit eines politischen Systems und seiner zur Entscheidungsfindung modulierten Regeln und Institutionen. Legitimität wird nicht ausschließlich durch die erbrachten Leistungen eines politischen Systems erzeugt, sondern auch durch die Gewährung und „diffuse" Unterstützung der Systemgrundlagen,[31] durch gerechte, weil herrschaftslimitierend und -regulierend wirkende, Verfahren, Institutionen und Interaktionsstrukturen. Postuliert man als Bedingung für die Legitimität einer politischen Ordnung, dass sich letztere „zugleich auf Grundnormen, auf konstitutive Verfahren und auf die (empirische) Anerkennung der Bürger"[32] stützt, so lässt sich das Demokratiedefizit der EU auch näher bestimmen: Das Problem bilden vor allem die Verfahren zur Ausübung und Kontrolle von Herrschaft[33] sowie die Anerkennung des sich über die Zeit auf dieser Grundlage abbildenden Gesamtsystems durch die Bürgerinnen und Bürger, wobei sich beide Faktoren wechselseitig beeinflussen.

Dreh- und Angelpunkt derartiger Überlegungen bildet das Postulat der repräsentativen Demokratie. Parlamente als Kerninstitutionen der Aggregation, Spiegelung und Rückkopplung gesellschaftlicher Problemlagen und Konflikte stellen somit zwar keine ausreichende, aber doch notwendige Voraussetzung für eine demokratische, gerechte Herrschafts- und Gesellschaftsordnung dar, die für sich in Anspruch nimmt, zur Setzung allgemein verbindlicher Entschei-

---

28 Vgl. Grimm, Dieter, in: Der Spiegel vom 19. Oktober 1992, S. 57.
29 Jachtenfuchs, 1997, Ebenda., S. 23.
30 Vgl. hierzu Habermas, Jürgen: Zur Rekonstruktion des Historischen Materialismus, 5. Auflage, Frankfurt am Main 1990, S. 271: „Legitimität bedeutet, dass der mit einer politischen Ordnung verbundene Anspruch, als richtig und gerecht anerkannt zu werden, gute Argumente für sich hat; eine legitime Ordnung verdient Anerkennung. Legitimität bedeutet die Anerkennungswürdigkeit einer politischen Ordnung."
31 Vgl. Easton, David: A System Analysis of Political Life, Chicago 1965.
32 Benz, Arthur: „Ansatzpunkte für ein europafähiges Demokratiekonzept", in: Kohler-Koch, Beate (Hrsg.): Regieren in entgrenzten Räumen, PVS-Sonderheft 29/1998, S. 345.
33 Vgl. dazu die Abschnitte I.3.4. bis I.3.7. in: Maurer 2002.

dungen hinreichend legitimiert zu sein. Das EP stößt bei der effektiven Einlösung des so umrissenen Anspruchs repräsentativer Demokratie auf schwerwiegende Probleme, da sich die Übertragung der im nationalen Kontext gebildeten Demokratiemodelle auf die supranationale Ebene der EU als strukturell ungeeignet erweist.

„Die EU stellt eine Zusammenfassung parlamentarisch-rechtstaatlicher Demokratien dar. In den Leitprinzipien ihres institutionellen Aufbaus spiegelt sich daher in einem weit gefassten Sinne eine Art „strukturelle Homogenität" zwischen der Gemeinschaftsordnung und der ihrer Mitgliedstaaten wider."[34] Grundpfeiler für die Einigung Europas unter dem Dach der EU ist die Sicherstellung einer friedlichen Zusammenarbeit zwischen demokratischen Staaten, die ihrerseits dem Organisationsprinzip repräsentativer Demokratie verpflichtet und dementsprechend strukturiert sind. Zu erwarten wäre nun, dass die EU schon aufgrund der demokratischen Grundprinzipien der sie konstituierenden Staaten auch selbst über eine demokratische Grundordnung verfügt. Tatsächlich unterstreicht die Präambel des EU-Vertrags den Wunsch aller am hierdurch begründeten Herrschaftssystem Beteiligten die „Demokratie und Effizienz in der Arbeit der Organe weiter zu stärken." Ausgangspunkt des Vertrags selbst ist somit indirekt die Feststellung eines bestimmten Aggregatzustandes der Demokratie in der EU: Demokratie und Effizienz sind weiter zu entwickeln. Postuliert wird somit ein nicht genauer definiertes, aber offenbar unvollkommenes Maß demokratischen Regierens. Dieses wird mit Blick auf die Organe der EU als ausbaufähig und damit als Teil eines Prozesses erkannt.

In dieser Perspektive kann auch der Lissabonner Vertrag – ähnlich wie die vorangegangenen Verträge und Reformen – nicht als endgültig, sondern als Stufe oder Etappe eines Weges begriffen werden, dessen Finalität (noch) nicht erreicht ist. Der in der Präambel des Unionsvertrags manifestierte Wunsch nach einer demokratischeren und effizienteren Ausgestaltung der EU ermöglicht es den integrationspolitisch unmittelbar (Regierungen, Abgeordnete des Europäischen Parlaments) und mittelbar (Abgeordnete der nationalen Parlamente, Nichtregierungsorganisationen, Medien) involvierten Akteuren, die EU-Verträge als Elemente verschiedener europa- und integrationspolitischer Deutungskonzepte und Strategien zu akzeptieren und zu nutzen, weil die Organe und ihre Verfahren nicht in einer hierarchischen, beispielsweise ihre machtpolitische Bedeutung unterstreichenden Anordnung aufgeführt werden. Die Vertragspräambel weist aber auch darauf hin, dass die institutionellen und verfahrensmäßigen Grundlagen der EU nicht auf alle Zeiten festgelegt sind, sondern entwicklungsbedürftig – und somit „Leitbild-unterworfen" – bleiben werden.

1.2.3 Das Europäische Parlament als Alibi

Die Herstellung und Sicherstellung der postulierten Nähe des Gesamtsystems EU zu den Bürgerinnen und Bürgern ist Anspruch und wesentliche (Selbst-)Legitimationsquelle des Europäischen Parlaments. Als direkt gewähltes und somit unmittelbar legitimiertes Organ der EU repräsentiert es die Bürgerinnen und Bürger der EU-Mitgliedstaaten und damit kein „einheitliches" europäisches Volk. Das Parlament agiert auch nicht als Kammer der Staaten, Staatsregierungen oder -parlamente. Dem sui-generis[35]-Charakter des Integrationsprozesses entsprechend fungiert das EP statt dessen als ein die Bürgerinnen und Bürger der in der Union vereinigten Staaten repräsentierendes Organ, dem wie den anderen Institutionen der EU die Aufgabe zukommt, an der Schaffung einer „immer engeren Union" aktiv mitzuwirken.

---

34 Oppermann, Thomas: Europarecht, 2. Auflage, München 1998, S. 103.
35 Vgl. Hallstein, Walter: Der unvollendete Bundesstaat, Düsseldorf 1969, S. 25.

Das EP ist nicht in bekannte Parlaments- oder Versammlungstypologien einzuordnen.[36] Häufig wird es vorschnell von idealisierten „Vollparlamenten" abgegrenzt.[37] Der damit unterstellten Bedeutungsschwäche des parlamentarischen EU-Organs steht dann in der Regel die Forderung nach einer konstitutionellen Stärkung des Europäischen Parlaments gegenüber, die mit der Notwendigkeit einer verbesserten demokratischen Legitimation für die verbindlichen EU-Entscheidungen begründet wird. Typisch sind – sowohl im Hinblick auf die Messlatte wie auf die damit verbundenen Aussagen – Charakterisierungen des Europäischen Parlaments wie: „Die in den EG-Verträgen definierten gegenwärtigen Kompetenzen des Europäischen Parlaments sind weit weniger umfassend als die anderer demokratischer Parlamente"[38] oder „Auch das von den Europäern direkt gewählte Parlament hat bekanntlich nur begrenzte Rechte [...]. Auf europäischer [...] Ebene besteht keine parlamentarische Regierungsbildung und -verantwortung, keine formale Kontrolle der Exekutive, keine Einheit von Gesetzesinitiative und Beschlusskompetenz. Das heißt, sämtliche Essentials der parlamentarischen Prärogative fehlen im transnationalen Rahmen, während die faktischen Regierungsaktivitäten auf dieser Ebene täglich wachsen."[39] In offenbarer Unkenntnis über die tatsächliche, politikfeldspezifische Mitwirkung des EP wird in diesem Zusammenhang ausgeführt: „Begrenzt sind die Möglichkeiten der europäischen Volksvertretung, die zwar bei einzelnen Rechtsetzungsakten mit dem Europäischen Rat [sic!] zusammenarbeitet, aber nur eingeschränkte Zustimmungsrechte für nicht zwingende Teile des Gemeinschafts-Haushalts und begrenzte Kontrollrechte gegenüber der europäischen Exekutive besitzt."[40]

Neben einem Kompetenzvergleich mit den nationalen Parlamenten treffen wir aber auch auf grundsätzlichere, diffuse Maßstäbe, die an politischem Gewicht zunehmen: „Dafür, dass das Europäische Parlament die Rolle eines Vollparlaments übernehmen könnte, sind die Voraussetzungen (europäisches Staatsvolk, staatenübergreifende politische und gesellschaftliche Strukturen mit Willensbildung in europäischen Parteien) nicht gegeben"[41], oder – noch schärfer formuliert: „Ist es wirklich die Zukunftsvision der Gemeinschaft, dass das Europäische Parlament in die Rolle des Vollparlaments mit sämtlichen Rechten nach nationalen Vorbildern hineinwächst? [...] Würden verbindliche Entscheidungen eines Europäischen Vollparlaments, quer in die Staats- und Verfassungsordnung der Mitgliedstaaten hinein, angesichts der jahrhundertealten Strukturen der Bevölkerungsverteilung in Europa in einem politischen Sinne akzeptanzfähig sein?"[42]

Andere qualifizieren „die parlamentarische Kontrolle auf EU-Ebene durch das EP [als] unzureichend mangels Kompetenz und schwacher Wählerbindung."[43] Das Dilemma besteht nach

---

36 Vgl. zur Frage der konzeptionellen Einordnung des Europäischen Parlaments: Judge, David/Earnshaw, David: The European Parliament, Houndsmills/Basingstoke 2003, S. 7-25 und: Costa, Olivier: Le Parlement européen, assemblée délibérante, Brüssel 2001, S. 45-54.
37 Vgl. Lübbe, Hermann: Abschied vom Superstaat. Vereinigte Staaten von Europa wird es nicht geben, Berlin 1994, S. 150.
38 Morgan, Roger: Europäisches Parlament, in: Monar, Jörg et.al. (Hrsg.): Sachwörterbuch zur Europäischen Union, Stuttgart 1993, S. 126.
39 Leggewie, Claus: „Transnationale Bewegungen und demokratische Frage", in: Transit, Nr. 24/2003, http://www.eurozine.com/article/2003-02-06-leggewie-de.html.
40 Ebenda.
41 Schröder, Meinhard: „Das Bundesverfassungsgericht als Hüter des Staates im Prozeß der europäischen Integration", in: Deutsches Verwaltungsblatt Nr. 6/1994, S. 318.
42 Oppermann, Thomas: „Pro und Contra Unionsvertrag in der rechtswissenschaftlichen Debatte", in Hrbek, Rudolf (Hrsg.): Der Vertrag von Maastricht in der wissenschaftlichen Debatte, Baden-Baden 1993, S. 114.
43 Kohler-Koch, Beate: „Regieren in der Europäischen Union. Auf der Suche nach demokratischer Legitimität", in: Aus Politik und Zeitgeschichte, Nr. 6, Februar 2000, S. 33.

ihrer Auffassung darin, dass „Demokratie eine voraussetzungsvolle Form politischer Herrschaft ist und somit institutionelle Reformen – beispielsweise eine Kompetenzerweiterung des EP – nicht genügen, um ein funktionsfähiges demokratisches System zu schaffen." Kluge Verfassungspolitik reicht in dieser Sicht nicht aus, damit die politische Willensbildung den Ansprüchen demokratischer Repräsentativität genügt. Zu den gesellschaftlichen Voraussetzungen wird dabei die Existenz eines europäischen „Demos", einer europaweiten Öffentlichkeit und einer transnationalen politischen Infrastruktur gezählt:[44] „Es ist leicht zu erkennen, dass [die] Zentralstellung des Parlaments im demokratischen Verfassungsstaat auf europäischer Ebene ein uneingeschränktes Äquivalent niemals finden kann. [...] Das Europäische Staatsvolk, das im Europäischen Parlament seine Repräsentanz fände, gibt es nicht".[45] Das für die Generierung eines Europäischen Parlaments geforderte Staatsvolk als „empirisch identifizierbare, erlebbare, ja demoskopisch vermessbare soziale, kulturelle und politische Realität"[46] lässt sich in dieser Perspektive nicht ausmachen.

Die Analyse einer legitimatorischen Schwäche des EP unterstellt eine untergeordnete, ja marginale Bedeutung des EP – zumindest im Vergleich zur idealtypischen Rolle nationaler Parlamente im nationalen Verfassungsstaat. Demnach ist das Europäische Parlament ein „Scheinparlament", dessen vertragsmäßige Rechte und wahrgenommenen Funktionen nicht vergleichbar sind mit den konstitutionellen und politischen Vorstellungen, die mit „Vollparlamenten" in westlichen Demokratien verbunden werden.

Derartige Bilder vom EP wiegen schwer: Ist das Parlament letztendlich verdammt zum ewigen Alibi der in der EU zusammengeschlossenen Staatengemeinschaft? Mit der vom deutschen Bundesverfassungsgericht vorgenommenen Kategorisierung der EU als „Staatenverbund"[47] wird eine eindeutige, qualitative Abstufung der parlamentarischen Funktionenwahrnehmung zugunsten der nationalen Parlamente verbunden.[48] Als wesentliches Argument gilt dabei, dass ein Parlament Repräsentationsorgan eines besonderen politischen Gebildes ist; nur der National- und Verfassungsstaat gäbe dem Parlament seine eigentliche Berechtigung. Dessen Legitimität beruhe auf vorrechtlichen und vorinstitutionellen Bedingungen eines Staatsvolkes, die die EU so nicht erfülle und auch nicht erfüllen könne. Einfacher: Da die EU kein Staat ist,[49] kann das EP auch nicht zu einem Parlament nach dem üblichen Verständnis werden.

Als Stichwortgeber dieser Sichtweise fungiert häufig das Bundesverfassungsgericht. Dessen Marginalitätsthese reduziert langfristig das Interesse am EP. Gravierend ist hierbei, dass diese Sichtweise den analytischen Zugang zum EP verengt und damit auch das Risiko in sich birgt, voreilig politische (Kurz-) Schlüsse zu ziehen. Die Schwäche der Marginalitätsthese wird offenbar, wenn ihre Protagonisten auf Faktoren und Voraussetzungen für ein „Vollparlament" rekurrieren, wie z.B. dem Erfordernis eines einheitlichen Kommunikationsraums durch eine europäische Öffentlichkeit, die im engeren Sinn extrakonstitutionell angelegt ist.[50] Quasi außerwissenschaftlich werden hier Annahmen gesetzt, die aus abstrakten Normen abgeleitet sind, ohne diese ihrerseits zu hinterfragen. Die Protagonisten derartiger Sichtweisen auf das EP lau-

---

44 Ebenda., S. 34.
45 Lübbe 1994, S. 147.
46 Vgl. Lübbe, Hermann: „Politische Organisation in Modernisierungsprozessen", in: Leggewie, Claus/Münch, Richard (Hrsg.): Politik im 21. Jahrhundert, Frankfurt a.M., 2001, S. 407-422, hier S. 412.
47 BVerfGE 89: Maastricht-Urteil des Bundesverfassungsgerichts vom 12. Oktober 1993, S. 155, 156, 181, 185..
48 BverfGE 89, S. 185ff..
49 BverfGE, Ebenda., und für viele andere Oppermann, 1993, S. 109.
50 Vgl. aber zur Diskussion in der Europarechtslehre die Beiträge in Geiger, Rudolf (Hrsg.): Neuere Probleme der parlamentarischen Legitimation im Bereich der auswärtigen Gewalt, Baden-Baden 2003.

fen Gefahr, dass „das Weltbild mit historischen Daten nicht überein(stimmt)".[51] Strukturmerkmale des idealen Parlaments, die bereits für die beobachtbaren Realitäten „normaler" Demokratien nicht mehr aussagefähig sind, werden zum Modell eines Vollparlaments zusammengeflickt. Denn auch „der Idealtyp ist [...] heute verfassungspolitisch defizitär".[52] Die Variationsbreite der Kompetenzkataloge von Parlamenten in parlamentarischen und präsidentiellen bzw. semipräsidentiellen Regierungssystemen ist so weit gesteckt, dass eine allgemeinverbindliche, „normale" oder irgendwie konventionelle Ausstattung schwierig zu konstruieren ist. Auch für die extrakonstitutionellen Voraussetzungen und Bedingungen gibt es kein zeit- und ortsungebundenes Modell eines Vollparlaments, an dem der unzureichende Entwicklungsstand des EP einfach gemessen werden könnte. Problematisch ist schließlich der statische Zugang zum Untersuchungsobjekt EP: Die Auswirkungen der Direktwahl, der Kompetenzerweiterungen und der immer wieder neu austarierten Machtbalance zwischen dem EP und den exekutiven Organen können bei absolut gesetzten, vorrechtlich begründeten Annahmen über die strukturellen Bedingungen eines „Vollparlaments" nicht beschrieben, geschweige denn analysiert werden: Die Evolution des EP kann auf diese Weise jedenfalls nicht erfasst werden. Ausgeblendet werden dann aber auch die Entwicklungsparameter und Kontexte sowie die Entwicklungsmöglichkeiten des EP und die Gestaltbarkeit seines integrationspolitischen Umfelds. Wer historisch unbegründet einfach eine Konstanz der nationalen „Staatsvölker" festschreibt, konstruiert einen unverrückbaren Hemmschuh der weiteren Entwicklung des EP.

1.2.4 Das Europäische Parlament als dynamischer Akteur

Das EP ist das einzige direkt gewählte und auf dieser Grundlage zumindest formal unmittelbar legitimierte Organ der EU. Seine Einrichtung und Entwicklung im institutionellen System der EU spiegeln den Willen der vertragsschließenden Regierungen und vertragsratifizierenden Parlamente der EU-Mitgliedstaaten zur institutionellen Direktlegitimation des Integrationsprozesses wider, ohne mit der einfachen Schaffung oder der Direktwahl des Parlaments unterstreichen zu wollen, dass sich diese beabsichtigte Form der Rückkopplung europäischen Regierens an die Bürgerinnen und Bürger bereits in einem ausreichenden oder unveränderlichen Endzustand befände. Die weithin supranational strukturierte Organisation der EU stellt sich als politische Verbindung eigener Art – sui generis – dar, die ihren Legitimationsstrom nicht nur aus den Mitgliedstaaten, sondern auch aus der eigenen Legitimationsquelle der Direktwahl zum Europäischen Parlament ableitet. In diesem Zusammenhang beruht die demokratische Legitimität der EU daher zum einen auf den Mitgliedstaaten, ihren aus Wahlen hervorgegangenen Regierungen und deren Kollektivorganen in Gestalt des Europäischen Rates und des Rates; zum anderen auf dem von den Bürgerinnen und Bürgern der EU-Mitgliedstaaten direkt gewählten EP. Mit dem hierzu eingeführten Begriff der doppelten demokratischen Legitimation[53] wird somit der einem ständigen Wandel unterworfene Prozess demokratischer Rückkopplung des hoheitlichen und regierungsähnlichen Handelns durch die EU umschrieben. Demnach ist

51 So zum Maastricht-Urteil des BverfG: Tomuschat 1993, S. 496.

52 Oberreuter, Heinrich: „Das Parlament als Gesetzgeber und Repräsentationsorgan", in: Gabriel, Oskar W. (Hrsg.): Die EG-Staaten im Vergleich. Strukturen, Prozesse, Politikinhalte, 2. überarbeitete Auflage, Bonn 1994, S. 314.

53 Vgl. Scoffoni, Guy 1992): „Les relations entre le Parlement européen et les parlements nationaux et le renforcement de la légitimité démocratique de la Communauté", in: Cahiers de Droit Européen, Vol. 28, Nr. 1-2, S. 22-41; Boyce, Brigitte (1993): „The democratic deficit of the European Community", in: Parliamentary Affairs, Vol. 46, Nr 4, S. 458-477; Claasen, Claus Dieter (1994): „Europäische Integration und demokratische Legitimation", in: Archiv des öffentlichen Rechts, Band 119, S. 238-253.

der Ministerrat mittelbar über die mitgliedstaatlichen Regierungen sowie deren Kontrolle durch die nationalen Parlamente und das EP aufgrund direkter Wahlen unmittelbar legitimiert, um im Namen der Bürger (EP) und Staaten (Rat) der EU verbindliche Entscheidungen zu treffen und so „öffentliche Herrschaft" auszuüben. Dies ersetzt und ergänzt die Herrschaftsgewalt der Mitgliedstaaten in bestimmten, aufgrund enumerativer Einzelermächtigungen der Verträge umrissenen Politikbereichen. Diese doppelte Legitimation kommt nicht nur in der gesetzgeberischen Tätigkeit der EU, sondern auch im Investiturverfahren der Europäischen Kommission zum Ausdruck, bei dem sich die Mitgliedstaaten und das EP die Verantwortung bei der Ernennung des Präsidenten und des Gesamtkollegiums teilen.

1.2.5 Parlamentsfunktionen im Überblick

Parlamente sind „unmittelbare Organe", die „funktionell die Aufgabe der Vermittlung demokratischer Legitimation für die Rechtsakte der übergeordneten Gemeinschaftsebene übernehmen."[54] Parlamente können daher „als solche und in ihrem Zusammenwirken auch als Teil eines umfassenden, horizontal und vertikal verknüpften Gesamtsystems"[55] begriffen werden und damit zu einer dualen Legitimität beitragen. Ein Parlament lässt sich „allein aus dem Zusammenhang des konkreten Regierungssystems heraus verstehen, in das es einbezogen ist. Hierdurch sind seine Kompetenzen, Funktionen, Arbeitsweisen sowie weitgehend die Verhaltensweisen seiner Mitglieder bestimmt."[56] Unter Funktionen werden dabei „grundlegende Aufgabenstellungen von Parlamenten für das Bestehen und den Erhalt des politischen Systems, in dem sie wirken, verstanden."[57]

Parlamentsfunktionen sind Mechanismen und Verhaltensweisen, mit deren Hilfe und durch die das Parlament die Grundfunktionen der Repräsentation in der Demokratie erfüllt.[58] Die Identifikation von Funktionen dient hierbei nicht nur der Beschreibung der Aktivitäten einer Repräsentativkörperschaft. Durch die Definition von Funktionen können die Komplexität und die Inkohärenz des gesamten Wirkens eines Parlaments innerhalb eines dynamischen Interaktionsgefüges in sinnvoller Weise reduziert werden.[59]

Aufgrund der oben skizzierten Rahmenbedingungen des EU-Systems kann das von Walter Bagehot für nationale Parlamente in Westminster-Demokratien konzipierte Funktionsraster[60] nicht ohne Modifikationen auf das EP übertragen werden. Berücksichtigt werden muss der fundamentale Strukturwandel, der sich durch die Demokratisierung der parlamentarischen Regierungssysteme im 20. Jahrhundert vollzogen hat. So „ist die klassische Gewaltenteilung, so wie sie Montesquieu und Locke im 18. Jahrhundert beschrieben haben, im modernen Wohlfahrtsstaat längst von einem System der Gewaltenverschränkung abgelöst worden, bei dem die

54 Kamann, Hans-Georg: Die Mitwirkung der Parlamente der Mitgliedstaaten und der europäischen Gesetzgebung. National-parlamentarische Beeinflussung und Kontrolle der Regierungsvertreter im Rat der Europäischen Union im Spannungsfeld von Demokratie und Funktionsfähigkeit des gemeinschaftlichen Entscheidungsverfahrens, Frankfurt am Main 1997, S. 318.

55 Thürer, Daniel: „Leitsätze: Der Verfassungsstaat als Glied einer europäischen Gemeinschaft", in: Europarecht, Nr. 4/1990, S. 325.

56 Steffani, Winfried: „Einführung", in: Ders. (Hrsg.): Parlamentarismus ohne Transparenz, Opladen 1971, S. 9.

57 Grabitz, Eberhard/Schmuck, Otto/Steppat, Sabine/Wessels, Wolfgang:. „Das Europäische Parlament – verurteilt zur Machtlosigkeit? Auf der Suche nach einem neuen Leitbild", in: Aus Politik und Zeitgeschichte, Nr. B 28/26-1986, S. 22-37, hier S. 29.

58 Vgl. Grabitz, Eberhard/Läufer, Thomas: Das Europäische Parlament, Europa Union Verlag: Bonn 1980, S. 362.

59 Vgl. Grabitz et. al. 1988, Ebenda.

60 Vgl. Bagehot, Walter: Die englische Verfassung, hrsg. von Klaus Streifthau, Neuwied/Berlin 1971 (Orig.: The English Constitution, 1867).

Parlamentsmehrheit zusammen mit der Regierung und der Verwaltungsspitze eine von außen kaum auflösbare Handlungseinheit darstellt."[61]

Die unmittelbar an Bagehot angelehnte Funktionsanalyse des EP wird zudem durch den sui-generis-Charakter der EU erschwert: Erstens mangelt es der EU an traditionellen parlamentarischen Interaktions- und Identifikationsmustern zwischen Regierungspartei(en) und Oppositionspartei(en), die die „staatsanaloge" Einordnung des Europäischen Parlaments als Arena der politisch-ideologisch aufgeladenen Entscheidungsfindung ermöglichen. Zweitens kennt das politisch-institutionelle System der EU keine strikte Trennung zwischen „Legislative" und „Exekutive"; es kommt – auch nach der als „Wahl" bezeichneten Ernennung des oder der Präsidenten/in der Kommission – ohne eine europäische Regierung aus, die sich zur Ausübung ihres Amtes über die gesamte Wahlperiode auf eine parlamentarische Mehrheit stützen müsste. Damit ist auch eine der originären Aufgaben von Parlamenten – die Wahl und Kontrolle der aus Wahlen hervorgehenden Regierung – auf europäischer Ebene nicht in der bekannten Form gegeben. Drittens ist das EP aufgrund der auf bestimmte Politikfelder beschränkten Ziele des EU-Systems nicht dazu aufgerufen, in allen Phasen des EU-Politikzyklus unbestimmte und unbegrenzte Aufgaben wahrzunehmen. Im Gegenteil: Gerade aufgrund der fehlenden Allzuständigkeit der EU konzentrieren sich die Aufgaben und Funktionen des EP auf bestimmte Funktionen und Phasen der Politikzyklen. Durch dieses Konzept wird im Übrigen auch verhindert, dass dem EP ein Anspruch als „über" den nationalen Parlamenten stehendes Organ eingeräumt werden könnte.

In der politischen Praxis hat sich das deutsche Bundesverfassungsgericht bereits früh, in einem Urteil vom 22. Mai 1979, anlässlich der ersten Europawahlen zur Frage der Funktionen des EP, der nationalen und der regionalen Parlamente geäußert.[62] Die erste, aus dem Urteilsspruch ableitbare Funktion eines Parlaments lässt sich somit abstrakt definieren als Arenafunktion: Im Parlament wird die politische Meinungsschichtung der Wählerschaft in Form aggregierter Meinungsträger gespiegelt. Ihre normativen Grenzen erfährt die Arenafunktion durch das den repräsentativen Demokratien innewohnende Mehrheitsprinzip. Ein Parlament soll demnach handlungsfähig arbeiten, um Gesamtwohlleistungen erbringen zu können. Vor diesem Hintergrund stellte das Bundesverfassungsgericht das Postulat der Funktionsfähigkeit des EP auf und definierte hierbei den „Aufgabenkreis der zu wählenden Volksvertretung": Im Hinblick auf nationale und regionale Parlamente umfasse dieser „in erster Linie" Aufgaben der Gesetzgebung und der Regierungsbildung, im Hinblick auf das Europäischen Parlament dagegen vor allem die Ausübung von Beratungs- und Kontrollbefugnissen sowie das Recht, wegen der Tätigkeit der Kommission ein Misstrauensvotum zu beschließen. Schließlich nähme das Europäische Parlament „als Vertretung der Völker eine wichtige politische Integrationsfunktion wahr", indem es aufgrund „auch außerhalb der ihm ausdrücklich eingeräumten Befugnisse Stellungnahmen an den Rat und die Kommission" verabschiede und „dadurch auf die Willensbildung dieser Organe einen faktisch nicht unerheblichen Einfluss" ausübe.

In der Lesart des Verfassungsgerichts umfasst der funktionale Aufgabenkreis eines Parlaments somit ganz allgemein

---

61 Schmuck, Otto/Wessels, Wolfgang (Hrsg.): Konturen eines zeitgemäßen Leitbildes für das Europäische Parlament, Bonn 1989, S. 287-288.
62 BVerfGE 51, 222 vom 22. Mai 1979: 5%-Sperrklausel.

- Gesetzgebungsfunktionen,
- Regierungsbildungsfunktionen,
- gesetzgeberische Initiativfunktionen,
- Budgetfunktionen,
- Kontrollfunktionen,
- Arenafunktionen und
- Integrationsfunktionen.

Als bewährtes Analyseraster zur politikwissenschaftlichen Konzeptualisierung der Europäischen Parlamentsbefugnisse bietet sich eine im Anschluss hieran, in den 80er Jahren von Grabitz, Steppat, Schmuck und Wessels entwickelte und empirisch unterfütterte Trias der Funktionen des EP an – Politikgestaltung – Systemgestaltung – Interaktion –,[63] wobei aber aufgrund der seit dem Maastrichter Vertrag sukzessive geänderten Rahmenbedingungen und Befugnisse des EP von Maurer definierte und empirisch überprüfte Ergänzungen und Differenzierungen vorzunehmen sind.[64]

Die *Politikgestaltungsfunktion* umfasste bei Grabitz et al. die drei Aufgabenbereiche der gesetzgeberischen Initiative, der Mitwirkung des Parlaments an der Rechtsetzung und der politischen, gegebenenfalls mit Sanktionsmitteln bewährten Kontrolle der mit Exekutivkompetenzen ausgestatteten Organe. Die Funktion beinhaltet damit diejenigen Tätigkeiten des EP, die auf die substanzielle Beeinflussung der vorhandenen EU-Politiken abzielen. Sie leitet sich aus der Beteiligung des Parlaments an der Herstellung allgemein verbindlicher Entscheidungen ab. Dem Parlament stehen entsprechend dem Postulat der Politikgestaltungsfunktion potenzielle Durchsetzungsoptionen zur Verfügung, die je nach Grad der parlamentarischen Mit- und Einwirkungsregeln sowie der Beschlussfassungsmodi des Rates variieren.

Die bei Grabitz et al. in der Politikgestaltungsfunktion aufgefangene, nicht eigens aufgeführte *Kontrollfunktion* lässt sich spätestens seit Maastricht aufgrund der mit diesem Vertrag eröffneten Anreizstrukturen des EP im Bereich der gesetzgebenden Politikgestaltung als selbstständige Funktion konzeptualisieren. Sie bezieht sich auf die Sicherstellung der Rechenschaftspflicht der EU-Institutionen gegenüber dem Parlament aufgrund seiner Eigenschaft als einzige direkt gewählte Repräsentativkörperschaft der EU. Bei der Wahrnehmung dieser Funktion kann das Parlament insbesondere gegenüber der Kommission und eingeschränkt gegenüber dem Rat und dem Europäischen Rat auf das breit gefächerte Spektrum typischer Kontrollinstrumentarien und Sanktionsmechanismen wie parlamentarische Anfragen, Untersuchungsausschüsse, die Verweigerung der Haushaltsentlastung, die Verabschiedung eines Misstrauensvotums gegen die Kommission und die Überwachung der Übertragung näher bestimmter Umsetzungsbefugnisse auf die Kommission zurückgreifen.

Aus der Kontrollfunktion geht die im Funktionskatalog von Grabitz et al. ebenfalls nicht eigenständig behandelte *Wahl-, Rekrutierungs- oder Kreationsfunktion* des Parlaments hervor, die auch erst seit dem Maastrichter Vertrag deutlicher ausgeprägt ist. Sie bezieht sich auf die

---

63 Vgl. Grabitz et.al. 1988, Ebenda.; Schmuck/Wessels 1989, Ebenda.
64 Vgl. Maurer, Andreas: „Die Demokratisierung der Europäischen Union: Perspektiven für das Europäische Parlament", in: Maurer, Andreas/Thiele, Burkard (Hrsg): Legitimationsprobleme und Demokratisierung der Europäischen Union, Marburg 1996, S. 15-39; Maurer, Andreas: (Co-)Governing after Maastricht: The European Parliament's institutional performance 1994-1999, European Parliament, Working document: Political Series POLI 104, Brussels/Luxembourg 1999; Maurer, Andreas: Parlamentarische Demokratie in der Europäischen Union. Der Beitrag des Europäischen Parlaments und der nationalen Parlamente, Baden-Baden, Nomos 2002.

Umsetzung der parlamentarischen Rekrutierungs- und Ernennungsrechte und die hierbei immer stärker zum Vorschein tretenden Versuche, ein regierungsähnliches System innerhalb der EU zu errichten, in dem sowohl die Verträge als auch die interinstitutionell wirksamen Grundnormen eine Verdichtung der Beziehungen zwischen Parlament und Kommission postulieren. In ihren Folgen schwächer ausgebildete Kreationsfunktionen sind dabei auch im Verhältnis des EP zum Rechnungshof, zur Zentralbank und zum Gerichtshof zu beobachten.

Die *Systemgestaltungsfunktion* bezieht sich auf die Rolle des Parlaments im Rahmen der „para-konstitutionellen" Weiterentwicklung des EU-Systems. Dies betrifft sowohl die Revision der Verträge, die Änderung der Entscheidungsverfahren und die Neuordnung der Zuständigkeitsverteilung zwischen der EU und den Mitgliedstaaten als auch die Mitwirkung des Parlaments an Beitritts- und Austrittsprozessen sowie an systemgestaltenden Prozessen unterhalb der Vertragsrevisionsebene. Hierzu gehören vor allem interinstitutionelle Abkommen als vertragsinterpretierende und systementwickelnde Instrumente sowie die Prozesse der Anpassung institutioneller Geschäftsordnungen an die sich aus den Verträgen und Vertragsrevisionen erschließenden Gestaltungsspielräumen.

Die *Artikulations-, Kommunikations- oder Interaktionsfunktion* schließlich bezieht sich auf die Beziehungen zwischen den Abgeordneten des Parlaments und den Wählern sowie auf die Beziehungen zwischen dem EP und den Parlamenten in den EU-Mitgliedstaaten, den assoziierten und weiteren Drittstaaten. Dabei geht es um die Artikulation der Wählerinteressen, die Öffentlichkeit parlamentarischer Beratungen, die Aggregation unterschiedlicher Positionen und um die Mobilisierung der Bürger für wichtige Anliegen sowie – mit Blick auf die interparlamentarischen Beziehungen – um die Kommunikation und gegenseitige Information zwischen Abgeordneten.[65]

---

65 Vgl. Son, Herman: The Necessity for reinforcing the Close Inter-Parliamentary Cooperation within the EU Decision-Making Process, EU Law Series W-1, University of Exeter, Centre for European Legal Studies 1996.

1.3 Ein Sitz, drei Arbeitsorte

> *Art. 341 AEUV*
>
> Der Sitz der Organe der Union wird im Einvernehmen zwischen den Regierungen der Mitgliedstaaten bestimmt.

Die Frage des Sitzes der EU-Organe datiert zurück in die Gründungsjahre der Europäischen Gemeinschaft für Kohle und Stahl (EGKS). In der aktuellen Diskussion wird der Sitz des EP in Straßburg gerne als weiteres Symbol der Vereinigung Europas dargestellt. In Wirklichkeit zeigt aber gerade die Aufteilung der Arbeitsorte des EP auf drei verschiedene Städte – Straßburg, Luxemburg und Brüssel – sowie die anhaltende Auseinandersetzung über die Befugnis der Organe, autonom über ihre Sitz- und Arbeitsorte zu verfügen, die Uneinigkeit der Mitgliedstaaten über die Rolle und Selbstorganisationsmacht des EP auf. So waren die Regierungen der Mitgliedstaaten in der Festlegung der Organsitze bis 1992 unentschieden und legten den Sitz des EP erstmals durch den Beschluss von Edinburgh[66] fest. Dieser wurde dann 1997 als Protokoll Nr. 6 dem Vertrag von Amsterdam beigefügt und so auf die Primärrechtsebene gehoben. Der Europäische Gerichtshof (EuGH) schaltete sich erst 1981 in diesen Streit ein, als Luxemburg erstmals eine Klage (C 230/81) einbrachte.[67]

Die allmonatlich zwischen Brüssel und Straßburg hin- und herziehende Karawane aus Europaabgeordneten, Mitarbeitern und Beamten trifft vor allem in der EU-Öffentlichkeit auf Unverständnis. Insgesamt sind bis zum Oktober 2013 sieben Petitionen zur Sitzfrage beim Petitionsausschuss des Parlaments (PETI) eingegangen, darunter auch eine von mehr als 1,3 Mio. EU-Bürgern unterzeichnete Petition (0630/2006); in sechs der sieben Petitionen wird ein einziger Arbeitsort gefordert.[68] In diesem Kontext stehen auch die verschiedenen Initiativen[69] von Abgeordneten, den Parlamentssitz gänzlich nach Brüssel zu verlegen.

Seit 1958 hat das EP immer wieder gefordert, seinen Sitz nah bei den anderen, entscheidungsmächtigen und von ihm zu kontrollierenden EU-Institutionen im Gravitationszentrum Brüssel zu organisieren. Der Konstitutionelle Ausschuss des EP plädiert dabei für eine normative Ausweitung des Selbstorganisationsrechts auf ein echtes parlamentarisches Selbstbestimmungsrecht. Das Parlament hat hierzu mehrere Resolutionen verabschiedet, in denen es die Auflösung seines Straßburger Standortes forderte. So sprach sich z.B. am 23. Oktober 2012 eine deutliche Mehrheit der Abgeordneten (78 %) im Rahmen der Abstimmungen über den Entwurf zum Gesamthaushaltsplans der EU[70] für das Recht des EP aus, über seinen Sitz und seine Arbeitsorte selbst zu befinden. In der am 20. November 2013 verabschiedeten Entschließung zur Festlegung der Sitze der Organe der EU unterstrich das EP seine Forderungen nochmals ve-

---

66 Europäischer Rat Edinburgh: 11.–12. Dezember 1992, Schlussfolgerungen des Vorsitzes; European Council – DOC/92/8.

67 EuGH Urteil vom 10. Februar 1983. Großherzogtum Luxemburg gegen Europäisches Parlament. Sitz und Arbeitsort des Parlaments. Rechtssache 230/81; Schlussanträge des Generalanwalts Federico Mancini vom 07. Dezember 1982.

68 Vgl. Stellungnahme des Petitionsausschusses für den Ausschuss für konstitutionelle Fragen zur Festlegung der Sitze der Organe der Europäischen Union (2012/2308(INI)), 23.9.2013, S. 21.

69 So lancierte Cecilia Malström (zu jener Zeit liberales MdEP) 2006 eine Petition mit der Forderung auf einen einzigen Sitz in Brüssel im Internet (Petition Nr. 630-2006), die bisher mehr fast 1,3 Mio Bürger unterstützen.

70 Entschließung des Europäischen Parlaments vom 23. Oktober 2012 betreffend den Standpunkt des Rates zum Entwurf des Gesamthaushaltsplans der Europäischen Union für das Haushaltsjahr 2013 – alle Einzelpläne (12749/2012 – C7-0233/2012 – 2012/2092(BUD)).

hement.[71] Die Hauptargumente dabei sind der hohe logistische und finanzielle Aufwand (zwischen EUR 169 und 204 Mio. jährlich[72]) sowie die anfallenden zusätzlichen Klimakosten (11 000 bis 19 000 t CO_2)[73], die sich durch den Pendelverkehr von Menschen und Material zwischen den Arbeitsorten ergeben. Das neu gewählte Parlament bestätigte diese Haltung mit der am 22. Oktober 2014 angenommenen Entschließung zum Gesamthaushaltsplan 2015,[74] nach der „sich das Parlament und der Rat im Interesse von langfristigen Einsparungen im Unionshaushalt der Frage zuwenden müssen, wie und wann ein einziger Sitz verwirklicht werden kann."

Nach dem Inkrafttreten des Vertrages von Lissabon startete eine Gruppe von Abgeordneten 2010 eine „Single Seat Campaign".[75] MdEP aus allen Fraktionen werben dabei vornehmlich um die Unterstützung bei den Bürgern in den Mitgliedstaaten und ihren EP-Kollegen. In der 8. Wahlperiode trat die Single Seat Steering Group unter dem Vorsitz von Anna Maria Corazza Bildt (EVP, SE) am 17. September 2014 zu ihrer ersten Sitzung zusammen. Die Steering Group geht auf die Gründung zweier Gruppierungen zurück, die sich im Anschluss an die Entschließung vom 20. November 2013 formiert haben.[76] Im Rahmen der Single Seat Campaign operiert auf der einen Seite eine Brussels Task Force, die von einem MdEP geleitet wird und der Vertreter anderer EU-Organe sowie aller französischen bzw. belgischen Regierungsebenen, Hochschullehrer, Mitglieder des diplomatischen Corps, Vertreter der Medien und Repräsentanten der Zivilgesellschaft angehören.[77] Als Gegengewicht dazu hat die Stadt Straßburg im Juli 2013 eine Strasbourg Task Force ins Leben gerufen, um sich mit der Unterstützung von Abgeordneten aller politischen Lager gegen die „Angriffe" auf den Standort Straßburg zu verteidigen. Diese ist allerdings weit weniger gut organisiert und böse Zungen behaupten, dass mit Ausnahme dreier Pressekonferenzen keine substantiellen Punkte vorgelegt wurden.

---

71 Entschließung des Europäischen Parlaments vom 20. November 2013 zur Festlegung der Sitze der Organe der Europäischen Union (2012/2308(INI)).

72 Diese Kostenschätzung geht aus dem Bericht der gemeinsamen Arbeitsgruppe des Präsidiums und des Haushaltsausschusses von 2012 hervor und errechnet sich aus den jährlichen Abschreibungskosten für das Gebäude in Straßburg seit dessen Erwerb plus dem vom Generalsekretär zu den Leitlinien des Haushaltsplans 2014 angegebenen Mehrkosten für den Straßburger Sitz von geschätzten 103 Mio. Euro – bei einem Leerstand von über 300 Tagen im Jahr. Dem stehen Gewinne von ca. EUR 20 Mio. pro Jahr für die Region Straßburg gegenüber.

73 Antwort des EP-Generalsekretärs vom 30. August 2013 „The three places of work of the European Parliament - Financial, environmental and regional impacts of geographic dispersion" auf die in Ziffer 10 der Entschließung des Parlaments vom 6. Februar 2013 zu den Leitlinien für den Haushaltsplan 2014 formulierten Forderungen; „European Parliament two-seat operation: Environmental costs, transport & energy", Bericht von Eco-Logica Ltd. für die Verts/ALE-Fraktion, November 2007.

74 Vgl. Entschließung des Europäischen Parlaments vom 22. Oktober 2014 betreffend den Standpunkt des Rates zum Entwurf des Gesamthaltsplans der Europäischen Union für das Haushaltsjahr 2015 (12608/2014 – C8-01444/2014 – 2014/2010(BUD)).

75 www.singleseat.eu.

76 Europäisches Parlament: Bericht über die Festlegung der Sitze der Organe der Europäischen Union (2012/2308(INI), Ausschuss für konstitutionelle Fragen, A7-0350/2013.

77 Single Seat update (21. November 2013) http://singleseat.eu/resources/Single+Seat+November+update.pdf

Factbox: Single Seat Brüssel

Kontra

- Finanzielle Einbußen von ca. 17 Mio. EUR/Jahr für die lokale Wirtschaft in Straßburg (insbes. durch den Abzug der 233 ständigen EP-Mitarbeiter[78])
- Verlust des Symbols eines polyzentrischen und anti-bürokratischen Europas
- Aufgabe des Symbols des deutsch-französischen Versöhnungsgedankens
- Implizite Infragestellung des Arbeitsorts Luxemburg: das Generalsekretariat sowie sieben von elf der Generaldirektionen (2 000[79] Beamte und Angestellte, Reisekosten, ca. EUR 45 Mio. Gebäudekosten) sind dort untergebracht.
- Straßburgwochen werden als Klausur des Parlaments genutzt, da die Lobbygruppen weitgehend in Brüssel verbleiben und die Abgeordneten „geschützt" verhandeln können.

Pro

- Kostenersparnis von ca. EUR 156-204 Mio./Jahr = ca. 10 % des EP-Budgets, Einsparung von ca. 3 300 Dienstreisen/Monat (= ca. 78 % aller Dienstreisen des EP-Personals)
- Umwelt/Logistik: CO_2-Ersparnis von ca. 11 000 bis 19 000 t/Jahr
- Zeitersparnis von ca. 96 h/Jahr durch Wegfall der Anreisedauer (je nach Transportmittel 3,5–5 h/Richtung (= ca. 5 % der Gesamtarbeitszeit)
- Wegfall der Belastungen durch die geringe Zahl an Flug- und Zugverbindungen und hohe Hotelpreise (2 bis 3 mal höher in den Tagungswochen des EP)
- Einsparungen durch Wegfall der Straßburger Infrastruktur, die im Durchschnitt nur an 42 Tagen/Jahr (=11 % Gebäudeauslastung) genutzt wird (1 Plenarsaal, 34 Konferenzräume, 2 650 Büros[80], Mensa, Cafeteria, etc.)
- Der Wanderzirkus begünstigt die finanziell und personell gut aufgestellten Lobbyeinrichtungen gegenüber den mit weniger Ressourcen ausgestatteten NGOs, da sich letztere kaum in der Lage sehen, immer „mit" dem Parlament zu ziehen.

Die Debatte um den Sitz des Europäischen Parlaments ist multidisziplinär zu betrachten, da nur eine Verknüpfung von historischen, europarechtlichen und politikwissenschaftlichen Ansätzen den fast ausschließlich populärwissenschaftlich geführten Diskurs zu entwirren vermag. Anhand der eingangs dargestellten Parameter der Funktionsanalyse kann verdeutlicht werden, dass die drei Arbeitsorte des EP das (vorläufige) Ergebnis eines Prozesses evolutionärer Integrationsdynamik, parakonstitutioneller und institutioneller Entwicklungen und nationaler Machtkonstellationen sind. Die Sitzfrage wirft schließlich administrativ-praktische Probleme auf, die im Sinne einer effizienten Arbeitsweise der Union sowie ihrer Organe zu lösen sind. Nicht zuletzt durch das Inkrafttreten des Lissaboner Vertrages, der hiermit normierten, massiven Ausdehnung des Anwendungsbereichs des Ordentlichen Gesetzgebungsverfahrens und dem damit verbundenen Anstieg an interinstitutionellen Verfahren und Sitzungen erfuhr die

---

78 Stellungnahme des Haushaltsausschusses für den Ausschuss für konstitutionelle Fragen zur Festlegung der Sitze der Organe der Europäischen Union (2012/2308(INI)); Verfasser der Stellungnahme: Alexander Alvaro.

79 1995 sicherte der damalige EP Präsident Klaus Hänsch dem luxemburgischen Premier Jean-Claude Juncker die permanente Präsenz von 2.185 Dienststellen zu. 2000 wurde die Anzahl auf 2 060 Stellen revidiert.

80 Laut gegenwärtiger Arbeitsregelung müssen alle MdEP und 160 Beamte der Kommission über ein Büro in Brüssel und eines in Straßburg verfügen. Etwa 150 EP-Beamte verfügen über ein Büro in allen drei Arbeitsorten (Europäisches Parlament 2013, 12).

Debatte erneut an Bedeutung. So war alleine im Zeitraum von 2009 bis 2013 eine Zunahme von 16 000 auf ca. 40 000 interinstitutionelle Sitzungen zu verzeichnen.[81]

1.3.1 Rechtsgrundlage und Entwicklung

Die Regierungen der Mitgliedstaaten sind unter Wahrung der Interessen der Union und des Grundsatzes der loyalen Zusammenarbeit (Art. 4 Abs. 3 EUV) dazu verpflichtet, den Sitz der Organe festzulegen. Die Rechtsgrundlage hierfür ist Art. 341 AEUV. Erstaunlich an dieser Bestimmung ist, dass es sich um eine intergouvernementale Norm handelt, die aus der Normenhierarchie des EUV und des AEUV herausfällt. Beschlüsse auf der Grundlage von Art. 341 AEUV sind Rechtsakte sui generis, die weder mit Nichtigkeitsklage noch mit der Einrede der Unanwendbarkeit angefochten werden können. Allerdings sind sie einer Rechtmäßigkeitskontrolle durch den EuGH nicht gänzlich entzogen, da auch die in „kleinen Regierungskonferenzen" erlassenen Sitzbestimmungsbeschlüsse mit den Verträgen, aufgrund derer sie erlassen werden, konform sein müssen.[82]

1951 wurde die Europäische Gemeinschaft für Kohle und Stahl (EGKS) als Internationale Organisation ins Leben gerufen (Art. 6 EGKS-Vertrag). Bei ihrer konstituierenden Sitzung im September 1952 zählte die parlamentarische, „Gemeinsame Versammlung" 78 von den nationalen Parlamenten entsandte Abgeordnete. Als Sitz der Organe legten die Gründerstaaten Luxemburg fest.[83] Art. 77 EGKS-Vertrag überließ die Festlegung der Sitze der EGKS-Organe danach einem einstimmig zu fassenden Übereinkommen der Regierungen der Mitgliedstaaten. Mit einem Beschluss siedelten die Außenminister die Versammlung 1952 vorläufig in Straßburg an, da Luxemburg – das als Sitz der übrigen Organe fungierte – keine ausreichenden Tagungsräumlichkeiten aufwies. Symbolisch sollte dadurch die gemeinsame Zielrichtung von Europarat und EGKS unterstrichen und die gewichtige Rolle Frankreichs betont werden.[84] Dennoch siedelte der Vorläufer des EP sein Generalsekretariat in Luxemburg an, um die Tätigkeit der Hohen Behörde bestmöglich verfolgen zu können.

Mit den Römischen Verträgen von 1957 bestätigten die EWG und die EAG die „Gemeinsame Versammlung" als rein beratendes parlamentarisches Organ. Mit der Wortwahl „Europäische Parlamentarische Versammlung" gaben sich die Abgeordneten nicht zufrieden und nannten sich selbst ab 1958 „Europäisches Parlament".[85] Eine naheliegende Klärung der Sitzfrage blieb weiterhin ausständig. Abermals konnten sich die Regierungen nicht auf einen gemeinsamen Sitz aller Organe einigen und empfahlen die Sitzungen je nach Maßgabe der praktischen Gründe und der technischen Gegebenheiten übergangshalber in Brüssel oder Luxemburg abzuhalten. Ab 1958 kehrte so auch die bis heute anhaltende Praxis ein, parlamentarische Ausschusssitzungen in Brüssel abzuhalten.

---

81 Europäisches Parlament: Bericht über die Festlegung der Sitze der Organe der Europäischen Union (2012/2308(INI), AFCO, A7-0350/2013; S. 5.

82 Schlussanträge des Generalanwalts Carl Otto Lenz vom 04. Februar 1997. Französische Republik gegen Europäisches Parlament, Rechtssache C 345/95, Ziffer 28 ff.

83 Schweitzer, Michael/Hummer, Waldemar/Obwexer, Walter: Europarecht. Das Recht der Europäischen Union, Wien 2007, S. 3 f.; EGKS-Vertrag Art. 7; Europäisches Parlament 2007, S. 13 ff.

84 Vgl. Trunk, Achim: Europa ein Ausweg; Politische Eliten und europäische Identität in den 1950er Jahren, Oldenbourg: Wissenschaftsverlag 2007, S. 119; Göldner, Markus : Politische Symbole der europäischen Integration, Frankfurt a. Main 1988, S. 163 f.; Stoldt, Jürgen: „Abschied auf Raten. Wie Luxemburg die lange Schlacht um das EP-Generalsekretariat verloren gibt", in: Forum für Politik, Gesellschaft und Kultur, Nr. 180, Dezember 1997, S. 34.

85 Art 216 EWG-Vertrag; Trunk 2005, S. 126; Schweitzer et al. 2007, S. 6 f; Göldner 1988, S. 164.

Kommission und Ministerrat forderten 1958 das EP zu einer Stellungnahme hinsichtlich der Sitzfrage auf. Die Abgeordneten favorisierten Brüssel knapp vor Straßburg (gefolgt von Mailand, Nizza und schließlich mit deutlichem Abstand Luxemburg; Paris wurde bereits im ersten Wahlgang „abgewählt"[86]). Brüssel gewann die Abstimmung vor allem deshalb, weil es mittlerweile die meisten Organe der drei Gemeinschaften beherbergte und die beste Infrastruktur bot. Die Abgeordneten argumentierten mit dem Autonomierecht des EP und vertraten die Auffassung, dass es in Ausnahmefällen möglich sein müsse, auch außerhalb ihres festgelegten Sitzes zusammenzutreten, da dies auch in besonderen Fällen für nationale Parlamente (NP) gelte. Der Ministerrat nahm die Stellungnahme zur Kenntnis, ohne ihr inhaltlich zu folgen. Das EP wollte sich damit aber nicht zufrieden geben und delegierte die Frage an den Ausschuss für politische Angelegenheiten und politische Fragen (heute Ausschuss für Konstitutionelle Fragen)[87], in dem die Sitzfrage bis zum heutigen Tag diskutiert wird.

Durch den Fusionsvertrag[88] (FV) von 1965 wurden nun auch der Ministerrat und die Kommission zu gemeinsamen Organen der drei Gemeinschaften. Art. 1 FV bestimmte, dass die vorläufigen Arbeitsorte der Organe „Luxemburg, Brüssel und Straßburg" bleiben. Art. 4 FV formulierte explizit, dass das Generalsekretariat des EP und seine Dienststellen in Luxemburg bleiben sollten. Der Begriff „bleiben" bezog sich dabei aber nur auf die vom EP eingeführte Praxis. Damit wurde Straßburg über Umwege als vorläufiger Sitz für Plenartagungen des Parlaments festgelegt.[89] Aufgrund eines Beschlusses seines Präsidiums trat das EP erstmals am 19. Juli 1967 außerhalb von Straßburg, nämlich in Luxemburg, für eine Plenartagung zusammen. Infolge der scheinbar stillschweigenden Anerkennung dieser Praxis durch die Regierungen berief das EP daraufhin Tagungen regelmäßig in Luxemburg ein: Zwischen 1966 und 1978 hielt das EP 87 Tagungen (409 Tage) in Straßburg und 57 Tagungen (190 Tage) in Luxemburg ab.[90] Frankreich urgierte diese Praxis mehrmals vergebens beim EP-Präsidenten mit Verweis auf die Verträge.

1979 erfolgte die erste unmittelbare Wahl des EP; die Abgeordnetenzahl stieg von 198 auf 410. Das EP hielt an seiner Praxis fest und hielt zwischen Juni 1980 und Februar 1981 vier Tagungen in Luxemburg ab. Mittlerweile war ein neuer Sitzungssaal in Luxemburg errichtet worden. Mit der unmittelbaren Wahl und der Zunahme der Abgeordnetenzahl vergrößerte sich das Arbeitsortproblem, womit sich Frankreich zu einem Memorandum gezwungen sah und am 16. September 1980 den „Regierungen der anderen Mitgliedstaaten [vorschlug] unverzüglich Gespräche aufzunehmen, um in Anwendung der Art. 77 EGKS-Vertrag, 216 EWG-Vertrag und 189 EAG-Vertrag zu einer befriedigenden Lösung dieses Problems zu gelangen."[91] Das EP interpretierte das Memorandum als Unterstützung seines Anliegens und beschloss im Gegenzug, alle weiteren Plenartagungen des Jahres 1981 ausschließlich in Straßburg abzuhalten.

---

86 Trunk 2005, S. 126.
87 Ebenda., S. 126 f.
88 Vertrag zur Einsetzung eines gemeinsamen Rates und einer gemeinsamen Kommission der Europäischen Gemeinschaften vom 13.7.1967, ABl. 1967 152, 18 ff.
89 Vgl. Beschluss der Vertreter der Regierungen der Mitgliedstaaten über die vorläufige Unterbringung bestimmter Organe und Dienststellen der Gemeinschaften vom 13.07.1967; 67/446/EWG: 67/30/Euratom, ABl. 1967 152, S. 18 ff; Trunk 2005, S. 128; Schweitzer et. al. 2007, S. 117 f.
90 Vgl. Schlussanträge des Generalanwalts Federico Mancini vom 07. Dezember 1984. Großherzogtum Luxemburg gegen Europäisches Parlament. Sitz und Arbeitsort des Parlaments. Rechtssache 230/81. Ziffer 16.
91 ABl. C 77 vom 6.4.1981, 70.

Der Konflikt spitzte sich weiter zu. Ein regelrechtes Wettrennen um den Parlamentssitz begann. Luxemburg stand unter Druck. Die Regierung hatte bereits zu viele Investitionen getätigt, als dass sie dem schleichenden Abwandern der Organe tatenlos hätte zusehen können. Das sogenannte „Centrum 300" sollte einen Plenarsaal sowie Sitzungssäle und Büros für 650 Abgeordnete bieten. Eine Bürgerinitiative brachte das umstrittene Bauvorhaben aber zu Fall. So wurde nur das bisherige Gebäude um einen Plenarsitzungssaal für 500 Abgeordnete erweitert, ohne jedoch zusätzliche Abgeordnetenbüros einzurichten. Frankreich baute demgegenüber den Sitz des Europarates aus und kam dabei auch den Kapazitätsanforderungen des EP nach. Gleichzeitig begannen ab 1979 die Bauarbeiten für ein Abgeordnetenhaus mit zwei Sitzungssälen und 250 Büros in Straßburg.[92] Belgien zog nach und begann noch im Jahr 1980 in Brüssel mit den Bauarbeiten für einen Gebäudekomplex mit Sitzungssälen und Büros für Parlamentarier und den Planungen für einen Plenarsaal.[93] 1993 weihte das Parlament das heute unter dem Namen „Paul-Henri Spaak" (Benennung 1999) firmierende Gebäude mit seinem großen Sitzungssaal und der imposanten Glaskuppel ein. 1998 folgte das „Altiero Spinelli-Gebäude" (Benennung 1999) mit seinen umfangreichen Büro- und Sitzungsräumlichkeiten. Die Erweiterungsbauten „Willy Brandt" und „Józef Antall" sowie die beiden Brückenkonstruktionen „Konrad Adenauer", die Brandt und Antall mit dem „Altiero Spinelli-Gebäude" verbinden, wurden 2008 fertiggestellt. Die ersten Sitzungen in den fünf großen Konferenzräumen des „Józef Antall-Gebäudes" fanden am 7. Oktober 2008 statt.

1.3.2 Klagen der Mitgliedstaaten vor dem Europäischen Gerichtshof

Nach Art. 263 AEUV darf der EuGH nur über Handlungen des EP urteilen, insofern sie Rechtswirkungen gegenüber Dritten entfalten. Handlungen, die nur die interne Organisation der Arbeitsweise des EP betreffen, wären damit vor dem EuGH per se nicht anfechtbar. Dieser erklärte die Klagen gegen das EP aber für zulässig, da „die Frage, ob die angefochtenen Beschlüsse ausschließlich die interne Organisation des Parlaments betreffen oder ob sie Rechtswirkungen Dritten gegenüber haben, untrennbar mit der Prüfung ihres Inhalts, also mit der Untersuchung der Begründetheit der Klagen, verbunden ist ...".[94]

Im Grunde überspringt der EuGH die Zulässigkeitsprüfung, ob ein Urteil überhaupt in seinen Kompetenzbereich fällt und stellt eine mittelbare Rechtswirkung gegenüber Dritten fest, um dann rückwirkend zu postulieren, dass die formellen Kriterien erfüllt sind. Das so formulierte Zulässigkeitshindernis wandte der EuGH in seiner bisherigen Rechtsprechung zur Angreifbarkeit von Handlungen des EP stets an. Ausdrücklich ist dieses Kriterium jedoch erst in ex-Art. 173 EG-Vertrag durch den Vertrag von Maastricht aufgenommen worden.

92 Vgl. Göldner 1988, S. 189 ff.
93 Am 24.10.1985 beschloss das EP den Ausbau seiner Räumlichkeiten in Brüssel und beauftragte hierzu sein Generalsekretariat zu umgehenden Maßnahmen, ABl. C 343 vom 31.12.1985, 84.
94 EuGH Urteil vom 13. Dezember 2012. Französische Republik gegen Europäisches Parlament. Rechtssache C-237/11 und C-238/11. Ziffer 20; Urteile vom 10. Februar 1983, Luxemburg/Parlament, 230/81, Slg 1983, 255, Randnr. 30, vom 22. September 1988, Frankreich/Parlament, 358/85 und 51/86, Slg. 1988, 4821, Randnr. 15, und vom 28. November 1991, Luxemburg/Parlament, C-213/88 und C-39/89, Slg. 1991, I-5643, Randnr. 16.

Abb. 1: Klagen von Frankreich und Luxemburg vor dem EuGH (1981–2011)

Luxemburgs Klagen 1981/1983	(C-230/81, C-108/83)
Frankreichs Klagen 1985/1986	(C-385/85, C-51/86)
Luxemburgs Klagen 1988/1989	(C-213/88, C-39/89)
Der Beschluss vom 12.12.1992	„Beschluss von Edinburgh"
Frankreichs Klage 1995	(C-345/95)
Frankreichs Klagen 2011	(C-237/11, C 238/11)

Luxemburgs Klagen 1981/1983 (C-230/81, C-108/83)

Das EP fasste am 7. Juli 1981 eine Entschließung auf Basis des sogenannten Zagari-Berichts.[95] Damit strebte es die Umsetzung der angekündigten Vorkehrungen zur Verbesserung seiner Funktionsfähigkeit an und wollte seine Arbeitsorte auf Straßburg (Plenartagungen) und Brüssel (Ausschuss- und Fraktionssitzungen) einschränken. Im August 1981 brachte Luxemburg gegen diese Entschließung vergeblich Klage[96] ein mit der Begründung, dass die eintägigen Plenartagungen in Luxemburg Gewohnheitsrechtscharakter gewonnen hätten. Der EuGH sprach dem Parlament in dieser Hinsicht eine interne Organisationsgewalt zu und stärkte damit seine Souveränität.[97] Am 9. März 1983 formulierte der Zagari-Bericht in einem Entschließungsantrag, wie das Parlament seine Dienststellen effizienter an seine zersplitterten Sitze anpassen müsste: „das Personal des Generalsekretariats ... [ist] auf die Arbeitsorte zu verteilen"; es sei „vorzusehen, dass die Dienststellen, die hauptsächlich an den Arbeiten der Plenartagungen mitwirken, ihren ständigen Sitz ... in Straßburg" und „die Dienststellen, die hauptsächlich an den Arbeiten der Ausschüsse mitwirken, ihren Sitz in Brüssel haben". Dagegen erhob Luxemburg im Juni 1983 erfolgreich Nichtigkeitsklage. Der Generalanwalt des EuGH betonte, dass die Personalkompetenz dem Generalsekretär und dem Präsidium des EP obliege und die beabsichtigte Verlegung der Dienststellen nicht zur internen Organisationsgewalt des EP gehöre.[98]

Frankreichs Klagen 1985/1986 (C-385/85, C-51/86)

Am 24. Oktober 1985 fasste das EP eine Entschließung zum Bau eines ersten Gebäudes in Brüssel, „[...] das einen Saal mit Sitzplätzen für mindestens 600 Personen, eine Besuchertribüne und zusätzliche Einrichtungen umfasst [...]",[99] da die bestehenden Sitzungssäle für die Sondertagungen während der Ausschuss- sowie Fraktionswochen zu unflexibel seien. Gegen diese Entschließung klagte nun Frankreich vor dem EuGH in zwei getrennten Klagen (19.11.1985

---

95   Benannt nach dem italienischen Berichterstatter Mario Zagari ABl. C-234 vom 14.9.1981, 22ff.
96   Vgl. EuGH Urteil vom 10. Februar 1983. Großherzogtum Luxemburg gegen Europäisches Parlament. Sitz und Arbeitsort des Parlaments. Rechtssache 230/81; Schlussanträge des Generalanwalts Federico Mancini vom 07. Dezember 1982.
97   Vgl. Trunk 2005, S. 128; Göldner 1988, S. 202 f.
98   Vgl. EuGH Urteil vom 10. April 1984. Großherzogtum Luxemburg gegen Europäisches Parlament. Arbeitsort des Parlaments – Dort beschäftigte Bedienstete. Rechtssache 108/83; Schlussanträge des Generalanwalts Federico Mancini vom 22. Februar 1984. Großherzogtum Luxemburg gegen Europäisches Parlament. Sitz und Arbeitsort des Parlaments. Rechtssache 108/83. Ziffer 1, 7; Schöndube, Claus (1982): Das Europäische Parlament; in: Weidenfeld, Werner/Wessels, Wolfgang (Hrsg.): Jahrbuch der Europäischen Integration 1981, Bonn 1982, S. 76 f.; Göldner 1988, S. 204 ff.
99   ABl. C 343 vom 21.12.1985. 84 ff.; EuGH Urteil vom 22. September 1988. Französische Republik gegen Europäisches Parlament. Arbeitsorte des Europäischen Parlaments. Entschließung zu den erforderlichen Sitzungssälen in Brüssel. Verbundene Rechtssache 358/86 und 51/86. Entscheidungsgründe. Ziffer 2.

und 20.2.1986), die zur rascheren Abwicklung miteinander verbunden wurden. Das EuGH-Urteil vom 22. September 1988 wies die Klage Frankreichs ab und gab dem EP Recht, dass es aufgrund seiner internen Organisationsgewalt „in Brüssel Sondertagungen bzw. zusätzliche Plenartagungen" abhalten und die dafür notwendigen Räumlichkeiten errichten könne, schränkte dies aber dahingehend ein, dass den Sitzungen in Brüssel nur Ausnahmecharakter zukäme.[100]

Luxemburgs Klagen 1988/1989 (C-213/88, C-39/89)

Am 1./2. Juni 1988 verabschiedete das Präsidium des EP einen Beschluss,[101] mit dem es die Informationsdienste in Brüssel verstärken und dort ein zentrales Pressebüro errichten wollte. Daran anschließend verabschiedete das EP im Januar 1989 eine Entschließung, mit der es seine Funktionsfähigkeit und Arbeitseffizienz steigern wollte. So sollte jenes Personal, das sich mit Tätigkeiten im Zusammenhang mit Ausschüssen und Delegationen, der Informations- und Öffentlichkeitsarbeit sowie mit Studien und Wissenschaft befasste, in Brüssel zur Verfügung stehen. Gegen beide Rechtsakte erhob Luxemburg erfolglos Nichtigkeitsklage (1.8.1988 und 16.2.1989), da es sich mit einer vertragswidrigen (schrittweisen) Verlagerung der Dienststellen des EP von Luxemburg nach Brüssel konfrontiert sah.[102] Der EuGH stellte in seinem Urteil vom 28. November 1991 (Rechtsache C-213/88 und C-39/89) zum wiederholten Male fest, dass die Personalverlegung im Rahmen des Beurteilungsspielraums bleibt, den das EP bei der Wahrung seiner Organisationsgewalt hat.[103]

Der Beschluss von Edinburgh 1992

1992 gewann mit dem Vertrag von Maastricht die Festlegung der Sitze eine neue Dynamik. Schließlich fassten die Regierungen der Mitgliedstaaten auf dem Gipfel von Edinburgh am 12. Dezember 1992 ergänzend zum Vertrag von Maastricht einen neuen, seit Jahren überfälligen „Beschluss über die Festlegung der Sitze der Organe und bestimmter Einrichtungen und Dienststellen der Europäischen Gemeinschaften".[104] Seither hat das EP seinen ordentlichen Sitz in Straßburg und zusätzliche Arbeitsorte in Luxemburg und Brüssel, wobei zwölf monatliche Plenartagungen in Straßburg abzuhalten sind und zusätzliche Plenartagungen in Brüssel stattfinden haben. Die Mindestanzahl von zwölf Tagungen wurde deshalb bestimmt, da weniger Tagungen den Sitz nicht gerechtfertigt hätten. Die Mitgliedstaaten bestätigten dadurch die bestehende Praxis des EP, grundsätzlich jeden Monat in Straßburg zusammenzutreten.

Der Beschluss von Edinburgh wurde im Amsterdamer Vertrag von 1997 den EG-Verträgen als „Protokoll über die Festlegung der Sitze und Organe und bestimmter Einrichtungen und

---

100 Vgl. EuGH Urteil vom 22. September 1988. Französische Republik gegen Europäisches Parlament. Arbeitsorte des Europäischen Parlaments. Entschließung zu den erforderlichen Sitzungssälen in Brüssel. Verbundene Rechtsache 358/86 und 51/86. Leitsatz 3. Ziffer 29, 34 ff.
101 Europäisches Parlament-Präsidium (1988): „Vermerk über die mittelfristige Vorausschau für die Tätigkeiten des Europäischen Parlaments an den drei üblichen Arbeitsorten".
102 Vgl. EuGH Urteil vom 28. November 1991. Großherzogtum Luxemburg gegen Europäisches Parlament. Rechtsache C-213/88 und C-39/89, Ziffer 2.
103 Was das mit den Ausschüssen und Delegationen befasste Personal angeht, ist die Praxis des EP, Sitzungen seiner Ausschüsse und seiner Fraktionen in Brüssel abzuhalten niemals von den Mitgliedstaaten (MS) in Frage gestellt worden (Urteil vom 10. Februar 1983 in der Rechtsache 230 230/81, Randnr. 48). Zu Recht hält es das EP für notwendig, in Brüssel über das für diese Sitzungen notwendige Personal zu verfügen.
104 Beschluss der Vertreter der Regierungen der Mitgliedstaaten über die Festlegung der Sitze der Organe und bestimmter Einrichtungen und Dienststellen der Europäischen Gemeinschaften vom 12. Dezember 1992, ABl. 1992 C 341, S. 1 ff.

Dienststellen der Europäischen Union sowie des Sitzes von Europol"[105] beigefügt und damit zu primärem Unionsrecht (Art. 51 EUV). Es handelt sich dabei um einen völkerrechtlichen (intergouvernementalen) Vertrag zwischen den Regierungen der Mitgliedstaaten. Somit fehlt dem EuGH im Prinzip die Befugnis zur Rechtmäßigkeitsprüfung, da für die Auslegung völkerrechtliche Verträge zwischen den Staaten vielmehr der Internationale Gerichtshof (IGH) berufen ist.[106]

Frankreichs Klage 1995 (C-345/95)

Der von der EP-Konferenz der Präsidenten vorgeschlagene Tagungskalender[107] mit zwölf monatlichen Plenartagungen in Straßburg sollte 1995 durch einen Änderungsantrag auf elf gekürzt werden. Konkret war beabsichtigt, die Plenarsitzung im Oktober (7.-11. Oktober 1996) nach Brüssel zu verlegen. Gegen diesen Beschluss erhob Frankreich am 7. November 1995 erfolgreich Klage. Luxemburg trat als Streitpartei bei. Frankreich klagte auf einen Verstoß des EP gegen den Beschluss von Edinburgh sowie gegen ex-Art. 190 EGV. Es anerkannte dabei das Recht des EP von einer Sitzung während den Parlamentsferien im Sommer oder während des Wahlkampfes Abstand zu nehmen, forderte jedoch (der bisherigen Praxis der EP folgend) die Nachholung der ausgefallenen Sitzung in einem anderen Monat, damit die Anzahl der Plenartagungen in Straßburg nicht unter zwölf sänke.[108] Der strittige Sitzungskalender wurde vom EuGH für nichtig erklärt, da er nicht die im Beschluss von Edinburgh vorgesehenen, zwölf ordentlichen Plenartagungen in Straßburg vorsah. Erstaunlich an diesem Beschluss ist, dass sich das EP seit Edinburgh in den Jahren 1992, 1993 und 1994 lediglich elf Mal in Straßburg zusammenfand, ohne dass Klage erhoben wurde. Im Urteil verlor der EuGH kein Wort über die Dauer der Sitzungen. Er stellte lediglich fest, dass mindestens zwölf Plenartagungen in Straßburg stattfinden müssen. Diese Ungewissheit sollte dem EP bald eine neue Klage bescheren.

Frankreichs Klagen 2011 (C-237/11, C-238/11)

Das EP versuchte 2011 die im Beschluss von Edinburgh und dem EuGH-Urteil von 1997 (Rechtssache C-345/95) offen gebliebene Lücke betreffend der Dauer von Plenartagungen auszunutzen und seine bisher ausgeübte Praxis hinsichtlich der Tagungsdauer zu ändern, um hierüber die Grenzen seines Selbstorganisationsrechts erneut auszuloten. Für die Jahre 2012 und 2013 wollte das EP eine Sitzungswoche in Straßburg einsparen, indem es zwei Plenartagungen mit einer eintägigen Pause in einer Woche zusammenfasste.

---

105 ABl. 1997 Nr. C340/112.
106 Vgl. Schwarze, Jürgen : EU-Kommentar, 3. Aufl., Baden-Baden 2012, S. 2548 f; Neuhold, Hanspeter/Hummer, Waldemar/Schreuer, Christoph: Österreichisches Handbuch des Völkerrechts, Bd 1 – Textteil, 4. Aufl., Wien: Manz 2004., S. 377 ff.; Art 92 f UN-Charta in Verbindung mit Art. 36 IGH-Statut.
107 Vgl. Vorschlag der Konferenz des Präsidenten vom 14. September 1995, in ABl. C 269 vom 16.10.1995, S. 19.
108 Vgl. EuGH Urteil vom 01. Oktober 1997. Französische Republik gegen Europäisches Parlament. Rechtssache C-345/95. Ziffer 6 ff. Beschluss vom 20. September 1995 in ABl. C 269 vom 16.10.1995, S. 55.

Abb. 2: Sitzungskalender des EP für Oktober 2012

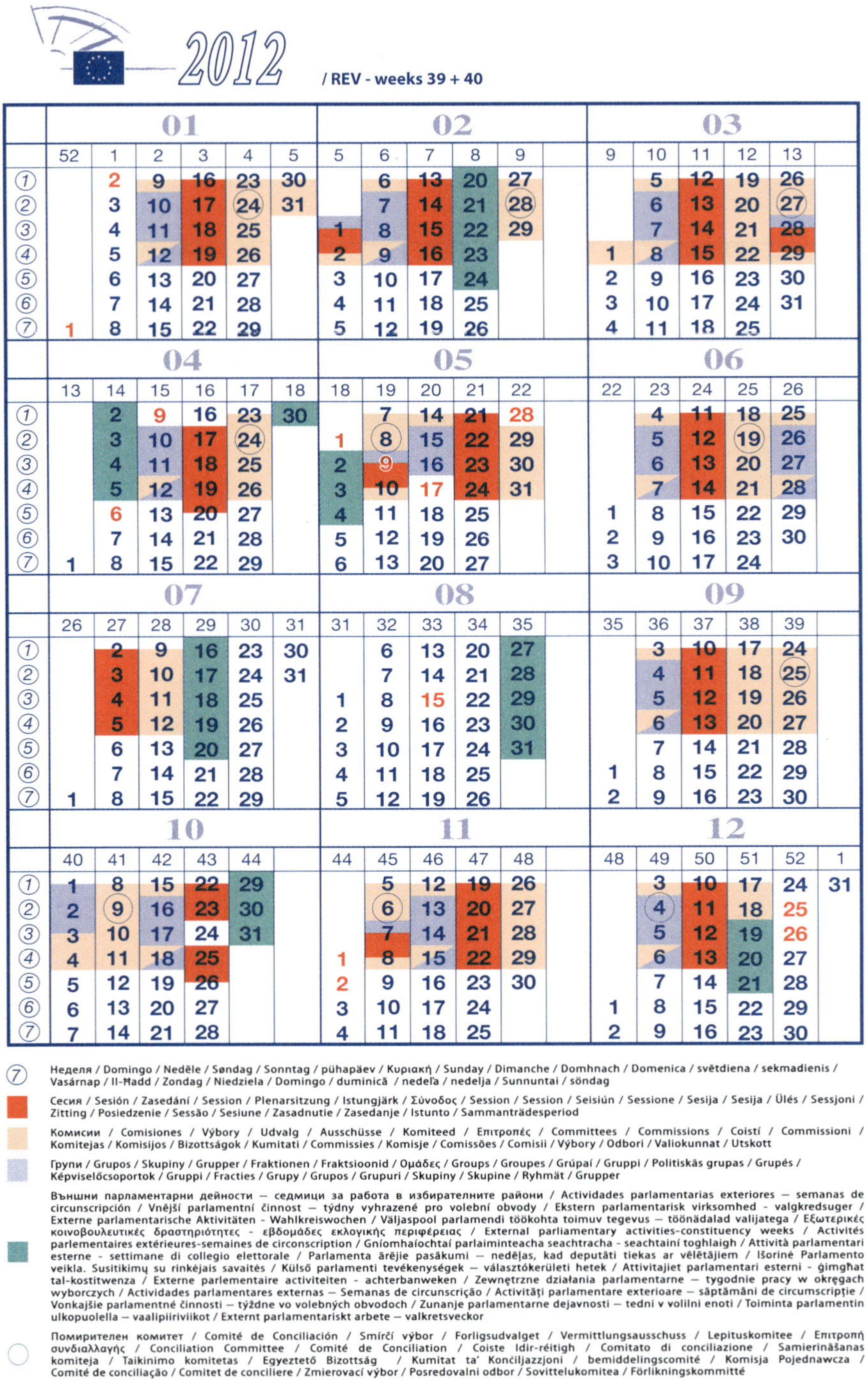

Quelle: Website des EP/Rubrik Plenartagung

Zu den Entwürfen für die Tagungskalender 2012 und 2013 wurden dabei am 7. März 2011 vom britischen Abgeordneten Ashley Fox zwei Änderungseinträge eingebracht, die am 9. März 2011 mit großer Mehrheit angenommen wurden. Dementsprechend hätten weiterhin zwölf Tagungen in Straßburg stattgefunden, wobei zwei davon in einer einzigen Woche stattgefunden hätten und auf 1,5 Tage beschränkt gewesen wären.

Gegen diese Beschlüsse erhob Frankreich am 19. Mai 2011 erfolgreich zwei Nichtigkeitsklagen vor dem EuGH. Luxemburg wurde am 21. September 2011 als Streitpartei zum Verfahren zugelassen. Die Klagen wurden aus praktischen Gründen zusammengefasst und in einem Urteil vom 13. Dezember 2012 beantwortet.[109] Das EP argumentierte, dass es sich um Handlungen seiner internen Organisationsgewalt handle, die keine Rechtswirkungen gegenüber Dritten entfalten würden und damit durch Art. 263 AEUV nicht einklagbar wären. Weiter argumentierte es, dass Art. 341 AEUV den Mitgliedstaaten nur die Kompetenz zur Sitzfestlegung gegeben hätte und daher die Bestimmung der Dauer der Sitzungen eine Angelegenheit der internen Organisationsgewalt (Art. 232 AEUV) des EP sei. Darüber hinaus sprach sich das EP dagegen aus, dass es an seine bisherige Praxis gebunden sei, da sich die Arbeitsweise des EP hinsichtlich zusätzlicher Plenartagungen in Brüssel bei ansteigender Ausschuss- und interinstitutioneller Verhandlungssitzungszahl enorm geändert hätte. Vor dem Hintergrund der Finanz-, Banken- und Wirtschaftskrise machte das EP erstmals auch ein ökonomisches Argument geltend, das sich aus der Zusammenlegung von zwei Plenarwochen ergeben würde.[110]

Der EuGH sieht in seinem Urteil das EP sehr wohl an seine bisherige Praxis hinsichtlich der Sitzungsabstände und der Sitzungsdauer gebunden. Nach dieser Praxis hält das Parlament monatlich (außer August) eine Plenartagung in Straßburg jeweils „über vier Tage, nämlich von Montag, 17 Uhr, bis Donnerstag, 17 Uhr" ab. In Anbetracht des vorhergehenden Urteils aus dem Jahr 1997 (C-345/95) grenzte der EuGH die „zusätzlichen Plenartagungen" von „ordentlichen Plenartagungen" ab. Zwei verkürzte Tagungen wären in der Summe zu kurz und könnten damit nicht als ordentliche Tagungen angesehen werden; die Tagungskalender 2012 und 2013 hätten somit gegen den Beschluss von Edinburgh verstoße. Der EuGH münzte damit das Problem der Plenartagungsdauer abermals in ein Problem der Sitzungsanzahl um. Hierzu stellt der EuGH im aktuellen Urteil fest, dass die ordentlichen Plenartagungen für das Jahr 2012 gewöhnlich am Montag um 17 Uhr beginnen und bis 23 Uhr dauern, am Dienstag und Mittwoch von 9 bis 23 Uhr dauern und am Donnerstag ab 9 Uhr fortgesetzt werden und gegen 17 Uhr enden. Für das Jahr 2012 kam das Urteil zu spät, so dass im Oktober (43. Kalenderwoche) zwei Plenartagungen mit einem *pro forma* freien Tag am Mittwoch (24. Oktober) zusammengefasst wurden. Erstaunlich erscheint in diesem Kontext, dass das das EP bereits 2001 seine Sitzungsdauer deutlich verkürzte, da Plenartagungen seitdem nicht mehr den Freitag umfassen. Eine Klage Frankreichs wegen Verkürzung der Sitzungsdauer um ein Fünftel blieb damals jedoch aus.

1.3.3 Tagungskalender und Sitzdebatte

Wie aus der Rechtssache C 237/11 und C 238/11 ersichtlich, gleicht die Festlegung des parlamentarischen Sitzungskalenders einem hochpolitischen Schlagabtausch. Geht es doch dabei für

---

109 Vgl. EuGH Urteil vom 13. Dezember 2012. Französische Republik gegen Europäisches Parlament. Rechtssache C-237/11 und C-238/11. Ziffer 14 f.

110 Vgl. Schlussanträge des Generalanwalts Paolo Mengozzi vom 06. September 2012. Französische Republik gegen Europäisches Parlament. Rechtssache C 237/11 und C 238/11. Ziffer 18 ff. und 28 ff.

das jeweils folgende Jahr nicht nur um die Agenda der Abgeordneten, sondern auch um den jeweiligen Arbeitsort. Laut GOEP wird der Tagungskalender jedes Jahr vom EP auf Vorschlag der Konferenz der Präsidenten festgelegt.

Abb. 3: Sitzungskalender des EP für 2015

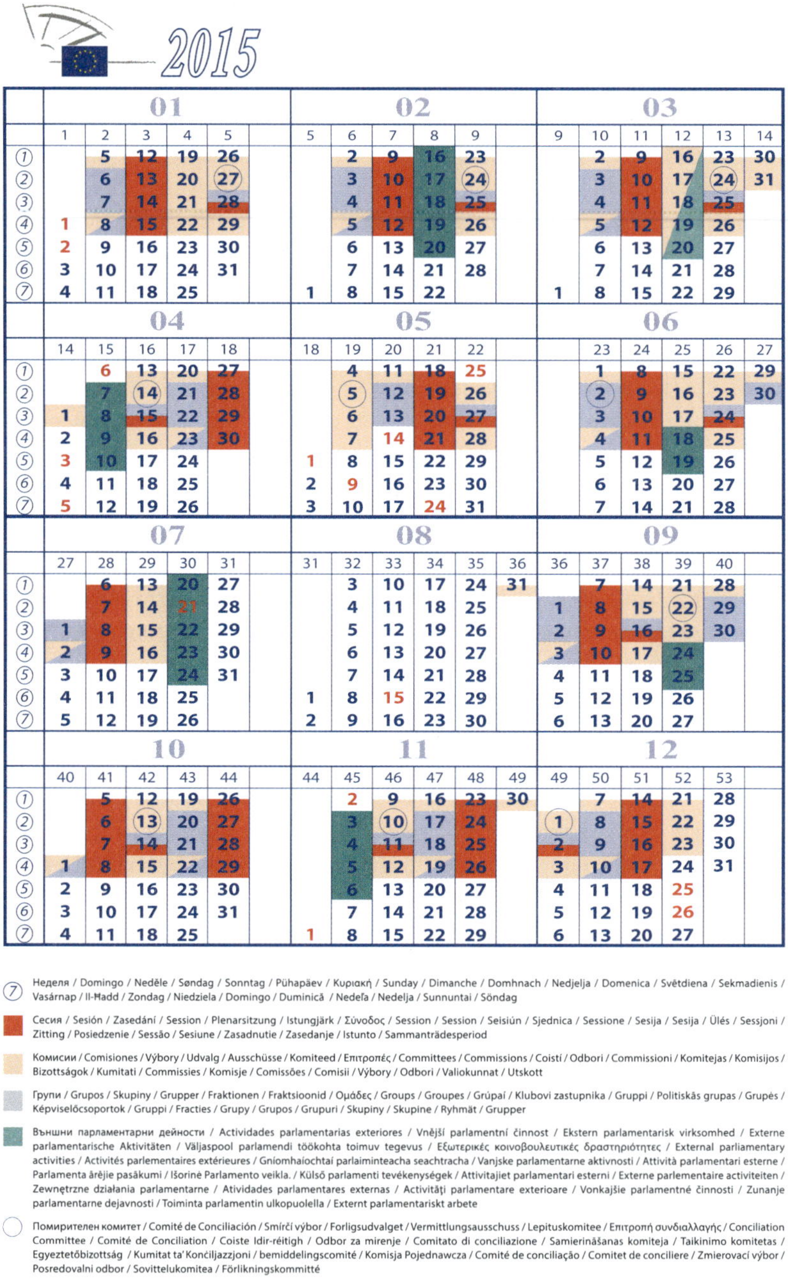

2015

	01					02					03				
	1	2	3	4	5	5	6	7	8	9	9	10	11	12	13	14
①		5	12	19	26		2	9	16	23		2	9	16	23	30
②		6	13	20	27		3	10	17	24		3	10	17	24	31
③		7	14	21	28		4	11	18	25		4	11	18	25	
④	1	8	15	22	29		5	12	19	26		5	12	19	26	
⑤	2	9	16	23	30		6	13	20	27		6	13	20	27	
⑥	3	10	17	24	31		7	14	21	28		7	14	21	28	
⑦	4	11	18	25		1	8	15	22		1	8	15	22	29

	04					05					06				
	14	15	16	17	18	18	19	20	21	22	23	24	25	26	27
①		6	13	20	27		4	11	18	25		1	8	15	22	29
②		7	14	21	28		5	12	19	26		2	9	16	23	30
③	1	8	15	22	29		6	13	20	27		3	10	17	24	
④	2	9	16	23	30		7	14	21	28		4	11	18	25	
⑤	3	10	17	24		1	8	15	22	29		5	12	19	26	
⑥	4	11	18	25		2	9	16	23	30		6	13	20	27	
⑦	5	12	19	26		3	10	17	24	31		7	14	21	28	

	07					08					09				
	27	28	29	30	31	31	32	33	34	35	36	36	37	38	39	40
①		6	13	20	27		3	10	17	24	31		7	14	21	28
②		7	14	21	28		4	11	18	25		1	8	15	22	29
③	1	8	15	22	29		5	12	19	26		2	9	16	23	30
④	2	9	16	23	30		6	13	20	27		3	10	17	24	
⑤	3	10	17	24	31		7	14	21	28		4	11	18	25	
⑥	4	11	18	25		1	8	15	22	29		5	12	19	26	
⑦	5	12	19	26		2	9	16	23	30		6	13	20	27	

	10					11					12				
	40	41	42	43	44	44	45	46	47	48	49	49	50	51	52	53
①		5	12	19	26		2	9	16	23	30		7	14	21	28
②		6	13	20	27		3	10	17	24		1	8	15	22	29
③		7	14	21	28		4	11	18	25		2	9	16	23	30
④	1	8	15	22	29		5	12	19	26		3	10	17	24	31
⑤	2	9	16	23	30		6	13	20	27		4	11	18	25	
⑥	3	10	17	24	31		7	14	21	28		5	12	19	26	
⑦	4	11	18	25		1	8	15	22	29		6	13	20	27	

⑦ Неделя / Domingo / Neděle / Søndag / Sonntag / Pühapäev / Κυριακή / Sunday / Dimanche / Domhnach / Nedjelja / Domenica / Svētdiena / Sekmadienis / Vasárnap / Il-Ħadd / Zondag / Niedziela / Domingo / Duminică / Nedeľa / Nedelja / Sunnuntai / Söndag

Сесия / Sesión / Zasedání / Session / Plenarsitzung / Istungjärk / Σύνοδος / Session / Session / Seisiún / Sjednica / Sessione / Sesija / Sesija / Ülés / Sessjoni / Zitting / Posiedzenie / Sessão / Sesiune / Zasadnutie / Zasedanje / Istunto / Sammanträdesperiod

Комисии / Comisiones / Výbory / Udvalg / Ausschüsse / Komiteed / Επιτροπές / Committees / Commissions / Coistí / Odbori / Commissioni / Komitejas / Komisijos / Bizottságok / Kumitati / Commissies / Komisje / Comissões / Comisii / Výbory / Odbori / Valiokunnat / Utskott

Групи / Grupos / Skupiny / Grupper / Fraktionen / Fraktsioonid / Ομάδες / Groups / Groupes / Grúpaí / Klubovi zastupnika / Gruppi / Politiskās grupas / Grupės / Képviselőcsoportok / Gruppi / Fracties / Grupy / Grupos / Grupuri / Skupiny / Skupine / Ryhmät / Grupper

Външни парламентарни дейности / Actividades parlamentarias exteriores / Vnější parlamentní činnost / Ekstern parlamentarisk virksomhed / Externe parlamentarische Aktivitäten / Väljaspool parlamendi töökohta toimuv tegevus / Εξωτερικές κοινοβουλευτικές δραστηριότητες / External parliamentary activities / Activités parlementaires extérieures / Gníomhaíochtaí parlaiminteacha seachtracha / Vanjske parlamentarne aktivnosti / Attività parlamentari esterne / Parlamenta ārējie pasākumi / Išorinė Parlamento veikla / Külső parlamenti tevékenységek / Attivitajiet parlamentari esterni / Externe parlementaire activiteiten / Zewnętrzne działania parlamentarne / Atividades parlamentares externas / Activități parlamentare exterioare / Vonkajšie parlamentné činnosti / Zunanje parlamentarne dejavnosti / Toiminta parlamentin ulkopuolella / Externt parlamentariskt arbete

◯ Помирителен комитет / Comité de Conciliación / Smírčí výbor / Forligsudvalget / Vermittlungsausschuss / Lepituskomitee / Επιτροπή συνδιαλλαγής / Conciliation Committee / Comité de Conciliation / Coiste Idir-réitigh / Odbor za mirenje / Comitato di conciliazione / Samierināšanas komiteja / Taikinimo komitetas / Egyeztetőbizottság / Kumitat ta' Konċiljazzjoni / bemiddelingscomité / Komisja Pojednawcza / Comité de conciliação / Comitet de conciliere / Zmierovací výbor / Posredovalni odbor / Sovittelukomitea / Förlikningskommitté

Quelle: Website des EP/Rubrik Plenartagung

Im Original sind die Sitzungstage jeweils farblich unterlegt: rot für Plenum, rosa für Ausschüsse, blau für Fraktionen und grün für sitzungsfreie Tage, die für externe parlamentarische Tätigkeiten wie z.B. Delegationsreisen oder politische Aktivitäten in den Wahlkreisen vorgesehen sind. Mit Ausnahme der Plenarwochen in Straßburg gibt es sehr viele „gemischte" Wochen, in denen beispielsweise sowohl Fraktions- als auch Ausschusssitzungen stattfinden oder – wie während der 10 Wochen mit halbtägigen Mikroplenartagungen in Brüssel – sogar Ausschuss-, Fraktions- und Plenarsitzungen.

Grundsätzlich aber gilt: In der Woche vor (im Fall des Mikroplenums am Vormittag vor) Plenartagungen finden immer Fraktionssitzungen statt, während Plenarwochen immer Wochen mit Ausschusssitzungen folgen.

Der Arbeitsalltag der Fraktionen, Ausschüsse und interparlamentarischen Delegationen spielt sich vorwiegend in Brüssel ab. Neben den vertraglich festgelegten zwölf Plenartagungen in Straßburg fanden bis einschließlich 2014 vier bis achtmal jährlich „Miniplenartagungen" mit einer Dauer von zwei Halbtagen (jeweils Mittwoch nachmittags und Donnerstag vormittags; endend mit Abstimmungen am Donnerstagmittag) im großen Plenarsaal („Hemicycle") in Brüssel statt, die ab dem Kalenderjahr 2015 durch 10 „Mikroplenartagungen" (jeweils Mittwoch nachmittags) ersetzt wurden. Im Gegensatz zum ehemaligen Miniplenum sind während der Mikroplenartagungen keine Abstimmungen mehr vorgesehen, da das Parlament den inhaltlichen Schwerpunkt der Brüsseler Aussprachen auf aktuelle Themen und Grundsatzdebatten[111] verlagern will. Im Falle übervoller Arbeitspläne entscheidet die Konferenz der Präsidenten (EP-Präsident und Fraktionsvorsitzende) ad hoc über den Einschub von Abstimmungsrunden.

In der Entscheidung, gewisse Sitzungen außerhalb Straßburgs abzuhalten, kommt das Selbstorganisationsrecht des Parlaments klar zum Ausdruck. Allerdings muss sich die Geltendmachung dieses Rechts mit besonderen Erfordernissen der Tätigkeit des Organs begründen lassen und darf nicht überhandnehmen bzw. zu einer, gegen die zwischen den Regierungen getroffenen Vereinbarung verstoßenden, Praxis werden.[112] Im Hinblick auf die Anzahl der jährlich abgehaltenen Plenarwochen stellt sich die Tagungspraxis seit der ersten Direktwahl 1979 sehr inkonsistent dar: Im Jahr 1979 fanden in der zweiten Jahreshälfte fünf Plenarwochen statt. In den Wahljahren 1984, 1989, 1999, 2004, 2009, 2014 sowie in den Jahren 1980, 1981, 1996, 1997 fanden elf Plenarwochen statt; im Wahljahr 1994 sogar nur zehn. In den Jahren 1992 und 1993 wurden nur elf Plenarwochen abgehalten, da in den jeweiligen Oktobermonaten nur eine Plenarwoche durchgeführt wurde, wie übrigens auch im Wahljahr 1994. In den Jahren 1982, 1983, 1985-1988, 1990, 1991, 1995, 1998, 2000, 2001 und 2013 fanden jeweils zwölf Plenarwochen statt, davon je zwei im Oktober; 2012 griff im Oktober ein Sonderfall: Von Montag und Dienstag Sitzung – Mittwoch frei –Donnerstag und Freitag wieder Sitzung. Dies war ein erster, zarter Versuch des EP, die Zahl der Reisen nach Straßburg zu reduzieren, indem das EP zwei Tagungen in einer Woche abhielt, ohne gegen die Verpflichtung zu verstoßen, 12 Tagungen pro Jahr in Straßburg abhalten zu müssen. Am 19. Mai 2011 klagte Frankreich beim EuGH gegen dieses Vorgehen bzw. gegen die Beschlüsse des EP für die Sitzungska-

---

111 Für das erste Mikroplenum im Januar 2015 standen z.B. Debatten über Maßnahmen zur Terrorismusbekämpfung, einen EU Fond für strategische Investitionen und einen Fahrplan für ein neues internationales Klimaabkommen in Paris auf der Agenda.

112 Vgl. Schlussanträge des Generalanwalts Federico Mancini vom 21. Juni 1988. Französische Republik gegen Europäisches Parlament. Arbeitsorte des Europäischen Parlaments Entschließung zu den erforderlichen Sitzungssälen in Brüssel. Verbundene Rechtssache 358/86 und 51/86. Ziffer 10.

lender 2012 und 2013. In seinem Urteil vom 13. Dezember 2012[113] erklärte der EuGH die Beschlüsse des EP über den Kalender mit zwei Plenartagungen während einer Woche von jeweils zwei Tagen für nichtig, da diese einzelnen Plenartagungen nicht als monatliche Tagung angesehen werden könnten. 2002, 2003, 2005 bis 2007, 2010 und 2011 fanden ebenso zwölf Plenarwochen statt, davon jedoch jeweils zwei im September. 2008 führten Schäden an der Deckenverkleidung des Plenarsaals in Straßburg dazu, dass das EP die beiden September-Plenartagungen in Brüssel abhielt. Somit fanden insgesamt nur zehn Plenarwochen in Straßburg statt. Von August 2012 bis zur ersten Aprilwoche 2014 wurden dagegen die Miniplenarsitzungen in Brüssel aufgrund von Schäden an der Deckenkonstruktion des Brüsseler Plenarsaals ausgesetzt.

Die gegenwärtige Situation eines Sitzes und zweier Arbeitsorte behindert ein effizientes, kosten-, umwelt- sowie zeitschonendes Arbeiten eines modernen EP mit umfassenden legislativen Kompetenzen und einem hohen Arbeitspensum. Die geografische Entfernung von 435 km zwischen den offiziellen Sitzen der mitgesetzgebenden Einrichtungen ist auf der Welt einmalig. Gleichzeitig wird der offizielle Sitz des EP lediglich an 42 Tagen im Jahr genutzt, da in den letzten Jahren die Zahl der Plenarsitzungen (Straßburg) ab- und die Arbeit der Ausschusssitzungen (Brüssel) und interinstitutionellen Treffen zunahmen. Von besonderem Interesse erscheint hier, dass der Rat ursprünglich in den Monaten April, Juni und Oktober seine Tagungen in Luxemburg abzuhalten hatte (Protokoll Nr. 6). Diese Regelung wurde vom Rat ohne Vertragsänderung gekippt, so dass dieser nun vornehmlich in Brüssel zusammentritt. Würde das EP gegen diese Praxis Klage erheben, wäre zwar nicht ausgeschlossen, dass auch der Rat auf seinen zeitweisen Sitz in Luxemburg verwiesen würde. Damit wäre für das EP allerdings nichts gewonnen, da ein entsprechendes Urteil lediglich den Zwang, die Arbeit auf verschiedene Organsitze zu verteilen, zementieren würde.

Wie die Urteile des EuGH deutlich zeigen, handelt es sich bei der Sitzfrage im Wesentlichen um einen Kompetenzstreit zwischen den Mitgliedstaaten (Art. 341 AEUV) und dem EP (Art. 232 AEUV). Das EP reizte, gezwungen durch die Komplexität seiner Arbeitsorte und den Drang nach Effektivität, seine interne Organisationsgewalt aus, was die Mitgliedstaaten mit Klagen an den EuGH zu begrenzen versuchten. Zuletzt stellte sich der EuGH auf die Seite der Regierungen und legte den Beschluss von Edinburgh, in dem die Mitgliedstaaten eigentlich nur den Ort des Sitzes hätten bestimmen dürfen, regierungsfreundlich aus, so dass die (eigentlich) rechtswidrige Nennung der Sitzungsanzahl (C-345/95) und die implizierte Festlegung der Sitzungsdauer (C-345/95, C-237/11, C-238/11) für vertragskonform angesehen wurden. In der Argumentation des EP handelt es sich bei der Frage des Sitzes nicht nur um eine organrechtliche Frage, sondern auch um eine der demokratischen Legitimität und Rechenschaftspflicht des Parlaments gegenüber den Unionsbürgerinnen und -bürgern. Kann die Anerkennung der Freiheit zur Sitzfestlegung nicht über die interne Organisationsbefugnis erfolgen, weil das EP seinen Handlungsspielraum zur Verbesserung seiner inneren Arbeitsweise und seines Sitzungskalenders innerhalb des bestehenden rechtlichen Rahmens ausgeschöpft hat, müsste eine Aufwertung des Selbstorganisationsrechts in ein echtes Selbstbestimmungsrecht über eine Vertragsänderung erfolgen.

---

113 Vgl. Urteil des Gerichtshofs (Dritte Kammer) vom 13. Dezember 2012 – Französische Republik/Europäisches Parlament (Verbundene Rechtssachen C-237/11 und C-238/11) (Nichtigkeitsklage - Insitutionelles Recht - Kalender der Plenartagungen des Europäischen Parlaments für die Jahre 2012 und 2013 – Protokolle über die Festlegung der sitze der Organe und bestimmter Einrichtungen und Dienststellen der Europäischen Union).

Die Streichung des Edinburgh-Beschlusses (Protokoll 6) würde den Diskussionsstand auf die Zeit vor dessen Inkrafttreten zurückwerfen. Dem EP könnte so das Recht zugestanden werden, über seine interne Organisation, seinen Sitzungskalender und damit die Frage des Sitzes selbst zu entscheiden.[114] Eine Änderung bzw. Streichung des Edinburgh-Beschlusses, der nunmehr auf Art. 341 AEUV gestützt ist, bedarf eines ordentlichen Vertragsveränderungsverfahrens nach Art. 48 EUV, da die Regelung nicht unter die Sonderfälle der verschiedenen, vereinfachten Vertragsänderungsverfahren fällt. Um diese hohe Hürde anzupeilen, ist das EP letztlich auf andere Organe und die Mitgliedstaaten angewiesen. Denn der Auslösemechanismus einer ordentlichen Vertragsänderung erfordert implizit eine substantiell umfassend angelegte Debatte sowie einen Korb mit vielen Vertragsänderungswünschen, die im Verlauf der Verhandlungen aufeinander bezogen und eingetauscht werden können.

---

114 „Das Europäische Parlament gibt sich (selbst) seine Geschäftsordnung; hierzu sind die Stimmen der Mehrheit seiner Mitglieder erforderlich" (Art. 232 AEUV). Das Selbstorganisationsrecht des EP war ursprünglich in den Verträgen in Art. 142 EGV, Art. 25 EGKS-Vertrag und Art. 112 EAG-Vertrag verankert; heute spiegelt Art. 232 AEUV dieses Recht wider.

2 Stellung des Europäischen Parlaments im politischen Mehrebenensystem der EU

> *Art. 10 EUV*
>
> (1) Die Arbeitsweise der Union beruht auf der repräsentativen Demokratie.
>
> (2) Die Bürgerinnen und Bürger sind auf Unionsebene unmittelbar im Europäischen Parlament vertreten.
>
> Die Mitgliedstaaten werden im Europäischen Rat von ihrem jeweiligen Staats- oder Regierungschef und im Rat von ihrer jeweiligen Regierung vertreten, die ihrerseits in demokratischer Weise gegenüber ihrem nationalen Parlament oder gegenüber ihren Bürgerinnen und Bürgern Rechenschaft ablegen müssen.
>
> (3) Alle Bürgerinnen und Bürger haben das Recht, am demokratischen Leben der Union teilzunehmen. Die Entscheidungen werden so offen und bürgernah wie möglich getroffen.
>
> (4) Politische Parteien auf europäischer Ebene tragen zur Herausbildung eines europäischen politischen Bewusstseins und zum Ausdruck des Willens der Bürgerinnen und Bürger der Union bei.

Innerhalb des europäischen Entscheidungssystems beraten, verhandeln und beschließen von den Mitgliedstaaten der EU eingerichtete Institutionen Entscheidungen, die sich in unterschiedlicher Weise auf die Gestaltung der individuellen und sozialen Lebensverhältnisse der Bürgerinnen und Bürger auswirken. Der rechtliche Besitzstand („acquis unionaire") der EU umfasst mittlerweile fast alle Bereiche klassischer Staatsaufgaben. Das EU-System entfaltet beachtliche regulative sowie direkt (Agrar-, Handels-, Wettbewerbs-, Regional- und Kohäsionspolitik) und indirekt wirkende (Binnenmarktvorschriften, Umwelt- und Sozialpolitik), redistributive Wert- und Normzuweisungen in den nationalen Staatsordnungen ihrer Mitglieder. Der erreichte Stand der europäischen Integration reicht in Tiefe und Umfang weit über andere Kooperationsformen der internationalen Politik hinaus. Es besteht weitgehend Konsens in der Einschätzung, dass sich die EU durch ein entscheidendes Kriterium auszeichnet, das in Anlehnung an politikwissenschaftliche Arbeiten zur Definition eines „politischen Systems" herangezogen wird:[115] Die Organe der EU leisten die für ein politisches System typischen autoritativen Wertzuweisungen („authoritative allocation of values").[116] Sie sind in unterschiedlichen Formen und abgestufter Intensität an der „Vorbereitung, Herstellung, Durchführung und Kontrolle allgemein verbindlicher Entscheidungen über den Einsatz (national)-staatlicher Handlungsinstrumente" involviert.[117]

Um die Beteiligung des EP an der Entstehung allgemein verbindlicher Entscheidungen differenzierter darzustellen, soll zunächst ein Blick auf die unterschiedlichen Handlungsinstrumente und das hierzu entwickelte Institutionen- und Verfahrenssystem geworfen werden. Die Analyse unterliegt insofern einer gewissen Problematik, als dass das Unionsrecht trotz der im Vertrag von Lissabon etablierten Normenhierarchie keine eindeutige politikbereichs- und/oder organ-

---

115 Vgl. Easton, David A. : A Systems Analysis of Political Life, Chicago, 1965, S. 96-100; Hix, Simon: The Political System of the European Union, London 1999.
116 Easton 1965, S. 129-134.
117 Vgl. Wessels 1992, S. 36.

übergreifende Zuordnung von Verfahrensbeteiligten, Rechtsakttypen (Verordnungen, Richtlinien etc.) und den hierauf Anwendung findenden Verfahrensgegenständen (Politikfeldern) etabliert.[118] Die Systematisierung der Entscheidungsverfahren im EU-System lässt sich weiterhin auf die machtpolitische Einordnung der Entscheidungsverfahren zwischen den EU-Institutionen EP, Rat und Kommission sowie der Entscheidungsmodi im Rat zurückführen.[119]

Die auf wenige Politikfelder begrenzte EGKS (Montanunion 1952) verfügte über ausgeprägte supranationale Verfahrenskompetenzen angesichts der starken Stellung der Hohen Behörde unter ihrem Präsidenten Jean Monnet. Die Befugnisse des Rates in der EGKS beschränkten sich hingegen darauf, Rechtsakten der Hohen Behörde/Kommission die Zustimmung zu erteilen, von ihr angehört zu werden und Ernennungen bezüglich der EGKS-Organe und -Institutionen vorzunehmen. War die Stellung des Rates im Entscheidungssystem der EGKS im Vergleich zur späteren EWG relativ schwach ausgeprägt, so lässt sich die Rolle des Europäischen Parlaments in dieser frühen Phase (ursprünglich die Versammlung von Delegierten der nationalen Parlamente) als ausgesprochen rudimentär kennzeichnen. Abgesehen von dem Recht, der Kommission das Misstrauen auszusprechen und gemeinsam mit dem Rat den Haushalt der EGKS zu beschließen, besaß die Versammlung keinerlei gesetzgeberische Mitwirkungsrechte. Die Kontrollfunktion wurde in der EGKS im Wesentlichen vom Beratenden Ausschuss wahrgenommen, in welchen Vertreter der Arbeitgeber, Arbeitnehmer, Verbraucher und Händler der Montanindustrie entsandt wurden. Mit der Gründung von EWG und EAG 1958 erfolgte dann jedoch eine erste Ausdifferenzierung von Verfahren, Verfahrensbeteiligten und Verfahrensgegenständen. Neben den neuen Eingriffsfeldern europäischen Gemeinschaftshandelns in die nationalen Politikordnungen wurden vor allem die Anwendungsfelder für einstimmige Beschlüsse des Ministerrates von ursprünglich 17 (EGKS) auf nun 52 (EWG 1958) ausgedehnt. In zehn dieser Politikfelder sah der EWG-Vertrag Übergangsfristen von je vier Jahren vor, bei denen die einstimmigen Ratsbeschlüsse automatisch in qualifizierte Mehrheitsvoten übergehen sollten. Beschränkte der EGKS-Vertrag den Entscheidungsmodus der qualifizierten Mehrheit der gewogenen Stimmen auf nur 6,26 % aller Fälle, sah der EWG-Vertrag qualifizierte Mehrheiten bis zum Ende der Übergangszeit (31. Dezember 1969) in 30,23 % und danach in 41,83 % aller Fälle vor. Somit reduzierte sich die Zahl der Einstimmigkeitserfordernisse auf nunmehr 48,83 % und die Zahl der besonders qualifizierten Mehrheiten (2/3 aller Stimmen; 8/9 der Stimmen etc.) von 12,5 % auf 1,16 %. Tatsächlich zeichnete sich das Entscheidungssystem der EWG aber bis zur Einheitlichen Europäischen Akte (EEA 1987) durch die zwischen den Mitgliedstaaten vereinbarte Regel aus, in der Praxis einstimmig zu entscheiden. Grundlage hierfür bot der sogenannte „Luxemburger Kompromiss" vom 29. Januar 1966. Mit diesem wurde sichergestellt, dass in denjenigen Bereichen, in denen formal Beschlüsse mit qualifizierter Mehrheit erfolgen konnten, ein Mitgliedstaat „sehr wichtige" bzw. „vitale" Interessen gegen

---

118 Zwar wurden sowohl auf der Maastrichter als auch auf der Amsterdamer Regierungskonferenz Vorschläge mit dem Ziel einer politikfeldübergreifenden Systematisierung und Hierarchisierung der Entscheidungsverfahren und Rechtsakte diskutiert. Die Verhandlungen blieben aber erfolglos, weil jeder Mitgliedstaat Ausnahmen von der Regel vorschlug und hierdurch keine Einigung auf eine „ausnahmslose" Normenhierarchie erzielt werden konnte. Vgl. Magiera, Siegfried „Zur Reform der Normenhierarchie im Recht der EU", in: Integration, Nr. 4/1995, S. 200; vgl. auch: Maurer, Andreas: „Reformziel Effizienzsteigerung und Demokratisierung: Die Weiterentwicklung der Entscheidungsmechanismen", in: Jopp, Mathias/Schmuck, Otto (Hrsg.): Die Reform der EU. Analysen-Positionen-Dokumente zur Regierungskonferenz 1996/1997, Bonn 1996, S. 27-29.

119 Vgl. König Christian/Pechstein, Matthias: Die Europäische Union: der Vertrag von Maastricht, Tübingen 1995, S. 4.

eine Entscheidung geltend machen durfte.[120] Eine Abstimmung im Ministerrat sollte in diesem Fall unterlassen und mit dem Ziel der Konsensbildung weiter verhandelt werden. Durch die EEA und den Maastrichter Vertrag über die Europäische Union (EUV 1993) wurde das ursprüngliche EWG-Vertragswerk umfassend ergänzt und hinsichtlich der Trias „Verfahrensnorm-Verfahrensbeteiligte-Verfahrensgegenstand" weiter ausdifferenziert. So gelang mit der EEA die Schaffung neuer EG-Zuständigkeiten auf den Gebieten der Umwelt-, Sozial-, Forschungs- und Technologiepolitik sowie eine erneute Ausweitung des Anwendungsbereichs von qualifizierten Mehrheitsentscheidungen in denjenigen Politikfeldern, die für die Umsetzung des Binnenmarktprogramms relevant waren. Insgesamt stiegen die Zahl der verfahrensrelevanten Vertragsnormen von 86 auf 110 und der Anteil der qualifizierten Mehrheitsabstimmungsregeln von 41,83 auf 46,36 %. Die Tendenz zur Übertragung neuer Befugnisse setzte sich auch mit dem Maastrichter Vertrag fort. So wurde die in der EEA geplante, aber misslungene Einfügung eines Kapitels zum „Europa der Bürger" gewissermaßen nachgeholt. Alleine die Reform des Vertragstitels zur Wirtschafts- und Währungspolitik erbrachte aufgrund des vereinbarten Projekts der Wirtschafts- und Währungsunion (WWU) 40 verfahrensrelevante Vertragsnormen mit insgesamt neun verschiedenen Entscheidungsverfahren. Insgesamt wuchs die Zahl der verfahrensrelevanten Vertragsartikel auf 162 EG- und 11 EU-Normen an. Der Anwendungsbereich qualifizierter Mehrheiten umfasste nun 59,26 % aller Artikel mit Verfahrensregeln. Einstimmigkeit war dagegen noch in 57 Fällen bzw. 35,18 % erforderlich.

Der bis Maastricht nahezu ungebrochene Trend weg von Einstimmigkeitsregeln hin zu qualifizierten Mehrheitsentscheidungen wurde erstmals durch den Amsterdamer Vertrag (1999) mit insgesamt 193 verfahrensrelevanten Vertragsnormen gebrochen. Nahm der Anteil der Einstimmigkeitsregeln erneut zu und lag nun bei 39,38 %, ging der Anteil der qualifizierten Mehrheitsverfahren trotz ihres numerischen Anstiegs von 96 auf 101 Verfahrensbestimmungen auf 52,33 % zurück. Erst durch den Vertrag von Nizza setzte sich der Trend des „Austauschs" von Einstimmigkeitsvorgaben durch qualifizierte Mehrheitsabstimmungen fort. Der Quote von 52,33 % im Amsterdamer Vertrag (EG-Teil) stand nun ein Anteil von 60,66 % gegenüber. Drastischer nahm dagegen der Anteil der Einstimmigkeiten im EU-Vertragsteil ab (von 51,72 auf 32,56 %). Das Ergebnis von Nizza führte schließlich zu 32 neuen von insgesamt 137 Bereichen, die unmittelbar nach Inkrafttreten des Vertrags in die qualifizierte Mehrheit überführt wurden.

Der Entwurf des Konvents für einen Verfassungsvertrags (VVE, 2003) reduzierte die Zahl der fallspezifischen Handlungsermächtigungen, in denen der Rat weiterhin einstimmig entscheiden sollte, von 82 auf 78 und erhöhte die Zahl der Anwendungsfelder für qualifizierte Mehrheitsentscheidungen von 137 auf 177. Die anschließende Regierungskonferenz 2003 konnte dieses Ergebnis allerdings nicht bestätigen. Aufgrund neuer Sonderklauseln im Bereich der Innen-, Justiz- und der Sozialpolitik sowie der neuen Verfahren für die Änderung des Vertrages stieg die Zahl der qualifizierten Mehrheitsverfahren auf 181 und diejenige der einstimmigen Verfahren auf 92 an. Der Lissabonner Vertrag von 2009 änderte nichts an dieser Zuordnung. Im Vergleich zwischen den Endtexten des Konvents und dem Lissabonner Vertrag hat somit die Zahl der Einstimmigkeitserfordernisse von 28,78 % auf 30,62 % zu- und die der Mehrheitsverfahren von 65,31 % auf 59,54 % abgenommen.

---

120 Der „Luxemburger Kompromiß" ist abgedruckt in: Bulletin der EWG, Nr. 3/1966, S. 9ff. Vgl. hierzu Streinz 1984.

Tab. 1: Entwicklung der vertraglich vorgesehenen Entscheidungsverfahren der EU 1958-2009

Abstimmungsmodi im Rat / Beteiligung des EP	Einstimmigkeit		Qualifizierte Mehrheit		Einfache Mehrheit		Besondere Mehrheiten		Summe	
Europäische Wirtschaftsgemeinschaft bis 30.6.1987										
		%		%		%		%		%
Konsultation	10	11,6	11	12,8	2	2,3	0	0	23	26,7
Zustimmung	0	0	1	1,2	0	0	0	0	1	1,2
Keine Beteiligung	32	37,2	24	27,9	5	5.8	1	1,2	62	72,1
Summe	42	48,8	36	41,8	7	8,1	1	1,2	86	
Europäische Gemeinschaft 1.7.1987 - 30.10.1993										
Konsultation	17	15,4	8	7,3	5	4,5	0	0	30	27,3
Kooperation	0	0	15	13,6	0	0	0	0	15	13,6
Zustimmung	3	2,7	1	0,9	0	0	1	0,9	5	4.5
Keine Beteiligung	29	26,4	27	24,5	3	2,7	1	0,9	60	54,5
Summe	49	44,5	51	46,4	8	7,3	2	1,8	108	
Europäische Gemeinschaft / EU 1.11.1993 - 30.4.1999										
Konsultation	27	16,7	21	13,0	0	0	4	2,5	52	32,1
Kooperation	0	0	16	9,9	0	0	0	0	16	9,9
Mitentscheidung	2	1,2	13	8,0	0	0	0	0	15	9,2
Zustimmung	3	1,9	2	1,2	0	0	1	0,6	6	3,7
Unterrichtung	1	0,6	7	4,3	0	0	0	0	8	4,9
Keine Beteiligung	24 EG / 8 EU	14,8 / 72,7	37 EG / 3 EU	22,8 / 27,3	1	0,6	3	1,8	65 EG / 11 EU	40,1 / 100
Summe	57 EG / 8 EU	35,2 / 72,7	96 EG / 3 EU	59,3 / 27,3	1	0,7	8	4,9	162 EG / 11 EU	
Europäische Gemeinschaft / EU ab 1.5.1999 bis Inkrafttreten des Vertrags von Nizza (2002)										
Konsultation	33 EG / 4 EU	17,1 / 13,8	23 EG / 1 EU	11,9 / 3,4	1 EG / 1 EU	0,5 / 3,4	2 EG / 1 EU	1 / 3,4	59 EG / 7 EU	30,6 / 24,1
Kooperation	0 EG	0	4 EG	2,1	0 EG	0	0 EG	0	4 EG	2,1
Mitentscheidung	5 EG	2,6	33 EG	17,1	0 EG	0	0 EG	0	38 EG	19,7
Zustimmung	6 EG / 2 EU	3,1 / 6,9	2 EG	1	1 EG	0,5	2 EG	1	11 EG / 2 EU	5,7 / 6,9

Abstimmungsmodi im Rat / Beteiligung des EP	Einstimmigkeit		Qualifizierte Mehrheit		Einfache Mehrheit		Besondere Mehrheiten		Summe	
Unterrichtung	1 EG	0,5	8 EG	4,1	0 EG	0	0 EG	0	9 EG	4,6
Keine Beteiligung	31 EG	16,1	31 EG	16,1	4 EG	2,1	6 EG	3,1	72 EG	37,3
	9 EU	31	3 EU	10,3	3 EU	10,3	5 EU	17,2	20 EU	69
Summe	76 EG	39,4	101 EG	52,3	6 EG	3,1	10 EG	5,2	193 EG	
	15 EU	51,7	4 EU	13,8	4 EU	13,8	6 EU	20,7	29 EU	
Europäische Union seit 1.12.2009 (Lissabonner Vertrag)										
Autonome Beschlussfassung	1	0,3	3	1	0	0	0	0	4	1,3
Konsultation	28	9,2	23	7,6	4	1,3	0	0	55	16,8
Mitentscheidung/OGV	0	0	86	28,3	0	0	0	0	86	28,3
Zustimmung	15	4,9	7	2,3	1	0,3	2	0,6	25	7,9
Unterrichtung	7	2,3	10	3,3	0	0	5	1,6	22	7,2
Keine Beteiligung	41	13,5	52	17,1	6	2	13	4	112	35
Summe	92	30,3	181	59,5	11	3,6	20	6,6	304	

Quelle: Maurer 2012.

2.1 Die Entscheidungsverfahren des Ministerrats als Herausforderung für das Europäische Parlament

Während aus demokratietheoretischer Sicht das Vetorecht im Rat als dessen unersetzliche Legitimationsgrundlage gilt[121] und darüber hinaus als „the most legitimating element"[122] des gesamten institutionellen Arrangements der EU bezeichnet wird, läuft das vertragsrechtlich sanktionierte Mehrheitsprinzip auf Entscheidungskonstellationen hinaus, die die indirekte demokratische Kontrolle durch die nationalen Parlamente schwächen. Da durch das Mehrheitsprinzip im Ministerrat grundsätzlich die Möglichkeit besteht, dass die Vertreter eines Mitgliedstaates überstimmt und gegen ihren Willen Hoheitsakte der Union durchgesetzt werden können, entfiel die formal gegebene Zurechnungsfähigkeit der nationalen Regierungen gegenüber ihren

---

121 Vgl. Weiler, Joseph H.H.: „After Maastricht: Community Legitimacy in Post-1992 Europe", in: Adams, William James (Hrsg.): Singular Europe. Economy and Polity of the European Community after 1992, Michigan 1992, S. 13-14.
122 Weiler, Joseph H. H.: „The Transformation of Europe", in: The Yale Law Journal, Vol. 100, Nr. 8/1991, S. 2473.

Konstituanten. Selbst im dänischen Fall,[123] bei dem das Parlament den Vertretern der Regierung im Ministerrat durch einen Europaausschuss verbindliche Verhandlungsmandate erteilen kann, verringert die Möglichkeit des Rückgriffs auf qualifizierte Mehrheitsentscheidungen die Kapazität des nationalen Parlaments, das letztendliche Ergebnis der Ministerratsverhandlungen substanziell beeinflussen zu können.[124] Durch die Einführung der Mehrheitsregel im Ministerrat wurde also das parlamentarische Demokratiedefizit besonders akzentuiert. Akzeptanz und Legitimation der Mehrheitsregel können jedoch ähnlich wie in den demokratischen Staatswesen der EU darauf zurückgeführt werden, dass „die Interessen und Belange, die sich in Mehrheiten und Minderheiten widerspiegeln, grundsätzlich veränderbar sind. Voraussetzung der Mehrheitsentscheidung ist, dass die Mehrheitsbildung beeinflusst werden kann und getroffene Entscheidungen zumindest mit Wirkung für die Zukunft revidiert werden können".[125]

Zur Veranschaulichung der Herausforderungen des EP mit Blick auf den Ministerrat können die Entscheidungsmodi des Ministerrats gruppiert und hierarchisiert werden: Im mittlerweile seltenen Fall der einfachen Mehrheit verfügt jedes Ratsmitglied über eine Stimme. Art. 238 AEUV sieht dieses Verfahren grundsätzlich für all diejenigen Handlungsermächtigungen des Rates vor, in denen kein gesonderter Verweis auf den Abstimmungsmodus zwischen den Ratsmitgliedern enthalten ist. Von einigen „echten" Politikgestaltungsaufgaben abgesehen, wird auf die Beschlussfassung mit einfacher Mehrheit allerdings nur noch für interne Beschlüsse des Rates zurückgegriffen (Klageerhebung beim EuGH, Ernennung des Generalsekretärs, aber auch die Einberufung einer Regierungskonferenz zur Änderung der Verträge). Als zweites Verfahren legt Art. 238 AEUV für den Fall, dass im Rahmen einer spezifischen Zuständigkeit des Rates das Entscheidungsverfahren mit qualifizierter Mehrheit vorgesehen ist, die erforderliche Anzahl der gewogenen Stimmen der Mitgliedstaaten fest. Das Einstimmigkeitsverfahren zielt auf solche Entscheidungsfelder, in denen die Entscheidungsfindung aus Sicht mindestens eines Mitgliedstaates besonders sensibel ist und sich die bisherigen Regierungskonferenzen nicht auf eine Überführung in qualifizierte Mehrheitsverfahren durchringen konnten. Besonders qualifizierte Mehrheiten erfreuen sich vor allem seit Maastricht einer größeren Beliebtheit als zuvor.

Beim Blick auf die absoluten Zahlen fällt zunächst die generelle Zunahme fast aller angeführten Ratsentscheidungsmodi über die Zeit und die jeweiligen Verträge auf. Ein differenzierteres Bild bietet aber die Aufschlüsselung der prozentualen Angaben, bei denen die einzelnen Beschlussfassungsregeln des Rates mit dem Gesamtbestand der Entscheidungsregeln zu einem gegebenen (Vertrags)Zeitpunkt ins Verhältnis zueinander gesetzt werden. Stieg die Zahl der Einstimmigkeitsverfahren über die Jahre absolut an, so ging der prozentuale Anteil seit der EWG kontinuierlich zurück. Parallel zum Rückgang einstimmiger Entscheidungsregeln ist die Zahl der qualifizierten Mehrheitsoptionen prozentual gestiegen. Das Verhältnis zwischen Einstimmigkeit und qualifizierter Mehrheit hat sich somit von einem Verhältnis von 1:8,5 in der EG-KS über 1:2 in der EWG bis hin zu einer Relation von 1:0,5 zu Gunsten der qualifizierten

123 Vgl. Pimentel, Carlos-Miguel: „Le contrôle des parlements nationaux peut-il pallier le déficit démocratique communautaire?", in: Révue Internationale de Politique Comparée, Nr. 2-3/1995, S. 561-575.

124 Vgl. Birkinshaw, Patrick/Ashiagbor, Diamond: „National participation in Community affairs: Democracy, the UK Parliament and the EU", in: Common Market Law Review, Vol. 33, Nr. 3/1996, S. 503.

125 Seidel, Martin: „Zwischen Einstimmigkeit und Mehrheitsentscheidung: Vor neuen Entscheidungsregeln", in: Deutsche Bundesbank (Hrsg.): Auszüge aus Presseartikeln, Nr. 48/1996, S. 12.

Abb. 4: Entscheidungsmodi im Ministerrat 1952 bis 2009 (absolut)

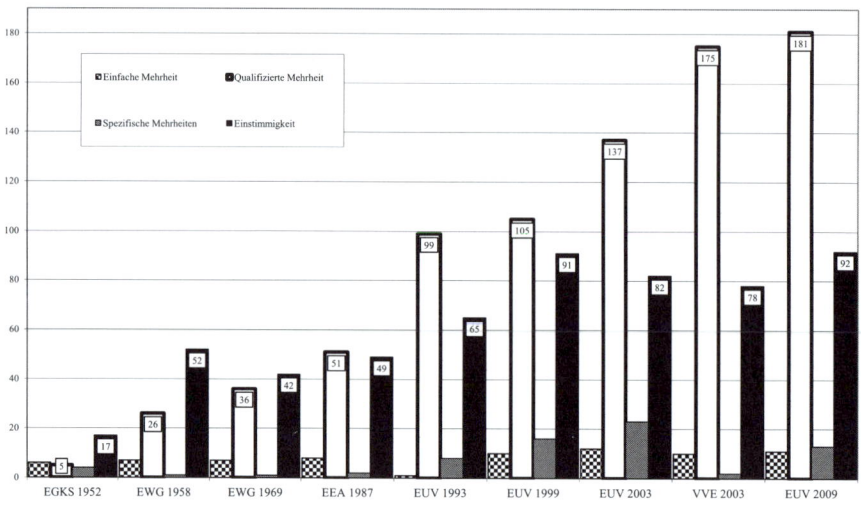

Quelle: Maurer 2002; Maurer 2012.

Abb. 5: Entscheidungsmodi im Ministerrat 1952 bis 2009 (relativ)

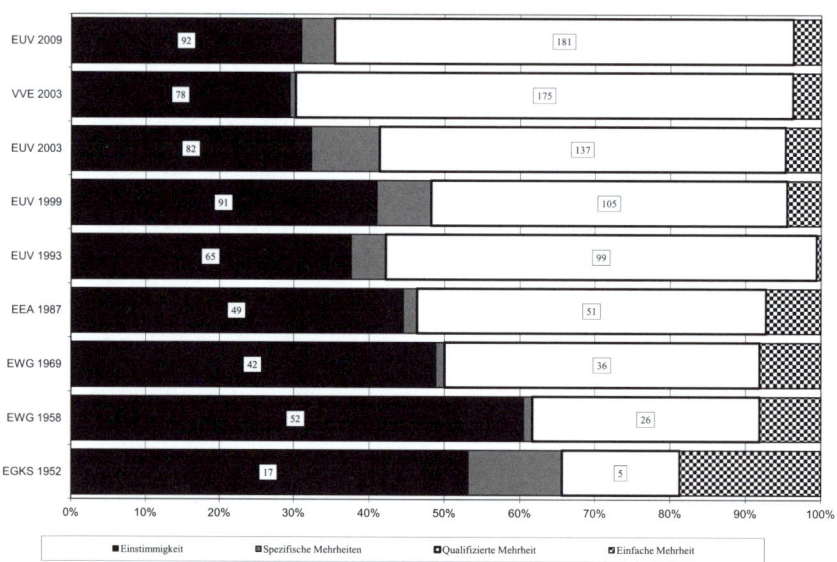

Quelle: Maurer 2002; Maurer 2012.

Mehrheitsregel geändert. Geht man außerdem davon aus, dass zwischen 70 %[126] und 90 %[127] der im Ministerrat anstehenden Entscheidungen auf der Ebene der diesem vorgelagerten Arbeitsgruppen[128] bis zur Beschlussreife vorgeklärt werden,[129] und dass sich das Verhältnis der förmlichen Rats- zu den Arbeitsgruppensitzungen seit 1958 von 1:12,6 auf 1:24,5 fast verdoppelt hat, dann wird die Beschränkung der effektiven Kontrolle einzelner Ratsmitglieder durch die Abgeordneten der nationalen Parlamente besonders deutlich.

2.2 Folgerungen für die Funktionsanalyse des Europäischen Parlaments

Auf welche Weise werden die allgemein verbindlichen Entscheidungen verantwortet und zugerechnet? Welche Rollen übernehmen hierbei das EP, seine Ausschüsse, Fraktionen und Abgeordneten und welche Faktoren sind für Funktionsänderungen ausschlaggebend? Die Untersuchung der schrittweise erfolgten Ausdifferenzierung von Verfahren, Verfahrensbeteiligten und Verfahrensgegenständen zeigt, dass die primärrechtlichen Vorgaben für die EU-relevanten Politik- und Entscheidungszyklen sowie die möglichen Verknüpfungsmöglichkeiten zwischen den Entscheidungsverfahren einerseits und den Entscheidungsmodi im Ministerrat mit jeder Ergänzung der Verträge zugenommen haben. Differenzierung und Wachstum von Verfahrensregeln folgen zumindest hinsichtlich ihrer primärrechtlichen Fundierung einem Trend zugunsten eines Austauschs der Einstimmigkeitsverfahren durch Mehrheitsverfahren. Im Hinblick auf Stellung und Macht des EP ist aber fraglich, ob dieser Trend auch hinsichtlich der Mitwirkung des EP bestätigt wird und ob insofern von einem Parlamentarisierungs- und Demokratisierungspfad der Integrationsentwicklung gesprochen werden kann, der für die Ausbildung der Funktionen des EP handlungsleitend wirkt.

2.3 Systemimmanente Spezifika

In den letzten 25 Jahren wurden Macht und Verantwortung des EP schrittweise und – gemessen an den Parlamentsstrukturen der ersten 40 Jahre EU-Integration – beträchtlich ausgedehnt. Die sukzessive Ausweitung der Parlamentsbefugnisse betraf dabei vor allem die Funktionsbereiche der politischen Kontrolle gegenüber den exekutiv wirksamen Organen Kommission, Ministerrat und Europäischer Rat, der Mitwirkung am Zustandekommen allgemein verbindlichen Rechts sowie der Teilhabe an der Be- und Ernennung der Kommission. Trotz dieser Reformschritte werden wohl auch künftig Defizite in der parlamentarisch-demokratischen Struktur der EU, der Transparenz ihres Willensbildungs- und Entscheidungssystems einschließlich der hierauf Bezug nehmenden Regeln und Instrumente sowie eine zunehmende Kluft zwischen den Herrschaftsausübenden und den Herrschaftsbetroffenen festgestellt.[130]

---

126 Vgl. Hayes-Renshaw, Fiona/Wallace, Helen: „Executive Power in the European Union. The Functions and Limits o the Council of Ministers", in: Journal of European Public Policy, Vol. 2, Nr. 2/1995, S. 562. Barber, Lionel: „The men who run Europe", in: Financial Times, 12.3.1995 gehen davon aus, dass die Arbeitsgruppen „solve 80 % of the Council's agenda".
127 Vgl. Wessels 1991, S. 133-154.
128 Vgl. Westlake, Martin: The Council of the European Union, London 1995, S. 312.
129 Vgl. Beyers, Jan/Dierickx, Guido: „The Working Groups of the European Union: Supranational or Intergovernmental Negotiations?", in: Journal of Common Market Studies, Nr. 3/1998, S. 289-317.
130 Vgl. Schmidt, Manfred G.: Demokratietheorien, Dritte überarbeitete und erweiterte Ausgabe, Opladen 2000, S. 430-434.

Der über Verträge laufende Integrationsprozess ist nach wie vor davon gekennzeichnet, dass originäre Befugnisse der nationalen Parlamente auf die europäische Politikgestaltungsebene verlagert werden. Diese werden jedoch nicht vollständig und unmittelbar dem EP, sondern in der Regel zuerst der Regelungsgewalt des Ministerrats oder des Europäischen Rates zugeordnet. Dieses Reformschema der zyklischen, über Vertragsreformen rechtlich sanktionierten Allokation von Politikgestaltungsmöglichkeiten zugunsten des Ministerrats und Europäischen Rates, zu Lasten der nationalen Parlamente und tendenziell immer erst in einem zweiten, dem Kompetenztransfer zeitlich nachgeordneten Schritt zugunsten des EP haben die Staats- und Regierungschefs seit Gründung der Europäischen Gemeinschaft für Kohle und Stahl 1952 (EG-KS) kontinuierlich fortgeschrieben. Die daraus resultierende, im Vergleich zum Ministerrat und zum Europäischen Rat schwächere Stellung des EP und der sich aufgrund der Kompetenztransfers verringernde, direkte Einfluss der nationalen Parlamente im Hinblick auf ihre Gestaltungsspielräume in der Setzung allgemein verbindlicher Regeln begründen ein doppeltes Defizit[131] an parlamentarischer Mitwirkung und Kontrolle.[132] Doppelt, weil den nationalen Parlamenten gesetzgeberische – und im Zuge der jüngsten Reformen im Bereich der Wirtschafts- und Währungsunion auch massiv budgetäre Handlungsoptionen – verloren gehen, die vom EP nicht unmittelbar aufgefangen werden und der Europäische Rat, der Ministerrat und die Kommission folglich in die Lebensverhältnisse der Bürgerinnen und Bürger der Union eingreifen können, ohne einer sanktionsmächtigen Kontrolle durch ein aufgrund von Wahlen direkt legitimiertes Organ zu unterliegen.

Der europäische Einigungsprozess verursacht so ein strukturelles Demokratieproblem: Internationale Verhandlungen setzen die Handlungsfähigkeit und -freiheit derjenigen Akteure voraus, die im nationalen Zusammenhang zur Übertragung von Hoheitsrechten und deren Vollzug befugt sind; in den Staaten der EU sind dies aus demokratischen Wahlen hervorgehende Regierungen. Folglich verfügen nationale Parlamente in der auswärtigen Politik nicht über die gleichen Gestaltungsmöglichkeiten wie im Rahmen innenpolitischer Entscheidungszyklen. Das hieraus erwachsende, parlamentarische Demokratiedefizit auswärtiger Politik und die in der Regel eher komplexen Repräsentations- und Verantwortungsketten von den Bürgerinnen und Bürgern zum international verhandelnden Regierungsakteur kennzeichnen alle internationalen Organisationen. Für den „Sonderfall" der EU ist aber unbestritten, dass die spezifische Organisationsform eines mehrstufig gegliederten Verhandlungssystems sowie die geltenden Rechtsprinzipien der unmittelbaren Anwendbarkeit und des Vorrangs europäischen Rechts vor nationalem Recht weit über den Handlungsrahmen klassischer, internationaler Organisationen hinausgehen. Als Folge des Integrationsprozesses hat somit auch die Trennschärfe zwischen außenpolitischen und innenpolitischen Handlungsinstrumenten und den hierauf anwendbaren Regeln der demokratischen Rückbindung von Repräsentanten an die von ihnen repräsentierten Bürger erheblich abgenommen. Europapolitik wird spätestens seit der Ingangsetzung des Binnenmarktprogramms 1985/1987 und der in dessen Folge erreichten Integrationstiefe in immer mehr Bereichen des öffentlichen Lebens als staats- und innenpolitikanaloges Handeln wahrgenommen. Weil ihre funktionale Reichweite umfassender angelegt ist und das in ihrem Rahmen erlassene Entscheidungsoutput unmittelbarer in die Gestaltungsfreiräume der Bürger eingreift,

---

131 Vgl. Lodge, Juliet: „The European Parliament", in: Andersen, Svein S./Eliassen, Kjell (Hrsg.): The European Union. How democratic is it?, London 1996, S. 190-191.
132 Vgl. Hänsch, Klaus: „Europäische Integration und parlamentarische Demokratie", in: Europa-Archiv, Vol. 41, Nr. 7/1986, S. 194.

trifft das Demokratiedefizit die EU und ihre Mitgliedstaaten stärker als andere internationale Organisationen wie die Vereinten Nationen oder die NATO.

Die sukzessive Stärkung des EP durch die Verträge von Maastricht bis Lissabon sollte nicht darüber hinwegtäuschen, dass mehrere Entwicklungen dieses Demokratieproblem verstärkt haben:

– Erstens führt die seit 1987 sukzessiv verfolgte Ausdehnung des Anwendungsbereichs für qualifizierte Mehrheitsentscheidungen im Ministerrat zu einem Verlust an unmittelbarer Kontrolle des Regierungshandelns auf Seiten der nationalen Parlamente:[133] Bei Entscheidungen mit qualifizierter Mehrheit entfällt die – zumindest konzeptionell gegebene – politische Verantwortlichkeit gegenüber parlamentarischen Gremien, wenn sie nicht durch eine über das Informationsrecht hinausgehende Beteiligung des EP oder aber durch spezielle Kontrollinstrumente für die nationalen Parlamente kompensiert wird.[134]

– Zweitens verstärken die seit 1997 praktizierten und im Zuge der jüngsten Banken-, Finanz- und Wirtschaftskrise ausgeweiteten Verfahren der offenen Koordinierung in der Beschäftigungs-, Fiskal- und Wirtschaftspolitik das Mitwirkungsproblem der Parlamente in der ex-ante-Kontrolle des Ministerrates.[135] Denn ähnlich wie in der GASP und ESVP werden auch in diesen Bereichen sowohl das EP als auch die nationalen Parlamente weitestgehend aus den zyklischen Prozessen der zwischenstaatlichen Koordinierung herausgehalten.[136] Ein zusätzliches Demokratieproblem ergibt sich in diesem Zusammenhang aus den Entscheidungsrechten des Europäischen Rates: Denn faktisch übernehmen die Staats- und Regierungschefs die Entscheidungsrechte des Ministerrats; sie bleiben aber der interinstitutionellen Machtbalance im Verfahren der Gesetzgebung enthoben und sind insofern auch nicht unmittelbarer Legislativpartner des EP. Es ist jedenfalls nur schwer vorstellbar, wie der Europäische Rat im Vermittlungsausschuss des ordentlichen Legislativverfahrens auf Augenhöhe mit dem EP verhandeln wollte. Scheidet der Europäische Rat als Legislativpartner des EP aus, wäre nach seinen Rückkopplungsmechanismen gegenüber den nationalen Legislativen zu fragen. Aber auch auf dieser Ebene ist angesichts der Erfahrungen im Rahmen der offenen Koordinierungspolitiken kaum darstellbar, auf welche Weise eine ex-ante-Kontrolle der Parlamente gegenüber den Staats- und Regierungschefs herzustellen wäre.

– Drittens entzieht sich der durch den Lissabonner Vertrag als Organ aufgewertete und mit zahlreichen faktischen Exekutiv- und Initiativfunktionen ausgestattete Europäische Rat als über dem Ministerrat stehendes Gremium der Staats- und Regierungschefs fast vollständig einer parlamentarischen Kontrolle.[137] Berichtspflichten gegenüber dem EP und nationalstaatlich praktizierte Erklärungsroutinen der Regierungschefs gegenüber ihren nationalen Parlamenten dienen zwar der öffentlichkeitswirksamen Zurschaustellung der Aktualität europäischer Politik und der dramaturgisch aufgesetzten Rekonstruktion politischer Krisen

---

133 Vgl. Marquand, David: „Parliamentary accountability and the European Community" in: Journal of Common Market Studies, Nr. 3/1981, S. 221-236, hier S. 226.

134 Vgl. Schüttemeyer, Suzanne: „Funktionsverluste des Bundestages durch die europäische Integration?", in: Zeitschrift für Parlamentsfragen, Vol. 9, Nr. 2/1987, S. 268; Seider, Rainer: Die Zusammenarbeit von deutschen Mitgliedern des Europäischen Parlaments und des Deutschen Bundestages und ihr Beitrag zum Abbau des parlamentarischen Defizits in der Europäischen Gemeinschaft, Frankfurt am Main 1990, S. 88.

135 Vgl. Duina, Francesco/Raunio, Tapio: „The Open Method of Co-ordination and National Parliaments: Further Marginalization or New Opportunities?", in: Journal of European Public Policy, Vol. 14, Nr. 4/2007, S. 489-506.

136 Vgl. Raunio, Tapio: National Parliaments and OMC: Destined to Remain Apart?, Paper prepared for the SWP Conference „Fifty Years of Interparliamentary Cooperation", 13 June 2007, Bundesrat, Berlin.

137 Vgl. Maurer 2002; Maurer 2012.

und ihrer Bewältigung auf „höchster Ebene". Eine parlamentarische Rückbindung der Beratungen und Entscheidungen des Europäischen Rates findet damit jedoch nicht statt.

– Viertens ist für das seit Maastricht erheblich ausgebaute Netzwerk der dem Ministerrat unterstellten Ausschüsse im Bereich der Wirtschafts- und Währungsunion (Wirtschafts- und Finanzausschuss, Art. 134 AEUV), der Beschäftigungspolitik (Beschäftigungsausschuss, Art. 150 AEUV), der Sozialpolitik (Ausschuss für Sozialschutz, Art. 160 AEUV), der Handelspolitik (Art. 207 AEUV) der Innen- und Justizpolitik (Art. 71 AEUV) sowie der Außen- und Sicherheitspolitik (Politisches und Sicherheitspolitisches Komitee) keine parlamentarische Kontroll- geschweige denn Mitwirkungskomponente vorgesehen. Zwar dienen diese im AEUV normierten Gremien der effizienteren Problembewältigung und in diesem Rahmen der Vorbereitung politikfeldspezifischer Ministerratsentscheidungen. Ihre „Auskopplung" aus dem parlamentarischen Rückbindungsgefüge zeigt aber, das sich die „Herren der Verträge"[138] der demokratisch-parlamentarischen Kontrolle ihres Kollektivorgans Ministerrat und dessen Vorbereitungsgremien entziehen. Handlungsmuster der Deliberation und Entscheidungsvorbereitung in geschlossenen Gremien hochrangiger Beamter, die zwar den Ministern und damit den Regierungen, nicht aber gegenüber den Parlamenten rechenschaftspflichtig sind, treten so in offene Konkurrenz gegenüber der weitgehend öffentlichen Politikgestaltung durch Parlamente.

– Hiermit ist die fünfte, das Demokratieproblem verstärkende Komponente angesprochen: Wenn Regierungen parlamentsschwache Verhandlungs- und Entscheidungsgremien ohne größere Widerstände in der Bevölkerung einrichten können, dann offensichtlich deshalb, weil das Interesse der Bürger eher am substanziellen Erfolg („Output") als am Verfahren (‚Input') europäischer Politik orientiert ist. Konkret: Der Mehrwert parlamentarischer Aggregation, Repräsentation und Vermittlung von Interessen, Wünschen, Befürchtungen und Ideen steht selbst unter zunehmendem Beweiszwang. Die geringe Beteiligung der Bürger an den EP-Wahlen ist hierfür das augenfälligste Indiz.

– Schließlich stellt sich die Frage nach dem demokratisch-parlamentarischen Gehalt europäischer Zusammenarbeit seit Beginn der Schengener Vertragszusammenarbeit im Hinblick auf unterschiedliche Formen und Prozesse der flexiblen oder abgestuften Integration. In immer mehr Politikfeldern und in verschiedenen „Großregionen" Europas verfolgen Staaten in Gruppenzusammenhängen – teils jenseits des EU-Vertrags- und Institutionengefüges – ihre politischen Prioritäten. Auch im Lissabonner Vertrag manifestieren sich erneut politikbereichsspezifische Ausnahmeregeln für einige Staaten: Großbritannien im Bereich der polizeilichen und strafrechtlichen Zusammenarbeit und – im Verbund mit Polen und Tschechien – im Hinblick auf Geltungsbereich und Durchsetzungsmodus der Grundrechtecharta) sowie, teilweise als Reaktion hierauf, neue Regeln zum Eintritt in Formen der verstärkten Zusammenarbeit unter dem Dach der EU. Diese neuen „Opt-Outs" und die damit einhergehenden Kooperationsformen einer Gruppe von Staaten werfen die Frage nach dem inneren Zusammenhalt der Union auf. Wie und wer soll die Chancen und Risiken mitgliedstaatlicher Clusterbildung unter der Maßgabe der Prinzipien der Unionstreue und der integrationspolitischen Homogenität kontrollieren und legitimieren? Kontroversen über die umfassende Gesamtstrategie der Europa- und Integrationspolitik werden durch die neuen Differenzierungsregeln des Lissabonner Vertrages also nicht beendet, sondern intensiviert und – zuletzt im Bereich der Wirtschafts- und Fiskalpolitik – durch spezifische Formen der „Ausgründung"

---

138 Bundesverfassungsgericht 1993, S. 190.

europäischer Entscheidungsprozesse in den Fiskalpakt und den Europäischen Stabilisierungsmechanismus dynamisiert. Zudem mehren sich bereichsspezifische Impulsgruppen mit teils überlappender, teils kompetitiver Teilnehmerschaft. Beispiele hierfür sind die deutsch-französisch-britische Irangruppe, die Zusammenarbeit der sechs größten Staaten in Fragen der Kriminalitäts- und Terrorismusbekämpfung (G-6[139]), oder die in diesem Bereich explizit als Gegengewicht auf Initiative Österreichs operierende „Salzburg-Gruppe" kleinerer Staaten. Hiervon analytisch zu trennen sind vertraglich abgesicherte Gemeinschaften wie die Euro-Zone oder negativ definierte, faktische „Mehrheitskerne" aufgrund der Opt-Outs eines oder mehrerer Staaten in bestimmten Funktionsfeldern der Union (Schengen-Gruppe, ESVP und die strukturierte Zusammenarbeit in der Verteidigungspolitik). Gerade diese vertraglich voll mandatierten Kooperationsformen tendieren in der Praxis dahin, exklusive Definitionsmacht in bereichsspezifischen Fragen zu beanspruchen. Diese Mehrheitskerne unterliegen zwar formal einem parlamentarischen Kontroll- und Zustimmungsvorbehalt. Allerdings verpflichten kein Vertrag und keine mitgliedstaatliche Verfassung die Regierungen dazu, die Parlamente im Verhandlungsprozess der Kerngruppen zu konsultieren. Die nicht vertragsgebundenen Gruppenbildungen bergen so nicht weniger Unwägbarkeiten hinsichtlich der demokratischen Legitimation der Unionspolitiken sowie der Rechte, Pflichten und Funktionen des Europäischen Parlaments. Denn asymmetrische Einfluss- und Handlungsstrukturen bei faktisch ausfransender EU-Mitgliedschaft schwächen die Transparenz von Entscheidungen und unterminieren die supranationalen Instrumente und Institutionen der EU. Alle informellen bzw. den EU-Regeln formal enthobenen Gruppeninitiativen induzieren daher eine „Entparlamentarisierung" von Verhandlungen und Entscheidungen. Dies gilt primär für das Europäische Parlament, auch wenn die Europaabgeordneten über den Hebel ihres Haushalts-, Anhörungs- und Selbstbefassungsrechts die politische Verantwortung der exekutiven Entscheidungsträger immer wieder lautstark einfordern können. Das parlamentarische Kontroll- und institutionell-verfahrensmäßige Legitimationsdefizit wird dadurch verstärkt, dass die nationalen Parlamente nur an der Ratifikation entsprechender Verträge ex-post beteiligt werden, im Aufbau und in der Durchführung der Gruppenprozesse aber außen vor bleiben.

---

139 Group of Six; Gruppe der sechs bevölkerungsreichsten EU-Mitgliedsstaaten Deutschland, Frankreich, Vereinigtes Königreich, Italien, Spanien und Polen.

3 Wahlen zum Europäischen Parlament

> *Art. 14 (3) EUV*
>
> Die Mitglieder des Europäischen Parlaments werden in allgemeiner, unmittelbarer, freier und geheimer Wahl für eine Amtszeit von fünf Jahren gewählt.
>
> *Art. 223 AEUV*
>
> (1) Das Europäische Parlament erstellt einen Entwurf der erforderlichen Bestimmungen für die allgemeine unmittelbare Wahl seiner Mitglieder nach einem einheitlichen Verfahren in allen Mitgliedstaaten oder im Einklang mit den allen Mitgliedstaaten gemeinsamen Grundsätzen.
>
> (2) Der Rat erlässt die erforderlichen Bestimmungen einstimmig gemäß einem besonderen Gesetzgebungsverfahren und nach Zustimmung des Europäischen Parlaments, die mit der Mehrheit seiner Mitglieder erteilt wird. Diese Bestimmungen treten nach Zustimmung der Mitgliedstaaten im Einklang mit ihren jeweiligen verfassungsrechtlichen Vorschriften in Kraft.

Seit 1979 werden die Europaabgeordneten alle fünf Jahre direkt gewählt. Wahlberechtigt sind Bürgerinnen und Bürger der Europäischen Union an ihrem Wohnsitz oder in ihrem Herkunftsland. Das genaue Wahlsystem variiert zwischen den Mitgliedsländern und wird durch nationale Europawahlgesetze bestimmt. Die Mitgliederzahl des Europäischen Parlaments ist seit 1952 infolge der Erweiterung von 78 Abgeordneten auf nunmehr 751 direkt gewählte Mandatsträgerinnen und -träger angewachsen. Bis zur ersten Direktwahl 1979 wurden die Mitglieder des Europäischen Parlaments von den jeweiligen einzelstaatlichen Parlamenten aus den eigenen Reihen ernannt. Sie besaßen daher alle ein Doppelmandat.

In einer im ersten Halbjahr 2012 von der Generaldirektion Kommunikation des EU-Parlaments in Auftrag gegebenen Eurobarometer-Umfrage „Die Europäer zwei Jahre vor den Europawahlen 2014"[140] ging es u.a. darum, die Kenntnisse der Europäer über die EU-Institutionen, ihre Funktionsweise und ihre jeweilige Rolle zu bilanzieren. Als man die Befragten bat, spontan drei ihnen bekannte Institutionen aufzuzählen, nannten 53 % das Europäische Parlament, 27 % die Europäische Zentralbank, 25 % die Europäische Kommission und 11 % den Europäischen Rat. 33 % der Befragten konnten keine einzige Institution benennen. Basierend auf diesen Umfrageergebnissen wurde – wie bereits bei den Wahlen 2004 und 2009 – die Generaldirektion Kommunikation des EP damit beauftragt, eine institutionelle Kommunikationsstrategie und Wahlkampagne zu entwickeln.[141] Die institutionelle Kampagne lief parallel zu den parteipolitisch organisierten Kampagnen ab. Ein wichtiger Gesichtspunkt, die die Wahlkampagne 2014 von früheren Kampagnen unterschied, war die Aufstellung von Spitzenkandidaten der Europäischen Parteien für das Amt des Kommissionspräsidenten. Die direkte Aus-

---

140 Europäisches Parlament: Eurobarometer (EB/EP 77.4; TNS Opinion) – 2. bis 17. Juni 2012, Die Europäer zwei Jahre vor den Europawahlen 2014, Europäisches Parlament (GD KOMM), 20. August 2012.

141 Im Jahr 2004 lag der Fokus der Kampagne noch darauf, auf die Tatsache, dass die Wahlen überhaupt stattfinden, und die Wahltermine in den Mitgliedstaaten hinzuweisen. 2009 konzentrierte sich die Kampagne auf das Konzept der Wahlmöglichkeit in ausgewählten Politikbereichen. Den Wählern wurde vermittelt, dass durch ihre „Wahl" politische Weichen für die Zukunft gestellt werden (z.B. im Bereich Agrar- oder Verkehrspolitik).

wirkung des Wahlergebnisses auf die Spitze eines Teils der europäischen Exekutive spiegelte sich auch im Wahlslogan „Dieses Mal ist anders!" und „Du hast die Macht zu bestimmen, wer das Sagen hat" der EP-Kommunikationskampagne[142] wider.

Ursprünglich war die Europawahl entsprechend der Art. 10 und 11 des Direktwahlakts (DWA)[143] für den 5. bis 8. Juni 2014 geplant, doch setzte sich das EP mit seiner Entschließung[144] vom 22. November 2012 über die Vorverlegung des Wahltermins durch. Hierdurch sollten erstens optimale Voraussetzungen für eine ausreichende Wahlbeteiligung geschaffen werden, da in vielen EU-Mitgliedstaaten der Wahltermin Anfang Juni in die Pfingstferien gefallen wäre; zweitens sollte dem neu gewählten Europaparlament mehr Zeit für die Wahl des Kommissionspräsidenten im Juli zur Verfügung gestellt werden.

Factbox: Die Europawahlen 2014

„Das für die 8. Wahlperiode neu gewählte Europäische Parlament versammelt 203 nationale politische Parteien, in der Legislaturperiode 2009–2014 waren es 196. Unter den 203 nationalen politischen Parteien finden sich 55 neue Parteien, wohingegen 51 Parteien der vorherigen Legislaturperiode nun nicht mehr im EP vertreten sind. Der Anteil weiblicher Abgeordneter beträgt 37 % (16,5 % waren es 1979 und 35 % 2009). 47 % der 751 MdEP wurden bei der Wahl in ihrem Amt bestätigt (im Vergleich zu 2009 waren es 49 %). Das durchschnittliche Alter der MdEP bei der konstituierenden Sitzung betrug 51 Jahre. Die Wahlbeteiligung bei den Europawahlen 2014 lag bei 42,61 %, 2009 waren es 42,97 %. Bei Männern betrug die Wahlbeteiligung 45 %, bei Frauen 41 %. Von den potentiellen Jungwählern gingen im EU-Durchschnitt lediglich 27,8 % an die Urnen – mit in den einzelnen Mitgliedsstaaten zwischen 21,4 % und 65,5 % stark schwankenden Werten."[145]

3.1 Geschichte der Europawahlen: Ein Rückblick

Historisch reicht die Debatte um die Einführung der Direktwahlen bis in die Anfangsphase des Europäischen Integrationsprozesses zurück. Als die „Gemeinsame Versammlung" der EGKS am 10. September 1952 erstmals zusammentrat, bestand sie aus 78 Abgeordneten[146] der sechs Gründerstaaten. Die Abgeordneten wurden von den nationalen Parlamenten entsandt (Doppelmandat), hatten jedoch kaum Kompetenzen, abgesehen von einigen Kontrollbefugnissen. Doch bereits durch die Römischen Verträge im Jahr 1957 erfuhr die „Gemeinsame Versammlung" eine Kompetenzerweiterung und wurde auf 142 Mitglieder aufgestockt.[11] Nach der ersten Erweiterung der Gemeinschaft durch den Beitritt des Vereinigten Königreiches, Irlands und Dänemarks erhöhte sich die Mitgliederzahl im Jahr 1972 nochmals auf 198 Abgeordnete.[12]

---

142 Vgl. Generalsekretär des Europäischen Parlaments (Aufzeichnung für die Mitglieder des Präsidiums), Diese Mal ist anders – Ein Konzept für eine institutionelle Kommunikationskampagne zu den Wahlen 2014, D(2013)18016, 28. März 2013.

143 Nach Art. 11 Abs. 2 des DWA kann der Rat einstimmig nach Anhörung des Parlaments beschließen, das Datum einer EP-Wahl um bis zu zwei Monate vor- oder einen Monat nach hinten zu verschieben. Formell muss der Ratsbeschluss ein Jahr vor dem ursprünglichen Wahltermin vorliegen.

144 Entschließung des Europäischen Parlaments vom 22. November 2012 zu den Wahlen zum Europäischen Parlament im Jahr 2014 (2012/2829 (RSP)).

145 Directorate-General for Communication (Public Opinion Monitoring Unit) (November 2014): Review. European and national Elections Figured out, Special edition – 2014 European elections.

146 18 Sitze entfielen auf Deutschland, Frankreich und Italien, 10 auf Belgien und die Niederlande und 4 auf Luxemburg.

Die Diskussionen um die Einführung von Direktwahlen wurden zwar schon in den 1950er Jahren geführt, gewannen aber erst mit der Präsidentschaftswahl von Valéry Giscard d'Estaing 1974 an Fahrt: Giscard D'Estaing galt, neben Willy Brandt, als Befürworter der Direktwahlen.[5] Noch im selben Jahr wurde ein erster Entwurf präsentiert. Dieser sah vor, dass die Direktwahlen in den Mitgliedstaaten nach nationalen Kriterien durchgeführt werden sollten – Wahlsystem, Wahlalter und Sperrklauseln sollte jedes Land individuell festlegen können. Lediglich der Wahlzeitraum wurde im gesamten EG-Raum auf wenige Tage eingeschränkt und die Dauer der Legislaturperiode auf fünf Jahre fixiert. Der Beschluss und Akt zur Einführung allgemeiner unmittelbarer europäischer Wahlen wurden am 20. September 1976 in Brüssel unterzeichnet. Nach Ratifizierung durch alle Mitgliedstaaten trat der Text am 1. Juli 1978 in Kraft. Gut ein Jahr später, vom 7. bis 10. Juni 1979, fanden die ersten Direktwahlen zum Europäischen Parlament statt. Mit der Einführung der Direktwahl wurde die Mitgliederzahl des EP auf 410 erhöht, um eine stärkere Proportionalität zur Einwohnerzahl der verschiedenen Mitgliedstaaten herzustellen.

Die folgenden Erweiterungsschritte brachten sukzessive Steigerungen der Abgeordnetenzahl mit sich: durch den Beitritt Griechenlands im Jahr 1981 auf 434 und durch die Beitritte Spaniens und Portugals im Jahr 1986 auf 518. Die Wiedervereinigung Deutschlands führte 1994 zu einer umfassenden Neuverteilung der Sitze und zu einer Erhöhung der Abgeordnetenzahl auf 567.[14] Mit dem Beitritt Österreichs, Finnlands und Schwedens am 1. Januar 1995 erhöhte sich die Abgeordnetenzahl auf 626. Österreich erhielt damals 21 Sitze. Durch den Vertrag von Nizza erfolgten institutionelle Anpassungen im Hinblick auf den zu erwartenden Beitritt der mittel- und osteuropäischen Staaten. Nach ex-Art. 189 Abs. 2 EGV durfte die Anzahl der MdEP 732 nicht überschreiten. Das im Vertrag von Nizza beigefügte „Protokoll über die Erweiterung der Europäischen Union" vom 21. Februar 2001 sah allerdings vor, dass die festgelegte Zahl der MdEP vorübergehend überschritten werden kann, wenn nach Annahme eines diesbezüglichen Ratsbeschlusses die Beitrittsverträge in Kraft treten. Anlässlich der Osterweiterung vom 1. Mai 2004, wodurch zehn neue Mitgliedstaaten zur EU kamen, wurden die 732 Sitze auf 25 Mitgliedstaaten verteilt. Den am 1. Januar 2007 beigetretenen Mitgliedstaaten Bulgarien und Rumänien wurde aber am Tag ihres Beitrittes bis zum Beginn der siebten Wahlperiode (2009–2014) 18 bzw. 35 Sitze zugeteilt, so dass die Zahl der Abgeordneten vorübergehend auf 785 anstieg.[16] Gleichzeitig wurde in den Beitrittsakten für Bulgarien und Rumänien die Mitgliederzahl des EP ab 2009 auf 736 erhöht.

Der Lissabonner Vertrag schuf ein neues System in der Verteilung der Mandate für die einzelnen Mitgliedstaaten. Der Vertrag legt erstmals eine Höchstgrenze der Mitglieder des Europäischen Parlaments mit 750 „zuzüglich des Präsidenten" fest.

Die Abgeordneten des Europäischen Parlaments spiegeln, wenn auch über die Eigenständigkeit der nationalen Parteien gebrochen, die Vielfalt der Europäischen Parteien wider. Die Sitzverteilung auf die Mitgliedstaaten ist nur begrenzt proportional zur Einwohnerzahl. Nach Art. 14 Abs. 2 EUV sind die Bürgerinnen und Bürger der EU im Europäischen Parlament degressiv proportional, zumindest jedoch mit sechs Mitgliedern und höchstens mit 96 Mitgliedern je Mitgliedstaat vertreten. Dieses Prinzip führt zu einer Verteilung, die unter dem Blickwinkel der adäquaten Repräsentation durchaus kritisch gesehen werden kann. Der Terminus der „degressiven Proportionalität" deutet auf eine Verbindung des völkerrechtlichen Grundsatzes der Gleichheit aller Staaten mit dem Gedanken einer am Größenverhältnis der einzelnen Bürgergesellschaften, nämlich an ihrer Bevölkerungszahl, orientierten Verteilung parlamentarischer Sitze. Die aktuelle Sitzverteilung des EP führt praktisch aber dazu, dass das Gewicht der Stimme eines Staatsangehörigen eines bevölkerungsschwachen Mitgliedstaates etwa das Zwölffache des Gewichtes jener Stimme eines Staatsangehörigen eines bevölkerungsstarken Mitgliedstaates betragen kann. Die Kritik an dieser ungleichgewichtigen Sitzverteilung im EP verkennt allerdings, dass die Verhandlungen hierüber bis 2001 immer parallel zur Auseinandersetzung über die Stimmengewichte der Staaten im Ministerrat geführt wurden. Unter den Staats- und Regierungschefs galt die Regel, das Proportionalitätsprinzip im EP als der direkt gewählten Kammer langfristig stärker zu berücksichtigen und die dabei entstehende „Schwäche" kleinerer Bürgergesellschaften durch ihre überproportionale Gewichtung im Ministerrat als zweiter, indirekt gewählter Kammer zu kompensieren. Erst in den Verhandlungen zum Vertrag von Nizza und nochmals intensiviert durch deutsche Vertreter im Verfassungskonvent löste sich diese stille Paketvereinbarung – mehr Parlamentssitze gegen weniger Stimmengewicht im Ministerrat – schrittweise auf. In beiden Kammern der europäischen Legislative gelten daher heute Sitz- bzw. Stimmenvertretungssysteme, die größere Staaten stärker berücksichtigen, ohne aber ein strikt proportionales System zu generieren.

Die Wahlen zum Europäischen Parlament im Juni 2009 fanden noch auf der Grundlage des Unionsvertrages in der Fassung des Vertrages von Nizza statt. Mit seiner Konstituierung im Juni 2009 umfasste es zunächst 736 Mitglieder (Art. 190 EGV). Die in der achten Legislaturperiode geltende Zusammensetzung des Europäischen Parlaments wurde durch Beschluss des Europäischen Rates neu geregelt. Durch den am 1. Dezember 2011 ratifizierten Lissaboner Vertrag wurde die Mitgliederzahl als Übergangslösung auf 754 angehoben und gleichzeitig eine befristete Ausnahmeregelung zu Art. 14 Abs. 2 EUV eingeführt, die es Deutschland gestattete, die ihm gemäß dem Vertrag von Nizza zugewiesenen 99 Sitze bis 2014 zu behalten. Insgesamt führte diese Übergangsbestimmung dazu, dass mit der Ratifizierung des Vertrages von Lissabon durch die EU-27 insgesamt 18 neue EU-Abgeordnete ihr Mandat wahrnemen durften.[147]

Aufgrund des EU-Beitritt Kroatiens am 1. Juli 2013 waren die 3,75 Millionen kroatischen Wahlberechtigten am 14. April 2013 erstmals dazu aufgefordert ihre Abgeordneten zum Europäischen Parlament zu wählen, die das Land bis zur EU-weiten Parlamentswahl im Mai 2014 im Europäischen Parlament vertreten sollten. Die Wahlbeteiligung lag bei 20,84 %; die Abgeordnetenanzahl erhöhte sich auf 766. Mit Beginn der 8. Wahlperiode hat das EP nun die vertraglich festgeschriebenen 751 Mitglieder.

3.2 Wahlsystem und Wahlmodi

Für die Wahlverfahren wenden die Mitgliedstaaten in der Regel ihre nationalen Wahlsysteme an. Insgesamt folgen sie jedoch dem Modell eines Verhältniswahlsystems. Das aktive und passive Wahlrecht bei den Europawahlen ist in Art. 20 und 22 AEUV verankert und wurde durch die Richtlinie des Rates 93/109/EG über die Einzelheiten der Ausübung des aktiven und passiven Wahlrechts bei den Wahlen zum EP für Unionsbürger mit Wohnsitz in einem Mitgliedstaat, dessen Staatsangehörigkeit sie nicht besitzen, konkretisiert.

---

147 Die ursprüngliche Mitgliederzahl der österreichischen Abgeordnete erhöhte sich damit ab dem Stichtag 13. Dezember 2011 von 17 auf 19 Abgeordnete.

3.2.1 Methode der Sitzverteilung

Vor den EU-Wahlen 2014 musste das Parlament gemäß Art. 14 Abs. 2 EUV die Initiative zu einer Neuverteilung der Parlamentssitze unter den EU-Mitgliedstaaten ergreifen, wobei die vorgesehene Obergrenze von 751 Sitzen unter Einschluss der EU-Abgeordneten aus Kroatien einzuhalten war. Dies machte eine Verringerung um 15 Sitze notwendig. In ihrem Berichtsentwurf[148] schlugen die Berichterstatter des Ausschusses für konstitutionellen Fragen eine pragmatische Lösung vor: den Verlust von Sitzen möglichst gering zu halten und gleichzeitig weitgehend die degressive Proportionalität (Art. 14 Abs. 2 EUV) zu achten. Niemand sollte relativ hinzugewinnen, und niemand sollte mehr als einen Sitz verlieren. Tatsächlich wurden dann aber drei der 15 einzusparenden Sitze vom Kontingent Deutschlands abgezogen, da gemäß des Lissaboner Vertrages kein Staat mehr als 96 Sitze und keiner weniger als 6 Sitze haben darf. Über sechs Sitze verfügen weiterhin Malta, Luxemburg, Zypern und Estland. Jeweils einen Sitz verloren Belgien, Bulgarien, Irland, Griechenland, Kroatien, Lettland, Litauen, Österreich, Portugal, Rumänien, Tschechien und Ungarn. In einer sehr knappen Wahl (10 zu 9 Stimmen) entschied sich die Ausschussmitglieder dafür, dass aufgrund der verhältnismäßig niedrigeren Bevölkerungszahl Österreich und nicht Schweden einen Sitz verlieren sollte.

Da die Sitzverteilung auch künftig immer wieder für Kontroversen sorgen wird, schlugen die Berichterstatter zudem vor, ein dauerhaftes und transparentes System für die anteilige Berechnung der Parlamentssitze gemeinsam mit einer Überarbeitung des Abstimmungssystems im Rat einzurichten. Entsprechend des Art. 48 Abs. 3 EUV sehen sie hierfür einen Konvent unter Beteiligung von Parlament, Rat, Kommission, und Vertretern der nationalen Parlamente vor, der bereits im ersten Halbjahr der 8. Wahlperiode (2014–2019) neue Vorschläge unterbreiten sollte.

---

148 Entwurf eines Berichts über die Zusammensetzung des Europäischen Parlaments im Hinblick auf die Wahlen 2014 (2012/2309(INI), Europäisches Parlament, Ausschuss für konstitutionelle Fragen, 22.1.2013.

Tab. 2: Entwicklung der Sitzverteilung im Europäischen Parlament (2009-2014)

Mitgliedstaat	Bevölkerung (in Mio.)	2009	2011	2014
EU insgesamt	508,1	736	754	751
Belgien	11,0	22	22	21
Bulgarien	7,3	17	18	17
Dänemark	5,6	13	13	13
Deutschland	81,8	99	99	96
Estland	1,3	6	6	6
Irland	4,6	12	12	11
Finnland	5,4	13	13	13
Griechenland	11,3	22	22	21
Frankreich	65,4	72	74	74
Kroatien	4,4	-	-	11
Italien	60,8	72	73	73
Lettland	2,0	8	9	8
Litauen	3,0	12	12	11
Luxemburg	0,5	6	6	6
Malta	0,4	5	6	6
Niederlande	16,7	25	26	26
Österreich	8,4	17	19	18
Polen	38,5	50	51	51
Portugal	10,5	22	22	21
Rumänien	21,3	33	33	32
Slowenien	2,0	7	8	8
Slowakei	5,4	13	13	13
Schweden	9,5	18	20	20
Spanien	46,2	50	54	54
Tschechien	10,5	22	22	21
Ungarn	10,0	22	22	21
Vereinigtes Königreich	63,0	72	73	73
Zypern	0,9	6	6	6

Quelle: Eigene Darstellung auf Grundlage der Graphik in Dialer (2013, S. 87)

3.2.2 Harmonisierung der Wahlsysteme

Versuche, ein einheitliches Wahlverfahren für die Wahlen zum EP einzuführen, waren lange Zeit am Widerstand Großbritanniens gescheitert, dass ein Verhältniswahlsystem strikt abgelehnt hatte. Das EP nahm im Juli 1998 einen ersten Vorschlag für gemeinsame Grundsätze für die Wahl seiner Mitglieder an.[149] Für die Einführung eines einheitlichen Europawahlverfahrens sind ein einstimmiger Beschluss des Rats mit Zustimmung des EP sowie die Ratifizierung durch alle Mitgliedstaaten erforderlich. Im Lissabonner Vertrag wurde die Entscheidungsprozedur für die Verabschiedung eines einheitlichen Europawahlverfahrens in Art. 223 AEUV bestätigt. Am 23. Mai 2002 ersuchte der Rat daher das Parlament um Zustimmung zu seinem Entwurf für einen Beschluss zur Einführung allgemeiner unmittelbarer Wahlen der Abgeordneten des Europäischen Parlaments. Am 12. Juni 2002 verabschiedete das Parlament seinen zustimmenden Beschluss über die Einführung eines einheitlichen Wahlverfahrens mit einer Mehrheit von 399 gegen 111 Stimmen. Zentrale Elemente des Wahlbeschlusses sind

– die Bestätigung des Grundsatzes der Verhältniswahl mit der fakultativen Zulassung von Vorzugsstimmen auf der Grundlage von Listen in jedem Mitgliedstaat,

– das Verbot von Doppelmandaten im EP und in einem nationalen Parlament (mit Ausnahmen für das Vereinigte Königreich und für Irland bis zur Wahl im Jahre 2009),

– die Option für die Mitgliedstaaten zur Einrichtung von Wahlkreisen, ohne das Verhältniswahlsystem insgesamt in Frage zu stellen.

Der Vorschlag des Parlamentsberichts aus dem Jahr 1998, 10 % der Gesamtzahl der Sitze des Parlaments nach dem Verhältniswahlsystem auf der Grundlage von Listen im Rahmen eines einzigen Wahlkreises, den das Gebiet der Mitgliedstaaten der Europäischen Union seit den Europawahlen im Jahr 2009 bildet, wurde dagegen nicht übernommen. In Weiterverfolgung der Ratsbeschlüsse vom 25. Juni und 23. September 2002[150] verabschiedete der Ausschuss für Konstitutionelle Fragen am 28. April 2011 einen neuen, weitreichenden Bericht (Berichterstatter Andrew Duff, ALDE) über „einen Vorschlag zur Änderung des Akts vom 20. September 1976 zur Einführung allgemeiner unmittelbarer Wahlen der Abgeordneten des Europäischen Parlaments."[151] Der Entwurf zielte erneut darauf ab, einen transnationalen Wahlkreis für 25 MdEP zu etablieren, die mit einer Zweitstimme gewählt werden sollen. Die transnationalen Listen sollten sich „aus Kandidaten aus mindestens einem Drittel der Staaten zusammensetzen […]; jeder Wähler würde zusätzlich zu seiner Stimme für die nationale oder regionale Liste eine Stimme für die EU-weite Liste abgeben können; die Abgabe von Stimmen für den EU-Wahlkreis [sollte] im Einklang mit dem geschlossenen proportionalen Listensystem erfolgen; und die Sitze würden ohne Mindestschwelle nach dem D'Hondt-Verfahren verteilt".[152] Von der Schaffung einer EU-Liste erhofften sich Abgeordnete die Abkehr von der Organisation nationaler Nebenwahlen („second-order elections"[153]), einen stärker an europäischen Themen orientierten Wahlkampf und damit letztlich eine höhere Wahlbeteiligung. Zudem schlug der Ausschuss vor, (1) in den bevölkerungsreichen Staaten territoriale Wahlkreise auf regionaler Basis einzuführen, (2) die Möglichkeit einzuräumen, durch die Abgabe von Vorzugsstimmen die von den Parteien aufgestellten Reihenfolgen ihrer Liste zu ändern, (3) eine regelmäßige Überprüfung der Verteilung der Parlamentssitze während jeder Wahlperiode des Parlaments,

---

149 Angenommen am 15. Juli 1998; ABl. C 292 vom 21.9.1998.
150 Vgl. ABl. L 283 S. 1.
151 Bericht vom 28. April 2011 (PE 440.210v 01-00 / A7-0176/2011) über einen Vorschlag zur Änderung des Akts vom 20. September 1976 zur Einführung allgemeiner unmittelbarer Wahlen der Abgeordneten des Europäischen Parlaments (2009/2134(INI)).
152 Vgl. Ebenda., Punkt 2. des Entschließungsantrags.
153 Vgl. Reif, Karlheinz/Schmitt Hermann: „Nine national second-order elections: A systematic framework for the analysis of European election results", in: European Journal of Political Research, Vol. 8, Nr. 1/1980, S. 3-44; Wüst, Andreas M./Tausendpfund, Markus: „30 Jahre Europawahlen", in: Aus Politik und Zeitgeschichte, Nr. 23/2009, S. 3-9.

rechtzeitig vor den nächsten Wahlen vorzunehmen, um den in Art. 14 Abs. 2 AEUV niedergelegten Grundsatz der degressiven Proportionalität strikter zu beachten, (4) den Zeitplan für die Wahlen auf ein Wochenende zu verkürzen, um die Wahl attraktiver zu machen, und (5) die Wahlen von Juni auf Mai vorzuverlegen, um so die anschließende Wahl des Kommissionspräsidenten und die Investitur der neuen Kommission zu beschleunigen.

Ursprünglich sah der Zeitplan des Parlaments eine abschließende Plenardebatte und Abstimmung für den 7. Juli 2011 vor. Tatsächlich wurde der Bericht jedoch an den Konstitutionellen Ausschuss zurückverwiesen, da umstritten blieb, ob die Schaffung eines EU-Wahlkreises für 25 Sitze zu Lasten der mitgliedstaatlichen Plätze gehen oder durch die Erhöhung der Gesamtsitzzahl erfolgen soll.

Ungeachtet dieses Streits deuten die einzelnen Reformvorschläge darauf hin, dass ihre Realisierung nur auf dem Wege eines Verfahrensmix' zu bewerkstelligen ist, zumal die etwaige Neuverteilung der Sitze vom einstimmigen Beschluss des Europäischen Rates auf der Grundlage eines Vorschlags und mit der Zustimmung des Parlaments abhängig ist. Auch die neuen Verfahrenselemente zur Europawahl ließen sich über einen einstimmigen Beschluss des Rates auf Vorschlag und mit Zustimmung des Parlaments ins Werk setzen. Dieses besondere Gesetzgebungsverfahren könnte dann in Form einer Änderung des Direktwahlakts von 1976 angenommen werden. Aus Gründen der Transparenz wäre jedoch die von Berichterstatter Duff selbst vorgebrachte Alternative zu bedenken, ein neues Protokoll zum AEUV über das Wahlverfahren einzuführen, das den Direktwahlakt ersetzen würde. Ohnehin impliziert die Einführung einer EU-weiten Liste für 25 zusätzliche Abgeordnete die Änderung des Art. 15 Abs. 2 AEUV und die Revision des Protokolls über die Vorrechte und Befreiungen. Hierzu wäre ein ordentliches Vertragsänderungsverfahren nach Art. 48 Abs. 2 ff. AEUV notwendig. Aufgrund der mit dem Wahlrecht verknüpften Eingriffe in das Verfassungsrecht der Mitgliedstaaten böte sich die Durchführung eines der Regierungskonferenz vorgelagerten Konvents an. Denn schließlich hat die Änderung des Direktwahlakts nicht nur unmittelbare Auswirkungen auf die mitgliedstaatlichen Wahlordnungen, sondern auch auf die Beziehungen zwischen Europäischen und mitgliedstaatlichen Parteien und den EU-Haushalt. Politisch wäre ein Konvent sinnvoll, um eine breit in die europäischen Gesellschaften ausstrahlende Debatte über Sinn und Nutzen der Europawahlen im Kontext der empirischen Daten zur Wahlenthaltung, zu Rolle und Funktionen kleinerer, „single-issue"-Parteien einschließlich der mitgliedstaatlichen Regeln zu Sperrklauseln zu initiieren. Letztlich ginge es darum, in allen 28 Wahlbürgerschaften eine überfällige, sachlich fundierte Diskussion über die Kernparameter einer Parlamentsreform zu starten, an der sich nicht nur EU-Organe und mitgliedstaatliche Regierungen, sondern auch Vertreter politischer Parteien, der Wissenschaft, Wahlbeamte, und nichtstaatliche Organisationen beteiligen sollten.

3.2.3 Europäische Spitzenkandidaten als Zugpferd

Im Nachklang des 2009 in Kraft getretenen Lissabonner Vertrages schlug die Kommission vor, das Investiturverfahren ihres nachfolgenden Kollegiums expliziter und für die Wählerinnen und Wähler erkennbar an den Ausgang der Europawahlen zu knüpfen: Die Europäischen Parteien sollten sich frühzeitig auf Kandidaten für das Amt des künftigen Kommissionspräsidenten einigen, um durch die personelle Zuspitzung des Europawahlkampfs eine Auseinandersetzung über die parteipolitischen Trennlinien zu befördern. Dem Vorschlag voraus ging die Rede des Kommissionspräsidenten zur Lage der Union in Straßburg am 12. September 2012, in der er die Notwendigkeit einer weiteren Stärkung der europäischen Dimension der Wahlen zum Europäischen Parlament unterstrich.[154] Von der Realisierung ihres Vorschlags der Benennung von Spitzenkandidaten durch die Europäischen Parteien erhoffte sich die Kommission einen wichtigen Schritt zur Förderung eines „echten europäischen politischen Systems".[155] Die Kommission erwartete, dass europaweit bekannte Spitzenkandidaten den Europarteien und der Europawahl einen Mobilisierungsschub verleihen. Die Direktwahlen waren bisher weitgehend an nationalen Themen orientiert und die Parteien warben eher mit dem im nationalen Kontext bekannten Personal. Nun sollten prominente, von den transnationalen Parteifamilien nominierte Spitzenkandidaten zu einer Europäisierung der Wahlkämpfe und -themen beitragen und diese aufgrund der Kombination von Politisierung und Personalisierung attraktiver machen. Der nationalpolitischen Überlagerung der Europawahl sollte so ein supranationales, spezifisch auf das Gemeinwesen der EU, das Europäische Parlament und die Europäische Kommission fokussiertes Element entgegengestellt werden.

In Ihrer Mitteilung berief sich die Kommission auf eine am 12. März 2013 veröffentlichte Flash-Eurobarometer-Umfrage zum Wahlrecht,[156] nach der 73 % der Befragten die Auffassung vertraten, dass es die Wahlmotivation der Bürger positiv beeinflussen würde, wenn die Wähler wüssten, welcher Europapartei die Kandidaten angehören. 62 % der Befragten waren der Meinung, dass die Wahlbeteiligung steigen würde, wenn die Parteien einen Kandidaten für das Amt des Kommissionspräsidenten stellen würden und an einem einheitlichen Wahltag gewählt würde.

Während Sozialdemokraten[157], Linke[158] und Liberale[159] ihre Kandidaten mit deutlichen Mehrheiten unterstützen, signalisierte bereits die Nominierung Jean-Claude Junckers auf dem EVP-Kongress am 6. und 7. März 2014 in Dublin, dass sich gut ein Viertel der Delegierten nicht auf das Verfahren der Spitzenkandidatur einlassen wollte. Von 812 Stimmberechtigten votierten nur 382 für Juncker und 245 für den Gegenkandidaten Barnier. 237 Delegierte verweigerten dagegen die Stimmabgabe. Peinlich verlief auch die Wahl der Spitzenkandidaten der Europäischen Grünen: „You decide Europe – Europa liegt in Deiner Hand" – unter diesem Motto waren alle EU-Bürger unabhängig von ihrer Parteizugehörigkeit dazu aufgerufen, die Spitzenkandidaten für die Europawahl digital – über Smartphones oder das Internet – zu bestimmen. Angelehnt an die in deutschen und französischen Parteien bekannten Mitgliederentscheide und die amerikanischen Vorwahlen wollten die Grünen mit diesem Experiment beweisen, dass sie

---

154 Vgl. Barroso, Manuel: Rede zur Lage der Union 2012, SPEECH/12/596, Europäische Kommission (Press Release), 12. September 2012.

155 Vgl. European Commission: Communication „Preparing for the 2014 European elections: further enhancing their democratic and efficient conduct", Strasbourg, 12.3.2013, COM(2013) 126 final; Entschließungen des Europäischen Parlaments vom 22. November 2012 zu den Wahlen zum Europäischen Parlament im Jahr 2014, vom 4. Juli 2013 über verbesserte praktische Vorkehrungen für die Wahlen zum Europäischen Parlament im Jahre 2014, und vom 13. März 2014 zur Umsetzung des Vertrags von Lissabon in Bezug auf das Europäische Parlament; vgl. auch Bericht des Europäischen Parlaments über die institutionellen Auswirkungen der Zustimmung des EP zur Benennung des Präsidenten der Kommission und über die Unabhängigkeit der Mitglieder des Kollegiums (Bericht Brok), A4-488/98.

156 Vgl. Flash Eurobarometer 364 (TNS Opinion) – November 2012, Wahlrecht, Europäische Kommission (GD KOMM und GD Justiz), März 2012.

157 Martin Schulz wurde am 6. November 2013 durch das Präsidium der SPE nominiert und auf dem SPE-Kongress in Rom am 1. März 2014 mit 91 % gewählt (368 dafür, 2 dagegen, bei 34 Enthaltungen).

158 Alexis Tsipras wurde von der Partei der Europäischen Linken auf dem Madrider Kongress vom 13.-15. Dezember 2013 mit 188 gegen 12 Stimmen bei 14 Enthaltungen zum Spitzenkandidaten gewählt. Vgl. http://european-left.org/positions/congress-motions/documents/4th-el-congress/results-votations-4th-el-congress.

159 Guy Verhofstadt und Olli Rehn wurden vom ALDE-Kongress in Brüssel am 1. Februar 2014 mit 79,3% gegen 14,2% der Stimmen bei 6,5 % Enthaltungen als Spitzenteam gewählt.

es mit ihrer Idee der Basisdemokratie ernst meinen. „Analoge" Alternativen zum elektronischen Verfahren sah die Partei nicht vor. Als Sieger gingen die Deutsche Ska Keller und der Franzose José Bové hervor.[160] Nach eigenen Angaben der Partei gaben allerdings nur 22 656 Bürgerinnen ihre Stimme bei den „Green Primaries" ab, was einer Beteiligung von etwa 0,006 Prozent der europäischen Wahlberechtigten entspricht. Berücksichtigt man zudem, dass die Grünen das Wahlalter formal auf das 16. Lebensjahr absenkten, dass immer bis zu zwei Stimmen abgegeben werden konnten und dass ohnehin auf die Überprüfung der Stimmabgabe verzichtet wurde, dürfte der Anteil noch deutlich kleiner ausgefallen sein.

Die Personalisierungskampagne der Parteien wurde im Wesentlichen durch Live-Debatten und TV-Duelle der jeweiligen Spitzenkandidaten unterfüttert. Den Anfang machten Jean-Claude Juncker, Martin Schulz, Guy Verhofstadt und Ska Keller am 28. April 2014 mit einer zweistündigen, von „Euronews" live aus Maastricht übertragenen Debatte. Juncker und Schulz verabredeten sich anschließend zu einem ersten, von ORF und ZDF ausgestrahlten Duell am 8. Mai 2014. Am darauffolgenden Tag sendete RAI die Auseinandersetzung zwischen Schulz, Juncker, Verhofstadt und José Bové. Zum Schlagabtausch mit der wohl größten europäischen Reichweite produzierte die European Broadcasting Union im Eurovisionsformat am 15. Mai 2014 eine von 58 TV-Stationen[161] live gesendete Debatte mit Juncker, Schulz, Verhofstadt, Keller und Alexis Tsipras. Die ARD legte dann noch am 20. Mai 2014 mit einem TV-Duell zwischen Juncker und Schulz im Wahlarena-Format nach, im Rahmen dessen 175 Bürger die Kandidaten direkt befragen konnten. Gleichwohl machte sich bereits während dieser Strecke der Fernsehduelle und Wahlarenen Ernüchterung breit. Zwar waren die TV-Sendungen inhaltlich bestens vorbereitet. Aber der erhoffte Austausch kontroverser politischer Positionen blieb letztlich weitgehend aus. Guy Verhofstadt, eher links zu verortender Vertreter der liberalen Doppelspitze, versuchte zwar emsig, Jean-Claude Juncker in einen Disput darüber zu locken, auf welch tönernen Füßen dessen Europäische Volkspartei (EVP) stünde, solange sie rechtspopulistische Parteien wie die ungarische Fidesz oder die Forza Italia in ihren Reihen dulde. Aber weder griff Martin Schulz das Verhofstadt'sche Allianzangebot zur Polarisierung und Politisierung des EP durch diskursive Spaltung der EVP auf, noch ging Juncker auf die liberalen Angriffe ein.

Jenseits der über Funk und Fernsehen erfolgten Inszenierung des machtpolitischen Konflikts konnte der Wahlkampf europaweit nicht kommuniziert werden. Jean-Claude Juncker und Martin Schulz taten sich überdies schwer damit, ihre – im Hinblick auf Fragen zur funktionalen Reichweite der EU-Integration ohnehin eher übersichtlichen – Differenzen ideologisch soweit zu prägen, dass hieraus klare Wahlalternativen erkennbar geworden wären. Darüber hinaus verweigerte sich die übergroße Mehrheit der Mitgliedstaaten – und damit auch die Masse der nationalen Parteien, die im Verbund von EVP oder SPE die Spitzenkandidaten mitge- oder besser mitertragen haben – der Europäisierung ihrer Wahlkämpfe. Außerhalb des deutschen, französischen und italienischen Sprachraums blieben die Spitzenduelle unerhört und waren offenbar auch unerwünscht.

---

160   Ska Keller erhielt 11791, José Bové 11726, Rebecca Harms 8170, und Monica Frassoni 5851 Stimmen.
161   Vgl. EBU Eurovision Presidential debate; http://www.elections2014.eu/resources/library/media/20140515RES4 7309/2014-0515RES47309.pdf.

3.3 Wahlbeteiligung

Ebenso wie Kommunal-, Regional- oder Landtagswahlen wird die Europawahl in der Literatur als „Sekundärwahl" oder „Nebenwahl" bezeichnet, deren Themen und politische Bedeutung sich aus dem Kontext der nationalen Politik ableiten:[162] Regelmäßig erhalten kleinere und Oppositionsparteien – teils auch aufgrund taktisch eingesetzter Wahlenthaltung – eine im Vergleich zu nationalen Wahlen überproportionale Unterstützung. Nach wie vor dienen Europawahlen weniger der Selektion von Mandatsträgern, sondern vielmehr – in einer Art Zwischen- oder Testwahl – der Sanktionierung nationaler Regierungspolitik. In diesem Zusammenhang ist auch die Wahlkampfaktivität der nationalen Parteien in vielen EU-Staaten kritisch zu betrachten. Die Fixierung der Bürger auf die nationale Ebene ist zu einem großen Teil Folge der Instrumentalisierung der Europawahl durch die nationalen Parteien. Würde offen eingestanden, dass mittlerweile viele Sachverhalte nicht mehr auf nationaler Ebene geregelt werden und nationale Parteien in diesen Fällen nicht länger die zentralen Akteure politischer Entscheidungsprozesse sind, könnte auch die Bedeutung des EP besser kommuniziert und somit das Interesse der Bürger der EP-Wahl gefördert werden.

Auch mit Blick auf die Interaktionsfunktion des EP erbringen die Direktwahlen offenbar nicht das erhoffte Ziel der stärkeren, demokratischen, über ein Parlament vermittelten Verankerung der EU. Ende der 1960er Jahre wurde erwartet, dass „the birth act of Europe will be signed only the day when European elections by direct universal suffrage take place, the rest can follow: the extension of the powers of the Parliament and the constitution of an executive [...] but we must start with elections." In ähnlicher Weise äußerte auch Teitgen die Hoffnung, dass *„as soon as it is elected, the Assembly will have the means and the procedures to relaunch [European integration]. It will be able to insist from the Commission and the Council that they debate with it the major problems of the Community."*[163] Gegen diese im Vorfeld der ersten Direktwahlen geäußerten Erwartung steht der kontinuierliche Rückgang der Wahlbeteiligung in fast allen EU-Mitgliedstaaten, der daraufhin deutet, dass es weder dem EP selbst noch den politischen Parteien gelingt, mit breit angelegten Mobilisierungskampagnen ausreichende Anreize für den Gang zur Wahl zu kommunizieren. Auch die über die Vertragsrevisionen gestärkten Rechte des Parlaments beförderten bislang kaum ein gesteigertes Vertrauen in ein dem Lebensalltag der Bürgerinnen und Bürger weiterhin fern liegendes Gremium, das zwar ihre Interessen zu vertreten beansprucht, diesen Anspruch allerdings aufgrund seiner Einbindung in ein weitgehend dem Prinzip der demokratischen Repräsentation enthobenen System kaum einlösen kann. Eine weitere, vom EP selbst zu verantwortende Ursache für die unzureichende Wahrnehmung seiner Interaktionsfunktion liegt im Zeitmanagement: Durch den Zuwachs an prozedural komplexen und aufwendigen Gesetzgebungs- und weiteren Beteiligungsrechten

---

162 Vgl. Reif, Karlheinz/Schmitt, Hermann: „Nine Second-order national elections – A conceptual framework for the analysis of european election results", in: European Journal of Political Research, Vol. 8, Nr. 1/1980, S. 3-44; Hix, Simon/Marsh, Michael: „Second-order effects plus pan-European political swings: An analysis of European Parliament elections across time", in: Electoral Studies, Vol. 30/2011, S. 4-15; Hrbek, Rudolf: „Europawahlen als „Second-Order National Elections"? Ein Paradigma im Licht der Europawahlen 2004 und 2009", in: Mittag, Jürgen (Hrsg) 30 Jahre Direktwahlen zum Europäischen Parlament (1979–2009). Europawahlen und EP in der Analyse. Nomos, Baden-Baden, 2011, S. 63-79.

163 Vgl. Vedel, Georges: „Mythes de l'Europe et l'Europe des Mythes", in: Revue du Marché commun, Octobre 1967; und Teitgen, Pierre Henri: „Le Parlement européen au lendemain de son élection directe", in: The European Parliament, Athens 1978; beide zitiert und übersetzt in Corbett, Richard: The European Parliament's role in closer EU integration, London 1998, S. 49-50; Smith, Julie: Citizens' Europe? The European Elections and the role of the European Parliament, London 1994.

müssen die Abgeordneten immer mehr der ohnehin knapp bemessenen Wahlkreisarbeitszeit für ihre Tätigkeiten in Brüssel und Straßburg aufbringen. Die elektronischen Medien fungieren dabei zwar als – noch relativ neues – Instrument der Interaktionsfunktion. Sie sind aber kaum in der Lage, den aus den nationalen, regionalen oder kommunalen Kontexten gewohnten, direkten Kontakt der Bürgerinnen und Bürger mit „ihren" Abgeordneten zu ersetzen.

Obwohl die Medienpräsenz des EP zugenommen hat und die Kontaktsuche seitens nationaler Verwaltungen und Verbände erheblich gestiegen ist, bleiben die Mitglieder des Europäischen Parlaments weitgehend unbekannt. Das Interesse am Europäischen Parlament und dessen Bekanntheitsgrad steigen nur zyklisch im Vorfeld der Wahlen, um danach wieder abzufallen.

Die Wahlbeteiligung im Mai 2014 lag mit 43,37 % unterhalb des 2009 erreichten Tiefstands. Mit 33,46 % setzte sich der dramatische Abwärtstrend in den seit 2004 der EU beigetretenen Staaten fort. Während in Litauen mit 47,35 % mehr als doppelt so viele Bürger als 2009 (20,98 %) an die Wahlurnen strebten, verweigerten 86,95 % der slowakischen Bürger die Stimmabgabe. In der "alten EU-15" blieb die seit 1999 festzustellende Beteiligungsquote mit nun 51,95 % nahezu konstant. Geringfügig höhere Wahlbeteiligungsquoten als 2009 waren nur in Frankreich (+ 1,8 %), Rumänien (+ 4,77 %), Deutschland (+ 4,83 %), Schweden, (+ 5,54 %), und Griechenland (+ 7,36 %) zu verzeichnen. Die Strategie der stärkeren Personalisierung des Europawahlkampfs durch die Aufstellung von Spitzenkandidaten für das Amt des Kommissionspräsidenten schlug sich dabei nur in Deutschland und Griechenland im Zuwachs der Wahlbeteiligungsquote nieder. Martin Schulz ging für die europäischen Sozialdemokraten (SPE/S&D-Fraktion) und Spitzenkandidat der SPD, Alexis Tsipras für die europäische Linke (EL/KVEL-NGL-Fraktion) und Spitzenkandidat der griechischen SYRIZA ins Rennen. Während Schulz der SPD in Deutschland einen Zuwachs von 6,5 % bescherte und Tsipras' Partei in Griechenland um 21,9 % zulegen konnte, versagten die anderen Spitzenkandidaten als Zugpferde im Hinblick auf eine stärkere Wählermobilisierung. Der von den europäischen Christdemokraten (EVP) aufgestellte ehemalige Premier Jean-Claude Juncker bewarb sich erst gar nicht um ein Mandat im EP. Die Luxemburger Wähler quittierten dies mit einem Beteiligungsrückgang um gut 5 %. Gleichwohl legten die luxemburgischen Christdemokraten um 6,32 % zu. Auch in den beiden Heimatstaaten des Spitzenduos der Liberalen (ALDE) blieb die Wahlbeteiligung relativ schwach (in Belgien mit Guy Verhofstadt -0,75 % und in Finnland mit Olli Rehn +2,4 %).

Die Gründe für dieses düstere Ergebnis waren vielfältig: Wie bei vorherigen Europawahlen richtete sich der Wahlkampf der etablierten Parteien vor allem an Fragen der nationalen Politik der einzelnen Mitgliedstaaten aus; die Europapolitik, europäische Sach- und Streitthemen oder die Frage der Besetzung politischer Spitzenämter in der EU wurden kaum thematisiert. Allein die in der Europäischen Linken (EL) zusammengeschlossenen Parteien, sowie rechtsextreme und europaskeptische Parteien, die nicht in allen Staaten auf der „Links-Rechts-Achse" angeordnet werden können, stellten wenigstens zum Teil genuin europapolitische Themen in den Mittelpunkt ihrer Kampagnen („Nein zur Militarisierung durch die GASP/ESVP", „Nein zu TTIP", „Einführung eines europäischen Mindestlohns", „Raus aus der Eurozone" etc.). Da die EU-Kritik konstitutive Merkmale dieser Parteien darstellen, gelang es ihnen, ihre Klientel weitaus stärker zu mobilisieren als dies bei den „europamüden" Parteien im Spektrum zwischen SPE und EVP der Fall war. Ausschlaggebend für die geringe EU-weite Wahlbeteiligung waren schließlich erneut die extrem niedrigen Werte vieler mittel- und osteuropäischer Staaten. Die niederschmetternde Wahlbeteiligung von durchschnittlich 33,46 % in dieser Staatengruppe deutet darauf hin, dass es weder der EU noch den politischen Akteuren Mittel- und Osteuropas gelungen ist, den Mehrwert des Europäischen Parlaments und die Perspektive einer genuin europäischen Demokratie erfolgreich zu vermitteln und mit Leben zu füllen.

Tab. 3: Beteiligung bei Europawahlen 1979 bis 2014 (in Prozent)

Mitgliedstaat	1979	1984	1989	1994	1999	2004	2009	2014
Belgien	91,36	92,09	90,73	90,66	91,05	90,81	90,39	89,64
Italien	85,65	82,47	81,07	73,6	69,76	71,72	65,05	57,22
Frankreich	60,71	56,72	48,8	52,71	46,76	42,76	40,63	42,43
Deutschland	65,73	56,76	62,28	60,02	45,19	43	43,27	48,1
Luxemburg	88,91	88,79	87,39	88,55	87,27	91,35	90,76	85,55
Niederlande	58,12	50,88	47,48	35,69	30,02	39,26	36,75	37,32
Dänemark	47,82	52,38	46,17	52,92	50,46	47,89	59,54	56,3
Irland	63,61	47,56	68,28	43,98	50,21	58,58	58,64	52,44
Vereinigtes Königreich	32,35	32,57	36,37	36,43	24	38,52	34,7	35,4
Griechenland		80,59	80,03	73,18	70,25	63,22	52,61	59,97
Spanien			54,71	59,14	63,05	45,14	44,87	43,81
Portugal			51,1	35,54	39,93	38,6	36,77	33,67
Schweden					38,84	37,85	45,53	51,07
Österreich					49,4	42,43	45,97	45,39
Finnland					30,14	39,43	38,6	41
Bulgarien							38,99	35,84
Tschechien						28,3	28,22	18,2
Estland						26,83	43,9	36,52
Zypern						72,5	59,4	43,97
Lettland						41,34	53,7	30,24
Litauen						48,38	20,98	47,35
Ungarn						38,5	36,31	28,97
Malta						82,39	78,79	74,8
Polen						20,87	24,53	23,83
Rumänien							27,67	32,44
Slowenien						28,35	28,37	24,55
Slowakei						16,97	19,64	13,05
Kroatien								25,24
EU-Durchschnitt (ohne Gewichtung berechnet)	66,03	64,08	62,87	58,54	52,42	47,80	46,10	43,37
EU-Durchschnitt gewichtet (nach Angabe des EP)	61,99	58,98	58,41	56,67	49,51	45,47	43,00	42,54
EU-15-Durchschnitt (berechnet)	66,03	64,08	62,87	58,54	52,42	52,70	52,27	51,95

Quelle: Maurer 2014 auf Grundlage von: European Parliament - DG Communication - Public Opinion Monitoring Unit: Public Opinion Review European Elections 1979-2009, Brussels, March 2014; und den von TNS/Scytl erhobenen Einzeldaten (http://www.ergebnisse-wahlen2014.eu/de/turnout.html). Die Durchschnittswerte der vorletzten Zeile (nach Angabe des EP) stimmen nicht mit den Einzeldaten der Mitgliedstaaten überein, da sie entsprechend der Grundzahl der Wahlberechtigten gewichtet sind.

Bei der ersten Direktwahl des EP im Jahr 1979 lag die Wahlbeteiligung in der damals nur neun Staaten zählenden EU bei 66 % bzw. bei gewichteten 61 %. Seitdem ist die Beteiligung kontinuierlich gesunken. Umso mehr feierten Abgeordnete und Medien die vermeintlich gestiegene Wahlbeteiligung als „historisches Ereignis", da der bisherige Abwärtstrend scheinbar gestoppt werden konnte. Ernüchterung machte sich dann aber breit, nachdem die endgültigen Daten der Wahl bekannt geworden waren und die Wahlbeteiligung nur noch bei 43,37 % bzw. 42,54 % lag.

Von Mitgliedstaat zu Mitgliedstaat zeigt sich, wie schon bei den vergangenen Wahlen, ein sehr unterschiedliches Bild. In Deutschland gingen vor 2009 nur 43,3 % des Elektorats zur Wahl. 2014 waren es mit knapp 48 % deutlich mehr; die Wahlbeteiligung lag aber weit unter den 72 % bei der vorangegangenen Bundestagswahl. In Österreich betrug die Beteiligung 45,7 % und blieb damit gegenüber 2009 in etwa stabil. Jeweils etwa 90 % erreichte die Wahlbeteiligung in Belgien und Luxemburg; in beiden Staaten besteht allerdings Wahlpflicht. Eine gestiegene Wahlbeteiligung gegenüber 2009 verzeichneten das politisch nach extrem rechts gerückte Frankreich mit 43,4 % (2009: 40,6 %), das europaskeptische Großbritannien mit 36,0 % (2009: 34,7 %) oder das krisengeschüttelte Griechenland mit 57,4 % (2009: 52,6 %).

Dieser sich bereits bei den Wahlen in Kroatien im April 2013 (20,8 %)[164] andeutende Trend weist darauf hin, dass es weder der EU noch den politischen und zivilgesellschaftlichen Akteuren Mittel- und Osteuropas gelungen ist, den Mehrwert der Europawahl zu kommunizieren. In Tschechien rutschte die Beteiligung von 28 % im Juni 2009 auf nun 19,5 % ab. In Slowenien beteiligten sich nur 21 % der Wähler; 7,3 % weniger als bei den letzten EU-Wahlen. Schlusslicht ist die Slowakei: Nur noch 13 % der Wahlberechtigten gingen an die Urnen – damit lag die Beteiligung noch niedriger als 2004 (17 %) und 2009 (19,6 %). Bereits die Beteiligung bei der Regionalwahl im November 2013 fiel mit 22,7 % schon äußerst schwach aus. Die geringe Wahlbeteiligung dürfe nicht als Ablehnung der EU gewertet werden, so der Politologe Marek Rybář.[165] Er führt dagegen die folgenden Gründe für die geringe Wahlbeteiligung in osteuropäischen Staaten ins Feld: a) geringe Qualität der Demokratie; b) generell mangelnde Partizipation am politischen und gesellschaftlichen Leben; c) schwach organisierte politische Parteien und damit einhergehende, geringe Mobilisierungskapazität; d) EP-Kandidaten werden als Karrieristen wahrgenommen, die den Wahlkampf aus Eigenmitteln finanzieren, und e) das generelle Legitimitätsproblem des politischen Establishments.

3.4 Europawahlen 2014

Die etablierten europäischen Parteien wurden bei der Europawahl im Mai 2014 in unterschiedlichem Ausmaß abgestraft. Es war die erste große „Post-Krisenwahl" in der vor allem in Frankreich, aber auch in Großbritannien, Spanien oder Griechenland die Zustimmung für die Regierungsparteien einbrach. Die EVP konnte trotz beträchtlicher Verluste (28,1 %, ein Minus

---

164 Durch den EU-Beitritt Kroatiens am 1. Juli 2013 waren die 3,75 Millionen kroatischen Wahlberechtigten am 14. April 2013 erstmals dazu aufgefordert ihre Abgeordneten zum Europäischen Parlament zu wählen, welche das Land bis zur EU-weiten Parlamentswahl im Mai 2014 im Europäischen Parlament vertreten sollten.

165 Vgl. Interview mit dem Dozenten an der Comenius-Universität in Bratislava, der Standard.at, 2.6.2014.

von 7,7 % gegenüber 2009) den ersten Platz behaupten. Mit 220 Mandaten verwies sie die Sozialdemokraten, die auf 191 Abgeordnete kamen, auf Platz zwei. In Deutschland konnte EU-Spitzenkandidat Martin Schulz der SPD immerhin den größten Zuwachs an Stimmen bei einer bundesweiten Wahl bescheren. Dennoch lag sie mit 27 % hinter den regierenden Christdemokraten, die trotz massiver Stimmverluste, mit 36 % weiterhin vorn lagen. In Bayern stürzte die Christliche-Soziale Union (CSU) von 48,1 % (2009) auf 40 % ab, wohingegen sich die SPD von ihrem historischen 12,9 %-Ergebnis im Jahr 2009 auf rund 21 % steigern konnte. In Frankreich blickte die bürgerliche UMP gebannt auf die 25 % der rechtsextremen Anti-EU Partei Front National (FN). In Großbritannien landete die Labour Party hinter der rechtspopulistischen UKIP Party und im benachbarten Irland wurde die Koalitionsregierung mit den Sozialdemokraten als Juniorpartner abgestraft. Auch in Spanien mussten die Sozialisten, die dort in der Opposition sind, Verluste einstecken.

Der rechtsextreme und der linke Flügel zählten zu den wahren Gewinnern dieser Wahlen. So konnte beispielsweise die FPÖ in Österreich ihr Ergebnis von der EU-Wahl 2009 (12,7 %) mit über 20 % der Stimmen fast verdoppeln. In Frankreich verwies der rechtsextreme FN (25 %) die Konservativen und die regierenden Sozialisten auf die Plätze zwei und drei. Die Dänische Volkspartei (Dansk Folkeparti) landete ebenfalls auf Platz eins und überholte um 3 % die regierende sozialdemokratische Partei unter Ministerpräsidentin Helle Thorning-Schmidt. In Ungarn übertrumpfte die rechtsradikale Jobbik-Partei mit 14,68 % der Stimmen (drei Mandate) die Sozialisten und rangiert nun auf Platz zwei. In der Slowakei verfehlte die Slowakische Nationalpartei (SNS) den Sprung über die Fünf-Prozent-Hürde nur knapp. Auf der anderen Seite des politischen Spektrums erreichte das griechische oppositionelle Bündnis der radikalen Linken (SYRIZA) mit 28 % den ersten Platz. Ihr Vorsitzender, Alexis Tsipras, trat auch für die Europäischen Linken (EL) als Spitzenkandidat an. Dritte Kraft wurde hinter den Konservativen die rassistische Goldene Morgenröte.

Tab. 4: Zusammensetzung des Europäischen Parlaments 2009 und 2014

	EVP	S&D	ALDE	EKR	Grüne / EFA	KVEL / NGL	EF(D)D	NI
Juli 2009	265	184	84	54	55	35	32	27
April 2014	274	195	83	57	58	35	31	33
Juni 2014	220	191	68	70	50	52	48	52
Gewinne u. Verluste 2014/2009	- 45	+ 7	- 16	+ 16	- 5	+ 17	+ 16	+ 25
Gewinne u. Verluste Juni 2014/April 2014	- 54	- 4	- 15	+ 13	- 8	+ 17	+ 17	+ 19

Quelle: Maurer 2014a

Die Erfolge der von rechtsextremen und der neuen, linken Parteien sind Ausdruck von Hilflosigkeit und Frustration in der EU-Bevölkerung. Selbst den Spitzenkandidaten der beiden größten europäischen Parteien, Jean-Claude Juncker (EVP) und Martin Schulz (SPE/S&D) gelang es nicht, die Europawahl in eine Richtungswahl zu verwandeln. So blieb es bei einer Abrechnungswahl aus der eine geschwächte Große Koalition hervorging.

Erst einige Wochen nach der Wahl klärte sich die Fraktionszuordnung der verschiedenen nationalen Parteien. Mit gegenwärtig (August 2014) 70 bzw. 68 Mitgliedern nehmen die EKR- und die ALDE-Fraktion eine Schlüsselfunktion bei der Bildung von Mehrheiten ein, wenn das Parlament auf eine qualifizierte Mehrheit der Abgeordneten angewiesen ist und die Koalition der beiden Großparteien nicht hält. Die EVP ist somit gezwungen, mit der EKR, der ALDE und den Grünen oder der EFDD eine Mitte-Rechts-Koalition zu bilden, die nicht auf die Stimmen der S&D angewiesen ist. Umgekehrt gilt für die S&D, dass sie mit Grünen, KVEL/NGL, ALDE, und Vertretern einer der beiden europaskeptischen Fraktionen EKR oder EFDD Mehrheiten ohne die EVP organisieren müsste.

4 Die Abgeordneten

> *Art. 2 GOEP: Das freie Mandat*
>
> Die Mitglieder des Europäischen Parlaments üben ihr Mandat frei aus. Sie sind weder an Aufträge noch an Weisungen gebunden.

Der Überblick über die 751 Mitglieder des Europäischen Parlaments eignet sich als Einstieg in seine sich gegenseitig beeinflussenden Organisations-, Führungs- und Funktionsstrukturen. Für die 8. Wahlperiode wurden rund 51 % der Abgeordneten wiedergewählt, wobei auf Deutschland mit 69,8 % (67 von 96 MdEP) die höchste und auf Griechenland mit 100 % neuen MdEP die niedrigste Quote entfällt. In Österreich wurden 55,6 % (10 von 18) der Abgeordneten wiedergewählt. 186 nationale Parteien – 21 Parteien mehr als in der 7. Wahlperiode – sind im EP vertreten. Der Frauenanteil hat mit 37 % seinen bisherigen Höchststand erreicht. Die meisten weiblichen MdEP kann dabei Malta (67 %) aufweisen. Dies ist umso erstaunlicher, als in der vorangehenden Wahlperiode keine einzige Frau unter den maltesischen Abgeordneten war. Mit nur 9 % weist Litauen den geringsten Frauenanteil auf. Der jüngste Abgeordnete ist der 27-jährige Däne Anders Primdahl Vistisen (EKR) und der älteste Abgeordnete, Emmanouil Glezos (KVEL-NGL), stammt aus Griechenland und ist 92 Jahre alt. Unter den 751 Mitgliedern fanden sich zu Beginn der 8. Wahlperiode neun ehemalige Ministerpräsidenten: Andrus Ansip (Estland), Jerzy Buzek (Polen), Valdis Dombrovskis (Lettland), Anneli Jäätteenmäki (Finnland), Rolandas Paskas (Litauen), Lojze Peterle (Slowenien), Alfred Sant (Malta), Theodor Stolojan (Rumänien), Guy Verhofstadt (Belgien) sowie vier ehemalige Kommissare: Janusz Lewandowski (Polen), Viviane Reding (Luxemburg), Olli Rehn (Finnland) und Antonio Tajani (Italien).

4.1 Grundlagen des Abgeordnetenmandats

Nach Art. 10 Abs. 2 EUV sind die Abgeordneten Vertreter der Unionsbürgerinnen und -bürger auf europäischer Ebene. In politischen Systemen, in denen das Parlament durch ein Verhältniswahlsystem zusammengesetzt wird, besteht das Ideal in der möglichst exakten Widerspiegelung der Gesellschaft. Relevante Parameter hierfür sind das Geschlecht, die Sozialstruktur, Migrationshintergrund, Bildung, Alter oder auch die Konfession. Die Europaabgeordneten werden in der öffentlichen Debatte meist unter dem Gesichtspunkt des Alters und des Geschlechts diskutiert. Die quantitative Verteilung der Abgeordnetenmandate erfolgt nach dem Prinzip der degressiven Proportionalität. Dies sieht zwar eine proportionale Vertretung nach demographischer Stärke des jeweiligen Mitgliedstaates vor, wird innerhalb der EU jedoch zugunsten bevölkerungsschwächerer Mitgliedstaaten verschoben.

In diesem Kontext stellt sich auch die Frage nach der Definition und ordnungsgemäßen, als gerecht empfundenen Vertretung der Interessen der europäischen Bürger durch die MdEP. Die Literatur zur politischen Repräsentation in Demokratien wird von einer andauernden Debatte darüber beherrscht, „wie die Beziehungen zwischen Repräsentanten und Bürgern beschaffen sein müssen, um von einem funktionierenden, normativ akzeptablen System politischer Repräsentation sprechen zu können".[166] Im Rahmen ihres Repräsentationsmodells unterteilen Eulau, Wahlke, Buchanan und Ferguson[167] politische Repräsentanten in zwei Pole: *„Delegate"* und *„Trustee"*. Als *Delegate* bezeichnen sie jenen Abgeordnetentypus, der die Werte und Ziele der Wählerschaft vertritt und als solcher quasi weisungsgebunden handelt. Der *Trustee* hingegen tendiert eher zu eigenständig ausgerichteten Entscheidungen. Gerade die Eurokrise hat gezeigt, dass das Verhältnis der Zielvorstellungen zwischen den EU-Bürgern und ihren gewählten Repräsentanten zunehmend auseinanderdriftet. So sind die MdEP im Schnitt – die Euroskeptiker ausgenommen – wesentlich positiver gegenüber der EU eingestellt als ihre Wähler. Das *„Responsible Party Model"* von Thomassen und Schmitt[168] entwickelt den *„Delegate*-und-*Trustee*-Ansatz" weiter. Der Fokus liegt dabei auf der politischen Parteienlandschaft, die als zentraler Transmissionsriemen zwischen den Interessen der Bürger und dem Verhalten der Abgeordneten fungiert.[169]

Die Verminderung des Repräsentationsdefizits und die Behebung des Öffentlichkeitsdefizits bedingen einander. Für beide Prozesse stellen die MdEP wichtige Schlüsselfiguren dar, da vor allem sie es sind, die durch eine „bürgernahe" Interessenvertretung der Bevölkerung ein Bild von der Rolle und den Funktionen des Europäischen Parlaments im EU-Institutionengefüge vermitteln können. Dabei steht der einzelne MdEP aufgrund des engen Zeitkorsetts und der dadurch notwendigen Prioritätensetzungen im Spannungsfeld zwischen seiner europaparlamentarischen Tätigkeit und den Erwartungen, die von seiner Partei bzw. den Bürgern an ihn herangetragen werden.

4.1.1 Sozialstruktur, Bildung, und Alter

Organisationen prägen ihre Mitglieder. Wie aber vollzieht sich dieser Prozess in einem multinationalen und multilingualen supranationalen Parlament? Anpassungsprozesse an institutionell vorherrschende Normen und Verhaltensweisen im Europäischen Parlament sind keine sichtbare Größe, doch schwächen sie das neu gewählte Parlament gerade zu Beginn einer Wahlperiode. Die neuen Abgeordneten müssen sich erst an die Arbeitsweise, die informellen Verhaltensregeln und Wertehaltungen anpassen, um wahrgenommen zu werden und ihre verschiedenen Rollenprofile voll auszuschöpfen. Dabei sind neu gewählte Mandatare überwiegend keine politischen Neulinge, so dass institutionelle Sozialisationsprozesse relativ rasch ablaufen. In den fraktionsinternen Sitzungen werden die neuen Kollegen mit den spezifischen parlamentarischen Gepflogenheiten vertraut gemacht. Die innerfraktionelle Sozialisation ist aus karrieretechnischen Gründen von besonderer Relevanz, gerade wenn es um die Vergabe von „interessanten", d.h. nach außen sichtbaren oder nach innen machtpolitisch herausgehobenen Ämtern geht. Empirische Erkenntnisse darüber, welche Normen und Verhaltenserwartungen für das Europäische Parlament prägend sind, gibt es bisher kaum. Insbesondere fehlen Untersuchungen, die den individuellen Sozialisationsprozess der Abgeordneten und dessen Ein-

---

166 Vgl. Tiemann, Guido/Treib, Oliver/Wimmel, Andreas: Die EU und ihre Bürger, Wien 2011, S. 123.
167 Vgl. Eulau, Heinz/Wahlke, John C./Buchanan, William/Ferguson, LeRoy C.: „The Role of the Representative: Some Empirical Observations on the Theory of Edmund Burke" in: American Political Science Review, Vol. 53, Nr. 3/1984, S. 742-756.
168 Vgl. Thomassen, Jacques/Schmitt, Hermann: Political Representation and Legitimacy in the European Union, Oxford University Press 1999.
169 Vgl. Tiemann/Treib/Wimmel 2011, S. 124.

fluss auf den Legislativ- bzw. Entscheidungsprozess der EU erfassen.[170] Die Rekrutierung der MdEP hat in den letzten Jahrzehnten Veränderungen dahingehend erfahren, dass im Gegensatz zu diversen Vorurteilen keineswegs mehr altgediente oder gar ausgediente Politiker nach Brüssel „geschickt" werden; vielmehr ist das EP im Hinblick auf seine Mitglieder wesentlich jünger und progressiver als das Gros der nationalen Parlamente.

Neben dem Geschlecht ist die soziale Herkunft ein maßgebender Indikator in Bezug auf eine möglichst spiegelbildliche Repräsentation einer Gesellschaft. Es fällt auf, dass die meisten Abgeordneten aus der gehobenen Mittel- und Oberschicht stammen. Darüber hinaus kann man einen im Vergleich zur europäischen Gesellschaft sehr hohen formalen Bildungsgrad feststellen. 88 % der MdEP besitzen einen Bachelor oder verfügen über einen weitergehenden Bildungsgrad. 96 % der MdEP gehören innerhalb ihrer Fraktionen einer nationalen Delegation ihres Geburtslandes an, wobei lediglich eine Minderheit von 4 % einen Migrationshintergrund aufweist. Vergleicht man die Lebensläufe der MdEP, so zeigt sich, dass weit mehr als die Hälfte zuvor schon als Vollzeitpolitiker (meist als Abgeordnete) auf nationaler oder regionaler Ebene tätig waren.[171]

Nach einer Studie der *Organisation for European Interstate Cooperation* (OEIC)[172] über die Integration der zwölf „neuen" EU-Mitgliedstaaten sind die MdEP der letzten beiden Erweiterungsrunden weniger stark in den Leitungsgremien vertreten als Vertreter der alten Mitgliedstaaten. Auch Schlüsselfunktionen, wie z.B. Fraktionsvorsitze, bleiben ihnen tendenziell verwehrt. Dies macht eine Integration auf Augenhöhe schwierig und ist auch in Hinblick auf eine ausgewogene demographische Repräsentation von gesellschaftlichen Interessen problematisch. Auch in der 8. Wahlperiode gibt es keinen Fraktionsvorsitzenden aus einem der neueren Mitgliedstaaten; andererseits sind sie in den Vorständen der vier größten Fraktionen gut repräsentiert: 5 von 10 Vorstandsmitgliedern in der EVP-, 4 von 10 in der S&D-, 11 von 23 in der EKR- und 12 von 35 in der ALDE-Fraktion. Außerdem finden sich unter den 14 Vizepräsidenten des EP zwei aus Rumänien, einer aus Ungarn und einer aus Polen (dies entspricht einer Quote von rund 29 %). Vier Ausschussvorsitze gingen an MdEP aus Polen, je ein weiterer an einen tschechischen und einen bulgarischen Abgeordneten (entspricht 27 %). 12 von 43 Delegationsvorsitzen gingen ebenfalls an die neueren Mitgliedstaaten – darunter sogar zwei an Abgeordnete aus dem zuletzt beigetretenen Kroatien.

4.1.2 Frauen im Europäischen Parlament

Frauen machen ca. 53 % der EU-Bevölkerung aus, dennoch sind sie in den meisten nationalen Parlamenten – mit Ausnahme der nordischen Staaten – und im Europäischen Parlament unter-

---

170 Vgl. aber: Weske, Simone: Europapolitik im Widerspruch. Die Kluft zwischen Regierenden und Regierten, Opladen 2011; Roger, Léa: Analyzing parliamentary communication. The impact of role orientations on MEP's discursive behaviour in Committee debates, Dublin 2012; http://webpages.dcu.ie/~leg/Roger.pdf; Farrell, David/Hix, Simon/Scully, Roger : EPRG MEP Survey Dataset: 2011 Release. in: http://www2.lse.ac.uk/government/research/resgroups/EPRG/-MEPsurveyData.aspx; Kielhorn, Achim : Rollenorientierungen von Abgeordneten in Europa. Eine empirische Analyse von Bestimmungsgründen und Konsequenzen der Repräsentationsrolle von Parlamentariern in elf EU-Ländern. Berlin 2001; Roger, Léa: Trustee versus Delegate – investigating the role performance of Members of the European Parliament. Paper to be presented at the ECPR Joint Session, Antwerp, 10th–15th April 2012; Scully, Roger/Farrell, David M.: „MEPs as Representatives: Individual and Institutional Roles". In: Journal of Common Market Studies, Vol. 41, Nr. 2/2003, S. 269-288.
171 Vgl. Johannson, Jan A.: Who are the Members of the European Parliament? Organization for European Interstate Cooperation (OEIC) 2010, S. 4 (www.oeiceurope.com).
172 Vgl. Hokovsky, Radko: „The Integration of MEPs from Central and Eastern Europe into the European Parliament", in: Central European Political Studies Review, Vol. XIV, Nr. 1/2012, S. 35-55.

repräsentiert. Die Förderung der Gleichstellung von Frauen und Männern wird im EP als eine Bedingung für ein Mehr an Demokratie anerkannt. So kümmert sich das Referat Chancengleichheit im Generalsekretariat sowie der Beratende Ausschuss für die Chancengleichheit und Vielfalt um die volle Gleichstellung von Männern und Frauen im EP. Wie weiblich das Europäische Parlament tatsächlich ist, zeigte sich bereits am Ende der 7. Wahlperiode: Frauen stellten 35,8 % der MdEP, drei der 14 Vizepräsidenten sowie acht von 22 Ausschussvorsitzenden und zwei von fünf Quästoren; außerdem übten zwei Frauen (gegenüber 9 Männern) die Funktion einer Fraktions- bzw. Ko-Vorsitzenden aus. Zu Beginn der 8. Wahlperiode hat sich das Bild diesbezüglich leicht verbessert.[173] Der Frauenanteil ist zwar insgesamt nur marginal auf 36,5 % gestiegen; jedoch konnten sich bei der Besetzung der politischen Führungspositionen deutlich mehr Frauen durchsetzen: Sie stellen nun sechs von 14 Vizepräsidenten, zwei von fünf Quästoren, 10 von 22 Ausschussvorsitzenden und 13 von 43 Delegationsvorsitzenden (EP-Kovorsitzende der Parlamentarischen Versammlungen eingeschlossen). Gleich blieb die Situation hinsichtlich der Fraktionsvorsitze – zwei Frauen, neun Männer. Gabi Zimmer von der Partei „Die Linke" ist Fraktionsvorsitzende der KVEL/NGL und Rebecca Harms Ko-Vorsitzende der Grünen/EFA.

Von den 5255 Mitarbeitern des EP sind 59 % (3 099) weiblich. 1 257 (51,8 %) Frauen sind der höheren AD-Dienststufe zuzuordnen; 1852 (65,2 %) Frauen stehen 985 (34,8 %) Männern im Assistenzbereich (AST) gegenüber. Der Frauenanteil in „EP-Managementpositionen" setzt sich wie folgt zusammen: 30,8 % Generaldirektorinnen, 34,1 % Direktorinnen und 29,2 % Referatsleiterinnen. Hier fällt auf, dass die *Soft politics*"-Bereiche der Generaldirektion (GD) Kommunikation, der GD Übersetzung sowie der GD Dolmetschen und Konferenzen von Frauen geleitet werden.[174]

Abb. 6 zeigt ein stetiges Ansteigen des Anteils weiblicher MdEP. Bis zur ersten Direktwahl 1979 war in der Gemeinsamen Versammlung von 1952 bis 1958 unter 78 Delegierten nur eine Frau (1,3 %) zu finden. Dieser Anteil erhöhte sich bis 1978 auf 5,5 % und verdreifachte sich dann aber mit der ersten Direktwahl sprunghaft auf 16,6 %, um sich in den darauffolgenden Jahren mit 34,8 % bei der EU-Wahl 2009 mehr als zu verdoppeln – mit danach weiterhin steigender Tendenz. Im ausscheidenden Parlament der siebten Wahlperiode lag der Frauenanteil bei 35,8 % (Stand 5. Januar 2014). Der Anteil an weiblichen Abgeordneten im neu gewählten EU-Parlament liegt bei 36,5 % (274) und ist somit nur leicht gegenüber den bisherigen Verhältnissen angestiegen.

---

173 Stand August 2014.
174 Vgl. Europäisches Parlament: Frauen im Europäischen Parlament. Internationaler Frauentag 8. März 2014, Referat für Gleichstellung und Vielfalt, GD Personal, 5.1.2014.

Abb. 6: Entwicklung des Anteils weiblicher MdEP (1952–2014)

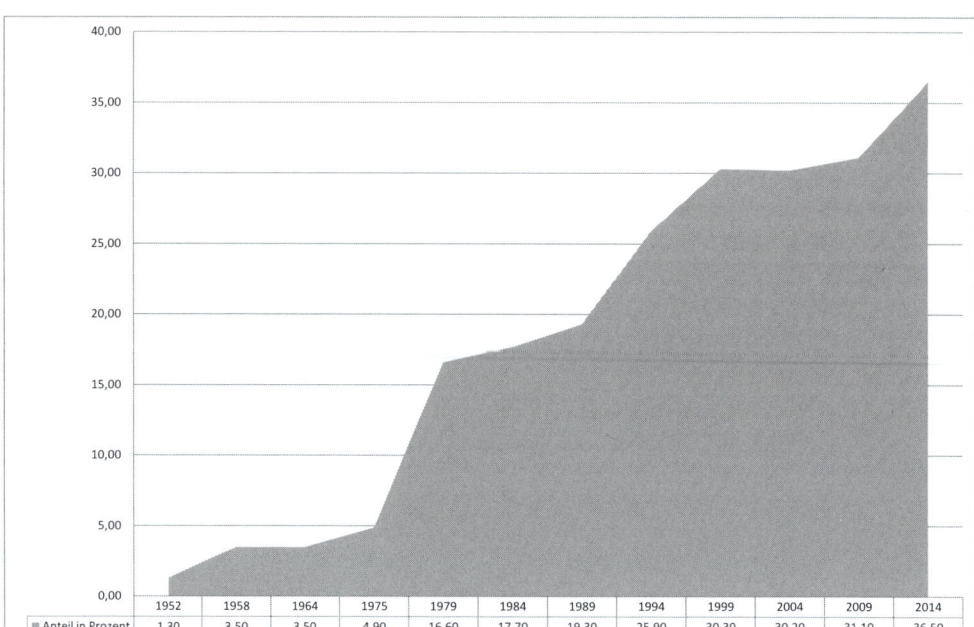

■ Anteil in Prozent	1952	1958	1964	1975	1979	1984	1989	1994	1999	2004	2009	2014
	1,30	3,50	3,50	4,90	16,60	17,70	19,30	25,90	30,30	30,20	31,10	36,50

Quelle: Europäisches Parlament, Equality and Diversity Unit, DG for Personnel

Von den 96 deutschen Abgeordneten sind 35 Frauen (36 %). Die Frauenquote der im EP vertretenen deutschen Parteien verhält sich dabei wie folgt: CDU/CSU: 7 von 34 (20,6 %), SPD: 13 von 27 (48,1 %), Die Grünen: 6 von 11 (54,5 %), Die Linke: 4 von 7 (57,1 %), Alternative für Deutschland (AfD): 2 von 7 (28,6 %), FDP: 1 von 3 (33,3 %), Freie Wähler (FW): 1 von 1 (100 %), Die Piraten: 1 von 1 (100 %). Das Geschlechterverhältnis unter Österreichs Abgeordneten ist deutlich ausgewogener: Von 18 Mandaten werden künftig acht von Frauen und zehn von Männern besetzt. Damit liegt Österreich mit rund 44 % über dem Durchschnitt und besser als in der vorhergehenden Wahlperiode. Die stimmenstärksten Parteien, ÖVP und SPÖ, sind mit je zwei Frauen und drei Männern im Europaparlament vertreten. Bei der FPÖ gibt es nur eine Frau unter vier Abgeordneten in der Fraktion, bei den Grünen hingegen zwei Frauen und einen Mann. Die NEOS besetzen ihr einziges Mandat mit einer Frau.

Abb. 7: Frauenquote nach Mitgliedstaaten zu Beginn der 8. Wahlperiode (in Prozent)[175] (Vergleichszahlen 7. Wahlperiode in Klammern (Stand 27. Februar 2014))

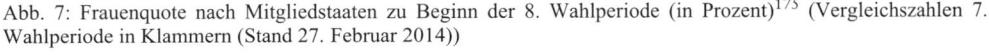

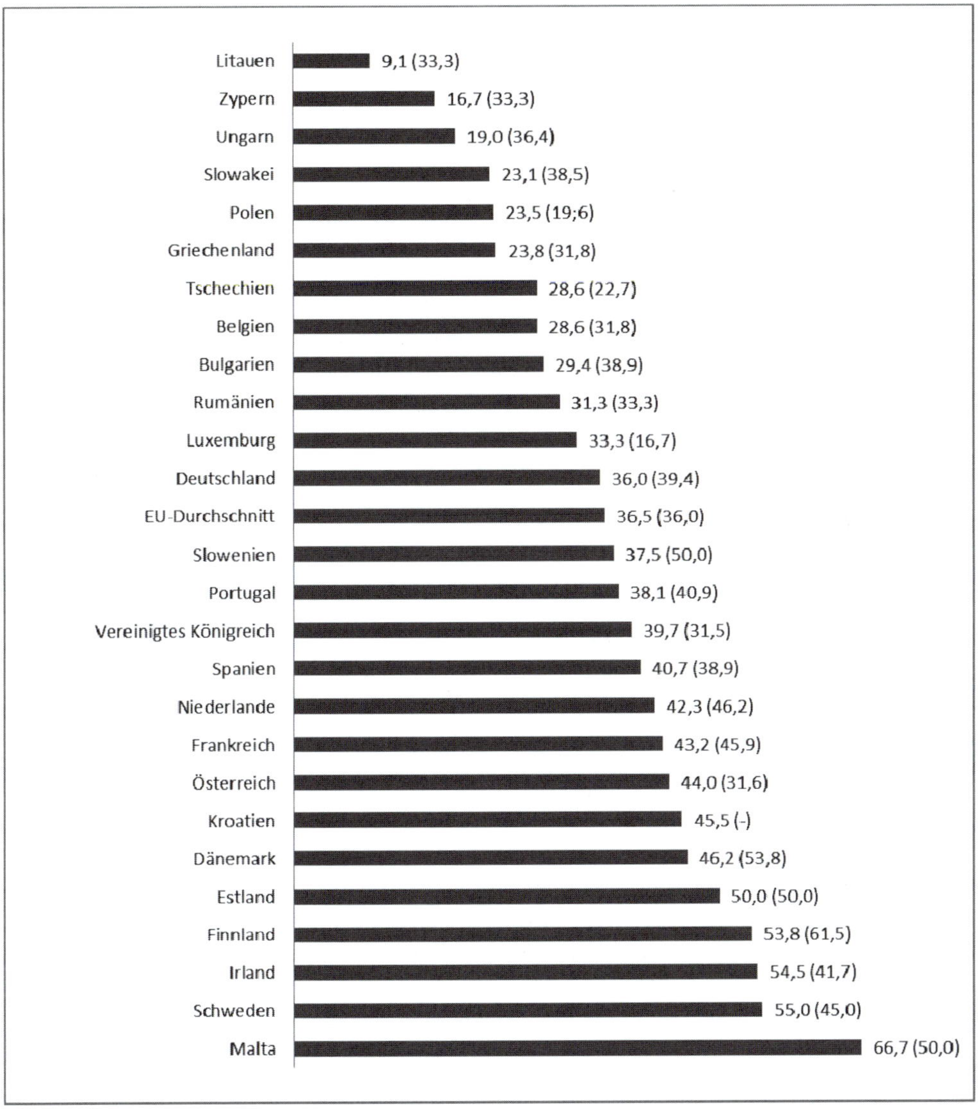

Litauen	9,1 (33,3)
Zypern	16,7 (33,3)
Ungarn	19,0 (36,4)
Slowakei	23,1 (38,5)
Polen	23,5 (19;6)
Griechenland	23,8 (31,8)
Tschechien	28,6 (22,7)
Belgien	28,6 (31,8)
Bulgarien	29,4 (38,9)
Rumänien	31,3 (33,3)
Luxemburg	33,3 (16,7)
Deutschland	36,0 (39,4)
EU-Durchschnitt	36,5 (36,0)
Slowenien	37,5 (50,0)
Portugal	38,1 (40,9)
Vereinigtes Königreich	39,7 (31,5)
Spanien	40,7 (38,9)
Niederlande	42,3 (46,2)
Frankreich	43,2 (45,9)
Österreich	44,0 (31,6)
Kroatien	45,5 (-)
Dänemark	46,2 (53,8)
Estland	50,0 (50,0)
Finnland	53,8 (61,5)
Irland	54,5 (41,7)
Schweden	55,0 (45,0)
Malta	66,7 (50,0)

Quelle: Eigene Berechnungen auf Grundlage von: Liste der gewählten Mitglieder, veröffentlicht auf der Website des EP zur Europawahl 2014

Auffallend ist, dass der supranationale Parlamentarismus weiblicher ist als der nationale. Übersteigt doch der Anteil weiblicher MdEP den Anteil weiblicher Abgeordneter in einem

---

175 Europäisches Parlament, Directorate-General for Communication, Public Opinion Monitoring Unit; Europäisches Parlament, European Parliamentary Research Service.

Großteil der nationalen Parlamente in den Mitgliedstaaten.[176] In institutioneller Hinsicht ist das EP die Vorzeigeinstitution in Sachen Geschlechterparität. Europäische und nationale Ebene sind hierbei stark miteinander verwoben. Die nationale Ebene ist der bestimmende Faktor für die Repräsentation von Frauen auf supranationaler Ebene. Der Frauenanteil in nationalen Regierungen variiert zwischen knapp über 5 % in Griechenland und über 60 % in Finnland. Griechenland bewegt sich auch im EP deutlich unter dem Durchschnitt und Finnland deutlich darüber. Und trotz Quotenregelungen für die meisten Parteilisten sind Frauen auch im EP – trotz aller positiven Entwicklungen – immer noch unterrepräsentiert. Dies hängt sowohl mit Komponenten der verschiedenen Wahlsysteme (Verhältnis- versus Mehrheitswahlsystem) zusammen als auch mit wahlstrategischen Überlegungen der Parteien; sind diese doch rationale, um Wählerstimmen konkurrierende Akteure, die spezifische Repräsentationsangebote an unterschiedliche Wählergruppen richten. Über ihre *Gate-keeper*-Funktion bestimmen die politischen Parteien die Kandidaten für Wahlämter sowie die Aufstellung von Frauen in den Wählerlisten. Tatsächlich verfügten bei den EU-Wahlen 2014 nur sieben Mitgliedstaaten über offizielle Frauenquoten für die Listenerstellung: Frankreich und Belgien verlangten Geschlechterparität, in Slowenien und Spanien mussten beide Geschlechter zu mindestens 40 % repräsentiert sein. Italien und Portugal verlangten einen Frauenanteil von 33 %; in Polen lag dieser bei 35 %. In Rumänien wurde die Schwelle extrem niedrig gelegt, indem lediglich verboten wurde, reine Frauen- oder Männerlisten aufzustellen. Einige Parteien in den Mitgliedstaaten verwenden bei der Nominierung das Reißverschlussverfahren („*Zipping*") – es werden also jeweils ein Mann und eine Frau alternierend gereiht. In jenen Mitgliedstaaten, in denen es keine rechtlich verbindlichen Geschlechterquoten gibt, obliegt es den Parteien, freiwillig Quoten einzuführen. Ein merkbarer Anstieg des Frauenanteils in nationalen Parlamenten Mitte der 2000er Jahre kann als Folge der Einführung von gesetzlich vorgegebenen Geschlechterquoten in mehreren Mitgliedstaaten gesehen werden (Frankreich 2000, Belgien 2002, Portugal 2006, Spanien 2007).[177]

Neben der quantitativen Repräsentation von Frauen am parlamentarischen Prozess im EP ist eine deutliche qualitative Differenz zu konstatieren. Dies zeigt sich besonders deutlich in der Verteilung der Führungspositionen, aber auch in der Verteilung der Sitze in den Ausschüssen. So ist in prestigeträchtigen Ausschüssen wie z.B. dem AFET (82 %) oder dem AFCO (84 %) der Anteil männlicher Abgeordneter auch zu Beginn der 8. Wahlperiode besonders hoch. Dem stehen dann Ausschüsse wie FEMM (94 %), PETI (65 %) und EMPL (62 %) gegenüber, in denen wiederum der Frauenanteil – schon fast traditionell – deutlich höher ausfällt. Bemerkenswert scheint, dass die Vorsitze der drei sehr „männlichen" Ausschüsse AFCO (84 %), SEDE (80 %) und DROI (73 %) jeweils an Frauen gingen. Dies spricht offenbar für die interne Gleichstellungspolitik der Fraktionen, die sie benannt haben.

Die 8. Wahlperiode startete mit 40 interparlamentarischen Delegationen und vier multilateralen Versammlungen, in die das EP Delegationen entsendet. 13 der 44 Delegationsvorsitze (knapp 30 %; in der 7. Wahlperiode waren es lediglich 20 %) werden nun von Frauen eingenommen: Die Delegationen für Kasachstan, Kirgistan und Usbekistan, für Tadschikistan, Turkmenistan und die Mongolei; sowie die Delegationen für Montenegro, Albanien, den Pa-

---

176 Vgl. Vallance, E./Davis, E.: Women of Europe. Cambridge 1986; Kantola, Johanna: „Women's Political Representation in the European Union", in: The Journal of Legislative Studies, Vol. 15, Nr. 4/2010, S. 379-400.
177 Vgl. European Parliamentary Research Service (EPRS): Women in parliaments, 140765REV2, Brussels, 27 February 2013, S. 2.

lästinensischen Legislativrat, die Maschrik-Länder, die Arabische Halbinsel, Zentralamerika, Mexiko, Chile, die Länder Südasiens, Australien und Neuseeland, die Parlamentarische Versammlung der NATO und die Parlamentarische Versammlung EuroNest. Einen hohen Frauenanteil verzeichnen (Stand August 2014) die Delegationen für Chile (67%); Bosnien, Herzegowina und Kosovo (58 %); Mexiko (57 %); Mazedonien (55 %); das Panafrikanische Parlament (55 %); Montenegro (46 %); den Palästinensischen Legislativrat; Südafrika und die Parlamentarische Versammlung AKP (mit je 44 %). Auch hier fällt – wie schon bei den Ausschüssen – auf, dass dies nicht unbedingt die mit Prestige und medialer Aufmerksamkeit verbundenen Delegationen sind. Im Vergleich dazu liegt der Frauenanteil beispielsweise in der USA- und der Russland-Delegation mit 28 % bzw. 23 % deutlich unter dem Durchschnitt.

4.2 Rechte und Pflichten der Abgeordneten

Das EP gerät immer wieder ins Zentrum von Medienschelte: Europaabgeordnete, die als „Spesenritter" nur zum Empfang der Tagegelder nach Straßburg reisen, ohne an den Abstimmungen, geschweige denn an den hierzu anberaumten Debatten teilzunehmen, oder die unklaren Beziehungen zwischen den Fraktionen, Europäischen Parteien und Europäischen Politischen Stiftungen gehören mittlerweile zum festen Bestandteil reißerischer Reportagen in Publikumszeitschriften und politischen Magazinen. Angesichts dieser durch zunehmend offene Europakritik seitens nationaler Parteien und Abgeordneter verstärkten, einseitigen Kritik gerät das EP in Erklärungs- und Zugzwang.

Die Geschäftsordnung des EP, die sich das Parlament auf Grundlage von Art. 232 AEUV selbst gibt, weist im Hinblick auf die Rechte und Pflichten der Mitglieder des Europäischen Parlaments zahlreiche Analogien zu nationalen Bestimmungen auf. Das erste Kapitel über die „Mitglieder des Europäischen Parlaments" regelt das freie Mandat, dessen Prüfung und Dauer, die Vorrechte und Befreiungen der Abgeordneten, die Durchführung des Abgeordnetenstatuts sowie Fragen der Aufhebung der Immunität. Unvereinbar mit der Mitgliedschaft im EP sind demnach Ämter in nationalen Regierungen, in der EU-Kommission oder andere Spitzenämter in EU-Organen (etwa Zentralbank oder Rechnungshof) sowie – seit der Wahl 2004 – die Mitgliedschaft in nationalen Parlamenten (Doppelmandat). Die Praxis des Doppelmandats ging bereits vor dem formalen Verbot nach und nach zurück, da sich die Einsicht verstärkte, dass die Abgeordneten nur durch Aufgabe des Doppelmandats explizit als „Europaabgeordnete" wahrnehmbar sind und effektiv ihre Funktionen als Bindeglied zwischen EP und dem Wahlkreis wahrnehmen können.[178]

Jeder Abgeordnete hat das Recht, im Rahmen des Empfehlungsrechts nach Art. 225 AEUV Vorschläge für einen Gemeinschaftsakt einbringen. Das Recht auf Einsichtnahme in Parlamentsakten ist ebenfalls obligatorisch und sichert ein hohes Maß an Transparenz. Die Geschäftsordnung des Europäischen Parlaments legt fest, welche Mindestzahl an Abgeordneten notwendig ist, um bestimmte Rechte parlamentsintern zu aktivieren. Die Geschäftsordnung führt dabei eine stattliche Anzahl an individuellen Rechten jeder und jedes Abgeordneten auf. Jedes MdEP

– genießt nach Art. 5 GOEP die Vorrechte und Befreiungen gemäß dem Protokoll über die Vorrechte und Befreiungen der Europäischen Union,

---

178 Vgl. Meny, Yves et al.: Der Aufbau eines Parlaments. 50 Jahre Geschichte des Europäischen Parlaments, Luxemburg: Amt für Veröffentlichungen der Europäischen Gemeinschaften 2009.

- hat das Recht, alle im Besitz des Parlaments oder eines Ausschusses befindlichen Akten einzusehen, mit Ausnahme der persönlichen Akten und Abrechnungen, in die nur die betreffenden Mitglieder Einsicht nehmen dürfen,
- kann nach Art. 6 GOEP einen Antrag an den Präsidenten auf Schutz der Immunität und der Vorrechte richten,
- kann nach Art. 31 GOEP Anfragen zu den Arbeiten des Präsidiums, der Konferenz der Präsidenten und der Quästoren stellen,
- kann nach Art. 34 GOEP mit anderen MdEP interfraktionelle Arbeitsgruppen oder andere inoffizielle Mitgliedergruppierungen bilden, um einen informellen fraktionsübergreifenden Meinungsaustausch über spezifische Themen unter Einbeziehung von Mitgliedern verschiedener Ausschüsse zu führen, und um den Kontakt zwischen den Mitgliedern und der Zivilgesellschaft zu fördern,
- kann nach Art. 46 GOEP einen Vorschlag für einen Unionsakt im Rahmen des Initiativrechts des Parlaments gemäß Art. 225 AEUV einbringen,
- kann nach Art. 49 GOEP von einem Ausschuss, in dem er oder sie Mitglied oder Stellvertreter ist, als Berichterstatter für den Vorschlag für einen Rechtsakt ernannt werden, falls der Ausschuss dies noch nicht auf der Grundlage des gemäß Art. 37 GOEP vereinbarten Arbeitsprogramms der Kommission getan hat,
- kann nach Art. 51 GOEP (Nichtlegislative Berichte) von einem Ausschuss, in der er oder sie Mitglied ist, als Berichterstatter zur Erstellung eines nichtlegislativen Berichts benannt werden,
- kann nach Art. 88 GOEP in der ersten Phase der Prüfung des Entwurfs des Haushaltsplans Abänderungsentwürfe zum Entwurf des Haushaltsplans einreichen und dazu sprechen,
- kann nach Art. 129 GOEP in Verbindung mit Anhang II in der Fragestunde mit Anfragen an den Rat und an die Kommission je eine Anfrage an den Rat und die Kommission richten,
- kann nach Art. 130 GOEP Anfragen zur schriftlichen Beantwortung an den Präsidenten des Europäischen Rates, den Rat, die Kommission oder die Vizepräsidentin der Kommission/ Hohe Vertreterin der Union für Außen- und Sicherheitspolitik richten,
- kann nach Art. 131 GOEP Anfragen an die Europäische Zentralbank zur schriftlichen Beantwortung richten,
- kann nach Art. 133 GOEP zu einer Angelegenheit, die den Tätigkeitsbereich der Europäischen Union betrifft, einen Entschließungsantrag einreichen,
- kann nach Art. 139 GOEP ein Ersuchen an europäische Agenturen einreichen, sofern das Parlament das Recht hat, eine europäische Agentur mit einem Ersuchen zu befassen,
- kann nach Art. 163 GOEP Ausführungen von einer Minute in der ersten Sitzung jeder Tagung machen,
- kann nach Art. 183 GOEP mündlich Erklärungen zur Abstimmung abgeben, wenn die allgemeine Aussprache abgeschlossen ist, die höchstens eine Minute dauern darf, oder eine schriftliche Erklärung von höchstens 200 Wörtern abgeben, die in den ausführlichen Sitzungsbericht aufgenommen wird,
- kann nach Art. 227 GOEP Änderungen zur Geschäftsordnung und ihren Anlagen vorschlagen.

4.2.1 Abgeordnetenstatut

Am 16. Januar 2003 beauftragte der Präsident des EP den Rechtsausschuss mit der Ausarbeitung eines Initiativberichts über das Abgeordnetenstatut. Der Ausschuss selbst hatte bereits im September 1999 Willi Rothley als Berichterstatter benannt. Der Statutentwurf wurde am 17. Dezember 2003 angenommen und dem Rat zur Zustimmung zugeleitet.[179] Nach dessen Zustimmungsvotum am 19. Juli 2005 verabschiedete das Parlament das Statut in seiner ersten endgültigen Fassung im darauffolgenden September. Im Juni 2006 begann der Konstitutionelle Ausschuss mit der Ausarbeitung von neuen Geschäftsordnungsregeln zur Einarbeitung des Statuts. Diese Änderungen nahm das Parlament am 13. November 2007 an.[180]

Das schließlich am 14. Juli 2009 in Kraft getretene Abgeordnetenstatut[181] macht die Bedingungen, unter denen die Abgeordneten arbeiten, transparenter und führt außerdem ein für alle Abgeordneten einheitliches Gehalt ein. Außerdem umfasst es Regeln zur Hinterbliebenenversorgung, zum Versicherungsschutz, zu Fragen der Kostenerstattungen, der Bezahlung der persönlichen Mitarbeiter und zur Nutzung der parlamentarischen Infrastruktur.[182] Bis zum Zeitpunkt der Einführung des Abgeordnetenstatuts entsprach die „Entschädigung" der MdEP dem Gehalt der nationalen Abgeordneten und variierte daher stark. So verdienten die italienischen Abgeordneten ca. EUR 10 000 pro Monat, wohingegen die osteuropäischen Abgeordneten oft unter EUR 1 000 lagen. Die im Juni 2009 neu gewählten 736 Abgeordneten kamen erstmals in den Genuss der neuen Regelung. Das nun einheitliche Gehalt von ca. EUR 6 000 netto orientiert sich an den Bezügen der Richter am EuGH und entspricht ca. 38,5 % der Richtergehälter. Es wird aus dem EU-Haushalt finanziert und nicht mehr durch die Mitgliedstaaten. Die Erstattung der Reisekosten erfolgt nicht mehr durch Pauschalbeträge, sondern durch Rückerstattung der tatsächlich angefallenen Kosten. Bezüglich der erlaubten Buchungsklassen bzw. der Höchstgrenzen für zu erstattende Reisekosten unterliegen die MdEP gewissen Einschränkungen.

Die langwierige Entstehungsgeschichte des Abgeordnetenstatuts ist ebenso aufschlussreich wie bezeichnend für die Uneinigkeit, die zwischen politischen Familien und Mitgliedstaaten zur Frage der Autonomie und Selbstbestimmung der Europaabgeordneten herrscht. Bereits 1998 brachte der Rechtsausschuss einen ersten Entwurf ein. Und obwohl die Abgeordneten 2003 einer Einführung des Statuts schließlich zustimmten, wäre es bereits ein Jahr später beinahe wieder gescheitert, weil Deutschland, Frankreich, Schweden und Österreich den Zustimmungsbeschluss des Rates blockierten. Sie sahen das geplante Einheitsgehalt als zu hoch an; die schwedische Regierung war hierbei an einen expliziten Ablehnungsbeschluss des schwedischen Parlaments gebunden.

Während positiv unterstrichen wird, dass das Abgeordnetenstatut der „Selbstbedienungsmentalität", die bei einigen Europaparlamentariern vorherrscht, zumindest teilweise Einhalt gebietet,[183] stehen andere Beobachter dem Statut sehr kritisch gegenüber. Von Arnim etwa argu-

---

179 Vgl. Official Journal, No. C/091, 15.4.2004, S. 131-230.

180 Vgl. Beschluss des Europäischen Parlaments vom 13 . November 2007 zu der Änderung der Geschäftsordnung des Europäischen Parlaments im Lichte des Statuts der Mitglieder (2006/2195(REG)).

181 Vgl. Beschluss des Europäischen Parlaments vom 28. September 2005 zur Annahme des Abgeordnetenstatuts des Europäischen Parlaments (2005/684/EG, Euratom); Amtsblatt der Europäischen Union L 262/1.

182 Vgl. Mittag, Jürgen: „Wegmarke für die Parlamentarisierung der Europäischen Union: Die finanziellen Bestimmungen des europäischen Abgeordnetenstatuts", in: Zeitschrift für Parlamentsfragen, Nr. 4/2006, S. 713-728.

183 Vgl. Carstens, Markus Otto: Funktionsweisen europäischer Politikgestaltung durch Europäische Parteien und deren Abgeordnete, Dissertation, Innsbruck 2010, S. 143.

mentierte 2004 auf der Grundlage des alten EG-Vertrages, dass die Abgeordneten die Völker der in der Gemeinschaft vereinigten Staaten verträten und deshalb nur eine national definierte Entlohnung systemkonform sei. Aus der nationalen Perspektive betrachtet würde das Statut das Gefüge der Politikergehälter in den meisten Mitgliedstaaten völlig durcheinanderbringen. Über die Gehaltsregelungen des Statuts würde in einem heterogenen Wirtschaftsraum eine einheitliche Vergütung gegeben; das Prinzip „Gleicher Lohn für gleiche Arbeit" wäre jedoch nicht gewährleistet.[184] Von Arnims Ansatzpunkt ist durch den Lissabonner Vertrag hinfällig geworden. Denn nach Art. 10 Abs. 2 EUV vertreten die Europaabgeordneten eben nicht mehr die Völker der in der EU vereinigten Staaten, sondern die „Bürgerinnen und Bürger [...] auf Unionsebene unmittelbar".

Die Kontroverse unterstreicht im Kern zwei divergierende Integrationsziele. Die Gegner der Gehaltsuniformisierung stützen sich auf eine überkommene Definition der von den Europaabgeordneten repräsentierten Gemeinwesen („die Völker der Staaten") und ignorieren dabei, dass es die höchsten Vertretungsorgane eben dieser Völker waren, die über die Ratifikation des Lissabonner Vertrages eine Repräsentationsdefinition für das EP sanktioniert haben, die die Idee des „Regierens jenseits des Nationalstaats"[185] in der parlamentarischen Dimension konsequent fortsetzt. Die Angleichung der Gehälter bedingt in seiner Konsequenz den Ansatz eines supranationalen und selbstbestimmten Parlaments sowie einer supranational bestimmten Integrationsidee, die ein ähnliches Preis- bzw. Wohlstandsniveau im Binnenmarkt und eine europäische Öffentlichkeit postuliert. Zwar mag das Parlament wie die EU noch weit von diesen Zielvorstellungen entfernt sein. Aber gerade die Umsetzung des Abgeordnetenstatuts verdeutlicht, dass wenigstens der Emanzipationsprozess des EP von der nationalen Ebene voranschreitet.

4.2.2 Immunität

Der Immunitätsschutz für die Abgeordneten gründet auf die in den Art. 7 bis 9 des Protokolls Nr. 7 über die Vorrechte und Befreiungen der Europäischen Union festgesetzten Regelungen für die MdEP. Diese legen in Art. 7 den Schutz während ihrer Reisen, die sie in Ausübung des Mandats zwischen Wohn- und Dienstort unternehmen sowie Erleichterungen bei Zollabfertigung und Devisenkontrollen fest. Für Immunitätsverfahren relevant ist oft Art. 8 des Protokolls, nach dem MdEP „wegen einer in Ausübung ihres Amtes erfolgten Äußerung oder Abstimmung (...) weder in ein Ermittlungsverfahren verwickelt noch festgenommen oder verfolgt werden" dürfen. Dies soll die Meinungsfreiheit und Unabhängigkeit der Mitglieder sicherstellen, aber vor allem auch die Unabhängigkeit und Integrität des Parlaments als Ganzes garantieren. Die parlamentarische Immunität ist in diesem Sinne also kein persönliches Vorrecht und schützt auch nicht vor Strafverfolgung. Bei Ergreifung auf frischer Tat kann die Immunität in keinem Fall geltend gemacht werden (Art. 9). Der Schutz der Immunität gilt für die MdEP nur für die Dauer der parlamentarischen Sitzungsperiode – d.h. für die gesamte Wahlperiode – auch auf dem Hoheitsgebiet ihres Herkunftslandes und sie dürfen im Hoheitsgebiet aller anderen Mitgliedstaaten weder festgehalten noch gerichtlich verfolgt werden.

---

184 Vgl. Arnim, Hans Herbert von: 9053 Euro Gehalt für Europaabgeordnete? Der Streit um das europäische Abgeordnetenstatut, Berlin 2004, S. 19.

185 Vgl. Zürn, Michael: „Democratic Governance Beyond the Nation-State: The EU and Other International Institutions", in: European Journal of International Relations, Vol. 6, Nr. 2/2000, S. 183-221; Beck, Ulrich/Zürn Michael (Hrsg.): Regieren jenseits des Nationalstaats. Globalisierung und Denationalisierung als Chance, Frankfurt a.M. 1998; Decker, Frank: „Governance beyond the nation-state. Reflections on the democratic deficit of the European Union", in: Journal of European Public Policy, Vol. 9, Nr. 2/2002, S. 256-272.

Soll ein MdEP für Handlungen zur Rechenschaft gezogen werden, die er nicht in seiner Eigenschaft als MdEP vollzogen hat, kann das nur nach einer durch Mehrheitsentscheidung im Plenum erteilten Erlaubnis erfolgen. Nur das EP selbst ist somit befugt, die Immunität seiner Mitglieder aufzuheben und es prüft auch Fälle, in denen die Vorrechte und die Immunität eines MdEP möglicherweise durch nationale Behörden verletzt wurden. Wenn also eine nationale Behörde einen begründeten Antrag auf die Aufhebung der Immunität eines MdEP vorbringt oder ein MdEP in Zusammenhang mit einem anhängigen Verfahren den Antrag auf Schutz seiner Immunität gegenüber einer nationalen Behörde stellt, wird das Parlament im Plenum durch den Präsidenten unterrichtet und der Antrag anschließend an den dafür zuständigen Rechtsausschuss überwiesen. Dieser prüft den Fall auf Grundlage der von nationalen Behörden übermittelten Dokumente, holt im Zweifelsfall zusätzliche Informationen ein und/oder bittet den Juristischen Dienst um eine Stellungnahme. Außerdem gewährt der Ausschuss dem betroffenen MdEP die Möglichkeit, zum Sachverhalt Stellung zu nehmen. Die Ausschussaussprachen über Immunitätsfragen finden grundsätzlich unter Ausschluss der Öffentlichkeit statt (auch das betreffende Mitglied ist nur während seiner eigenen Anhörung anwesend) und die den Ausschussmitgliedern zur Verfügung gestellten Dokumente unterliegen strengen Vertraulichkeitsvorschriften.

Am Ende einer Immunitätsprüfung verabschiedet der Rechtsausschuss eine Empfehlung, die dann im Plenum zur Abstimmung gestellt wird. Das Ergebnis dieser Abstimmung wird durch den Parlamentspräsidenten an den Abgeordneten und an die zuständigen Behörden im Mitgliedstaat übermittelt. Im Falle einer Aufhebung der Immunität kann ein Mitglied auf Grundlage neu vorgelegten Beweismaterials einen Antrag auf neuerliche Überprüfung stellen. Ob die neuen Dokumente eine solche Überprüfung rechtfertigen, entscheidet der Präsident.

In der 7. Wahlperiode beriet das Parlament über insgesamt 42 Anträge auf Aufhebung (27) bzw. auf Schutz (15) der parlamentarischen Immunität, die im Plenum behandelt wurden. In 31 Fällen stimmte die Mehrheit der Abgeordneten für eine Aufhebung, in 10 Fällen für den Schutz der Immunität und der Vorrechte der jeweiligen Abgeordneten. In einem Fall kam das EP zu dem Schluss, dass es sich nicht um einen Fall für ein Immunitätsverfahren im EP handelte und forderte stattdessen die Europäische Kommission auf, ein Vertragsverletzungsverfahren gegen die Republik Litauen einzuleiten, da ein von einer litauischen Behörde gegen den Abgeordneten gefasster Beschluss, der die Grundlage für die Aufhebung der parlamentarischen Immunität durch das EP bilden sollte, aufgrund der Missachtung des Vorrangs des Unionsrechts nicht mit EU-Recht vereinbar sei.

Unter Berücksichtigung der maßgeblichen Rechtsprechung des EuGH in drei konkreten Fällen[186] hat das EP am 16. Januar 2014 Änderungen der Geschäftsordnung im Hinblick auf die Aufhebung und den Schutz der parlamentarischen Immunität verabschiedet.[187] Nachdem der Rechtsausschuss mehrere Fragen mit der Bitte um Klärung an den Ausschuss für Konstitutionelle Fragen gerichtet hatte, sollten die Vorschriften detaillierter und rechtlich eindeutiger formuliert werden. In der Vergangenheit hatte es immer wieder Diskussionen darüber gegeben, ob beispielsweise eine Äußerung, die im Mitgliedstaat den Tatbestand der Rufschädigung oder

---

186 Vgl. Urteil vom 21. Oktober 2008 in den verbundenen Rechtssachen C-200/07 und 201/07, Marra/De Gregorio und Clemente; Urteil vom 6. September 2011 in der Rechtssache C-163/10, Aldo Patricello; Urteil vom 17. Januar 2013 in den verbundenen Rechtssachen T-346/11 und T-347/11, Bruno Gollnisch.
187 Vgl. Beschluss des Europäischen Parlaments vom 16. Januar 2014 zur Änderung der Geschäftsordnung des Europäischen Parlaments im Hinblick auf die Aufhebung und den Schutz der parlamentarischen Immunität (2013/2031(REG)).

der falschen Anschuldigung erfüllt, tatsächlich in Ausübung des Mandats erfolgte. Unklar war auch, auf welcher Grundlage ein MdEP um den Schutz seiner Immunität ersuchen kann.

4.2.3 Verhaltenskodex

Nach Einschätzung des Brüsseler Instituts für Öffentliche Verwaltung und Lobbying EIPAL (*European Institute for Public Affairs and Lobbying*) entstehen zwei Drittel der Gesetze in der EU unter starker Beeinflussung von Lobbyisten. Bis zum „*Cash-for-Amendments*"-Skandal im Jahr 2011[188] kümmerte das die Öffentlichkeit allerdings vergleichsweise wenig. Das Ausmaß der Verflechtungen zwischen den europäischen Mandatsträgern und der Wirtschaft wurde zwar diffus angenommen, hinsichtlich seiner Reichweite im europäischen Gesetzgebungsprozess aber weitgehend unterschätzt. Durch die Skandale, die einzelne Abgeordnete zur Niederlegung des Mandates zwangen und vor die Gerichte Österreichs und Sloweniens brachten, wurden die Mängel der bis dahin bestehenden Regulierungen offen gelegt. In der Konsequenz sah das Parlament in der Verschärfung der Verhaltensregeln für MdEP einen wichtigen Schritt im Kampf gegen unethisches oder gar korruptes Verhalten.[189] In nur 10 Wochen erarbeitete das EP einen Text, der am 1. Dezember 2011 fast einstimmig (619 Ja- gegen zwei Neinstimmen bei sechs Enthaltungen) im Plenum angenommen wurde. Bereits am 1. Januar 2012 trat der Verhaltenskodex[190] in Kraft. Kernstück ist die detaillierte und obligatorische Offenlegung der finanziellen Interessen. Innerhalb von 30 Tagen nach Antritt des Mandats sind dem EP-Präsidenten folgende Angaben – die anschließend auf der EP-Website veröffentlicht werden – zu übermitteln:

– Berufliche Tätigkeiten in den drei Jahren vor Mandatsantritt; Angaben in vier Stufen/ Monat: EUR 500-1000/1 001-5 000 /5 001-10 000/>10 000,

– Entschädigungsleistungen für die Ausübung eines Mandats in einem anderen Parlament

– Vergütete Nebentätigkeiten als Angestellte oder Selbstständige (Staffelung s.o.),

– Vergütete und nicht vergütete Funktionen in Leitungsorganen von Unternehmen, Organisationen, Verbänden und NROs,

– Vergütungen für Beratertätigkeiten und Publikationen sowie Vortragshonorare (Staffelung s.o.), wenn diese EUR 5 000 übersteigen,

– Firmenbeteiligungen und Partnerschaften, die potentiell Auswirkungen auf die Politik haben oder die erheblichen Einfluss auf die Unternehmen bzw. der Partnerschaft verschaffen,

---

188 Anfang 2011 nahmen als Lobbyisten getarnte Journalisten der britischen Boulevardzeitung „The Sunday Times" zu insgesamt 60 MdEP Kontakt auf, um diesen einen stattlichen Geldbetrag für das Einbringen bestimmter Änderungsanträge zu Legislativvorschlägen anzubieten. 14 von ihnen - also rund ein Viertel - hatten laut Aussagen der Journalisten auf das lukrative 100.000-Euro-Angebot reagiert und sich auf ein Treffen eingelassen. Vier MdEP wurden schließlich in der Enthüllungsreportage der Bestechlichkeit bezichtigt: Unter ihnen der Vize-Präsident der S&D-Fraktion und ehemalige stellvertretende Ministerpräsident Rumäniens Adrian Severin; der S&D-Abgeordnete und ehemalige slowenische Außenminister Zoran Thaler; der spanische EVP-Abgeordnete Pablo Zalba Bidegain und der EVP-Abgeordnete und ehemalige österreichische Innenminister Ernst Strasser. Strasser und Thaler legten kurz nach den Veröffentlichungen ihre Mandate nieder. Severin war sich keiner Schuld bewusst, wurde aber trotzdem von seiner Fraktion ausgeschlossen und blieb bis Ende der 7. Wahlperiode fraktionslos. Im Fall Zalba stand die EVP-Fraktion hinter dem Beschuldigten und beteuerte seine Unschuld.

189 Laut einer im Mai 2011 von Corporate Europe Observatory lancierten Studie hatten 35 % der MdEP lukrative Nebenjobs, in einigen Fällen mit Verdacht auf Interessenkonflikte.

190 Vgl. Verhaltenskodex für die Mitglieder des Europäischen Parlaments im Bereich finanzielle Interessen und Interessenkonflikte, 1. Januar 2012; Annex zur Geschäftsordnung des EU-Parlaments, 7. Wahlperiode mit Verweis auf Art. 153 GOEP „Sanktionen".

– finanzielle, personelle oder materielle Unterstützungen, die in der Ausübung des Mandats von Dritten (die namentlich zu nennen sind) gewährt werden,
– sonstige finanzielle Interessen.

Ohne eine solche vorherige Erklärung der finanziellen Interessen können Abgeordnete weder zu Amtsträgern – wie z.B. EP-Präsidenten, -Vizepräsidenten, Ausschussvorsitzenden oder Delegationsleitern – gewählt noch an offiziellen Delegationen teilnehmen oder zu Berichterstattern ernannt werden.

Am 30. März 2012 lief erstmals die Frist für die Einreichung der Erklärungen im neuen Format ab. Nur 88 % der Abgeordneten hatten fristgerecht eingereicht; die restlichen 12 % mit bis zu einem Monat Verspätung. 88 Erklärungen enthielten allerdings lediglich den Namen und das Datum der Einreichung.[191] Und hier wurde gleich eine erste Schwäche des Verhaltenskodex offenbar: Er enthielt keine Regelung, die eine Prüfung unzureichender Selbstauskünfte ermöglicht hätte. Dieser Mangel wurde mit den am 15. April 2013 vom Präsidium des EP beschlossenen Durchführungsmaßnahmen zum Verhaltenskodex[192] behoben.

Neben den Erklärungen der finanziellen Interessen enthält der Verhaltenskodex u.a. ethische Leitprinzipien und Verhaltensgrundsätze, eine Definition, in welchen Fällen ein Interessenskonflikt vorliegt und wie in solchen Fällen zu verfahren ist, sowie Regelungen für Geschenke und Zuwendungen. Letztere dürfen nur bis zu einem Gegenwert von EUR 150 angenommen werden. Kritikwürdig war in diesem Zusammenhang, dass die Erstattung von Reise- und Aufenthaltskosten durch Dritte in Art. 5 des Kodex zunächst explizit aus dem Anwendungsbereich ausgenommen worden war. Dies schuf eine Grauzone, da z.B. Einladungen an Abgeordnete, in Ausübung ihres Mandats „spesenfrei" an Diskussionsveranstaltungen, Konferenzen etc. in oder außerhalb der EU teilzunehmen, an der Tagesordnung sind. Art. 6 der Durchführungsmaßnahmen legt nun fest, dass Mitglieder die Teilnahme an Veranstaltungen, für die Reise- und Aufenthaltskosten von Dritten übernommen bzw. erstattet werden, offenlegen müssen, sofern sie über dem Schwellenwert von EUR 150 liegen. Ausgenommen davon sind Einladungen von Organen und Einrichtungen der EU, von internationalen Organisationen, Behörden in den Mitgliedstaaten, politischen Parteien und Stiftungen, Sozialpartnern, Kirchen und Religionsgemeinschaften.

Zur Kontrolle von Auslegung und Anwendung des Verhaltenskodex sowie zur Untersuchung und Bewertung von mutmaßlichen Verstößen gegen diesen wurde am 7. März 2012 ein „Beratender Ausschuss über das Verhalten von Mitgliedern" eingesetzt. Er besteht aus fünf Mitgliedern, die aus den Reihen der Vorsitzenden und der Fraktionskoordinatoren (Obleute) des Ausschusses für Konstitutionelle Fragen sowie des Rechtsausschusses unter Berücksichtigung der politischen Ausgewogenheit ausgewählt werden. Zusätzlich werden zwei Reservemitglieder aus den Fraktionen ernannt.[193] Das Mandat der Mitglieder ist auf die Amtszeit des Präsidenten beschränkt, der sie ernannt hat. Der Vorsitz rotiert in sechsmonatigem Rhythmus – beginnend mit dem Vertreter der größten Fraktion. Wird dem EP-Präsidenten ein mutmaßlicher

191 Vgl. Europäisches Parlament: Beratender Ausschuss zum Verhalten von Mitgliedern, Jahresbericht 2012, 19. Februar 2013, S. 8.
192 Vgl. Durchführungsmaßnahmen zum Verhaltenskodex für die Mitglieder des Europäischen Parlaments im Bereich finanzielle Interessen und Interessenskonflikte; Beschluss des Präsidiums vom 15. April 2013.
193 Zu Beginn der 8. Wahlperiode wurden folgende Mitglieder ernannt: Danuta Hübner, EVP, Polen; Mady Delvaux, S&D, Luxemburg; Sajjad Karim, EKR, Vereinigtes Königreich; Jean-Marie Cavada, ALDE, Frankreich und Jiří Maštálka, KVEL, Tschechische Republik sowie als Reservemitglieder Heidi Hautala, Die Grünen/EFA, Finnland und Laura Ferrara, EFDD, Italien.

Verstoß gegen den Verhaltenskodex zur Kenntnis gebracht, kann dieser (und tut dies in der Regel auch) die Angelegenheit zur Prüfung an den Beratenden Ausschuss delegieren. Der Sanktionskatalog umfasst die Rüge, den Verlust des Anspruchs auf Tagegeld (aktuell EUR 304,-/ Sitzungstag) für die Dauer von zwei bis zehn Tagen, maßregelnde Verlautbarungen im Plenum und Bekanntgabe auf der EP-Website, die Suspendierung des Abgeordneten von der Teilnahme an offiziellen Sitzungen (ausgenommen den Abstimmungen), und die Aussetzung bzw. der Entzug von Ämtern. Hat ein Mitglied Zweifel, ob in seinem/ihrem Fall ein Interessenskonflikt vorliegt oder nicht, kann es sich zur Klärung vertraulich an den Beratenden Ausschuss wenden. Im Jahr 2012 gingen im Rahmen von „Ersuchen um Orientierungshilfe" 50 solcher Fragen von 32 Abgeordneten beim Beratenden Ausschuss ein. Lediglich ein einziger Fall eines behaupteten Verstoßes gegen den Verhaltenskodex wurde im Jahr 2012 übermittelt. Ein Mitglied hatte es verabsäumt, Aktienoptionen anzugeben, die es als Vorstandsmitglied einer Gesellschaft erhalten hatte. Insgesamt wurde der Beratende Ausschuss im Jahr 2013[194] über neun mutmaßliche Verstöße gegen den Verhaltenskodex unterrichtet.

4.3 Mandatsende

Sein reguläres Ende findet das Mandat nach fünf Jahren (der Zeitraum beginnt und endet mit der Eröffnung der konstituierenden Sitzung jeweils nach den Wahlen) für die diejenigen Abgeordneten, die nicht mehr kandidiert haben oder nicht mehr wiedergewählt wurden. Ein Mandat kann aber auch während einer Wahlperiode in folgenden Fällen enden:

1. Ernennung zu einem Amt, das mit dem Mandat im EP unvereinbar ist: Dazu zählen beispielsweise Minister in einem Mitgliedstaat, Abgeordneter in einem nationalen Parlament, Mitglied der Europäischen Kommission, Mitglied im Direktorium der EZB, der EIB oder des Rechnungshofes der EU, Europäischer Bürgerbeauftragter oder aber auch im Dienst stehender Beamter in den Organen, Agenturen und anderen Einrichtungen der EU. Das Mandat endet in diesem Fall mit dem Inkrafttreten der Ernennung.

2. Ein MdEP kann seinen Rücktritt erklären: Die Mitteilung eines Rücktritts erfolgt in Form eines Protokolls, das in Gegenwart des Generalsekretärs aufgenommen wird und von diesem sowie auch dem betreffenden MdEP unterzeichnet wird. Der Rücktritt muss außerdem dem Präsidenten unter Nennung eines Stichtages mitgeteilt werden. Die Mitteilung des Rücktritts wird dann dem Rechtsausschuss übermittelt, der sie auf die Tagesordnung der ersten Sitzung nach Eingang des Dokumentes setzt.

3. Im Todesfall endet das Mandat mit dem Todestag. Ehepartner oder Partner in eingetragenen Lebensgemeinschaften sowie unterhaltsberechtigte Kinder haben Anspruch auf eine Hinterbliebenenversorgung.

In all diesen Fällen informiert der Präsident das Parlament und fordert die zuständige nationale Behörde im betreffenden Mitgliedstaat auf, umgehend mitzuteilen, wer den freigewordenen Sitz einnehmen wird. Abgeordnete, die nach Mandatsende keines der oben aufgeführten (Wahl-)Ämter ausüben, haben Anspruch auf ein Übergangsgeld in der Höhe des Abgeordnetengehalts. Einen entsprechenden Antrag müssen Abgeordnete spätestens drei Monate nach Erlöschen des Mandats einreichen und ehrenwörtlich versichern, dass sie eben keines dieser Ämter ausüben, die mit dem Übergangsgeld unvereinbar sind. Andere finanziell vergütete, berufli-

---

194 Vgl. Europäisches Parlament, Beratender Ausschuss zum Verhalten von Mitgliedern, Jahresbericht 2013, 11. Februar 2014.

che Tätigkeiten stehen der Auszahlung des Übergangsgeldes jedoch erstaunlicherweise nicht im Wege, obwohl es eigentlich dafür gedacht ist, die „Zeit zwischen dem Ende des Mandats und einem beruflichen Neuanfang überbrücken" (Art. 13 des Abgeordnetenstatuts). Die Dauer dieses Anspruches richtet sich nach der Anzahl der Mandatsjahre im EP (1 Jahr Mandat = 1 Monat Übergangsgeld) und besteht für mindestens sechs aber höchstens 24 Monate.

Mit Vollendung des 63. Lebensjahres haben ehemalige MdEP Anspruch auf eine Pension. Dieses Ruhegehalt beträgt für jedes volle Jahr der Mandatsausübung 3,5% des Abgeordnetengehalts und für jeden weiteren vollen Monat ein Zwölftel, insgesamt jedoch nicht mehr als 70% der Abgeordnetenentschädigung. Hat ein MdEP bei Mandatsende das 63. Lebensjahr bereits vollendet und somit theoretisch Anspruch auf Übergangsgeld und Altersruhegehalt, muss es sich für eine Regelung entscheiden.

Viele schließen sich nach Mandatsende der *Former Members Association* (FMA) des Europäischen Parlamentes an, die anbietet, „den Übergang zu einem neuen Lebensabschnitt zu erleichtern und angenehmer zu gestalten". Dieser Verein wurde 2001 mit dem Ziel gegründet, Erfahrung und Expertise früherer Mitglieder des EP weiterhin in den politischen Betrieb einfließen zu lassen. Die Idee entstand 1999 im Rahmen eines Treffens, das die Quästoren des EP für die ausscheidenden Mitglieder organisiert hatten. Das Präsidium des EP unterstützte das Vorhaben und stellte anfangs technische und administrative Hilfe durch das Generalsekretariat zur Verfügung. Formal gehört die FMA aber nicht zur EP-Struktur. Sie ist finanziell wie rechtlich unabhängig und unterliegt belgischem Vereinsrecht. Die FMA zählt rund 680 Mitglieder (Stand: Juli 2014)[195] und hat in ihren Statuten[196] folgende sechs Hauptziele für ihre Tätigkeiten festgelegt:

– Schaffung eines Forums für Veranstaltungen und Diskussionen,
– Erleichterung des Informationsaustausches zwischen aktiven und ehemaligen MdEP,
– Einrichtung und Nutzung eines Informationsnetzwerkes,
– Nutzung der Erfahrung der ehem. MdEP zur Stärkung der parlamentarischen Demokratie,
– Förderung der Kontakte zwischen ähnlichen Organisationen in und außerhalb der EU,
– Förderung der politischen und öffentlichen Debatte über die Zukunft der EU.

Dementsprechend gehören Konferenzen, Seminare, aktives *democracy building*, Studienreisen, die Verbreitung von Informationen über das EP und die EU zu den zentralen Aktivitäten der FMA, die zum Großteil in enger Kooperation mit den EU-Institutionen aber auch mit Universitäten und außereuropäischen FMAs (z.B. *American Association of Former Members of Congress*) konzipiert und durchgeführt werden. Dokumentiert wird die Tätigkeit im viermal jährlich erscheinenden FMA Bulletin, das in Französisch und Englisch erscheint. Vorsitzender ist derzeit der Spanier Enrique Barón Crespo, der von 1986 bis 2009 Mitglied des EP und von Juli 1989 bis Januar 1992 auch dessen Präsident war. Er wird unterstützt von einem zehnköpfigen Management-Team.

Entsprechend den vom Parlamentspräsidium 1999 verabschiedeten Regelungen für ehemalige Abgeordnete stellt das EP den Ehemaligen eine sogenanntes *„Bureau de Passage"* zur Verfügung. Es bietet eine einfache Büroinfrastruktur (Telefon für Ortsgespräche, einen PC-Arbeitsplatz) während kurzer Aufenthalte im EP und ist explizit nicht als Aktionsplattform für politi-

---

195 Quelle: Website der FMA www.formermembers.eu.
196 Vgl. Satzung des Vereins der ehemaligen Mitglieder des Europäischen Parlaments, Brüssel 19. Juni 2001, Wortlaut geändert am 9. Oktober 2008 und 18. Oktober 2012 (NT\441404DE.doc).

sche, kommerzielle oder in Zusammenhang mit Lobbyismus stehende Tätigkeiten gedacht. Wird gegen diese einschränkenden Vorschriften verstoßen, können die Quästoren ehemaligen Abgeordneten den Zugangsausweis entziehen. Häufig kritisiert wird, dass es bis dato keine Regelung über eine „Cooling-off-Periode" für MdEP nach Ende des Mandates gibt. Tatsächlich können ehemalige MdEP unmittelbar nach Beendigung ihres Mandats ganz selbstverständlich durch die Drehtür des Parlaments direkt in die Lobbying-Branche oder ins Beratungsgeschäft wechseln und hierbei ihre unkontrollierten Zugangsmöglichkeiten zum Parlament nutzen. Die im Verhaltenskodex enthaltene und bislang noch nicht überarbeitete bzw. nicht in den Durchführungsmaßnamen präziser ausgestaltete Regelung (Anl. I Art. 6 GOEP) für ehemalige MdEP ist in der Praxis praktisch wirkungslos. Gehen diese – sei es gewerblich oder „nur" repräsentativ – einer Lobbytätigkeit nach, dürfen sie zwar Einrichtungen, die ehemaligen MdEP zur Verfügung stehen, explizit nicht mehr benutzen. In Anbetracht der Tatsache, dass ehemaligen Mitgliedern aber auf Lebenszeit ein Zutrittsausweis für das EP ausgehändigt wird und es quasi keine Missbrauchskontrollen gibt, wird dieser Artikel – und an Beispielen aus der Praxis mangelt es nicht – schlicht zur Farce.

4.4 Akkreditierte Parlamentarische Assistenten

Gemäß dem Abgeordnetenstatut[197] haben die Abgeordneten Anspruch auf die Unterstützung durch persönliche Mitarbeiter, die sie frei auswählen können. Abgeordnete beschäftigen häufig ein bis zwei Mitarbeiter für ihre Brüsseler und Straßburger Büros sowie einen Mitarbeiter für die Wahlkreisarbeit als sogenannte „örtlichen Assistenten".[198] Die für die Brüssel-Straßburger Assistenten anfallenden Kosten werden – neben den Gehaltszahlungen gehören dazu auch die Aufwendungen für Dienstreisen[199] – bis zu einem festgelegten Höchstbetrag vom EP erstattet. Wahlkreismitarbeiter schließen dagegen privatrechtliche Arbeitsverträge nach dem jeweiligen nationalen Recht mit dem Abgeordneten ab. Daneben können noch Dienstleistungsverträge mit Selbstständigen und Praktikantenverträge abgeschlossen werden.

Die „Akkreditierten Parlamentarischen Assistenten" (APA) sind an einem der drei Arbeitsorte des EP – in der Regel in Brüssel – tätig. Waren sie bis 2009 ungeschützt dem Wohlwollen der Abgeordneten und deren Interpretation des Arbeits- und Dienstrechts ausgesetzt – im besten Fall schlossen sie Verträge nach den mitgliedstaatlichen Regeln für Mitarbeiter der nationalen Parlamente –, arbeiten sie seit Inkrafttreten des Assistentenstatuts im Juli 2009 als „Bedienstete der Europäischen Union" und schließen ihre Verträge direkt mit dem EP ab. Rund 1500 APA sind für die 751 Abgeordneten der 8. Wahlperiode tätig. Das Parlament budgetierte hierfür im Jahr 2013 EUR 187 Mio.[200] Die APA sind essentiell für die Arbeit der Abgeordneten und das Funktionieren ihrer Büros und damit auch für das Funktionieren des Parlaments insgesamt.

---

197 Vgl. Beschluss 2005/684/EG, Euratom des Europäischen Parlaments vom 28. September 2005 zur Annahme des Abgeordnetenstatuts des Europäischen Parlaments ; ABl. L 262 vom 7.10.2005, S. 1.

198 Vgl. zur politischen Soziologie der Assistenten des EP: Michon, Sébastien: „Les assistants parlementaires aus Parlement européen. Sociologie d'un groupe d'auxiliaires politiques", in: Courty, Guillaume (Hrsg.): Le travail de collaboration avec les élus, Paris 2005, S. 118-135.

199 Maßgeblich für Dienstreisen außerhalb der drei Arbeitsortes des EP ist Art. 21 und 23 des Beschlusses des Präsidiums vom 9. März 2009 über Durchführungsbestimmungen für akkreditierte parlamentarische Assistenten sowie der Beschluss des Präsidiums vom 7. Oktober 2013 betreffend die parlamentarischen Delegationen und multilateralen Versammlungen.

200 Vgl. European Parliament, Directorate for the Media (Press Service): Frequently asked question about MEPs and the European Parliament, 6. Februar 2014.

Nichtsdestotrotz nehmen die APA keinen festen Platz im hierarchischen Parlamentsgefüge ein, da sie direkt den Abgeordneten unterstellt sind.

Bis zum Ende der 6. Legislaturperiode im Juli 2009 war der rechtliche Status der parlamentarischen Assistenten ungeklärt und sie befanden sich in einer rechtlichen Grauzone. Die überwiegende Mehrheit der Assistenten hatte *de facto* ihren ständigen Wohnsitz in Brüssel und war im dortigen Abgeordnetenbüro tätig. Arbeitsverträge wurden direkt mit den Abgeordneten nach dem Recht des Herkunftslandes abgeschlossen. Diese Vorgehensweise führte häufig zu einer besonderen Form der Scheinexistenz im Heimatland, die nicht selten steuerrechtliche Probleme zur Folge hatte. In Ermangelung eines Abgeordnetenstatuts blieb die Klärung der prekären Beschäftigungssituation der APAs nachrangig.

Am 9. Juli 2008 nahm das Präsidium des Parlaments zunächst die für das Assistentenstatut wesentlichen Durchführungsbestimmungen zum Abgeordnetenstatut[201] an. Um die Assistenten einer der in den EU-Institutionen üblichen Beschäftigungskategorie zuzuordnen, war jedoch auch eine Änderung der dafür in Frage kommenden Beschäftigungsstatuten und hierfür wiederum ein aufwendiges Gesetzgebungsverfahren auf der Grundlage eines Kommissionsvorschlags notwendig. Am 15. Dezember 2008 einigten sich Parlament und Rat schließlich über die Änderung der Beschäftigungsbedingungen der sonstigen Bediensteten.[202] Erst danach konnten beide Statute gleichzeitig im Juli 2009, zu Beginn der 7. Legislaturperiode, in Kraft treten.

4.4.1 Assistentenstatut

Die APAs fallen unter die Kategorie der „sonstigen Bediensteten der Europäischen Gemeinschaften".[203] Sie haben keinen Beamtenstatus und auch keinen privilegierten oder gar direkten Zugang zu Beamtenstellen oder zu den Auswahlverfahren für diese Stellen. Die Laufzeit des Arbeitsvertrags ist unmittelbar an die Dauer des Mandats des Abgeordneten gebunden, kann daher maximal bis zum Ende der Legislaturperiode abgeschlossen werden und endet automatisch, falls der Abgeordnete vorzeitig aus dem Parlament ausscheidet. Jeder Abgeordnete kann die APAs frei wählen, die jeweilige Vertragsdauer bestimmen und natürlich auch die vom Mitarbeiter zu erfüllenden Aufgaben selbst definieren. Kosten für Assistenten werden aus der Sekretariatszulage der MdEP, die gegenwärtig EUR 21 379 monatlich beträgt, übernommen. Analog zu den Abgeordnetendiäten wird auch die Sekretariatszulage aus den Haushaltsmitteln des EP beglichen und entspricht ca. 10 % seines Gesamthaushaltes. Nicht in Anspruch genommene Gelder fallen am Jahresende automatisch an das Parlament zurück.

Gemäß der Ratsverordnung über die sonstigen Bediensteten dürfen APA nur unter der Bedingung eingestellt werden, dass sie Staatsangehörige eines EU-Mitgliedstaats sind und die bürgerlichen Ehrenrechte besitzen, sie über einen postsekundären Bildungsabschluss verfügen, mindestens gründliche Kenntnisse in einer Sprache der EU und ausreichende Kenntnisse in einer weiteren Sprache der EU haben, ihren Verpflichtungen aus den für sie geltenden Wehrgesetzen nachgekommen sind, den für die Ausübung ihrer Tätigkeit zu stellenden sittlichen Anforderun-

---

201 Vgl. Beschluss des Präsidiums des Europäischen Parlaments vom 19. Mai und 9. Juli 2008 mit Durchführungsbestimmungen zum Abgeordnetenstatut des Europäischen Parlaments; ABl. C 159/1 vom 13.7.2009; URL: http://eur-lex.europa.eu/LexUriServ/LexUriServ.do?uri=OJ:C:2009:159:0001:0024:DE:PDF.

202 Vgl. Legislative Entschließung des Europäischen Parlaments vom 16. Dezember 2008 zu dem Vorschlag für eine Verordnung des Rates zur Änderung der Beschäftigungsbedingungen für die sonstigen Bediensteten der Europäischen Gemeinschaften (KOM(2008)0786 - C6-0449/2008 - 2008/0224(CNS)).

203 Vgl. Verordnung (EG) Nr. 160/2009 des Rates vom 23. Februar 2009 zur Änderung der Beschäftigungsbedingungen für die sonstigen Bediensteten der Europäischen Gemeinschaften; ABl. L 55/1 vom 27.2.2009.

gen genügen und über die erforderliche körperliche Eignung verfügen. Die Arbeitsverträge werden für einen festen Zeitraum abgeschlossen und enthalten Angaben darüber, in welche Besoldungsgruppe der Assistent eingestuft wird.[204] Grundsätzlich ist es aber nach wie vor so, dass die Abgeordneten das Gehalt für die APAs selbst festsetzen und es ihnen überlassen bleibt, z.B. zwei sehr gut oder vier schlechter bezahlte Mitarbeiter einzustellen.

Die APA sind dem gemeinschaftlichen Sozialversicherungssystem angeschlossen und haben gegebenenfalls Anspruch auf Auslands- und Familienzulagen. Durch das Assistentenstatut wurden nicht nur sozialrechtlichen Bestimmungen geklärt; auch die Schlupflöcher, die vorher eine missbräuchliche Verwendung möglich machten, sind nunmehr geschlossen. So sind z.B. die Beschäftigung von Verwandten oder Prämien- und Sonderzahlungen „nach Gusto" nicht mehr gestattet. Auch für Dienstreisen gelten nun strikte Regeln. Diese müssen in unmittelbarem Zusammenhang mit der Ausübung des Mandates der Abgeordneten stehen und von der Parlamentsverwaltung genehmigt werden. Die erstattungsfähigen Kosten sind dem Preisniveau im jeweiligen Zielland entsprechend gedeckelt.

4.4.2 Aufgabenprofile der Assistenten

Als „rechte Hand" des Abgeordneten sind APAs meist vieles in Personalunion. Je nach akademischer Laufbahn und den Bedürfnissen der MdEP fungieren sie als Berater, Sekretäre, Pressereferenten, Redenschreiber, wissenschaftliche Mitarbeiter, Online-Redakteure oder Eventmanager; sie nehmen an offiziellen Sitzungen teil und vertreten die Abgeordneten bei informellen Terminen. Lobbyisten und Interessensvertreter vereinbaren gezielt Gesprächstermine mit Assistenten von MdEP, die häufig in Gesetzgebungsverfahren eingebunden sind. Trotz der erheblichen Unterschiede im Funktionsprofil der APAs lassen sich einige Gemeinsamkeiten feststellen. Etwa die Hälfte hat ein sozialwissenschaftliches Studium absolviert. Andere, häufig vertretene Disziplinen sind Rechts- und Wirtschaftswissenschaften. Daneben finden sich auch einige „exotische" Quereinsteiger wie z.B. Religionswissenschaftler, Archäologen, Philosophen oder Lehrer. Kenntnisse in mehreren Fremdsprachen sind die Regel. Häufig sind Assistenten selbst parteipolitisch aktiv und gehören der Partei des Abgeordneten an. Insbesondere in den kleineren Fraktionen legen einige Abgeordnete dagegen weniger Wert auf parteipolitische Nähe und halten es im Gegenteil für einen Vorteil, wenn die APAs abseits der internen politischen Grabenkämpfe stehen. Klassische Stellenausschreibungen sind eher selten. Vor allem erstmals gewählte Abgeordnete schreiben direkt auf den Stellenbörsen des Europakollegs in Brügge oder Internetplattformen wie „EuroBrussels" aus. Die Arbeitsbeziehung zwischen Abgeordneten und Assistenten ist in der Regel aber so symbiotisch, dass die meisten MdEP eher auf Personal zurückgreifen, das sie bereits aus anderen Zusammenhängen kennen und gut einschätzen können.

Je nach beruflichem Hintergrund, parlamentarischer Erfahrung, eventuellen Sonderfunktionen der MdEP (Fraktions-, Ausschussvorsitz, Koordinatorentätigkeit u.a.), Sprachkenntnissen oder dem „Selbständigkeitsgrad" der Abgeordneten variieren Aufgaben und Zuständigkeiten der APAs. Entsprechend abhängig von den Wünschen der MdEP ist auch die Aufgabenteilung zwischen den Mitarbeitern eines Büros. Einige MdEP etablieren klassische „Vorzimmer", das Se-

---

204 Es gibt 19 Besoldungsgruppen und zwei Funktionsgruppen. Diese Funktionen betreffen die administrative Unterstützung und die Sekretariatsunterstützung (erste Gruppe) und die redaktionellen und Beratungsaufgaben (zweite Gruppe), wenngleich die Assistenten einer Gruppe auch damit beauftragt werden können, Aufgaben der anderen Gruppe wahrzunehmen und umgekehrt.

kretariatsarbeit und administrative Arbeiten erledigt, während die anderen Mitarbeiter ausschließlich an parlamentarischen Dossiers arbeiten. Das Modell eines Pools von Mitarbeitern, der mehreren Abgeordneten einer Fraktion zuarbeitet oder das von Teilzeitassistenten, die parallel einer Tätigkeit außerhalb des Parlamentes nachgehen, ist dagegen eher die Ausnahme. Die Fluktuationsrate der APAs ist hoch. Die durchschnittliche Verweildauer liegt zwischen drei und fünf Jahren. Zum einen liegt dies an der hohen Arbeitsbelastung und den ungeregelten (oft weit über die 40 Wochenstunden hinausgehenden) Arbeitszeiten; zum anderen aber auch daran, dass es keine unmittelbaren Aufstiegschancen gibt. Lebensläufe, die bei der Stelle als APA beginnen und mit Zwischenstationen als Fraktionsangestellte beim gewählten MdEP enden, sind sehr selten.

Nach Busby nehmen Assistenten eine Filterfunktion („gatekeepers") war und tragen dadurch maßgeblich zur Erfolgsbilanz des MdEP bei. Sie sind in die inhaltliche Arbeit der parlamentarischen Gremien und fraktionsinternen Arbeitsgruppen eingebunden und haben in vielen Fällen auch eine Beraterfunktion. Stellvertretend für ihre Abgeordneten führen sie Gespräche auf Mitarbeiter- und Beamtenebene, aber auch Hintergrundgespräche mit Lobbyisten und Nichtregierungsorganisationen.[205] An intensives Arbeiten gewöhnt und mit guten Kontakten ausgestattet, eröffnet sich für die Assistenten viele Betätigungsfelder, in denen politische und fachliche Kompetenz sowie Mehrsprachigkeit gefragt sind. Der Assistenten-Job war schon für viele die Eintrittskarte für Tätigkeiten in Think-Tanks, Unternehmen, Verbänden, NROs, Lobbys und Interessenvertretungen. Auch eine Tätigkeit als Beamter des Europäischen Parlaments oder als Angestellter einer Fraktion ist für manche eine Option. Die enge Zusammenarbeit mit den Parlamentariern und den Parteien animiert einige wenige Assistenten auch dazu, selbst in die aktive Politik zu gehen.

Assistenten haben trotz der Verbesserungen durch das Statut noch immer keinen klar zugewiesenen Platz in der relativ starren Parlamentshierarchie. Für viele APA ist es nicht selbstverständlich, die verbrieften Rechte zu verteidigen, deren Einhaltung einzufordern oder sich in der täglichen Praxis auch nur darauf zu berufen. Assistentenjobs sind unter Universitätsabsolventen sehr gefragt; die Konkurrenz ist groß und viele quält die Angst des Jobverlusts, wenn sie ihre Rechte gegenüber den Abgeordneten einfordern. Unterstützend wirkt hier das APA-Komitee, die offizielle, mit dem Statut eingeführte Vertretung der Assistenten. Es wurde erstmals 2010 gewählt[206] und vertritt seither die Interessen der Assistenten.[207]

4.5 Praktika

Grundsätzlich gibt es drei Optionen für ein Praktikum im Europäischen Parlament: (1) die Parlamentsverwaltung (Generalsekretariat), (2) die Fraktionen und (3) die Abgeordneten. Es stehen bezahlte (Robert-Schuman Praktika) und unbezahlte Praktika unterschiedlicher Ausrichtungen für drei bis fünf Monate zur Auswahl: allgemeine Praktika, Praktika der Ausrichtung Journalismus, Ausbildungspraktika für Übersetzer, Praktika für Menschen mit Behinde-

---

205 Vgl. Busby, Amy: „Normal Parliament: Exploring the Organisation of Everyday Political Life in an MEPs Office", in: Journal of Contemporary European Research, Vol. 9, Nr. 1/2013, S. 94-115.

206 Wahlberechtigt sind alle akkreditieren parlamentarischen Assistenten, die einen Arbeitsvertrag für mindestens sechs Monate abgeschlossen haben. Für das Komitee kandidieren können Assistenten, die Arbeitsverträge für mindestens ein Jahr abgeschlossen haben.

207 Im Juli 2014 wurde der virtuelle Grundstein für ein privat initiiertes Netzwerk ehemaliger APAs gelegt. Die Website www.formerapa.eu, soll zu einer Jobbörse für ehemalige, aber auch noch tätige Assistenten werden.

rungen (seit 2006), etc. Im Jahre 2010 hat das Europäische Parlament 7 354 Bewerbungen für bezahlte Praktika und 2 583 Bewerbungen für unbezahlte Praktika erhalten. Davon wurden 391 Bewerber (für bezahlte Praktika) und 158 (für unbezahlte Praktika) zugelassen. Im Jahre 2011 wählte das EP aus insgesamt 9 962 Bewerbungen 390 Bewerber (für bezahlte Praktika) und 166 (für unbezahlte Praktika) aus.

Was die tatsächlichen Aufgabenbereiche der Praktikanten im EU-Parlament anbelangt, lässt sich kein allgemeingültiges Profil identifizieren, da jedem Praktikanten andere Aufgaben anvertraut werden: Praktikanten, die in den Ausschusssekretariaten arbeiten, erstellen Vermerke, Zusammenfassungen und Berichte für die Sekretariatsbeamten, Fraktionsangestellten und Abgeordneten, assistieren in der Erarbeitung von Änderungsanträgen in Gesetzgebungsvorlagen und bereiten die Unterlagen für die Sitzungen vor. Praktikanten, die den wissenschaftlichen Diensten der Parlamentsverwaltung zugeordnet sind, erarbeiten in der Regel eine größere Studie zu Themen, die aus den Ausschüssen abgefragt werden. Ein Praktikum berechtigt nicht zur weiteren Beschäftigung beim Europäischen Parlament, gilt aber bei späteren Einstellungsverfahren des Generalsekretariats als besonderer Befähigungsnachweis.

Neben der Parlamentsverwaltung bieten fast alle MdEP die Möglichkeit eines Praktikums in den Abgeordnetenbüros; sowohl im Wahlkreis als auch im EP in Brüssel.[208] Die von den Praktikanten ausgeführten Aufgaben dürfen unter keinen Umständen so ausgestaltet sein, dass sie die Beschäftigung eines örtlichen oder akkreditierten parlamentarischen Assistenten ersetzen. Ob und in welcher Höhe eine Entschädigung bezahlt wird, variiert erheblich. Praktika im Umfeld von Abgeordneten werden in der Regel nicht öffentlich ausgeschrieben und sind meist Ertrag erfolgreicher Initiativbewerbungen. Die Einzelheiten des Praktikums sind Gegenstand einer schriftlichen Praktikumsvereinbarung.

Das Präsidium beschloss am 19. April 2010 besondere Regeln für die Arbeit der Praktikanten der MdEP, die sich auf Art. 25 Abs. 3 der GOEP stützen. Seither darf die Zahl zeitgleich beschäftigter Praktikanten pro Mitglied drei nicht übersteigen, oder aber vier für den Fall, dass zwei der Praktikanten auf Teilzeitbasis tätig sind und sich nicht mehr als drei Praktikanten gleichzeitig am selben Arbeitsort aufhalten.

---

208 Vgl. Regelung betreffend die Praktikanten/Praktikantinnen der MdEP, Beschluss des Präsidiums vom 19. April 2010 gem. Art. 23 Abs. 3 GOEP sowie gem. der Durchführungsbestimmungen zum Abgeordnetenstatut des Europäischen Parlaments (insbes. Art. 33 Abs. 4 und Art. 34 Abs. 4).

5 Politische Organisations- und Führungsstrukturen

Aus der Mitte des EP werden zahlreiche Leitungs- und Koordinationsgremien gebildet. Zu Beginn der Legislaturperiode wählen die MdEP für einen Zeitraum von zweieinhalb Jahren den Präsidenten, die 14 Vizepräsidenten und die fünf Quästoren. Hieraus geht die die Zusammensetzung des Präsidiums hervor. Die Fraktionen, Ausschüsse und interparlamentarischen Delegationen wählen ihre jeweiligen Vorstände, wobei der Präsident und die Fraktionsvorsitzenden die Konferenz der Präsidenten und die Ausschuss- und Delegationsvorstände entsprechende Konferenzgremien bilden, die ihren Vorsitz jedoch eigenständig wählen. 1993 kam es zu einer Neuorganisation der Organisations- und Führungsstrukturen die sich in drei Ebenen unterteilen lassen:

- Die erste Ebene bildet der Präsident, der die Leitung über sämtliche Arbeiten des Parlaments und seiner Organe innehat und gemäß den Vertragsgrundlagen jeden Gesetzgebungsakt der EU im OGV sowie die Feststellung des Haushaltsplans der EU durch seine Unterschrift autorisiert.
- Die 14 gewählten Vizepräsidenten vertreten den Präsidenten in dessen Aufgabenbereich. Gemeinsam mit dem Präsidenten und den fünf Quästoren, die für Verwaltungs- und Finanzfragen der Abgeordneten zuständig sind, bilden sie als zweite Ebene das Präsidium des Parlaments.
- Auf einer dritten Ebene bildet der Präsident des Parlaments gemeinsam mit den von den Fraktionen gewählten Fraktionsvorsitzenden die Konferenz der Präsidenten, die über die laufende Arbeitsorganisation des Parlaments sowie über Fragen im Zusammenhang mit der Gesetzgebungsplanung entscheidet.

5.1 Präsident

Organisation und Funktionsweise des Europäischen Parlaments richten sich nach den Verträgen und nach seiner Geschäftsordnung.[209] Auf die Einhaltung dieser Geschäftsordnung achtet im Besonderen der Präsident und leitet gemäß den dort festgelegten Bedingungen die Arbeiten des Parlaments und seiner Organe (Art. 22 Abs. 1 GOEP). Er führt den Vorsitz des Präsidiums und der Konferenz der Präsidenten; er eröffnet, leitet, unterbricht gegebenenfalls und schließt die Sitzungen des Parlaments. Er kann die Reihenfolge der zur Abstimmung gestellten Texte ändern, ohne Begründung über die Zulässigkeit von Änderungsanträgen und über Anfragen an den Rat und die Kommission entscheiden, Abgeordneten das Wort erteilen und entziehen, Abstimmungen durchführen und deren Ergebnisse verkünden. Schließlich vertritt der Präsident das Parlament im internationalen Bereich, bei offiziellen Anlässen sowie in Verwaltungs-, Gerichts- und Finanzangelegenheiten. Er vertritt das EP aber auch gegenüber den anderen EU-Institutionen und nimmt in dieser Funktion beispielsweise an Treffen des Europäischen Rates teil und übermittelt die Position des EP. Zusammen mit dem amtierenden Ratsvorsitz unterzeichnet der Präsident die im Rahmen des ordentlichen Gesetzgebungsverfahrens verabschiedeten Rechtsakte vor deren Veröffentlichung im Amtsblatt.[210]

---

209 Vgl. Europäisches Parlament, Geschäftsordnung, 8. Wahlperiode, Juli 2014.
210 Vgl. Costa, Olivier : "The President of the European Parliament", in : *Il Filangieri (revue de l'ARSAE)*, Vol. 2012-2013: Le trasformazioni del ruolo dei Presidenti delle Camere, Neapel 2013, S. 143-160.

Abb. 8: Steuerungs- und Koordinationsgremien des Europäischen Parlaments

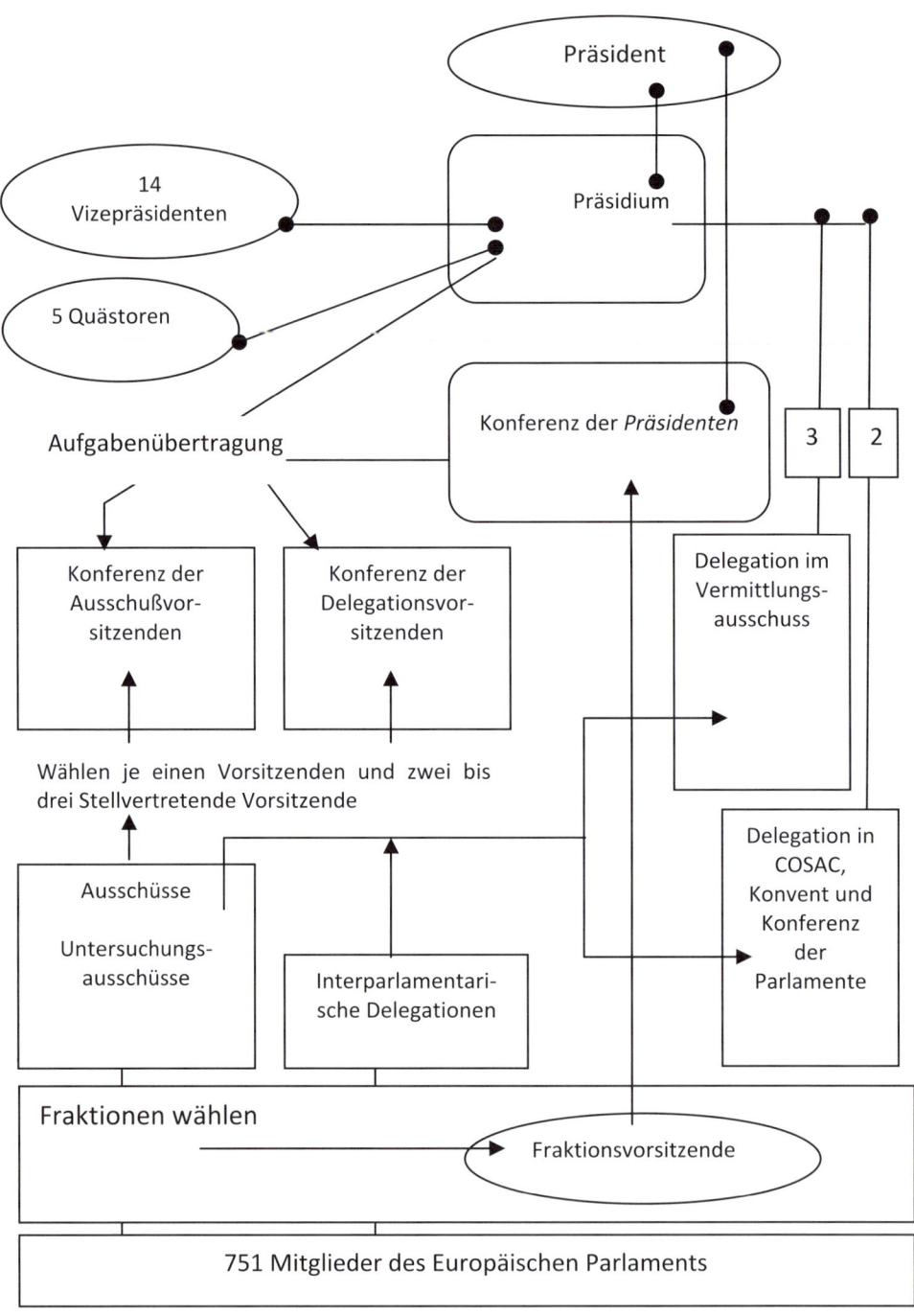

Kandidaten für das Amt des Parlamentspräsidenten – wie auch das der 14 Stellvertreter und der 5 Quästoren – können von einer Fraktion oder einer Gruppe von 40 Abgeordneten – im

Einvernehmen mit der jeweiligen Person – vorgeschlagen werden. Falls die Zahl der Kandidaten die Zahl der zu vergebenden Sitze nicht überschreitet, können die Kandidaten auch per Akklamation gewählt werden. Gleiches gilt für den Fall, dass ein Amtsinhaber im Laufe seiner Amtszeit ausscheidet und nur ein Kandidat als Ersatz vorgeschlagen wurde.

Die Wahl des Parlamentspräsidenten erfolgt in maximal vier Wahlgängen. Hat kein Kandidat in den ersten drei Wahlgängen die absolute Mehrheit erreicht, können im vierten Wahlgang nur noch die beiden Kandidaten mit den meisten Stimmen antreten. Bei Stimmengleichheit gilt der ältere Kandidat als gewählt. Der gewählte Präsident leitet dann die unmittelbar im Anschluss stattfindende Wahl der Vizepräsidenten und Quästoren.

Martin Schulz wurde am 18. Juni 2014 als Fraktionschef der S&D gewählt und hatte vorübergehend das Amt des EP-Präsidenten nieder gelegt. Gemäß Art. 14 GOEP über den vorläufigen Vorsitz übernahm der erste Vizepräsident, Gianni Pittella (S&D), interimistisch den Vorsitz und leitete in dieser Funktion am 1. Juli 2014 auch die Wahl des „neuen" Präsidenten. Martin Schulz wurde für die erste Hälfte der 8. Wahlperiode (Amtszeit bis Januar 2017) wiedergewählt. Er erhielt mit 409 Stimmen bereits im ersten Wahlgang die absolute Mehrheit der 612 gültig abgegebenen Stimmen. Auf den Briten Sajjad Karim (EKR, UK) entfielen 101 Stimmen, auf den Spanier Pablo Iglesias (KVEL-NGL) und die Österreicherin Ulrike Lunacek (Grüne/EFA) jeweils 51 Stimmen. Unmittelbar nach seiner Wahl übernahm Martin Schulz wieder die Leitung der Sitzung und damit auch die Leitung der Wahl seiner Stellvertreter, der EP-Vizepräsidenten, sowie der Quästoren.

Die Wahl von Schulz – dem ersten für eine zweite Amtszeit wiedergewählten Präsidenten - gilt als Hinweis auf die künftigen Abstimmungs- und Machtverhältnisse im Europäischen Parlament, in dem die beiden großen Fraktionen mit in Summe 411 der 751 Sitze dominieren. Aufgrund einer informellen Absprache zwischen diesen beiden größten Fraktionen soll für die zweite Hälfte der Wahlperiode wieder ein Abgeordneter der EVP das Amt übernehmen.

Tab. 5: Die EP-Präsidenten (1952–1979)

1952–54	Paul-Henri SPAAK	Sozialist (BSP), BE
1954	Alcide DE GASPERI	Christdemokrat (DC), IT
1954–56	Giuseppe PELLA	Christdemokrat (DC), IT
1956–58	Hans FURLER	Christdemokrat (CDU), DE
1958–60	Robert SCHUMAN	Christdemokrat (MRP), FR
1960–62	Hans FURLER	Christdemokrat (CDU), DE
1962–64	Gaetano MARTINO	Liberaler (PLI), IT
1964–65	Jean DUVIEUSART	Christdemokrat (PSC-CVP), BE
1965–66	Victor LEEMANS	Christdemokrat (PSC-CVP), BE
1966–69	Alain POHER	Christdemokrat (MRP), FR
1969–71	Mario SCELBA	Christdemokrat (DC), IT
1971–73	Walter BEHRENDT	Sozialdemokrat (SPD), DE
1973–75	Cornelis BERKHOUWER	Liberaler (VVD), NL
1975–77	Georges SPENALE	Sozialist (PS), FR
1977–79	Emilio COLOMBO	Christdemokrat (DC), IT

Tab. 6: Die direkt gewählten EP-Präsidenten seit 1979

	Präsident/in	Fraktion	Wahlgang	Abstimmungsergebnis
1979–82	Simone VEIL	(LDR, FR)	2. Wg.	192 von 377
1982–84	Pieter DANKERT	(PES, NL)	4. Wg.	191 von 366
1984–87	Pierre PFLIMLIN	(EVP, FR)	2. Wg.	221 von 403
1987–89	Charles Henry PLUMB	(ED, UK)	3. Wg.	241 von 477
1989–92	Enrique Barón CRESPO	(PES, ES)	1. Wg.	301 von 475
1992–94	Egon KLEPSCH	(EVP, DE)	1. Wg.	253 von 446
1994–97	Klaus HÄNSCH	(PES, DE)	1. Wg.	365 von 453
1997–99	Jose Maria GIL ROBLES	(EVP, ES)	1. Wg.	338 von 515
1999–02	Nicole FONTAINE	(EVP-ED, FR)	1. Wg.	306 von 555
2002–04	Pat COX	(ALDE, IE)	3. Wg.	298 von 568
2004–07	Josep BORRELL FONTELLES	(PES, ES)	1. Wg.	388 von 647
2007–09	Hans-Gert POETTERING	(EVP-ED, DE)	1. Wg.	450 von 689
2009–12	Jerzy BUZEK	(EVP, PL)	1. Wg.	555 von 644
2012–14	Martin SCHULZ	(S&D, DE)	1. Wg.	387 von 670
2014–17	Martin SCHULZ	(S&D, DE)	1. Wg.	409 von 612

5.2 Präsidium

Das Präsidium besteht aus dem Präsidenten und den 14 Vizepräsidenten sowie den fünf Quästoren, wobei die Quästoren lediglich eine beratende Funktion ausüben. Die Aufgaben sind durch Art. 25 GOEP definiert. Es trifft auf Antrag des Generalsekretärs oder einer Fraktion finanzielle, organisatorische und administrative Entscheidungen hinsichtlich der Abgeordneten sowie zur internen Organisation des Parlaments, seines Sekretariats und seiner Organe. Es legt auch die für die fraktionslosen Mitglieder vorgesehen Bestimmungen – wie beispielsweise die Regelungen zur Bereitstellung der vorgesehenen Finanzmittel – fest und regelt deren parlamentarische Rechte (Art. 35 GOEP). Das Präsidium ernennt den Generalsekretär des Parlaments, entscheidet über Fragen zur Durchführung der Plenartagungen und bestimmt den Stellenplan des Generalsekretariats einschließlich der dienstrechtlichen und finanziellen Regeln für die Beamten und sonstigen Bediensteten. Im Bereich der Politikgestaltung stellt das Präsidium den Vorentwurf des Haushaltsvoranschlags des Parlaments auf, genehmigt Ausschusssitzungen außerhalb der üblichen Arbeitsorte, Anhörungen sowie Studien- und Informationsreisen der Berichterstatter des Parlaments. Bei allen Beschlüssen des Präsidiums gilt: Im Falle von Stimmengleichheit gibt die Stimme des Präsidenten den Ausschlag.

Innerhalb des Präsidiums werden auf Vorschlag der Fraktionen drei Vizepräsidenten für 12 Monate als ständige Mitglieder des Vermittlungsausschusses im OGV sowie zwei Ansprechpartner für die Beziehungen des EP zu den nationalen Parlamenten der Mitgliedstaaten ernannt. Außerdem können Präsident oder Präsidium einem oder mehreren Mitgliedern des Präsidiums besondere Aufgaben oder Zuständigkeiten übertragen.

Die Delegation des Parlaments im Vermittlungsausschuss setzt sich aus 28 Mitgliedern zusammen. Über ihre politische Zusammensetzung entscheidet die Konferenz der Präsidenten, wobei die Geschäftsordnung des Parlaments festlegt, dass die Zusammensetzung entlang der Fraktionsstärken im Parlament bemessen wird. Die Mitglieder der Delegation werden für jede einzelne Vermittlungsphase im OGV von den Fraktionen benannt. Da drei Delegationsmitglieder aus der Gruppe der Vizepräsidenten für einen Zeitraum von 12 Monaten festgelegt sind und die Geschäftsordnung vorschreibt, dass der Berichterstatter und der Vorsitz des jeweils federführenden Ausschusses auf jeden Fall Mitglieder der Vermittlungsdelegation sind, ist die Wahl der Delegationsmitglieder letztlich auf maximal 22 „frei zu wählende" Mitglieder beschränkt, die vorzugsweise aus den betroffenen – federführenden und mitberatenden – Ausschüssen entsandt werden. Alle in der Vermittlungsdelegation nicht vertretenen Fraktionen und die fraktionslosen Abgeordneten können je einen Vertreter zu internen Vorbereitungssitzungen der Delegation entsenden. Den Delegationsvorsitz übernehmen der Präsident des EP oder einer der drei als ständige Delegationsmitglieder ernannten Vizepräsidenten.

5.2.1 Vizepräsidenten

Die Vizepräsidenten werden mittels eines einzigen Stimmzettels gewählt. Während der ersten beiden Wahlgänge ist die absolute Mehrheit der abgegebenen Stimmen erforderlich; ist ein dritter Wahlgang erforderlich, reicht die relative Mehrheit. Im Falle von Stimmengleichheit gilt der ältere Kandidat als gewählt. Die Reihung bzw. Rangfolge der Vizepräsidenten ergibt sich durch die Zahl der erhaltenen Stimmen. Erfolgte die Wahl per Akklamation, wird die Rangfolge in geheimer Abstimmung festgelegt.

Im Juli 2014 wählte das EP für die 8. Wahlperiode sechs Vizepräsidenten im ersten und drei im zweiten Wahlgang mit absoluter Mehrheit. Für die restlichen fünf war im dritten Wahlgang die relative Mehrheit ausreichend. Von den 14 Vizepräsidenten gehören sechs der EVP-, drei der S&D-, zwei der ALDE- sowie jeweils einer der Grünen/EFA-, der EKR- und der KVEL-NGL-Fraktion an. Betrachtet man die nationale Gewichtung, sind Deutschland, Rumänien und Italien mit je zwei Vizepräsidenten am stärksten vertreten.

Ist der Präsident verhindert, können die Vizepräsidenten den Präsidenten vertreten und beispielsweise den Vorsitz im Plenum oder repräsentative Aufgaben bei offiziellen Anlässen übernehmen. Außerdem kann der Präsident spezifische Aufgaben und auch auf permanenter Basis – d.h. für die Dauer der Amtszeit – bestimmte Zuständigkeiten aus seinem Verantwortungsbereich auf die Vizepräsidenten übertragen.

Tab. 7: Die 14 Vizepräsidenten und ihre Zuständigkeiten zu Beginn der 8. Wahlperiode (2014–2019)

Vizepräsident/-in	Zuständigkeiten u.a.
Antonio TAJANI **(EVP, IT)** Erster Vizepräsident 452 Stimmen, 1. Wahlgang	– Sicherheit – Haus der europäischen Geschichte (in Zusammenarbeit mit VP Crețu) – Lux-Preis – Vertretung des Präsidenten für Lateinamerika
Mairead McGUINNESS **(EVP, IE)** 441 Stimmen, 1. Wahlgang	– Informationspolitik, einschließlich Informationsbüros des EP – Vorsitzende der AG Informations- und Kommunikationspolitik – Rechte von Kindern – Mediatorin
Rainer WIELAND **(EVP, DE)** 437 Stimmen, 1. Wahlgang	– Gebäude und Haushalt – Politische Parteien auf europäischer Ebene – Beziehungen zu den französischen, belgischen und luxemburgischen Behörden in Fragen betreffend den Sitz und die Arbeitsorte – Vertretung des Präsidenten für Afrika/AKP
Ramón Luis VALCÁRCEL SISO **(EVP, ES)** 406 Stimmen, 1. Wahlgang	– Wissenschaftlicher Dienst für die Mitglieder und Bibliothek – Beziehungen zu den nationalen Parlamenten – Vertretung des Präsidenten für Nachbarschaftspolitik (EUROMED/Naher Osten)
Ildikó GÁLL-PELCZ **(EVP,HU)** 400 Stimmen, 1. Wahlgang	– Zugang zu Dokumenten – AG Gebäude, Verkehr und umweltbewusstes Parlament – Kanzlei des Europäischen Bürgerpreises – Vertretung des Präsidenten für Asien/Ozeanien
Adina-Ioanna VĂLEAN **(PPE, RO)** 394 Stimmen, 1. Wahlgang	– IT und Telekommunikation – AG IKT-Innovationsstrategie – AG Gleichstellung der Geschlechter und Vielfalt
Sylvie GUILLAUME **(S&D, FR)** 406 Stimmen, 2. Wahlgang	– Vermittlungsausschuss im OGV – Informationspolitik, einschließlich Informationsbüros des EP – Transparenz-Register
Corina CREȚU **(S&D, RO)** 406 Stimmen, 2. Wahlgang	– Haus der europäischen Geschichte (in Zusammenarbeit mit A. Tajani) – Mehrsprachigkeit – Wissenschaftlicher Dienst für Mitglieder und Bibliothek – Vertretung des Präsidenten für multilaterale Gremien (Sicherheitsfragen), einschließlich NATO, OSZE – Vertretung des Präsidenten für Nachbarschaftspolitik (Osten/Euronest)

Vizepräsident/-in	Zuständigkeiten u.a.
David-Maria SASSOLI (S&D, IT) 394 Stimmen, 2. Wahlgang	– Haushalt und Gebäude – AG Gebäude, Verkehr und umweltbewusstes Parlament – Vertretung des Präsidenten für Nachbarschaftspolitik (EUROMED/Naher Osten)
Olli REHN (ALDE, FI) 377 Stimmen, 3. Wahlgang	– Beziehungen zu den nationalen Parlamenten, mit besonderer Zuständigkeit für wirtschaftspolitische Steuerung – AG Informations- und Kommunikationspolitik – Europäische Rechtsakademie (Trier) – Vertretung des Präsidenten für Weltbank und IWF
Alexander Graf LAMBS-DORFF (ALDE, DE) 365 Stimmen, 3. Wahlgang	– Vermittlungsausschuss im OGV – Menschenrechte und Demokratie, außer Sacharow-Netzwerk – Vertretung des Präsidenten für multilaterale Gremien (nicht sicherheitsbezogen), einschließlich UN und WTO – Vertretung des Präsidenten für Kontakte zu europäischen Unternehmensverbänden
Ulrike LUNACEK (Die Grünen/EFA, AT) 319 Stimmen, 3. Wahlgang	– Sacharow-Netzwerk – Politische Parteien auf europäischer Ebene – AG Gleichstellung der Geschlechter und Vielfalt – AG Informations- und Kommunikationspolitik – Vertretung des Präsidenten für den Westbalkan
Dimitrios PAPADIMOU-LIS (KVEL/NGL, EL) 302 Stimmen, 3. Wahlgang	– Gleichstellung der Geschlechter und Vielfalt – AG Informations- und Kommunikationspolitik – Vertretung des Präsidenten für europäische Gewerkschaften – Vertretung des Präsidenten für den Europarat und die Interparlamentarische Union
Ryszard CZARNECKI (EKR, PL) 284 Stimmen, 3. Wahlgang	– Fragestunde – Ärztlicher Dienst – AG Gebäude, Verkehr und umweltbewusstes Parlament – Vertretung des Präsidenten für Nachbarschaftspolitik (Osten/Euronest) – Vertretung des Präsidenten für Ostsee-, Nordsee-, Arktischen Raum

Quelle: Europäisches Parlament, Mitteilung des Präsidiums Nr. 2/2014 vom 16. September 2014

5.2.2 Quästoren

Der Wahl des Präsidenten und der vierzehn Vizepräsidenten folgte am 2. Juli 2014 die Wahl der fünf Quästoren – nach demselben Modus wie die der Vizepräsidenten. Quästoren gibt es im EP seit 1977. Sie waren zunächst dem Präsidium untergeordnet. Seit den ersten Direktwahlen im Jahr 1979 werden sie als eigenständiges Gremium direkt von den MdEP gewählt. Im antiken Rom fast ausschließlich für die Staatskasse zuständig, sind die Quästoren im EP nicht nur für finanzielle, sondern auch für administrative Belange zuständig, die die MdEP direkt in der Ausübung ihres Mandats betreffen (Art. 28 GOEP).

Tab. 8: Die fünf Quästoren zu Beginn der 8. Legislaturperiode (2014–2019)

Elisabeth Morin-Chartier	(EVP, FR)	452 Stimmen, 1. Runde
Bogusław Liberadzki	(S&D, PL)	443 Stimmen, 1. Runde
Catherine Bearder	(ALDE, UK)	425 Stimmen, 1. Runde
Andrey Kovatchev	(EVP, BG)	420 Stimmen, 1. Runde
Karol Adam Karski	(EKR, PL)	347 Stimmen, 2. Runde

Quelle: Eigene Darstellung auf Grundlage: Website des EP

Die Leitlinien für die Ausübung der Aufgaben der Quästoren werden vom Präsidium[211] festgelegt. Sie fungieren als Schnittstelle zwischen der Verwaltung des EP und den Abgeordneten und stellen sicher, dass die zur Ausübung des Mandats erforderliche Infrastruktur zur Verfügung steht und funktioniert. Sie legen beispielsweise zu Beginn jeder Wahlperiode fest, wie viele Mitarbeiter Abgeordnete maximal beschäftigen dürfen; sie entscheiden u.a. darüber, welche Personen, die nicht Mitarbeiter der EU-Institutionen sind, Zugangsausweise für das EP erhalten und welche Veranstaltungen in den Räumlichkeiten des EP abgehalten werden dürfen; sie beschäftigen sich z.B. außerdem mit den Regelungen für den Fahrdienst, den Kantinen und Restaurants, dem medizinischen Dienst, der Büroausstattung der MdEP und sind für das Register über die Geschenke und Zuwendungen, die Abgeordnete erhalten und die unter den neuen Transparenzvorschriften deklariert werden müssen, zuständig.

Tab. 9: Aufgabenbereiche der Quästoren – 8. Legislaturperiode (2014–2019)

Elisabeth MORIN-CHARTIER (EVP, FR)	– Anträge einzelner Mitglieder auf Zahlung parlamentarischer Vergütungen und Kostenerstattung (Art. 72 der Durchführungsbestimmungen zum Abgeordnetenstatut) – Abgeordnetenrestaurants und -bars – Einrichtungen für die Mitglieder in den Informationsbüros des EP (in Zusammenarbeit mit B. Liberadzki) – Beziehungen zu den nationalen und lokalen Behörden an den drei Arbeitsorten des Parlaments – Mitglied der Arbeitsgruppe Gebäude, Verkehr und umweltbewusstes Parlament des Präsidiums
Bogusław LIBERADZKI (S&D, PL)	– Einzelne Mitglieder betreffende Sicherheitsfragen in den Räumlichkeiten des Parlaments – Durchführungsmaßnahmen (einschließlich Durchführung der Regelung des Präsidiums zum Rauchverbot) – Sportzentren in den EP-Gebäuden in Brüssel und Straßburg – Einrichtungen für die Mitglieder in den Informationsbüros des EP (in Zusammenarbeit mit E. Morin-Chartier) – Beziehungen zu den Fraktionen und den Fraktionslosen – Regelung betreffend Interfraktionelle Arbeitsgruppen und Nutzung der EP-Räumlichkeiten – Beziehungen zum Bürgerbeauftragten und zum EuGH – Mobilität

---

211 Im Präsidium des EP haben die Quästoren zwar einen Sitz, nehmen aber lediglich eine beratende Funktion ohne Stimmrecht ein.

	– Externe Dienstleistungen in den EP-Gebäuden (Geschäfte, Banken etc.) – Mitglied der Kontaktgruppe des Präsidiums für das Haus der europäischen Geschichte (in Zusammenarbeit mit K. A. Karski)
Catherine BEARDER (ALDE, UK)	– Kulturelle und künstlerische Veranstaltungen, die unter der Schirmherrschaft eines MdEP stehen – Vorsitzende des Kunstausschusses – Kontakte zum Verein der ehem. Mitglieder – Nutzung der Bibliothek und der Dokumentenverwaltung des Parlaments durch die MdEP – Mitglied der Hochrangigen Arbeitsgruppe Gleichstellung der Geschlechter und Vielfalt des Präsidiums – Mitglied der Arbeitsgruppe des Präsidiums für die Innovationsstrategie im ICT-Bereich
Andrey KOVATCHEV (EVP, BG)	– Transportmöglichkeiten für MdEP, einschließlich Fahrbereitschaft, Reisebüro und Einrichtungen an den Flughäfen in Straßburg und Brüssel – Einrichtungen für den Empfang von Besuchergruppen – Telekommunikations- und Informationstechnologie, Sprach- und EDV-Kurse für MdEP – Kontakte zum Verein der ehem. Mitglieder – Mitglied der Arbeitsgruppe Informations- und Kommunikationspolitik des Präsidiums
Karol Adam KARSKI (EKR, PL)	– Dienste für die Mitglieder (Ärztlicher Dienst, Betreuungseinrichtungen für die Kinder der Mitglieder, Europäische Schulen) – Büroausstattung der MdEP – Nutzung der audiovisuellen EP-Einrichtungen durch MdEP – Zentrale Anwesenheitsliste und Anwesenheitslisten im Plenarsaal und in den Sitzungssälen der Ausschüsse und Fraktionen – Register der Lobbyisten, Dauerzutritt für Besucher zu beschränkt zugänglichen Bereichen (technische Aspekte) – Poststelle und Druckerei – Mitglied der Kontaktgruppe des Präsidiums für das Haus der europäischen Geschichte (in Zusammenarbeit mit B. Liberadzki)

Quelle: Interne Kommunikation des EP

5.3 Konferenz der Präsidenten

Die Konferenz der Präsidenten umfasst neben dem Parlamentspräsidenten auch die Fraktionsvorsitzenden. Ein fraktionsloses Mitglied kann auf Ersuchen des Präsidenten – allerdings ohne Stimmrecht – an den Sitzungen teilnehmen. Die Konferenz der Präsidenten beschließt über die Organisation der Arbeiten des Parlaments sowie über alle Fragen im Zusammenhang mit der Planung des legislativen Prozesses: Zeitplan und Tagesordnung der Plenartagungen, Zusammensetzung der Ausschüsse, der Delegationen und Aufteilung der entsprechenden Zuständigkeiten. In diesem Zusammenhang ist die Konferenz der Präsidenten auch zuständig für die Gestaltung der interparlamentarischen Beziehungen zu dritten Staaten und Organisationen, für Fragen im Zusammenhang mit den Beziehungen zu den anderen EU-Organen und -Institutionen sowie zu den nationalen Parlamenten der Mitgliedstaaten. Die beiden für die Beziehungen zu den nationalen Parlamenten verantwortlichen Vizepräsidenten erstatten der Konferenz der

Präsidenten regelmäßig Bericht über ihre Tätigkeiten in diesem Bereich. In parlamentsorganisatorischer Hinsicht macht die Konferenz der Präsidenten Vorschläge über die zahlenmäßige Zusammensetzung und die Kompetenzen der Ausschüsse, der Untersuchungsausschüsse sowie der Gemischten Parlamentarischen Ausschüsse, der interparlamentarischen Delegationen und der Ad-hoc-Delegationen. Im laufenden Arbeitsplan des Parlaments stellt die Konferenz der Präsidenten den Entwurf der Tagesordnung für die Tagungen des Parlaments auf und beschließt die Sitzordnung im Plenarsaal. Sie ist außerdem zuständig für die Genehmigung zur Ausarbeitung von Eigeninitiativberichten und verfügt über ein parlamentsinternes Vorschlagsrecht zur Lösung von Verwaltungs- und Haushaltsproblemen der Fraktionen. Grundsätzlich entscheidet die Konferenz im Konsensverfahren. Gelingt dies nicht, wird unter Berücksichtigung der Fraktionsstärke abgestimmt.

5.4 Konferenz der Ausschussvorsitzenden

Zuletzt sind im Juli 2014 alle 20 ständigen Ausschüsse und die zwei Unterausschüsse des EP zusammengetreten, um die Vorsitzenden und jeweils vier Vize-Vorsitzenden für die ersten zweieinhalb Jahre der kommenden Legislaturperiode (2014–19) zu wählen. Die Vorsitzenden der Ausschüsse bilden die Konferenz der Ausschussvorsitzenden (KoA). Aus ihren Reihen wird wiederum der Vorsitz gewählt. Die Aufgaben dieses Gremiums sind heute in Art. 29 GOEP festgelegt. Bis 1983 tagte die Konferenz lediglich informell, da sie erst zu diesem Zeitpunkt durch ihre Normierung in der Geschäftsordnung formellen Status erlangte. Die KoA unterbreitet der Konferenz der Präsidenten Vorschläge für die Arbeit der Ausschüsse und für die Aufstellung der Tagesordnung der Plenartagung. Außerdem kann die KoA auch Aufgaben wahrnehmen, die ihr das Präsidium und die Konferenz der Präsidenten übertragen haben.

Die Konferenz der Ausschussvorsitzenden tritt einmal im Monat – üblicherweise an den Dienstagnachmittagen in der Plenarwoche in Straßburg – zusammen, um den Stand der Arbeiten in den Ausschüssen zu besprechen. In Anwendung der zuletzt 2010 aktualisierten Rahmenvereinbarung mit der Kommission hält die KoA auch regelmäßige Treffen mit den Vizepräsidenten der Kommission ab, um über Fragen der Gesetzgebungsplanung und der laufenden Gesetzgebungsverfahren zu beraten. In diesem Rahmen trifft die Konferenz auch einmal jährlich mit dem gesamten Kommissionskollegium zusammen, um die Prioritäten des Arbeitsprogramms der Kommission zu verhandeln.

Tab. 10: Vorsitzende der Konferenz der Ausschussvorsitzenden (1. bis 8. Wahlperiode)

Amtszeit	MdEP	EP-Ausschussvorsitz	Fraktion	Mitgliedstaat
1979–1984	Erwin Lange	BUDG	SOC	DE
1984–1989	Michel Poniatowski	ITRE	ALDE	FR
1989–1993	Henri Saby	DEVE	SOC	FR
1993–1999	Ken Collins	ENVI	SPE	UK
1999–2002	Ana Palacio	JURI	EVP-ED	ES
2002–2007	Joseph Daul	AGRI	EVP-ED	FR
2007–2009	Gerardo Galeote	REGI	EVP-ED	ES
2009–2014	Klaus-Heiner Lehne	JURI	EVP	DE
2014–	Jerzy Buzek	ITRE	EVP	PL

5.5 Konferenz der Delegationsvorsitzenden

Analog zur Konferenz der Ausschussvorsitzenden gehören alle Vorsitzenden der ständigen interparlamentarischen Delegationen der Konferenz der Delegationsvorsitze an. Auch sie wählt aus ihren Reihen zu Beginn jeder Wahlperiode einen Vorsitz und vier Vize-Vorsitzende. Das Gremium kann der Konferenz der Präsidenten Vorschläge über die Arbeit der Delegationen unterbreiten und umgekehrt können der Parlamentspräsident und die Konferenz der Präsidenten der Konferenz der Delegationsvorsitzenden Aufgaben übertragen. Der deutsche Günter Rinsche (EVP) hatte den Vorsitz fast 20 Jahre inne, vom Gründungsjahr des Gremiums 1981 bis 1999. Einmal im Monat tritt die Konferenz zusammen, um die Arbeit in den interparlamentarischen Delegationen zu koordinieren. Von 1981 bis 2014 gab es sieben Vorsitzende, darunter keine Frau.

Tab. 11: Vorsitzende der Konferenz der Delegationsvorsitzenden (1.– 8. Wahlperiode)

Amtszeit	MdEP	Fraktion	Delegationsvorsitz
1981–1999	Günter Rinsche	EVP	ASEAN & Korea
1999–2001	Claude Desama	SPE	Ungarn
2002–2002	Gary Titley	SPE	Litauen
2002–2004	Jan Wiersma	SPE	Ukraine, Moldova, Belarus
2004–2009	Raimon Obiols i Germà	SPE	Mittelamerika
2009–2014	Luis Yáñez-Barnuevo García	S&D	Mercosur
2014–2019	Pier Antonio Panzeri	S&D	Maghreb u. Union des Arabischen Maghreb

5.6 Generalsekretariat

Das verwaltungstechnische, wissenschaftliche und juristische Fundament der parlamentarischen Arbeit bildet das Generalsekretariat. Die politikwissenschaftliche Aufarbeitung der Charakteristika, Arbeitsweisen und Besonderheiten der Beamten und Angestellten im Generalsekretariat des EP ist spärlich.[212] Erst auf der Welle der Analysen zur Funktionsweise der „Maschinenräume" in Kommission und Ministerrat wurden in den letzten Jahren einige Studien zur Parlamentsverwaltung vorgelegt. Allerdings bildet deren Datenbasis keinen auch nur halbwegs repräsentativen Querschnitt des Generalsekretariats ab. Formal ist es unter der Leitung des Generalsekretärs aufgefächert in zehn Generaldirektionen (GD) und den Juristischen Dienst: Die GD Präsidentschaft unterstützt das Präsidium, verwaltet die beim Parlament eingehenden Dokumente der anderen Organe und Institutionen und trägt für deren Weiterleitung an die Parlamentsausschüsse Sorge, bereitet Plenartagungen vor und unterstützt den Präsiden-

---

212 Vgl. Costa, Olivier: „Administrer le parlement européen: les paradoxes d'un secrétariat général incontournable, mais faible", in: Politique europénne, Vol. 11, Nr. 3/2003, S. 143-161; Winzen, Thomas: „Technical or political? An exploration of the work of officials in the committees of the European Parliament", in: Journal of Legislative Studies, Vol. 17, Nr. 1/2011, S. 27–44; Egeberg, Morten/Gornitzka, Åse/Trondal, Jarle/Johannessen, Mathias: „Parliament staff: unpacking the behaviour of officials in the European Parliament", in: Journal of European Public Policy, Vol. 20, Nr. 4/2013, S. 495-514; Dobbelsa, Mathias/Neuhold, Christine: "The Roles Bureaucrats Play': The Input of European Parliament (EP) Administrators into the Ordinary Legislative Procedure: A Case Study Approach", in: Journal of European Integration, Vol. 35, Nr. 4/2013, S. 375-390; Marshall, David: „Do rapporteurs receive independent expert policy advice? Indirect lobbying via the European Parliament's committee secretariat", in: Journal of European Public Policy, Vol. 19, Nr. 9/2012, S. 1377-1395.

ten bei der Wahrnehmung seiner Aufgaben. Die GD Externe Politiken umfasst die Sekretariate der außenpolitischen Ausschüsse und der Delegationen; die GD Interne Politiken die Sekretariate aller anderen Ausschüsse. Die GD Kommunikation ist zuständig für Öffentlichkeitsarbeit, die Pressedienste und das Parlamentsfernsehen. Unmittelbar vor Beginn der 8. Wahlperiode wurde eine neue GD Wissenschaftliche Dienste eingerichtet, die die Abgeordneten mit Analysen und Forschungsarbeiten unterstützt. Größere Forschungsarbeiten vergeben die Dienste an Forschungskonsortien mit Partnern aus Universitäten und Politikberatungseinrichtungen. Die Beamten der Dienste selbst erstellen Informationsvermerke und Literaturzusammenfassungen. Diese GD ist darüber hinaus zuständig für die Bibliotheksdienste, Schulungen zu Informationsdatenbanken die historischen Archive des Parlaments, die Bearbeitung von Bürgeranfragen und die Sicherstellung der Transparenz offizieller parlamentarischer Dokumente.

Weitere Generaldirektionen bearbeiten Fragen des Personals, der Infrastruktur und Logistik, der schriftlichen Übersetzungsdienste, des Dolmetschens und der Konferenzen, der Parlamentsfinanzen, der Innovation und technologische Unterstützung. Die ausschuss- und delegationsrelevanten Generaldirektionen befinden sich mit ihren Mitarbeitern in Brüssel; die übrigen und der Juristische Dienst in Luxemburg. Hier arbeiten mit über 3 500 Mitarbeitern etwas mehr als zwei Drittel der insgesamt ca. 5 000 Bediensteten, darunter viele Übersetzer und Dolmetscher. Gleichwohl ist der Juristische Dienst während der Beratungen des Parlaments auf Ausschuss- und Plenarebene ständig mit mindestens einem Vertreter präsent, um auf funktionsrelevante Nachfragen ad hoc reagieren zu können. Auch in den nichtöffentlichen Sitzungen der Ausschusskoordinatoren sind Beamte des Juristischen Dienstes immer anwesend, um Fragen der Ausschusszuständigkeiten oder der von der Kommission vorgeschlagenen Rechtsgrundlagen beantworten zu können. In den letzten fünf Jahren gliederte das EP auch sogenannte „Sprachjuristen" aus den Luxemburger Dienststellen in die Sekretariate der Ausschüsse ein, um bei der Erstellung erster Berichts-, Entschließungs- und sonstiger Antragsentwürfe unmittelbar assistieren zu können.

Das Amt des Generalsekretärs bekleidet seit März 2009 der Deutsche Klaus Welle. Der ranghöchste EP-Beamte soll unparteiisch[213] sein und die organisatorischen Voraussetzungen dafür schaffen, dass der Beamtenapparat reibungslos funktioniert. Politischen Einfluss kann der Generalsekretär zum einen über das EP-Haushaltskonzept, das er vorschlägt, und zum anderen über die Personalpolitik ausüben. Darüber hinaus stellt sein Kabinett die Arbeitsebene für interinstitutionelle Verhandlungen zwischen dem EP und den anderen Organen. Der Generalsekretär ist verantwortlich für die Einstellung der Beamten und übt in diesem Zusammenhang auch Einfluss auf die Besetzung der Führungspositionen (Generaldirektoren, Direktoren und Referatsleiter) aus. Voraussetzung für diese Spitzenposten sind seit 2009 nur mehr fünf (vorher acht) Jahre Erfahrung in der Verwaltung oder fünf Jahre Erfahrung als Fraktionsmitarbeiter. Über diese Regel konnte die Sprecherin des ehemaligen EP-Präsidenten Pöttering (EVP) z.B. Direktorin in der GD Kommunikation werden; der zweite Direktionsposten für Kommunikation ging dann an eine Fraktionsmitarbeiterin der S&D-Fraktion. Bei aller Kritik an der angeblichen Politisierung der Verwaltung durch den amtierenden Generalsekretär sollte nicht uner-

---

213 Der Nordrhein-Westfale (CDU) war Stipendiat der Konrad-Adenauer-Stiftung, Abteilungsleiter für Europa- und Außenpolitik in der Parteizentrale, Generalsekretär der Christdemokratischen Europäischen Volkspartei, Generalsekretär der EVP-Fraktion im Europäischen Parlament, leitete als „Quereinsteiger" die „Internen Politikbereiche" des EU-Parlaments, war Chef des Kabinetts von Hans-Gert Pöttering und wurde kurz vor Ende der Wahlperiode 2004–2009 von Pöttering als Anwärter für das Amt des Generalsekretärs positioniert und vom Parlamentspräsidium ernannt.

wähnt bleiben, dass durch seine Personalpolitik die Frauenquote bei den Spitzenposten von 26 % auf 40 % gestiegen ist.[214]

Im Jahr 2013 wies der Stellenplan des EP insgesamt 6 743 Bedienstete aus, von denen 1 016 in den Fraktionen (bis zu den letzten Europawahlen 345 für die EVP, 248 für die S&D, 116 für die ALDE, 84 für die Grünen, 79 für die EKR, jeweils 50 für die KVEL/NGL und die EFDD sowie 26 für die Fraktionslosen) arbeiten. Den größten Anteil der Parlamentsstellen machen die ca. 3 600 in der Kategorie AST eingestellten Sekretariats- und Servicekräfte aus. Den verbleibenden Anteil besetzen die für Hochschulabsolventen reservierten Kategorien AD 5 bis AD 16. Die in der Kategorie AST im Vergleich zu Deutschland weit überproportional vertretenen Beamten aus Spanien, Italien, Portugal, Griechenland, Belgien und Luxemburg werden nicht besonders begünstigt. Die in Frage kommenden Personengruppen aus den klassischen Ländern der frühen Süd-Nord-Arbeitsmigration fällt es offensichtlich leichter, eine Stelle in den EU-Organen anzutreten und hierfür auch ihren Lebensmittelpunkt in einen anderen Staat zu verlegen als ihren Kollegen aus den alten „Empfängerstaaten" der Arbeitsmigration. Der relativ hohe Anteil Frankreichs, Belgiens und Luxemburgs gründet darüber hinaus in der Tatsache, dass diese Länder als „Gastgeber" des Europäischen Parlaments fungieren und das Generalsekretariat des EP damit als ein – aufgrund des Beamtenstatus attraktiver – Arbeitgeber unter vielen aufscheint.

5.7 Forschungsservice und Folgenabschätzung

Der *European Parliament Research Service* (EPRS), die neue Generaldirektion für den parlamentarischen wissenschaftlichen Dienst wurde am 1. November 2013 aus der Taufe gehoben.[215] Hiermit schuf die Parlamentsverwaltung einen neuartigen Forschungsservice für Abgeordnete (*Members' Research Service; Directorate A),* der die Dienste der den Ausschüssen zugeordneten Forschungsabteilungen (*Policy Departments*) ergänzt. Grundlage der neuen Struktur sind die Erfahrungen vergleichbarer Dienste in nationalen Parlamenten, wobei sich die neue Abteilung im Wesentlichen an der Ausgestaltung des *Congressional Research Service* des US-Kongresses und dem Wissenschaftlichen Dienst des Deutschen Bundestages orientiert. Gegliedert ist die Abteilung für den *Members' Research Service* in vier Referate, die jeweils Cluster der parlamentarischen Ausschüsse darstellen: Wirtschaft- und Wissenschaftspolitik, Struktur- und Kohäsionspolitik, Institutionelle Fragen, Rechts- und Haushaltspolitik sowie Außenpolitik.

Die Aufgaben dieser Einheiten umfassen die Erstellung maßgeschneiderter Briefings auf Anfrage von Abgeordneten; größere Forschungsaufträge, Analysen und Informationen zu Politikfeldern auf Anfrage der Ausschüsse und der Steuerungsgremien des EP; die Ausarbeitung von Inhalten für die internen und externen Websites des EP sowie die Verwaltung der Veröffentlichungen.

---

214 Vgl. Gack, Thomas: „Portrait Klaus Welle. Neuer Chef des EU-Parlaments krempelt alles um", in: Tagesspiegel vom 29.5.2009, Berlin.

215 Sie führt die Tätigkeiten zweier parlamentarischer Direktionen, der Bibliothek (nun Directorate B) und der Direktion für Folgenabschätzung und Europäischen Mehrwert (nun Directorate C) zusammen, die vorher in anderen GDs integriert waren und bereits in der Vergangenheit Abgeordnete und Ausschüsse mit Analysen und Forschungstätigkeit unterstützt hatten.

Das Direktorat Bibliothek steht Abgeordneten, deren Mitarbeitern und den Parlamentsbediensteten mit einem breiten Spektrum an Dienstleistungen zur Verfügung. Es ist ebenfalls in vier Einheiten gegliedert:

- Die *On-site and Online Library Services Unit* ist für den Betrieb der Bibliotheken und der dazugehörigen Lesesäle in Brüssel, Straßburg und Luxemburg zuständig. Außerdem bietet sie physischen und elektronischen Zugang zu Nachrichtenplattformen, Datenbanken und einer Vielzahl anderer Informationsquellen; unterhält den Online-Service der Bibliothek sowie den EPRS Intranet Service.

- Die *Historical Archives Unit* verwaltet alle offiziellen Parlaments- und Abgeordnetendokumente, die bis ins Jahr 1952 zurück datieren. Sie unterstützt Wissenschaftler in ihrer Forschungstätigkeit, veröffentlicht ausgewähltes Archivmaterial und arbeitet eng mit den Archiven der *Citizens' Enquiries Unit* zusammen.

- Die *Citizens' Enquiries Unit* beantwortet Briefe und Auskunftsersuchen der interessierten Öffentlichkeit.

- Die *Transparency Unit* ist zuständig für den öffentlichen Zugang zu den Dokumenten des EP und die Zusammenstellung des Dokumentenregisters des EP. Außerdem gehört das Management des Transparenzregisters zu seinen Aufgaben.

Das Direktorat für Folgenabschätzung und Europäischen Mehrwert (*Impact Assessment and European Added Value*) befasst sich mit allen Aspekten der Ex-ante- und Ex-post-Evaluierung der EU-Gesetzgebung und -Politiken. Sie bietet den Abgeordneten ein parlamentarisches Gegengewicht zu den Folgeabschätzungen der Kommission, unterstützt das Parlament in der Kontrolle des Politikzyklus und trägt so zur Verbesserung der Qualität von gesetzgeberischen Maßnahmen bei. Auch diese Direktion gliedert sich in vier Einheiten:

- Die *Ex-Ante Impact Assessment Unit* prüft die Qualität von Folgenabschätzungen der Europäischen Kommission. Für die parlamentarischen Ausschüsse erarbeitet sie detaillierte Gutachten und ergänzende oder eigene Folgenabschätzungen; letztere auch zu Änderungsanträgen des EP.

- Die *Ex-Post Impact Assessment Unit* stellt Informationen über die Arbeit der Europäischen Kommission oder anderer EU-Organe über die Umsetzung und Wirksamkeit von EU-Recht und EU-Politiken in der Praxis zur Verfügung. Sie unterstützt die parlamentarischen Ausschüsse bei der Evaluierung – vor allem in Zusammenhang mit der Ausarbeitung von Berichten zur Umsetzung von EU-Recht.

- Die *European Added Value Unit* analysiert den potentiellen Mehrwert für Bereiche, in denen durch gemeinsame Maßnahmen auf europäischer Ebene mehr Effizienz oder ein größerer Gewinn für das Gemeinwohl erzielt werden könnte. Durch sogenannte „*European Added Value Assessments*" liefert sie das Hintergrundmaterial für die Begründungsteile („exposé des motifs") der Eigeninitiativberichte des EP.

- Die *Science and Technology Options Assessment Unit (STOA)* befasst sich mit neuen politischen Fragestellungen im Bereich von Wissenschaft und Technologie; Innovation und den Auswirkungen des technologischen Fortschritts auf zahlreiche Politikbereiche. Die Einheit gibt Studien bei externen Experten in Auftrag, die vor und/oder nach Ausarbeitung in Workshops und im Rahmen von Expertengesprächen diskutiert und den Ausschüssen zur Verfügung gestellt werden. Die politische Koordination der Arbeiten erfolgt durch das STOA Panel, dem Abgeordnete aus sechs parlamentarischen Ausschüssen angehören. Seit

2003 veröffentlicht STOA jährliche Berichte, in denen über die Arbeiten Resümee gezogen wird sowie die Aktivitäten und Kooperationspartner aufgelistet werden.

6 Die Fraktionen

> *Art. 32 GOEP : Bildung der Fraktionen*
>
> Die Mitglieder können ihrer politischen Zugehörigkeit entsprechende Fraktionen bilden.
>
> Jeder Fraktion müssen Mitglieder angehören, die in mindestens einem Viertel der Mitgliedstaaten gewählt wurden. Zur Bildung einer Fraktion bedarf es mindestens 25 Mitglieder.

Seit es Parlamente gibt, bilden Abgeordnete politische Fraktionen, um die sie tragenden, gesellschaftlichen Gruppen innerhalb des Parlaments und den parteipolitischen Konflikt im parlamentarischen Tagesgeschäft zu spiegeln. Die Fraktionen unterscheiden sich wie in der nationalen Politik hauptsächlich durch ihre Positionen zu sozialen und wirtschaftlichen Themen; die Einstellung zum europäischen Integrationsprozess ist als Ordnungsfaktor weniger wichtig. Nur in Kenntnis der Rollen und des relativen Machtpotenzials der Fraktionen als auch der in ihnen wirkenden Parteien wird klar, weshalb sich nationale Delegationen zu Fraktionen zusammenschließen und welche Motivationsgefüge Änderungen im Fraktionssystem verursachen.

6.1 Rolle und Macht der Fraktionen

Die Rolle der Fraktionen im EP unterscheidet sich stark von jener der Fraktionen in national verfassten parlamentarischen Demokratien, da die Exekutive (Rat und Kommission) und die Legislative (Parlament als direkt gewählte und Rat als indirekt gewählte Staatenkammer) auf separate Macht- und Legitimationsgrundlagen zurückgreifen.[216] Parlamentsfraktionen im EP bilden oder unterstützen keine Regierung. Der Aufbau des politischen Systems der EU hat zur Folge, dass sich im EP keine festen Mehrheitskoalitionen bilden. Stattdessen ist von einer fließenden Mehrheitsbildung auszugehen: Die beständige Suche nach und Stabilisierung von informell verabredeten Mehrheiten ist deshalb die Hauptaufgabe der Fraktionen.[217] Durch die Eigenart des politischen Systems der EU sind die Fraktionen im Vergleich zu nationalen Systemen freier, da sie nicht einer einheitlichen, aus den Wahlen zum EP unmittelbar hervorgehenden, Exekutive unterstellt sind.[218] Sie können ihre eigenen Positionen flexibel entwickeln und verfolgen. Der Aufbau des EU-Systems unterstützt dadurch die Stabilität der Fraktionen: Da der „Ausbruch" eines MdEP oder einer Mitgliedspartei weniger folgenschwere Konsequenzen für die Stabilität einer Fraktion als vermeintlicher „Unterstützerin" einer Regierung hat, gefährdet niedriger Fraktionszusammenhalt bei einigen wenigen Abstimmungen nicht unmittelbar den Weiterbestand der Fraktion.[219] Nationale Parteien behalten im EP daher eine relativ weit reichende Unabhängigkeit von ihren Fraktionen. Ohne diese Eigenschaft des politischen Aufbaus des EU-Systems würden auf die Fraktionen beträchtliche Stabilitätsprobleme zukommen.

---

216 Vgl. Hix, Simon: The Political System of the European Union, 2. Aufl., London 2005.
217 Vgl. Hix, Simon/Lord, Christopher: Political Parties in the European Union, Basingstoke 1997, S. 118.
218 Vgl. Attinà, Fulvio: „The Voting Behaviour of the European Parliament Members and the Problem of Europarties", in: European Journal of Political Research, Vol. 18, Nr. 5/1990, S. 557-579.
219 Vgl. Hix/Lord 1997, S. 118.

Eine genauere Betrachtung der EP-Fraktionen zeigt, dass diese eine erhebliche politische Bandbreite versammeln.[220] Relativ geschlossen ist lediglich die S&D-Fraktion, die ihre Flügelkämpfe im Rahmen der Nato-Doppelbeschluß-Debatte der 1980er Jahre überstanden hat und seitdem kaum auf nennenswerte „Identitätskrisen" stößt. Die EVP vereinigt dagegen Parteien des traditionellen bürgerlichen Zentrums, wie die deutschen, belgischen und luxemburgischen Christdemokraten, als auch Parteien rechtskonservativer Provenienz wie die ungarische FIDESZ. Die Liberalen (ALDE) sind politisch noch breiter gestreut. Trotz dieser Gemengelage verhalten sich die Fraktionen im EP seit dessen Stärkung als Mitgesetzgeber der EU bemerkenswert geschlossen. Eine Analyse aller namentlichen Abstimmungen seit 1979 zeigt, dass Fraktionen schon im ersten Parlament (1979–1984) einheitlicher abstimmten als die nationalen Gruppen.[221] Die Geschlossenheit der Fraktionen hat mit der Zeit zugenommen, wohingegen die Bedeutung der „Mitglieds"- oder „Entsendeländer" kontinuierlich abnahm.[222] Gleichwohl stimmen die EP-Fraktionen im Vergleich zu Fraktionen in nationalen Parlamenten weniger einheitlich ab.[223] Dies liegt zum einen daran, dass EP-Fraktionen keine Regierung unterstützen (müssen). Die ultimative Waffe der Vertrauensfrage, die in parlamentarischen Systemen hohe Geschlossenheit erzeugt, ist im politischen System der EU nur bedingt vorhanden.[224] Andererseits liegt es im Interesse von Abgeordneten in parlamentarischen Systemen, ihrer Regierung stets zu folgen, da sie dadurch für ihr Verhalten belohnt werden können, z.B. durch Beförderung inner- oder außerhalb des Parlaments oder durch die Erteilung eines sicheren Listenplatzes für die nächste Wahl. Fraktionen im EP haben dagegen weniger Instrumente, um für ein diszipliniertes Wahlverhalten ihrer Mitglieder zu sorgen. Im Vergleich zu den US-amerikanischen Parteien treten die EP-Fraktionen dagegen weitaus stärker als Einheit auf.[225] Dies liegt zum Teil an einem für das EP eigentümlichen „Arbeitsteilungsvertrag":[226] Die einfachen Abgeordneten („Hinterbänkler") unterstützen die Arbeit der Fraktion dadurch, dass sie in Ausschüssen aktiv sind und ihrer Fraktion durch ihre Spezialisierung wichtige Informationen, z.B. über neue Gesetzesvorhaben, verschaffen. Im Gegenzug sorgt die Fraktionsführung dafür, dass über alle Arbeiten „ihrer" Abgeordneten relativ einheitlich abgestimmt wird und Ämter in Fraktion und Parlament gerecht verteilt werden. Dieses implizite Abkommen vereinfacht die Willensbildung im Parlament und macht die Fraktionen zu einem verlässlichen Partner anderer europäischer Institutionen. Dabei ist die intraparlamentarische Macht der Fraktionen ein wichtiges Instrument zur Gewährleistung diszipliniertes Abstimmungsverhaltens innerhalb der Fraktion.[227]

Es ist wenig überraschend, dass große Fraktionen sowohl formell als auch informell mehr Macht innerhalb des Parlaments haben als kleine.[228] Größere Fraktionen haben mehr Einfluss auf die politischen Entscheidungen, die vom Parlament getroffen werden. Zum einen steuern

220 Vgl. McElroy Gail/Benoit, Kenneth: Party Groups and Policy Positions in the European Parliament. IIIS Discussion Papers, Nr. 101, Dublin 2005.
221 Vgl. Hix, Simon/Noury, Abdul/Roland, Gerard: Democratic Politics in the European Parliament, Cambridge 2006, S. 117ff.
222 Vgl. Ebenda, S. 140; Hix, Simon/Noury, Abdul: „After Enlargement: Voting Behaviour in the Sixth European Parliament", in: Legislative Studies Quarterly, Vol. XXXIV, Nr. 2/2009, S. 159-174.
223 Vgl. Hix/Noury/Gerard 2006, S. 119.
224 Vgl. Diermeier, Daniel/Feddersen, Tim: „Cohesion in Legislatures and the Vote of Confidence Procedure", in: American Political Science Review, Vol. 92, Nr. 3/1998, S. 611-621.
225 Vgl. Hix/Noury/Gerard 2006, S. 117ff.
226 Vgl. Ebenda., S. 120. Vgl. auch Cox Gary/McCubbins, Mathew: Legislative Leviathan, Stanford 1993.
227 Vgl. Raunio, Tapio: The European Perspective: Transnational Party Groups in the 1989–1994 European Parliament, Aldershot 1997, S. 29.
228 Vgl. Corbett/Jacobs/Shackleton 2003.

die zwei großen Fraktionen die Arbeit innerhalb der Ausschüsse. Zum anderen können sie mit ihren Abgeordneten gemeinsam dafür sorgen, dass Gesetzesvorhaben vom Plenum gebilligt werden.

Die Europaabgeordneten schließen sich seit den ersten Tagen der Parlamentarischen Versammlung der Montanunion nicht nach Staatsangehörigkeit, sondern nach politischer Zugehörigkeit zusammen.[229] Parlamentarier, die keiner Fraktion angehören, werden als „Fraktionslose" (Non-Inscrits/NI) bezeichnet. So tummelt sich im Fraktionsgefüge des Europäischen Parlaments das gesamte Meinungsspektrum zur europäischen Integration – von Befürwortern einer föderal-supranationalen Ordnung bis zu marktliberalen Euroskeptikern, von Atlantikern bis zu Kerneuropäern. Diese Strömungen liegen teils quer zum etablierten Parteienspektrum, so dass sich keine stetigen Zuordnungen zwischen der Links-Rechts-Achse und einer der anderen, parteiideologisch weniger gefestigte Dimensionen ausmachen lassen.

Schon beim ersten Zusammentreffen der EGKS 1952 stimmten die Mitglieder darin überein, dass sie sich nicht nach Nationalität, sondern als Ausdruck der Supranationalität des Parlaments[230] nach politischer Ideologie zusammenfinden. Am 16. Juni 1953 nahm die Gemeinsame Versammlung der EGKS eine Entschließung an, wonach die Abgeordneten aufgrund ihrer politischen Zugehörigkeit Fraktionen bilden können.[231] Die Regeln für die Fraktionsbildung haben sich seit den Anfängen des EP stark verändert. So war es bis zur Wahlperiode 1994–1999 noch möglich, rein nationale Fraktionen zu bilden. 1984 bedurfte es einer Zahl von 21 MdEP, wenn diese aus nur einem Mitgliedstaat stammten. Die Mindestanzahl der MdEP nahm dabei mit der Zunahme der im EP repräsentierten „Völker" ab. So brauchte eine Fraktion, die sich mit Parlamentariern aus zwei verschiedenen Staaten zusammensetzte, nur noch mindestens 15 MdEP. Diese Mindestzahl für eine Fraktionsgründung erreichte ihr Minimum bei 10 MdEP, wenn diese aus drei oder mehr Mitgliedstaaten stammten. 1986 erhöhte das EP die Mindestanzahl durch den Beitritt Portugals und Spaniens, so dass nun mindestens 23 MdEP aus einem Land, 18 aus zwei oder 12 aus drei nötig waren, um eine Fraktion zu gründen. Diese Bestimmungen wurden zu Beginn der 4. Wahlperiode 1994–1999 aufgrund weiterer EU-Beitritte nach oben angepasst. Zur Gründung einer Fraktion benötige man nun 26 MdEP aus einem Mitgliedstaat, 21 aus zwei, 16 aus drei oder 13 aus vier EU-Mitgliedstaaten. Seit Beginn der 5. Wahlperiode 1999-2004 muss eine Fraktion zwingend bi- bzw. multinational sein, also aus MdEP aus zunächst mindestens zwei verschiedenen Mitgliedsländern bestehen. In der 6. Wahlperiode 2004–2009 waren für eine Fraktionsgründung bereits Mitglieder aus mindestens einem Fünftel der Mitgliedstaaten notwendig. Gegenwärtig gelten die in einer Entscheidung des Parlaments vom 9. Juli 2008 festgesetzten Schwellenwerte, wonach zur Bildung einer Fraktion mindestens 25 Mitglieder, die aus mindestens einem Viertel der Mitgliedstaaten stammen müssen, notwendig sind.

Die Bedeutung der Fraktionen für die Organisation und Erfüllung der parlamentarischen Funktionen ist kaum zu überschätzen. Fraktionen treffen die Vorauswahl für die Besetzung der Spitzenämter des Parlaments einschließlich der Ausschuss- und Delegationsvorsitzenden. Sie

229 Vgl. Mittag, Jürgen: „Die Politisierung der Gemeinsamen Versammlung der Europäischen Gemeinschaft für Kohle und Stahl: Anfänge transnationaler Fraktionsbildung im Europäischen Parlament", in: Journal of European Integration History, Vol. 33, Nr. 1/2011, S. 13-30.
230 Vgl. Raunio, Tapio: „Second-rate Parties? Towards a better understanding of the European Parliament's party groups", in: Heidar, Knut/Kohle, Ruud (Hrsg.): Parliamentary Party Groups in European Democracies. Political parties behind closed doors, London 2000, S. 232.
231 Vgl. Entschließung der Gemeinsamen Versammlung vom 16.06.1953, ABl. EGKS 1953, 155.

ernennen die Berichterstatter, schlagen die Tagesordnungen vor und streiten um die Zuteilung der Redezeiten im Plenum. Zudem erhalten Fraktionen einen beträchtlichen Teil der Mittel aus dem Haushalt des EP. Über die Verteilung der Mittel auf die Fraktionen und die fraktionslosen MdEP wird jährlich auf Vorschlag der Konferenz der Präsidenten und des Parlamentspräsidenten entschieden. In beiden Gremien sind fraktionslose Mandatare nicht vertreten. Dies zeigt, wie gravierend sich die Fraktionszugehörigkeit auf das „politische Gewicht" der einzelnen Abgeordneten auswirkt.

Die Eingliederung der MdEP in Fraktionen dient der Effektivität der politischen Entscheidungsfindung. Durch eine Festlegung bzw. Absprache über das Stimmverhalten innerhalb der Fraktionen können strittige Punkte vor der Plenarabstimmung in kleineren Gruppen diskutiert werden. Auf der Grundlage einmal erreichter Fraktionspositionen wird danach versucht, mit anderen Fraktionen einen Kompromiss zu finden. Ohne diese Konsenssuche wäre das EP nicht handlungsfähig, denn keine Fraktion ist in der Lage, alleine zumindest einfache Mehrheiten zu garantieren. Konsensentscheidungen, also fraktionsübergreifende Mehrheiten, sind somit der Garant für supranationale parlamentarische Handlungsfähigkeit und damit Glaubwürdigkeit.

6.2 Politische Zusammensetzung des Europäischen Parlaments in der achten Wahlperiode

In der Geschäftsordnung des Europäischen Parlaments sind die Kriterien zur Gründung von Fraktionen geregelt. So können die MdEP gem. Art. 32 GOEP entsprechend ihrer politischen Zugehörigkeit frei Fraktionen bilden. Die Fraktionen versuchen im Verbund mit den Europäischen Parteien, eine Verbindung zwischen der nationalen Parteienlandschaft und dem supranationalen Parlament herzustellen. Zur Bildung einer Fraktion bedarf es, wie bereits erwähnt, mindestens 25 Mitglieder aus einem Viertel der Mitgliedstaaten, wobei ein MdEP immer nur einer Fraktion gleichzeitig angehören darf. Bei der Fraktionsbildung darf das EP nicht bewerten, ob tatsächlich eine gemeinsame politische Zugehörigkeit gegeben ist, da dies durch den Willen zur Bildung einer Fraktion vorausgesetzt wird. Nur wenn später Mitglieder der Fraktion die gemeinsame politische Zugehörigkeit in Frage stellen, kann das EP eine Untersuchung einleiten und die Fraktion auch auflösen, wenn die Mitgliederzahl unter die vorgeschriebenen Schwelle fällt und diese aus weniger als einem Viertel der Mitgliedstaaten stammen. Sollte sich eine Fraktion im Laufe einer Wahlperiode auf weniger als 25 Mitglieder verkleinern, kann der Präsident mit Zustimmung der Konferenz der Präsidenten den Fortbestand der Fraktion erlauben, solange ihre Mitglieder aus mindestens einem Viertel der Mitgliedstaaten stammen und die Fraktion seit mehr als einem Jahr besteht.

Mit derzeit 220 Mitgliedern (Stand Aug. 2014) und 49 darin vertretenen nationalen Parteien aus 27 Mitgliedstaaten ist die EVP-Fraktion – seit 1999 ohne Unterbrechung – die stärkste politische Kraft im Europäischen Parlament.[232] Sie hat aber durch Verlust von 45 Sitzen an Dominanz eingebüßt und damit auch ein mögliches Mitte-Rechts-Bündnis aus EVP, Liberalen und der EKR (insgesamt 358 Sitze) geschwächt. Da aber auch ein potentielles Mitte-Links-Bündnis aus S&D, Liberalen, KVEL/NGL und Grünen über nur 360 Sitze verfügt, ist zu Beginn der 8. Wahlperiode mit einer stärkeren „großkoalitionären" Kooperation zwischen EVP und S&D zu rechnen; obwohl auch deren Mehrheit von 470 (61,4 %) auf 412 Sitze (54,9 %)

---

232 http://www.eppgroup.eu, 30.08.2014.

geschrumpft ist. Bei den Europawahlen 2014 erreichte die EVP-Fraktion mit 29,3 % das schlechteste Ergebnis seit 1979. Lediglich in Malta, Rumänien, Slowenien und Tschechien konnten die EVP-Parteien ihre Ergebnisse verbessern. Trotz Verlusten gelang es in vielen anderen Mitgliedstaaten aber, stärkste politische Kraft zu bleiben – zumal in einigen Ländern mehrere konkurrierende Parteien (z.B. vier in Rumänien und der Slowakei, drei in Slowenien und Italien) unter dem Dach der EVP-Fraktion vereint sind. Stärkste Delegation einer nationalen Partei ist trotz des Verlusts von 8 Mandaten mit 34 MdEP auch weiterhin die deutsche CDU/CSU, die mit Manfred Weber (CSU) auch den Fraktionsvorsitzenden stellt. Dahinter reihen sich die französische UMP mit 20, die polnische PO mit 19, die spanische PP mit 16 und die ungarische Fidesz mit 12 Abgeordneten. Stärker verloren als die Fraktion insgesamt haben die konservativen Parteien in den Krisenländern Griechenland, Zypern, Spanien, Portugal und Italien. Insgesamt ist aber zu konstatieren, dass es durch die Wahl 2014 innerfraktionell zu keinen größeren Verschiebungen gekommen ist und daher nicht mit einer substantiell veränderten Dynamik zwischen den nationalen Delegationen zu rechnen ist. Wenn es um die Fraktionsstärke geht, ist es für die EVP nach wie vor schmerzlich, dass die britischen *Conservatives* (derzeit 19 Mandate) seit 2009 nicht mehr der Fraktion angehören. Im Vereinigten Königreich war 2014 einzig die EVP-Mitgliedspartei *Four Freedoms Party* angetreten – allerdings nur in London – und konnte keinen Sitz erringen.

Auch in der 8. Wahlperiode ist die S&D die einzige Fraktion, in der MdEP aus allen Mitgliedstaaten vertreten sind. Der S&D gehören aktuell 191 MdEP aus 35 nationalen Parteien an. Trotz – relativ zur EVP – geringerer Verluste ist es ihr allerdings nicht gelungen, als größte politische Familie aus den Wahlen 2014 hervorzugehen. Hatte es lange nach einem Kopf-an-Kopf-Rennen mit der EVP ausgesehen, fiel der Vorsprung der EVP gegen Ende der Fraktionsbildung mit 29 Sitzen doch relativ deutlich aus. Auffallend ist im Vergleich zu anderen Fraktionen die weniger zersplitterte Parteienlandschaft. 20 Mitgliedstaaten sind mit MdEP einer einzigen sozialdemokratischen bzw. sozialistischen Partei vertreten. Die Ausnahmen sind Griechenland, Polen, Rumänien, Spanien, Ungarn und Zypern mit je zwei Parteien. Hinzu kommen eine eher konservative Partei aus Rumänien, die Feministische Initiative aus Schweden und eine unabhängige Abgeordnete aus Irland. In Italien (31 von 73), Portugal (8 von 21), Rumänien (16 von 32) und Schweden (6 von 20) stellt die S&D-Fraktion die meisten Abgeordneten der nationalen Delegationen. In Belgien, Malta, Österreich und Zypern konnten sie gleich viele Mandate erringen wie Parteien der EVP-Fraktion. Großer Sieger in der S&D-Familie ist die *Partito Democratico* (PD) in Italien, die mit 31 Sitzen (7. Wahlperiode: 23) 42,5 % der 73 italienischen Mandate erringen konnte. Die PD gehört der Fraktion seit 2009 an und ist dafür verantwortlich, dass sich die Fraktion in S&D (*Socialists & Democrats)* umbenannte, da sich viele ihrer Mitglieder nicht als Sozialisten oder Sozialdemokraten definierten. Dies war auch der Grund, warum die PD erst im Februar 2014 der Sozialdemokratischen Partei Europas (SPE) beitrat. Die PD stellt nun auch mit Abstand die stärkste nationale Delegation in der S&D-Fraktion und löst damit die SPD ab. Hinter ihr reihen sich nun die SPD mit 27 und die britische Labour Party mit 20 Abgeordneten. Nicht mehr unter den größten Delegationen sind die spanischen Sozialisten zu finden, die schwere Verluste hinnehmen mussten und nur noch 14 MdEP stellen, nachdem sie in der 7. Wahlperiode mit 23 Mandaten noch gleichauf mit PD und SPD waren. Ein schwaches Ergebnis erzielten auch die französischen Sozialisten, die ein weiteres Mandat verloren und nun mit lediglich 13 MdEP vertreten sind. Diese Verschiebungen zugunsten einiger weniger großer Mitgliedstaaten werden – in Kombination mit Verlusten in kleineren Mitgliedstaaten mit nun weiter verkleinerten Delegationen – deren Dominanz im fraktionsinternen Machtspiel wohl noch weiter zementieren. Die Wahl des Italieners Gianni Pittella zum Fraktionsvorsitzenden war die erste logische Konsequenz aus den neuen Machtverhältnissen innerhalb der S&D.

Die *Fraktion der Europäischen Konservativen und Reformisten (EKR)* wurde am 22. Juni 2009 gegründet und ist in der 8. Wahlperiode mit 70 Mitgliedern die drittgrößte Fraktion im Europäischen Parlament. Die stärksten Delegationen bilden die britischen Konservativen mit 19, die Partei für Recht und Gerechtigkeit (PiS) aus Polen mit 17 und die Alternative für Deutschland (AfD) mit 7 Mitgliedern. Insgesamt sind 21 Parteien aus 15 Mitgliedstaaten sowie ein parteiunabhängiger Abgeordneter aus Polen vertreten. Bemerkenswert ist, dass lediglich vier Parteien (Ende der 7. Wahlperiode waren es noch 10 von 12 Parteien) Mitglieder der europäischen Partei AECR sind.[233] 13 MdEP gehören anderen europäischen Parteien an. Die starken Verluste der polnischen PiS, der tschechischen ODS und nicht zuletzt auch der britischen Konservativen bei den Europawahlen 2014 konnten durch zahlreiche Neuzugänge wie beispielsweise die belgische N-VA (vorher Die Grünen/EFA), die dänische Volkspartei, die AfD aus Deutschland, „Die wahren Finnen" und mehrere mit jeweils nur einem MdEP vertretene Kleinparteien aus Griechenland, der Slowakei, Bulgarien und Kroatien, nicht nur ausgeglichen werden, sondern führten zu einer signifikanten Vergrößerung der Fraktion. Insbesondere in Deutschland wurde die Aufnahme der AfD, die der britische Premier David Cameron – als Zugeständnis an Angela Merkel[234] – zusammen mit der PiS bis zuletzt zu verhindern suchte, massiv kritisiert. Nicht zuletzt die Tatsache, dass die EKR mit der AfD an Bord zur drittstärksten Fraktion aufrücken konnte, führte schließlich zu einem knappen Mehrheitsentschluss der Fraktion für deren Aufnahme.

Die *Fraktion Europa der Freiheit und der direkten Demokratie (EFDD)* verfügt über 48 Sitze mit 6 Parteien aus 7 Mitgliedstaaten. Obwohl Sie um 17 Sitze zulegen konnte, ist sie immer noch die kleinste Fraktion im EP. Wie bereits in der 7. Wahlperiode stellen Italien (M5S – 17) und Großbritannien (UKIP – 24) die meisten Mitglieder, wohingegen sich die Lega Nord, die in der 7. Wahlperiode noch mit neun Sitzen vertreten war, eher in Richtung FPÖ und Front National orientierte und die Dänische Volkspartei und die Wahren Finnen zur EKR wechselten. Es mutet durchaus bizarr an, dass sich die britische rechtspopulistische und radikalliberale UKIP mit der italienischen linkspopulistischen Fünf-Sterne-Bewegung (MoVimento 5 Stelle, M5S) in einer Fraktion zusammenfindet. Der gemeinsame Nenner beginnt und endet in der Europaskepsis. Nigel Farage hat mit dem Beitritt der italienischen M5S seine Vorherrschaft unter den Europakritikern untermauert. Mit der tschechischen Partei der freien Bürger (1 MdEP), den Schwedendemokraten (2 MdEP) und einem Abgeordneten des Front National konnten die Voraussetzungen für die Fortführung der Fraktion knapp erfüllt werden.

Im Vorfeld der Wahl der Vorsitzenden für den Petitionsausschuss hatten sich die drei größten Fraktionen darauf verständigt, der EFDD den ihr nach dem D'Hondt-Verfahren zustehenden Vorsitz zu verwehren. Die EFDD erhielt zwar Rückendeckung von den Grünen, die aus eigenem Interesse das D'Hondt-Verfahren als Grundvoraussetzung für eine funktionierende inner-

---

233 Quelle: Website der AECR www.aecr.eu, Stand 2. August 2014.

234 Nachdem sich dann aber Kanzlerin Merkel offen für Jean-Claude Juncker als Kommissionspräsidenten ausgesprochen hatte und somit keine Verbündete Camerons im Widerstand gegen diesen Kandidaten mehr war, fing auch der Widerstand gegen die AfD in den Reihen der britischen Tories an zu bröckeln.

parlamentarische Demokratie verteidigt sehen wollten. Trotzdem konnte sich am Ende die AL-DE mit Cecilia Wikström durchsetzen.

Als Sieger der Europawahlen auf der linken Seite des Parlamentsspektrums ging die KVEL/NGL-Fraktion mit nun 52 MdEP aus 13 Ländern hervor. Die Fraktion hat über ein Viertel an Sitzen dazugewonnen. Mit 26 Männern und 26 Frauen ist sie die einzige Fraktion, in der der zahlenmäßig Geschlechtergleichheit herrscht. Eine Vielzahl neuer, im Kontext der Proteste gegen die Politik der Euro-Troika entstandene Bewegungen und Parteien schlossen sich der Fraktion an: *Podemos* („Wir können") (5 MdEP) und die Baskenpartei (1 MdEP) aus Spanien, *L'Altra Europa con Tsipras* aus Italien (3 MdEP), zwei Tierschutzparteien aus Deutschland und den Niederlanden (jeweils 1 MdEP) sowie die Sinn Fein aus Irland (4 MdEP), der unabhängige Kandidat Luke „Ming" Flanagan, und die Linke Allianz aus Finnland (1 MdEP). Die größten beiden nationalen Delegationen bilden „Die Linke" aus Deutschland[235] mit sieben und die griechische SYRIZA-Vereinte Soziale Front mit sechs Abgeordneten.

Zu den Wahlverlierern gehört die Fraktion der Grünen/EFA. Die nationalistisch-separatistische Neue Flämische Allianz (N-VA), die bislang als Mitglied der Europäischen Freien Allianz (EFA) in der Fraktion wirkte, siedelte zur EKR über. Und obwohl es in Deutschland Bündnis 90/Die Grünen gelungen war, mit 10,70 % (11 Sitze) der Stimmen erneut drittstärkste nationale Kraft zu werden, büßte sie doch zwei Mandate gegenüber 2009 ein. Die Abgeordneten der deutschen Piratenpartei und der ÖDP, beide Nutznießer der Aufhebung der 5-%-Sperrklausel bei Europawahlen, kompensierten den Verlust der Grünen insoweit, als dass Deutschland wenigstens formal mit 13 Mandaten in der Fraktion Die Grünen/EFA vertreten bleibt. In Frankreich waren die Stimmenverluste gegenüber 2009 enorm: *Europe Écologie* fiel von 14 auf 6 Mandate, was auch mit dem Rückzug der langjährigen charismatischen Führungsfigur, Daniel Cohn-Bendit, zu tun haben mochte. Allen negativen Prognosen zum Trotz gelang es den österreichischen Grünen dagegen, ein Mandat dazuzugewinnen (2+1). Auch die dänischen, finnischen und britischen Grünen konnten sich um je ein Mandat steigern – in Spanien sogar um zwei. Während die griechischen Grünen ihr Mandat verloren, zogen erstmals in der Geschichte der Grünen zwei ungarische und jeweils ein Abgeordneter aus Litauen, Slowenien und Kroatien in die Fraktion ein.

6.2.1 Fraktion der Europäischen Volkspartei

Mitglieder:	220
Mitgliedstaaten:	27
Nationale Parteien:	49
Fraktionsvorsitzender:	Manfred Weber, CSU, Deutschland
Generalsekretär:	Martin Kamp, Deutschland
Führungspositionen im EP:	6 EP-Vizepräsidenten, 2 Quästoren, 8 Ausschussvorsitze, 16 Delegationsvorsitze

---

235 „Die Linke" konnte 7,4 % der deutschen Wählerstimmen auf sich vereinen und ist nun mit 4 Männern und 3 Frauen in der KVEL /NGL-Fraktion.

In der Fraktion vertretene Parteien und Anzahl der MdEP (Stand: Aug. 2014):

Belgien:	Christlich Soziale Partei (CSP) (1)
	Centre Démocrate Humaniste (CDH) (1)
	Christen-Democratisch & Vlaams (CD&V) (Christlich-demokratisch und flämisch)(2)
Bulgarien:	*Grazhdani za evropeysko razvitie na Balgariya* (GERB) (Bürger für eine europäische Entwicklung Bulgariens) (6)
	Demokrati za silna Bălgarija (DSB) (Demokraten für ein starkes Bulgarien) (1)
Dänemark:	*Det Konservative Folkeparti* (C) (Die konservative Volkspartei) (1)
Deutschland:	Christlich Demokratische Union Deutschlands (CDU) (29)
	Christlich-Soziale Union in Deutschland e.V. (CSU) (5)
Estland:	*Erakond Isamaa ja Res Publica Liit* (IRL), (Pro-Patria- und Res-Publica-Union) (1)
Finnland:	*Kansallinen Kokoomus* (KOK) (Partei der nationalen Koalition) (3)
Frankreich:	*Union pour un Mouvement Populaire* (UMP) (Union für eine Volksbewegung) (20)
Griechenland:	*Nea Demokratia* (N.D.) (Neue Demokratie) (5)
Irland:	*Fine Gael Party* (FG) (Familie der Iren) (4)
Italien:	*Nuovo Centrodestra-Unione di Centro* (NDC-UDC) (Neue rechte Mitte-Union des Zentrums) (3)
	Forza Italia (Forza Italia) (Vorwärts Italien) (13)
	Südtiroler Volkspartei (SVP) (1)
Kroatien:	*Hrvatska seljačka stranka* (HSS) (Kroatische Bauernpartei) (1)*Hrvatska demokratska zajednica* (HDZ) (Kroatische demokratische Union) (4)
Lettland:	*Partija "VIENOTĪBA" (V)* (Partei "Einheit") (4)
Litauen:	*Tėvynės sąjunga* (TS-LKD) (Heimatunion) (2)
Luxemburg:	*Parti chrétien social luxembourgeois* (CSV) (Christlich-soziale Partei Luxemburgs) (3)
Malta:	*Partit Nazzjonalista* (PN) (Nationalistische Partei) (3)
Niederlande:	*Christen Democratisch Appèl* (CDA) (Christlich-demokratischer Aufruf) (5)
Österreich:	*Österreichische Volkspartei* (ÖVP) (5)
Polen:	*Platforma Obywatelska* (PO) (Bürgerplattform) (19)*Polskie Stronnictwo Ludowe* (PSL) (Polnische Volkspartei) (4)
Portugal:	*Centro Democrático e Social-Partido Popular* (CDS) (Demokratisches und soziales Zentrum-Volkspartei) (1)
	Partido Social Democrata (PSD) (Sozialdemokratische Partei Portugals) (6)

Rumänien:	*Partidul Naţional Liberal* (PNL) (Nationalliberale Partei) (5)
	Partidul Mişcarea Populară (PMP) (Partei der Volksbewegung) (2)
	Partidul Democrat-Liberal (PDL) (Demokratisch-liberale Partei) (5)
	Uniunea Democrată Maghiară din România (UDMR) (Demokratische Union der Ungarn in Rumänien) (2)
Slowakei:	*MOST-HÍD* (M-H) (Partei der Zusammenarbeit) (1)*Kresťanskodemokratické hnutie* (KDH) (Christlich-demokratische Bewegung) (2)*Slovenská demokratická a kresťanská únia-Demokratická strana* (SDKÚ-DS) (Slowakische Demokratische und Christliche Union)(2)*Strana maďarskej komunity-Magyar Közösség Pártja* (SMK-MKP) (Partei der Ungarischen Gemeinschaft) (1)
Slowenien:	*Nova Slovenija* (N.Si) (Neues Slowenien) (1)*Slovenska ljudska stranka* (SLS) (Slowenische Volkspartei) (1)*Slovenska demokratska stranka* (SDS) (Slowenische Demokratische Partei) (3)
Spanien:	*Partido Popular* (PP) (Volkspartei) (16)*Unió Democràtica de Catalunya* (UDC) (Demokratische Union Kataloniens) (1)
Schweden:	*Moderaterna* (MOD) (Die Moderaten)(3)*Kristdemokraterna* (KD) (Christdemokraten) (1)
Tschechische Republik:	*TOP 09 a Starostové* (TOP09) (Tradition-Verantwortung-Wohlstand) (4) *Křesťanská a demokratická unie-Československá strana lidová* (KDU-ČSL) (Christliche und demokratische Union-Tschechoslowakische Volkspartei) (3)
Ungarn:	*Fidesz-Magyar Polgári Szövetség-Keresztény Demokrata Néppárt* (Fidesz-KDNP) (Ungarischer Bürgerbund-Christlich-Demokratische Volkspartei) (12)
Zypern:	*Dimokratikós Sinayermós* (DISY) (Demokratische Rally) (2)

Eine Fraktion konservativ-christdemokratischer Parteien besteht seit der Gründung des Europäischen Parlamentes bzw. seiner Vorgängerin, der parlamentarischen Versammlung der Europäischen Gemeinschaft für Kohle und Stahl. Im Juni 1953 erfolgte die Gründung der Christlich-Demokratischen Fraktion, der damals 38 Abgeordnete (von insgesamt 78) angehörten. Anlässlich der ersten Direktwahlen zum Europäischen Parlament und der Gründung der Europäischen Volkspartei änderte die Fraktion ihren Namen und nannte sich in Fraktion der Europäischen Volkspartei (Christlich-Demokratische Fraktion) um. Als 1992 britische und dänische Konservative sowie eine Gruppe von Abgeordneten der französischen UDF der Fraktion als assoziierte Mitglieder beitraten, nannte sich die Fraktion wiederum um – in Fraktion der Europäischen Volkspartei und Europäischer Demokraten (EVP-ED). Als dieses Bündnis im Jahr 2009 dann aber sein Ende fand, da die britischen Parteien der Europäischen Demokraten die Fraktion verlassen und eine neue Fraktion (Fraktion der Europäischen Konservativen und Reformisten, EKR) gegründet hatten, entfernte die Fraktion den Zusatz „und Europäischer Demokraten" und nennt sich seitdem wieder Fraktion der Europäischen Volkspartei.

Die Änderungen in der Namensgebung gingen jeweils auch mit einer Verschiebung der Nuancen in der politischen Ausrichtung und Schwerpunktsetzung einher. 1953 waren die Christdemokraten in fünf der sechs Mitgliedstaaten die stärkste Partei und entsprechend stark in der ersten parlamentarischen Versammlung vertreten. Einige der Gründerväter und Protagonisten der europäischen Integration waren ebenfalls Christdemokraten. Vor allem durch die Aufnahme der Parteien der Europäischen Demokraten und weiterer Parteien außerhalb des christdemokratischen Spektrums sowie ab 2004 durch die Aufnahme zahlreicher Parteien aus den neuen Mitgliedstaaten in die europäische Partei und die EP-Fraktion deckt die EVP-Fraktion mittlerweile trotz der Existenz der EKR-Fraktion einen großen Teil des christlich-konservativen, weitgehend proeuropäischen Mitte-Rechts-Spektrums im EP ab.

42 der 49 in der EVP-Fraktion vertretenen nationalen Parteien sind auch Mitglieder in der Europäischen Volkspartei; eine hohe Quote bei 28 EU-Staaten, die bereits darauf hindeutet, dass die Fraktion immer wieder mit Rebellen aus dem eigenen Lager zu kämpfen hat. Nicht-Mitglieder der EVP bzw. auch einzelne MdEP, die keiner Mitgliedspartei der EVP angehören, können assoziierte Mitglieder der Fraktion werden, wenn sie „sich zum politischen Programm der Europäischen Volkspartei bekennen" (Art. 3 (2) Geschäftsordnung der Fraktion der EVP des EP). Dies bedeutet gemäß Art. 3 (3), dass sie sich - wie die „regulären" Mitglieder - einer Politik verpflichten, "die auf der Grundlage der Verfassung auf den Prozess einer föderalen Einigung und Integration in Europa gerichtet ist, welche ein konstituierendes Element der Europäischen Union als Union der Bürger und Staaten darstellt".

6.2.2 Progressive Allianz der Sozialisten und Demokraten

Mitglieder:	191
Mitgliedstaaten:	28
Nationale Parteien:	35
Fraktionsvorsitzender:	Gianni Pitella, *Partito Democratico*, Italien
Generalsekretärin:	Anna Colombo, Italien
Führungspositionen im EP:	Parlamentspräsident, 3 EP-Vizepräsidenten, 1 Quästor, 8 Ausschussvorsitze, 8 Delegationsvorsitze

In der Fraktion vertretene Parteien und Anzahl der MdEP (Stand: Aug. 2014):

Belgien:	*Parti Socialiste* (PS) (Sozialistische Partei) (4)
Bulgarien:	*Bulgarian Socialist Party* (BSP) (Sozialistische Partei Bulgariens) (4)
Dänemark:	*Socialdemokraterne* (Sozialdemokraten) (3)
Deutschland:	*Sozialdemokratische Partei Deutschlands* (SPD) (27)
Estland:	*Sotsiaaldemokraatlik Erakond* (SDE) (Sozialdemokratische Partei) (1)
Finnland:	*Suomen Sosialidemokraattinen Puolue/Finlands Socialdemokratiska Parti* (SDP) (Die sozialdemokratische Partei von Finnland) (2)
Frankreich:	*Parti Socialiste* (PS) (Sozialistische Partei) (13)
Griechenland:	*Elia* (Der Olivenbaum) (2) *To Potami* (Der Fluss) (2)
Irland:	unabhängiges Mitglied (1))
Italien:	*Partito Democratico* (PD) (Demokratische Partei) (31)

Kroatien:	*Socijaldemokratska partija Hrvatske* (SDP) (Sozialdemokratische Partei Kroatiens) (2)
Lettland:	*„Saskaņa" sociāldemokrātiskā partija* (SDP-"Saskaņa") („Harmonie"-sozialdemokratische Partei) (1)
Litauen:	*Lietuvos socialdemokratų partija* (LSDP) (Sozialdemokratische Partei Litauens) (2)
Luxemburg:	*Lëtzebuerger Sozialistesch Aarbechterpartei* (LSAP) (Sozialistische Arbeiterpartei Luxemburgs) (1)
Malta:	*Partit Laburista* (PL) (Arbeiterpartei) (3)
Niederlande:	*Partij van de Arbeid* (PvdA) (Arbeiterpartei) (3)
Österreich:	Sozialdemokratische Partei Österreichs (SPÖ) (5)
Polen:	*Sojusz Lewicy Demokratycznej* (SLD) (Allianz der demokratischen Linken) (2)
	Sojusz Lewicy Demokratycznej-Unia Pracy (SLD-UP) (Allianz der demokratischen Linken-Arbeitergewerkschaft) (3)
Portugal:	*Partido Socialista* (PS) (Sozialistische Partei) (8)
Rumänien:	*Partidul Social Democrat* (PSD) (Sozialdemokratische Partei) (12)
	Uniunea Naţională pentru Progresul României (UNPR) (Nationale Union für den Fortschritt Rumäniens) (2)
	Partidul Conservator (PC) (Konservative Partei) (2)
Slowakei:	*SMER-Sociálna demokracia* (Smer-SD) (RICHTUNG-Sozialdemokratie) (4)
Slowenien:	*Socialni demokrati* (SD) (Sozialdemokraten) (1)
Spanien:	*Partido Socialista Obrero Español* (PSOE) (Sozialistische Arbeiterpartei Spaniens) (13)
	Partit dels Socialistes de Catalunya (PSC-PSOE) (Sozialistische Partei Kataloniens) (1)
Schweden:	*Arbetarepartiet-Socialdemokraterna* (SAP) (Sozialdemokratische Arbeiterpartei Schwedens) (5)
	Feministiskt initiativ (F!) (Feministische Initiative) (1)
Tschechische Republik:	*Česká strana sociálně demokratická* (ČSSD) (Tschechische sozialdemokratische Partei) (4)
Ungarn:	*Demokratikus Koalíció* (DK) (Demokratische Koalition) (2)
	Magyar Szocialista Párt (MSZP) (Ungarische sozialdemokratische Partei) (2)
Vereinigtes Königreich:	*Labour Party* (Labour) (Arbeitspartei) (20)

Zypern: *Dimokratikó Kómma* (DIKO) (Demokratische Partei) (1)

                           Kinima Sosialdimokraton (EDEK) (Bewegung für soziale Demokratie)
                           (1)

Wie auch die Christdemokratische Fraktion gründete sich im Juni 1953 eine Sozialistische Fraktion in der Parlamentarischen Versammlung der Europäischen Gemeinschaft für Kohle und Stahl. Mit den ersten Direktwahlen zum Europäischen Parlament im Jahr 1979 gelang es den Sozialisten, die Christdemokraten als stärkste Fraktion abzulösen und diese Position bis 1999 beizubehalten. Als Folge der Gründung der Partei der Europäischen Sozialisten im Jahr 1992 nannte sich die Fraktion im EP 1993 in Fraktion der Sozialdemokratischen Partei Europas um. Im Jahr 2004 erfolgte eine weitere Umbenennung als Sozialdemokratische Fraktion im Europäischen Parlament, mit der man auch eine Neugestaltung der visuellen Identität durch ein neues Logo verband. Dadurch sollte eine deutlichere Abgrenzung der SD-Fraktion von der europäischen Partei SPE erreicht werden. Eine erneute Umbenennung nach der Wahl 2009 hatte ihren Gründe in der veränderten Zusammensetzung der Fraktion: Der Aufnahme von Mitgliedern der italienischen *Partito Democratico* (PD), die kein Mitglied der Partei der Europäischen Sozialisten war[236] und deren MdEP nach der Gründung der Partei im Jahr 2007 je zur Hälfte Mitglieder der SPE und der ALDE angehörten, musste Rechnung getragen werden; konnten sich einige dieser MdEP zwar mit der politischen Ausrichtung der Fraktion identifizieren, so sahen sie sich allerdings nicht als Sozialisten und wollten sich daher in einem veränderten Fraktionsnamen ebenfalls repräsentiert sehen. Am 23. Juni 2009 erfolgte die Umbenennung in „Fraktion der Progressiven Allianz der Sozialisten & Demokraten im Europäischen Parlament" (S&D).

Vom Beitritt neuer Mitgliedstaaten konnte die Fraktion nicht in gleichem Maße profitieren wie die EVP-ED. Es war ihr zwar im Mai 2004 zunächst gelungen, 57 MdEP aus allen 10 neuen Mitgliedstaaten aufzunehmen; jedoch halbierte sich deren Zahl – vor allem durch starke Verluste in Polen sowie das komplette Scheitern sozialdemokratischer Parteien in Lettland und Zypern – nach den Wahlen im Juni 2004 auf 33 MdEP. Erfolgreicher war die europäische Partei SPE 2007, insofern sie vom Beitritt Rumäniens und Bulgariens stärker profitierte als alle anderen Parteien und 12 MdEP aus Rumänien und 6 aus Bulgarien der Fraktion beitraten. Bei den Wahlen 2009 standen Verluste in einigen der alten Mitgliedstaaten wie Frankreich, Großbritannien und Spanien Zugewinnen z.B. in Tschechien, Zypern, Lettland und der Slowakei gegenüber. Seit dieser Wahl verfügt die Fraktion auch wieder über Mitglieder aus allen EU-Mitgliedstaaten.

Dass in 20 Mitgliedstaaten alle zur S&D-Fraktion gehörigen MdEP einer einzigen sozialistischen bzw. sozialdemokratischen Partei angehören, ist ein Spezifikum dieser Fraktion und deutet auf eine starke politische Kohärenz hin. Insgesamt sind 28 der in der Fraktion vertretenen, nationalen Parteien Mitglieder der SPE. Lediglich 8 MdEP gehören Parteien an, die nicht zur SPE-Familie gehören und eine Abgeordnete ist 2013 aus der Labour Party ausgetreten und gehört der Fraktion seitdem als parteiunabhängiges Mitglied an. Veränderungen in der fraktionsinternen Dynamik gab es daher weniger durch die Aufnahme neuer Parteien als vielmehr durch Machtverschiebungen zwischen den nationalen Delegationen nach Wahlniederlagen bzw. -erfolgen. So hatten beispielsweise nach den Wahlen 2004 die französischen und spani-

---

236 Die PD ist im Februar 2014 der PES beigetreten.

schen Sozialisten die deutschen und britischen Sozialisten als größte nationale Delegationen abgelöst, wodurch sich auch das interne Machtgefüge nach links verschob. 2009 erlitten dann vor allem die französischen Sozialisten herbe Verluste und auch die Delegationen der Portugiesen, Ungarn, Niederländer, Österreicher und Spanier wurden zum Teil beträchtlich dezimiert. Dafür hatten z.B. Tschechen, Iren, Slowaken und Griechen dazugewonnen und der deutschen SPD war es zumindest gelungen, ihre 23 Mandate zu halten. Im Mai 2014 war die italienische PD der große fraktionsinterne Wahlgewinner. Deren Aufnahme in die Fraktion im Jahr 2009 war wohl der größte Einschnitt in der Geschichte der Fraktion. Hat sie doch seither durch eine stattliche Anzahl von MdEP nicht nur substantiell zur Fraktionsstärke beigetragen und als nun stärkste nationale Delegation Deutsche, Briten und weit abgeschlagen Franzosen und Spanier hinter sich gelassen, sondern auch zur Differenzierung des politischen Spektrums beigetragen.

6.2.3 Europäische Konservative und Reformisten

Mitglieder: 70

Mitgliedstaaten: 15

Nationale Parteien: 21

Fraktionsvorsitzender: Syed Kamall, *Conservative Party*, Vereinigtes Königreich

Generalsekretär: Frank Barrett, Irland

Führungspositionen im EP: 1 EP-Vizepräsident, 1 Quästor, 3 Ausschussvorsitze, 7 Delegationsvorsitze

In der Fraktion vertretene Parteien und Anzahl der MdEP (Stand: Aug. 2014):

Belgien: *Nieuw-Vlaamse Alliantie* (N-VA) (Neue Flämische Allianz) (4)

Bulgarien: *Bulgaria Without Censorship* (Bulgarien ohne Zensur) (1)

                     IMRO-Bulgarian National Movement (IMRO) (1)

Dänemark: *Dansk Folkeparti* (DF) (Dänische Volkspartei) (4)

Deutschland: Alternative für Deutschland (AfD) (7)

                     Familien-Partei Deutschlands (FAMILIE) (1)

Finnland: *Perussuomalaiset* (PS) (Die Finnen) (2)

Griechenland: *Anexartitoi Ellines* (Unabhängige Griechen) (1)

Irland: *Fianna Fáil* (Soldaten Irlands) (1)

Kroatien: *Hrvatska stranka prava-dr. Ante Starčević* (HSP) (Kroatische Partei des Rechts) (1)

Lettland: *Tēvzemei un Brīvībai/LNNK* (TB/LNNK) (Für Vaterland und Freiheit) (1)

Litauen: *Lietuvos lenkų rinkimų akcija* (LLRA)/*Akcja Wyborcza Polaków na Litwie* (AWPL) (Aktion der Polen in Litauen) (1)

Niederlande: *ChristenUnie* (CU) (Christliche Union) (1)

                     Staatkundig Gereformeerde Partij (SGP) (Holländische Reformpartei) (1)

Polen:	*Prawo i Sprawiedliwość* (PiS) (Partei für Recht und Gerechtigkeit) (17)
	Prawica Rzeczypospolitej (PR) (Rechter Flügel der Republik) (1)
	parteiunabhängiges Mitglied (1)
Slowakei:	*Nová väčšina* (Nova) (Neue Mehrheit) (1)
	Obyčajní Ľudia a nezávislé osobnosti (OĽaNO) (Gewöhnliche Leute und unabhängige Persönlichkeiten) (1)
Tschechische Republik:	*Občanská demokratická strana* (ODS) (Demokratische Bürgerpartei) (2)
Vereinigtes Königreich:	*Conservative Party* (Konservative Partei) (19)
	Ulster Conservatives and Unionists-New Force (UCUNF) (Die Ulster-Konservativen und Gewerkschaftler-Neue Kraft) (1)

David Cameron war es, der den Impuls für die Gründung der EKR-Fraktion gegeben hatte, als er im Juli 2006 ankündigte, dass die *Conservative Party* nach den Europawahlen 2009 die EVP-ED-Fraktion verlassen werde. Schon vorher suchte man nach Verbündeten für die Gründung einer eigenständigen Europäischen Partei und einer neuen EP-Fraktion. Bereits 2006 erfolgte die Gründung der Bewegung für Europäische Reform (*Movement for European Reform*, MER) zusammen mit der tschechischen ODS.[237] Im Anschluss daran scheiterten dann aber zunächst Versuche, weitere Parteien aus den Reihen der EVP zu lösen und/oder Bündnisse mit anderen Parteien aus verschiedenen EU-Mitgliedstaaten zu bilden, um mit ihnen eine Europäische Partei zu gründen. Unmittelbar vor den Wahlen 2009 entschlossen sich die *Conservatives*, die polnische PiS (bis 2009 die größte Delegation in der UEN-Fraktion) und die ODS (bis 2009 Mitglied der ED (Europäischen Demokraten) in der EVP-ED-Fraktion) zur Gründung einer Fraktion zu Beginn der 7. Wahlperiode. Die formellen Erfordernisse dafür erfüllten die drei Parteien, nachdem sich weitere Parteien bzw. einzelne MdEP aus Belgien (Flämische Liberale Partei, VLD), den Niederlanden (Christliche Union, CU; vorher Fraktion Unabhängigkeit und Demokratie, IND-DEM), Lettland (TB/LNNK; vorher in der UEN-Fraktion), Litauen (Aktion der Polen in Litauen, AWPL) und Ungarn (Das Ungarische Demokratische Forum, MDF) der neuen Fraktion angeschlossen hatten. Die Heterogenität dieser neuen Fraktion wurde dann bereits während der konstituierenden Sitzung des neugewählten Parlaments im Juli 2009 offenbar, als es bei der Wahl der EP-Vizepräsidenten zu einem Eklat kam. Die EKR-Fraktion hatte Michał Kamiński (PiS) offiziell als ihren Kandidaten nominiert und trotzdem stellte sich dessen Fraktionskollege Edward McMillan-Scott (*Conservatives*) ebenfalls zur Wahl. Eine klare Provokation; hatte dieser doch vorher immer wieder sowohl die Gründung der neuen Fraktion und die damit verbundene desperate Suche nach neuen Allianzen als auch – und dies dann noch heftiger – ihre Zusammensetzung kritisiert und sein Unbehagen über die politische Ausrichtung einiger Fraktionsmitglieder geäußert. Nachdem das EP dann McMillan-Scott tatsächlich gewählt hatte, schloss ihn zwar nicht die Fraktion, gleichwohl aber die *Conservative Party* aus. Kamiński wurde „zum Trost" erster Fraktionsvorsitzender der EKR, nachdem Timothy Kirkhope freiwillig auf dieses ihm eigentlich zugesicherte Amt verzichtet hatte. McMillan-Scott trat nach kurzer Zeit als partei- und fraktionsloser Abgeordneter – und als

---

237 Vgl. Maurer, Andreas/Parkes, Roderick/Wagner, Markus: „Explaining group membership in the European Parliament: the British Conservatives and the Movement for European Reform", in: Journal of European Public Policy, Vol. 15, Nr. 3/2008, S. 246-262.

erster und bisher einziger partei- und fraktionsloser EP-Vizepräsident – im März 2010 den *Liberal Democrats* bei und zog im Mai 2010 auch formell in die ALDE-Fraktion ein. Kamiński gab die Fraktionsführung zu Beginn des Jahres 2011 schließlich wieder ab, nachdem er und zwei weitere MdEP sich von der PiS abgespalten und eine neue Partei (*Polska Jest Najważniejsza*, PJN, „Polen ist das Wichtigste") gegründet hatten. Seine Nachfolge trat am 9. März 2001 der Tscheche Jan Zahradil an. In der Zeit zwischen März 2011 und Januar 2014 kam es zu einer Reihe weiterer Fraktionswechsel: Je zwei MdEP wechselten von der EFD und der EVP zur EKR; die *Conservatives* erhielten nach Inkrafttreten des Vertrags von Lissabon einen Abgeordneten hinzu – und somit auch die EKR. Im gleichen Zeitraum verließen aber auch vier Abgeordnete die EKR und wechselten in die EFD-Fraktion.

Gemeinhin als Euroskeptiker bezeichnet, sehen sich die Mitglieder der EKR in ihrem 2009 in der „*Prague Declaration*[238]" formulierten Selbstverständnis als „Europarealisten", die unter Wahrung der Souveränität der Nationalstaaten und in Opposition zu allen föderalistischen Tendenzen Europa reformieren wollen. In der 7. Wahlperiode wurde die Fraktion, obwohl sie abgesehen von den Bereichen Binnenmarkt und Freihandel weitere Integrationsschritte ablehnt, dem konservativen Mainstream zugeordnet, galt als moderat euroskeptisch und nationalkonservativ, in vielen Politikbereichen als Bündnispartner der EVP, und für die anderen Fraktionen nicht von vornherein als Verhandlungspartner ausgeschlossen. Durch die stark veränderte Zusammensetzung, die sich aus den Verlusten der gemäßigten Parteien gepaart mit der Aufnahme radikalerer rechtspopulistischer Parteien, wie der Dänischen Volkspartei und der Partei „Die Wahren Finnen" oder auch der in Teilen als rechtspopulistisch einzustufenden AfD ergeben hat, entfernt sich die EKR aber nicht nur von der EVP, sondern ist auch als Verhandlungs- und Bündnispartner für andere Fraktionen – zumindest als Kollektiv – stärker ins Abseits geraten. Die Verhinderung bestimmter EKR-Kandidaten als Vorsitzende der parlamentarischen Gremien hat im Juli 2014 bereits deutlich gemacht, dass die EKR durch den Rechtsruck Verbündete und damit potenziell auch politische Gestaltungsmacht und Einfluss verloren hat. Ob und wie die EKR in Zukunft eine Rolle als Mehrheitsbeschafferin für ein Mitte-Rechts-Bündnis im EP spielen wird und in dieser Funktion dann trotz allem umworben wird, bleibt abzuwarten.

6.2.4 Allianz der Liberalen und Demokraten für Europa

Mitglieder:	68
Mitgliedstaaten:	21
Nationale Parteien:	33
Fraktionsvorsitzender:	Guy Verhofstadt, *Open Vlaamse Liberalen en Democraten*, Belgien
Generalsekretär:	Alexander Beels, Niederlande
Führungsposition im EP:	2 EP-Vizepräsidenten, 1 Quästor, 3 Ausschussvorsitze, 4 Delegationsvorsitze

---

238 Vgl. The Prague Declaration, Principles of the European Conservatives and Reformists Group.

In der Fraktion vertretene Parteien und Anzahl der MdEP (Stand: Aug. 2014):

a) Mitgliedsparteien der Allianz der Liberalen und Demokraten für Europa[239]

Belgien:	*Open Vlaamse Liberalen en Democraten* (Open Vld) (Flämische Liberale und Demokraten) (3)
	Mouvement Réformateur (MR) (Reformbewegung) (3)
Bulgarien:	*Dvizhenie za prava i svobodi* (DPS) (Bewegung für Rechte und Freiheiten) (4)
Dänemark:	*Det Radikale Venstre* (RV) (Die radikale Linke) (1)
	Venstre, Danmarks Liberale Parti (V) (Linke, Liberale Partei Dänemarks) (2)
Deutschland:	Freie Demokratische Partei (FDP) (3)
Estland:	*Eesti Reformierakond* (RE) (Estnische Reformpartei) (2)
	Eesti Keskerakond (KE) (Estnische Zentrumspartei) (1)
Finnland:	*Suomen Keskusta* (Finnische Zentrumspartei) (3)
	Svenska folkpartiet (SFP) (Schwedische Volkspartei Finnlands) (1)
Kroatien:	*Istarski demokratski sabor* (IDS) (Istrische Demokratische Versammlung) (1)
	Hrvatska narodna stranka-liberalni demokrati (HNS) (Kroatische Volkspartei-Liberaldemokraten) (1)
Litauen:	*Lietuvos Respublikos liberalų sąjūdis* (LRLS) (Liberale Bewegung der Republik Litauen) (2)
	Darbo partija (DP) (Arbeitspartei) (1)
Luxemburg:	*Parti démocratique* (DP) (Demokratische Partei) (1)
Niederlande:	*Democraten 66* (D66) (4)
	Volkspartij voor Vrijheid en Democratie (VVD) (Volkspartei für Freiheit und Demokratie (3)
Österreich:	NEOS-Das neue Österreich (NEOS) (1)
Portugal:	*Partido da Terra* (MPT) (Erdpartei) (2)
Rumänien:	*Partidul Național Liberal* (PNL) (Nationale Liberale Partei) (1)Unabhängiges Mitglied (1)
Slowakei:	*Sloboda a Solidarita* (SaS) (Freiheit und Solidarität) (1)
Slowenien:	*Demokratična Stranka Upokojencev Slovenije* (DeSUS) (Demokratische Partei der Pensionisten Sloweniens) (1)

---

239 Auf dem Parteikongress in Dublin vom 8.-10. November 2012 stimmten die Delegierten mit überwältigender Mehrheit für die Umbenennung der Europäischen Liberalen, Demokratischen und Reformpartei (ELDR) in Allianz der Liberalen und Demokraten für Europa (ALDE), um den Zusammenhang zwischen Partei und Parlamentsfraktion zu verdeutlichen.

Spanien:	*Unión, Progreso y Democracia* (UPyD) (Einheit, Fortschritt und Demokratie) (4)
	Coalición por Europa (CpE) (Koalition für Europa) (1)
	Ciudadanos–Partido de la Ciudadanía (C's) (Bürger-Partei der Bürgerschaft) (2)
Schweden:	*Centerpartiet* (C) (Zentrumspartei) (1)
	Folkpartiet liberalerna (FP) (Liberale Volkspartei) (2)
Tschechische Republik:	*Politické hnutí ANO 2011* (ANO 2011) (Politische Bewegung „Aktion unzufriedener Bürger") (4)
Vereinigtes Königreich:	*Liberal Democrats* (LibDems) (Liberale Demokraten) (1)

b) Mitgliedsparteien der Europäischen Demokratischen Partei

Deutschland:	Freie Wähler (FW) (1)
Frankreich:	*Union des Démocrates et Indépendants/Mouvement Démocrate* (UDI/MoDem) (Union der Demokraten und Unabhängigen/Demokratische Bewegung) (7)
Irland:	Unabhängiges Mitglied (1)
Spanien:	*Coalición por Europa* (CpE) (Koalition für Europa) (1)

Die ALDE war seit 1989 die drittstärkste Fraktion, fiel aber nach den Europawahlen 2014 auf den vierten Platz (68 Sitze) hinter der EKR-Fraktion (70 Sitze) zurück und gehört somit zu den Verlierern der Europawahl 2014. Dies liegt in erster Linie an den Verlusten der Freien Demokratische Partei (FDP) Deutschlands, die von zwölf auf drei Sitze abgestürzt ist, den britischen *Liberal Democrats* (LibDems), die von zwölf auf nur noch einen Sitz gerutscht sind, sowie der italienischen *Italia dei Valori-Lista Di Pietro* (IdV), die 2009 noch mit sechs Abgeordneten vertreten war und nun aus dem EP ausgeschieden ist. Als Nebeneffekt dieser Entwicklung ist zunächst festzuhalten, dass keine nationale Einzelpartei mehr eine Führungsrolle beanspruchen kann. Mit 33 Einzelparteien aus 21 Ländern hat die ALDE nur zwei Einzelparteien weniger als die zweitstärkste Fraktion S&D, die mehr als doppelt so viele Abgeordnete stellt und in allen EU-Mitgliedstaaten vertreten ist. Die Verluste der ALDE beschränken sich auf die großen Mitgliedstaaten, wohingegen sie die Ergebnisse in kleineren Ländern, in denen sie zuvor stark war, halten oder sogar verbessern konnte. So wurden die Liberalen in Belgien, Estland, Finnland, Litauen und den Niederlanden jeweils stärkste Kraft. Um die enormen Verluste in Deutschland, Großbritannien und Italien auszugleichen, bemühte sich die ALDE um Neuzugänge, wie etwa die österreichischen Liberalen (NEOS), die tschechische Antikorruptions- und Steuersenkungspartei (ANO), die slowenische Rentnerpartei (DeSUS) oder die konservativ-europaskeptische, portugiesische Umweltschutzpartei (MPT).

In der Geschichte des Europäischen Parlaments hatten die Liberalen traditionell die Rolle des Königsmachers inne, da sie mit der EVP und S&D gleichermaßen verhandeln konnten und deshalb entscheidend für die Bildung von Mehrheiten abseits der „stillen" Großen Koalition waren. Die ALDE-Fraktion setzt sich, ebenso wie die Fraktion der Grünen/EFA aus Mitgliedern zweier separater europäischer politischer Parteien zusammen. Die ALDE-Partei (umfasst über 55 Mitgliedsparteien aus ganz Europa) ging aus der Europäischen Liberalen, Demokratischen und Reformpartei (ELDR) hervor, zu denen u.a. die deutsche FDP gehört. Die Europäische Demokratische Partei (EDP) stellt im EP je einen Abgeordneten der deutschen Freien Wähler und der baskischen Nationalisten (Teil der spanischen „Coalición por Europa") sowie sieben Abgeordnete der französischen „Alternative" (UDI/MoDEM), einem Bündnis der linksliberalen MoDem und der liberalkonservativen UDI.

Insgesamt hat sich die Zusammensetzung der ALDE im Verlauf der Jahre stark verändert. Nach den Wahlen 1994 und 1999 war eine Verlagerung der fraktionsinternen Machtverhältnisse zu Lasten von Abgeordneten aus südlichen EU-Mitgliedstaaten und zu Gunsten der Abgeordneten aus „nördlichen" Ländern zu beobachten. Vor allem durch die Wahlerfolge der Liberaldemokraten in Großbritannien, die nach den EU-Wahlen 1999 mit 10 und 2004 mit 12 Mandaten die größte nationale Delegation stellten, bestätigte sich dieser Trend. 2004 gelang es der ALDE, auch 7 Mandate in den neuen Mitgliedstaaten zu erringen. Auch die FDP meldete sich 2004 mit 7 Mandaten zurück. Sie war bereits 1979 und 1989 im EP vertreten, doch gelang es ihr bei den EU-Wahlen 1984, 1994 und 1999 nicht, die 5 %-Hürde zu überspringen. In den Fraktionsbildungsverhandlungen 2004 gelang der ELDR, die elf Mandatsträger der französischen UDF zu einem Eintritt in die Fraktion zu bewegen. Die UDF war bereits bis zur Wahlperiode 1989–1994 Teil der ELDR-Fraktion, wechselte danach aber in die EVP-ED-Fraktion. Auch die litauische Arbeiterpartei und eine beachtliche Zahl italienischer Abgeordneter traten der ELDR bei. Die Fraktion rühmt sich darüber hinaus einer langen Tradition, unabhängige irische Abgeordnete in ihren Reihen zu haben. So schrieb Pat Cox als einziger unabhängiger Fraktionsvorsitzender Parlamentsgeschichte. Der Beitritt Bulgariens und Rumäniens bescherte der Fraktion nochmals 16 neue Mitglieder, erstaunliche zwei Mandatsträger mehr als die EVP-Fraktion verbuchen konnte. Damit lag die ALDE in der Mitte der Wahlperiode 2004–2009 bei historischen 105 Mitgliedern. Bei den Wahlen 2009 verlor sie dann 20 Sitze, obwohl die FDP von 7 auf 12 Sitze zulegen konnte und damit hinter den britischen Liberaldemokraten stärkste nationale Delegation wurde. Verluste erlitt die ALDE aber in Italien und Frankreich, da François Bayrous MoDem nur mehr auf sechs Sitze kam. Edward McMillan-Scott, ein langgedienter britischer, proeuropäischer Konservativer, wechselte von der EVP zur ALDE, sodass die Fraktion die Monate nach den Wahlen 2009 bei 84 Mandaten lag, also immerhin sechzehn Abgeordneten mehr als nach den Wahlen 2014. Mit 9.05 % erzielte die Fraktion im Mai 2014 bei weiten nicht das schlechteste Ergebnis der Liberalen: 1984 lagen sie bei 7,1 %, 1994 bei 7,5 % und 1999 bei 8 % der Parlamentsmandate.

6.2.5 Konföderale Fraktion der Vereinigten Europäischen Linken/Nordische Grüne Linke

Mitglieder:	52
Mitgliedstaaten:	14
Nationale Parteien:	19
Fraktionsvorsitzende:	Gabi Zimmer, Die Linke, Deutschland
Generalsekretärin:	Maria D'Alimonte, Italien

Führungspositionen im   1 EP-Vizepräsident, 1 Ausschussvorsitz, 3 Delegationsvorsitze
EP:

In der Fraktion vertretene Parteien und Anzahl der MdEP (Stand: Aug. 2014):

Dänemark:	*Folkebevægelsen mod EU* (N) (Volksbewegung gegen die EU) (1)
Deutschland:	Die Linke (7)
	Partei Mensch Umwelt Tierschutz (Tierschutzpartei) (1)
Finnland:	*Vasemmistoliitto* (VAS) (Linke Allianz) (1)
Frankreich:	*Front de Gauche* (Linksfront) (4)
Griechenland:	*SYRIZA-Enotiko Kinoniko Metopo* (SYRIZA-EKM) (SYRIZA-Vereinte Soziale Front) (6)
Irland:	*Sinn Féin* (SF) („Wir selbst")(4)
Italien:	*L'Altra Europa con Tsipras* (L'Altra Europa) (Ein anderes Europa mit Tsipras) (3)
Niederlande:	*Socialistische Partij* (SP) (Sozialistische Partei) (2)
	Partij voor de Dieren (PvdD) (Partei für die Tiere) (1)
Portugal:	*Bloco de Esquerda* (BE) (Linksblock) (1)
	Partido Comunista Português (PCP) (Portugiesische Kommunistische Partei) (3)
Spanien:	*Izquierda Plural* (Pluralistische Linke) (5)
	Podemos („Wir können") (5)
	Euskal Herria Bildu (EHB) (Baskenland, vereinige dich) (1)
Schweden:	*Vänsterpartiet* (V) (Linkspartei) (1)
Tschechische Republik:	*Komunistická strana Čech a Moravy* (KSČM) (Kommunistische Partei von Böhmen und Mähren) (3)
Vereinigtes Königreich:	*Sinn Féin* (SF) („Wir selbst") (1)
Zypern:	*Anorthotikó Kómma Ergazómenou Laoú* (AKEL) (Partei der Arbeiter) (2)

Die KVEL/NGL-Fraktion setzt sich aus Euro- und Reformkommunisten sowie sozialistischen Parteien zusammen. Ihre Geschichte ist komplex. 1973, bereits vor den ersten Direktwahlen, gründete sich die Fraktion „Kommunisten und Nahestehende" (KOM). Bei den Wahlen 1979 und 1984 kam die KOM jeweils auf knapp über 40 Sitze. Nach den Europawahlen 1989 spaltete sich die Fraktion in die moskaukritische, Vereinte Europäische Linke (VEL) mit 28 Abgeordneten und die Koalition der Linken (KdL) mit 14 Abgeordneten, die als moskautreu galten. Obwohl zahlenmäßig stärker, löste sich die VEL im Januar 1993 auf, da sich die 22 MdEP der Italienischen Kommunistischen Partei (PCI) – die sich mittlerweile als Partei der Demokratischen Linken (PDS) reformsozialistisch wandelte – der SPE-Fraktion (heutige S&D-Fraktion) anschlossen. In der 4. Wahlperiode begann nach den Wahlen 1994 ein Prozess der Annäherung aller nicht sozialdemokratischen, linken Kräfte in der Konföderalen Fraktion der Vereinten

Europäischen Linken (KVEL), die 28 MdEP umfasste. Zu ihren Mitgliedern zählte die spanische Vereinigte Linke, die Kommunistische Partei Frankreichs, die Portugiesische Kommunistische Partei, die Kommunistische Partei Griechenlands und der Synaspismos (SYN) aus Griechenland. Nach der „(Nord)Erweiterung" der EU im Januar 1995 traten auch die Schwedische Linkspartei, die Sozialistische Volkspartei Dänemarks und das finnische Linksbündnis der Fraktion bei und formierten sich in der Gruppe „Die Nordische Grüne Linke (NGL)". Am 6. Januar 1995 benannten sich beide Gruppierungen um in „Konföderale Fraktion der Vereinigten Europäischen Linken/Nordische Grüne Linke (KVEL/NGL)".

Bei der Europawahl 1999 schafften alle ursprünglich vertretenen Linksparteien den Wiedereinzug ins EP. Neu hinzu traten Abgeordnete der deutschen Partei des Demokratischen Sozialismus (PDS), der griechischen Demokratischen Sozialen Bewegung (DIKKI) und der dänischen Sozialistischen Volkspartei (SF). Die Fraktion lag nach der Wahl bei 42 Mitgliedern. In den Jahren 2001/2002 profitierte die KVEL/NGL von Übertritten durch Abgeordnete der SPE-Fraktion, der Grünen und der EFD und es gelang ihr erstmals, die Grünen zu überholen und mit 49 Abgeordneten viertstärkste Kraft im EP zu werden. Die Europawahlen 2004 fielen in den einzelnen Mitgliedstaaten sehr unterschiedlich für die KVEL/NGL aus. Trotz des ausgezeichneten Wahlergebnisses der Tschechischen Kommunisten (6 Sitze) fiel die Fraktion mit nun 5,6 % aller MdEP (vor der Osterweiterungen waren es 7,8 %) wieder auf den fünften Platz zurück. In 8 der 10 neuen Mitgliedstaaten errang die KVEL/NGL keinen Sitz. Neu dazu kamen dagegen Abgeordnete der *Sinn Féin*, sowohl aus Irland als auch aus Nordirland. Stärkste nationale Delegation blieb die PDS mit 7 Abgeordneten. Gegen Ende 2005 fiel die Gruppe auf den sechsten Rang zurück und konnte auch durch die Beitritte Rumäniens und Bulgariens keine Sitze dazu gewinnen. Nach den Wahlen 2009 verlor die Gruppe zahlreiche Sitze und war in der letzten Wahlperiode mit 35 Mitgliedern aus 12 Ländern zweitkleinste EP-Fraktion. So musste die Fraktion zum ersten Mal seit ihrer Gründung auf Abgeordnete aus Italien verzichten. Am 15. März 2012 wählte die Fraktion Gabriele Zimmer zur Fraktionsvorsitzenden. Sie ist – abgesehen von der Ko-Vorsitzenden der Grünen/EFA, Rebecca Harms – die einzige weibliche Vorsitzende einer Fraktion und wurde nach den Wahlen 2014 in ihrem Amt bestätigt.

6.2.6 Die Grünen/Freie Europäische Allianz

Mitglieder:	50
Mitgliedstaaten:	17
Nationale Parteien:	26
Fraktionsvorsitzende:	Rebecca Harms, Bündnis 90/Die Grünen, Deutschland und Philippe Lamberts, *Ecolo*, Belgien (Ko-Vorsitzende)
Generalsekretärin:	Paraskevi Tsetsi, Griechenland
Führungspositionen im EP:	1 EP-Vizepräsident, 1 Ausschussvorsitz, 2 Delegationsvorsitze

In der Fraktion vertretene Parteien und Anzahl der MdEP (Stand: Aug. 2014):

a) Mitgliedsparteien der Europäischen Grünen Partei (EGP):

Belgien:	*Ecolo* (Öko/Grün)(1)*Groen* (Grün) (1)
Dänemark:	*Socialistisk Folkeparti* (SF) (Sozialistische Volkspartei) (1)
Deutschland:	Bündnis 90/Die Grünen (11)Piratenpartei Deutschland (1)
Finnland:	Vihreä liitto (Vihr) (Grüner Bund) (1)
Frankreich:	*Europe Écologie* (Europa Ökologie) (6)
Kroatien:	*Održivi razvoj Hrvatske* (ORaH) (Kroatische nachhaltige Entwicklung) (1)
Litauen:	*Lietuvos valstiečių ir žaliųjų sąjunga* (LVŽS) (Litauische Bauern- und Grünenunion) (1)
Luxemburg:	*Déi Gréng*-Les Verts (Die Grünen) (1)
Niederlande:	*GroenLinks* (GL) (GrünLinks) (2)
Österreich:	Die Grünen-Die Grüne Alternative (3)
Spanien:	*Iniciativa per Catalunya Verds* (ICV) (Katalonische Grünen) (1)
Schweden:	*Miljöpartiet de gröna* (Grüne Umweltpartei) (4)
Ungarn:	*Lehet Más A Politika* (LMP) (Politik kann anders sein) (1)
Vereinigtes Königreich:	*Green Party* (Grüne Partei) (3)

b) Mitgliedsparteien (oder Assoziierte) der Europäischen Freien Allianz (EFA):

Vereinigtes Königreich:	*Plaid Cymru-Party of Wales* (Die Partei von Wales) (1)
	Scottish National Party (SNP) (Schottische Nationalpartei) (2)
Lettland:	*Latvijas Krievu savienība* (PCTVL) (Lettische Russische Union) (1)
Spanien:	*Coalició Compromís* (Compromís) (Koalition Engagement) (1)
	Esquerra Republicana de Catalunya (ERC) (Republikanische Linke Kataloniens) (1)
	Nova Esquerra Catalana (NEC) (Neue katalanische Linke) (1)

c) Unabhängige:

Estland:	unabhängiges Mitglied (1)
Deutschland:	Piratenpartei Deutschland (1)Ökologisch-Demokratische Partei (ÖDP) (1)
Ungarn:	*Együtt-A Korszakváltók Pártja Párbeszéd Magyarországért* (Együtt 2014 - PM) (Zusammen 2014-Dialog für Ungarn) (1)
Slowenien:	*Verjamem! Lista dr. Igorja Šoltesa* (Ich glaube! Liste Dr. Igorja Šoltesa) (1)

Im 2014 neu gewählten Europäischen Parlament sind die europäischen Grünen/EFA nur noch sechststärkste Fraktion. Ihr gehören 50 Abgeordnete an. Sie umfasst nun Abgeordnete aus 17 (statt zuvor 14) EU-Mitgliedstaaten, die 26 (statt vorher 22) nationalen Parteien angehören. Dieser Pluralismus an Mitgliedern führt zwar zu einer größeren Heterogenität. Allerdings kennzeichnet die Fraktion – zumindest in den beiden zurückliegenden Wahlperioden – die höchste interne Abstimmungskohäsion. Selbst die 2014 zur EKR übergetretenen Abgeordneten der nationalistisch-separatistischen Neuen Flämischen Allianz (N-VA) traten bei Abstimmungen nicht als Abweichler in Erscheinung.

Die Bildung der Fraktion geht auf die Europawahlen 1989 zurück. Zuvor kooperierten grüne und regionalistische Parteien von 1984-1989 in der Regenbogenfraktion (ARC). Die Gründung der neuen Grünen-Fraktion ging einher mit der Abkehr von der bis dahin dominanten Anti-Europa-Haltung. Die Fraktion stellte zunächst 29 Abgeordnete, wobei die meisten – jeweils 8 – aus Deutschland und Frankreich kamen. Bei den Europawahlen 1994 erzielten die deutschen Grünen ein Rekordergebnis und konnten zwölf Mitglieder in das EP entsenden. Die Fraktion wuchs auf 23 Mitglieder an; nach der Erweiterung um Österreich, Schweden und Finnland 1995 erhöhte sich die Zahl auf 27. Bei den Europawahlen 1999 erreichten die Grünen mit 38 Abgeordneten ihre bis dahin größte Mandatsstärke. Gemeinsam mit zehn Mitgliedern der Europäischen Freien Allianz (EFA) entschlossen sie sich, die Fraktion „Die Grünen/ Europäische Freie Allianz" zu bilden, die mit 48 Abgeordneten und einem Mandatsanteil von 7,7 % nur knapp hinter den Liberalen rangierte und zumindest zu Anfang der Legislaturperiode die viertgrößte Parlamentsfraktion stellte. Zahlreiche grüne Abgeordnete standen einer Zusammenarbeit mit der zum Teil regio-nationalistischen oder latent gewaltbefürwortenden EFA-Gruppe skeptisch gegenüber. Die EFA wurde im Juli 1981 zunächst als lockere europäische Parteiorganisation gegründet, in der der sich Regionalisten und Separatisten zusammenfanden, die für Dezentralisierung und regionale Autonomie eintreten.

Bei den Wahlen 2004 mussten Die Grünen/EFA enorme Verluste hinnehmen. Sie fielen von einem Anteil von 7,2 % auf 5,7 %. Nur knapp lagen sie vor der KVEL/NGL, die durch die Osterweiterung ebenso wie die Grünen kaum bis keine Zugewinne an Sitzen erzielen konnte. In Deutschland errangen die Grünen 13 Sitze, in Frankreich immerhin 6. Durch die zweite Osterweiterung 2007 fiel die Fraktion noch weiter in der Rangordnung des EP zurück. Erst 2009 erholte sich die Fraktion aus ihrem „Erweiterungstief", da ihre Gliedparteien in Frankreich und in Deutschland jeweils 14 Mandate erhielten und die Fraktion mit insgesamt 55 Mandaten in das EP einzog. Erstmals konnte die Fraktion auch einen Sitz in Griechenland erringen. In der vorangegangenen Wahlperiode 2009–2014 gehörten sieben Abgeordnete der EFA sowie zwei schwedische „Piraten" und ein parteiunabhängiger Este der Fraktion an. In der Achten Wahlperiode ist die Fraktionsgemeinschaft weiterhin mit sieben EFA-Mitgliedern vertreten, wobei der Austritt der N-VA durch Zugewinne in Spanien (+3 Mandate) kompensiert wird. Hinzu treten fünf Unabhängige Abgeordnete, darunter je ein MdEP der deutschen ÖDP und der Piratenpartei.

6.2.7 Fraktion „Europa der Freiheit und der Direkten Demokratie"

Mitglieder: 48

Mitgliedstaaten: 7

Nationale Parteien: 6

Fraktionsvorsitzender: David Borrelli, *Movimento 5 Stelle*, Italien und Nigel Farage, *UK Independence Party*, Vereinigtes Königreich (Ko-Vorsitzende)

Generalsekretär: Emmanuel Bordez, Frankreich

Führungspositionen im EP: -

In der Fraktion vertretene Parteien und Anzahl der MdEP (Stand: Aug. 2014):

Frankreich: unabhängiges Mitglied (1)

Italien: *Movimento 5 Stelle* (M5S) (5-Sterne-Bewegung) (17)

Litauen: *Partija Tvarka ir teisingumas* (TT) (Ordnung und Gerechtigkeit)(2)

Polen: *Kongres Nowej Prawicy* (KNP) (Kongress der neuen Rechten) (1)

Schweden: *Sverigedemokraterna* (SD) (Schwedendemokraten) (2)

Tschechische Republik: *Strana svobodných občanů* (Partei der freien Bürger) (1)

Vereinigtes Königreich: *United Kingdom Independence Party* (UKIP) (Unabhängigkeitspartei des Vereinigten Königreichs) (24)

Die EFDD ist eine explizit europaskeptische Fraktion, die die Rolle des Nationalstaates in den Mittelpunkt stellt, sich gegen weitere Integrationsschritte ausspricht und teilweise für den Austritt der jeweils vertretenen Staaten aus der Eurozone (Italien) oder der EU (Vereinigtes Königreich) kämpft. Sie geht auf ältere, seit 1963 gebildete, neogaullistische und europaskeptische Fraktionen, wie die Union für ein Europa der Nationen (UEN), die Forza Europa, die Fraktion „Unabhängigkeit/Demokratie" (IND/DEM), die Fraktion „Europa der Demokratien und der Unterschiede" (EDU) und die Fraktion „Europa der Freiheit und der Demokratie" (EFD) zurück.

Nach der Änderung des britischen Wahlrechts gelang es der UKIP, die heute den Ton in der EFDD angibt, 1999 drei Sitze zu gewinnen. Bei den Wahlen 2004 wuchs die UKIP-Delegation bereits auf 12 Sitze an, während die niederländischen Calvinisten und die dänische Junibewegung Verluste hinnehmen mussten. Dafür konnten sich aber neue europaskeptische Strömungen in anderen Ländern, wie z.B. in Polen oder in Schweden, etablieren. Unter dem Namen „Fraktion Unabhängigkeit/Demokratie (IND/DEM)" schlossen sich 38 Mitglieder aus 10 Mitgliedstaaten zusammen. Obwohl ursprünglich größer als die ehemalige EDD, schrumpfte die Mitgliederzahl bis zum Ende der Legislaturperiode (2004–2009) auf 22 Mitglieder, da die polnische Familienpartei, die italienische Lega Nord, die dänische Junibewegung und die UKIP in andere Lager wechselten oder sich für die Fraktionslosigkeit entschieden. Insgesamt wies die Fraktion erhebliche Unterschiede im Abstimmungsverhalten ihrer Mitglieder und eine mangelnde Sitzungsdisziplin bei Plenartagungen auf. Vorsitzende der Fraktion waren die Dänin Hanne Dahl (Junibevaegelsen) und der Brite Nigel Farage (UKIP). Die vier Mitglieder der Lega Nord wurden 2006 aus der Fraktion ausgeschlossen, da ein Mitglied T-Shirts mit umstrittenen Mohammed-Karikaturen produzieren ließ und damit im Plenarsaal auftauchte, woraufhin in Libyen gewaltsame Proteste mit 11 Todesopfern ausbrachen.

Bei der Europawahl 2009 gelang es nur noch vier Parteien der bisherigen Fraktion IND/DEM, ins EP gewählt zu werden. Ähnlich erging es der rechtskonservativen Fraktion „Union für ein

Europa der Nationen" (UEN), die Teile ihrer Mitglieder an die neu gegründete EKR-Fraktion verlor. Die UKIP konnte an den Wahlerfolg von 2004 anschließen (von 12 auf 13 Sitze) und bildete mit der Lega Nord und anderen, neu gewählten EU-skeptischen Kräften am 1. Juli 2009 die EFD-Fraktion. Zum Ende der 7. Wahlperiode umfasste die EFD 31 Abgeordnete aus 12 Ländern. Wie ihre Vorläufer wies sie die geringste Fraktionsdisziplin auf. Die UKIP und die Lega Nord stellten die Fraktionsvorsitzenden Francesco Speroni und Nigel Farage. Letzterer ist bereits seit 1999 MdEP und leitet die Fraktion auch in der 8. Legislaturperiode gemeinsam mit dem neuen Ko-Vorsitzenden David Borrelli, der dem italienischen *MoVimento 5 Stelle* (M5S) angehört.

Der EFDD ist es im Rahmen der Konstituierung von Ausschüssen und Delegationen nicht gelungen, ihre Kandidaten für Vorsitze durchzusetzen. Ein Fraktionsmitglied, die Lettin Iveta Grigule, wollte nicht aufgrund ihrer Zugehörigkeit zur EFDD auf den ihr zugedachten Delegationsvorsitz verzichten und beugte sich dem politischen Druck, indem sie am 16. Oktober 2014 kurz vor der Wahl aus der Fraktion austrat. Die Delegation wählte sie daraufhin zur Vorsitzenden. Gleichzeitig konnte die EFDD eine der Voraussetzungen für die Fraktionsbildung (Mitglieder aus mindestens sieben Mitgliedstaaten) nicht mehr erfüllen und löste sich daraufhin mit sofortiger Wirkung auf. Bereits vier Tage später, am 20. Oktober 2014, konnte sie sich allerdings wieder neu konstituieren, nachdem Robert Iwaszkiewic, ein bisher fraktionsloses Mitglied vom polnischen *Kongres Nowej Prawicy* seinen Beitritt zur EFDD erklärt hatte. Bei dieser Gelegenheit modifizierte die Fraktion auch ihr Logo, das nun die Abkürzung „EFD^2" ziert.

6.2.8 Fraktionslose

Mitglieder:	52
Mitgliedstaaten:	10
Nationale Parteien:	13
Generalsekretär:	Eduardo Bugalho

Vertretene Parteien und Anzahl der MdEP (Stand: Aug. 2014):

Belgien:	*Vlaams Belang* (Flämische Interessen) (1)
Deutschland:	Die Partei (1)
	Nationaldemokratische Partei Deutschlands (NPD) (1)
Frankreich:	*Front National* (FN) (Nationale Front) (23)
Griechenland:	*Chrysi Avgi* (Goldene Morgenröte) (3)
	Kommounistikó Kómma Elládas (KKE) (Kommunistische Partei Griechenlands) (2)
Italien:	*Lega Nord* (LN) (5)
Niederlande:	*Partij voor der Vrijheid* (PVV) (Partei für die Freiheit) (4)
Österreich:	Freiheitliche Partei Österreichs (FPÖ) (4)
Polen:	*Nowa Prawica-Janusza Korwin-Mikke* (KNP) (Kongress der neuen Rechten) (4)

Ungarn:	*Jobbik Magyarországért Mozgalom* (Jobbik) (Jobbik, die Bewegung für ein besseres Ungarn) (3)
Vereinigtes Königreich:	*Democratic Unionist Party* (DUP) (Demokratische Unionistenpartei) (1)

Europäische Rechtsparteien und weitere Splitterparteien haben bei den letzten EU-Wahlen in vielen Staaten der EU deutlich zulegen können. Insgesamt erhöhte sich die Anzahl ihrer Mandate trotz der Verkleinerung des EP von 766 auf 751 Sitze. Allerdings gelang es den Rechtsparteien nicht, eine Fraktion zu bilden. Die Vorsitzende des französischen Front National, Marine Le Pen versuchte, die Rechtsparteien für ein Bündnis zu gewinnen. Da aber einige der „fraktionswilligen" Partner jedwede Kooperation mit der rechtsradikalen, deutschen NPD oder den „Neuen Rechten" aus Polen ausschlossen, scheiterte der verbliebene Rest aus FPÖ (Österreich), FN (Frankreich), PVV (Niederlande), Vlaams Belang (Belgien) und Lega Nord (Italien) an den Hürden zur Bildung einer EP-Fraktion. Andere Rechtsparteien wie die Schwedendemokraten, die „Wahren Finnen" und die deutsche AfD zogen in die EKR-Fraktion ein. So gehören die Mitglieder der Rechtsparteien der, mit 52 MdEP (entspricht 3,7 %) relativ großen, Gruppe der Fraktionslosen an.

Von 1984 bis 1994 gelang es den Rechtsparteien, eine Fraktion im EP zu bilden. Auch 2007 starteten die rechten Fraktionslosen einen erneuten Versuch, sich zusammenzuschließen. Das außerparlamentarische, rechtsnationalistische Bündnis EuroNat gründete 2007 die Fraktion „Identität, Tradition, Souveränität" (ITS). Nach nur zehn Monaten musste diese jedoch aufgelöst werden, da die rumänische *Partidul România Mare* aus der Fraktion austrat. Hintergrund waren abfällige Äußerungen Alessandra Mussolinis über die in Italien lebenden Rumänen. 2009 unternahmen der Front National, die PVV und die FPÖ mit der Gründung der Partei *„Alliance of European National Movements"* einen erneuten Anlauf zur Bildung einer Fraktion.

Rechte/Rechtsextremistische EP-Fraktionen (1984–2014)

- Die Fraktion der europäischen Rechen (ER) – Wahlperiode 1984–1989
- Die Technische Fraktion der Europäischen Rechten (DR) – Wahlperiode 1989–1994
- Die Fraktion Identität, Tradition, Souveränität (ITS) – 15.1.2007–14.11.2007

Die Fraktionsbildung scheiterte nicht alleine an nationalen Eitelkeiten, sondern vor allem aufgrund ideologischer Differenzen. Durch die latente Geringschätzung anderer Nationen und Versuche, sich aus wahltaktischem Kalkül von anderen Rechtsparteien abzugrenzen, erschweren sich die betroffenen Parteien die Zusammenarbeit. Tatsächlich finden sich im EP neben populistischen, rechtspopulistischen und rechtsextremen Strömungen auch explizit faschistische bzw. neofaschistische Gruppierungen. Gemeinsamkeiten finden sich letztlich „nur" in der Ablehnung der befürchteten Entmachtung des Nationalstaats durch die EU-Institutionen, in der fremdenfeindlichen und rassistischen Einstellungen gegenüber Migranten und der Ablehnung fremder kultureller Einflüsse, was sich auf EU-Ebene in vielen Staaten und auch jenseits der Rechtsparteien in einem zunehmenden Anti-Islamismus manifestiert.[240] Aber bereits in der

---

240 Vgl. Gerl, David: Die Vernetzung rechter Parteien am Beispiel der Fraktion Identität, Tradition, Souveränität im Europäischen Parlament, Bremen: Diplomarbeit 2008 (https://www.yumpu.com/de/document/view/212423 49/die-vernetzung-rechter-parteien-in-europa-am-beispiel-davidgerlde), S. 8.

Haltung zur Frage der Anerkennung gleichgeschlechtlicher Lebenspartnerschaften oder der Anerkennung Israels klaffen tiefe, offensichtlich unüberwindbare Gräben zwischen den Rechtsparteien.

Art. 35 Abs. 1 GOEP sieht vor, dass Mitgliedern, die keiner Fraktion angehören, ein Sekretariat zur Verfügung steht. Im Gegensatz zu den Fraktionen unterhalten die Fraktionslosen keinen Generalsekretär, sondern nur einen „Koordinator". Die interne Organisationsstruktur ist durch Intransparenz gekennzeichnet. Die aus dem Haushaltsplan des EP gezogenen Mittel zur Deckung von Sekretariatskosten und Ausgaben für Verwaltungseinrichtungen (Fachreferenten, technische und organisatorische Unterstützung) der fraktionslosen Mitglieder werden durch einen Erlass des Parlamentspräsidiums bereitgestellt und kontrolliert. Fraktionslose haben in der Konferenz der Präsidenten kein Stimmrecht. Ein Vertreter kann lediglich auf Einladung des Präsidenten teilnehmen. Auch die Chancen auf die Ernennung als Berichterstatter in den Ausschüssen sind gering und hängen weitestgehend vom Wohlwollen der Ausschussvorsitzenden ab. In den Ausschüssen haben die fraktionslosen Mitglieder auch keine Aussicht auf den Vorsitz. Verwehrt sind ihnen das Vorschlagsrecht für die Führungsämter des Parlaments ebenso wie für die Überprüfung eines Gesetzgebungsvorschlags auf Vereinbarkeit mit der Charta der Grundrechte, für die Präsidiumsentscheidungen über die Organisation des EP oder für Änderungsanträge zu parlamentarischen Vorlagen. Da die politische Zusammensetzung der Delegation im Vermittlungsausschuss des OGV der Fraktionszusammensetzung des Parlaments entspricht, können Fraktionslose nach Art. 71 Abs. 5 GOEP nur einen Vertreter zu den internen Vorbereitungssitzungen der Delegation entsenden. Schließlich haben die fraktionslosen Mitglieder auch größere Probleme bei der Aufteilung ihrer Redezeit. Denn faktisch werden Sie wie eine Fraktion behandelt und müssen selbständig darüber entscheiden, wie sie die zugeteilte Redezeit verteilen. Die Fraktionslosen leiten ihre Redezeitanfragen daher vor den Plenarsitzungen an den Generalsekretär weiter, der zwar nicht über das Kontingent, wohl aber über die Reihenfolge der Redebeiträge entscheidet. Ein von den Fraktionslosen relativ häufig genutztes, „koordinationsfreies" Instrument sind die parlamentarischen Anfragen zur schriftlichen Beantwortung an die Kommission. Je nach „Vermarktung" von Anfrage und Antwort können Fraktionslose ihre Sichtbarkeit – in den Medien oder ihrer Wählerklientel – erhöhen.

6.3 Binnenstruktur der Fraktionen

Die interne Organisation einer Fraktion im EP ist der von nationalen Parlamentsfraktionen bekannten Struktur weitgehend ähnlich. So bestehen die Fraktionen aus einem Vorstand und einem Sekretariat, einem Stab von Fraktionsmitarbeitern, die in Annäherung an die Ressorts der Kommission zu einzelnen Politikbereichen oder aber schlicht den parlamentarischen Ausschüssen zugeordnet sind. [241] Die Palette der durch den Fraktionsmitarbeiterstab zu erfüllen-

---

241 Zu den fraktionsinternen Organisations-, Finanzierungs- und Verfahrensregeln vgl. (Stand: 15. Oktober 2014) Group of the Progressive Alliance of Socialists and Democrats in the European Parliament: Rules of Procedure, o.O., o.D., Version 02.10 (http://www.europarl.europa.eu/groups/pdf/2009bis/S&D_Version%2002.2010.EN. doc); Statutes of the Parliamentary Group 'The Greens/European Free Alliance in the European Parliament' (adopted in Brussels on 08 November 2006 and changed on 22 June 2009); Interne Regelung der Fraktion Die Grünen/EFA – Haushaltsposten 4000, o.O., September 2005 (http://www.europarl.europa.eu/groups/pdf/2006 _verts-ale_rules_de.pdf); ALDE: Adopted at the Group meeting on 4 February 2009; Financial Regulation of the ALDE group, o.O., August 2007 (http://www.europarl.europa.eu/groups/pdf/2006_adle_rules_en.pdf); Rules of Procedure of the Group of the EPP (Christian Democrats) in the European Parliament, o.O., October 2013; Financial Regulations of the EPP group, o.O. 2009 (http://www.europarl.europa.eu/groups/pdf/2009bis/

den Aufgaben reicht dabei von der klassischen parlamentarischen Koordinationsarbeit – zwischen Abgeordneten einer Fraktion sowie zwischen den Fraktionen bei der Absprache gemeinsamer, sogenannter Kompromissänderungsanträge oder der Abfassung von Resolutionen – über die Medien- und Öffentlichkeitsarbeit, die Finanz- und Personalverwaltung bis hin zur Organisation von Anhörungen und Seminaren, der Betreuung bzw. Vorbereitung der MdEP in den Führungs- und Koordinationsgremien des Parlaments und der Organisation der Fraktionssitzungen.

Der Vorstand bzw. das Präsidium der Fraktion besteht üblicherweise aus dem/den Fraktionsvorsitzenden (bei den Grünen/EFA[242] und der EFDD gibt es zwei Ko-Vorsitzende)[243] und aus einer bestimmten Anzahl von stellvertretenden Vorsitzenden, einschließlich des Schatzmeisters. Die Vollversammlung der Fraktion wählt in allen Fraktionen den Vorsitzenden sowie die stellvertretenden Vorsitzenden und den Schatzmeister am Beginn und nach Ablauf der Hälfte der Sitzungsperiode, also alle zweieinhalb Jahre. Diese gewählten Abgeordneten bilden gemeinsam das Präsidium der Fraktion. Bei der größten EP-Fraktion, der EVP, vereinbart das Präsidium z.B. unter sich eine Aufgabenverteilung über die Leitung der vier Fraktionsarbeitskreise, des Schatzmeisters und weiterer Funktionen.[244]

Tab. 12: Die Fraktionsvorsitzenden – 8. Wahlperiode (2014–2019)

Name der Fraktion	Mitglieder	Vorsitzende/r
Fraktion der Europäischen Volkspartei (Christdemokraten)	220	Manfred Weber
Fraktion der Progressiven Allianz der Sozialdemokraten	191	Gianni Pitella
Europäische Konservative und Reformisten	70	Syed Kamall
Fraktion der Allianz der Liberalen und Demokraten für Europa	68	Guy Verhofstadt
Vereinigte Europäische Linke/Nordische Grüne Linke	52	Gabi Zimmer
Fraktion der Grünen/Freie Europäische Allianz	50	Rebecca Harms & Philippe Lamberts
Fraktion Europa der Freiheit und der direkten Demokratie	48	Nigel Farage & David Borrelli
Fraktionslose	52	

Vor allem die beiden größten und am längsten relativ stabil vertretenen Fraktionen haben ihre innere Organisation und Position im Parlament konsolidiert.[245]

Die Fraktionsvorsitzenden sind zwar in den Fraktionsbinnenstrukturen mit einer gewissen Machtfülle ausgestattet, doch zwingt sie die Parlamentspraxis der Entscheidungsfindung zur

---

PPE_2009_rules.pdf); ECR Financial Rules, o.O., o.D. (http://www.europarl.europa.eu/groups/pdf/2009bis/ECR_Version%2002.2010.doc); Internal Financial Rules of the EFD Group - Item 4000, o.o. 2007 (http://www.europarl.europa.eu/groups/pdf/2009bis/EFD_Version%20%2002.2010.doc).

242 Der Aufbau der Fraktion Die Grünen/EFA ist durch einige Besonderheiten gekennzeichnet. So besteht der Vorstand laut Satzung aus zwei Ko-Vorsitzenden und maximal sechs Stellvertretern. Er ist geschlechterparitätisch besetzt. Dem EFA-Vorsitzenden steht automatisch der Platz des ersten stellvertretenden Vorsitzenden zu und der Generalsekretär der EFA ist gleichzeitig stellvertretender Generalsekretär der Fraktion.

243 In der 8. Wahlperiode sind dies bei der EFDD der Italiener David Borelli (Movimento 5 Stelle) und der Brite Nigel Farage (UKIP); bei der Fraktion die Grünen/EFA sind dies die Deutsche Rebecca Harm (Bündnis 90/Die Grünen) und der Belgier Philippe Lamberts (Ecolo).

244 Vgl. Art. 11 Geschäftsordnung der Fraktion der Europäischen Volkspartei (Christdemokraten).

245 Vgl. Raunio 2000, S. 233.

Kooperation und zum Interessensausgleich, da die politischen Führungsaufgaben auf vertikale – im Hinblick auf die mitgliedstaatlichen Delegationen einer Fraktion – sowie horizontale Ebenen – hinsichtlich der Interessen der Ausschüsse, Delegationen und sonstigen Fachgremien – verteilt sind. Eine gelungene Fraktionsführung bemisst sich also daran, ob Fraktionsvorsitzende responsiv gegenüber den Wünschen und Interessen der Fraktionsmitglieder sind und diese sich in der Konferenz der Präsidenten zu artikulieren und durchzusetzen wissen.

Die Konferenz der Präsidenten setzt sich aus dem Parlamentspräsidenten, den Vorsitzenden der Fraktionen und zwei (nicht stimmberechtigten) Fraktionslosen zusammen. Durch die besondere institutionelle Einbettung der Fraktionsvorsitzenden erklärt sich, warum die politische „Führung" des EP hauptsächlich nach „innen" gerichtet ist, sich also am Binnenverhältnis zwischen Fraktionsvorsitzenden und innerfraktioneller „Gefolgschaft" oder zwischen Fraktionsvorsitzenden und politischen Gegenspielen im Europäischen Parlament abarbeiten und bewähren muss. Diese Form der politischen Führung ist Teil des parlamentsinternen Machtkonzerts und richtet sich nur marginal nach außen. Folglich kann die Europäische Öffentlichkeit mit der Begrifflichkeit des „Fraktionschefs" im EU-Kontext wenig anfangen, zumal es auch keine parteipolitisch aufgeladene, über Wahlen sanktionierte Verknüpfung zwischen Fraktion und Fraktionsspitze einerseits und den mit exekutiven oder gubernativen Aufgaben betrauten Organen der EU andererseits gibt.

Das Europäische Parlament verfügt über detaillierte Regelungen über die Anzahl, Einstufung und Qualifikation der Fraktionsmitarbeiter. Die Gesamtzahl der Mitarbeiter einer Fraktion richtet sich nach der Mitgliederanzahl und der Menge an Sprachen, die in einer Fraktion vertreten sind.[246] Dementsprechend weisen kleinere Fraktionen gegenüber den großen einen strukturellen Wettbewerbsnachteil auf, da aufgrund bescheidener finanzieller und personeller Ressourcen die parlamentarische Arbeitslast auf weniger Schultern verteilt werden muss. Gut erkennbar wird dies z.B. im Bereich „Presse und Kommunikation". So verfügt die Fraktion der Grünen/EFA mit vier bis fünf Pressereferenten, die im Wesentlichen nur die Sprachen Englisch, Französisch und Deutsch abdecken, über deutlich weniger Möglichkeiten in der Außenkommunikation als die EVP, die mit bis zu 30 Pressereferenten alle Amtssprachen bedient. Die Fraktionsvorsitzenden der beiden großen Fraktionen S&D und EVP haben darüber hinaus jeweils einen eigenen Pressesprecher.

6.3.1 Nationale Delegationen in den Fraktionen

EP-Fraktionen sind in sich sehr heterogene Gebilde, die nicht mit der inneren Geschlossenheit von Parteien verglichen werden können. Fraktionsmitglieder mit der gleichen Nationalität und derselben Parteizugehörigkeit bilden eine nationale Delegation, die als wichtiges Bindeglied zur Mutterpartei im Mitgliedstaat fungiert. Durch die Vielzahl an nationalen Parteien ist das EP eine weitaus komplexere politische Institution als nationale Parlamente in der EU. Die im EP vertretenen Parteien haben sich zwar in relativ geschlossenen Fraktionen und einer relativ kleinen Anzahl von fraktionslosen MdEP zusammengefunden, bestechen aber weiterhin auch durch ihre Vielfalt. Alle politischen Familien Europas, von Konservativen und Christdemokra-

---

246 Im Unterschied zu Mitarbeitern der Parlamentsverwaltung verfügen Fraktionsmitarbeit nur über auf die Wahlperiode befristete Dienstverträge, da eben die Zahl der Mitarbeiter aliquot zur Zahl der Fraktionsmitglieder berechnet wird und so eine Flexibilität in der Personalverwaltung gewährleistet sein muss; Detailliertere Aufschlüsselung in Corbett, Richard/Shackleton, Michael/Jacobs, Francis: The European Parliament, Achte Aufl. London 2011, S. 112.

ten zu Kommunisten und Grünen, sind im Parlament vertreten.[247] Hinzu kommen rechtsextreme Parteien, deren Mitglieder meistens fraktionslos bleiben, und euroskeptische Parteien, deren zentraler Programmpunkt die Fundamentalopposition zur europäischen Integration ist. Seit der EU-Erweiterung 2004 agieren im Parlament auch neuartige Parteien, die durch andere, historische Gesellschaftskonflikte (*cleavages*) geformt wurden und auch weniger stabile Ideologieprägungen und soziale Verankerung bzw. Mitgliedschaften vorweisen können. Ein wichtiger Unterschied zwischen West und Ost ist, dass in den alten Mitgliedsländern Euroskeptizismus sowohl am linken als auch am rechten Rand des politischen Spektrums zu finden ist, in den neuen Mitgliedern dieser aber hauptsächlich von linken, modernisierungs- und globalisierungsfeindlichen Parteien vertreten wird.[248] Am rechten Rand des politischen Spektrums sind die Euroskeptiker der neuen Mitgliedstaaten fast ausschließlich in der EKR und EFDD angesiedelt. Insgesamt haben sich die neuen Parteien überraschend leicht in die bereits existierenden Fraktionen einfügen können.[249]

Trotz der Vielzahl an nationalen Parteien im EP lässt sich die politische Konstellation innerhalb des Parlaments immer noch auf zwei bestimmende Konflikte reduzieren. Das Europäische Parlament wird hauptsächlich durch eine einfache Links-Rechts-Dimension bestimmt. Die EP-Fraktionen unterscheiden sich aber auch durch ihre Einstellung zur europäischen Integration. Die Parteien in der Nähe zum politischen Zentrum gelten als konstant pro-europäisch. Die nationalistischen Parteien der EKR und der EFDD stehen der europäischen Integration dagegen tendenziell eher negativ gegenüber. Gleichwohl spielt die Finalität der europäischen Integration in der politischen Arbeit des Parlaments eine sehr viel geringere Rolle als in den 1970er und 80er Jahren.

Trotz der großen Bedeutung der Fraktionen für den Zusammenhalt des EP haben die nationalen Parteien ihre Einflussmöglichkeiten auf „ihre" MdEP nicht eingebüßt:

– Nationale Parteien bestimmen durch die Listenplatzvergabe, welche Politiker ins Parlament entsandt werden.[250] Diese „Entsendekulisse" fungiert als wichtigstes Macht- und Disziplinierungsinstrument der nationalen Parteien.[251]

– Falls Europaabgeordnete in ihre Heimat zurückkehren möchten, unterliegen sie einem erheblichen „Rückholeinfluss" der nationalen Parteien.[252]

– Auch im EP bestimmen innerhalb der Fraktionen die Führungen der nationalen Parteigruppen über die Verteilung wichtiger Fraktionsämter.[253] Will ein MdEP über den gesamten

---

247 Vgl. Hix/Lord 1997, S. 21 ff.; Lipset, Martin Seymour/Rokkan, Stein: „Cleavage Structures, Party Systems and Voter Alignments: An Introduction", in: Diess. (Hrsg.): Party Systems and Voter Alignments: Cross-national Perspectives, New York 1967.

248 Vgl. Marks, Gary/Hooghe, Liesbet/Nelson, Moira/Edwards, Erica: „Party Competition and European Integration in the East and West: Different Structure, Same Causality", in: Comparative Political Studies, Vol. 29, Nr. 2/2006, S. 155-175.

249 Vgl. Schmitt, Hermann/Thomassen, Jacques: The EU Party System after Enlargement, Reihe Politikwissenschaft 105, Institut für Höhere Studien, Wien 2005, S. 7.

250 Vgl. Hix, Simon: „Parliamentary Behaviour with Two Principals: Preferences, Parties, and Voting in the European Parliament", in: American Journal of Political Science, Vol. 46, Nr. 3/2002, S. 691.

251 Vgl. Ebenda., S. 696.

252 Vgl. Hix, Simon: „Electoral Institutions and Legislative Behaviour: Explaining Voting Defection in the European Parliament", in: World Politics, Vol. 56, Nr. 2/2004, S. 203.

253 Vgl. Whitaker, Richard : „Party Control in a Committee-Based Legislature? The Case of the European Parliament", in: Journal of Legislative Studies, Vol. 7, Nr. 4/2001, S. 63-88; Whitaker, Richard: „National Parties in the European Parliament: An Influence in the Committee System?", in: European Union Politics, Vol. 6, Nr. 1/2005, S. 5-28; Kreppel, Amie: The European Parliament and Supranational Party System: A Study in Institutional Development, Cambridge 2002, S. 202ff.

Zeitraum einer Legislaturperiode anerkannt bleiben, ist er auf die nationale Parteigruppenführung angewiesen.[254]

Auch die nationalen Parteien sind intern durch Komplexität gekennzeichnet. So ist bei einigen nationalen Gruppen zu beobachten, dass diese im EP andere politische Ziele verfolgen als innerhalb der Arenen „ihrer" nationalen Parlamente.[255] Dieses Phänomen lässt sich teilweise durch die Verpflichtungen erklären, die aus der Fraktionszugehörigkeit auf europäischer Ebene fließen. Dies ist aber nicht immer der Fall: Europaabgeordnete sind dem europäischen Integrationsprozess grundsätzlich positiver eingestellt als ihre jeweilige nationale Partei als Ganzes.[256] Zu differenzieren ist daher zwischen den Funktionslogiken der Partei im Mitgliedstaat und der Partei/Delegation im EP. Unklar ist dabei, wie sich diese Differenzen erklären lassen. Möglich wäre eine Differenz zwischen nationaler Partei und nationaler EP-Parteigruppe aufgrund einer grundsätzlich eher EU-freundlichen Einstellung all derjenigen, die Europaabgeordnete werden wollen. Möglich wäre aber auch, dass sich die Differenz erst ergibt, wenn und weil Politiker innerhalb des EP ihre Ansichten zum Parlament und infolgedessen auch zur EU-Integration verändern.[257] Unabhängig davon, worin die Differenz begründet liegt, lässt sich nicht mit Sicherheit klären, wem die Abgeordneten eher folgen: Ihrer Führung im EP oder derjenigen im Heimatland?

Einheitlich handelnde politische Parteien verfolgen drei Ziele, die auch ihre Prioritäten während der Fraktionsbildung bestimmen. In Anlehnung an Strom werden diese im mit Substanzgewinn *(policy)*, Ämtergewinn *(office)* und Stimmengewinn *(votes)* bezeichnet: Parteien können danach streben, Einfluss auf die substanzielle Politik auszuüben (Substanzgewinn), eine möglichst große Anzahl an politischen Ämtern zu besetzen (Ämtergewinn) und/oder bei Wahlen möglichst viele Stimmen zu gewinnen (Stimmengewinn).[258] Diese drei Ziele werden je nach den strategischen Gegebenheiten manchmal gleichzeitig verfolgt; manchmal stehen sie im Widerspruch zueinander. Stroms Ansatz hilft, um die Fraktionsbildung und den Fraktionszusammenhalt im EP zu erklären. Die Kernannahmen hierbei sind:

– Nationale Parteien organisieren sich innerhalb des EP als Fraktion, wenn dies ihren Zielen des Substanz- und Ämtergewinns dient.
  Substanzgewinn lässt sich für eine nationale Partei im EP am besten als Teil einer großen, politisch gemäßigten Fraktion erreichen. Große Fraktionen steuern die Arbeit der Ausschüsse und das Geschehen im Plenum und können dafür sorgen, dass eine große Anzahl von Abgeordneten Gesetzesvorlagen unterstützt. Wenn eine nationale Partei im EP politische Funktionsziele verfolgen möchte, ist sie bestrebt, Teil einer (möglichst großen) EP-Fraktion zu werden. Dies gilt auch dann, wenn dies eine gewisse Spaltung zwischen den Präferenzen der

254 Vgl. Hix 2004, S. 194-223.
255 Im Mai 2005 hatten z.B. die europäischen Labour-Abgeordneten für eine volle Anwendung der Arbeitszeitrichtlinie auf Großbritannien gestimmt, obwohl dies dem Standpunkt der britischen Labour-Regierung klar widersprach. David Gow/Ashley Seager, »MEPs vote to scrap Britain's working time opt-out«, in: Guardian, 12,05,2005, http://business.guardian.co.uk/story/0,,1481879,00.html.
256 Vgl. Tsebelis, George: „The Power of the European Parliament as a Conditional Agenda-Setter", in: American Political Science Review, Vol. 88, Nr. 1/1994, S. 128-142; Scully, Roger Scully: Between Nation, Party and Identity: a Study of European Parliamentarians, EPRG Working Paper Series 5-1999. Am Beispiel der britischen Tories empirisch untersucht von Baker, David/Fountain, Imogen/Gamble, Andrew/Ludlam, Steve: „The Blue Map of Europe: Conservative Parliamentarians and European Integration", in: British Elections and Parties Yearbook 1995, S. 1996.
257 Vgl. Scully 1999.
258 Vgl. Strom, Kaare: „A Behavioural Theory of Competitive Political Parties", in: American Journal of Political Science, Vol 34, Nr. 2/1990, S. 565-598.

Partei und jenen der Fraktion induziert. Im EU-System ist es für die Stabilität der Fraktionen relativ risikolos, wenn nationale Parteien gegen die Fraktionslinie stimmen. Nationale Parteien versuchen aber auch, in ihrer EP-Fraktion so viele Mitglieder wie möglich anzuziehen, ohne dabei ihre politische Ausrichtung zu sehr verändern zu müssen.

– Ämtergewinn bedeutet im EP – im Gegensatz zu nationalen Parlamenten – nur „höhere" Ämter innerhalb des Parlaments zu erreichen und nicht die Bildung einer Regierung. Das Ziel, wichtige Ämter zu belegen, kann natürlich auch durch Substanzgewinn motiviert sein, da Parteien durchaus großen Einfluss auf die europäische Gesetzgebung haben können, wenn ihre MdEP als Berichterstatter oder Fraktionskoordinatoren („Obleute") in den Ausschüssen agieren. Um als nationale Partei im EP wichtige Ämter zu erringen, ist es hilfreich, einer großen Fraktion anzugehören, da diese aufgrund ihrer Macht im EP mehr Positionen zur Verfügung hat als kleinere Fraktionen. Wenn für eine nationale Partei Ämtergewinn ein zentrales Ziel ist, versucht sie, einer wichtigen, d.h. größeren EP-Fraktion anzuhören. Durch Ämtergewinn motivierte Parteien in EP-Fraktionen sind für neue Mitgliedsparteien offen, auch wenn sie dadurch größere innere Heterogenität in Kauf nehmen müssen.[259] Fraktionslose Parteien und Mitglieder einer kleinen Fraktion haben nur selten wichtige Ämter inne, während die Verteilung der wichtigsten Ämter, z.B. Parlamentspräsidentschaften und Ausschussvorsitze, von den drei zentralen Fraktionen dominiert wird.[260]

– Stimmengewinn (d.h. der Wahlerfolg der nationalen Partei) wird nicht in nennenswertem Maße durch die Tätigkeit der Partei im EP beeinflusst.[261] Wähler stimmen nicht direkt für die EP-Fraktion, sondern für die nationalen Parteien, aus denen die Fraktionen dann – im zeitlich nachgeordneten Stadium der Konstituierung des EP – bestehen. Tatsächlich sind die EP-Fraktionen bei den Wählern nahezu unbekannt.[262] Trotzdem kann die Fraktionszugehörigkeit von nationalen Parteien strategisch eingesetzt werden, um das Bild der Partei beim Wähler zu beeinflussen. Einerseits kann eine Partei entscheiden, sich einer Fraktion anzuschließen, um zu zeigen, dass sie Teil einer gesamteuropäischen Bewegung ist sowie demokratisch und verantwortungsbewusst agiert.[263] Andererseits wird eine Partei aus einer Fraktion austreten, falls die Fraktionszugehörigkeit ihre Wahlerfolgschancen beträchtlich mindert; sei dies nun anlässlich europäischer oder nationaler Wahlen. Hat die EP-Fraktion für die nationalen Wähler einen größtenteils symbolischen Charakter, müssen die durch Stimmengewinn motivierten Parteien versuchen, eine Fraktion auf europäischer Ebene zu suchen, die offensichtlich ihre sozioökonomische oder europapolitische Politikrichtung teilt. Ziel ist dabei die Herstellung einer möglichst hohen politischen Kohärenz zwischen den nationalen Delegationen und ihren Fraktionen auf allen Politikebenen. Dieses Ziel, Stimmen zu gewinnen, kann aber in ein Spannungsverhältnis zum Ziel geraten, Einfluss über die Politik im EP auszuüben (Substanzgewinn): Die Zugehörigkeit zu einer kleineren Fraktion, die auf symbolischer Ebene der nationalen Wählerschaft recht ist, bietet nicht immer die besten Chancen, Einfluss über den europäischen politischen Prozess auszuüben.

---

259 Vgl. Hix/Noury/Gerard 2012, S. 180, am Beispiel des Verhältnisses zwischen der Britischen Konservativen und der EVP.
260 Vgl. Corbett/Jacobs/Shackleton 2011, S. 59.
261 Vgl. Reif/Schmitt 1980, S. 3-44.
262 Vgl. Hix/Lord, S. 94.
263 Hierdurch kann eine Partei auf nationaler Ebene natürlich auch Substanzgewinn und Ämtergewinn Ziele erreichen, z.B. in dem sie als koalitionsfähiger angesehen wird.

Nationale Parteien entscheiden über ihre Fraktionszugehörigkeit also auf der Grundlage einer Reihe von Kriterien, wobei Substanzgewinn, Ämtergewinn und Stimmengewinn unterschiedlich gewichtet werden können. Zu beobachten ist, dass:

- Parteien in den meisten Fällen eine Fraktion aussuchen, die ihrer politischen Ideologie entspricht (Substanzgewinn). Dadurch bleiben Parteien auch auf nationaler Ebene glaubwürdige Akteure und können auf europäischer Ebene ihre Vorstellungen und die ihrer Wähler verfolgen.

- Parteien versuchen, großen Fraktionen anzugehören, da dies sowohl den Substanzgewinn als auch den Ämtergewinn fördert. Für konservative Parteien empfiehlt sich zum Beispiel in erster Linie der Anschluss an die EVP und erst in zweiter Linie der an die EKR oder die ALDE.[264]

- die Stimmengewinn-Dimension die Entscheidung für oder gegen eine bestimmte Fraktion eher selten beeinflusst, da das EP von den Wählern kaum als politische Arena und Fraktionenparlament wahrgenommen wird.

- trotz dieser Bedeutungsschwäche des EP bei den Wählern werden nationale Parteien die Fraktion dann verlassen, wenn dies die nationale Politik signifikant zu ihren Gunsten beeinflusst. Die Möglichkeit des Einflusses auf die europäische Gesetzgebung und die der Besetzung angesehener Funktionen und Ämter verblasst gegenüber der Möglichkeit, die Partei „zuhause" entscheidend zu stärken.

In Summe bestimmen in den meisten Fällen die strategischen Ziele innerhalb des EP das Verhalten der Parteien; diese treten aber in den Hintergrund, sobald der EP-Fraktionszugehörigkeit seitens der nationalen Wählerschaft größere Bedeutung beigemessen wird.

Die meisten nationalen Delegationen treffen sich regelmäßig während der Fraktions- und Plenarwochen, um gemeinsame politische Vorentscheidungen zu akkordieren, die dann innerhalb der Fraktion als einheitliche politische Position vertreten werden. Wenn Fraktionen nicht einheitlich abstimmen, dann liegt dies zumeist daran, dass einzelne nationale Delegationen von der Fraktionslinie abweichen. Ämter innerhalb der Fraktion (z.B. Fraktionsvorstand oder Nominierungen für die EP-Vizepräsidentschaft) werden zwischen den nationalen Delegationen entlang D'Hondt-Systems als Richtschnur aufgeteilt. Die nationalen Delegationen der großen Fraktionen beschäftigen meist auch Mitarbeiter, die teilweise aus dem Fraktions- (und damit dem EP-)budget und teilweise aus Mitteln der nationalen Parteien oder der Parlamentsfraktion bezahlt werden und als örtliche, interparlamentarische Verbindungsstellen tätig sind.

Im Hinblick auf Fragen der national überlagerten Fraktionsdominanz von Delegationen spielen in den meisten Fraktionen die deutschen Abgeordneten eine wichtige Rolle. Dies ist der Fall in der EVP-Fraktion, in der die CDU/CSU-Abgeordneten (45) die größte nationale Delegation stellen, aber bei den EU-Wahlen 2014 an Stärke vor allem in Bayern (nur mehr 5 MdEP) eingebüßt haben. In der S&D stellt die SPD mit 27 Abgeordneten die größte Gruppe und mit Martin Schulz den EP-Präsidenten. In der Fraktion Die Grünen/EFA ist die deutsche Delegation (11) nun deutlich größer als die französische (6) (in der 7. Wahlperiode war das Verhältnis noch 15:15) und mit Rebecca Harms Bündnis 90/Die Grünen auch eine der beiden Ko-Vorsitzenden; bei den der KVEL/NGL verfügt „Die Linke" über acht deutsche MdEP und stellt mit

---

264 Ein Hindernis ist natürlich, wenn bereits eine andere Partei aus demselben Mitgliedstaat der Fraktion angehört. Die größte irische Partei, Fianna Fail, war 2004–2009 Teil der UEN-Fraktion – hauptsächlich, weil ihre Konkurrentin, die kleinere Fine Gael, bereits Mitglied der EVP war und den Beitritt von Fianna Fail zur EVP abgelehnt wurde.

Gabi Zimmer den Vorsitz; sieben Abgeordnete der AfD und einer der FAM (Familien-Partei) finden sich in den Reihen der EKR. Der ALDE-Fraktion gehören nur noch zwei deutsche FDP-Abgeordnete an.

6.3.2 Arbeitsmethoden

Die Fraktionen treten generell in Brüssel in den der Plenarwoche vorangehenden Fraktionswochen sowie an Montag-, Dienstag- und Mittwochabenden in Straßburg zusammen. Die Fraktionssitzungen in Brüssel dauern in der Regel mindestens zwei Halbtage; die abendlichen Sitzungen in Straßburg im Schnitt mindestens zwei Stunden. Sie dienen in erster Linie der inhaltlichen Vorbereitung der Plenarsitzung, d.h. der Absprache gemeinsamer Positionen innerhalb der Fraktion, der Verhandlungsstrategien gegenüber anderen Fraktionen (beispielsweise im Falle gemeinsamer Entschließungsanträge mehrerer Fraktionen) und der Erteilung entsprechender Mandate für die Verhandlungsführer der Fraktion. Und insbesondere in Straßburg versuchen die Fraktionen, sich idealerweise auf ein kohärentes Abstimmungsverhalten zu einigen. Insbesondere bei den Diskussionen über das Abstimmungsverhalten im Plenum geht es oftmals darum, strittige Punkte zwischen den nationalen Fraktionsdelegationen zu klären und über eine möglichst geschlossene Fraktionsposition die Kompromissfindung mit anderen Fraktionen zu erleichtern. Ohne diese politikfeldübergreifende Konsenssuche und die Aushandlung dossierübergreifender Koppelgeschäfte wäre das Europäische Parlament kaum handlungsfähig, da keine Fraktion in der Lage ist, alle anderen Fraktionen zu überstimmen und alleine eine Mehrheit zu garantieren.

Die Fraktionsmitglieder erhalten hierbei regelmäßig Abstimmungslisten mit Angaben darüber, wie sie sich zu den im Plenum zur Abstimmung gestellten Textentwürfen verhalten sollen. In Anbetracht der teils hohen Komplexität der zur Abstimmung gestellten Gesetzesmaterien ist es für die nicht im betreffenden Ausschuss tätigen Abgeordneten kaum möglich, ausreichend Einblick in jedes Politikfeld und jeden Abstimmungsantrag zu haben. Die Abstimmungsliste, die von den Ausschusssekretariatsbeamten mit den Berichterstattern für die Ausschussmitglieder und Koordinatoren[265] erarbeitet und mit den Berichterstattern und Fachreferenten der Fraktionen im Hinblick auf die Abfassung von Kompromisstexten fortlaufend aktualisiert wird, enthält Abstimmungsempfehlungen (des Berichterstatters und der Fraktionskoordinatoren auf Ausschussebene sowie des Berichterstatters und der Fraktionsführung im Vorfeld der Plenarabstimmung), an die sich die Abgeordneten einer Fraktion halten sollen, aber nicht müssen[266], denn nach Art. 2 GOEP sind die MdEP nicht an Weisungen oder Aufträge (ihrer Fraktion) gebunden.

Die Fraktionssitzungen dienen darüber hinaus zur Koordination von Kampagnen, Konferenzen, Anhörungen und Publikationen, aber auch der offenen Debatte zu politischen Schwerpunktthemen, der Diskussion mit Gästen aus den Mitglieds- und Drittstaaten sowie aus der Kommission oder dem Rat. Zur Vorbereitung der Fraktionssitzungen finden in der Fraktionswoche die fraktionsinternen Arbeitsgruppensitzungen sowie, wie erwähnt, die Treffen der nationalen Delegationen statt.

---

265 In allen Ausschüssen bestellt jede Fraktion einen Koordinator. Der Koordinator und ein weiterer Stellvertreter werden aus den Mitgliedern der Fraktion gewählt, die demselben Ausschuss angehören. Die Koordinatoren der Fraktionen spielen eine zentrale Rolle in der Organisation der Ausschussarbeiten (z.B. Aufteilung der Berichte) und fungieren als Fraktionssprecher im jeweiligen Ausschuss.

266 Im Vergleich dazu kennt das österreichische Parlament die Verpflichtung der Abgeordneten, für die politische Linie eines Klubs zu stimmen, den so genannten ‚Klubzwang'.

6.3.3 Fraktionsfinanzierung

Der Parlamentshaushalt wird als Teil des Gesamthaushalts der EU zu Beginn jeden Kalenderjahres aufgestellt. In einem Wahljahr beginnt das erste Haushaltsjahr jedoch am 1. Januar und endet am 30. Juni; das zweite Haushaltsjahr beginnt am 1. Juli und endet am 31. Dezember. Die Fraktionen und fraktionslosen Mitglieder erhalten im Rahmen des Parlamentshaushalts die entsprechenden Mittel, mit denen sie ihre Sekretariats- und Verwaltungskosten im Zusammenhang mit ihren politischen Tätigkeiten und ihren Informationstätigkeiten decken können. Das Parlament stellt den Fraktionen neben den Finanzmitteln zur Abdeckung der Sekretariats- und Verwaltungskosten sowie der politischen Informationstätigkeiten auch Büroräume, Konferenzräume und technische Ausstattung zur Verfügung.

Über die Verteilung der Mittel auf die Fraktionen und fraktionslosen Mitglieder wird jährlich auf Vorschlag der Konferenz der Präsidenten und des Präsidiums entschieden. Nach Art. 25 Abs. 2 GOEP trifft das Präsidium finanzielle, organisatorische und administrative Entscheidungen in Angelegenheiten der Mitglieder sowie der internen Organisation des Parlaments, seines Sekretariats und seiner Organe. Basis für die Verteilung der Finanzmittel auf die Fraktionen (und fraktionslosen Mitglieder) ist ein Schlüssel, der die Anzahl der Mitglieder sowie die Anzahl der repräsentierten Sprachen berücksichtigt. Die auf Grundlage dieses Verteilungsschlüssels zugewiesenen Mittel werden auf die Konten der Fraktionen zu Beginn jedes Haushaltsjahres überwiesen, wobei die Fraktionsvorsitzenden für die sachgemäße Verwendung der Mittel verantwortlich sind. Bei Änderungen in der Zusammensetzung der Fraktionen (und der fraktionslosen Mitglieder) erfolgt eine Neuaufteilung auf monatlicher Basis. Mittel, die von einer Fraktion nicht verwendet werden, dürfen bis zu einer Höhe von maximal 50 % der im Jahr erhaltenen Mittel in das nachfolgende Haushaltsjahr übertragen werden. Beträge, die diese Grenze übersteigen, müssen an das Europäische Parlament zurückgezahlt werden.

Die Fraktionen verwalten die ihnen zugewiesenen Mittel nach den Grundsätzen der indirekten Mittelverwaltung auf Grundlage von Art. 60 der Haushaltsordnung.[267] Die Verwaltung der Mittel für die fraktionslosen Mitglieder wird allerdings von der Verwaltung des Europäischen Parlaments wahrgenommen, wobei jedes fraktionslose Mitglied separat abgerechnet wird. Berichte über die Mittelverwendung, die den Buchprüfungsvermerk eines anerkannten Rechnungsprüfungsorgans enthalten müssen, legen die Fraktionen dem Präsidenten bis Ende Juni des Folgejahres vor. Fraktionslose Mitglieder legen der Parlamentsverwaltung Belege vor, die nach denselben Regeln erstattet werden, die auch für die anderen MdEP zur Anwendung gelangen. Jede Fraktion legt ihre internen Finanzregeln fest, die im Einklang mit den Vorschriften über den Gesamthaushaltsplan, z.B. Mittelbindungen, Anweisungsbefugnisse, Feststellung und Zahlung der Ausgaben, Art der Belege, Art der Verträge und Erstattungsmodalitäten, stehen müssen und die interne Mittelverwendung standardisieren.[268]

Der relevante Budgetposten für die Fraktionen innerhalb des Parlamentsbudgets ist die Haushaltslinie 400. Der derzeit gültige Verteilungsschlüssel sieht folgende Aufteilung vor:[269]

---

267 Vgl. Verordnung Euratom Nr. 966/2012 des Europäischen Parlaments und des Rates vom 25. Oktober 2012 über die Haushaltsordnung für den Gesamthaushaltsplan der Union und zur Aufhebung der Verordnung (EG, Euratom) Nr. 1605/2002 des Rates über die Haushaltsordnung für den Gesamthaushaltsplan der Europäischen Gemeinschaften, ABl. L 298, 16.10.2012.
268 Vgl. Europäischer Rechnungshof: Sonderbericht 13/2000, ABl. C 181, 2000/C181/01, 4-6.
269 Vgl. Anlage 3 der Regelung für die Verwendung der Mittel von Haushaltsartikel 400 (vom Präsidium am 30. Juni 2003 angenommen); geändert durch die Beschlüsse des Präsidiums vom 22. März 2006, 11. Juli 2007,

a) Zunächst erfolgt ein Abzug des den fraktionslosen Mitgliedern zustehenden Anteils der Mittel wie folgt: Jedem fraktionslosen Mitglied wird ein Betrag in Höhe von 60 % der durchschnittlichen Mittelausstattung von „Posten 400" (d. h. das Ergebnis der Division des unter Posten 400 eingesetzten Betrags durch die Anzahl der Abgeordneten im Europäischen Parlament) zugewiesen;

b) Anschließend erfolgt die Aufteilung des Saldos auf die Fraktionen wie folgt: Ein Betrag entsprechend 2,5 % des Saldos wird zu gleichen Teilen auf die Fraktionen aufgeteilt; 97,5 % des Saldos wird im Verhältnis zur Anzahl der von jeder Fraktion errungenen Mandate aufgeteilt.

Die im EU-Haushalt 2013 genehmigten Ausgaben umfassen EUR 150,9 Mrd. Die Verwaltungsausgaben – inklusive jener des EP – belaufen sich dabei auf 5,6 % des Gesamthaushalts. Die den politischen Fraktionen und Fraktionslosen aus dem Parlamentshaushalt 2013 zugewiesenen Summen beliefen sich dabei auf: EUR 21,68 Mio. für die EVP-Fraktion, EUR 15,39 Mio. für die S&D-Fraktion, EUR 6,7 Mio. für die ALDE-Fraktion, EUR 4,4 Mio. für die Fraktion Die Grünen/EFA, EUR 4,0 Mio. für die EKR-Fraktion, EUR 2,7 Mio. für die EFDD-Fraktion, EUR 2,66 Mio. für die KVEL/NGL-Fraktion und schließlich EUR 1,29 Mio. für die Fraktionslosen.[270]

6.4 Interfraktionelle Arbeitsgruppen

Die steigende Komplexität macht es aus Sicht vieler MdEP notwendig, private Akteure zunehmend in Politikformulierungsprozesse einzubinden, um auf ihr Expertenwissen zurückgreifen zu können. Je nach Politikfeld entwickeln sich daraus spezifische Politiknetzwerke. Deren Ziel besteht darin, einen informellen, fraktionsübergreifenden Meinungsaustausch über spezifische Themen unter Einbeziehung von Mitgliedern verschiedener Ausschüsse zu führen und den Kontakt zwischen den Mitgliedern und der Zivilgesellschaft zu fördern. Die Geschäftsordnung des EP betrachtet diesen „Kontakt zwischen Mitgliedern und der Zivilgesellschaft" (Art. 34 Abs. 1 GOEP) als förderwürdige Funktion und bestimmt, dass einzelne Abgeordnete interfraktionelle Arbeitsgruppen oder andere inoffizielle Mitgliedergruppierungen bilden können.

Bis Mitte der 1990er Jahre waren der Gründung und Arbeit von Intergruppen im Europäischen Parlament kein formaler Rahmen gesetzt. Die Zahl der Intergroups nahm in der Folge der ersten Direktwahl 1979 rasch zu, so dass sich die offiziellen Parlamentsorgane in den 90er Jahren veranlasst sahen, die Intergroups und deren Anerkennung zu regulieren. Auch der damit verbundene Einfluss von externen Interessengruppen (Lobbying) auf die Meinungsbildung im Parlament machte klare Regeln notwendig. Denn neben den offiziell registrierten Intergroups beobachten wir rund 20 informelle Netzwerke von Abgeordneten, die keiner EP-Regelung unterliegen. Beispiele hierfür sind die „EU-China Friendship Group", die „Freunde des Fußballs", die „Allianz für die Rechte des Kindes" oder die „Kangaroo Group", die sich für den freien Verkehr von Waren, Personen, Kapital und Dienstleistungen in der EU einsetzt. Neben Europaabgeordneten gehören ihr z.B. auch Kommissionsbeamte an. Erst mit Beginn der 5. Wahlperiode, am 16. Dezember 1999, verabschiedete die Konferenz der Präsidenten verbindli-

---

20. Sept. 2010, 23. März 2011, 26. Sept. 2011, 2. Juli 2012,11. März 2013, 24. Feb. 2014 und 14. April 2014.

270 Die Jahresberichte der Fraktionen und Fraktionslosen können auf der EP-Website bis 2013 abgerufen werden; http://www.europarl.europa.eu/groups/accounts_en.htm.

che Regelungen zur Organisation und Stellung der Intergruppen.[271] Die Europaabgeordneten haben die freie Wahl, ob bzw. wie vielen und welchen interfraktionellen Arbeitsgruppen sie sich anschließen. Der Entscheidung über die Aufnahme von Mitgliedern bleibt auch die Binnenorganisation der Intergruppen überlassen. Nur wenige interfraktionelle Arbeitsgruppen verfügen über Sekretariate, in der Regel gibt es auch keine interne Regelung über die Bestimmung der Vorsitze oder Koordinatoren. Der Status der Mitgliedschaft in einer Intergruppe ist ebenfalls nicht vom Parlament vorgegeben. In der Regel werden diejenigen als „ständige" Mitglieder bezeichnet, die regelmäßig an den Sitzungen teilnehmen.

Die Intergroups sind keine offiziellen Gremien des EP und erhalten daher auch keine Finanzmittel. Gleichwohl steht es den Fraktionen frei, eine begrenzte Anzahl von registrierten Intergroups technisch zu unterstützen (etwa indem sie Räume mit Übersetzungskabinen und Dolmetschern zur Verfügung stellen).[272] Bezeichnungen für Intergroups, die zur Verwechslung mit offiziellen Organen des EP (Ausschüssen oder Delegationen) führen könnten, sind untersagt (Art. 34 Abs. 2 GOEP). In Verbindung mit dem Verwechslungsverbot dürfen interfraktionelle Arbeitsgruppen keine Aktivitäten ausüben, "die zu Verwechslungen mit den offiziellen Tätigkeiten des Parlaments oder seiner Organe führen könnten."[273]

Mit der Entscheidung vom 16. Dezember 1999 regulierte die Konferenz der Präsidenten auch den Gründungsprozess von interfraktionellen Arbeitsgruppen. Demnach müssen mindestens drei Fraktionen des EP ihre Unterstützung für eine Intergroup erklären und per Unterschrift des oder der Fraktionsvorsitzenden bestätigen (Art. 4). Die Anzahl der Unterschriften, die eine Fraktion zur Unterstützung einer Intergroup leisten darf, ist allerdings begrenzt und richtet sich nach der Anzahl der Mitglieder der Fraktion im Europäischen Parlament.

Mit Beginn der 7. Wahlperiode nahm das EP erstmals Regelungen zu Intergroups in seine Geschäftsordnung auf (Art. 34 GOEP). Sie werden darin als „interfraktionelle Arbeitsgruppen" bezeichnet. Die ursprünglichen Regelungen zur Gründung von Intergruppen vom 16. Dezember 1999 (2004, 2008, 2012 und 2014 durch Beschlüsse der Konferenz der Präsidenten abgeändert)[274] finden weiterhin Anwendung. Und so gilt auch weiterhin das „Transparenzgebot", dementsprechend diese Arbeitsgruppen „jedwede externe Unterstützung in Form von Geld- oder Sachleistungen" bei den Quästoren des EP angeben müssen.[275] Die Angaben werden in einem Register öffentlich zugänglich gemacht.[276] Durch diese Verpflichtung zur finanziellen Transparenz soll der Vorwurf des bezahlten Lobbying entkräftet werden.

Für die 8. Wahlperiode hat die Konferenz der Präsidenten am 11. September 2014 festgelegt, dass die Fraktionen maximal die Gründung von 22 (EVP und S&D), 9 (ALDE) bzw. 7 (KVEL/

271 Vgl. Europäisches Parlament (1999): Rules governing the establishment of Intergroups, Decision of the Conference of Presidents of 16 December 1999, PE 282.037.

272 Auch in der 7. Wahlperiode (2009–2014) blieb das Thema Intergruppen kontrovers. Am 22. Juni 2011 gab es ein Treffen der Intergruppenpräsidenten, da die Fraktions- und Parlamentsadministrationen den reibungslosen Ablauf von Intergroup-Treffen immer wieder blockierten. Hier ging es vor allem um die „informelle" Regelung, dass sich Intergruppen nur an Donnerstagen am Vormittag während der Plenarwochen treffen dürften.

273 Vgl. Europäisches Parlament (1999): Rules governing the establishment of Intergroups, Decision of the Conference of Presidents of 16 December 1999, PE 282.037, S. 1 Art. 3, Satz 1. Zur Kritik an den Intergroups vgl. die Seite „Intergroups" von Lobbypedia; https://www.lobbypedia.de/wiki/Intergroups.

274 Vgl. Europäisches Parlament (2014): Rules governing the establishment of Intergroups, Decision of the Conference of Presidents of 16 December 1999, PE 422.583.

275 Vgl. Europäisches Parlament (2014): Geschäftsordnung für die 8. Wahlperiode; Brüssel Juli 2014, Art. 34, Punkt 2, Satz 3.

276 Vgl. Europäisches Parlament (2004): Rules governing the establishment of Intergroups, Decision of the Conference of Presidents of 21 October 2004, PE 339.492, Art. 7 und 8.

NGL, Die Grünen/EFA, EFDD) unterstützen können. Am 11. Dezember 2014 hat dasselbe Gremium nach zähem Ringen zwischen den Fraktionen die Bildung von insgesamt 28 Intergruppen für die 8. Wahlperiode gebilligt.

Tab. 13: Intergroups in der 8. Wahlperiode (in alphabetischer Reihenfolge)

1	Aktives Altern, Solidarität zwischen den Generationen & Familienpolitik
2	Antirassismus und Vielfalt
3	Behinderung
4	Biologische Vielfalt, ländlicher Raum, Jagd und Freizeitfischerei
5	Digitale Agenda
6	Entwicklung des europäischen Fremdenverkehrs, kulturelles Erbe, Jakobsweg und weitere Kulturwege Europas
7	Extreme Armut und Menschenrechte
8	Gemeinsame Güter und öffentliche Dienstleistungen
9	Gewerkschaften
10	Integrität- Transparenz, Bekämpfung von Korruption und organisiertem Verbrechen
11	Jugendbelange
12	Kinderrechte
13	Kleine und mittlere Unternehmen (KMU)
14	Klimawandel, nachhaltige Entwicklung und biologische Vielfalt
15	Kreativwirtschaft
16	Ländliche Gebiete, Bergregionen und entlegene Gebiete
17	Langfristige Investitionen und Reindustrialisierung
18	Luft- und Raumfahrt
19	Meere, Flüsse, Inseln und Küstengebiete
20	Rechte von Lesben, Schwulen, Bisexuellen, Transsexuellen und Intersexuellen (LSBTI)
21	Religions- und Glaubensfreiheit und religiöse Toleranz
22	Sozialwirtschaft
23	Sport
24	Städtisches Umfeld
25	Traditionelle Minderheiten, nationale Gemeinschaften und Sprachen
26	Wein, Spirituosen und Qualitätslebensmittel
27	Westsahara
28	Wohlergehen und Schutz von Tieren

Quelle: Eigene Zusammenstellung auf der Grundlage des Beschlusses der Konferenz der Präsidenten vom 11. Dezember 2014

6.5 Europäische Parteien

Sind es auf nationaler Ebene vielfach Parteien, die politische Richtungsentscheidungen vorgeben und nach den Maßstäben der Parteiendemokratie in Regierungshandeln umsetzen, kommt auf europäischer Ebene den Fraktionen eine wesentlich dominantere Rolle zu. Da die EU ohne eine Regierung auskommt, die sich auf eine parteipolitisch aufgeladene Mehrheit im Parlament stützen müsste, konzentrieren sich die politischen Willensbildungsprozesse im EP vor allem innerhalb der Fraktionen, die zugleich erhebliche Informationsvorsprünge im interinstitutionellen Politikbetrieb besitzen. Die Europäischen Parteien treten politisch nur am Rande – und zumeist nur über die nationalen Parteien vermittelt – in Erscheinung. Nicht unwesentlich sind dabei auch die zur Verfügung stehenden Ressourcen: Die Fraktionen besitzen eine erheblich größere personelle und finanzielle Ausstattung als die Europäischen Parteien. Auch die Kooperation zwischen den Europäischen Parteien und den entsprechenden EP-Fraktionen ist eher lose strukturiert. In einigen Fällen ist formal geregelt, dass die EP-Fraktionen in die Entscheidungsgremien der Europäischen Parteien eingebunden sind. Daneben finden jährliche gemeinsame Treffen statt.

Europäische Parteienkorporationen entstanden in informeller und teilweise auch institutioneller Form bereits zu Zeiten der Gemeinsamen Versammlung, wie das Beispiel des Bundes der Sozialdemokratischen Parteien der Europäischen Gemeinschaft (1974), der Europäischen Volkspartei (1976) oder die Föderation der Liberalen und Demokratischen Parteien in der Europäischen Union (1976) zeigen.[277] Doch erst seit den ersten Direktwahlen zum EP im Jahr 1979 sahen Parteien, Parlamentarier und einzelne Politiker eine stärkere Notwendigkeit, sich in supranationalen „Europäischen" Parteien zu formieren, da sie die nationale parteipolitische Programmatik in immer stärkerem Maße um eine europäische Dimension erweiterten. Es folgte 1980 die Koordination der Grünen und Radikalen Parteien in Europa (KGRP) und 1981 der europäische Zusammenschluss der nationalistischen und regionalistischen Parteien (Basken, Korsen, Sarden, Katalanen, Waliser, Schotten und Flamen) in der Europäischen Freien Allianz (EFA). Nach einer Phase der Stagnation kam es erst in den 1990er Jahren mit dem Vertrag von Maastricht zu einer rechtlichen Verankerung eines europäischen Parteiwesens (ex-Art. 138a EGV, heute Art. 10 Abs. 4 EUV). Demnach besteht die offizielle Aufgabe der politischen „Parteien auf europäischer Ebene" darin, einen Beitrag zur Herausbildung eines europäischen politischen Bewusstseins zu leisten und den Willen der Bürgerinnen und Bürger der Union zum Ausdruck bringen.

Allerdings konkretisierte der so genannte „Parteienartikel" weder die Anerkennungskriterien noch deren umstrittene Finanzierung, die immer wieder Grund für heftige Kritik war, da die EP-Fraktionen die Europaparteien nicht nur durch Geld, sondern auch personell und durch Zurverfügungstellung von Büroräumlichkeiten unterstützten. Erst der Vertrag von Nizza ermöglichte eine Abstimmung im Rat mit qualifizierter Mehrheit und somit das Inkrafttreten

---

277 Vgl. Hanley, David (Hrsg.): Christian Democracy in Europe, London, Pinter 1994; Letamendia, Pierre: Les démocrates chrétiens francais sur le chemin de l'Europe, Luxembourg 1994; Delwit, Pascal: Les partis socialistes et l'integration européenne, Brüssel, Editions de l'ULB 1995; Jasmut, Gunter: Die politischen Parteien und die europäische Integration, Frankfurt/Main 1995; Jansen, Thomas: Die Entstehung einer Europäischen Partei. Vorgeschichte, Grüdung und Entwicklung der EVP, Bonn 1996; Dietz, Thomas: Die grenzüberschreitende Interaktio grüner Parteien in Europa, Opladen 1997; Johansson, Karl Magnus: Transnational Party Alliances. Analysing the hard-won alliance between the Conservatives and Christian Democrats in the European Parliament, Lund, Lund University Press 1997; Hix, Simon/Lord, Christopher: Political Parties in the European Union, Houndsmills 1997; Mittag, Jürgen (Hrsg.): Politische Parteien und europäische Integration, Essen 2006; Mittag, Jürgen/Steuwer, Janosch: Politische Parteien in der EU, Wien/Stuttgart 2010.

einer „Verordnung (...) über die Regelungen für die politische Parteien auf europäischer Ebene und ihre Finanzierung" (ABl. L 297/1 vom 15.11.2003), die Parlament und Rat 2007 hinsichtlich der Ausführungsbestimmungen novellierten (ABl. L 343/5 vom 27.12.2007). Nach Art. 3 der Parteienverordnung muss eine politische Partei auf europäischer Ebene folgende Voraussetzungen erfüllen: a) Sie besitzt Rechtspersönlichkeit in dem Mitgliedstaat, in dem sie ihren Sitz hat; b) sie ist in mindestens einem Viertel der Mitgliedstaaten durch Mitglieder des EP oder in den nationalen bzw. regionalen Parlamenten vertreten, oder sie hat in mindestens einem Viertel der Mitgliedstaaten bei der letzten Europawahl mindestens 3 % der Stimmen erzielt; c) in ihrem Programm, ihren Zielsetzungen und Aktivitäten müssen zudem die Grundsätze, auf denen die Europäische Union basiert, respektiert werden; d) sie hat an den Wahlen zum Europäischen Parlament teilgenommen oder beabsichtigt dies zu tun. Gemäß Art. 11 der Parteienverordnung und Art. 11 des Beschlusses des Präsidiums vom 29. März 2004 mit den Durchführungsbestimmungen zu dieser Verordnung *unterbreitet der Generalsekretär dem Präsidium [jährlich] einen Bericht, aus dem hervorgeht, welche technische Unterstützung jeder Partei im Einzelnen gewährt wurde.*" Hierzu zählen die Bereitstellung von Sitzungssälen, Personal und Catering.

Seit 2007 erfolgt die finanzielle Förderung der Europäischen Parteien zu einem überwiegenden Teil aus dem EU-Haushalt (max. bis zu 85 % des Etats der Partei), wobei Einkünfte (bis zu 25 %) zwischen den Jahren übertragen werden und Rücklagen gebildet werden können. Darüber hinaus sind eine begrenzte Finanzierung von Wahlkampagnen und die Gründung von europäischen Stiftungen, die als Bindeglied zwischen nationalen Stiftungen, Akademien und zivilgesellschaftlichen Gruppen agieren, möglich.[278]

Neun Jahre nach ihrem Inkrafttreten erfolgte eine erste Bewertung der Parteienverordnung und der Vorschriften über die politischen Stiftungen durch die Kommission.[279] Hierin schlug die Kommission u.a. auch vor, dass die Finanzierung der Europäischen Parteien durch Beiträge erfolgen sollte und nicht länger nur über Betriebskostenzuschüsse aus dem EU-Haushalt. Darüber hinaus sollte mehr Flexibilität in Bezug auf die Zeiträume für die Mittelverwendung und die Bildung von Rücklagen gewährt werden. Mit ihrem Bericht reagierte die Kommission auf den Bericht des EP-Generalsekretärs vom 18. Oktober 2010 zur Parteienfinanzierung auf europäischer Ebene sowie auf die Entschließung des EP vom 6. April 2011 („Giannakou-Bericht").[280] Im Giannakou-Bericht forderte das EP die Schaffung vollumfänglicher Rechtspersönlichkeit für Europäische Parteien, um sie als Vertreter des europäischen öffentlichen Interesses wirksamer in Erscheinung treten zu lassen. Gleichzeitig sollten die Eigenmittel bei der Finanzierung von 15 auf 10 % gesenkt werden und die Spendenobergrenze von EUR 12 000 auf EUR 25 000 angehoben werden. Außerdem sollten nur jene Europäischen Parteien aus dem EU-Haushalt finanziert werden dürfen, die mindestens ein MdEP stellen. Schließlich sollten sich die Europäischen Parteien an Kampagnen bei Referenden beteiligen dürfen.

---

278 Vgl. Armbrecht, Stefanie: Politische Parteien im europäischen Verfassungsverbund. Neue Impulse durch VO (EG) Nr 2004/2003, Baden-Baden 2008, S. 201-263; Mittag, Jürgen: Europäische Parteien im Wandel, in: Aus Politik und Zeitgeschichte 23-24/2009, S. 42-46.

279 Vgl. Vorschlag der Europäischen Kommission für eine Verordnung des Europäischen Parlaments und des Rates über das Statut und die Finanzierung europäischer politischer Parteien und europäischer politischer Stiftungen, COM(2012) 499final, Brüssel, 12.9.2012.

280 Vgl. Europäisches Parlament: Bericht über die Anwendung der Verordnung (EG) Nr. 2004/2003 über die Regelungen für die politischen Parteien auf europäischer Ebene und ihre Finanzierung (2010/2201(INI)) (A7-0062/2011).

Für das Jahresprogramm 2015[281] belaufen sich die Richtbeträge aus der für die Europäischen Parteien relevanten Haushaltslinie 402 „Zuschüsse an politische Parteien auf europäischer Ebene" auf EUR 28,35 Mio. und aus der Haushaltslinie 403 „Zuschüsse an europäische politische Stiftungen" auf EUR 13,67 Mio. Auf Grundlage der eingangs erwähnten Anerkennungskriterien sind zu Beginn der Legislaturperiode 2014–2019 insgesamt 13 europäische Parteienzusammenschlüsse formal als Europäische Parteien anerkannt und können beim EP jährlich einen Antrag auf Finanzierung stellen. Politische Stiftungen, die einer Europäischen Partei angeschlossen sind, können über diese Partei ebenfalls einen Finanzierungsantrag stellen.

Um den Europäischen Parteien mehr Aufmerksamkeit zu verschaffen, forderten die EU-Abgeordneten in einer Resolution im Juli 2013 erneut Reformen des Parteienstatuts. Durch die Nominierung eines europäischen Spitzenkandidaten für das Amt des Kommissionspräsidenten erhoffte man sich eine stärkere Europäisierung des Wahlkampfs sowie eine Mobilisierung der Wähler. Auch sollten nationale Parteien ihre Wähler deutlicher darauf hinweisen, zu welcher politischen Partei auf europäischer Ebene sie gehören und welchen Kandidaten für das Amt des EU-Kommissionspräsidenten sie unterstützen. Um den Bürgern stärker die europäische Dimension der Europawahlen vor Augen zu führen, sollten auch die Namen und die Logos der Parteien auf den Wahlzetteln angeführt werden.

Europäische Volkspartei (EVP)

Gründung:	8. Juli 1976
Sitz:	Rue du Commerce 10, B-1000 Brüssel
Präsident:	Joseph Daul (Frankreich)
Generalsekretär:	Antonio López-Istúriz (Spanien)
EP-Finanzmittel 2014 (max. Beitrag):	EUR 9 450 842
Stiftung/Think Tank	*Centre for European Studies* (CES)
Website:	www.epp.eu

Über 70 Mitgliederparteien aus 39 Staaten

Sozialdemokratische Partei (SPE)

Gründung	5. April 1974
Sitz:	Rue du Trone 98, 1050 Brüssel
Präsident:	Sergei Stanischew (Bulgarien)
Generalsekretär:	Achim Post (Deutschland)
EP-Finanzmittel 2014 (max. Beitrag):	EUR 6 376 706
Stiftung/Think Tank	*Foundation for European Progressive Studies* (FEPS)
Website:	www.pes.eu

---

281 Vgl. Europäisches Parlament: Jahresarbeitsprogramm 2015 für von der Generaldirektion Finanzen verwaltete Finanzhilfen, DV\1025742DE.doc, Luxemburg, 19.5.2014.

Allianz der Liberalen und Demokraten für Europa (ALDE)[282]

Gründung:	26. März 1976 als Föderation der Liberalen und Demokratischen Parteien in der Europäischen Gemeinschaft
	30. April 2004 (Stuttgart) als Europäische Liberale, Demokratische und Reformpartei (ELDR).
Sitz:	Brüssel
Präsident:	Sir Graham Watson (Großbritannien)
Generalsekretär:	Jacob Moroza-Rasmussen (Dänemark)
EP-Finanzmittel 2014 (max. Beitrag):	EUR 2 812 798
Stiftung/Think Tank	*European Liberal Forum* (ELF)
Website:	www.aldeparty.eu

Europäische Grüne Partei (EGP)

Gründung:	1980 Koordination der Grünen und Radikalen Parteien in Europa (KGRP); 1983 Formierung der Europäischen Grünen Koordination (EGK); 1994 Europäische Föderation Grüner Parteien (EFGP)
Sitz:	Rue Wiertz 31, B-1050 Brüssel
Präsident:	Monica Frassoni/Reinhard Bütikofer
Generalsekretär:	Mar Garcia Sanz (Spanien)
EP-Finanzmittel 2014 (max. Beitrag):	EUR 1 917 890
Stiftung/Think Tank	*Green European Foundation*
Website:	www.europeangreens.eu

Europäische Freie Allianz (EFA)

Gründung:	1981
Sitz:	Rue de Woeringenstraat 19-21, 1000 Brüssel
Präsident:	François Alfonsi (Frankreich)
Generalsekretär:	Jordi Solé (Spanien)
Anzahl an MdEPs:	7
EP-Finanzmittel 2014 (max. Beitrag):	EUR 554 614
Stiftung/Think Tank	*Centre Maurits Coppieters* (CMC)
Website:	www.e-f-a.org

Allianz der Europäischen Konservativen und Reformisten (AECR)

Gründung:	8. Oktober 2009
Sitz:	Avenue des Gaulois 18, B-1040 Brüssel

---

282 Auf dem Parteikongress in Dublin vom 8.–10. November 2012 stimmten die Delegierten mit überwältigender Mehrheit für die Umbenennung der Europäischen Liberalen, Demokratischen und Reformpartei (ELDR) in Allianz der Liberalen und Demokraten für Europa (ALDE), um den Zusammenhang zwischen Partei und Parlamentsfraktion zu verdeutlichen.

Präsident:	Jan Zahradil (Tschechien)
Generalsekretär:	Daniel Hannan (UK)
EP-Finanzmittel 2014 (max. Beitrag):	EUR 1 958 083
Stiftung/Think Tank	*New Direction-Foundation for European Reform*
Website:	www.aecr.eu

Europäische Allianz der Freiheit (EAF)

Gründung:	2010/2011 Malta
Sitz:	Rue Pascale 16, 1040 Brüssel, BELGIEN
Präsident:	Franz Obermayr (Österreich)
Generalsekretär:	Sharon Ellul Bonici (Malta)
EP-Finanzmittel 2014 (max. Beitrag):	EUR 521 198
Stiftung/Think Tank	*European Foundation for Freedom* (EFF)
Website:	www.eurallfree.org

Die Europäische Linke (EL)

Gründung:	1998/99 Berlin
Sitz:	Rue Parnasse 30, 1050 Brüssel, Belgien
Präsident:	Pierre Laurent (Frankreich)
Generalsekretär:	
EP-Finanzmittel 2014 (max. Beitrag):	EUR 1 219 120
Stiftung/Think Tank	*Transform Europe*
Website:	www.european-left.org

Bewegung für ein Europa der Freiheit und der Demokratie-*European Alliance of National Movements* (MELD)

Gründung:	2011
Sitz:	Rue Cler 18, 75007 Paris, Frankreich
Präsident:	Jacek Włosowicz (Polen)
Generalsekretär:	
EP-Finanzmittel 2014 (max. Beitrag):	EUR 1 052 747
Stiftung/Think Tank	*Foundation for a Europe of Liberties and Democracy* (FELD)
Website:	www.meldeuropa.com

Europäische Allianz der Nationalen Bewegungen-*European Alliance of National Movements* (AEMN)

Gründung:	24. Oktober 2009, Budapest
Sitz:	Rue de Boofzheim 2, 67150 Matzenheim, Frankreich
Präsident:	Bruno Gollnisch (Frankreich)
Generalsekretär:	Valerio Cignetti (Italien)

EP-Finanzmittel 2014 (max. Beitrag):	EUR 454 366
Stiftung/Think Tank	Stiftung Tradition, Identität, Souveränität
Website:	www.aenm.eu

European Democratic Party-Europäische Demokratische Partei (EDP)

Gründung:	Juni 2004
Sitz:	Rue de l'Industrie 4, 1000 Brüssel, Belgien
Präsident:	Francois Bayrou (Frankreich) & Francesco Rutelli (Italien)
Generalsekretär:	Marielle de Sarnez (Frankreich)
EP-Finanzmittel 2014 (max. Beitrag):	EUR 653 919
Stiftung/Think Tank	*Institute of European Democrats* (IED)
Website:	www.pde-edp.net

EUDemokrats (EUD)

Gründung:	November 2005
Sitz:	Nordkystvejen 2F, 8961 Allingaabro, Dänemark
Präsident:	Patricia McKenna (Irland)
Generalsekretär:	
EP-Finanzmittel 2014 (max. Beitrag):	EUR 353 977
Stiftung/Think Tank	*Foundation for EU Democracy*
Website:	www.eudemocrats.org

European Christian Political Movement (ECPM)-Europäisch Christliche Politische Bewegung

Gründung:	September 2005
Sitz:	Utrechtseweg 1A, 3811 NA Amersfoort, Niederlande
Präsident:	Peter Östman (Finland)
Generalsekretär:	
EP-Finanzmittel 2014 (max. Beitrag):	EUR 387 534
Stiftung/Think Tank	*Christian Political Foundation for Europe* (ecpf)
Website:	www.ecpm.info

7 Ausschüsse

> **Art. 196 GOEP:** *Einsetzung ständiger Ausschüsse*
>
> Auf Vorschlag der Konferenz der Präsidenten setzt das Parlament ständige Ausschüsse ein, deren Zuständigkeiten in einer Anlage zur Geschäftsordnung bestimmt werden. Die Wahl der Ausschussmitglieder findet auf der ersten Tagung des neugewählten Parlaments und erneut nach Ablauf von zweieinhalb Jahren statt.

Das EP gehört zum Typus der Arbeitsparlamente.[283] Dementsprechend werden in den parlamentarischen Ausschüssen die gesetzgeberischen und kontrollierenden Kernkompetenzen des EP wahrgenommen. Den Stellungnahmen, Entschließungen und Beschlüssen der Plenarsitzungen geht die inhaltliche Aufbereitung und politische Abstimmung in den Ausschüssen voraus. Die für alle europäischen Politikfelder eingerichteten Ausschüsse beraten die EP-Position zu den jeweiligen Gesetzesvorhaben und vertreten diese gegenüber dem Rat und der Kommission.

Dabei sind die Ausschüsse des EP kaum mit jenen in den nationalen Parlamenten der EU-Mitgliedstaaten vergleichbar:[284] Das Fehlen einer einheitlichen Exekutive, die von einer Regierungsmehrheit im Parlament getragen wird, führt dazu, dass sich die Fraktionen in den Ausschüssen in einem Wechselspiel zwischen Konflikt und Kooperation befinden. Auch wenn die politischen Wogen oft hoch gehen, sind die meisten Abgeordneten als Ausschussmitglieder tendenziell sehr konsensorientiert. Gilt es doch, immer wieder aufs Neue über Partei- und Fraktionsgrenzen hinweg Mehrheiten zu organisieren, die das Parlamentsplenum, aber auch – vor allem in der Gesetzgebung – den Ministerrat und die Kommission überzeugen. Bruchlinien verlaufen bzgl. der inhaltlichen Einschätzung einzelner Dossiers nicht selten auch innerhalb der Fraktionen – zwischen nationalen Delegationen oder einzelnen Parteien in den Fraktionen mit jeweils spezifischen Interessenlagen. Der Respekt für fachliche Kompetenz und die im Laufe der Zusammenarbeit entstandenen sehr kollegialen Beziehungen zwischen Abgeordneten spielen im Bemühen um einen konstruktiven politischen Diskurs ebenfalls eine große Rolle. Die Fraktionszugehörigkeit tritt insbesondere dann in den Hintergrund, wenn das Parlament Positionen gegenüber dem Rat durchsetzen will.

7.1 Genese des Ausschusswesens im Europäischen Parlament

Die Entwicklung des EP in seiner jetzigen Verfasstheit und jene der parlamentarischen Ausschüsse vollzogen sich annähernd parallel. 1953 verfügte die „parlamentarische Versamm-

---

283 Vgl. hierzu die Umschreibung des Arbeitsparlaments von Steffani: „Während im Redeparlament das Plenum die wesentliche Rolle spielt, sind im Arbeitsparlament Macht und Arbeit in entscheidender Weise in die Ausschüsse verlagert. Nicht der Redner, sondern der kenntnisreiche Detailexperte, der unermüdliche, bestens informierte Sachbearbeiter wird zur wichtigsten Parlamentsfigur. Der Machteinfluss des einzelnen Abgeordneten hängt jetzt vor allem von seiner Position im parlamentarischen Ausschusssystem ab. Im Arbeitsparlament findet die Regierungskontrolle nicht primär dadurch statt, dass die Regierung und Verwaltung sowie deren politische Apologeten im Plenum von opponierenden Kritikern öffentlich zur Rede gestellt werden. Hier besteht weit mehr die Tendenz, dass das Parlament den Charakter einer betont politisch interessierten Spezialbürokratie gewinnt. Die Macht des Arbeitsparlaments beruht im wesentlichen darauf, dass in ihm parlamentarische Experten die Experten der Exekutive in höchst intensiver und kenntnisreicher Weise um Rede und Auskunft ersuchen, deren Tätigkeiten und Vorhaben bis zu Detailfragen und Einzelposten hin überprüfen sowie gegebenenfalls durch Bestimmungen im vorhinein die Aktionsmöglichkeiten der Exekutive einzuengen wissen [...]." Steffani, Winfried: Parlamentarische und präsidentielle Demokratie, Opladen 1979, S. 96f.

284 Vgl. Yordanova, Nikoleta: „The Rational behind Committee Assignment in the European Parliament. Distributive, Informational and Partisan Perspective", in: European Union Politics, Vol. 10, Nr. 2/2009, S. 261.

lung" der EGKS über sechs Ausschüsse. Bereits fünf Jahre später, mit der Gründung von EURATOM und EWG, hatte sich die Zahl der Ausschüsse bereits mehr als verdoppelt. Nach der ersten Direktwahl des EP 1979 waren es 16 ständige Ausschüsse, deren Zahl bis 1999 auf 20 anstieg. In Folge des Vertrags von Amsterdam fusionierte das Parlament einige Ausschüsse und reduzierte sie auf eine Gesamtzahl von 17. Diese Anpassung erwies sich allerdings als schwierig: So gelang es z.B. dem Fischereiausschuss, eine Zusammenlegung mit dem Agrarausschuss erfolgreich abzuwehren. Konkret mussten vier Ausschüsse Kompetenzen abgeben.

Im Zuge der Osterweiterung und in Erwartung des Inkrafttretens des Europäischen Verfassungsvertrages bestand 2004 unter den Abgeordneten breiter Konsens darüber, die Anzahl und Struktur der Ausschüsse erneut zu diskutieren. Ergebnis war eine Anpassung nach oben. So teilte sich der Regional- und Verkehrsausschuss in den Ausschuss für regionale Entwicklung (REGI) und in den Ausschuss für Verkehr und Fremdenverkehr (TRAN). Für die Außenwirtschaftspolitik – die bisher in den Kompetenzbereich des Industrieausschusses (ITRE) fiel – gründete das Parlament einen eigenständigen Ausschuss für internationalen Handel (INTA), der das Nachfolgegremium des bis 1999 bestehenden Ausschusses für internationale Wirtschaftsbeziehungen (REX) war. Der neue Ausschuss für Binnenmarkt und Verbraucherschutz übernahm zum Teil Binnenmarktagenden des Rechtsausschusses (JURI) und Verbraucherschutzzuständigkeiten des Umweltausschusses (ENVI). Die 1999 getroffene Entscheidung, alle Unterausschüsse in Ständige Ausschüsse zu integrieren, revidierte das EP mit der Wiedereinsetzung des Menschenrechtsunterausschusses (DROI) und des Ausschusses für Sicherheit und Verteidigung (SEDE) – als Gremien des Ausschusses für auswärtige Angelegenheiten (AFET). Der Industrieausschuss übernahm vom Wirtschaftsausschuss (ECON) die Industriepolitik, und der Ausschuss für konstitutionelle Fragen (AFCO) erhielt nun auch die Zuständigkeit für Fragen der Geschäftsordnung des EP.

Die Aufgabenverteilung für die vierte Wahlperiode (1999–2004) zeigt deutlich, wie schwierig es war (und immer noch ist), eine klare Abgrenzung zwischen vertraglichen Kompetenznormen, Politikzielbestimmungen, einzelnen Rechtsgrundlagen und den fachlichen Interessenschwerpunkten des EP zu definieren. Darüber hinaus schlägt sich der innerparlamentarische Machtkampf um mediale Aufmerksamkeit und rechtswirksame Definitionsmacht in den ständig wiederkehrenden Bestrebungen nieder, gerade die zahlenmäßig „großen" Ausschüsse aufzuteilen. Die Meinungen gehen auch bei der Rolle der „kleineren" Ausschüsse – wie z.B. dem Petitionsausschuss (PETI) und dem Ausschuss für die Rechte der Frau und die Gleichstellung der Geschlechter (FEMM) – auseinander, da sie deutlich weniger Gesetzesvorlagen bearbeiten und weniger Sitzungen als z.B. der Umwelt- oder der Wirtschaftsausschuss wahrnehmen. Der Vorwurf, die „Kleinen" würden zu wenig Initiativberichte einbringen und sich zu sehr der eigenen Themenfindung widmen, ist insofern nicht gerechtfertigt, da sie sich Politikbereichen widmen, in denen das EP weniger Gesetzgebungsbefugnisse, dafür aber andere, in den Verträgen spezifisch festgelegte Kontrollbefugnisse wahrzunehmen hat.

Tab. 14: Ausschüsse im EP 1952–2014

Europäische Versammlung (1952)	1.-4. Wahlperiode (1979-1999)	5. Wahlperiode (1999-2004)	6.-8. Wahlperiode (2004-2019)
A. für das Haushaltswesen	Haushaltsausschuss	Haushaltsausschuss	Haushaltsausschuss (BUDG)
	Haushaltskontrollausschuss	Haushaltskontrollausschuss	A. für Haushaltskontrolle (CONT)
	A. für Wirtschaft u. Währung (1987: u. Industrie)	A. für Wirtschaft u. Währung	A. für Wirtschaft u. Währung (ECON)
A. für Fragen der Sozialpolitik	A. für Beschäftigung u. soziale Angelegenheiten (1994: u. Arbeitsumwelt)	A. für Beschäftigung u. soziale Angelegenheiten	A. für Beschäftigung u. soziale Angelegenheiten (EMPL)
A. für Fragen der Grubensicherung u. des Grubenrettungswesens	A. für Umwelt, Öffentliche Gesundheit u. Verbraucherschutz	A. für Umweltfragen, Volksgesundheit u. Verbraucherpolitik	A. für Umweltfragen, öffentliche Gesundheit u. Lebensmittelsicherheit (ENVI) *Lebensmittelsicherheit neu, Verbraucherschutz zu IMCO*
A. für Fragen des gemeinsamen Marktes	Rechtsausschuss (1987: u. Bürgerrechte)	A. für Recht u. Binnenmarkt	A. für Binnenmarkt u. Verbraucherschutz (IMCO) *2004: Verbraucherpolitik aus ENVI, Recht zu JURI* 2004: Rechtsausschuss (JURI)
	A. für Energie u. Forschung	A. für Industrie, Außenhandel, Forschung u. Energie	A. für Industrie, Forschung u. Energie (ITRE) *2004: Außenhandel zu INTA*
A. für Fragen der Investitionen, der Finanzierung u. der Entwicklung der Produktion	Verkehrsausschuss (1994: u. Fremdenverkehr)		2004: A. für Verkehr u. Fremdenverkehr (TRAN)

Europäische Versammlung (1952)	1.-4. Wahlperiode (1979-1999)	5. Wahlperiode (1999-2004)	6.-8. Wahlperiode (2004-2019)
A. für Verkehrsfragen	A. für Regionalpolitik u. regionale Planung (1994: u. Beziehungen zu regionalen u. lokalen Gebietskörperschaften)	A. für Regionalpolitik, Verkehr u. Fremdenverkehr (RETT)	2004: A. für regionale Entwicklung (REGI)
	A. für Landwirtschaft 1994: A. für Landwirtschaft, Fischerei u. ländliche Entwicklung	A. für Landwirtschaft u. ländliche Entwicklung	A. für Landwirtschaft u. ländliche Entwicklung (AGRI)
		A. für Fischerei	A. für Fischerei(PECH)
	A. für Jugend, Kultur, Bildung, Information u. Sport	A. für Kultur, Jugend, Bildung, Medien u. Sport	A. für Kultur u. Bildung (CULT)
	1994: A. für bürgerliche Freiheiten u. innere Angelegenheiten	A. für die Freiheiten u. Rechte der Bürger, Justiz u. innere Angelegenheiten	A. für bürgerliche Freiheiten, Justiz u. Inneres (LIBE)
A. für Geschäftsordnung	A. für Geschäftsordnung u. Petitionen 1987: A. für Institutionelle Angelegenheiten	A. für konstitutionelle Fragen	A. für konstitutionelle Fragen (AFCO)
	1987: A. für die Rechte der Frau	A. für die Rechte der Frau u. Chancengleichheit	A. für die Rechte der Frau u. die Gleichstellung der Geschlechter (FEMM)
	1987: Petitionsausschuss	Petitionsausschuss	Petitionsausschuss (PETI)
A. für Politische Angelegenheiten u. Außenbeziehungen der Gemeinschaft	A. für Politische Angelegenheiten 1994: A. für auswärtige Angelegenheiten u. Sicherheitspolitik	A. für auswärtige Angelegenheiten, Menschenrechte, gemeinsame Sicherheit u. Verteidigungspolitik	A. für auswärtige Angelegenheiten (AFET) Unterausschuss für Menschenrechte (DROI) Unterausschuss für Sicherheit u. Verteidigung (SEDE)
	A. für Entwicklung u. Zusammenarbeit	A. für Entwicklung u. Zusammenarbeit	Entwicklungsausschuss (DEVE)
Unterausschuss für Fragen der Handelspolitik	A. für Außenwirtschaftsbeziehungen		2004: A. für internationalen Handel (INTA)

Eigene Darstellung auf der Grundlage von Maurer 2012.

7.2 Zusammensetzung der Ausschüsse

Die Zuständigkeiten der gegenwärtig 20 ständigen Ausschüsse des EP sind in Anlage VI der GOEP geregelt.[285] Mitgliedschaft, Kompetenzen und Größe der Ausschüsse werden jeweils auf der ersten Tagung des neu gewählten Parlaments und erneut nach Ablauf von zweieinhalb Jahren festgelegt (Art. 196 GOEP), wobei sich nach Ablauf der ersten Hälfte der Wahlperiode an der Ausschussstruktur meist weniger ändert als an der Anzahl der Ausschussmitglieder und der Besetzung der Vorsitze.

Zuletzt hat das EP am 2. Juli 2014 die Mitgliederzahl seiner 20 Ausschüsse und der zwei Unterausschüsse für die Wahlperiode 2014–2019 festgelegt. Die Zahl der Vollmitglieder reicht von 71 im Ausschuss für auswärtige Angelegenheiten, 68 im Ausschuss für Umweltfragen, Volksgesundheit und Lebensmittelsicherheit bis zum Rechtsausschuss und dem Ausschuss für konstitutionelle Fragen mit je 25, und dem Fischereiausschuss, der mit lediglich 24 Vollmitgliedern der kleinste unter den parlamentarischen Ausschüssen ist. War die Fluktuation zwischen den Ausschüssen während der vorherigen Wahlperioden noch groß, so zeichnete sich bereits in der 7. Wahlperiode eine Entwicklung in Richtung verstärkter Spezialisierung – hervorgerufen durch das Anwachsen an legislativen Kompetenzen des EP mit dem Vertrag von Lissabon – ab. Viele Abgeordnete sehen sich zunehmend als Experten, die den Gesetzgebungsprozess durch ihre Ausschusstätigkeit über eine längere Periode beeinflussen wollen.

7.2.1 Ausschussmitglieder

Nach Festlegung von Anzahl und Größe der Ausschüsse durch die Konferenz der Präsidenten werden den Fraktionen nach dem D'Hondt-Verfahren Sitze in den Ausschüssen zugewiesen. Dann obliegt es den politischen Fraktionen und fraktionslosen Mitgliedern, den Wünschen ihrer MdEP möglichst gerecht zu werden und die ständigen Ausschussmitglieder formell zu benennen. Ferner werden feste Stellvertreter benannt, die der Zahl der ordentlichen Mitglieder, entspricht. Der Präsident ist hierüber lediglich zu unterrichten. Die Stellvertreter sind berechtigt, an den Ausschusssitzungen teilzunehmen, das Wort zu ergreifen und im Falle der Abwesenheit eines ordentlichen Mitglieds an Abstimmungen teilzunehmen. Die Zusammensetzung der Ausschüsse soll die Zusammensetzung des Parlamentes und die Stärke der Fraktionen widerspiegeln (Art. 199 und 200 GOEP).[286]

Das Gros der Abgeordneten ist Vollmitglied in einem Ausschuss und Stellvertreter in einem anderen. Stellvertretende Ausschussmitglieder können auch als Berichterstatter und Verfasser von Stellungnahmen ernannt werden. In seltenen Fällen fungieren sie in kleineren Fraktionen sogar als Ausschusskoordinatoren. Die Vorsitzenden der Fraktionen, der Präsident und die Vizepräsidenten nehmen auf Grund ihrer intraparlamentarischen Führungs- und Organisationsfunktionen deutlich weniger Arbeiten in den Ausschüssen wahr: Aus dem Kreis der Fraktionsvorsitzenden ist Nigel Farage, Ko-Vorsitzender der EFDD, weder Voll- noch stellvertretendes Mitglied in einem Ausschuss. Vollmitglied in einem Ausschuss, aber kein Stellvertreter in einem weiteren sind Guy Verhofstadt von der ALDE (Ausschuss für konstitutionelle Fragen) und

---

285 Angenommen am 15. Januar 2014 durch Beschluss des Parlaments.
286 Sollte das ständige Mitglied abwesend sein und wurde kein fester Stellvertreter benannt oder ist dieser nicht anwesend, so kann sich das ständige Ausschussmitglied in den Sitzungen von einem anderen Mitglied derselben Fraktion vertreten lassen, wobei dieses Mitglied berechtigt ist an den Abstimmungen teilzunehmen (Art. 200 GOEP).

Philippe Lamberts, der Ko-Vorsitzender der Grünen/EFA (Ausschuss für Wirtschaft und Währung). Lediglich stellvertretende Mitglieder in einem Ausschuss sind: Manfred Weber, EVP, im Ausschuss für konstitutionelle Fragen; Gianni Pittella, S&D, im Fischereiausschuss; und Gabi Zimmer, KVEL/NGL, im Ausschuss für Beschäftigung und soziale Angelegenheiten. Die Ko-Vorsitzende der Grünen/EFA, Rebecca Harms, ist Stellvertreterin in den Ausschüssen für auswärtige Angelegenheiten sowie für Industrie und Forschung. Ausnahmen von der Regel sind der Ko-Vorsitzende der EFDD, David Borelli, mit Vollmitgliedschaften in zwei Ausschüssen (Internationaler Handel; Industrie, Forschung und Energie) und Syed Kamall von der EKR (Umwelt, öffentliche Gesundheit und Lebensmittelsicherheit; Verkehr und Tourismus), der außerdem noch Stellvertreter im Ausschuss für Internationalen Handel und im Ausschuss für Wirtschaft und Währung ist. Parlamentspräsident Martin Schulz (S&D) ist in keinem Ausschuss aktiv. Anders sieht es bei seinen 14 Stellvertretern, den Vizepräsidenten des Europäischen Parlaments, und bei den Quästoren aus. Jeder bzw. jede von ihnen ist Vollmitglied in mindestens einem Ausschuss als auch stellvertretendes Mitglied in mindestens einem zweiten Ausschuss. Aber in Anbetracht der Tatsache, dass die Vizepräsidenten – abgesehen von der Leitung von Plenarsitzungen und der Teilnahme an den Sitzungen des Präsidiums und der Konferenz der Präsidenten – innerhalb des Präsidiums spezifische Zuständigkeitsbereiche wie z.B. die Kommunikationspolitik, das Budget des EP, die Vermittlungsverfahren im OGV, die Beziehungen zu den nationalen Parlamenten und auch repräsentative Aufgaben übernehmen, ist ihnen die Teilnahme an den Arbeiten und Sitzungen der Ausschüsse nicht in gleichem Umfang möglich wie „normalen" MdEP.

Nicht selten kommt es vor, dass Abgeordnete Vollmitglieder oder Stellvertreter in zwei bis drei Ausschüssen sind. Die Gesamtzahl der zu vergebenden Sitze liegt mit 924 deutlich über der Zahl der MdEP. In der Konsequenz übersteigt auch die den Fraktionen mit Hilfe des D'Hondt-Systems zugeteilte Zahl von Sitzen die seiner Mitglieder deutlich. Außerdem verzichtet das politische Führungspersonal – wie bereits erwähnt – teilweise auf „seine" Sitze. Einzelne Sitze für Stellvertreter bleiben daher in manchen Ausschüssen (und auch Delegationen) sogar unbesetzt. Gerade kleinere Fraktionen haben aber großes Interesse daran, das ihnen zugewiesene Kontingent voll auszuschöpfen. Mehrfachmitgliedschaften entstehen oft durch Kombination mit so genannten „neutralen" Ausschüssen[287] wie dem Petitionsausschuss, dem Frauen- und Gleichstellungsausschuss und dem Haushaltskontrollausschuss. Die großen europäischen Themen kommen in diesen spezialisierten Ausschüssen weniger zum Tragen, so dass sie auf der „medialen Aufmerksamkeits- und Beliebtheitsskala" der MdEP tendenziell weiter unten rangieren und so einzelne Sitze dort vorerst vakant bleiben. Nicht wenigen Abgeordneten geht es vor allem um politisches Prestige und die mediale Aufmerksamkeit. So verfügt beispielsweise der Ausschuss für auswärtige Angelegenheiten (AFET) über wenig Legislativkompetenz, übt aber eine enorme Anziehungskraft auf die Abgeordneten aus, da außen- und sicherheitspolitischen Themen ein höherer Nachrichtenwert in der öffentlichen Wahrnehmung beschert ist. Dies erklärt die mit 71 Mitgliedern – gemessen am legislativen Output – weit überproportionale Größe.

Der Einfluss eines Ausschusses auf die parlamentarische Arbeit lässt sich – abgesehen vom Prestige -– in erster Linie an Anzahl und Umfang der von ihm ausgearbeiteten Budget-, Legislativ- und Eigeninitiativberichte messen. Bei der Wahl der Ausschussmitgliedschaft spielt aus

---

287 Vgl. Corbett/Jacobs/Shackleton, 2011, S. 146.

Sicht der Abgeordneten neben dem Prestige (53,9 %), der eigenen Expertise (53,6 %) und dem persönlichen Interesse (54,6 %) natürlich auch die Fraktionszugehörigkeit und die damit zusammenhängende politische Schwerpunktsetzung eine Rolle.[288] Betrachtet man die Ausschussmitgliedschaft unter geschlechtsspezifischen Gesichtspunkten, so fällt auf, dass männliche Abgeordnete vermehrt in Ausschüssen zu finden sind, die sich mit systemgestaltungsrelevanten, *„high politics"* befassen. So liegt ihr Anteil im Ausschuss für auswärtige Angelegenheiten bei 82 % (in dessen Unterausschüssen SEDE und DROI bei 80 bzw. 73 %), im Ausschuss für konstitutionelle Fragen bei 84 %, im Ausschuss für Wirtschaft und Währung bei 80 % und im Haushaltskontrollausschuss bei 80 %. Einen besonders hohen Frauenanteil findet man dagegen tendenziell in den Ausschüssen, die den *„low politics"* zuzuordnen sind: 94 % im Ausschuss für die Rechte der Frau und die Gleichstellung der Geschlechter, 65 % im Petitionsausschuss und 62 % im Ausschuss für Beschäftigung und soziale Angelegenheiten. In den Ausschüssen für Regionalpolitik, für Umwelt, öffentliche Gesundheit und Lebensmittelsicherheit, für Kultur und Bildung sowie für Binnenmarkt und Verbraucherschutz entspricht der Frauenanteil mit 37, 41, 42 und 45 % proportional am ehesten dem Frauenanteil unter den MdEP. Untersucht man die Ausschüsse entlang der nationalen Zugehörigkeiten, so sind auch hier eindeutige Präferenzen festzustellen, die sich, z.B. mit Hinblick auf den Entwicklungsausschuss, aufgrund der Kolonialgeschichte einiger EU-Mitgliedstaaten ergeben.

7.2.2 Ausschussvorsitzende

Die Verhandlungen darüber, welche Fraktion die Vorsitze und stellvertretenden Vorsitze welcher parlamentarischer Ausschüsse (Art. 204 GOEP) besetzen darf, gehen der ersten konstituierenden Sitzung zu Beginn jeder Wahlperiode voraus. Das beschlussfassende Gremium ist hierfür die Konferenz der Präsidenten, die auch die Zahl der für die einzelnen Ausschüsse zu wählenden stellvertretenden Vorsitzenden aufs Neue festlegt. Basis für die Verhandlungen zwischen den Fraktionen bilden das Wahlergebnis und die sich daraus ergebende Fraktionsstärke. Gegenstand der Diskussionen ist dabei nicht so sehr die Zahl der Vorsitze, da auch diese nach dem d'Hondt-System verteilt werden, sondern vielmehr das Gerangel um die prestigeträchtigsten Ausschüsse und der Ehrgeiz der kleineren Fraktionen, zumindest einen Vorsitz in einem halbwegs wichtigen, d.h. nach außen hin sichtbaren Ausschuss zu bekommen. Im Anschluss an die Entscheidung der Konferenz der Präsidenten entscheiden die Fraktionen und fraktionslosen Mitglieder über die Postenvergabe der ihnen zugeschlagenen Sitze. Diese Verhandlungen werden hinter verschlossenen Türen geführt. Neben der nationalen Gruppenstärke innerhalb der Fraktion werden weitere Kriterien wie Status und Profil einzelner MdEP sowie die Geschlechterverteilung berücksichtigt. Das Ergebnis der fraktionsinternen Beratungen wird an die Konferenz der Präsidenten übermittelt und die Gesamtliste dann offiziell bei der ersten Plenarsitzung bekannt gegeben. In der konstituierenden Sitzung der Ausschüsse übernehmen die vormals amtierenden Ausschussvorsitzenden oder aber die Alterspräsidenten den Vorsitz und verlesen die Namen der Kandidaten für den Vorsitz und dessen Stellvertreter. Entspricht die Zahl der Kandidaten der Zahl der Sitze, kann die Wahl per Akklamation erfolgen – sofern nicht mindestens ein Sechstel der Ausschussmitglieder trotzdem eine Abstimmung beantragt. Findet eine Abstimmung statt, gilt der Kandidat mit der absoluten Mehrheit der abgegeben Stimmen

---

288 Vgl. Farrel, David M./Hix, Simon/Johnson, Mark/Scully Roger: A Survey of MEPs in the 2004-09 European Parliament, Paper presented to the Annual Conference of the American Political Science Association, Aug.–Sept. 2006, Philadelphia.

oder in einem zweiten Wahlgang der mit den meisten Stimmen und bei Stimmengleichheit der ältere Kandidat als gewählt. Vorsitz und stellvertretende Vorsitze bilden dann den Vorstand des Ausschusses.

Dass die Wahl dieses Vorstandes trotz der im Vorfeld mühsam ausgehandelten Deals zwischen den Fraktionen keine reine Formsache ist, zeigte sich einmal mehr zu Beginn der 8. Wahlperiode. So bekamen beispielsweise Bernd Lucke und Beatrix von Storch von der AfD bei ihrer Kandidatur für den stellvertretenden Vorsitz im Ausschuss für Wirtschaft und Währung bzw. im Ausschuss für die Rechte der Frau und der Gleichstellung der Geschlechter – aus politischen Gründen – nicht die notwendigen Stimmen. Die Mehrheit der Abgeordneten war der Ansicht, dass Lucke als dezidierter Euro-Gegner und von Storch als Protagonistin rechtskonservativer Ideen zu Fragen der Geburtenkontrolle und gleichgeschlechtlicher Partnerschaften den grundlegenden Zielsetzungen der jeweiligen Ausschüsse zuwider laufen würden. Die EKR war daher gezwungen, neue Kandidaten zu benennen.

Tab. 15: EP-Ausschüsse in der 8. Wahlperiode (2014–2019)

Nr.	Ausschuss für...	Abk.	Mitgl.	Vorsitz	Fraktion	Land
1	Auswärtige Angelegenheiten	AFET	71	Elmar Brok	EVP	DE
1a	Unterausschuss für Menschenrechte	DROI	30	Elena Valenciano Martínez-Orozco	S&D	ES
1b	Unterausschuss für Sicherheit und Verteidigung	SEDE	30	Anna Elżbieta Fotyga	EKR	PL
2	... Entwicklung	DEVE	30	Linda McAvan	S&D	UK
3	... Internationalen Handel	INTA	41	Bernd Lange	S&D	DE
4	... Haushalt	BUDG	41	Jean Arthuis	ALDE	FR
5	... Haushaltskontrolle	CONT	30	Ingeborg Gräßle	EVP	DE
6	... Wirtschaft und Währung	ECON	50	Roberto Gualtieri	S&D	IT
7	... Beschäftigung und soziale Angelegenheiten	EMPL	55	Thomas Händel	KVEL/NGL	DE
8	... Umweltfragen, öffentliche Gesundheit und Lebensmittelsicherheit	ENVI	68	Giovanni La Via	EVP	IT
9	... Industrie, Forschung und Energie	ITRE	67	Jerzy Buzek	EVP	PL
10	... Binnenmarkt und Verbraucherschutz	IMCO	40	Vicky Ford	EKR	UK
11	... Verkehr und Fremdenverkehr	TRAN	50	Michael Cramer	Die Grünen/EFA	DE
12	... Regionale Entwicklung	REGI	43	Iskra Mihaylova	ALDE	BG
13	... Landwirtschaft und ländliche Entwicklung	AGRI	45	Czesław Adam Siekirski	EVP	PL
14	... Fischerei	PECH	24	Alan Cadec	EVP	FR
15	... Kultur und Bildung	CULT	31	Silvia Costa	S&D	ES
16	... Recht	JURI	25	Pavel Svoboda	EVP	CZ

Nr.	Ausschuss für...	Abk.	Mitgl.	Vorsitz	Fraktion	Land
17	... Bürgerliche Freiheiten, Justiz und Inneres	LIBE	59	Claude Moraes	S&D	UK
18	... Konstitutionelle Fragen	AFCO	25	Danuta Hübner	EVP	PL
19	... Rechte der Frau und Gleich-stellung der Geschlechter	FEMM	35	Iratxe García Pérez	S&D	ES
20	... Petitionen	PETI	34	Cecilia Wikström	ALDE	SE

Tab. 16: Verteilung der Ausschussvorsitze nach Land und Fraktion (2014–2019)

EU-Mitglied	Vorsitze		Fraktion	Vorsitze
DE	5		EVP	8
PL	4		S&D	7
ES	3		EKR	2
UK	3		ALDE	3
FR	2		KVEL/NGL	1
IT	2		Die Grünen/EFA	1
BG	1		EFDD	0
CZ	1		Fraktionslose	0
SE	1			

In der intraparlamentarischen Organisation koordiniert die 1993 erstmals in der Geschäftsordnung verankerte Konferenz der Ausschussvorsitzenden die Tätigkeiten der parlamentarischen Ausschüsse. Sie setzt sich aus den Vorsitzen aller ständigen Ausschüsse und aller Sonderausschüsse zusammen. Der Vorsitz der Konferenz der Ausschussvorsitzenden wird von den Ausschussvorsitzenden für eine Dauer von zweieinhalb Jahren gewählt und kann an den Sitzungen der Konferenz der Präsidenten als Beobachter teilzunehmen.[289] Die Konferenz der Ausschussvorsitzenden tritt einmal im Monat zusammen. In der Regel hält sie ihre nichtöffentlichen Sitzungen an Dienstagnachmittagen während der Plenartagungen in Straßburg ab. Die Konferenz der Ausschussvorsitzenden spielt bei den interinstitutionellen und internen legislativen Planungen eine wichtige Rolle:

1. Sie berät und erstellt die kommentierende Entschließung des Parlaments zum jährlichen Legislativ- und Arbeitsprogramm der Kommission und kontrolliert fortlaufend dessen Umsetzung.

2. Sie führt regelmäßig Aussprachen mit dem für interinstitutionelle Beziehungen zuständigen Vizepräsidenten der Kommission durch.

3. Sie kommt mindestens zweimal mit jedem Ratsvorsitz zusammen, um Prioritäten zu erörtern und die laufenden Tätigkeiten des Rates zu prüfen.

4. Sie übermittelt der Konferenz der Präsidenten monatlich eine Empfehlung für den Entwurf der Tagesordnung der nächsten Tagung sowie – seit der Umsetzung der internen Reform-

---

289 Der Vorsitz der Konferenz der Ausschussvorsitze ist ferner von Amts wegen Mitglied des Lenkungsausschusses des Transatlantischen Dialogs, dessen Zuständigkeiten und Zusammensetzung von der Konferenz der Präsidenten beschlossen wurden, und der EP-Arbeitsgruppe „Gleichstellung der Geschlechter und Geschlechtervielfalt" die vom Präsidium im Sept. 2004 gebildet wurde (DV\789794DE.doc).

beschlüsse zur Arbeit im Plenum – eine Empfehlung für die vorrangigen Plenaraussprachen in den kommenden drei Monaten (Art. 29 und Art. 149 GOEP).

5. Sie spricht eine Empfehlung für die Anhörungen designierter Kommissionsmitglieder und arbeitet je zwei gemeinsame Fragen aus (eine allgemeine und eine weitere zum Arbeitsbereich und zur diesbezüglichen Zusammenarbeit mit dem EP; drei weitere Fragen formulieren die jeweiligen Ausschüsse). Sie prüft im Anschluss an die Anhörungen auch die Bewertungen der Ausschüsse und übermittelt sie dann der Konferenz der Präsidenten.

Darüber hinaus fungiert die Konferenz der Ausschussvorsitze als Koordinations- und Streitschlichtungsstelle, wenn Ausschüsse die vom Präsidenten autorisierte Federführung anzweifeln oder eine verstärkte Zusammenarbeit zwischen mehreren Ausschüssen beantragen. Die Konferenz behandelt die Anträge auf Erstellung von Initiativberichten, legt den Entwurf des Jahresprogramms für Anhörungen in den Ausschüssen und Ausschussdelegationen vor und sorgt für die Zuteilung der Mittel aus den Sachverständigenetats an die Ausschüsse, so dass diese auf externe Expertisen zurückgreifen können. Schließlich ist die Konferenz der Ausschussvorsitzenden das Gremium, in dem die Ausschüsse Informationen, Erfahrungen und bewährte Praktiken über sämtliche – sowohl interne als auch interinstitutionelle – politische Aspekte und Verfahrensfragen ihrer täglichen Aufgaben austauschen.

7.2.3 Koordinatoren

In regelmäßiger Praxis benennen die Fraktionen zu Beginn jeder Wahlperiode jeweils einen Koordinator für jeden Ausschuss. Dieser fungiert nach außen als Sprecher der Fraktion für den jeweiligen Politikbereich und spielt intern eine nicht unwesentliche Rolle in den Organisations- und Entscheidungsstrukturen der Ausschüsse. Nach Art. 205 Abs. 2 GOEP können bis auf die Annahme von Berichten, Stellungnahmen oder Änderungsanträgen alle Beschlussfassungsbefugnisse durch ausdrückliche Delegation an die Koordinatoren übertragen werden. Die fraktionslosen MdEP können in Ermangelung des Fraktionsstatus keine Koordinatoren benennen. Auf dieser Grundlage werden in den vom Ausschussvorsitz einberufenen und hinter verschlossenen Türen stattfindenden Koordinatorensitzungen die vom Ausschuss zu fassenden Beschlüsse, insbesondere diejenigen zur Benennung von Berichterstattern und zu prozeduralen Fragen vorbereitet. Die Sitzungen finden meist unmittelbar vor den oder direkt im Anschluss an die öffentlichen Sitzungen der Ausschüsse statt. Konkret erarbeiten die Koordinatoren die Tagesordnungen der Ausschusssitzungen, entscheiden darüber, welche Fraktion Berichterstatter benennt, ob der Ausschuss die Zuordnung von federführenden und stellungnehmenden Ausschüssen anfechten soll, oder ob der Ausschuss Stellungnahmen zu Berichten anderer Ausschüsse abgeben will. Außerdem beschließen die Koordinatoren über die Abfassung von Initiativberichten und schriftlichen oder mündliche Anfragen an Kommission und/oder Rat sowie z.B. über die Vergabe von Studienaufträgen, die Durchführung von Anhörungen und Ausschussdelegationsreisen. Grundsätzlich gilt für die Entscheidungsfindung das Konsensprinzip; in sehr seltenen Einzelfällen werden die Stimmen entsprechend der Fraktionsstärke gewichtet und eine Mehrheitsentscheidung herbeigeführt.

Einige Ausschüsse erlauben auch den stellvertretenden Vorsitzenden die Mitwirkung an den Koordinatorensitzungen in beratender Funktion. Dagegen nehmen die Beamten der Ausschusssekretariate sowie die Fraktionsmitarbeiter regelmäßig teil, zumal die Ausschusssekretariate die Beschlussvorlagen erarbeiten und im Hinblick auf Initiativberichtsthemen, Studienthemen, Anhörungen, Kompetenzkonflikte mit anderen Ausschüssen initiativ tätig werden. Vertreter des Juristischen Dienstes des Parlaments nehmen häufig an den Sitzungen teil, um die Abgeordneten zu Fragen der Rechtsgrundlagen (bei Vorlagen anderer EU-Organe) oder der Behandlung von vertraulich gekennzeichneten Dokumenten zu beraten. Fraktionslose Mitglieder nehmen an den Koordinatorensitzungen nicht teil, haben aber gemäß dem Grundsatz der Nichtdiskriminierung ein Recht auf umfassende Information und auf die Teilnahme eines Sekretariatsbeamten an den Koordinatorensitzungen.

Damit die Koordinatoren tatsächlich eine Sprecherfunktion im Namen ihrer Fraktionen ausüben können und sich im Falle kontroverser Punkte der Rückendeckung ihrer Fraktionskollegen sicher sein können, bedarf es gelegentlich der vorherigen Abstimmung und der Erteilung eines „Mandats". Dies erfolgt meist in fraktionsinternen Arbeitsgruppen, die sich regelmäßig zur Vorbereitung der Ausschusssitzungen treffen. Je mehr Abgeordnete ein Koordinator vertritt, umso stärker ist seine Verhandlungsposition gegenüber den kleineren Fraktionen. Dies wird oftmals subjektiv verstärkt durch die Tatsache, dass die Funktion des Koordinators gerade in den beiden großen Fraktionen EVP und S&D sehr begehrt ist und sich diese oftmals gegen mehrere Kandidaten in einer internen Wahl durchsetzen müssen.

7.2.4 Berichterstatter und Schattenberichterstatter

Die Benennung der Berichterstatter erfolgt im Ausschuss auf Vorschlag der Koordinatoren. Hierzu berät die Koordinatorensitzung die vom Ausschusssekretariat erstellten Listen der von anderen EU-Organen über den EP-Präsidenten weitergeleiteten Vorlagen und einigt sich in einem ersten Schritt auf die Vergabe des Parlamentsberichts an eine der im Ausschuss vertretenen Fraktionen. In einem zweiten Schritt teilt diese Fraktion dem Ausschusssekretariat den Namen ihres Berichterstatters mit, der für den Ausschuss den Vorschlag für die Parlamentsposition ausarbeitet. Es steht anschließend den anderen Fraktionen frei, sogenannte „Schattenberichterstatter" zu ernennen (Art. 205 Abs. 4 GOEP) und deren Namen ebenfalls dem Ausschusssekretariat mitzuteilen. Letztere betreuen das Dossier für ihre Fraktion, sind in den Verhandlungen über Änderungsanträge am Bericht darum bemüht, Kompromissanträge zu formulieren, und bilden im weiteren Verlauf der Gesetzgebungsverfahren bis zum Beginn des sogenannten „Vermittlungsverfahrens" nach Abschluss der zweiten Lesung des Ministerrates gemeinsam mit dem Berichterstatter und dem Ausschussvorsitzenden die Verhandlungsdelegation des Parlaments.

Die Berichterstatter tragen die Hauptverantwortung für die Erstellung des Parlamentsberichts zu „ihrem" Dossier, für dessen Änderung im Rahmen der ausschussinternen Beratungen bis hin zur formalen Abstimmung des Ausschussentwurfs, für dessen Vorstellung im Parlamentsplenum, und im Falle von Gesetzgebungsverfahren für dessen Verteidigung gegenüber dem Ministerrat und der Kommission. Hierzu führen die Berichterstatter – oft unter Hinziehung der Schattenberichterstatter – informelle Vorverhandlungen mit der EU-Kommission und mit Vertretern der Ratspräsidentschaft, mit Vertretern der aus Sicht und nach Einschätzung des Parlaments „problematischen" Mitgliedstaaten sowie mit Nichtregierungsorganisation und Lobbies, die von der in Aussicht gestellten Maßnahme betroffen sind. Stimmt der Ausschuss über einen Bericht und die hierzu eingegangen bzw. unter Federführung des Berichterstatters formulierten, fraktionsübergreifenden Änderungsanträge ab, gibt der Berichterstatter – zumeist schriftlich – seine Haltung hierzu in der Abstimmungsliste an. Die Position des Berichterstatters gibt den Fraktionen schließlich auch die Möglichkeit, in den Begründungen zu Bericht und Entschließungsantrag ihre eigenen, parteipolitisch oder anderweitig aufgeladenen Problemanalysen zu veröffentlichen. Diese Begründungen werden nicht zur Abstimmung gestellt und sind somit auch nicht Gegenstand von Änderungsanträgen.

Der Berichterstatter (und damit Verhandlungsführer seiner Fraktion) lädt die Schattenberichterstatter der anderen Fraktionen meist schon vor der ersten Aussprache im Ausschuss zu Gesprächen, um eventuelle Konfliktlinien und Übereinstimmungen zu erkunden. Während der Aussprachen im Ausschuss erteilt der Vorsitzende üblicherweise zuerst dem Berichterstatter und anschließend den Schattenberichterstattern das Wort. Sie werden auch von Seiten der Kommission, der jeweiligen Präsidentschaft und von den Interessensvertretern privilegiert kontaktiert.

Sobald die Änderungsanträge zum Berichtsentwurf vorliegen, sollten die Schattenberichterstatter innerhalb ihrer Fraktionen – zumeist mit Hilfe der Koordinatoren, der Ausschusssekretariate und der Fraktionsmitarbeiter – nach einer Kompromisslinie suchen. Konträre, inkonsistente und abweichende Änderungsanträge werden oftmals nicht nur von Abgeordneten unterschiedlicher Fraktionen eingebracht, sondern auch von Abgeordneten der eigenen Fraktion. Die Abstimmung innerhalb einer Fraktion ist insbesondere wichtig, wenn Kompromissanträge notwendig werden. Diese werden normalerweise zwischen dem Berichterstatter und den Schattenberichterstattern auf der Grundlage synoptischer Antragszusammenstellungen der Ausschusssekretariate verhandelt. Das Ziel einer stabilen Mehrheit für einen Kompromissänderungsantrag im Ausschuss kann nur erreicht werden, wenn die Verhandlungsführer ihre jeweilige Fraktion hinter sich wissen. Sollte der Berichterstatter vom Ausschuss das Mandat erhalten, Verhandlungen mit dem Rat zum Abschluss eines Gesetzgebungsvorhabens vor der ersten Parlaments- oder Ratssitzung („Triloge") aufzunehmen, ist erneut die Rolle der Schattenberichterstatter als Verhandlungsführer ihrer Fraktion von großer Bedeutung.

7.3 Aufgaben und Arbeitsweise der Ausschüsse

Die Ausschusssitzungen finden normalerweise einmal im Monat an zwei, drei oder gar vier aufeinander folgenden Halbtagen in Brüssel statt. Die Sitzungstermine werden im Voraus für das ganze Jahr festgelegt. Falls nötig, werden Sondersitzungen während der Tagungen in Straßburg – üblicherweise an Montagen – abgehalten. Die Sitzordnung folgt einem für alle Ausschüsse einheitlichen Schema: Die Vorsitzenden nehmen – mit den Stellvertretern zu ihrer Linken und dem Ausschusssekretariat zu ihrer Rechten – auf einem Podium Platz. Die Ausschussmitglieder sitzen in den ersten Reihen: die S&D auf der linken Seite und die EVP auf der rechten Seite, in den darauffolgenden Reihen die Abgeordneten der kleineren Fraktionen. In den hinteren Rängen sitzen Beamte des Ausschusssekretariats und des Juristischen Dienstes, die Fraktionsmitarbeiter, die wissenschaftlichen Mitarbeiter der MdEP, Kommissionsbeamte, Vertreter des Rates und natürlich auch Lobbyisten. Weitere, feste Plätze sind für Vertreter des Parlamentspräsidenten und der Generaldirektionen des Parlaments reserviert. Fast alle Ausschusssitzungen sind öffentlich und daher können auch Besucher und kleinere Besuchergruppen evtl. verfügbare Plätze in den hintersten Reihen einnehmen. Die Sprachenregelung ist in den Ausschusssitzungen relativ ungezwungen. Allerdings hat jedes Vollmitglied eines Ausschusses Anspruch darauf, in seiner Muttersprache zu sprechen und beispielsweise die Vertagung von Abstimmungen zu Änderungsanträgen durchsetzen, die nicht in seiner Muttersprache vorliegen. In der Regel sorgen die Ausschusssekretariate daher dafür, dass Simultanübersetzungskapazitäten für alle im Ausschuss vertretenen Amtssprachen zur Verfügung stehen.

Die Ausschusssitzungen sind wie erwähnt grundsätzlich öffentlich; Rederecht besitzen aber nur die Abgeordneten (Vollmitglieder der Ausschüsse, ihre Stellvertreter oder Mitglieder anderer Ausschüsse), Mitglieder der Europäischen Kommission und andere Anwesende, sofern sie vom Vorsitz explizit dazu aufgefordert werden. Abstimmen können nur Vollmitglieder und für den Fall, dass ein Vollmitglied nicht anwesend sein kann, ein stellvertretendes Mitglied des jeweiligen Ausschusses oder aber auch ein beliebiges anderes MdEP der eigenen Fraktion. Hierbei achten der Vorsitz und das Ausschusssekretariat darauf, dass nicht mehr Mitglieder einer Fraktion an einer Abstimmung teilnehmen, als diese Vollmitglieder im Ausschuss hat. Gegebenenfalls wird dies in einer elektronischen Probeabstimmung überprüft.

7.3.1 Wahrnehmung der Gesetzgebungs- und Selbstbefassungsbefugnisse

Im Rahmen der Ausübung der legislativen und haushaltpolitischen Befugnisse des EP obliegt es den Ausschüssen, sich zu den von der Kommission eingebrachten Vorschlägen für neue Rechtsakte sowie zu gemeinsamen Standpunkten und sonstigen Dokumenten, die der Rat vorlegt, zu äußern (Art. 201 GOEP). Sie bereiten mit der Erstellung von Berichten über legislative Vorschläge oder Initiativberichten (Art. 49 GOEP) die Tagungen des Parlaments vor. In diesem Sinne spielen sie eine wesentliche Rolle im Legislativprozess der EU.

Ergeht ein Vorschlag der Kommission oder des Rates an das EP, so wird dieser vom Sekretariat des Präsidiums an den federführenden Ausschuss und zumeist noch an zwei oder drei weitere stellungnehmende Ausschüsse weitergeleitet. Die Ausschüsse können darüber hinaus auch selbst beantragen, eine Stellungnahme abzugeben bzw. darüber entscheiden, ob sie der Einladung, eine Stellungnahme abzugeben, nachkommen wollen. Als mitberatende Ausschüsse können sie Änderungsanträge[290] einbringen, dürfen aber nicht über die komplette Vorlage abstimmen.

Gemäß Art. 52 GOEP und vorbehaltlich der Genehmigung durch die Konferenz der Präsidenten können die Ausschüsse zu jedwedem Gegenstand ihrer Zuständigkeit Initiativberichte erstellen und im Plenum zur Abstimmung stellen. Zur Sicherstellung der parlamentarischen Handlungsfähigkeit hat die Konferenz der Präsidenten Durchführungsbestimmungen zu den Voraussetzungen und Verfahren für die Genehmigung von Initiativberichten erlassen (Anl. XVII GOEP). Demnach kann jeder Ausschuss gleichzeitig nicht mehr als sechs Initiativberichte ausarbeiten. Sogenannte legislative Initiativberichte (Art. 46 GOEP) und jährliche Umsetzungsberichte zu Maßnahmen der anderen EU-Organe sind von dieser Quote ausgenommen, da sie in der Regel den vertraglich festgelegten Rechenschaftspflichten der Kommission und des Rates gegenüber dem Parlament unterliegen und das Parlament daher tätig werden muss. Bei Ausschüssen mit Unterausschüssen erhöht sich die Quote um einen Bericht pro Unterausschuss. Sämtliche Anträge im Zusammenhang mit der Erstellung von Initiativberichten müssen dem Vorsitz der Konferenz der Ausschussvorsitzenden vom Vorsitz des entsprechenden Ausschusses spätestens am Mittwoch vor der Sitzung der Konferenz der Ausschussvorsitzenden um 12 Uhr übermittelt werden, um auf dieser Ebene mögliche Kompetenzfragen und Überlappungen zwischen den Ausschüssen zu behandeln. Ausgenommen von der Quote sind darüber hinaus Initiativberichte zu Fragen von vorrangigem Interesse (maximal einer pro Ausschuss zur glei-

---

290 Es besteht keine Verpflichtung des federführenden Ausschusses die Änderungsanträge der Stellung nehmenden Ausschüsse anzunehmen, oft werden die Stellungnahmen nur an den finalen Text angehängt. Im Falle der Ablehnung hat der beratende Ausschuss kein Recht Änderungsanträge im Plenum einzubringen, außer er verfügt über 40 Abgeordnetenunterschriften oder hat den Rückhalt seiner Fraktion.

chen Zeit). So signalisieren sie beispielsweise gegenüber der Kommission formell den Gesetzgebungsbedarf in ihrem Kompetenzbereich oder definieren die Mindestanforderungen des Parlaments im Hinblick auf die von der Kommission für den Rat zu erstellenden Verhandlungsmandate für internationale Abkommen. Die Ausschussinitiativen gründen daher oftmals in Mitteilungen der Kommission, vertraulichen Informationen der Kommission über die Vorlage von Verhandlungsmandatsentwürfen oder auf Resolutionsanträgen, die von einzelnen Abgeordneten eingebracht und erfolgreich verabschiedet wurden.

Zu allen Berichtsentwürfen des Ausschusses können alle Ausschussmitglieder Änderungsanträge einbringen – direkt zum Legislativvorschlag, zum Änderungsvorschlag des Berichterstatters oder zum Entwurf eines Entschließungsantrags. Die Beschlussfähigkeit der Ausschüsse ist erreicht, wenn ein Viertel der Mitglieder anwesend ist. Abgestimmt wird durch Handzeichen, es sei denn, der Vorsitzende oder ein Viertel der Ausschussmitglieder beantragt eine namentliche Abstimmung (Art. 208 Abs. 3 GOEP). Die Änderungsanträge müssen schriftlich – innerhalb der vom Ausschussvorsitzenden festgesetzten Fristen - eingereicht werden und vor der Abstimmung im Plenum in alle Amtssprachen übersetzt sein.

Darüber hinaus kann jeder Ausschuss Anfragen zur mündlichen Beantwortung an die Kommission oder den Rat richten, um zusätzliche Informationen zu einem spezifischen Thema zu erhalten. Die Anfragen sind schriftlich beim Präsidenten einzureichen, der sie der Konferenz der Präsidenten unterbreitet. Diese entscheidet darüber, ob Anfragen auf die Tagesordnung einer Plenartagung des EP gesetzt werden.

Zuteilung der Berichte und Stellungnahmen

Die Zuteilung der Parlamentsbefassungen auf Ausschussebene erfolgt nach keinem einheitlichen Schema. Alle Varianten basieren auf dem für das EP typischen System der „Berichterstatter", das jeweilige Dossier durch alle Stufen des Verfahrens zu führen. Die Berichterstatter werden auf der Grundlage verschiedener Verfahren ernannt, wobei immer die Fraktionsstärke ausschlaggebend ist. Im Verfahren „nach Zuruf" verfügt jede Fraktion für die Dauer eines Jahres über ein ihrer relativen Stärke entsprechendes Punktekontingent. Für jedes von einem Berichterstatter betreute Ausschussdossier wird dann von den Koordinatoren ein „Preis" in Punkten festgesetzt, woraufhin die Fraktionen in der d'Hondt'schen Reihenfolge aufgerufen werden, um den Bericht oder die Stellungnahme zu „kaufen". Zieht keine Fraktion das Dossier zum „Erstpreis", wiederholt sich das Verfahren auf der Grundlage eines niedrigeren Punktepreises. Zieht keine Fraktion das Dossier aus dem Punktekonto, wird der Bericht entweder für 0 Punkte an die erstliegende Fraktion im Berechnungssystem oder direkt an den Ausschussvorsitzenden vergeben. In der mittelfristigen Arbeitsplanung rechnen Fraktionen somit immer einen „*First-Mover-Advantage*" ein, da sie in der Regel mitrechnen, welche Fraktion auf der jeweiligen Koordinatorensitzung als erste das Zugriffsrecht hat. Im Verfahren auf der Grundlage eines Auktionssystems bieten die Fraktionen dagegen ohne vorher festgelegten „Kaufpreis". Logische Folge dieses Systems ist, dass die großen Fraktionen deutlich mehr Berichterstatter stellen können, da sie die „Preise" relativ ungezwungen nach oben treiben können. In den kleinen Fraktionen ist daher kluges politisch-strategisches Taktieren gefragt: Es gilt genau abzuwägen, wofür man die Punkte verwendet. Die kleineren Fraktionen achten daher sehr genau darauf, welche Kommissionsvorschläge kurz vor der Veröffentlichung stehen und wann mit deren Übermittlung an das EP zu rechnen ist.

Fristen

Als Schnittstelle zwischen Parlamentspräsidium und Parlamentsplenum haben die Ausschüsse bestimmte Fristen zu beachten, die der vom Präsidium am 17. November 2008 angenommene Verhaltenskodex zur Mehrsprachigkeit festlegt. Nach dessen Art. 10 Abs. 2 können „die endgültigen Berichte, die von den Ausschüssen angenommen wurden, […] in die Tagesordnung einer Tagung aufgenommen werden, wenn sie bei der Direktion Rechtsakte zur Überprüfung und anschließenden Einreichung spätestens

a) einen Monat vor der entsprechenden Tagung im Falle legislativer Berichte für die erste Lesung (COD),

b) am Freitag der vierten Arbeitswoche vor der entsprechenden Tagungswoche im Falle von Legislativberichten nach dem Verfahren der Konsultation (CNS) und von Initiativberichten (INI),

c) am Freitag der dritten Arbeitswoche vor der entsprechenden Tagungswoche im Falle sonstiger Berichte eingereicht worden sind."

Erfahrungsbericht

„Am Nachmittag des 17. September 2012 trat der Industrieausschuss zu einer seiner regelmäßigen Sitzungen zusammen. 18 Tageordnungspunkte standen auf der Agenda, die auf den ersten Blick nichts Außergewöhnliches hätten vermuten lassen. Saaldiener stellten vor Beginn der Sitzung die Namensschilder der Abgeordneten auf und verteilten die Dokumente in der jeweiligen Amtssprache auf die Plätze. Beim Verteilen der Sitzungsunterlagen musste Ihnen allerdings an diesem Tag ein ganzes Team des *„Crossmedia Dissemination Service"* mit 25 Rollcontainern und 7 großen Dokumentenkisten zu Hilfe eilen, galt es doch unglaubliche 1 269 000 Blatt Papier heranzukarren und zu verteilen – je 4 700 Seiten für einen Kreis von 270 Personen (MdEP, Ausschusssekretariat, Vertreter von Kommission und Rat, Dolmetscher etc.). Allein 1824 Änderungsanträge waren z.B. zu einem Bericht über „Horizon 2020 – Rahmenprogramm für Forschung und Innovation" eingebracht worden, gut 1 000 weitere zum Bericht zur Umsetzung des Rahmenprogramms. Dass die Unterlagen – übersetzt in alle Amtssprachen – pünktlich zu Sitzungsbeginn zur Verfügung standen, war definitiv eine organisatorische und logistische Meisterleistung ebenso wie das Recycling des nicht verwendeten Papiers."

José Miguel Diaz Garcia, Team Koordinator, Crossmedia Dissemination Service, DG ITEC

7.3.2 Weitere Aufgabenbereiche

Anhörungen

Ein Instrument, über das die Ausschüsse verfügen, um ihre Berichte vorzubereiten, sind die öffentlichen Anhörungen (Hearings) von Sachverständigen, Lobbies oder Nichtregierungsorganisationen der Zivilgesellschaft. Das in der angelsächsischen parlamentarischen Praxis sehr verbreitete Instrument der öffentlichen Anhörung unterstreicht das Transparenzgebot des EP. In einem Beschluss vom 18. Juni 2003 hat das Präsidium hierzu erstmals Verfahrensregelungen getroffen. Festgelegt sind so z.B. eine jährliche Quote von Anhörungen pro Ausschuss und die Modalitäten der Kostenerstattung für externe Gutachter und Sachverständige. Dementsprechend können die Ausschüsse jährlich drei bis vier Anhörungen mit einer Beteiligung von insgesamt höchstens 16 Sachverständigen veranstalten, wobei jede Fraktion das Recht hat, Vorschläge einzubringen. Für jede Anhörung, bei der dem Parlament Kosten entstehen, muss eine vorherige Genehmigung des Präsidiums eingeholt werden (Art. 25 Abs. 9 GOEP). Zu diesem Zweck legt die Konferenz der Ausschussvorsitzenden dem Präsidium zu Beginn jedes Jahres einen Entwurf des Jahresprogramms für die geplanten Anhörungen zusammen mit den entsprechenden Begleitdokumenten und sämtlichen verfügbaren Informationen (Themen, Begründung, Daten, Zahl der Gäste und deren beruflicher Hintergrund) vor.

Im Rahmen der Durchführungsregelungen zur Europäischen Bürgerinitiative (EBI) muss innerhalb von drei Monaten nach Vorlage einer Europäischen Bürgerinitiative bei der Kommission gem. Art. 9 der Verordnung (EU) Nr. 211/2011 eine öffentliche Anhörung vom dem in der Sache zuständigen Parlamentsausschuss organisiert werden, wobei der für Petitionen zuständige Ausschuss automatisch dem betreffenden Fachausschuss assoziiert wird (Art. 211 GOEP).

Externe Experten und Sachverständige

Auf der Grundlage eines Beschlusses des Präsidiums vom 13. Juli 2004 stehen den parlamentarischen Ausschüssen jährlich Haushaltsmittel zur Vergütung von externen Sachverständigen zur Verfügung. Die Konferenz der Ausschussvorsitzenden leitet die verfügbaren Mittel an die Ausschüsse, Untersuchungsausschüsse, Sonderausschüsse und Unterausschüsse weiter und setzt das Präsidium davon in Kenntnis, wie sich die Mittel auf die einzelnen Ausschüsse verteilen. Die Hälfte der verfügbaren Mittel wird zu gleichen Teilen unter den Ausschüssen aufgeteilt. Bei der Verteilung der übrigen Mittel wird der Größe des Ausschusses Rechnung getragen. Jeder Ausschuss legt anhand seiner politischen Prioritäten fest, inwiefern auf Sachverständige zurückgegriffen werden soll. Die den Ausschüssen zugeordneten Fachabteilungen (vergleichbar mit „wissenschaftlichen Diensten") unternehmen daraufhin die erforderlichen Schritte zur Einbindung externer Sachverständiger. Insbesondere die gesetzgebungsintensiven Ausschüsse machen hierbei von sogenannten Rahmenverträgen mit Konsortien verschiedener Universitäten, Forschungseinrichtungen und Beratungsunternehmen Gebrauch, um schneller auf benötigte Briefings, Studien und Gutachten zurückgreifen zu können. Die Konferenz der Ausschussvorsitze legt dem Präsidium jährlich einen Bericht über den Einsatz der Mittel zur Vergütung externer Sachverständiger sowie das System als solches vor.

Anhörungen der designierten Kommissionsmitglieder

Seit Inkrafttreten des Maastrichter Vertrages führen die Ausschüsse mit den designierten Mitgliedern der Kommission oder im Fall einer wesentlichen Änderung der Aufgabenverteilung innerhalb der Kommission während ihrer Amtszeit Anhörungen durch (Art. 118 GOEP). Der Ausschuss für Auswärtige Angelegenheiten führt darüber hinaus Anhörungen mit den Botschaftern der EU und den Sonderbeauftragten, der Ausschuss für Wirtschaft und Währung Anhörungen mit den Mitgliedern des Europäischen Zentralbankrates durch. Diese Anhörungen werden von den Ausschüssen gemeinsam mit der Konferenz der Präsidenten und der Konferenz der Ausschussvorsitzenden organisiert (Anl. XVI GOEP). Aufgabe der Konferenz der Ausschussvorsitzenden ist hierbei, den allgemeinen Fragenkatalog zu verfassen, die Beachtung der jeweiligen Zuständigkeiten der verschiedenen Ausschüsse sicherzustellen, Vorschläge für die Abhaltung der Anhörungen zu unterbreiten und am Bewertungsverfahren teilzunehmen. Die Ausschüsse selbst erstellen die spezifischen Fragenkataloge auf der Grundlage der den Anzuhörenden zugedachten Aufgabenbereiche. Nach den Anhörungen beraten die Ausschüsse in nichtöffentlicher Sitzung über ihre Bewertung der Kandidaten und übermitteln dem Parlamentspräsidenten ihre Empfehlungen.

Delegationsreisen der Ausschüsse

Ständige Ausschüsse und Unterausschüsse können in Ausübung der ihnen gem. Anl. VI GOEP übertragenen Zuständigkeiten Reisen außerhalb der drei Arbeitsorte des Parlaments unternehmen. Gleiches gilt für Untersuchungs- und Sonderausschüsse im Rahmen der ihnen zum Zeitpunkt der Einsetzung übertragenen Zuständigkeiten. Das Präsidium hat hierzu am 2. Oktober 2000 in einem Beschluss entsprechende Regelungen erlassen, z. B. zur jährlichen Quote für jeden Ausschuss, zu den geographischen Entfernungen, der Mitgliedschaft in Delegationen und zu Fragen der Assistenz, zum Zeitplan und zur Dauer der Reisen. Jeder Ausschuss benötigt eine vorherige Genehmigung des Präsidiums (Art. 25 Abs. 9 GOEP). Dementsprechend legt die Konferenz der Ausschussvorsitzenden den Entwurf eines Jahresprogramms der Ausschussdelegationen bis spätestens 1. November des vorausgehenden Jahres vor. Pro Jahr können max. 25 Ausschussmitglieder an einer Delegation teilnehmen, wobei jede Delegation aus nicht mehr als 12 MdEP bestehen darf. Die Reisedauer ist grundsätzlich auf drei Tage beschränkt (einschließlich An- und Abreise).

7.3.3 Rolle der Ausschusssekretariate

Die Ausschusssekretariate unterstützen inhaltlich und administrativ die Arbeit der Ausschüsse. Sie umfassen im Schnitt vier bis zwölf Mitarbeiter, wobei in den gesetzgebungsintensiven Ausschüssen zusätzlich bis zu drei Beamte arbeiten, die ihre Karriere im sprachjuristischen Dienst des Parlaments begonnen haben. Formal sind die Ausschusssekretariate für die inhaltliche Vorbereitung der Berichte, die Organisation der Ausschuss-, Koordinatoren- und Trilogsitzungen im ordentlichen Gesetzgebungsverfahren, die Planung und Durchführung der Anhörungen und Delegationsreisen, die Beauftragung von Sachverständigen und Gutachten sowie für die ausschussrelevanten Kontakte der Ausschussvorsitzenden mit Vertretern der anderen Organe zuständig. Häufig verfassen die Sekretariatsbeamten die ersten Entwürfe der Parlamentsberichte und -resolutionen, vor allem zu denjenigen Aspekten, die zwar für das Parlament als Institution wichtig sind, für die MdEP aber kaum Gelegenheit bieten, politische Botschaften – v.a. nach außen – zu vermitteln. Die Sekretariate helfen dann, dafür Sorge zu tragen, dass die transversal, im interinstitutionellen Gefüge machtpolitisch wirksamen Parlamentsinteressen zur Frage der delegierten und Durchführungsgesetzgebung, der Verhaushaltung von EU-Programmen oder zur Frage der Einbindung des Parlaments an der Evaluierung und Revision der Rechtsakte deutlich gemacht werden. Genießen die Ausschussbeamten das Vertrauen ihrer jeweiligen Ausschussvorsitzenden, dann erstellen sie häufig auch dessen erste Berichtsentwürfe zu Gesetzgebungsmaßnahmen, bei denen der Vorsitzende auch als Berichterstatter fungiert. Darüber hinaus entwerfen die Sekretariatsbeamten häufig den einleitenden Teil der Entschließungen, in dem Verweise auf geltendes Recht, berichtsrelevante, frühere Rechtsakte, Resolutionen des Parlaments oder Urteile des Europäischen Gerichtshofs gemacht werden. Schließlich obliegt ihnen die Anzeige der Beiträge aus den nationalen Parlamenten zu den im Ausschuss beratenen Dossiers, die frühzeitige Kontaktnahme mit den Sekretariaten des Ministerrates und der Ratspräsidentschaft sowie die Sammlung, Speicherung und Weiterleitung der als vertraulich gekennzeichneten Dokumente der andere Organe.

In den meisten Sekretariaten hat sich ein System durchgesetzt, nach dem jeder Beamte für bestimmte Funktionsbereiche und bestimmte Regionen zuständig ist und daher auch unabhängig von den Ausschussbefassungen dafür zuständig ist, Entwicklungen in und den Stand der Forschung zu den jeweiligen Bereichen zu verfolgen, hierüber Vermerke zu verfassen und die Ausschüsse, MdEP und Fraktionen laufend über die in Vorbereitung befindlichen Dossiers zu informieren.

Im Hinblick auf die Abstimmungen in den Ausschüssen erstellen die Sekretariate die Entwürfe der Abstimmungslisten, protokollieren die Abstimmungen und erstellen im Anschluss hieran die Rohfassung der abgestimmten Dossiers für die sprachjuristische Überprüfung und anschließende Übersetzung. Die Sekretariate unterstützen insbesondere auch die jeweiligen Berichterstatter bei der Abfassung ihrer Berichte (inhaltliche Vorbereitung, Abfassen, Redaktion, Empfang der Änderungsanträge; Treffen zwischen Berichterstattern und Schattenberichterstattern, Treffen mit Kommission und Rat; Organisation informeller Vorabsitzungen zu den Trilogen). Haben sich der Parlamentsausschuss und die Ratspräsidentschaft im Trilogverfahren auf einen gemeinsamen Kompromissentwurf für ein Gesetzgebungsverfahren geeinigt, nehmen die Beamten auch an den nachfolgenden Sitzungen der Sprachjuristen aller beteiligten Organe teil. Hierbei geht es insbesondere darum, zu verhindern, dass politisch vereinbarte Textformulierungen mit dem Hinweis auf ihre juristische Ungenauigkeit so stark nachinterpretiert werden, dass das Ergebnis vom politischen Willen des Parlaments abweicht. Geschieht dies doch, kann der Ausschuss die von den Sprachjuristen geänderte Version des Gesetzgebungstextes erneut zur Abstimmung stellen.

7.3.4 Kooperation und Konflikt zwischen den Ausschüssen

Auf Grundlage der in der Geschäftsordnung definierten Zuständigkeiten der ständigen Ausschüsse werden ihnen die Dossiers vom Präsidenten im Namen der Konferenz der Präsidenten zugewiesen. Abgesehen von besonderen Ausnahmefällen kann nur ein Ausschuss als federführender Ausschuss fungieren (Art. 201 Abs. 3 GOEP). Da die Ausschusszuständigkeiten selbst nicht aus Vertragszielbestimmungen oder Kompetenznormen und funktionalen Rechtsgrundlagen hergeleitet werden, sondern relativ offen formuliert sind, kommt es dann zu Kompetenzkonflikten, wenn ein Dossier in die Zuständigkeit von mehr als einem Ausschuss fällt oder wenn ein Ausschuss die Zuständigkeit des federführenden Ausschusses anzweifelt. Häufig argumentiert dann ein Ausschuss mit dem in einem Vorschlag der Kommission vorgegebenen Maßnahmenziel, während der andere Ausschuss sich auf die Rechtsgrundlage, die Verfahrensnorm oder ehemalige Zuständigkeiten bei ähnlich gelagerten Fällen stützt. Gem. Art. 201 Abs. 2 GOEP muss ein Kompetenzstreit über einen Legislativvorschlag innerhalb von vier Arbeitswochen nach Bekanntgabe der Überweisung an den Ausschuss im Plenum an die Konferenz der Präsidenten überwiesen werden. Anschließend muss die Konferenz der Präsidenten innerhalb von sechs Wochen auf Grundlage einer Empfehlung der Konferenz der Ausschussvorsitzenden bzw. des Vorsitzenden dieses Gremiums eine Entscheidung treffen. Lässt die Konferenz der Präsidenten diese Frist verstreichen, gilt die Empfehlung. Das gleiche Verfahren wird bei Zuständigkeitskonflikten in Zusammenhang mit Initiativberichten angewandt (Art. 52 und Annex XVII Art. 3 Abs. 6 GOEP).

Gelangt die Konferenz der Ausschussvorsitzenden oder – im Falle der Nichtbeilegung des Konflikts auf dieser Ebene – die Konferenz der Präsidenten zu der Auffassung, dass der Gegenstand fast zu gleichen Teilen in die Zuständigkeit von zwei oder mehr Ausschüssen fällt, dann kommt das Verfahren mit assoziierten Ausschüssen (Art. 54 GOEP) zur Anwendung. Der Zeitplan für die weitere Parlamentsbefassung wird dann gemeinsam von den betroffenen Ausschüssen vereinbart. Die betroffenen Vorsitze, Berichterstatter und die Verfasser der Stellungnahmen verständigen sich über die genauen Modalitäten ihrer Zusammenarbeit. Der federführende Ausschuss übernimmt dann die Änderungsanträge des beratenden oder „assoziierten" Ausschusses blind, d.h. ohne eigenständige Prüfung und Abstimmung, wenn sie Fragen betreffen, die in die ausschließliche Zuständigkeit des beratenden Ausschusses fallen. Werden Änderungsanträge zu Fragen, die in die gemeinsame Zuständigkeit des federführenden Ausschusses und eines beratenden Ausschusses fallen, vom federführenden Ausschuss abgelehnt, kann der beratende Ausschuss diese Änderungsanträge im Plenum erneut einreichen.

Im Mai 2009 führte das Parlament in Art. 55 seiner Geschäftsordnung ebenfalls ein Verfahren mit gemeinsamen Ausschusssitzungen einschließlich gemeinsamer Abstimmungen ein, um der Gleichrangigkeit von Ausschüssen bei geteilten Kompetenzen gerecht zu werden und die Zusammenarbeit in solchen Fällen zu optimieren. Die jeweiligen Berichterstatter erstellen dabei einen gemeinsamen Berichtentwurf, über den von den beteiligten Ausschüssen unter gemeinsamem Vorsitz der betreffenden Ausschussvorsitze befunden und abgestimmt wird. Der Sinn dieses Verfahrens besteht darin, dass die Ko-Berichterstatter der jeweiligen Ausschüsse nach einer gemeinsamen Vorbereitung und Diskussion unter Wahrung der Grundsätze der Gleichberechtigung und Zusammenarbeit im Plenum einen ausgewogeneren Bericht einreichen können.

7.4 Sonderausschüsse

Die nichtständigen Ausschüsse oder Sonderausschüsse befassen sich meist mit dringlichen, nicht unmittelbar mit der Gesetzgebungsarbeit verknüpften Themen, wie z.B. der Wiedervereinigung, der Humangenetik, dem Klimawandel oder aktuell der Wirtschafts-, Sozial- und Finanzkrise. Sie sind ein Instrument, über das das EP verfügt, um seine Kontrollaufgaben wahrzunehmen.

Gemäß Art. 197 GOEP kann das EP auf Vorschlag der Konferenz der Präsidenten jederzeit einen Sonderausschuss mit einer Mandatszeit von maximal zwölf Monaten, die erforderlichenfalls verlängert werden kann, einsetzen. Auf Antrag eines Viertels seiner Mitglieder kann das EP auch Untersuchungsausschüsse einsetzen (Art. 198 GOEP). Diese Ausschüsse „auf Zeit" können interimistische und endgültige Entschließungsanträge einbringen, über die das EP abstimmt. Sie sind jedoch nicht berechtigt, Stellungnahmen gegenüber anderen Ausschüssen abzugeben (Art. 201 Abs. 1 GOEP). Von 1979 – 2013 gab es 17 Sonderausschüsse, von denen einige auch die Funktion eines Untersuchungsausschusses[291] wahrnahmen.

---

291 Wie z.B. der BSE-Ausschuss 1997, der dem EP die Möglichkeit gab, Druck auf die Kommission dahingehend auszuüben, der Gesundheitsproblematik insgesamt mehr Aufmerksamkeit beizumessen und ihre internen Verwaltungsstrukturen entsprechend anzupassen. Das Ergebnis waren Maßnahmen in den Bereichen Frühwarnung, Kontrolle und Prävention, die auch im Zuge der Eindämmung der „Schweinegrippe" (2009) zum Einsatz kamen.

Tab. 17: Sonderausschüsse 1983–2015

1983	zur Ankurbelung der wirtschaftlichen Entwicklung
1984	zu den Haushaltmitteln
1987	zur erfolgreichen Umsetzung der Einheitlichen Europäischen Akte (Delors Paket)
1990	zur deutschen Wiedervereinigung
1992	zur künftigen Finanzierung der Europäischen Kommission (Delors-II-Paket)
1994/95	zur Beschäftigung
1997	für die Weiterbehandlung der Empfehlungen zu BSE
2000/01	zum Abhörsystem ECHELON
2001	zur Humangenetik und anderen neue Technologien in der modernen Medizin
2002	zur Maul- und Klauenseuche
2003/04	zur Verbesserung der Sicherheit auf See
2004/05	zu den politischen Herausforderungen. und Haushaltmitteln der erweiterten Union 2007-2013
2006/07	zur behaupteten Nutzung europäischer Staaten durch die CIA für die Beförderung und das rechtswidrige Festhalten von Gefangenen (CIA-Ausschuss)
2008	zum Klimawandel
2009-2011	zur Bekämpfung der Wirtschaft-, Finanz und Sozialkrise
2010/11	zu den politischen Herausforderungen und Haushaltmitteln für eine nachhaltige Europäische Union nach 2013
2012/13	zur Bekämpfung organisierter Kriminalität, Korruption und Geldwäsche
2015	zu Steuerbescheiden und anderen Maßnahmen ähnlicher Art oder Wirkung (TAXE)

In die 7. Wahlperiode (2009–2014) fielen folgende drei Sonderausschüsse:

– CRIS – zur Finanz-, Wirtschafts- und Sozialkrise (Oktober 2009 –Juli 2011).
– SURE – zu den politischen Herausforderungen und Haushaltmitteln für eine nachhaltige Europäische Union nach 2013 (Juli 2010–Juni 2011)
– CRIM – zur Bekämpfung organisierter Kriminalität, Korruption und Geldwäsche in der EU (Mai 2012–Oktober 2013)

7.5 Untersuchungsausschüsse[292]

Das Europäische Parlament kann auf Antrag eines Viertels seiner Mitglieder die Einsetzung eines nichtständigen Untersuchungsausschuss beschließen, um Verstöße gegen oder Missstände bei der Umsetzung von Unionsrecht zu prüfen. Bedingung ist, dass dieses Instrument der politischen Kontrolle nicht in die an andere Organe oder Institutionen übertragenen Befugnisse eingreift und sich kein Gericht aktuell mit dem Sachverhalt befasst. Das EP entscheidet auf Vorschlag der Konferenz der Präsidenten und nach Abstimmung im Plenum über die Einsetzung des Ausschusses. Der Beschluss über die Einsetzung eines Untersuchungsausschusses muss die

---

292 Vgl. Geschäftsordnung des Europäischen Parlaments, Anlage VIII: Einzelheiten der Ausübung des Untersuchungsrechts des Europäischen Parlaments. Beschluss des Europäischen Parlaments, des Rates und der Kommission vom 19. April 1995 über Einzelheiten der Ausübung des Untersuchungsrechts des Europäischen Parlaments (ABl. L113 vom 19.5.1995, 2).

genaue Angabe des Gegenstands der Untersuchung inklusive der Referenz zu den relevanten Bestimmungen des Unionsrechts enthalten. Er enthält ebenfalls eine Aufstellung der Mitglieder des Ausschusses und setzt die Frist für die Vorlage des Abschlussberichtes (spätestens 12 Monate nach der ersten Sitzung) fest, die maximal zweimal um jeweils 3 Monate verlängert werden kann. Der Beschluss über die Einsetzung wird innerhalb eines Monats im Amtsblatt der EU veröffentlicht. Das EP hat zusätzlich dafür zu sorgen, ihn einer breiteren Öffentlichkeit bekannt zu machen (Art. 198 GOEP).

Zum Abschluss seiner Arbeiten unterbreitet der Untersuchungsausschuss dem EP einen Bericht über die Ergebnisse, der meist auch Gegenstand einer Aussprache ist. Er kann ferner einen Entwurf für eine an die Organe und Einrichtungen der EU oder der Mitgliedstaaten gerichtete Empfehlung vorlegen (Art. 198 Abs. 10 GOEP).

Die Geschichte der Untersuchungsausschüsse geht bis in die Zeit kurz nach der ersten Direktwahl des Europäischen Parlaments im Jahr 1979 zurück. Damals setzte das EP seinen ersten Untersuchungsausschuss ein, der die „Lage der Frauen in Europa" zum Inhalt hatte. 1982 folgte ein weiter Untersuchungsausschuss zu den „Rechten der Frau". Diese beiden Untersuchungsausschüsse führten schlussendlich zur Gründung des ständigen Ausschusses für die Rechte der Frau und die Gleichstellung der Geschlechter (FEMM). Bis zum Inkrafttreten des Vertrages von Maastricht 1995 gab es insgesamt acht weitere Untersuchungsausschüsse.[293]

– Untersuchungsausschuss zur Behandlung toxischer und gefährlicher Substanzen (1983–1984)
– Untersuchungsausschuss zur Zunahme von Faschismus und Rassismus in Europa (1986)
– Untersuchungsausschuss zum Drogenproblem (1985/86)
– Untersuchungsausschuss zu Agrar-Wertpapiere (1986/87)
– Untersuchungsausschuss zur Behandlung von radioaktivem Material (1988)
– Untersuchungsausschuss zu Hormonen in Fleisch (1988/89)
– Untersuchungsausschuss zur Anwendung der gemeinsamen Erklärung gegen Rassismus und Faschismus (1989/90)
– Untersuchungsausschuss zur grenzüberschreitenden Kriminalität in Zusammenhang mit Drogenhandel (1991)

Gemäß dem im Maastrichter Vertrag geschaffenen Art. 138c des EG-Vertrags konnte das Europäische Parlament die Einsetzung eines nichtständigen Untersuchungsausschusses beschließen. Konkrete Regelungen mussten aber erst zwischen den Institutionen vereinbart werden. Ergebnis waren wenige und sehr eingeschränkte Befugnisse für das EP. Vor allem der Zugang zu Dokumenten und Beweismitteln hängt in weiten Teilen vom guten Willen nationaler Behörden ab; ebenso die Ladung von Zeugen. Im Rahmen dieser Regelungen setzte das EP ab 1995 drei Untersuchungsausschüsse ein:

– Untersuchungsausschuss für das gemeinschaftliche Versandverfahren (1996/97)
– Untersuchungsausschuss zur BSE Krise (1996/97)
– Untersuchungsausschuss zur Krise der „Equitable Life Assurance Society" (2006/07)

Da die Einsetzungsmöglichkeiten von parlamentarischen Untersuchungsausschüssen durch Art. 138c des EG-Vertrages erheblich eingeschränkt worden waren, konnten für Fälle wie dem elektronisches Abhörsystem ECHELON, der Humangenetik, der Maul- und Klauenseuche, der

---

293 Vgl. Corbett/Jacobs/Shackleton, 2011, S. 331-335.

Sicherheit auf See und den Rückführungsflügen des CIA nur Sonderausschüsse und eben keine Untersuchungsausschüsse eingesetzt werden.

In Zusammenhang mit der Neuordnung der interinstitutionellen Beziehungen und Zusammenarbeit durch den Vertrag von Lissabon und gestützt auf Art. 226 AEUV wurde das Untersuchungsrecht des Europäischen Parlaments gestärkt und ausgeweitet. Die Definition der Einzelheiten der Ausübung dieses Untersuchungsrechts obliegt nun dem EP selbst. Am 23. Mai 2012 hat das EP einen Bericht über den Vorschlag für eine Verordnung angenommen, in dem diese Details festgeschrieben wurden. Die Abstimmung über die legislative Entschließung verschob das EP allerdings und eine Einigung mit Rat und Kommission steht immer noch aus. Und so gelten noch die im Beschluss vom 19. April 1995 definierten Einzelheiten zur Ausübung des Untersuchungsrechts des Europäischen Parlaments.[294] Zentrale Punkte, der vom EP vorgeschlagenen Anpassung sind:

- das Recht, Zeugen vorzuladen und zu befragen,
- die Möglichkeit, Beweismitteln und Unterlagen einzufordern,
- Untersuchungen vor Ort,
- das Einholen von Sachverständigengutachten,
- die Unterstützung der Untersuchungen durch nationale Behörden.

Sollten sich die Institutionen darauf einigen, dem EP diesen erweiterten Handlungsspielraum zu gewähren, könnten die Untersuchungsausschüsse tatsächlich zu einem wirksamen Instrument parlamentarischer Kontrolle werden.

7.6 Trends

Der Vertrag von Lissabon hat gewisse Anpassungen im Ausschusswesen des EP nach sich gezogen, wobei in der Implementierungsphase vor allem der Ausschuss für konstitutionelle Fragen gefordert war. Mit dem Zuwachs an Kompetenzen erhöhten sich auch die Anforderungen an die Ausschüsse. Mehr und mehr Legislativvorschläge im Rahmen des Ordentlichen Gesetzgebungsverfahrens werden mittlerweile als sog. Einigungen in Erster Lesung verabschiedet. Durch diesen Trend, der in der 7. Wahlperiode 85 % der Dossiers betraf, nehmen die Ausschüsse selbst und vor allem auch die für die jeweiligen Gesetzesvorschläge ernannten Berichterstatter eine wesentlich prominentere Rolle im Legislativprozess ein; einigt man sich doch in diesem Fall auf einen endgültigen Text unter meist minimaler Beteiligung der wenigen assoziierten bzw. mitberatenden Ausschüsse, noch bevor er dem Plenum zur Abstimmung vorgelegt wird. Im Zuge dieses Prozesses bleibt ein Großteil der Ausschüsse samt deren Mitgliedern vom Verfahren effektiv ausgeschlossen, so dass Abgeordnete, die Ausschüssen mit einem höheren Anteil an Gesetzgebungsverfahren angehören, deutlich mehr politische Einflussmöglichkeiten haben.

Die beiden Ausschüsse für Internationalen Handel (INTA) sowie für Binnenmarkt und Konsumentenschutz (IMCO) verzeichneten den höchsten Zugewinn, was die Zahl der zugewiesenen Gesetzgebungsvorschläge seit Inkrafttreten des Lissabonner Vertrages betrifft. Dies ist ein klares Indiz für den Kompetenzgewinn in diesen Politikbereichen. Ein solcher Prestigegewinn bedeutet aber auf der anderen Seite auch ein Mehr an Verantwortung und ein höheres Arbeits-

---

294   Vgl. ABl. L 113 vom 19.5.1995.

pensum. Letzteres kann gerade für kleinere Fraktionen eine Herausforderung werden, da diese oftmals mit nur zwei bis drei Mitgliedern alle Dossiers verfolgen müssen. Die Ausschüsse für bürgerliche Freiheiten und Justiz (LIBE), Landwirtschaft (AGRI) und Fischerei (PECH) hingegen verzeichneten zwar einen Rückgang in der Gesamtzahl der behandelten Dossiers, jedoch eine Zunahme an Einflussmöglichkeiten auf relevante Gesetzgebung durch die Ausweitung der Mitentscheidungskompetenzen – vor allem in den Bereichen Landwirtschaft und Fischerei. Der Ausschuss für Bürgerliche Freiheiten und Justiz hatte bereits vor Lissabon einen nicht unwesentlichen Anteil an Gesetzgebungsverfahren – aber auch dort ist ein klarer Kompetenzzuwachs bei gleichzeitigem Rückgang der Gesamtzahl der Dossiers festzustellen. In den Ausschüssen für Umwelt und Verkehr ist der Umfang an legislativer Arbeit zurückgegangen, ohne dass dies durch einen Kompetenzzuwachs ausgeglichen würde. In allen anderen Ausschüssen sind weder qualitativ noch quantitativ so klare Entwicklungen feststellbar. Und es gibt Beispiele wie den Wirtschafts- und Währungsausschuss, der in den Zeiten der Wirtschafts-, Banken- und Finanzkrise naturgemäß in den Fokus gerückt ist, ohne dass man anhand objektiver Bewertungskriterien einen tatsächlichen Bedeutungszuwachs feststellen könnte.[295]

Nicht nur der Kompetenzzuwachs, sondern auch die Kompetenzzuordnung innerhalb des EP ist gewissen Dynamiken ausgesetzt. Politikfelder verändern sich, bedingen einander oder fließen zu einem Bereich zusammen. Die Krux liegt wohl in den sehr breit gefassten Politikfeldumschreibungen bei den im Anhang der GOEP festgelegten Ausschusszuständigkeiten. Diese machen es schwierig, eine klare inhaltliche Grenzlinie zu ziehen. Auf den ersten Blick banal anmutende Fragestellungen können zu monatelangen Grundsatzdiskussionen führen. Ist die Geschlechterthematik ein Querschnittsthema oder braucht es dafür einen eigenen Ausschuss? Soll die Informations- und Medienpolitik vom Kultur-, Wirtschafts-, Industrie- oder dem Rechtsausschuss behandelt werden? Die Kommission hat gewissen Entwicklungen mit der Umgestaltung der Generaldirektionen und zuletzt mit der Umstrukturierung der Juncker-Kommission und der neuen Ausgestaltung der Portfolios der einzelnen Kommissionsmitglieder Rechnung getragen. Dies wiederum macht die Klärung von Zuständigkeiten innerhalb des Parlaments nicht leichter. Die Schaffung von weiteren Unterausschüssen oder eine Umgestaltung der bestehenden ständigen Ausschüsse standen trotzdem auch zu Beginn der 8. Wahlperiode nicht zur Debatte.

---

295 Vgl. VoteWatch Europe (2012): Mid-term Evaluation of the 2009–14 European Parliament: Legislative activity and decision-making dynamics, VoteWatch Europe, CEPS Special Report Nr. 63 / July 2012, p. 6-8.

8 Plenum

Das Plenum ist die – möglichst vollzählige – Versammlung der gegenwärtig 751 Mitglieder des Europäischen Parlaments. Vorschnell wird es gerne als Inbegriff des Europäischen Parlamentarismus verstanden, wenn beispielsweise der Kommissionspräsident seine Rede zur Lage der Union hält, nationale Regierungschefs zu Beginn einer Ratspräsidentschaft ihr Programm vorstellen, Staatsoberhäupter, der Papst oder andere Würdenträger zu Ansprachen geladen sind, die auf große mediale Aufmerksamkeit stoßen. Dementsprechend oszilliert auch die journalistische Berichterstattung über das EP mit dem Sitzungskalender des Plenums. Das EP ist aber eher der Gruppe der Arbeitsparlamente und weniger derjenigen der Redeparlamente[296] zuzurechnen. Im Unterschied zum klassischen Redeparlament des „Westminster-Typs" verfügt das EP über deutlich mehr und vor allem eigenständige, politikgestaltende und sanktionsbewährte Kontrollzuständigkeiten, die es aber aufgrund seiner relativen Entfernung zur Lebenswirklichkeit der Unionsbürgerinnen und -bürger (Interaktions- und Kommunikationsdefizit) sowie in Ermangelung einer klaren Verbindung zwischen EP und einer aus Europawahlen hervorgehenden „Regierung" nur unzureichend in wahlmobilisierende Aufmerksamkeit umzumünzen vermag. Der für Redeparlamente klassische, parteipolitische Schlagabtausch findet im EP ebenfalls eher in den Ausschüssen statt; sie bilden das entscheidende Aktions- und Profilierungsforum für das Gros der Abgeordneten. Auch der relative, über den Fraktionsstatus und die Sachkompetenz vermittelte Machteinfluss des einzelnen Abgeordneten hängt vor allem von seiner Positionierung in den Ausschüssen ab. Nicht der Redner, sondern der kenntnisreiche Detailexperte, der bestens informierte „Sachwalter" wird zur wichtigen Figur im europäischen Parlamentsalltag. Einschränkend ist aber festzuhalten, dass das EP gerade im Bereich der Interaktions- oder Kommunikationsfunktion am Plenum als Arena der offenen Auseinandersetzung über Ziele, Interessen, Ideen und Befürchtungen hinsichtlich der funktionalen Reichweite und Dichte europäischer Integration festhält: Gerade fraktionslose Abgeordnete und die wachsende Kohorte der Europaskeptiker nutzen das Plenum als Ort der Zurschaustellung ihrer teilweise extremen Ansichten. Der Ordnungsruf des Vorsitzenden mag in seiner Binnenwirkung auf Ausschussebene ebenso wirksam sein wie im Plenum. Aber Abgeordnete, die den Ordnungsruf bewusst provozieren, suchen hierüber den Kontakt zur Wählerschaft und nutzen das Plenum

---

296 Vgl. auch hierzu Steffanis klassische Umschreibung des Redeparlaments: „Ein Redeparlament [...] erhebt den Anspruch, das wichtigste Forum der öffentlichen Meinung, die offizielle Bühne aller großen, die Nation bewegenden politischen Diskussionen zu sein. Die parlamentarischen Ausschüsse steigen nicht über den Rang mehr zweitrangiger Hilfsorgane, das Plenum bleibt das entscheidende Aktionsforum. Die Parlamentsrede hat dabei verschiedene grundlegende Funktionen zu erfüllen: Rechtfertigung eigener Entscheidungen, Kritik an der Haltung anderer, öffentlich-wirksame Kontrolle, Information und Meinungsbekundung sowie politische Bildung im weitesten Sinne. Im Plenum wird nicht primär diskutiert, um sich gegenseitig zu überzeugen. Derartige „Überzeugungs-Gespräche" finden auf anderen Ebenen in größeren und kleineren Gruppen sowie in vielerlei Form und Weise statt. Die parlamentarische Plenarrede zielt in wesentlichem Maße auf die öffentliche Meinung, die Presse, den Wähler ab. Die Plenarrede ist von allen anderen politischen Reden dadurch unterschieden, dass sie öffentlich in einem höchsten staatlichen Entscheidungsorgan im Beisein des politischen Gegners erfolgt, der über das Recht zur Gegenrede verfügt. [...] Ein Redeparlament lebt davon, dass die wichtigsten Redepartner entscheidende politische Macht repräsentieren. Daher steht im Zentrum die Debatte zwischen Regierungschef und Oppositionsführer, zwischen Minister und „Schattenminister". Das Redeparlament hat folglich nur dort eine Chance, wo Regierungschef und Oppositionsführer Mitglieder des Parlaments sind oder zumindest in ihm ein Rederecht und eine Auskunftspflicht haben. Ein Redeparlament kann nur dort seinen Funktionen sinnvoll nachkommen, wo Parlamentsreden mit wacher Resonanz in der öffentlichen Meinung rechnen können; in einem derartigen Parlament wird das Zusammenspiel zwischen einer glaubwürdigen, systematischen und überzeugenden Opposition und einer kritischen öffentlichen Meinung zum wichtigsten Element wirksamer politischer Kontrolle." Steffani, Winfried: Parlamentarische und präsidentielle Demokratie, Opladen 1979, S. 96f.

für ihren Auftritt gerade aufgrund der Rüge des Parlamentspräsidenten.[297] Vor allem Abgeordnete aus traditionellen „Westminster-Demokratien" greifen auf die verschiedenen Formen der Frage- und Interpellationsrechte des EP zur öffentlichen Vergegenwärtigung der Anliegen ihrer Wahlkreise zurück und nehmen Kommission oder Ministerrat ins medienwirksame „Kreuzverhör". Darüber hinaus ist das Plenum der Ort, in dem politische Ansichten alleine aufgrund der schieren Zahl der Abgeordneten am besten visualisiert werden können. Über T-Shirtaufdrucke, Transparente, Buttons oder Britische-Pfund-Zeichen am Anzugrevers, Nationalflaggen am Sitzplatz etc. demonstrieren Abgeordnete Einstellungen, Protest oder schlicht ihr Abstimmungsverhalten. Und schließlich fungiert das Plenum für die sozialwissenschaftliche Integrationsforschung als wesentliche Quelle zur Generierung der Datensätze über Schwerpunktsetzungen und parteipolitische Vermittlungsleistungen der MdEP, das Abstimmungsverhalten im EP und hierüber vermittelt zur Analyse der Fraktionskohäsion und der Koalitionsbildungsmechanismen.

Während sich der Arbeitsalltag der Fraktionen, Ausschüsse und interparlamentarischen Delegationen vorwiegend in Brüssel abspielt, finden sich die Abgeordneten zu zwölf viertägigen Plenartagungen in Straßburg ein. Plenartagungen finden in der Regel einmal, mitunter auch zweimal im Monat statt, da das EP während der Sommerpause im August nicht tagt. Zusätzliche, jeweils halbtägige „Mikro-Tagungen" finden 10-mal jährlich im großen Plenarsaal in Brüssel statt.

Nach einer Statistik der parlamentsinternen Forschungsstelle *European Parliamentary Research Service* (EPRS) hielt das Plenum in der 7. Wahlperiode (2009–2014) 260 Sitzungstage – das entspricht 2 160 Stunden reiner Sitzungszeit – ab. In diesem Zeitraum stimmten die MdEP 23 553 Mal ab, nahmen 21 298 Änderungsanträge an und lehnten 22 692 ab, reichten 58 840 schriftliche Anfragen ein und nahmen 2 790 Vorlagen – unter ihnen 1 071 Legislativakte – an.[298]

8.1 Plenarsaal: Sitzordnung und Zugang

Die Verteilung der Sitzplätze im Plenarsaal auf Fraktionen, fraktionslose Mitglieder sowie auf die Vertreter von Rat und Kommission legt die Konferenz der Präsidenten fest. Die Sitzordnung richtet sich nicht nach der Nationalität der MdEP, sondern nach ihrer Zugehörigkeit zu den Fraktionen. Innerhalb der Fraktionen erfolgt die Reihung seit 1958 ebenfalls nicht nach nationalen Delegationen, sondern strikt alphabetisch. Von der alphabetischen Reihung ausgenommen sind die Fraktionsvorsitzenden, deren Stellvertreter sowie einzelne Mitglieder mit

---

297 Nach Art. 165 GOEP kann ein Abgeordneter, der den ordnungsmäßigen Ablauf der Sitzung stört oder sich ungebührend verhält, nach zweimaliger Aufforderung aus dem Plenarsaal verwiesen werden. Bei schwerwiegenden Verstößen, kann es zum Verlust des Anspruchs auf Tagegeld für die Dauer von zwei bis zehn Tagen oder/und zur Suspendierung von der Teilnahme an allen oder einem Teil der Tätigkeiten des Parlaments kommen. Im März 2010 musste der Brite Nigel Farage (EFD, UKIP) ein Bußgeld von ca. EUR 3 000 zahlen, weil er dem EU-Ratspräsidenten Herman van Rompuy das „Charisma eines feuchten Lappens" zugeschrieben und Belgien als ein „Nicht-Land" bezeichnet hatte. Einen Einspruch des Briten lehnte der Europäische Gerichtshof wegen Fristablaufs ab. Außerdem musste Farage die Gerichtskosten des Parlaments tragen. Der EP-Präsident betonte, dass bei der Ausübung des Rechts auf freie Meinungsäußerung im Parlament die Würde des Anderen und der Einrichtung, in der beide sprechen, unbedingt geachtet werden müssen. Im November 2010 beleidigte Godfrey Bloom (UKIP) einen deutschen Abgeordneten mit dem Nazi-Ausspruch „Ein Volk, ein Reich, ein Führer" und weigerte sich, sich zu entschuldigen. Er wurde ebenso wie sein Parteikollege Farage mit dem Verlust des Anspruchs auf drei Taggelder (ca. EUR 1 000) belegt.

298 Vgl. EPRS (2014): The European Parliament 2009–14. Five years' work in figures, Infographic, 15. Juni 2014, 140781REV3

Sonderfunktionen wie z.B. Vize-Präsidenten, Quästoren oder Delegationsleiter, die die vorderen Reihen ihrer Fraktionssitze einnehmen. Bis zu Beginn der 7. Wahlperiode gab es für kleinere Fraktionen nicht notwendigerweise Plätze in den vorderen Reihen; dasselbe gilt noch immer für die Gruppe der Fraktionslosen, da sie naturgemäß nicht die Strukturen und Funktionsträger einer Fraktion aufweisen.

Aus der Perspektive des Parlamentspräsidenten sitzen ihm gegenüber und in einem Halbkreis („Hemicycle") angeordnet von links nach rechts die Fraktionen der KVEL/NGL, der S&D, der Grünen/EFA , der ALDE, der EVP, der EKR und der EFDD. Die Fraktionslosen nehmen die hinteren Reihen des rechten Blocks, die politische Gesinnung eines Großteils der fraktionslosen MdEPs widerspiegelnd, oberhalb von EVP, EKR und EFDD ein. Die Sitzordnung gab in der Vergangenheit immer wieder Anlass zu harten Auseinandersetzungen. So saßen die Liberalen bis 1989 nicht zwischen der sozialdemokratischen und der christdemokratischen Fraktion, sondern rechts neben der EVP. Nach regelmäßigen und lautstarken Protesten gelang es ihnen 1989, ins Zentrum zwischen die beiden großen Fraktionen zu rücken. Allerdings sollte es noch bis 1999 dauern, bis die ALDE – und auch die Grünen – ebenfalls Plätze in den vorderen Reihen der Mitte des Plenarsaals zugewiesen bekamen.[299] Da sich durch das Ausscheiden von Mitgliedern, durch Rochaden in den Führungsstrukturen der Fraktionen oder Fraktionswechsel einzelner Mitglieder relativ häufig Änderungen ergeben, wird vor jeder Plenartagung ein aktualisierter Sitzplan veröffentlicht.

Neben den Abgeordnetenplätzen sind im Plenarsaal noch weiter Sitzplätze „reserviert". Die vordersten Reihen am rechten Rand des Hemicycle sind für Mitglieder der Europäischen Kommission bestimmt. Üblicherweise nehmen die Kommissare an Plenarsitzungen teil, wenn die Tagesordnungspunkte in Zusammenhang mit ihrem eigenen Portfolio stehen und sie zu Beginn und gegen Ende der Debatte das Wort ergreifen. Nur im Ausnahmefall ist das Kommissionskollegium vollständig anwesend. Der Kommission gegenüber, am linken Rand, sitzen Mitglieder des Rates, wobei zwei Sitze in der ersten Reihe für Minister jenes Landes reserviert sind, das die Ratspräsidentschaft innehat. Auch der Europäische Ratspräsident nimmt hier Platz, wenn er dem Plenum beiwohnt. Die Hohe Vertreterin der EU für Außen- und Sicherheitspolitik (HVUASP) nimmt in der Regel auf den Kommissionsplätzen Platz, da sie gleichzeitig das Amt eines Vizepräsidenten der Kommission bekleidet. Durch die Doppelhutstruktur ergibt sich die theoretisch paradoxe Situation, dass die HVUASP in ihrer Funktion als ständige Vorsitzende des Rates für Auswärtige Angelegenheiten auf den Sitzplätzen des Rates zu verorten wäre und diese Sitze während der Plenardebatten in der Regel von Vertretern des Rates ausgefüllt werden. Neben Abgeordneten, Kommissaren und Vertretern des Rates haben der Generalsekretär und Beamte des EP,[300] aber auch einige Beamte der anderen Institutionen und ein gewisses Kontingent von Mitarbeitern pro Fraktion im Rahmen ihrer dienstlichen Tätigkeit Zugang zum Plenarsaal. Kommissare und Minister der Ratspräsidentschaft reisen in der Regel mit Mitarbeitern ihres Kabinetts an, die sie – nicht selten neben ihnen sitzend – während der Aussprachen mit den Parlamentariern unterstützen.

Links und rechts des Präsidenten bzw. des Vize-Präsidenten, der die Sitzung leitet, sitzen Parlamentsbeamte, die ihm im Sinne einer geschäftsordnungskonformen Durchführung der Sitzun-

---

299 Vgl. Corbett/Jacobs/Shackleton, 2011, S. 190.

300 In der Regel verfügt jedes Referat der Parlamentsverwaltung und jeder leitende Beamte vom Referatsleiter aufwärts über einen Zugangsausweis für den Plenarsaal. Die auf die jeweiligen Referate ausgestellten Ausweise werden unter den Beamten weitergereicht, um ihre Anwesenheit im Plenum während der von ihnen federführend betreuten Dossiers sicherzustellen.

gen beiseite stehen; hinter ihm finden sich weitere Beamte, die beispielsweise für die Erstellung des Protokolls verantwortlich sind. Fraktionsmitarbeiter können bei der Direktion „Plenarsitzung des EP" einen speziellen Zutrittsausweis für den Plenarsaal beantragen bzw. einen Zugangsausweis ihrer Fraktion nutzen, der es ihnen ermöglicht, den Abgeordneten in begründeten Ausnahmefällen – z.B. bei komplexen Abstimmungen – zu assistieren. Außerdem anwesend – aber ohne zugewiesene Sitzplätze – ist jeweils eine Reihe von Saaldienern („Huissiers"), die für den reibungslosen Ablauf der Sitzungen verantwortlich sind und das Hausordnungsrecht des Präsidenten umsetzen. Sie überprüfen die Funktionsfähigkeit des Plenarsaals, kontrollieren den Zugang, begleiten und platzieren MdEP, übermitteln Informationen, verteilen Dokumente und begleiten von der Sitzung ausgeschlossene MdEP aus dem Plenarsaal, wenn der Präsident dies nach mehrmaligen Ordnungsrufen, die ihre Wirkung verfehlt haben, und entsprechenden Ankündigungen veranlasst.

Offizielle Delegationen, geladene Gäste, Diplomaten, Vertreter nationaler Parlamente, Journalisten und Medienvertreter, von Mitgliedern eingeladene Besuchergruppen sowie Beamte, Assistenten der Abgeordneten und Fraktionsmitarbeiter können die Sitzungen auf der Besuchertribüne verfolgen. Alle Plenartagungen werden öffentlich abgehalten.[301]

Auch im Plenarsaal zugegen, aber aus akustischen Gründen durch eine Glasscheibe vom Geschehen getrennt, sind die drei Dolmetscher pro Amtssprache in ihren Kabinen sowie die Teams des Parlamentsfernsehens und die Techniker. Die Plenardebatten werden live via Webstream ausgestrahlt und können auch noch später als Videomitschnitt auf der Website des EP abgerufen werden. Im EP-Gebäude befinden sich in den Gängen, Lobbys, Bars und den Abgeordnetenbüros Fernseher, die die Plenarsitzung fortlaufend übertragen. Andere Bildschirme weisen auf die Tagesordnungspunkte des Plenums, die Sitzungen der Fraktionen, Ausschüsse und Delegationen sowie auf die nächsten Sprecherinnen und Abstimmungszeiten hin.

Für jede Sitzung wird eine Anwesenheitsliste ausgelegt, in der die Mitglieder ihre Teilnahme durch Unterschrift bestätigen. Die Namen der teilnehmenden Mitglieder werden in das Protokoll der jeweiligen Sitzung aufgenommen. Österreichs Europaabgeordnete waren hierbei in der 7. Wahlperiode nach einer Studie von VoteWatch führend, gefolgt von Abgeordneten der Slowakei (89,90 %), Luxemburgs (89,67 %), Estlands (89,05 %) und der Niederlande (87,86 %). Die deutschen Abgeordneten belegen mit einer Quote von 86,80 % den neunten Platz. Die niedrigsten Anwesenheitsquoten verzeichneten die MdEP aus Malta (75,23 %), Griechenland (76,90 %), Litauen (76,98 %) und Italien (78,86 %). Zur Verbesserung der Anwesenheitsquote hat das Parlament bereits vor mehreren Jahren Sanktionen für Abgeordnete eingeführt, die bei Abstimmungen fehlen. Ihnen kann bis zur Hälfte der Spesenpauschale abgezogen werden.[302] Die Arbeitsleistung von Europaabgeordneten lässt sich allerdings nicht allein an der Anwesenheit im Plenum messen. Pflichttermin für alle Abgeordneten sind die Abstimmungen. Zeitgleich zu den Aussprachen im Plenum finden aber oft Fraktions- und Ausschusssitzungen, Treffen mit Kommissaren, informelle Treffen mit anderen Abgeordneten zu laufenden Arbeiten in den Ausschüssen, Sitzungen von fraktionsinternen Arbeitsgruppen etc. statt, die eine An-

---

301 1999 strich das EP eine nie angewendete Ausnahmeregelung, nach der das Parlament mit Zweidrittelmehrheit beschließen konnte, die Öffentlichkeit von den Beratungen auszuschließen.

302 Zu Beginn der September-Plenarwoche 2010 wollten die Fraktionschefs sichergehen, dass Kommissionpräsident Barroso nicht vor einem halb leeren Plenarsaal seine angekündigte „Rede zur Lage der Union" halten musste. Sie appellierten an die Vernunft und den Arbeitsethos der Abgeordneten. Nach heftigen Protesten vieler Abgeordneter verzichtete das Präsidium dann aber auf die ursprünglich geplante Präsenzkontrolle und angedrohten Kürzungen des Tagungsgeldes.

wesenheit in beiden Foren verunmöglichen; bzw. können es sich Abgeordnete aufgrund des dichten Arbeitsplans in der Regel aus zeitlichen Gründen nicht erlauben, an Aussprachen teilzunehmen, die nicht in ihren Zuständigkeitsbereich im Rahmen der Arbeit in ihren Ausschüssen und Delegationen fallen.

8.2 Plenartagung

Eine Plenartagung ist der monatlich stattfindende Zusammentritt des Parlaments, der sich wiederum in 4 Sitzungstage unterteilt, wobei ein Sitzungstag als eine Sitzung gilt. Die Plenarsitzungen finden 12 Mal jährlich jeweils für vier Tage von Montag bis Freitag in Straßburg statt. Seit dem Jahr 2015 werden außerdem 10 zusätzliche Tagungen von jeweils einem halben Tag – sogenannte Mikro-Plenartagungen – in Brüssel abgehalten. Letztere ersetzen die Mini-Plenartagungen, die vorher bis zu sechs Mal im Jahr an zwei Halbtagen stattgefunden hatten. Grundsätzlich gilt: Weitere Plenarsitzungen können einberufen werden, wenn sich die Mehrheit der Abgeordneten dafür ausspricht.

Abb. 9: Grundstruktur der Tagesordnung einer Plenartagung in Straßburg

Montag	Dienstag	Mittwoch	Donnerstag
17:00–23:00 Wiederaufnahme der Sitzungsperiode und Annahme des Arbeitsplans Aussprachen zu Berichten Ausführungen von einer Minute (max. 30 min) Kurze Darstellung von Berichten	9:00–12:00 ggf. Abstimmung über Dringlichkeitsanträge Aussprachen zu Berichten Stellungnahmen/Erklärungen von Kommission und Rat	9:00–12:00 Aussprache zu einem Schwerpunktthema mit Erklärungen von Kommission und Rat	9:00–12:00 Aussprachen zu Berichten
	12:00–14:00 Abstimmungen und Stimmerklärungen	12:00–14:00 Abstimmungen und Stimmerklärungen	12:00–14:00 Abstimmungen und Stimmerklärungen
	15:00–23:00 Aussprachen zu Berichten Fragestunde an Rat und Kommission	15:00–23:00 Aussprachen zu Berichten Fragestunde an Rat und Kommission	15:00–16:00 Aussprache über Fälle von Verletzungen der Menschenrechte, der Demokratie und der Rechtsstaatlichkeit
			16:00–17:00 Abstimmung über Entschließungsanträge zur vorangegangenen Debatte

Eine „Straßburg-Woche" beginnt am Montagnachmittag mit Sitzungen der Fraktionen unmittelbar vor Eröffnung der Plenartagung, die in der Regel auf 17 Uhr angesetzt ist. Nach einem kurzen Eingangsstatement des amtierenden Parlamentspräsidenten werden oft noch strittige Tagesordnungspunkte abgeklärt. Danach wird die endgültige Tagesordnung für den Rest der Woche fixiert, wobei hier noch Einwände und Vorschläge von Fraktionen sowie einzelnen Abgeordneten aufgenommen werden können. Fragen zur Aufhebung der Immunität eines Abgeordneten werden in der Regel an Montagen diskutiert. Gelegentlich finden zusätzlich Ausschusssitzungen an Montagabenden oder am Dienstagmorgen statt. Ein gewisser Zeitraum ist auch für Aussprachen von eine Minute vorgesehen. Die Sitzung endet üblicherweise erst kurz vor Mitternacht.

Die Anzahl dieser Abendsitzungen war ursprünglich auf einen Tag pro Woche begrenzt. Von 1979 bis 1987 wurden sie generell an Donnerstagen abgehalten und erst ab 1987 auf den Dienstag verlegt, um Aussprachen über Berichte, die einer speziellen Mehrheit in zweiter Lesung bedurften, früher abzuhalten und somit eine hohe Anwesenheitsquote bei der Abstimmung zu gewährleisten. Von 1992 bis 1994 fanden diese Spätsitzungen am Montag und Dienstag statt. Seither hat sich diese Praxis auf Montag, Dienstag und Mittwoch ausgeweitet, um der kontinuierlichen Zunahme des Arbeitspensums im Bereich der Gesetzgebung und der Beratung und Ratifikation internationaler Abkommen gerecht zu werden. Die längste Sitzung fand bisher am 13. März 1996 statt und dauerte von 8 Uhr bis 0 Uhr 45 Uhr.[303]

Am Dienstag beginnen um 9 Uhr die gemeinsamen Aussprachen zu Berichten, die zuvor in den Ausschüssen abgestimmt wurden. Weitgehend unproblematische Dossiers werden in der Regel auch am gleichen Tag zur Plenarabstimmung gestellt. Im Falle kontroverser Themen können zwischen Aussprache und Abstimmung mehrere Tage vergehen, um Zeit für die Organisation von Mehrheiten und Koalitionen zu gewinnen. Abends finden Fraktionssitzungen statt, um nach den Debatten im Plenum die Abstimmungen für den folgenden Tag zu koordinieren.

Am Mittwoch konzentriert sich das EP auf politische Aussprachen allgemeiner Natur und Schlüsseldebatten in Anwesenheit von Kommission und Rat (z.B. Ansprachen amtierender Ratspräsidentschaften). Die Debatten zu den aus Sicht des Präsidiums eher unattraktiven oder weniger brisanten Berichten stehen am späten Abend auf der Agenda. Die Abstimmungen dauern in der Regel von 11 Uhr 30 oder 12 Uhr bis 13 Uhr, die Fragestunde/n an Rat und Kommission im Zeitraum von 17 Uhr 30 bis 19 Uhr.

Am Donnerstag beginnen die Sitzungen um 9 Uhr und enden in der Regel gegen 16 Uhr. Es stehen je nach Arbeitspensum noch Berichte und mündliche Anfragen auf der Agenda. Die Aussprachen über Fälle von Verletzungen der Menschenrechte, der Demokratie und der Rechtsstaatlichkeit (sog. Dringlichkeiten) werden meist auf das Zeitfenster für den letzten inhaltlichen Tagesordnungspunkt von 15 bis 16 Uhr gelegt, für das gemäß Art. 135 GOEP eine Höchstdauer von einer Stunde festgelegt ist. Analog zu den „Mündlichen Anfragen mit Entschließung" bereiten die Fraktionen hier ebenfalls Entschließungsanträge vor; im Idealfall verständigen sich die Fraktionen auf „gemeinsame Entschließungsanträge". Da die Aussprachen auf eine Stunde limitiert sind, hat sich eine Auswahl von drei Themen eingespielt. Im Unterschied zu den Gesetzgebungsberatungen und -abstimmungen finden die Abstimmungen über die „Dringlichkeiten" unmittelbar im Anschluss an die Debatten statt. Die Anwesenheitsquote an Donnerstagnachmittagen ist eher gering, da der Großteil der Abgeordneten bereits nach Ende der Abstimmungen gegen 13 Uhr abreist.

Der Arbeitsplan für Plenartagungen in Brüssel hat wenig mit jenem der „Straßburgwochen" gemein; dauern die sog. „Mikro-Plenartagungen" doch lediglich einen Halbtag und sehen keine Abstimmungen vor. Sie sind für Aussprachen „allgemeiner Natur" und zu aktuellen Ereignissen vorgesehen. Bis Ende der 7. Wahlperiode fanden vier- bis sechsmal jährlich für jeweils

---

303 Vgl. Corbett/Jacobs/Shackleton, 2011, S. 192-193.

zwei Halbtage (Mittwochnachmittag und Donnerstagvormittag) „Mini-Plenartagungen" statt, die eher eine Kurzversion eines Straßburger Plenums darstellten und am Donnerstag mittags mit Abstimmungen zu Ende gingen.[304]

Abb. 10: Struktur der Tagesordnung einer Mikro-Plenartagung in Brüssel am Beispiel der Sitzung vom 28. Januar 2015

Mittwoch
15:00–20:00   – Wiederaufnahme der Sitzungsperiode und Arbeitsplan   – Maßnahmen zur Terrorismusbekämpfung – *Erklärung der Kommission*   – Europäischer Fonds für strategische Investitionen – *Erklärungen des Rates und der Kommission*   – Fahrplan für ein neues internationales Klimaübereinkommen in Paris – *Erklärungen des Rates und der Kommission*   – Ausführungen von einer Minute (Art. 163 GO)

8.3 Entwurf der Tagesordnung

Im Unterschied zu einigen nationalen Parlamenten ist das EP bei der Organisation seiner Tagesordnung autonom. Auf Grundlage von Empfehlungen der Konferenz der Ausschussvorsitzenden und unter Berücksichtigung des Arbeitsplans der Kommission arbeitet die Konferenz der Präsidenten vor jeder Tagung den Entwurf der Tagesordnung aus. Es handelt sich um einen arbeitsintensiven Prozess, der von den Koordinationsleistungen der Plenarplanungsreferate, der Ausschusssekretariate und der Übersetzungsdienste abhängt. Zwar erarbeiten die Ausschusssekretariate mit dem förmlichen, d.h. von den MdEP autorisierten Start eines Dossiers einen Kalender über alle Befassungsstadien einschließlich der sprachjuristischen Prüfung und Übersetzung der Dokumente. Diese Kalender werden mit den betreffenden Dokumenten über die elektronische Plattform GEDA (*Gestion Electronique des Documents Administratifs*) an alle in Frage kommenden Einheiten des EP weitergeleitet und fortlaufend aktualisiert. Die vorläufige Planung der Plenartagungen wird hierbei von der Direktion Plenarsitzungen des EP für jeweils drei Tagungen im Voraus auf Grundlage der laufenden Arbeiten der Ausschüsse, des Arbeitsplanes der Kommission und der Prioritäten der amtierenden Ratspräsidentschaft ausgearbeitet und im Rahmen der Sitzungen der Konferenz der Präsidenten aktualisiert. Einen ersten Vorentwurf einer Tagesordnung erstellt die Direktion während der jeweils vorangehenden Plenartagung in Straßburg und legt ihn der Konferenz der Präsidenten auf ihrer Donnerstagssitzung vor. Gleichwohl kann kein Ausschuss bereits bei Beginn eines Gesetzgebungsvorhabens im OGV absehen, ob und wann welche Parlamentslesungen auf Ausschuss- und Plenarebene fällig sind oder ob das Verfahren durch vorgezogene Vermittlungsverfahren im Trilog abgekürzt werden kann. Auch auf den monatlichen Sitzungen der Ausschussvorsitzenden und der Fraktionsvorsitzenden wird darüber diskutiert, welche Dossiers aus machtpolitischen Gründen beschleunigt bzw. zurückgehalten werden sollen. Die Erstellung der Plenartagesordnung hängt daher von vielen Faktoren ab.

---

304 In der 7. Wahlperiode war man allerdings aufgrund baulicher Mängel im Brüsseler Plenarsaal gezwungen, diese sogenannten Mini-Plenartagungen zwischen Mai 2012 und April 2014 auszusetzen. Insgesamt fanden 16 Mini-Plenartagungen statt, in den Jahren 2010 und 2011 jeweils fünf.

Auf der politischen Führungsebene bringen die Fraktionschefs in der Konferenz der Präsidenten ihre Prioritätensetzungen ein.[305] Das Gremium entscheidet letztinstanzlich über die von den Fraktionen oder von Rat und Kommission vorgeschlagenen Änderungsanträge zur Tagesordnung. Der endgültige Entwurf der Plenartagesordnungen für den gesamten Monat – dies umfasst somit auch die Mikro-Plenartagungen in Brüssel – wird jeweils am Donnerstag der Vorwoche nach Prüfung der Anträge durch die Konferenz der Präsidenten angenommen, anschließend in alle Amtssprachen übersetzt und den MdEP bereits am Freitag online sowie ausgedruckt bis spätestens drei Stunden vor Beginn der Tagung zugestellt.

Die Tagesordnung enthält:

- die Reihenfolge der Themen für die Aussprachen,
- die Reihenfolge der Abstimmungen,
- Details zu den einzelnen Tagesordnungspunkten (inter- und intrainstitutionelle Referenzen zu Dokumenten und Verfahren),
- die Liste der Redezeit pro Tagesordnungspunkt und deren Verteilung auf Berichterstatter, Fraktionen, Kommission und Rat,
- Fristen für die Einreichung von Texten, wie z.B. Entschließungsanträge und Anträge auf getrennte oder namentliche Abstimmungen.

Legislativberichte unterliegen bestimmten Zeitspannen, da zweite und dritte Lesungen im Rahmen des Ordentlichen Gesetzgebungsverfahrens innerhalb bestimmter, vertraglich vorgegebener Fristen abgeschlossen werden müssen. Diesen Dossiers wird auf der Tagesordnung entsprechende Priorität eingeräumt. Legislativtexte der fristlosen, ersten Lesung und nichtlegislative Entschließungsanträge, die der betreffende Ausschuss mit deutlicher Mehrheit (weniger als ein Zehntel Gegenstimmen) angenommen hat, werden zu einer einzigen Abstimmung ohne Änderungsanträge auf den Entwurf der Tagesordnung gesetzt. Da hierzu keine Aussprache stattfindet, können die Berichterstatter oder der zuständige Ausschussvorsitzende unmittelbar vor der Abstimmung eine Erklärung von maximal zwei Minuten abgeben (Art. 150 Abs. 4 GOEP).

Nach der formalen Wiederaufnahme der Sitzungsperiode am Montag in Straßburg wird die endgültige Tagesordnung durch die Mitglieder angenommen. Über eventuelle kurzfristige Änderungsanträge wird gegebenenfalls vorher abgestimmt. Solche Änderungsanträge können von einem Ausschuss, einer Fraktion oder einer Gruppe von mindestens 40 Abgeordneten eingebracht werden und müssen bis spätestens eine Stunde vor Eröffnung der Sitzung beim Präsidenten einlangen. Der Präsident kann dann für jeweils eine Minute zwei Mitgliedern das Wort erteilen – einem Redner, der sich für den Antrag und einem, der sich dagegen aussprechen möchte. Eine durch das Plenum angenommene, endgültige Tagesordnung kann nur noch in Ausnahmefällen geändert werden, z.B. im Falle der Dringlichkeit einer Aussprache in Zusammenhang mit einem legislativen Dokument oder Anträgen zum Verfahren im Plenum bzw. Verstößen gegen die Geschäftsordnung.

8.4 Plenardebatten und Redezeit

Die Aufteilung der Redezeit und die Erstellung der Rednerliste unterliegen klaren Vorgaben (Art. 162 GOEP). Grundsätzlich dürfen Mitglieder nur das Wort ergreifen, nachdem ihnen die-

---

305 Vertreter des Rates und der Kommission sind eingeladen, an diesen Beratungen zur Tagesordnung teilzunehmen.

ses vom Präsidenten entsprechend der Rednerliste oder zu einem bestimmten Beratungsgegenstand erteilt wurde. Sollte sich die Wortmeldung nicht auf den Gegenstand beziehen oder ist die Redezeit aufgebraucht, greift der Präsident ein und entzieht gegebenenfalls das Wort. Am Ende jeder Aussprache steht in der Regel ein Zeitfenster von fünf Minuten ohne vorher festgelegte Rednerliste zur Verfügung. Während dieses sogenannten „Catch-the-eye"-Verfahrens obliegt es dem Präsidenten, sicherzustellen, dass die Redebeiträge von je einer Minute fair auf die politischen Familien und/oder Mitgliedstaaten verteilt sind.

Während einer laufenden Aussprache hat jedes Mitglied die Möglichkeit, dem Präsidenten durch das Hochheben einer blauen Karte anzuzeigen, dass es eine Frage an den Redner richten möchte. Ist der Redner damit einverstanden, kann eine Nachfrage von maximal 30 Sekunden Länge formuliert werden. Durch die Einführung dieser „Blue Card" sollen die Aussprachen lebendiger gestaltet werden.

Der Plenaralltag unterscheidet zwischen den folgenden Debattenformen:
– Aussprache zu Berichten,
– Aussprache zu Erklärungen von Kommission, Rat und Europäischem Rat ,
– Mündliche Anfragen an Rat und Kommission,
– Fragestunde,
– Aussprache über Fälle von Verletzungen der Menschenrechte, der Demokratie und der Rechtsstaatlichkeit,
– Dringliche und außerordentliche Aussprache,
– Ausführungen von einer Minute,
– Feierliche Sitzungen.

Aussprachen zu Berichten (reguläre Debatten)

Legislative Berichte der parlamentarischen Ausschüsse sind praktisch fast immer Gegenstand einer Plenardebatte. Ausnahmen sind Berichte, die unter das vereinfachte Verfahren gemäß Art. 150 GOEP fallen. In den Aussprachen zu Berichten erhalten der Berichterstatter des federführenden Ausschusses, je ein Vertreter von Kommission und Rat und die Verfasser der Stellungnahmen der mitberatenden Ausschüsse automatisch Redezeit und sind in den Rednerlisten vorgereiht. Schattenberichterstatter und andere MdEP können in ihren Fraktionen im Rahmen des diesen zugewiesenen Minutenkontingents Redezeit beantragen. Der Präsident kann für den ersten Teil einer Aussprache eine Rednerliste aufstellen, die Redner aus jeder Fraktion in der Reihenfolge der Fraktionsstärke und ein fraktionsloses Mitglied enthält. Ein erster Teil der Redezeit wird gleichmäßig auf die Fraktionen unabhängig von ihrer Größe verteilt; ein zweiter Teil wird dann entsprechend des Fraktionsgewichts vergeben. Fraktionslose MdEP erhalten somit nur Anteile aus der Redezeit, die sich nach dem den Fraktionen zugeteilten Minutenkontingent richtet. Wird die Redezeit für mehrere Tagesordnungspunkte en bloc vergeben, müssen die Fraktionschefs oder – im Fall der Fraktionslosen – der Generalsekretär dem Präsidenten die Verteilung der Redezeit auf die einzelnen MdEP mitteilen (Art. 162 Abs. 4 und 5 GOEP). Das „Catch-the-eye"-Verfahren ist am Ende der Aussprache eingeschoben, bevor die Vertreter von Kommission und Rat sowie der Berichterstatter abschließend das Wort ergreifen. Hierfür ist ein Zeitfenster von etwa fünf Minuten für spontane, einminütige Wortmeldungen vorgesehen. Liegen mehrere Berichte vor, die inhaltlich in Zusammenhang stehen (z.B. der Abschluss eines internationalen Abkommens und die hierzu verhandelte Begleitgesetzgebung zum internen EU-

Recht), wird in der Regel eine gemeinsame Aussprache mit einer einzigen Rednerliste ange-setzt. Haben Berichterstatter oder die Konferenz der Präsidenten vorgeschlagen, dass ein Be-richt lediglich im Rahmen einer kurzen Vorstellung im Plenum behandelt wird, reduziert sich der Tagesordnungspunkt auf eine dreiminütige Wortmeldung des Berichterstatters, die Ant-wort der Kommission und eine anschließende Aussprache von maximal 10 Minuten im Rah-men des „Catch-the-eye"-Verfahrens. Abschließend sprechen nochmals die Vertreter von Kommission und Rat sowie der Berichterstatter für eine Minute. Kurzaussprachen sind auch im Falle von Initiativberichten möglich, die der Ausschuss mit weniger als 10 % Gegenstim-men annimmt und die im Plenum eigentlich nur zur Abstimmung gestellt werden müssten. Hierbei können entweder der Berichterstatter oder eine Fraktion eine kurze Vorstellung des Berichts beantragen, die dann für Montagabend auf die Tagesordnung gesetzt wird.

Tab. 18: Die Dauer der Plenardebatten in der 7. Wahlperiode 2009–2014 nach Arten von Ausspra-chen

Art der Aussprache	Dauer in Stunden	Anteil
Erklärungen von Rat und Kommission	480,48	22,33 %
Debatten zu legislativen Berichten	376,61	17,10 %
Debatten zu nicht-legislativen Berichten	373,60	17,37 %
Stimmerklärungen	213,82	9,94 %
Mündliche Anfragen	206,00	9,57 %
Abstimmungen	199,42	5,55 %
Erklärungen der Hohen Vertreterin für Außen- und Sicherheitspolitik	128,18	5,96 %
Debatten zu Fällen von Verletzungen der Menschenrechte, der Demokratie und der Rechtsstaatlichkeit	69,67	3,24 %
Ausführungen von einer Minute	42,20	1,96 %
Fragestunde mit der Kommission	39,62	1,84 %
Sonstige[306]	34,52	1,60 %
Andere Stellungnahmen	15,40	0,72 %
Feierliche Sitzungen	14,97	0,70 %
Erklärungen des EP-Präsidenten	13,28	0,62 %
Fragestunde mit dem Kommissionspräsidenten	10,70	0,50 %
Fragestunde mit dem Rat	9,85	0,46 %
Wahlen	6,28	0,29 %
Andere Debatten	2,15	0,10 %
Fragestunde mit dem Präsidenten der Eurogruppe	1,62	0,08 %
Erklärungen des Präsidenten der Eurogruppe	1,50	0,07 %
Andere nicht-legislative Debatten	0,75	0,04 %
Summe	2240,62	

Quelle: Website des Europäischen Parlaments, Séance en direct

---

306 Dazu gehört Prozedurales wie Wiederaufnahme der Sitzung, Annahme von Tagesordnungen und Sitzungspro-tokollen oder die Begrüßung von Gästen etc.

Aussprachen zu Erklärungen von Kommission, Rat und Europäischem Rat

Die Mitglieder der Kommission, des Rates und des Europäischen Rates (Art. 123 GOEP) können den Präsidenten des EP jederzeit um die Möglichkeit ersuchen, eine Erklärung vor dem Plenum abzugeben. Der Präsident des Rechnungshofes (Art. 125 GOEP) und der Präsident der Europäischen Zentralbank (Art. 126 GOEP) können zu einer Erklärung von Seiten des Parlaments aufgefordert bzw. von sich aus in dieser Hinsicht tätig werden. Der Präsident entscheidet dann darüber, wann diese Debatten stattfinden und ob sich den Erklärungen der anderen Organe eine umfassende Aussprache oder lediglich 30 Minuten für Fragen der MdEP anschließen sollen. Das Parlament kann zum Abschluss eine Entschließung annehmen. Entsprechende Entschließungsanträge dürfen nur von den parlamentarischen Ausschüssen, den Fraktionen oder einer Gruppe von mindestens 40 Abgeordneten eingereicht werden.

Mündliche Anfragen an Rat und Kommission

Ein Ausschuss, eine Fraktion oder mindestens 40 Mitglieder können eine mündliche Anfrage an Rat oder Kommission richten und einen Antrag auf mündliche Beantwortung im Plenum stellen (Art. 128 GOEP). Die Anfragen werden von den MdEP meist dazu genutzt, die Aufmerksamkeit auf ein bestimmtes Thema ihrer Ausschuss- oder Fraktionsarbeit zu lenken. So stellen die Ausschüsse regelmäßig Fragen zur Rechtsaktumsetzung, zu geplanten Vorhaben der Kommission oder aber zu Teilaspekten der laufenden Gesetzgebungsarbeit. Die Fragen müssen schriftlich und fristgerecht, eine Woche vorab bei Anfragen an die Kommission und drei Wochen vorab bei Anfragen an den Rat,[307] beim Präsidenten eingereicht werden. Dieser legt sie anschließend der Konferenz der Präsidenten vor, die dann wiederum entscheidet, ob, wann und in welcher Reihenfolge die Anfragen auf die Tagesordnung gesetzt werden.[308] Wird eine Anfrage nicht innerhalb von drei Monaten nach Einreichung im Plenum behandelt, gilt sie als hinfällig („*sunsetting*"). Das Parlament kann entscheiden, ob es Aussprachen zu schriftlichen Fragen mit einem Entschließungsantrag abschließen will oder nicht. Der Fragesteller hat fünf Minuten Redezeit. Sollten z.B. mehrere Fraktionen zum selben Thema eine Anfrage eingereicht haben, erhalten die einzelnen Fragesteller jeweils eine Minute Redezeit.

Fragestunden

Ob und wann eine Fragestunde abgehalten wird, entscheidet die Konferenz der Präsidenten. Fragestunden werden in der Regel für 90 Minuten mittwochs oder donnerstags anberaumt. Mit der Kommission werden diese Aussprachen auf jeder Plenartagung zu einem oder mehreren Querschnittsthemen durchgeführt, die von der Konferenz der Präsidenten einen Monat vor der Tagung festgelegt wurden. Die fragenden MdEP unterliegen hierbei einem Losverfahren. Mit dem Rat, dem Kommissionspräsidenten, der Hohen Vertreterin für Außen- und Sicher-

---

307 Diese Fristen gelten nicht für Anfragen zu Themenbereichen, die die in Art. 42 EUV festgelegten Bestimmungen über die gemeinsame Sicherheits- und Verteidigungspolitik betreffen.
308 Nur die schriftlichen Anfragen können von einzelnen MdEP gestellt werden. Die Angaben von VoteWatch Europa (2014), End of term Scorecard: The activity records of MEPs analysed by Member State, special policy brief 2/2014, S. 6, sind daher nur im Hinblick auf die schriftlichen Anfragen zu interpretieren: In der vergangenen Wahlperiode wurden die meisten Anfragen von MdEP aus jenen Mitgliedstaaten gestellt, die am stärksten von der Wirtschaftskrise betroffen waren, nämlich Griechenland und Portugal. Die Abgeordneten aus Estland und Lettland nutzten dieses Instrument am wenigsten. Österreichische MdEP kommen auf Platz fünf. Dies lag vor allem an den fünf österreichischen Fraktionslosen, die strukturbedingt wesentlich öfter schriftliche Anfragen stellen als die anderen MdEP.

heitspolitik und dem Vorsitz der Eurogruppe können besondere Fragestunden abgehalten werden (Art. 129 GOEP). Die Fragestunde mit dem Präsidenten der Kommission führte das EP zu Beginn der 7. Wahlperiode ein, um es den Abgeordneten zu ermöglichen, jeweils am Dienstag nachmittags für je 30 Minuten Fragen zu einem beliebigen Thema und zu einem vorher festgelegten, aktuellen Thema an den Kommissionspräsidenten zu richten. Fragestunden dieser Art führte das Plenum zehnmal – zuletzt im Juni 2011 – durch.

Jedes Mitglied kann pro Tagung maximal eine Anfrage an Rat oder Kommission richten. Sie muss mindestens eine Woche vor Beginn der Fragestunde schriftlich beim Präsidenten eingereicht werden. Dieser prüft die Zulässigkeit und entscheidet auch über die Reihenfolge, in der sie im Plenum behandelt werden. Inhaltlich zulässig sind nur Anfragen zu Themen, die nicht bereits auf der Tagesordnung der jeweiligen Tagung stehen. Auch ein erneutes Einbringen von gleichen oder ähnlichen Anfragen innerhalb von drei Monaten ist nicht zulässig. Fragen müssen kurz, konkret und präzise formuliert sein und eine kurze Beantwortung ohne langwierige Recherchen seitens des Antwortgebers ermöglichen. Darüber hinaus muss der Inhalt der Frage in den Zuständigkeitsbereich der jeweiligen Institution fallen.

Im Anschluss an die mündliche Beantwortung im Plenum kann jedes Mitglied ein bis maximal zwei zusätzliche Fragen stellen, wobei der Präsident allerdings über deren Zulassung entscheidet. Analog zu den MdEP sind bei der Beantwortung der Fragen auch die Antwortenden gehalten, sich ausschließlich auf den Inhalt der Anfrage zu beziehen und sich kurz zu fassen. In jedem Fall muss der Fragesteller im Plenum anwesend sein oder vorher schriftlich einen Stellvertreter benennen. Sind weder Fragesteller noch Stellvertreter anwesend, gilt die Frage als hinfällig.

Aussprachen über Fälle von Verletzungen der Menschenrechte, der Demokratie und der Rechtsstaatlichkeit

Ein Ausschuss, eine interparlamentarische Delegation, eine Fraktion oder eine Gruppe von mindestens 40 Abgeordneten können schriftlich beantragen, dass eine Aussprache über einen dringlichen Fall eines Verstoßes gegen die Menschenrechte, die Demokratie oder die Rechtsstaatlichkeit in die Tagesordnung aufgenommen wird (Art. 135 und Annex IV GOEP). Dringlich heißt dabei, dass die Abstimmung über einen Entschließungsantrag des EP so rechtzeitig stattzufinden hat, dass die darin enthaltenen Forderungen auch tatsächlich noch vor Eintritt des angenommenen Sachverhalts bzw. vor bilateralen Treffen der Kommission oder des Rates mit Drittstaaten die anderen Institutionen erreichen. Pro Plenartagung können ein bis zwei Zeitfenster von insgesamt maximal 60 Minuten eingeplant werden. Die Gesamtredezeit der Fraktionen und der fraktionslosen Mitglieder wird nach Art. 162 Abs. 4 und 5 GOEP aufgeteilt. In der Regel finden die Aussprachen am Donnerstagnachmittag von 15:00 bis 16:00 Uhr statt. Zugelassen sind maximal drei Themen. Die eingegangenen Vorschläge werden den Fraktionen übermittelt und in der Konferenz der Präsidenten koordiniert. Scheitert eine Einigung zwischen den Fraktionen, werden die Themen zu Beginn der Tagungswoche – vor Annahme der endgültigen Tagesordnung – zur Abstimmung gestellt.

Dringlichkeiten und außerordentliche Aussprachen

Eine dringliche Aussprache (Art. 154 GOEP) kann schriftlich vom Präsidenten, einem Ausschuss, einer Fraktion, von einer Gruppe von mindestens 40 MdEP, der Kommission oder dem

Rat beantragt werden. Das Parlament wird von diesen Anträgen unterrichtet und stimmt zu Beginn der darauffolgenden Sitzung darüber ab. Vor der Abstimmung kann der Präsident für jeweils drei Minuten dem Antragsteller, einem Redner für, einem Redner gegen den Antrag, dem Vorsitz des zuständigen Ausschusses und/oder dem zuständigen Berichterstatter das Wort erteilen. Wird der Antrag angenommen, bestimmt der Präsident unmittelbar im Anschluss den Termin für die Aussprache.

Eine Fraktion oder einer Gruppe von mindestens 40 Abgeordneten kann darüber hinaus beantragen, dass eine außerordentliche Aussprache „zu einem Thema von bedeutendem Interesse in Zusammenhang mit der Politik der Europäischen Union" auf die Tagesordnung gesetzt wird (Art. 153 GOEP). Pro Tagung kann eine solche Aussprache für eine Dauer von maximal 60 min. durchgeführt werden. Über den Antrag, der mindestens drei Stunden vor Beginn der Tagung beim Präsidenten eingehen muss, wird zu Beginn der Tagung im Plenum abgestimmt. Sollte nach Annahme der Tagesordnung eine Reaktion auf aktuelle Ereignisse erforderlich sein, kann der Präsident nach Konsultation der Fraktionsvorsitzenden ebenfalls eine außerordentliche Aussprache vorschlagen. Abgestimmt wird über einen solchen Vorschlag entweder zu Beginn einer Sitzung oder im Rahmen der regulären Abstimmungen.

Ausführungen von einer Minute

An Montagen ist ein Zeitfenster von 30 Minuten für Ausführungen von je einer Minute reserviert, die Mitglieder dazu nutzen, das Parlament auf „ein Thema von politischer Bedeutung" aufmerksam zu machen (Art. 163 GOEP). Es liegt im Ermessen des Präsidenten im weiteren Verlauf der Tagung ein weiteres Zeitfenster dafür festzulegen. Spontan kann der Präsident beispielsweise für Anträge zur Geschäftsordnung, zu Verfahrensanträgen und zu Anträgen auf Änderung der Tagesordnung für maximal eine Minute das Wort erteilen.

Feierliche Sitzungen

Eine Sonderform der Plenardebatte stellen die „Feierlichen Sitzungen" dar, während derer nur die Rede eines Gastes auf der Tagesordnung steht. Anlass für diese feierlichen Sitzungen ist meist der offizielle Besuch eines Staatoberhauptes, der auf Einladung des EP-Präsidenten stattfindet. Die Sitzung wird dafür dienstags oder mittwochs um 12 Uhr für 30 Minuten unterbrochen und der Gast spricht an einem eigens zwischen Präsident und Abgeordneten aufgestellten Rednerpult. In der 7. Wahlperiode fanden insgesamt 29 feierliche Sitzungen statt; zu den Gästen gehörten US-Vizepräsident Joe Biden, König Abdullah II. von Jordanien, UN-Generalsekretär Ban Ki-Moon, die Präsidenten von Osttimor, Georgien, Peru, Haiti, Tunesien, Israel, Senegal, Mali sowie der EU-Mitgliedstaaten Ungarn, Polen Irland, Slowenien, Portugal, Italien und Tschechien. Außerdem hielt das Parlament feierliche Sitzungen anlässlich des 20. Jahrestages des Falls des Eisernen Vorhanges und des 20. Jahrestages der deutschen Wiedervereinigung ab. Auch die seit 1988 jährlich im Dezember stattfindende Verleihung des Sacharowpreises für geistige Freiheit findet jeweils im Rahmen einer feierlichen Sitzung statt.[309] Kann ein Preisträ-

---

309 Das Jahr 2013 war diesbezüglich ein besonderes: So wurde der Preis nicht nur an die Gewinnerin 2013, die pakistanische Kinderrechtaktivistin Malala Yousafzai, verliehen. Das EP konnte auch nachträglich zwei Preisträger persönlich begrüßen und den Preis überreichen: Die Gewinnerin des Jahres 1990, Aung San Suu Kyi, war bis November 2010 in Myanmar in Haft inhaftiert oder unter Hausarrest; und der Gewinner des Jahres 2010, Guillermo Fariñas, ein kubanischer Dissident, konnte nach Abbüßen einer 15-jährigen Haftstrafe nach Straßburg reisen.

ger nicht persönlich anwesend sein, nimmt entweder eine nahestehende Person den Preis stellvertretend entgegen oder der Preis wird im Plenum auf einen symbolischen leeren Stuhl gelegt und nach der vom EP-Präsidenten verlesenen Würdigung so lange aufbewahrt, bis er persönlich überreicht werden kann.

8.5 Abstimmungen

Abgestimmt wird üblicherweise dienstags, mittwochs und donnerstags von 12 bis mindestens 13 Uhr. Sind Staatsgäste zu Besuch oder stehen beispielsweise Preisverleihungen an, können die Abstimmungen früher beginnen und werden zum jeweiligen Zweck auch unterbrochen. Die Abstimmungen schließen nicht direkt an die Aussprachen zu dem jeweiligen Bericht im Plenum an, sondern finden in der Regel einen Tag nach der Aussprache statt. Das Abstimmen ist ein persönliches Recht, das nicht übertragen werden kann (Art. 177 GOEP). Das Tempo während der Abstimmungen ist meist sehr hoch, da diese nicht selten mehrere Hundert Einzelabstimmungen umfassen.

Bei Abstimmungen über Berichte wendet das EP das folgende Verfahren an: Zuerst wird über etwaige Änderungsanträge und dann erst über den gesamten, durch die angenommenen Änderungsanträge gegebenenfalls geänderten Bericht, abgestimmt. Grundlage der Abstimmung über Berichte ist immer eine Empfehlung des zuständigen Ausschusses. Erst im folgenden Zug wird dann über die Änderungsanträge zu dem entsprechenden Entschließungsantrag oder zum Entwurf einer legislativen Entschließung abgestimmt. Auch hier stimmt das EP über jeden Antrag einzeln ab, bevor es über den gegebenenfalls geänderten Entschließungsantrag als Ganzes beschließt. Für die zweite und dritte Lesung des OGV gelten darüber hinaus die vertraglich festgelegten Abstimmungsregeln nach Art. 294 AEUV. Es kommt regelmäßig vor, dass die Abstimmung des Plenums ausgesetzt wird und Texte an den zuständigen Ausschuss rücküberwiesen werden (Art. 188 GOEP). Ein Antrag auf Rücküberweisung muss dem Präsidenten mindestens 24 Stunden im Voraus angekündigt werden. Dies wird oft vom federführenden Ausschuss selbst beantragt, wenn während der Aussprache neue Konfliktlinien auftreten oder Kommission oder Rat in der Aussprache negativ auf die vom EP in der Entschließung formulierten Rechtsaktänderungen reagieren. In diesem Fall kann das EP durch das Aussetzen der Abstimmung im Konsultationsverfahren die beiden anderen Organe sanft, aber bestimmt zu Verhandlungen zwingen. Denn schließlich kann der Rat im Konsultationsverfahren keine Rechtsakte annehmen, zu denen das EP keine Stellungnahme abgegeben hat. Abstimmungsaussetzungen werden aber auch in der ersten Lesung des OGV strategisch eingesetzt, um dem Rat und der Öffentlichkeit zu signalisieren, dass die von den Ausschussmitgliedern im Trilog des OGV verfochtenen Textänderungen die Rückendeckung des Plenums haben und das EP nur noch dann hiervon abzuweichen bereit ist, wenn sich der Rat in den folgenden Trilogverhandlungen beweglicher zeigt, als dies nach Auffassung der Abgeordneten bis dahin der Fall war. Derartige Abstimmungsaussetzungen zum Entschließungsantrag sollen den Rat unter Verhandlungsdruck setzen. Denn einigen sich die Parteien nicht im Rahmen der ersten Parlamentslesung auf einen im OGV anzunehmenden Gesetzgebungsakt, bestätigt das Parlament in einer der folgenden Plenarsitzungen die bereits verabschiedeten Textänderungen einschließlich des legislativen Entschließungsantrags, der dann die erste Lesung auf Parlamentsseite beendet. Das Dossier geht dann automatisch in die Verantwortung des Rates und seiner ersten Lesung über. Damit hat das Parlament zwar nicht an Substanz gewonnen, wenn der Rat keinerlei Reaktion zeigt, da erste Ratslesungen keiner Befristung unterliegen. Aber gegenüber der Öffentlichkeit zeigt das Parlament mit einer abgeschlossenen, ersten Parlamentslesung, dass es seine Aufgaben erfüllt hat und die Verantwortung für fortbestehende oder neue Rechtslücken alleine beim Rat liegt.

Abgestimmt wird nach einer fixen Reihenfolge. Wird z.B. ein nicht-legislativer Text[310] zur Abstimmung gestellt, werden hierzu eingegangene Änderungsanträge vorgezogen. Der Präsident kann Änderungsanträge mit ähnlichem oder sich ergänzendem Inhalt *en bloc* zur Abstimmung stellen. Auch wenn der federführende Ausschuss ein Paket von Änderungsanträgen vorgelegt hat, werden sie in der Regel *en bloc* zur Abstimmung gestellt. Wurden zu einem Bericht mehr als 50 Änderungsanträge und Anträge auf getrennte oder gesonderte Abstimmung (Art. 176 GOEP) eingereicht, so kann der Präsident eine Sitzung zur Prüfung dieser Änderungsanträge einberufen. Wenn es sich um „Kompromissänderungsanträge" handelt, können diese auf Vorschlag des Präsidenten auch nach Abschluss der Aussprache eingereicht werden (Art. 174 Abs. 4 GOEP). In der Regel sind Kompromissänderungsanträge von den Fraktionen, den Ausschussvorsitzen und den Berichterstattern der beteiligten Ausschüsse koordinierte Textänderungen auf der Grundlage der zuvor einzeln eingereichten Anträge. Werden Kompromissänderungsanträge auf Ausschussebene zumeist von den Ausschusssekretariaten und den Berichterstattern koordiniert, sind die Abgeordneten auf der Plenarebene weitestgehend auf sich selbst gestellt. Es ist relativ selten, dass sich alle Fraktionen auf einen Kompromissänderungsantrag einigen. In der Vergangenheit waren es meist drei bis vier Fraktionen, oder eben die beiden großen Fraktionen EVP und S&D, die gemeinsam eine Mehrheit bilden konnten. Stellen sie nicht den Berichterstatter, stehen vor allem die kleineren Fraktionen vor dem Problem, bei raschen Positionswechseln der großen Fraktionen – und damit aufscheinenden Kompromissmöglichkeiten – aufgrund mangelnder administrativer Ressourcen ins Hintertreffen zu geraten.

Die Beschlüsse im Plenum des Europäischen Parlaments werden meist mit der absoluten Mehrheit der abgegebenen Stimmen gefasst. Das EP ist beschlussfähig, wenn ein Drittel seiner Mitglieder im Plenarsaal anwesend ist (Art. 168 GOEP). Als im April 2010 der isländische Vulkan Eyjafjallajökull ausbrach, war es vielen MdEP aufgrund der massiven Einschränkungen im Flugverkehr nicht möglich, nach Straßburg zur Plenartagung (19.4. bis 22.4.) zu reisen, so dass sich der damals amtierende EP-Präsident Jerzy Buzek gezwungen sah, während dieser Sitzungswoche keine Abstimmungen durchzuführen, da das erforderliche Quorum nicht erreicht werden konnte.

Die Abgeordneten stimmen meistens durch Handzeichen ab, wobei der Präsident die jeweiligen Mehrheiten feststellt. Bei Unklarheit lässt der Präsident eine elektronische Abstimmung durchführen, um das Ergebnis zu überprüfen (Art. 178 GOEP). Ist die Benutzung der elektronischen Abstimmungsanlage aus technischen Gründen nicht möglich, wird bei regulären Abstimmungen durch Aufstehen oder Sitzenbleiben abgestimmt.

Abgeordnete können auch in namentlicher Abstimmung (*„roll call vote"*) abstimmen (Art. 180 GOEP), wenn eine Fraktion oder mindestens vierzig Mitglieder dies am Vortag der Abstimmung beantragen. Namentliche Abstimmungen werden vor allem eingefordert, wenn eine Fraktion öffentlich geschlossen Position beziehen oder das Abstimmungsverhalten von Mitgliedern anderer Fraktionen dadurch offenlegen möchte. Das individuelle Abstimmungsverhalten jedes MdEP wird dokumentiert, indem es in der Anlage zum Sitzungsprotokoll veröffentlicht wird – sofern nicht gleichzeitig ein Antrag auf geheime Abstimmung gestellt wurde. Diese namentlichen Abstimmungen werden seit Mai 1980 elektronisch durchgeführt. An jedem Sitzplatz im Plenarsaal

---

310 Unter Text wird im Folgenden – in Anlehnung an Art. 169 GEOP – die Gesamtheit eines Entschließungsantrags/ Entwurfs einer legislativen Entschließung, eines Vorschlags für einen Beschluss oder eines Vorschlags für einen Rechtsakt verstanden.

befindet sich dafür ein Abstimmungsgerät, in das die Abgeordneten ihre personalisierte Abstimmungskarte einfügen und über das sie durch Drücken eines von drei verdeckten Knöpfen (für Zustimmung, Ablehnung oder Enthaltung) ihr Votum abgeben können. Das Ergebnis einer elektronischen Abstimmung wird selten angefochten, auch wenn oft nur eine einzige Stimme über das Endergebnis entscheidet. Im Falle technischer Probleme ruft der Präsident die Abgeordneten in alphabetischer Reihenfolge auf und es wird durch lautes Rufen von „Ja", „Nein" oder „Enthaltung" abgestimmt.

Ein gutes Beispiel für geheime Abstimmungen sind diejenigen über den jährlichen Sitzungskalender, der immer wieder Zündstoff für die generelle Debatte über den Sitz des Parlaments liefert. So stimmte das Parlament im März 2011, als der Sitzungskalender für 2012 und 2013 auf der Agenda stand, geheim ab, um es französischen Abgeordneten zu ermöglichen, gegen die „nationalen Interessen" ihres Mitgliedstaats zu stimmen. Wird nicht elektronisch abgestimmt, so übernehmen bei geheimen Abstimmungen zwei bis acht durch das Los bestimmte MdEP die Auszählung (Art. 182 Abs. 4 GOEP). Bei der Wahl des Kommissionspräsidenten, des Bürgerbeauftragten, des Parlamentspräsidenten und der 14 Vizepräsidenten sowie der Quästoren ist die geheime Wahl obligatorisch.

Die Kommission kann nach der Abstimmung das Wort erhalten und ihre Position darlegen. Am Ende der Abstimmungen kann aber auch jeder Abgeordnete eine Stimmerklärung abgeben, um das eigene oder das Abstimmungsverhalten seiner Fraktion zu erläutern. Die mündliche Stimmerklärung eines MdEP darf höchstens eine Minute (einer Fraktion max. zwei Minuten) dauern. Abgeordnete können auch eine schriftliche Erklärung von bis zu 200 Wörtern abgeben, die in das abschließende Sitzungsprotokoll aufgenommen wird (Art. 183 GOEP).

Die Arbeitsweise des EP ist in erheblichem Maße von der Partei- und Fraktionszugehörigkeit geprägt. Dies wird bereits durch die nach Fraktionen bestimmte Anordnung bei Sitzungen deutlich. Obwohl keine Fraktionsdisziplin herrscht, zeigen die Studien von Hix, Noury und Roland[311] über das Abstimmungsverhalten im EP, dass die Mitglieder einen hohen Grad an innerfraktioneller Geschlossenheit aufweisen. Die Fraktionskohäsion nahm im Verlauf der letzten Wahlperioden sogar weiter zu, während das Ausmaß des einheitlichen Abstimmungsverhaltens nach nationaler Zugehörigkeit weiter zurückging.

8.6 Zusammenfassung

Plenardebatten des EP werden oft als langweilig und wenig kontrovers bezeichnet. Vergleicht man das EP in seiner Eigenschaft als Redeparlament mit dem britischen Unterhaus oder dem italienischen Abgeordnetenhaus, dann sticht vor allem das geringe Ausmaß an Spontanität auf. Dies hängt nicht nur mit der Sitzordnung eines auf das Präsidium gerichteten Halbkreises, sondern auch mit der Mehrsprachigkeit des EP, der damit für die meisten MdEP immer nur über Dolmetscher vermittelten Rede, und der stringenten Aufteilung der Redezeit zusammen. Exemplarisch sei hier die Tagesordnung für die Plenartagung des 12. März 2014 herausgegriffen. Am Vormittag fand eine sogenannte Aussprache zu Schwerpunktthemen statt, die im konkreten Fall der Vorbereitung der Tagung des Europäischen Rates am 20./21. März 2014 und dem angeblichen Einmarsch Russlands in die Ukraine galt. Hierbei entfielen im Zeitraum zwischen 8:30 und 11:50 Uhr jeweils 25 Minuten auf Rat und Kommission für Erklärungen zu Beginn und Antworten am

---

311 Vgl. Hix/Noury/Roland, 2007.

Ende der Aussprachen. Die verbleibenden 89 Minuten der MdEP teilten sich die Fraktionen wie folgt auf: 28,5 Min. für die EVP; 20,5 Min. für die S&D; 10 Min. für die ALDE; je 7,5 Min. für die Grüne/EFA und die EKR; 5,5 Min. für die KVEL/NGL; und je 5 Min. für EFDD und die Fraktionslosen. Am Ende jedes Teils der Aussprache standen noch je 5 Min. für das „Catch-the-eye"-Verfahren zur Verfügung. Nach Abstimmung und Mittagspause nahmen die Abgeordneten die Sitzung um 15 Uhr für Aussprachen zu Berichten wieder auf. Die Sitzung war bis 23 Uhr anberaumt und die Redezeit wie folgt aufgeteilt: Je 10 Min. für den Rat und die Hohe Vertreterin für Außen- und Sicherheitspolitik, 35 Min. für die Kommission (jeweils für Stellungnahmen und Antworten am Ende der Aussprachen zu den einzelnen Berichten); jeweils 6 Min. für die 10 Berichterstatter; jeweils eine Minute für 9 Verfasser von Stellungnahmen mitberatender Ausschüsse; und 210 Minuten für Mitglieder. Diese waren unter den Fraktionen so verteilt, dass die EVP 71,5 Min., die S&D 51 Min., die ALDE 23,5 Min., die Grüne/EFA und die EKR jeweils 16,5 Min., die KVEL/NGL 11 Min. und die EFDD und die Fraktionslosen jeweils 10 Min. in Anspruch nehmen konnten. Auch hier gab es nach jedem Themenblock jeweils fünf Minuten für das „Catch-the-eye"-Verfahren; in der Summe verbrachte das Parlament also gerade einmal 30 Minuten mit halbwegs spontanem Disput.

Alle Abgeordneten sind letztendlich um die Kunst der kurzen Rede bemüht. Durch die Sprachenvielfalt und das Übersetzen verbietet sich die „Abkürzung" über die Schnelligkeit von selbst; „Streiten" lässt sich in diesem Rahmen kaum. Kurz: Den Plenarsitzungen mangelt es an Drama; Ordnungswidrigkeiten und -rufe lockern die Sitzung eher auf als das sie als störend empfunden werden.

Die Geschäftsordnung des EP verpflichtet die Abgeordneten zu namentlichen Abstimmungen in drei Fällen: Die Schlussabstimmung zur Kommissionsinvestitur (Art. 118 GOEP), das Misstrauensvotum gegen die Kommission (Art. 119 GOEP) und sämtliche auf einem Bericht gründenden Schlussentschließungen (Art. 179 GOEP). Das EP hat in der 7. Wahlperiode insgesamt 23 553 mal im Plenum abgestimmt.[312] Zu Dringlichkeiten, Entschließungen zu Vorlagen der Kommission, des Rates oder des Europäischen Rates und Entschließungen im Anschluss an mündliche Anfragen stimmte das EP dabei 318 mal bzw. bei 13,02 % dieser Entschließungskategorien namentlich und 2 124 mal per Handzeichen oder geheim ab.[313] Insbesondere die wissenschaftliche Analyse des Abstimmungsverhaltens der Abgeordneten und die hieraus abgeleiteten Analysen über die Fraktionsdisziplin, die Fraktionskohäsion und die in den Abstimmungen dokumentierten Koalitionen greifen regelmäßig auf die Datensätze von VoteWatch zurück. Die Grundlage können hierfür jedoch nur die namentlichen Abstimmungen sein. Für die 7. Wahlperiode listet VoteWatch insgesamt 1 965 Datensätze mit namentlichen Plenarabstimmungen, d.h. lediglich 8,34 % aller Plenarabstimmungen der 7. Wahlperiode. Die verbleibende Masse von 21 588 Abstimmungen über Änderungsanträge zu legislativen und nichtlegislativen Dossiers sollte bei der Auseinandersetzung über Fragen der Koalitionsbildung im EP und den inneren Zusammenhalt der Fraktionen stärker berücksichtigt werden. Mit den Daten aus den namentlichen Abstimmungen können letztlich nur Aussagen über das Abstimmungsverhalten des EP in den Schlussabstimmungen zu allen Legislativdossiers oder zu allen berichtsbasierten Dossiers des Parlaments formuliert werden.

---

312 Vgl. http://www.europarl.europa.eu/plenary/en/bilan-statistic.html.
313 Vgl. http://www.europarl.europa.eu/plenary/en/bilan-statistic.html.

9 Kontrollrechte

> *Art. 17 Abs. 8 EUV*
>
> Die Kommission ist als Kollegium dem Europäischen Parlament verantwortlich. Das Europäische Parlament kann nach Artikel 234 des Vertrags über die Arbeitsweise der Europäischen Union einen Misstrauensantrag gegen die Kommission annehmen. Wird ein solcher Antrag angenommen, so müssen die Mitglieder der Kommission geschlossen ihr Amt niederlegen, und der Hohe Vertreter der Union für Außen- und Sicherheitspolitik muss sein im Rahmen der Kommission ausgeübtes Amt niederlegen.
>
> *Art. 230 AEUV*
>
> Die Kommission kann an allen Sitzungen des Europäischen Parlaments teilnehmen und wird auf ihren Antrag gehört.
>
> Die Kommission antwortet mündlich oder schriftlich auf die ihr vom Europäischen Parlament oder von dessen Mitgliedern gestellten Fragen.
>
> Der Europäische Rat und der Rat werden vom Europäischen Parlament nach Maßgabe der Geschäftsordnung des Europäischen Rates und der Geschäftsordnung des Rates gehört.

Zu den grundlegenden Zuständigkeiten des EP gehört das Recht, von anderen mit Herrschaftsinstrumenten ausgestatteten Organen der EU Informationen über deren Arbeit und die von ihnen geplanten oder geleisteten Eingriffe in die bestehenden Rechtsverhältnisse zu verlangen, über die gewonnenen Erkenntnisse öffentlich zu beraten und gegebenenfalls Sanktionen zu beschließen.[316] Ursprünglich bezogen die E(W)G-Verträge das parlamentarische Kontrollrecht nur auf die Kommission. Als Folge der im Maastrichter Vertrag vertraglich sanktionierten Ausdehnung der Politikbereiche auf Fragen der Äußeren und Inneren Sicherheit umfasst die Kontrolltätigkeit des Parlaments seitdem jedoch auch die Tätigkeit des Rates und des Europäischen Rates. Als Instrumente der parlamentarischen Kontrolle sehen die Verträge Fragerechte gegenüber Rat, Kommission und Europäischer Zentralbank, Berichts- und Informationspflichten von Kommission, Rat, Europäischem Rat und Mitgliedstaaten, Untersuchungsrechte, Klagerechte vor dem Europäischen Gerichtshof, Petitionsrechte der EU-Bürger an das Parlament und indirekte Kontrollen durch Beauftragung des Rechnungshofes zur Abgabe von Stellungnahmen vor. Das Parlament greift hierzu auf fünf wesentliche Kontrollmittel zurück: Schriftliche und mündliche Anfragen; öffentliche Debatten über den jährlichen Gesamtbericht sowie das hierzu vorgelegte Jahresarbeitsprogramm der Kommission; die Entlastung der Kommission für deren Haushaltsführung seitens des Parlaments; das Misstrauensvotum gegen die Kommission; und das Untersuchungsrecht.

---

316 Vgl. Schoo, Johann: „Kontrollen bei der Durchführung des Gemeinschaftsrechts aus der Sicht des Europäischen Parlaments", in: Schwarze, Jürgen (Hrsg.): Gesetzgebung in der Europäischen Gemeinschaft, Baden-Baden, Nomos 1985, S. 97-119; Karpen, Ulrich: „Defizite parlamentarischer Kontrolle in der Europäischen Union?", in: Geiger 2003, S. 237-241.

9.1 Fragerechte

Neben den aus dem Haushaltsrecht hervorgehenden budgetären Gestaltungsbefugnissen stellte das parlamentarische Fragerecht bis zum Inkrafttreten der EEA nicht nur das in der Praxis „effizienteste Kontrollinstrument"[317], sondern auch das wesentliche Beteiligungsinstrument des Parlaments dar. Parlamentarische Anfragen[318] gelten als weitgehend unbeschränkte Verfahren in modernen Regierungssystemen, da sie den einzelnen MdEP die Möglichkeit bieten, Interessen, Wünsche, Befürchtungen zu artikulieren.[319] War die Kommission bereits durch Art. 23(3) EGKSV, 140 EWGV und 110 EAGV gehalten, „mündlich oder schriftlich auf die ihr vom EP oder von dessen Mitgliedern gestellten Fragen" zu antworten, erklärte sich der Rat erst 1973 – im Anschluss an die Pariser Gipfelkonferenz ausdrücklich bereit, „zur Stärkung der Kontrollbefugnisse des EP [...] auf alle schriftlichen Anfragen und [...] an ihn gerichteten mündlichen Anfragen zu antworten". Das Frageinstrumentarium selbst wurde 1973 durch das Parlament mit der Einführung der Fragestunde zu Beginn des zweiten und dritten Plenarsitzungstages ergänzt. Der Adressat waren auch hier zunächst die anwesenden Kommissionsmitglieder und erst später die Ratspräsidentschaft. Der Maastrichter Vertrag verbreitete den Umfang des Fragerechts auf Art. 36 (ex-Art. J.7) EUV (GASP im Hinblick auf den Rat, die Hohe Vertreterin der Union für Außen- und Sicherheitspolitik und deren Sonderbeauftragte) und ex-Art. 39 EUV (Innen- und Justizpolitik im Hinblick auf die Kommission). Seitdem wird der Rat „nach Maßgabe seiner Geschäftsordnung vom EP jederzeit gehört" (Art. 231 AEUV [ex-Art. 197 EGV]). Seit Inkrafttreten des Lissabonner Vertrages gilt dieses Fragerecht auch gegenüber dem Europäischen Rat. Während also die Kommission dem EP gegenüber umfassend und politikbereichsübergreifend rechenschaftspflichtig ist, greift das Fragerecht des EP gegenüber dem Rat und dem Europäische Rat nur in einzelnen, in den Verträgen explizit aufgeführten Fällen, in denen sie Funktionen erfüllen, die den Initiativ- und Exekutivaufgaben der Kommission ähneln. Führt die Nichtbeachtung der aus dem Fragerecht des EP hervorgehenden Antwortverpflichtungen der Kommission im Extremfall zum Misstrauensvotum und damit zum geschlossenen Rücktritt des Kollegiums, bleibt die Nutzung des Frageinstrumentariums gegenüber dem Rat, dem Europäischen Rat und dessen Präsidenten rechtlich sanktionsfrei.

Das Parlament greift auf vier verschiedene Fragearten gegenüber Rat und Kommission zurück:

– Mündliche Anfragen zur mündlichen Beantwortung im Parlamentsplenum (Art. 128 GO-EP): Diese Fragen können nur von einem Ausschuss, einer Fraktion oder von mindestens 40 Mitgliedern formuliert oder Gegenstand eines förmlichen Antrags werden. Die Anfragen werden von der Konferenz der Präsidenten geprüft und gefiltert. Dann entscheidet sie darüber, ob und in welcher Reihenfolge die Anfragen auf die Tagesordnung des Parlaments gesetzt werden.

– Erklärungen der Kommission, des Rates und des Europäischen Rates: Die Mitglieder der anderen Institutionen können den EP-Präsidenten jederzeit ersuchen, ihnen die Möglichkeit zur Abgabe einer Erklärung zu erteilen. Im Anschluss an diese Erklärungen kann eine Aussprache angesetzt werden, während die Mitglieder ihre Fragen an die Vertreter der anderen Institutionen zum jeweiligen Thema formulieren können. Attraktiv sind diese Erklärungen insofern, als die Parlamentsgeschäftsordnung ausdrücklich die Möglichkeit einer Entschlie-

---

317 Grabitz/Läufer 1980, S. 151.
318 Vgl. Stuart Mackenzie, Anne B.: Questions in the European Parliament: An assessment of questions, written and oral in the European Parliament, LLM Thesis, University of Edinburgh 1971.
319 Vgl. Raunio 1996, S 357.

ßung im Nachgang an die jeweiligen Erklärungen von Kommission, Rat oder Europäischem Rat vorsieht.

– Mündliche Anfragen mit Aussprache in der Fragestunde (Art. 129 GOEP). Fragestunden hält das Parlament auf jeder Plenarsitzung ab. Über den Zeitpunkt entscheidet alleine die Konferenz der Präsidenten. Im Gegensatz zu den mündlichen Anfragen zur mündlichen Beantwortung im Plenum dient die Fragestunde als Kontroll- und Kommunikationsinstrument jedes Abgeordneten als freiem Mandatsträger. Der Präsident des Parlaments entscheidet autonom über die Zulässigkeit und Reihenfolge der Fragen. In der Praxis reserviert das Parlament 90 Minuten jeder Plenarsitzungswoche für die Fragestunde.

– Schriftliche Anfragen, die ebenfalls von jedem Abgeordneten gestellt werden können (Art. 130 GOEP), unterliegen im Unterschied zu den mündlichen Anfragen keiner verfahrenstechnischen Beschränkung. Den Mitgliedern des Parlaments steht es grundsätzlich frei, schriftliche Fragen jederzeit über den Präsidenten des Parlaments an Kommission oder Rat zu senden. Die Attraktivität der schriftlichen Anfragen gründet jedoch nicht nur in der weitgehenden Unmittelbarkeit und ungefilterten Kommunikation zwischen Abgeordneten und EU-Institutionen, sondern auch in dem Umstand, dass sowohl die Fragen wie die Antworten im Amtsblatt der EU veröffentlicht werden. Vergegenwärtigt man sich die über die Mindestschwellen zum Erreichen des Fraktionsstatus gespiegelte, untergeordnete Rolle des einzelnen Abgeordneten, so zeigt sich im Instrument der schriftlichen Anfrage eine der im intrainstitutionellen Gefüge des Parlaments seltenen Möglichkeiten für freie Mandatsträger, Positionen an die Öffentlichkeit zu tragen, die sonst über die Ausschüsse, die Fraktionen, die inneren Parlamentsorgane sowie die Geschäftsordnung des Parlaments selbst immer nur gefiltert aufscheinen.

Anders als der EUV behandelt die Geschäftsordnung des Parlaments die Anfragen an Kommission und Rat gleichartig und -rangig. Lediglich in der Fristsetzung bei der Einreichung von mündlichen Anfragen differenziert die Geschäftsordnung zwischen einer Woche für die Kommission und drei Wochen für den Rat.

9.2 Haushaltskontrollrechte

Nach Ablauf des Haushaltsjahres sind alle Organe und Institutionen verpflichtet, Rechenschaft über ihr Finanzgebaren abzulegen. Im Rahmen des Entlastungsverfahrens muss das Parlament auf der Grundlage einer Empfehlung des Rates der Kommission einmal jährlich die Entlastung für die Ausführung des Haushaltsplans erteilen. Eine spezifische Form der Vorabkontrolle wird hierzu auch von nationalen Stellen – beispielsweise Rechnungshöfen, nationalen Parlamenten und deren Haushaltsausschüssen – wahrgenommen. Auf die nationalen Parlamente ist das EP wesentlich angewiesen, da diese ihre Zuständigkeit im Bereich der EU-Eigenmittel behalten haben und daher auch über die finanziellen und personellen Ressourcen zur Finanzkontrolle der Regierungen, Verwaltungen und angeschlossenen Agenturen verfügen. Auf EU-Ebene werden die Haushaltsausführungskontrollen zunächst von den Rechnungsführern und internen Finanzkontrolleuren jedes Organs durchgeführt. Die Hauptkontrolle nimmt dagegen der Europäische Rechnungshof wahr, der dem EP und dem Rat ausführliche Berichte vorlegt. Diese schließen mit der sogenannten „Zuverlässigkeitserklärung" über die Rechnungsführung, die Rechtmäßigkeit und die Ordnungsmäßigkeit der zugrundeliegenden Haushaltsausführungsvorgänge ab. Der Jahresbericht des Rechnungshofes beurteilt dabei die Ausführung des

Gesamthaushaltsplans einschließlich der Haushaltspläne aller Organe, Institutionen und Agenturen; er umfasst außerdem Sonderberichte zu spezifischen Themen. Auf dieser Grundlage berät der Parlamentsausschuss für Haushaltskontrolle, ob der Kommission für die Haushaltsführung des zurückliegenden Haushaltsjahres die Entlastung erteilt werden kann. Verweigert das Parlament der Kommission die Entlastung, dann gilt dies als schwerwiegender Vertrauensverlust, der aus Sicht der Kommission deren geschlossenen Rücktritt nach sich zieht. Allerdings ist es zu einer solch dramatischen Situation noch nicht gekommen. Gleichwohl hat sich das Parlament im Dezember 1984 geweigert, der Kommission die Entlastung für das Haushaltsjahr 1982 zu erteilen. Die Folgewirkungen dieser Maßnahme waren jedoch gering, da das Mandat der Kommission ohnehin wenige Tage später auslief. Andererseits machte das EP bereits mehrfach von der Möglichkeit Gebrauch, die Entlastung der Kommission hinauszuzögern, um so Verbesserungen bei der Haushaltsführung zu erzielen. Darüber hinaus übt das Parlament eine begleitende Kontrolle der Ausgaben während des Haushaltsjahres aus, und zwar über das Instrument der parlamentarischen Anfrage und der eigenständigen Berichte durch die Prüfung der Monatsberichte der Kommission über die laufende Ausführung des Haushaltsplans. Hiermit wird die Kontrolle der Ordnungsmäßigkeit der Ausgaben und des Abfließens der genehmigten Gelder gewährleistet. Konkret befasst sich das Parlament mit der Evaluierung der Effizienz von Gemeinschaftsfinanzierungen und -programmen sowie der Wirtschaftlichkeit im Hinblick auf die Durchführung von programmunabhängigen Maßnahmen, die aus dem EU-Haushalt finanziert werden.

Im Entlastungsverfahren kann das Parlament beschließen, die Entlastung zu vertagen und in diesem Zusammenhang die Kommission auffordern, ihren Bericht über die Ausführung des Haushalts zu korrigieren. Aufgrund der Komplexität des Haushaltsplans greift das Parlament auf einzelne Ausschussmitglieder als Berichterstatter zurück, die sich auf bestimmte Unionspolitiken spezialisiert haben. Sie bereiten die Stellungnahmen des EP zu den Sonderberichten des Rechnungshofes in „ihren" Politikbereichen durch die Ausarbeitung von Arbeitsdokumenten vor, die dann dem Generalberichterstatter für das Entlastungsverfahren als Orientierung dienen. Darüber hinaus kommt der Haushaltskontrollausschuss seit Anfang der 80er Jahre mit Vertretern der entsprechenden Fachausschüsse der einzelstaatlichen Parlamente, der nationalen Rechnungsprüfungsstellen und der Zolldienststellen zusammen, um über die Haushaltsausführung in den Mitgliedstaaten zu beraten.

9.3 Misstrauensvotum

Das stärkste Kontrollrecht besitzt das Parlament im Instrument des Misstrauensvotums gegen die Kommission nach Art. 234 AEUV. Ein solcher Antrag kann nur mit der Mehrheit von zwei Dritteln der abgegebenen Stimmen, die auch die Mehrheit der Abgeordneten repräsentieren muss angenommen werden. Ist dies der Fall, so müssen die Mitglieder der Kommission geschlossen ihr Amt niederlegen. Bis November 2014 wurden 12 Misstrauensanträge gestellt, wovon keiner angenommen wurde, doch ist die Zahl der Ja-Stimmen gegen die Kommission regelmäßig von 18 gegen 109 (bei 4 Enthaltungen) im Jahre 1976 auf 232 gegen 293 (bei 27 Enthaltungen) im Jahre 1999 gestiegen.[320] Auch wenn das Misstrauensvotum nur eine unter-

---

320 Vgl. Corbett/Jacobs/Shackleton 2000, S. 243-246.

geordnete praktische Relevanz hat, führt doch allein seine theoretische Möglichkeit zu einer stärkeren Rücksichtnahme der Kommission auf die Standpunkte des Parlaments.[321]

Exkurs: Der Rücktritt der Kommission „Santer"

Der Rücktritt der Kommission „Santer" war unmittelbar verknüpft mit Betrugs- und Korruptionsvorwürfen bei der Ausführung des Gesamthaushaltsplans für das Jahr 1996.[322] Der Europäische Rechnungshof lehnte es ab, die Zuverlässigkeitserklärung für die Rechtmäßigkeit der den Zahlungen des Haushaltsjahres 1996 zugrundeliegenden Vorgänge zu geben. Daraufhin beschloss das EP Ende März 1998,[323] die Entlastung der Kommission für die Ausführung des Haushaltsplans 1996 so lange aufzuschieben, bis die Kommission die Hindernisse für die Entlastung beseitigt hat.[324] Im Dezember 1998 befasste sich das Parlament erneut mit der Ausführung des Gesamthaushaltsplans 1996 und lehnte mit 270 gegen 225 Stimmen bei 23 Enthaltungen die Entlastung der Kommission ab. Da zuvor aber der Haushaltskontrollausschuss die Entlastung empfohlen hatte,[325] konnte das Plenum die Entlastung nicht definitiv verweigern, sondern musste den Fall an den federführenden Haushaltskontrollausschuss zurückverweisen. Dieser sollte im März 1999 erneut eine Empfehlung über die Entlastung abgeben.[326] Angesichts der Uneinigkeit des Parlaments versuchte die Kommission daraufhin zunächst, „die jüngste Niederlage im Entlastungsverfahren betreffend den Vollzug des Haushalts 1996 durch das funktionelle Äquivalent eines Vertrauensvotums zu kompensieren."[327] Tatsächlich schien dieses Kalkül „in dem Moment aufzugehen, als die Fraktionsführerin der Sozialisten im EP, Pauline Green, einen von weiteren 71 Abgeordneten ihrer Fraktion unterzeichneten Misstrauensantrag gegen die Kommission mit eben dieser strategischen Überlegung einbrachte."[328] Be-

---

321 Deutlich wurde dies zum Beispiel im Dezember 1989/Januar 1990, als die SPE-Fraktion über den Vorschlag eines ihrer Mitglieder beriet, dem EP einen Misstrauensantrag gegen die Kommission vorzulegen. Auch wenn dieser Vorschlag innerhalb der Fraktion auf wenig Resonanz stieß und schließlich verworfen wurde, führte er zu einer Vielzahl von Sondertreffen zwischen einzelnen Kommissaren und dem Vorsitzenden und stellvertretenden Vorsitzenden der Fraktion. Im Ergebnis erklärte sich die Kommission bereit, in ihrem Arbeitsprogramm für das Jahr 1990 der sogenannten „Sozialen Dimension" (des Binnenmarktes) mehr Aufmerksamkeit zu schenken.

322 Vgl. hierzu ausführlich: Hummer, Waldemar/Obwexer, Walter: „Der ‚geschlossene Rücktritt' der Europäischen Kommission. Von der Nichtentlastung für die Haushaltsführung zur Neuernennung der Kommission", in: Integration, Nr. 2/1999, S. 77-94; Lautz, Andreas: „Das erste Mißtrauensvotum des Europäischen Parlaments gegen die Europäische Kommission", in: Zeitschrift für Politikwissenschaft, Nr. 4/1999, S. 439-459; Ott, Andrea: „Die Kontrollfunktionen des Europäischen Parlaments gegenüber der Europäischen Kommission - Eine Bestandsaufnahme nach dem Rücktritt der Kommission und dem Inkrafttreten des Amsterdamer Vertrages", in: Zeitschrift für Europarechtliche Studien, Nr. 2/1999, S. 231-252.

323 Vgl. Amtsblatt der EG, Nr. C 138/1998, S. 43 ff.

324 Hiermit angesprochen waren das gemeinschaftliche Transitverfahren, die Rechenschaftspflicht der Kommission bei der Betrugsbekämpfung, die Kohärenz der finanziellen Aspekte außenpolitischer Gemeinschaftsprogramme, das integrierte Kontrollsystem sowie die Schaffung von Arbeitsplätzen in kleineren und mittleren Unternehmen. Direkt betroffen von den Vorwürfen waren die drei Kommissionsmitglieder Edith Cresson (Bildung und Forschung), Emma Bonino (Fischerei, Verbraucherpolitik, humanitäre Hilfe) und Manuel Marin (Beziehungen zu den Mittelmeerstaaten). Vgl. Mißtrauensantrag gegen die Kommission nach Nichtentlastung für die Haushaltsführung 1996 und „kollektiver" Rücktritt der Kommission nach Vorlage des Berichts des „Ausschusses unabhängiger Sachverständiger", abgedruckt in: Europarecht 1999, S. 35-36.

325 Der Ausschuss hatte am 28.10.1998 mit knapper Mehrheit – 14 gegen 13 Stimmen – für eine Entlastung der Kommission gestimmt; vgl. Bericht über die Entlastung der Kommission für die Ausführung des Gesamthaushaltsplans der EU für das Haushaltsjahr 1996 (Bericht Elles), A4-502/98.

326 Vgl. Fugmann, Friedrich: „Haushaltsentlastung 1996, oder: Wer hat den Schwarzen Peter?", in: Europäische Zeitschrift für Wirtschaftsrecht, Heft Nr. 3/1999, S. 65.

327 Dauses, Manfred: „Nochmals zum Europäischen Parlament: Von der ‚beratenden' zur ‚bestätigenden' Versammlung?, in: Europäische Zeitschrift für Wirtschaftsrecht, Nr. 1/1999, S. 97.

328 Vgl. Hummer, Waldemar/Obwexer, Walter: „Der ‚geschlossene' Rücktritt der Europäischen Kommission", in: integration, Nr. 2/1999, S. 77-94.

antragte die Gruppe um Pauline Green im Beschlussteil ein Misstrauensvotum gegen die Kommission, legte sie in der Antragsbegründung dar, dass „sich die Kommission durch die (vorläufige) Nichtentlastung für die Haushaltsführung 1996 des Vertrauens des Europäischen Parlaments nicht mehr sicher sein kann und diese Situation umgehend durch ein Vertrauensvotum für die Kommission bereinigt werden sollte."[329] Anfang Januar 1999 beantragten aber auch 69 Abgeordnete verschiedener Fraktionen einen weiteren Misstrauensantrag. Auf der entscheidenden Sitzung am 14. Januar 1999 zog Green den im Namen der SPE-Fraktion vorgelegten Misstrauensantrag schließlich zurück, so dass nur der fraktionsübergreifende Misstrauensantrag zur Abstimmung gestellt und mit 293 gegen 232 Stimmen bei 27 Enthaltungen abgelehnt wurde.[330] Im Anschluss an den gescheiterten Misstrauensantrag nahm das Parlament jedoch auch einen von den Fraktionen der SPE, KVEL und ARE gemeinsam eingebrachten Entschließungsantrag[331] zur Verbesserung der Haushaltsführung durch die Kommission mit 319 zu 157 Stimmen bei 54 Enthaltungen an, in dem auch „die Einsetzung eines Ausschusses unabhängiger Sachverständiger unter der Ägide des Parlaments und der Kommission" beschloss, „der untersuchen soll, auf welche Weise die Kommission Betrug, Missmanagement und Günstlingswirtschaft aufdeckt und damit umgeht, wozu auch eine grundlegende Überprüfung der in der Kommission üblichen Praktiken bei der Vergabe aller Verträge mit finanziellen Auswirkungen gehört." Als Termin für die Vorlage des Berichts legte das EP den 15. März 1999 fest. Die Konferenz der Präsidenten des Parlaments autorisierte am 27. Januar 1999 eine „Aufzeichnung betreffend den Ausschuss unabhängiger Sachverständiger" und entschied zugleich über Zusammensetzung und Aufgabenstellung dieses Ausschusses, der feststellen sollte, „in welchem Ausmaß die Kommission als Kollegium oder einzelne Kommissionsmitglieder spezifische Verantwortung für die jüngsten Fälle von Betrug, Missmanagement oder Nepotismus tragen, die in parlamentarischen Debatten oder in den im Rahmen dieser Debatten erhobenen Anschuldigungen zur Sprache kamen."[332] Santer stimmte in dieser Sitzung sowohl der Zusammensetzung als auch dem Aufgabenbereich des Ausschusses zu und bestätigte in einem Schreiben an den Parlamentspräsidenten am 1. Februar 1999 die Zustimmung der Kommission zu Zusammensetzung und Mandat des Ausschusses. Tatsächlich verpflichteten sich also Parlament und Kommission in einer Interorganvereinbarung, dem Ausschuss ungehinderte Akteneinsicht inklusive der Akten der Betrugsbekämpfungseinheit in der Kommission (OLAF) zu gewähren und die Amtverschwiegenheit gemäß Art. 17 und 19 des Beamtenstatuts[333] für die vor den Ausschuss geladenen Mitglieder und Beamten der Kommission aufzuheben. Der erste Bericht des Ausschusses[334] führte schließlich am 15. März 1999 zum geschlossenen Rücktritt der Kommission. Zwar überführte der Bericht „nur" Kommissarin Edith Cresson eindeutig der „Vetternwirtschaft."[335] Die im Bericht geäußerten Vorwürfe gegen die Kommission verstärkten den politischen Druck auf diese allerdings so stark, dass sie im geschlossenen Rücktritt den einzigen Ausweg sah. In seinem Rücktrittsschreiben vom 16. März 1999 teilte Santer dem deutschen Bundeskanzler Schröder in dessen Eigenschaft als Ratsvorsitzender mit,[336] dass sich

---

329 Ebenda., S 79.
330 Vgl. Dauses 1999, Ebenda.
331 Vgl. die Anträge unter den Laufnummern B4-65/99, B4-109/99 und B4-110/99.
332 Vgl. Punkt 6.1 und Absatz 2 der „Aufzeichnung."
333 Vgl. Amtsblatt der EG 1968, Nr. L 56, S. 1 ff., in der Fassung von 1998: Amtsblatt der EG 1998, Nr. L 325, S. 1f.
334 Vgl. Agence Europe Nr. 7426 vom 17. 3. 1999, S. 3; Agence Europe-Dokumente Nr. 2128 vom 19. 3. 1999, S. 1 ff.
335 Vgl. Punkte 8.1.35., 8.1.36. und 9.2.10. des Berichts.
336 Vgl. Déclaration du Président Jacques Santer au lendemain de la démission des membres du collège, IP/99/179.

die Kommission „verpflichtet, die geeigneten Konsequenzen aus dem Bericht des Ausschusses der unabhängigen Sachverständigen zu ziehen. Nach der Vorlage dieses Berichts, am gestrigen 15. März 1999, haben wir einstimmig beschlossen, geschlossen zurückzutreten und unser Mandat in die Hände der Regierungen der Mitgliedstaaten zurückzugeben, die uns ernannt haben." Auf seiner Tagung vom 22. und 23. März 1999 verabschiedete das Parlament schließlich eine befürwortende Entschließung zu diesem Rücktritt und zur Ernennung einer neuen Kommission.[337]

9.4 Untersuchungsrechte

Das parlamentarische Untersuchungsrecht erstreckt sich auf alle bekannt gewordenen, behaupteten oder angenommenen Verstöße gegen das Unionsrecht sowie Missstände bei dessen Anwendung in den Mitgliedstaaten und den Organen der Union.[338] Das Parlament setzte bereits 1979 einen Untersuchungsausschuss über die Situation der Frauen in Europa ein. Diesem folgten:

– von 1983 bis 1984 der Untersuchungsausschuss über giftige Substanzen (als Reaktion auf den Seveso-Unfall);
– von 1984 bis 1986 der als Reaktion auf den Einzug des rechtsextremen Front National in das EP gegründete Ausschuss über Faschismus und Rassismus in Europa;
– von 1985 bis 1986 der Ausschuss über Drogenprobleme in Europa;
– von 1986 bis 1987 der Ausschuss über Agrarproduktlager;
– 1988 der Ausschuss zur Untersuchung des Mol/Transnuklear-Skandals;
– von 1988 bis 1989 der Ausschuss über hormonbehandeltes Fleisch;
– von 1989 bis 1990 der Ausschuss zur Untersuchung der Implementierung der gemeinsamen Erklärung der EU-Organe gegen Rassismus und Faschismus, sowie
– 1991 der Ausschuss über Drogenkriminalität.

Seit dem Maastrichter Vertrag ist das Untersuchungsrecht primärrechtlich verankert. Seitdem richtete das EP zunächst zwei nichtständige Untersuchungsausschüsse ein, die sich mit den Themen „Transitbetrug" und der Rinderseuche „BSE" befassten.[339] Der in der 5. Legislaturperiode eingerichtete Nichtständige Ausschuss für Humangenetik und andere neue Technologien in der modernen Medizin geht auf die Stellungnahme der von der Kommission eingesetzten Europäischen Gruppe für Ethik der Naturwissenschaften und der Neuen Technologien vom 14. November 2000 über die ethischen Aspekte der Erforschung und Verwendung menschlicher Stammzellen zurück. Brisanter, weil die Aufmerksamkeit der Medien eher auf sich ziehender, war die Einsetzung des Nichtständigen Ausschusses über das ECHELON-System – ein von den USA eingerichtetes Radarsystem, bei dem der Verdacht besteht, dass hierüber auch staatlich zumindest tolerierte Betriebsspionage gegen Unternehmen in der EU betrieben wird. Der Ausschuss wurde am 5. Juli 2000 gegründet, nachdem ein Gutachten für den EP-eigenen Technikfolgenabschätzungsdienst STOA über das ECHELON-System darauf hinwies, dass

---

337 Vgl. Schmuck, Otto: „Das Europäische Parlament", in: Weidenfeld, Werner/Wessels, Wolfgang (Hrsg.): Jahrbuch der Europäischen Integration 1998/1999, Bonn 1999, S. 79-80.
338 Vgl. Görlitz, Niklas: „Le droit d'enquête du Parlement européen, in: Cahiers de droit européen, Vol. 49, Nr. 3/2013, S. 783-820.
339 Vgl. Beckedorf, Ingo: „Das Untersuchungsrecht des Europäischen Parlaments - Eine erste Bestandsaufnahme nach zwei parlamentarischen Untersuchungen", in: Europarecht, Nr. 3/1997, S. 237-260.

dessen Nutzung gegen gemeinschaftliche Bestimmungen im Bereich des Telekommunikationsrechts und des Datenschutzes verstoßen könnte. Ein am 18. Januar 2006 eingesetzter Untersuchungsausschuss zur Krise der „Equitable Life Assurance Society" ging behaupteten Verstößen bei der Anwendung der Richtlinie 92/96/EWG durch Behörden des Vereinigten Königreichs nach, insbesondere im Hinblick auf das Regulierungssystem und die Überwachung der finanziellen Stabilität von Versicherungsunternehmen, der Bildung ausreichender versicherungstechnischer Rücklagen und der Absicherung dieser Rücklagen. Mit Beschluss vom 18. Januar 2006 setzte das Parlament den Untersuchungsausschuss zur behaupteten Instrumentalisierung europäischer Staaten durch den US-amerikanischen Auslandsgeheimdienst CIA für die Beförderung und das rechtswidrige Festhalten von Gefangenen ein. Der Ausschuss ging der Frage nach, ob die CIA Entführungen, „außerordentliche Überstellungen", Inhaftierungen in geheimen Einrichtungen, Isolationshaft ohne Kontakt zur Außenwelt, Folter, Grausamkeit, unmenschliche oder erniedrigende Behandlung von Gefangenen im Hoheitsgebiet der Europäischen Union, einschließlich Beitritts- und Bewerberländer, praktiziert oder dieses Hoheitsgebiet, z.B. durch Flüge, für diese Zwecke genutzt hatte. Hierbei prüfte der Ausschuss auch, ob im Hoheitsgebiet der EU die im Rahmen der Terrorismusbekämpfung durchgeführte Maßnahmen als Verstoß gegen Art. 6 EUV, Art. 2, 3, 5 und 6 der Europäischen Menschenrechtskonvention, die EU-Grundrechtecharta, das UN-Übereinkommen gegen Folter und andere grausame, unmenschliche oder erniedrigende Behandlung oder Strafe und die Abkommen zwischen der EU und den USA über Rechtshilfe und Auslieferung zu werten sind.

9.5 Kontrolle der Europäischen Zentralbank

In Reaktion auf den Bericht der vier EU-Präsidenten und mehrerer Initiativstellungnahmen zur Reform der WWU wandte sich das EP nach der Rede von Kommissionspräsident Barroso zur Lage der Union im Herbst 2012 und den nachfolgenden Kommissionsvorlagen über die Bankenunion und die Bankenaufsicht den strategischen und strukturellen Fragen im Zusammenhang mit der künftigen Architektur von WWU und EU zu. Das EP machte hierbei deutlich, dass es eine Stärkung der demokratischen Legitimität der wirtschaftspolitischen Steuerung durch erweiterte Parlamentsbefugnisse für unverzichtbar hält. Neben den Unterrichtungs- und Kontrollverfahren im Rahmen des „Two-Pack" verhandelte das Parlament hierbei auch mit der Europäischen Zentralbank eine Interinstitutionelle Vereinbarung (IIV) über die demokratische Rechenschaftspflicht und die Aufsicht über die Wahrnehmung der der EZB im Rahmen des einheitlichen Aufsichtsmechanismus übertragenen Aufgaben.[340] Parlament und EZB schlossen die zur IIV hinführenden Verhandlungen Anfang September 2013 ab und nahmen die Vereinbarung im Oktober 2013 an. Auslöser war die vom Europäischen Rat auf seiner Tagung vom 28./29. Juni 2012 geforderte Schaffung einer Bankenunion für die Länder der „Eurozone" über die drei Säulen einer einheitlichen Bankenaufsicht, eines europäischen Abwicklungsfonds einschließlich eines Mechanismus für in Konkurs geratene Banken, und eines europäischen Einlagensicherungssystem. Die betreffenden Vorschläge der Kommission vom

---

340 Vgl. Beschluss des Europäischen Parlaments vom 9. Oktober 2013 zum Abschluss einer interinstitutionellen Vereinbarung zwischen dem Europäischen Parlament und der Europäischen Zentralbank über die praktischen Modalitäten für die Erfüllung der demokratischen Rechenschaftspflicht und die Aufsicht über die Wahrnehmung der der EZB im Rahmen des einheitlichen Aufsichtsmechanismus übertragenen Aufgaben ((2013/2198) (ACI)).

12. September 2012[341] sahen hierbei einen Bankenaufsichtsmechanismus vor, durch den der EZB die Zentralaufsicht übertragen wird. Am 13. September 2012 nahm das EP eine Entschließung zu den „Vorschlägen für eine Europäische Bankenaufsichtsbehörde (EBU)"[342] an, in der es mit Nachdruck darauf hinwies, „dass bedeutende Änderungen bei der Aufsicht, einschließlich der Übertragung auf andere Institutionen, mit einer entsprechenden Steigerung der Transparenz und Rechenschaftspflicht solcher Institutionen gegenüber dem Parlament einhergehen müssen, das ein uneingeschränktes Fragerecht und umfassende Befugnisse im Zusammenhang mit Ernennungs- und Haushaltsverfahren haben muss". Auf dieser Grundlage forderte das Parlament während der Trilogverhandlungen über den Legislativvorschlag für einen einheitlichen Aufsichtsmechanismus, dass zusätzlich zur Verordnung, durch die der EZB besondere Aufgaben im Zusammenhang mit der Aufsicht über Kreditinstitute übertragen werden, eine IIV zwischen EP und EZB geschlossen werden sollte. Grundlage hierfür lieferte Art. 20 Abs. 9 der betreffenden Verordnung, nach dem „die praktischen Modalitäten für die Erfüllung der demokratischen Rechenschaftspflicht und die Aufsicht über die Wahrnehmung der der EZB übertragenen Aufgaben" festgelegt werden sollten. Die IIV sieht nun – erstmals in der Geschichte der EZB und ihrer Beziehungen zu den anderen EU-Organen – eine parlamentarische Kontrolle der EZB-Aufsicht vor, und zwar über einen regelmäßigen Meinungsaustausch der EZB mit dem zuständigen parlamentarischen Ausschuss, mündliche Diskussionen unter Ausschluss der Öffentlichkeit mit dem Vorstand dieses Ausschusses und schließlich über die unmittelbare Übermittlung von Informationen aus den nicht vertraulichen Teilen der Protokolle des Aufsichtsrates. Darüber hinaus sieht die IIV eine parlamentarische Mitwirkung im Verfahren zur Wahl des Präsidenten, der Vizepräsidenten und aller anderen Mitgliedern des Direktoriums vor. Der EZB-Rat unterrichtet demnach den zuständigen Parlamentsausschuss zwei Wochen vor der Veröffentlichung der Stellenausschreibung über die Einzelheiten, einschließlich der Auswahlkriterien und der spezifischen Stellenbeschreibung, des Auswahlverfahrens. Anschließend unterrichtet der EZB-Rat den Parlamentsausschuss über die Zusammensetzung der Gruppe der Bewerber für die Stelle des Vorsitzenden (Anzahl von Bewerbungen, Art der beruflichen Kompetenzen, Verhältnis der Geschlechter und Nationalitäten usw.) sowie über die Auswahlmethoden zur Selektion von mindestens zwei Bewerbern. Die EZB stellt dem Parlament die Auswahlliste mindestens drei Wochen, bevor sie ihren Vorschlag für die Ernennung des Vorsitzenden vorlegt, zur Verfügung. Fragen im Zusammenhang mit den Auswahlkriterien und der Auswahlliste der Bewerber kann das EP der EZB innerhalb von einer Woche nach deren Eingang übermitteln, woraufhin die EZB innerhalb von zwei Wochen schriftlich antworten muss. Das Verfahren der Billigung des Vorsitzenden besteht aus den folgenden Schritten: In einem ersten Schritt übermittelt die EZB ihre Vorschläge für den Vorsitzenden und den stellvertretenden Vorsitzenden dem Parlament zusammen mit schriftlichen Erläuterungen der zu Grunde liegenden Erwägungen. Der Parlamentsausschuss führt anschließend eine öffentliche Anhörung der Kandidaten durch und entscheidet auf Grundlage einer Empfehlung

---

341 Vgl. Europäische Kommission: Vorschlag für eine Verordnung des Rates zur Übertragung besonderer Aufgaben im Zusammenhang mit der Aufsicht über Kreditinstitute auf die Europäische Zentralbank, Dok. Nr. COM/2012/0511 final - 2012/0242 (CNS); Vorschlag für eine Verordnung des EP und des Rates zur Änderung der Verordnung (EU) Nr. 1093/2010 zur Errichtung einer Europäischen Aufsichtsbehörde (Europäische Bankenaufsichtsbehörde) hinsichtlich ihrer Wechselwirkungen mit der Verordnung (EU) Nr. .../... des Rates zur Übertragung besonderer Aufgaben im Zusammenhang mit der Aufsicht über Kreditinstitute auf die Europäische Zentralbank, Dok. Nr. COM/2012/0512 final - 2012/0244 (COD).

342 Vgl. Entschließung des Europäischen Parlaments vom 13. September 2012 zum Thema „Auf dem Weg zu einer Bankenunion" (2012/2729(RSP)).

des Ausschusses durch Abstimmung im Plenum. Lehnt das EP den vorgeschlagenen Kandidaten ab, kann die EZB entscheiden, auf die Gruppe der Bewerber, die sich ursprünglich ebenfalls beworben hatten, zurückzugreifen oder das Auswahlverfahren erneut einzuleiten, einschließlich der Erstellung und Veröffentlichung einer neuen Stellenausschreibung. Sicherlich bedarf die IIV ihrer praktischen Erprobung. Gleichwohl deutet das Regelwerk auf die Geltendmachung der Wahlfunktion des EP hin, die es in diesem Umfang allenfalls bei der Investitur der Kommission zu beobachten gilt.

10 Legislativbefugnisse

> *Art. 289 AEUV*
>
> (1) Das ordentliche Gesetzgebungsverfahren besteht in der gemeinsamen Annahme einer Verordnung, einer Richtlinie oder eines Beschlusses durch das Europäische Parlament und den Rat auf Vorschlag der Kommission. Dieses Verfahren ist in Art. 294 festgelegt.
>
> (2) In bestimmten, in den Verträgen vorgesehenen Fällen erfolgt als besonderes Gesetzgebungsverfahren die Annahme einer Verordnung, einer Richtlinie oder eines Beschlusses durch das Europäische Parlament mit Beteiligung des Rates oder durch den Rat mit Beteiligung des Europäischen Parlaments.
>
> (3) Rechtsakte, die gemäß einem Gesetzgebungsverfahren angenommen werden, sind Gesetzgebungsakte.

Das mit dem Maastrichter Vertrag 1993 geschaffene Mitentscheidungsverfahren versetzte das Parlament erstmals in die Lage, nahezu gleichberechtigt mit dem Ministerrat der EU allgemein verbindliche Richtlinien, Verordnungen und sonstige Beschlüsse zu erlassen.[343] Im Mittelpunkt der fachwissenschaftlichen Auseinandersetzung mit dem EP und seiner Rolle im Politikzyklus der EU steht seitdem die Bewertung des Mitentscheidungsverfahrens bzw. – seit Lissabon – des „Ordentlichen Gesetzgebungsverfahrens" (OGV) und dessen Bedeutung für die Demokratisierung der EU.

Im EU-Institutionensystem verläuft die Zuständigkeitsteilung zwischen Rat und Parlament nicht nach Art des Entscheidungsverfahrens oder der Qualität der Regelungen, sondern – gemäß der historisch gewachsenen, pfad- und interessenabhängigen Integration – in Abhängigkeit der der EU sukzessive zugeordneten Kompetenzen in den einzelnen Politikfeldern und somit als Folge des über die Zeit gewachsenen Anforderungsprofils der EU. Der Katalog parlamentarischer Beteiligungsmöglichkeiten bei legislativen und quasi-legislativen Akten der EU reicht dabei von der Anhörung über die gleichberechtigte Mitgestaltung beim OGV (Art. 294 AEUV [ex-Art. 251 EGV]) bis hin zur Notwendigkeit einer positiven „Zustimmung" mit der absoluten Mehrheit der Abgeordneten (Art. 218 AEUV [ex-Art. 300 EGV]).

10.1 Vom Konsultations- zum Ordentlichen Gesetzgebungsverfahren

Das Konsultationsverfahren bildet die erste und ursprünglichste Form der Einbeziehung des EP in die Praxis der EU-Gesetzgebung.[344] Zu unterscheiden ist hierbei zwischen der obligatorischen Anhörung, die in den meisten politikfeldspezifischen Vertragsartikeln besonders gekennzeichnet ist („Der Rat beschließt nach Anhörung/nach Stellungnahme des EP [...]"), und der

---

343   Vgl. Haag, Marcel/Bieber, Roland: „Kommentar zu Art. 137", in: Groeben/Thiesing/Ehlermann (Hrsg.): Kommentar zum EU/EGV, Band 4 Art. 137-209a EGV, Baden-Baden 1997; Jacobs, Francis: Legislative Co-Decision: A Real Step Forward?, unpublished paper presented at the ECSA Fifth Biennial Conference, Seattle, May 29 - June 1, 1997; Nickel, Dietmar: „Le Traité de Maastricht et le Parlement européen: Le nouveau paysage politique et la procédure de l'article 189b", in: Monar, Jörg/Ungerer, Werner/Wessels, Wolfgang (Hrsg.): The Maastricht Treaty on European Union, Brussels 1993; Schoo, Johann: „Kommentar zu Art. 189b-189c", in: Groeben/Thiesing/Ehlermann (Hrsg.): Kommentar zum EU/EGV, Band 4 Art. 137-209a EGV, Baden-Baden 1997.

344   Vgl. Schaub, Alexander: Die Anhörung des EP im Rechtsetzungsverfahren der EWG, Inaugural Dissertation, Universität Bonn.

fakultativen Anhörung, in der der Rat auch in den vom EUV nicht vorgeschriebenen Fällen Stellungnahmen des Parlaments zur Kenntnis nimmt.[345] Bereits diese erste, außerhalb des Haushaltsrechts dem Parlament verliehene, Politikgestaltungsfunktion lässt sich nicht in eine präzise Systematik einordnen. An der 1980 von Grabitz und Läufer geäußerten Feststellung, dass „es wichtige Themen der Gemeinschaft [gibt], bei denen eine obligatorische Anhörung des Parlaments gänzlich fehlt" und dass sich daher „der Schluss aufdrängt, die einzelnen Beratungsbefugnisse des EP seien bei der Redaktion der Gemeinschaftsverträge willkürlich und zufällig konzipiert worden",[346] hat sich auch nach der Lissabonner Vertragsreform nichts geändert. In der Regel läuft das obligatorische Anhörungsverfahren wie folgt ab: Die Kommission leitet dem Parlament ihren Gesetzgebungsvorschlag zur Stellungnahme weiter. Der Präsident des Parlaments überweist den Vorschlag zur Beratung in den entsprechenden Parlamentsausschuss, der hierzu einen Entschließungsantrag mit Bericht anfertigt. Der Entschließungsantrag wird nach Abschluss der Beratungen im federführenden Ausschuss an das Plenum weitergeleitet. Nimmt das Plenum den Entschließungsantrag an und werden hierin Änderungen am Kommissionsvorschlag unterbreitet, ist das Konsultationsverfahren abgeschlossen. Stimmt das Parlament über eine legislative Entschließung ab, so ist der Rat an deren Inhalt nicht gebunden. Allerdings kann der Rat ohne eine Stellungnahme des Parlaments nicht tätig werden.

Die Unterlassung der Anhörung durch den Rat stellt eine Verletzung wesentlicher Formvorschriften dar, die zu einer Nichtigkeitsklage beim Europäischen Gerichtshof führen kann und die Nichtigkeit des betroffenen Rechtsakts zur Folge hat.[347] Zur Verstärkung seiner somit aus der obligatorischen Konsultation erwachsenden Rechte entwickelte das Parlament im Anschluss an das „Isoglucose-Urteil" eine Verfahrenstechnik, die eine Rücküberweisung des Entwurfs der Parlamentsentschließung zum Vorschlag der Kommission an den verantwortlichen Parlamentsausschuss in jenen Fällen vorsieht, bei denen die Kommission erkennen lässt, dass sie die Änderungsvorschläge nicht übernehmen will.[348] Dieses Verfahren hat zur Folge, dass bei dringenden Entscheidungsmaterien die Kommission im Ergebnis gezwungen werden kann, ihren Vorschlag vor der Überweisung an den Rat den Mindestanforderungen des Parlaments gemäß anzupassen.

---

345 Grundlage des fakultativen Konsultationsrechts ist eine Parlamentsentschließung vom 27. November 1959 sowie eine hierauf Bezug nehmende Erklärung der Ratspräsidentschaft vor dem EP vom 28. März 1960 (Journal Officiel des CE, No. 1257/1959). Inhaltlich betrifft die fakultative Konsultation fast alle nicht von den übrigen Verfahren erfassten Programm- und Rechtsetzungsakte, die von der Kommission vorgeschlagen werden.

346 Grabitz/Läufer 1980, S. 125.

347 Vgl. Europäischer Gerichtshof (1980): Urteil vom 29.10.1980, Rechtssache 138/79 (Roquette): „4. Die in Artikel 43 Absatz 2 Unterabsatz 3 EWG-Vertrag und in entsprechenden Vertragsbestimmungen vorgesehene Anhörung ermöglicht dem Parlamet eine wirksame Beteiligung am Gesetzgebungsverfahren der Gemeinschaft. Diese Befugnis ist für das vom Vertrag gewollte institutionelle Gleichgewicht wesentlich. Sie spiegelt auf Gemeinschaftsebene, wenn auch in beschränktem Umfang, ein grundlegendes demokratisches Prinzip wider, nach dem die Völker durch eine Versammlung ihrer Vertreter an der Ausübung der hoheitlichen Gewalt beteiligt sind. Die ordnungsgemäße Anhörung des Parlaments in den vom Vertrag vorgesehenen Fällen stellt somit eine wesentliche Formvorschrift dar, deren Missachtung die Nichtigkeit der betroffenen Handlung zur Folge hat. Dieser Formvorschrift ist nur dann genüge getan, wenn das Parlament seiner Auffassung tatsächlich Ausdruck verleiht, nicht bereits dann, wenn der Rat es um Stellungnahme ersucht, diesem Ersuchen aber keine Stellungnahme des Parlaments folgt."

348 Vgl. Nicoll, William: „Le dialogue législatif entre le Parlement et la Commission: la procédure de renvoi en commission du Parlement européen", in : Revue du Marché Commun, Nr. 316/1988, S. 240-242.

10.2 Ordentliches Gesetzgebungsverfahren

„Das Europäische Parlament wird gemeinsam mit dem Ministerrat als Gesetzgeber tätig und übt gemeinsam mit ihm die Haushaltsbefugnisse aus". Art. 14 EUV umreißt in diesem kurzen und prägnanten Satz die zentrale Stellung des EP im Entscheidungsgefüge der EU. Die Formulierung ist der wohl klarste Ausdruck seiner Politikgestaltungsfunktion.[349] Das Fundament zur Wahrnehmung dieser Funktion bildet das Mitentscheidungs- bzw. ordentliche Gesetzgebungsverfahren nach Art. 294 AEUV, bei dem Parlament und Rat gleichberechtigt über die Verabschiedung europäischen Sekundärrechts verhandeln und gemeinsam entscheiden. Grundlage des OGV ist das mit der EEA eingeführte und durch den Lissabonner Vertrag abgeschaffte Kooperationsverfahren. Der besondere Charakter des Verfahrens besteht in der interorganisationellen Kompromissaushandlung. Das bis zum Inkrafttreten des Amsterdamer Vertrages aus maximal vier, seitdem aus drei Lesungen bestehende Verfahren ähnelt dabei in der ersten Phase bis zur Verabschiedung der ersten Lesung des Rates (bis zum Inkrafttreten des Lissabonner Vertrages 2009 „Gemeinsamer Standpunkt") dem Kooperationsverfahren.[350] Das bereits hierzu eingeführte Recht des Parlaments zur Vorlage von Änderungsanträgen zum von der Kommission vorgelegten Textentwurf hat maßgebliche Folgen für den gesamten Entscheidungsablauf. Denn von der Entscheidung der Europaabgeordneten hängt es ab, mit welcher Mehrheit der Rat den Rechtsaktentwurf billigen oder ändern kann. Kennzeichnend für die aus der Mitentscheidung erwachsende Stärkung des Parlaments ist darüber hinaus aber zweierlei: Erstens tragen Parlament und Rat gemeinsam, gewissermaßen als Kolegislative analog zu Zweikammersystemen, die gleichrangige Verantwortung für die Autorisierung oder Verwerfung eines Gesetzgebungsakts. Und zweitens kann nur das Parlament, nicht aber der Ministerrat ab der zweiten Lesung den geplanten Rechtsakt durch einen Ablehnungsbeschluss mit der Mehrheit seiner Mitglieder zu Fall bringen. Der Verfahrensgang insgesamt ist relativ einfach konzipiert:

– Erster Schritt: Die Kommission unterbreitet dem EP und dem Rat einen Vorschlag für eine Verordnung, eine Richtlinie oder einen Beschluss.
– Zweiter Schritt – Erste Lesung im EP: Das Europäische Parlament beschließt in erster Lesung seinen Standpunkt und übermittelt ihn dem Rat.
– Dritter Schritt – Erste Lesung im Rat:
  – Billigt der Rat den vom Parlament geänderten Textentwurf, so ist der betreffende Rechtsakt in der vom EP geänderten Fassung erlassen.
  – Erklärt sich der Rat – mit qualifizierter Mehrheit – nicht mit dem Textentwurf des EP einverstanden, beschließt er in erster Lesung seinen abweichenden Standpunkt, begründet seine Änderungen und übermittelt den geänderten Textentwurf dem EP.
– Vierter Schritt – zweite Lesung im EP:
  – Billigt das EP binnen drei Monaten nach der Übermittlung des Ratsentwurfs den geänderten Text oder äußert es sich nicht, gilt der betreffende Rechtsakt in der Fassung des Ratsentwurfs als erlassen.
  – Lehnt das EP den Textentwurf des Rates mit der Mehrheit seiner Mitglieder ab, so gilt der vorgeschlagene Rechtsakt als nicht erlassen.

---

349 Vgl. Nickel 2003, S. 501.
350 Vgl. Bieber, Roland: „Das Gesetzgebungsverfahren der Zusammenarbeit gemäß Art. 149 EWGV" in: Neue Juristische Wochenschrift, Nr. 22/1989, S. 1395-1402; Fitzmaurice, John: „An Analysis of the European Community's Cooperation Procedure", in: Journal of Common Market Studies, Vol. 26, Nr. 4/1988, S. 389-400.

- Verabschiedet das EP dagegen in zweiter Lesung mit der Mehrheit seiner Mitglieder Änderungen am Ratsentwurf, so wird der geänderte Parlamentsentwurf dem Rat und der Kommission zugeleitet.
- Fünfter Schritt – zweite Lesung im Rat:
  - Billigt der Rat binnen drei Monaten nach Eingang den Parlamentsentwurf, gilt der betreffende Rechtsakt als erlassen. Hierbei gilt, dass der Rat Änderungen des EP, zu denen die Kommission eine ablehnende Stellungnahme verfasst hat, einstimmig annehmen muss.
  - Erklärt sich der Rat dagegen nicht mit allen Änderungen des Parlaments einverstanden, so berufen die Ratspräsidentschaft und der Parlamentspräsident binnen sechs Wochen den paritätisch besetzten Vermittlungsausschuss beider Organe ein.
- Sechster Schritt – die Vermittlung: Der Vermittlungsausschuss berät innerhalb einer Sechswochenfrist über die Textentwürfe der beiden Legislativorgane mit dem Ziel der Erarbeitung eines gemeinsamen Kompromissentwurfs. Hierbei entscheidet die Ratsdelegation mit qualifizierter Mehrheit; die EP-Delegation mit einfacher Mehrheit. Findet der Vermittlungsausschuss innerhalb der sechswöchigen Frist keinen Kompromiss, so gilt der vorgeschlagene Rechtsakt als gescheitert.
- Siebter Schritt – Dritte Lesung: Hat sich der Vermittlungsausschuss auf einen gemeinsamen Entwurf geeinigt, müssen EP und Rat diesen Text innerhalb einer erneuten Frist von sechs Wochen bestätigen, wobei im EP die Mehrheit der abgegebenen Stimmen und im Rat die qualifizierte Mehrheit erforderlich ist. Falls dagegen das EP oder der Rat den Kompromisstext nicht bestätigen, gilt der vorgeschlagene Rechtsakt als gescheitert.

Dieser Grundverlauf ist zahlreichen Verfahrenskonkretisierungen unterworfen: Erstens können die Dreimonats- bzw. Sechswochenfristen auf Initiative eines der beiden Legislativorgane um maximal einen Monat bzw. zwei Wochen verlängert werden. Zweitens sind alle drei unmittelbar beteiligten Organe berechtigt, Einzelheiten ihrer Zusammenarbeit im Rahmen interinstitutioneller Vereinbarungen zu verabreden. Und drittens ist der ersten Lesung des EP der Mechanismus der Überprüfung und etwaigen Rüge des Kommissionsvorschlags durch die nationalen Parlamente vorgeschaltet: Gemäß Protokoll Nr. 1 über die Rolle der nationalen Parlamente und Protokoll Nr. 2 über die Anwendung der Grundsätze der Subsidiarität und der Verhältnismäßigkeit kann jedes nationale Parlament innerhalb einer Frist von acht Wochen in einer begründeten Stellungnahme darlegen, weshalb der Entwurf des Gesetzgebungsakts seines Erachtens nicht mit dem Subsidiaritätsprinzip vereinbar ist. Jedes nationale Parlament hat zwei Stimmen; in Zweikammernsystemen hat jede der beiden Kammern eine Stimme. Ist mindestens ein Drittel der nationalen Parlamente der Auffassung, dass der Entwurf nicht mit dem Subsidiaritätsprinzip im Einklang steht, so muss die den Vorschlag autorisierende Institution diesen überprüfen („gelbe Karte"). Die Schwelle beträgt ein Viertel der Stimmen, wenn es sich um einen Gesetzgebungsentwurf auf der Grundlage des Art. 76 AEUV (justizielle Zusammenarbeit in Strafsachen und polizeiliche Zusammenarbeit) handelt. Nach Abschluss der Überprüfung kann die Institution, die den Entwurf verfasst hat, beschließen, an dem Entwurf festzuhalten, ihn zu ändern oder ihn zurückzuziehen. Im Rahmen des OGV muss die Kommission ihren Vorschlag überprüfen, wenn eine einfache Mehrheit der nationalen Parlamente der Auffassung ist, dass der Vorschlag nicht mit dem Subsidiaritätsprinzip im Einklang steht („orange Karte"). Nach Abschluss dieser Überprüfung kann die Kommission beschließen, an dem Entwurf festzuhalten, ihn zu ändern oder ihn zurückzuziehen. Beschließt die Kommission, an dem Vorschlag festzuhalten, müssen die beiden Teile der Gesetzgebungsbehörde vor Abschluss der ersten Lesung prüfen, ob der Vorschlag mit dem Subsidiaritätsprinzip im Einklang steht. Wenn das EP mit der einfachen Mehrheit seiner Mitglieder und der Rat mit einer Mehrheit von 55 % seiner Mitglieder der Ansicht sind, dass der Kommissionsvorschlag nicht mit dem Subsidiaritätsprinzip im Einklang steht, wird der Gesetzgebungsvorschlag nicht weiter geprüft.

Abb. 11: Das Ordentliche Gesetzgebungsverfahren

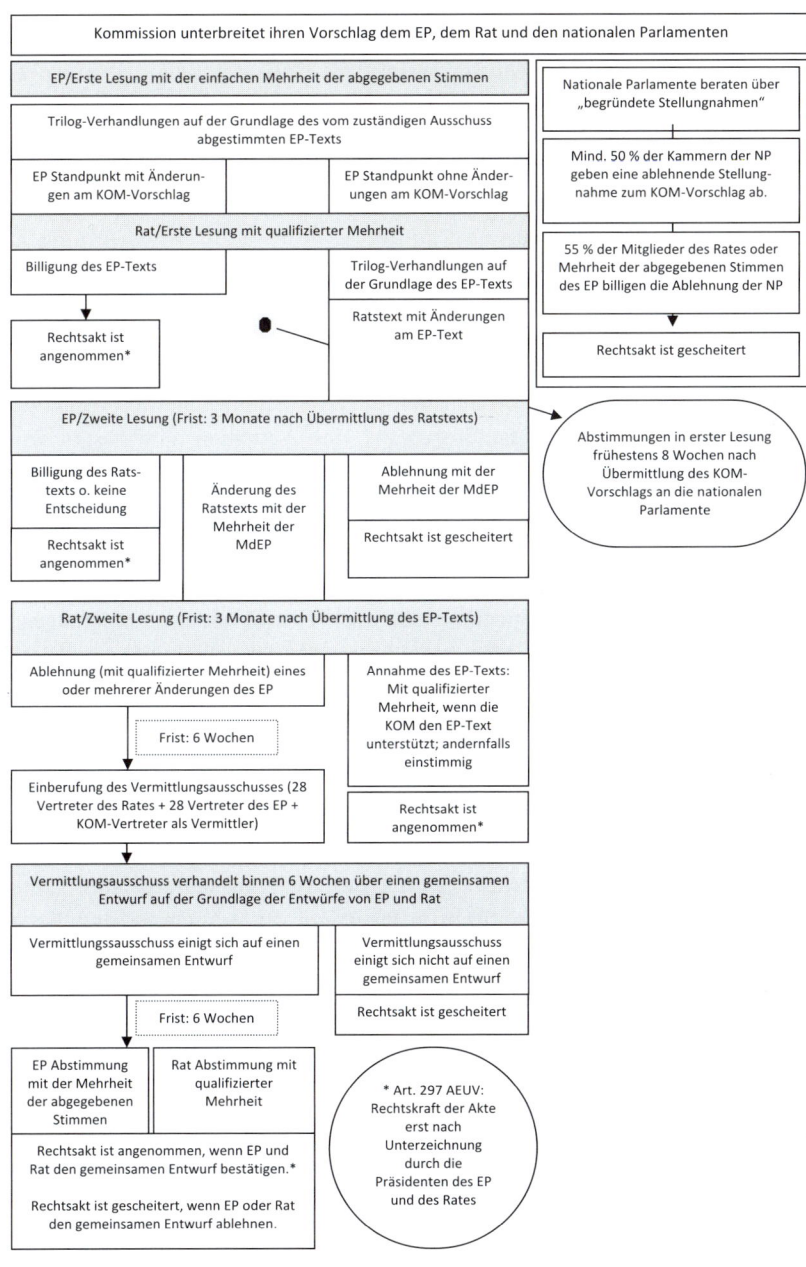

Quelle: Maurer 2012

Die intrainstitutionellen Verfahren innerhalb des EP sind über die letzten 20 Jahre präzisiert worden:

Im ersten Schritt werden die Kommissionsvorschläge vom Präsidenten an einen federführenden Ausschuss überwiesen, wobei die Wahl des Ausschusses maßgeblich von zwei Kriterien abhängt: Erstens und vorrangig von der dem Vorschlag zugrundeliegenden Rechtsgrundlage und zweitens von den im Entwurf des Gesetzgebungstexts explizit aufgeführten Ziel- und Zweckbestimmungen. Zur Identifizierung der Federführung werden diese beiden Elemente mit den Aufgabenfeldern der Parlamentsausschüsse abgeglichen. Andere Ausschüsse werden vom Präsidenten zu Stellungnahmen aufgefordert, über die im federführenden Ausschuss abschließend entschieden wird. Auseinandersetzungen zwischen den Ausschüssen über die Frage der Zuständigkeit sind nicht selten und es vergeht kaum eine Sitzung der Konferenz der Ausschussvorsitzenden, auf der nicht mindestens zwei bis drei Zuweisungen des Präsidenten angefochten werden. Fechten Ausschüsse die Ausschussauswahl des Präsidenten an, entscheiden die Konferenz der Ausschussvorsitzenden oder andernfalls die Konferenz der Präsidenten auf der Grundlage einer Empfehlung der Konferenz der Ausschussvorsitzenden über die Zuständigkeitsverteilung. Hierbei kann die Rolle des federführenden Ausschusses und der stellungnehmenden Ausschüsse bestätigt oder geändert, ein Verfahren mit assoziierten Ausschüssen oder ein Verfahren mit gemeinsamen Ausschusssitzungen und gemeinsamen Abstimmungen verabredet werden. Im Falle der Assoziierung vereinbaren die Ausschüsse eine Aufteilung der Zuständigkeiten zur Prüfung des Kommissionsvorschlags und der Formulierung von Änderungsanträgen. Im Falle der gemeinsamen Ausschusssitzungen und Abstimmungen agieren die betroffenen Ausschüsse dagegen als ein Ausschuss, der über den gesamten Text berät und abstimmt.

Besondere wissenschaftliche wie politische Aufmerksamkeit verdienen die frühen, durch informelle Vermittlungsverfahren im Rahmen sogenannter *Triloge* erzielten Einigungen in erster und zweiter Lesung.[351] Grundlage hierfür ist die bereits seit dem Amsterdamer Vertrag (1999) bestehende Möglichkeit, ein OGV bereits in Stadium der ersten Lesung abzuschließen. Expliziert wurde diese Option erstmals in der Gemeinsamen Erklärung zu den praktischen Modalitäten des Verfahrens der Mitentscheidung, wonach die drei Organe „während des gesamten Verfahrens loyal zusammen[arbeiten], um ihre Standpunkte möglichst weitgehend anzunähern und dabei, soweit zweckmäßig, den Erlass des Rechtsakts in einem frühen Stadium des Verfahrens zu ermöglichen."[352] In der Praxis beginnt dieses Verfahren unmittelbar im Anschluss an die Abstimmung des Parlamentsberichts inklusive der Änderungsanträge zum Kommissionsvorschlag und dem Entwurf der legislativen Entschließung auf Ausschussebene. Bevor der Bericht also an das Plenum zur Abstimmung weitergeleitet wird, formulieren die Ausschüsse auf der Grundlage des auf ihrer Ebene verabschiedeten Berichtentwurfs ein Verhandlungsmandat an den Berichterstatter. Je nach Ausschuss setzt sich dann eine mit der Verhandlungsführung betraute Delegation des EP aus dem Berichterstatter, dem Ausschussvorsitzenden und den

---

351 Vgl. Farrell, Henry/Adrienne Héritier: „Interorganizational Cooperation and Intraorganizational Power: Early Agreements under Codecision and Their Impact on the Parliament and the Council", in: Comparative Political Studies, Vol. 37, Nr. 10/2004, S. 1184-1212; Rasmussen, Anne: Early conclusion in the codecision legislative procedure, EUI Working Papers, Nr. MWP 2007/31, Florence; Judge, David/Earnshaw, David: „Relais actors" and Codecision First Reading Agreements in the European Parliament: The Case of the Advanced Therapies Regulation", in: European Journal of Public Policy, Vol 18 Nr. 1/2011, S. 53-71.

352 Entschließung zu der Gemeinsamen Erklärung zu den Durchführungsmodalitäten des neuen Verfahrens der Mitentscheidung (Art. 251 des EG-Vertrags), ABl. C 279 vom 1.10.1999, S. 229ff; bzw. in der auch 2014 noch aktuellen Fassung: Gemeinsame Erklärung zu den praktischen Modalitäten des neuen Mitentscheidungsverfahrens (Art. 251 EG-Vertrag).

Schattenberichterstattern der anderen Fraktionen zusammen, die mit der Ratspräsidentschaft und Vertretern der Kommission im sogenannten „Trilogverfahren" einen Kompromiss auszuhandeln versucht. Gelingt dies, so ändert der federführende EP-Ausschuss seinen Bericht entsprechend ab und legt diesen dann dem Plenum zur Abstimmung vor. Bestätigt das Plenum die im Trilog vereinbarten Änderungen, gilt das Dossier als „in erster Lesung abgeschlossen". Eine Variante dieses Trilogverfahrens stellen sogenannte „early second readings" dar. Hierbei stimmt das Parlament in der ersten Lesung über den Bericht des Ausschusses ab und lässt danach dessen Delegation informelle Verhandlungen mit dem Ratsvorsitz führen. Gelingt in dieser Phase eine Einigung, stimmt der Rat hierüber ab, woraufhin das EP die Entscheidung in seiner zweiten Lesung „bestätigt".

Der Lissabonner Vertrag hat den Anwendungsbereich für das OGV von 45 (Vertrag von Nizza) auf 85 fallspezifische Handlungsermächtigungen ausgedehnt. Hierzu gehören fast alle Einzelbestimmungen in der Justiz- und Innenpolitik, die Rahmenbeschlüsse zur Landwirtschafts- und Fischereipolitik, die Handelspolitik, Teilaspekte der wirtschaftspolitischen Koordinierung sowie die neuen Politikfelder des Katastrophenschutzes und der Verwaltungszusammenarbeit. Nach Art. 289 AEUV beschränkt sich das OGV auf die Annahme von Verordnungen, Richtlinie oder Beschlüssen, die auf Vorschlag der Kommission, auf Initiative einer Gruppe von Mitgliedstaaten, auf Empfehlung der Europäischen Zentralbank oder auf Antrag des Gerichtshofs erlassen werden. In zwei Bereichen erfährt die effektive Umsetzung des OGV besondere Einschränkungen. So ist bei Maßnahmen der sozialen Sicherheit für Arbeitnehmer, die in der Gemeinschaft zu- und abwandern nach Art. 48 AEUV ein Verfahren mit „Notbremse" vorgesehen: Ist demnach auch nur ein Mitgliedstaat der Auffassung, dass die betroffenen Maßnahmen grundlegende Aspekte seines Systems der sozialen Sicherheit, insbesondere dessen Anwendungsbereich, Kosten oder finanzielle Struktur, oder dessen finanzielle Ausgewogenheit beeinträchtigen, so kann er beantragen, dass der Europäische Rat mit der Frage befasst wird. Das OGV wird dann ausgesetzt. Der Europäische Rat muss innerhalb einer Frist von vier Monaten die Frage an den Rat zurück überweisen, damit das Verfahren fortgesetzt wird, oder die Kommission um Vorlage eines neuen Vorschlags ersuchen. Ein vergleichbares Verfahren, jedoch mit anderem Ausgang kann in der Justiziellen Zusammenarbeit in Strafsachen nach Art. 82 Abs. 1 und 82 Abs. 2 AEUV zur Anwendung kommen. Auch hier wird die betreffende Maßnahme an den Europäischen Rat verwiesen, wenn ein Mitgliedstaat der Auffassung ist, dass ein entsprechender Gesetzesentwurf grundlegende Aspekte seiner Strafrechtsordnung berühren würde. Das OGV wird ausgesetzt und der Europäische Rat muss das Dossier innerhalb einer Frist von vier Monaten an den Rat zurück verweisen, damit das Verfahren erneut startet, oder die Kommission bzw. die Gruppe von Mitgliedstaaten, die den Entwurf vorgelegt hat, um Vorlage eines neuen Gesetzesentwurfs ersuchen. Fasst der Europäische Rat innerhalb der Viermonatsfrist keinen entsprechenden Beschluss, oder wird das auf sein Ersuchen hin eingeleitete neue Gesetzgebungsverfahren nicht innerhalb von zwölf Monaten abgeschlossen, so wird für dieses Dossier eine verstärkte Zusammenarbeit begründet, wenn mindestens ein Drittel der Mitgliedstaaten hierzu bereit sind.

Ausgenommen vom OGV bleiben auch nach Inkrafttreten des Lissabonner Vertrages die Maßnahmen des Rates zum Aufenthaltsrecht mit Blick auf Pässe und Personalausweise, die Soziale Sicherheit und die Sozialversicherung, zum aktiven und passiven Wahlrecht bei Kommunalwahlen und bei Wahlen zum EP, zur Erleichterung des diplomatischen und konsularischen Schutzes, zu Maßnahmen des Kapitalverkehrs mit Drittstaaten, zur Steuerharmonisierung und

Körperschaftssteuer, zu den Sprachenregelungen für die Rechtstitel, zu Mindestvorschriften für die Soziale Sicherheit und den Schutz der Arbeitnehmer bei Beendigung des Arbeitsvertrags sowie zu den Beschäftigungsbedingungen von Drittstaatsangehörigen, zu umweltpolitischen Maßnahmen mit Finanzbestimmungen, zu Raumordnungs-, Bodennutzungs- und Wasserbewirtschaftungsfragen, zu Maßnahmen, die die Wahl eines Mitgliedstaates zwischen verschiedenen Energiequellen berühren, und zu Vorschriften steuerlicher Art. Ebenfalls aus dem OGV ausgenommen werden Maßnahmen zu Aspekten des Familienrechts mit grenzüberschreitendem Bezug. Die Zahl der somit verbleibenden 112 Handlungsermächtigungen des Rates, die eine „Nichtbeteiligung" des Parlaments vorschreiben ist damit weiterhin relativ hoch.

10.3 Zustimmungsverfahren

Das Verfahren der Zustimmung wurde durch die EEA für Beitritte zur EU und den Abschluss von Assoziierungsabkommen eingeführt und durch den Maastrichter Vertrag auf weitere Politikfelder „quasi-konstitutionellen Charakters" ausgedehnt. Formal verleiht das Zustimmungsverfahren dem Parlament keine Möglichkeiten zur substanziellen Mitwirkung am Zustandekommen des beabsichtigten Ratsbeschlusses. Es gilt daher auch als „a cruder form of codecision in that there is no scope for Parliament to put forward amendments to the measure in question".[353] Aus der Notwendigkeit eines parlamentarischen Zustimmungsvotums bei gleichzeitiger „Abwesenheit" eines vertraglich vorgesehenen Mitwirkungsrechts im Vorfeld der Verhandlungen der Kommission, des Rates oder ihrer Bevollmächtigten folgt die Möglichkeit, über die Verzögerung der Abstimmung indirekten Einfluss auf die Substanz der jeweils in Frage kommenden Textentwürfe einzuwirken: Die „power to delay is open-ended, clear-cut and beyond doubt; either the Parliament grants its assent or it doesn't".[354] In der Praxis zeigen die Beispiele des parlamentarischen Vetos zum Protokoll des Assoziierungsabkommens mit Israel 1988,[355] zum Abschluss der Finanzprotokolle der Assoziierungsabkommen mit Syrien und Marokko 1992, zum Abschluss des Zollunionsabkommens mit der Türkei 1995,[356] zum SWIFT-Abkommen mit den USA vom Februar 2010,[357] zum Protokoll zwischen EU und Marokko zur Festlegung der Fangmöglichkeiten und der finanziellen Gegenleistung nach dem partnerschaftlichen Fischereiabkommen vom 14. Dezember 2011[358], und zuletzt zum Handelsübereinkommen zur Bekämpfung von Produkt- und Markenpiraterie zwischen der EU und ihren Mitgliedstaaten, Australien, Kanada, Japan, der Republik Korea, den Vereinigten Mexikanischen Staaten, dem Königreich Marokko, Neuseeland, der Republik Singapur, der Schwei-

---

353 Vgl. Corbett/Jacobs/Shackleton 2000, S. 204.
354 Westlake 1994, S. 151.
355 Vgl. Greilshammer, Ilan: „The Non-ratification of the EEC-Israel Protocols by the European Parliament (1988)", in: Middle Eastern Studies, Vol 27, Nr. 2/1991, S. 319-321.
356 Vgl. Neuwahl, Nanette: „The European Parliament and association council decisions: the example of decision 1/95 of the EC/Turkey Association Council", in: Common Market Law Review, Vol. 33, Nr. 1/1996, S. 51-68; Krauss Stefan: "The European Parliament in EU External Relations: The Custom Union with Turkey", in: European Foreign Affairs Review, Vol. 5, Nr. 2/2000, S. 215-237.
357 Vgl. Monar, Jörg: „The Rejection of the EU-US SWIFT Interim Agreement by the European Parliament: A Historic Vote and its Implications", in: European Foreign Affairs Review, Vol. 15, Nr. 2/2010, S. 143-151; Romaniello, Maria: "The international role of the European Parliament: The SWIFT Affair and the 're-assessed' European institutional balance of power", in: Perspectives on Federalism, Vol. 5, Nr. 1/2013, S. 97-123.
358 Vgl. Legislative Entschließung des Europäischen Parlaments vom 14. Dezember 2011 zu dem Entwurf eines Beschlusses des Rates über den Abschluss eines Protokolls zwischen der Europäischen Union und dem Königreich Marokko zur Festlegung der Fangmöglichkeiten und der finanziellen Gegenleistung nach dem partnerschaftlichen Fischereiabkommen zwischen der Europäischen Gemeinschaft und dem Königreich Marokko (11226/2011 – C7-0201/2011 – 2011/0139(NLE))

zerischen Eidgenossenschaft und den Vereinigten Staaten von Amerika vom 4. Juli 2012,[359] dass auf dem Wege des Zustimmungsverfahrens fehlende Mitwirkungsrechte in der Außen- und Menschenrechtspolitik effektiv kompensiert werden können.[360]

Der Maastrichter Vertrag erweiterte den Anwendungsbereich des Zustimmungsverfahrens zunächst auf die Regeln zum Aufenthaltsrecht (Art. 21 AEUV [ex-Art. 18 EGV]), auf Maßnahmen über die Zuweisung besonderer Aufgaben der EZB zur Aufsicht über Kreditinstitute (Art. 127 AEUV [ex-Art. 105(6) EGV]) und Änderungen der Satzung des Europäischen Systems der Zentralbanken (Art. 129 AEUV [ex-Art. 107(5) EGV]) sowie auf Bestimmungen über die Aufgaben, Ziele und die Organisation der Struktur- und Kohäsionsfonds (Art. 177 AEUV [ex-Art. 161 EGV]). Darüber hinaus schwächte der Vertrag die notwendige Parlamentsmehrheit für das Zustimmungsvotum von der absoluten Mehrheit der Abgeordneten auf die einfache Mehrheit der abgegebenen Stimmen ab. Als Folge der Ausdehnung des Zustimmungsverfahrens auf Funktionsbereiche außerhalb des relativ eng gesteckten Rahmens der internationalen Beziehungen der EU führte das Parlament selbst über seine Geschäftsordnung eine Unterscheidung zwischen legislativen und nicht-legislativen Zustimmungsverfahren ein. Anders als bei nicht-legislativen Verfahren (Beitrittsabkommen, Assoziierungen) berät und beschließt der federführende Parlamentsausschuss in legislativen Zustimmungsverfahren auf der Grundlage von Art. 81 Abs. 3 GOEP einen Zwischenbericht über den jeweiligen Rechtsakt an das Parlamentsplenum mit dem Ziel der (in)direkten Einflussnahme auf den von Kommission und Rat ausgearbeiteten Textentwurf. Der Zwischenbericht umfasst neben einem Entschließungsantrag auch Empfehlungen für die Änderung des vorliegenden Textentwurfes. Über jede Empfehlung wird gesondert abgestimmt. Erhält eine Empfehlung die für die endgültige Zustimmung notwendige Mehrheit, beantragt die Präsidentin oder der Präsident des Parlaments die Fortsetzung der informellen Verhandlungen mit dem Rat. Das hiermit angesprochene Konzertierungsverfahren führte eine interinstitutionelle Vereinbarung zwischen Parlament, Rat und Kommission am 4. März 1975 ein. Tatsächlich ist die Schwelle zur Abgabe eines positiven Zustimmungsvotums in den mit dem Maastrichter Vertrag eingeführten legislativen Bereichen relativ einfach zu erreichen, so dass andere Verfahrensmechanismen eingeführt werden mussten, um die indirekten Einflusschancen des Parlaments sicherzustellen.[361]

Der Lissabonner Vertrag verbreitete den Anwendungsbereich des Zustimmungsverfahrens auf Beschlüsse des Rates von größerer Tragweite für die Organisation der EU sowie auf alle inter-

---

359 Vgl. Herweg, Sarah: Politische Diskursnetzwerke und der Konflikt um das Anti-Piraterie-Abkommen ACTA, PIPE Working Paper, Nr. 15-13/2013, FU Berlin, Arbeitsstelle Internationale Politische Ökonomie http://edocs. fu-berlin.de/docs/receive/FUDOCS_document_000000017314; Uerpmann-Wittzack, Robert: „Das Anti-Counterfeiting Trade Agreement als Prüfstein für die Demokratie in Europa", in: Archiv des Völkerrechts, Vol. 49, Nr. 2/2011, S. 103-123; Matthews, Duncan: The Rise and Fall of the Anti-Counterfeiting Trade Agreement (ACTA): Lessons for the European Union, Queen Mary School of Law Legal Studies Research Paper No. 127/2012, http://ssrn.com/abstract=2161764; Legislative Entschließung des Europäischen Parlaments vom 4. Juli 2012 zu dem Entwurf eines Beschlusses des Rates über den Abschluss des Handelsübereinkommens zur Bekämpfung von Produkt- und Markenpiraterie zwischen der Europäischen Union und ihren Mitgliedstaaten, Australien, Kanada, Japan, der Republik Korea, den Vereinigten Mexikanischen Staaten, dem Königreich Marokko, Neuseeland, der Republik Singapur, der Schweizerischen Eidgenossenschaft und den Vereinigten Staaten von Amerika (12195/2011 – C7-0027/2012 – 2011/0167(NLE)).
360 Vgl. Krauß, Stefan: Parlamentarisierung der europäischen Außenpolitik. Das EP und die Vertragspolitik der EU, Opladen 1999; Bieber, Roland: „Democratic Control of European foreign policy", in: European Journal of International Law, Vol. 1, Nr. 1-2/1990, S. 148-173; Gosalbo Bono, Ricardo: „The international powers of the European Parliament, the Democratic Deficit and the Treaty on European Union", in: Yearbook of European Law, Vol. 12, Oxford 1992, S. 85-138.
361 Vgl. Pithier Brites Correia, Dora: The Origins and the Scope of the Cohesion Fund in the European Union. Portugal, an Implementation Case Study, College of Europe Working Papers, Nr. 16, Brussels 1996, S. 79-91.

nationalen Übereinkommen: Die Zustimmung des Parlaments ist seit Lissabon auch erforderlich für Beschlüsse über die sofortige Einberufung einer Regierungskonferenz zur Änderung der Verträge (Art. 48 Abs. 3 EUV), die Einleitung einer Verstärkten Zusammenarbeit (Art. 329 AEUV); die Anwendung der Kompetenzabrundungs- bzw. Flexibilitätsklausel, die es der EU ermöglicht, in den Verträgen nicht vorgesehene Maßnahmen zu treffen, um die darin festgesetzten Ziele zu erreichen (Art. 352 AEUV); der Beschluss über die Anwendung einer allgemeinen „Überbrückungsklausel" für den Übergang von der Einstimmigkeit auf die qualifizierte Mehrheit (Art. 48 Abs. 7(1) EUV) oder vom besonderen auf das gewöhnliche Gesetzgebungsverfahren (Art. 48 Abs. 7 (2) EUV); Abkommen, die im Zuge des EU-Ausstritts eines Mitgliedstaats geschlossen werden (Art. 50 EUV) sowie Beschlüsse, die die Ausweitung des Anwendungsbereichs spezifischer Rechtsgrundlagen ermöglichen (z. B. zum Europäischen Staatsanwalt oder zur justiziellen Zusammenarbeit in Strafsachen; Art. 82 Abs. 2d AEUV).

Im Hinblick auf internationale Abkommen erweitert Art. 218 Abs. 3 AEUV die Liste derjenigen Fälle, in denen es der Zustimmung des Parlaments bedarf, auf alle „Übereinkünfte in Bereichen, für die [...] das ordentliche Gesetzgebungsverfahren [...] gilt". Da in Folge der Lissabonner Vertragsreform – erstmals seit 1958 – alle Maßnahmen der Gemeinsamen Handelspolitik nach dem OGV verabschiedet werden und Art. 218 AEUV keine anders lautenden Bestimmungen enthält, ist die Zustimmung des Parlaments somit für den Abschluss aller bi-, pluri- und mulitlateralen Handelsabkommen erforderlich.[362]

Für die hierzu vorgelagerten Phasen der Mandatserteilung an die Kommission zur Aufnahme von Verhandlungen und deren Durchführung hat sich das EP mit der Kommission im Rahmenabkommen von 2010 auf ein faktisches Konsultationsrecht geeinigt: Entsprechend der Vertragsregeln der Art. 207 Abs. 3 und 218 AEUV ermächtigt der Rat die Kommission zur Aufnahme der Verhandlungen für Handelsabkommen. Anschließend obliegt es der Kommission, die Verhandlungen nach Maßgabe der vom Rat erteilten Richtlinien und im Benehmen mit dem vom Rat bestellten Handelsausschuss (HA) zu führen. Die für die Aushandlung und den Abschluss internationaler Abkommen geltende allgemeine Rechtsvorschrift Art. 218 Abs. 10 AEUV enthält keine spezielle Bestimmung, sondern nur eine recht allgemein gehaltene Vorschrift, wonach „das Europäische Parlament [...] in allen Phasen des Verfahrens unverzüglich und umfassend unterrichtet [...]" wird. Die Kommission ist somit rechtlich dazu verpflichtet, das Parlament regelmäßig und im gleichen Umfang, in dem sie den vom Rat bestellten Sonderausschuss informiert (Art. 207 Abs. 3 (3) AEUV), über den Stand der Verhandlungen zu unterrichten. Das EP geht davon aus, das die Formulierung „Stand der Verhandlungen" alle Phasen des abkommensspezifischen Entscheidungszyklus umfasst, von den Empfehlungen der Kommission an den Rat über die Mandatserteilung und dessen Durchführung bis hin zum Abschluss des Abkommens. Tatsächlich willigte die Kommission in das 2010 geschlossenen Rahmenabkommen über die Zusammenarbeit zwischen EP und Kommission ein, das Parlament „umgehend und umfassend in allen Phasen der Verhandlungen zu und des Abschlusses von internationalen Übereinkünften einschließlich der Festlegung von Verhandlungsleitlinien" zu unterrichten, wobei die Unterrichtung „so rechtzeitig [erfolgt], dass [das EP] seinen Standpunkt

---

362 Vgl. Brakeland, Jean-François: „Politique commerciale et aide humanitaire", in: Amato, Giuliano/Bribosia, Herve/De Witte, Bruno (Hrsg.): Genesis and Destiny of the European Constitutional Treaty, Bruxelles, Bruylant 2007, S. 868.

zum Ausdruck bringen kann und die Kommission den Standpunkten des Parlaments im Rahmen des Möglichen Rechnung tragen kann".[363]

Abb. 12: Verhandlungsschema für Internationale Abkommen

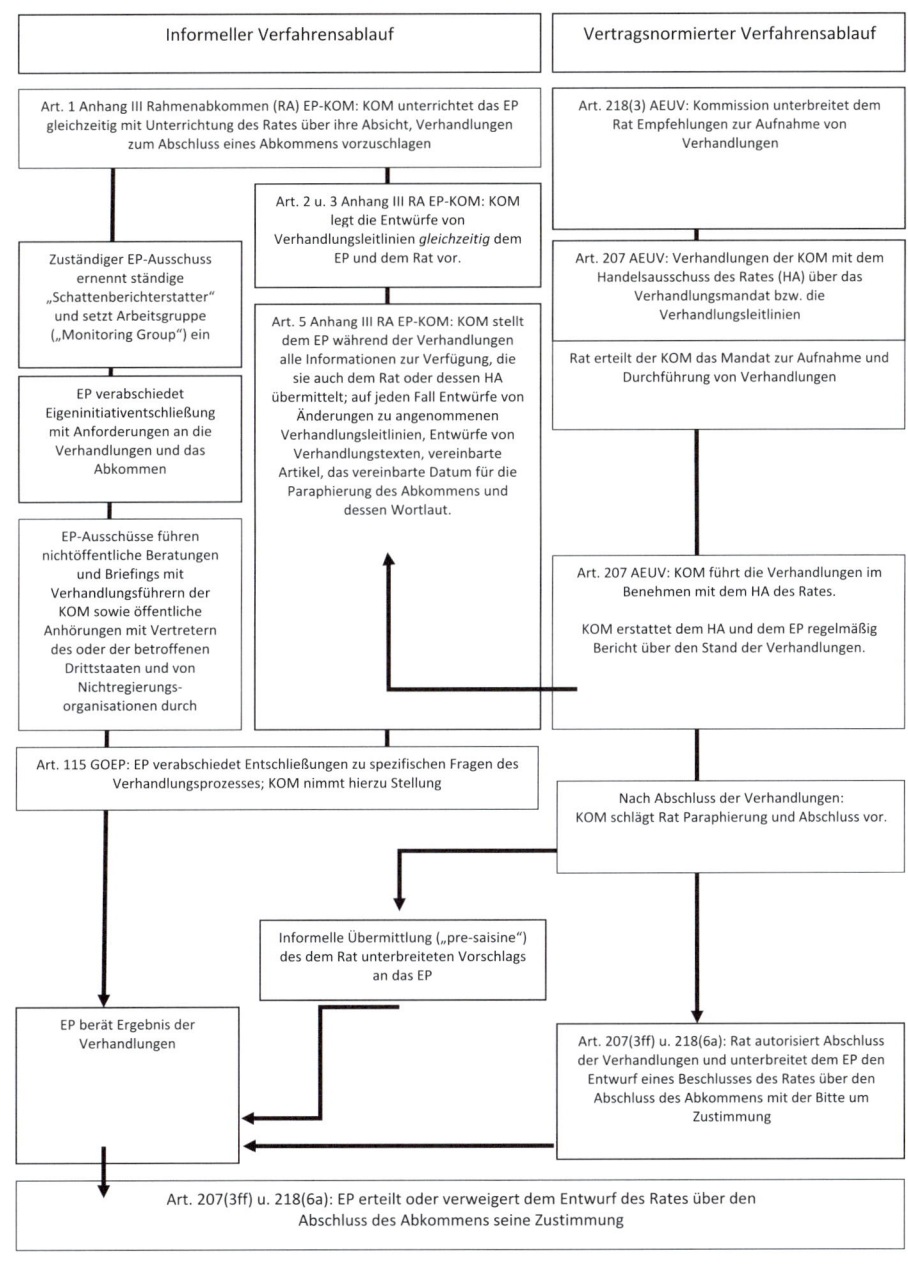

Quelle: Maurer 2012

---

363 Vgl. Punkte 23 und 24 der Rahmenvereinbarung über die Beziehungen zwischen dem Europäischen Parlament und der Europäischen Kommission, ABl. L 304 vom 20.11.2010, S. 47.

10.4 Parlamentarisches Aufforderungsrecht

Grundsätzlich verfügt innerhalb der EU die Kommission über ein Initiativmonopol zum Erlass europäischen Sekundärrechts (Art. 17 Abs. 2 EUV).[364] Der Maastrichter Vertrag erkannte dem EP in Art. 225 AEUV ein an die Kommission zu adressierendes Aufforderungsrecht zu. Dieses „unvollkommene" Initiativrecht des Parlaments entspricht dem Recht des Ministerrats, die Kommission nach Art. 241 und Art. 135 AEUV zur Vorlage von geeigneten Vorschlägen aufzufordern. Die dem Parlament und dem Rat zugebilligte Aufforderungskompetenz führt zu einer grundsätzlichen Verpflichtung der Kommission, den Vorschlägen nachzukommen. Kommt die Kommission den Aufforderungen nicht nach, kann sie von Parlament oder Rat wegen ihrer Untätigkeit vor dem Europäischen Gerichtshof verklagt werden. Darüber hinaus kann das Parlament der Kommission ihr Misstrauen aussprechen und sie zum Rücktritt zwingen. In der Umsetzungspraxis verfolgt das Parlament daher eine Strategie, wonach es schon im Rahmen seiner Entschließung zum jährlichen Arbeitsprogramm der Kommission hervorhebt, welche zusätzlichen Initiativen erforderlich wären. Im anschließenden, parlamentsinternen Prozess der Absprache und Verteilung von sog. Initiativberichten greift das Parlament dann auf den Inhalt dieser Basisentschließung sowie auf das Kommissionsprogramm selbst zurück. Im Falle einer förmlichen Kommissionsinitiative bezieht sich das Parlament schließlich auf seine eigene Aufforderungsentschließung. Durch dieses mehrmals praktizierte Verfahren signalisiert das Parlament frühzeitig die Eckpunkte seiner Vorstellungen in den von der Kommission unterbreiteten Vorschlägen.[365] Das EP hat bislang kein Initiativrecht eingefordert, weil es nur unter Inkaufnahme vergleichbarer Rechte des Rates zu haben wäre. Würden dem Rat entsprechende Rechte verliehen, verlöre die Kommission das einzige ihr nahezu exklusiv verbleibende Machtdispositiv und büßte damit letztlich auch ihre Sonderstellung im interinstitutionellen Gefüge der EU ein. Der Lissabonner Vertrag nimmt insofern kleinere Veränderungen am Aufforderungsrecht vor: Nach Art. 225 AEUV ist die Kommission nun explizit verpflichtet, ihre Gründe mitzuteilen, wenn sie der Aufforderung des Parlaments nicht nachkommt und auf einen Vorschlag verzichtet. Diese Normergänzung ist insofern bedeutsam, als dass die Kommission einen formalen Ablehnungsbeschluss des Kollegiums herbeiführen und sich dann der öffentlichen, politischen Auseinandersetzung über die Gründe ihrer Weigerung stellen muss. Im 2010 geschlossenen Rahmenabkommen hat sich die Kommission darüber hinaus gegenüber dem Parlament verpflichtet, keine gesetzgeberische oder bedeutende Initiative zu veröffentlichen, „ehe sie das Parlament schriftlich darüber unterrichtet hat."[366] Konkret sieht die Rahmenvereinbarung ein Verfahren vor, nach dem die beiden Organe auf der Grundlage des Arbeitsprogramms der Kommission im gemeinsamen Einvernehmen vorab die wesentlichen Initiativen festlegen, die im Plenum vorgelegt werden sollen. Die Kommission stellt diese Initiativen grundsätzlich zunächst im Plenum und erst anschließend öffentlich vor. Die Kommission verpflichtete sich außerdem, über die konkrete Weiterbehandlung einer Aufforderung des Parlaments zur Vorlage eines Vorschlags gemäß Art. 225 AEUV (legislativer Initiativbericht) nicht nur innerhalb von drei Monaten nach Annahme der entsprechenden Entschließung im Plenum zu berichten, sondern auch spätestens nach einem Jahr einen Gesetzgebungsvorschlag vorzule-

---

364 Vgl. Huber, Peter M.: „Die Rolle des Demokratieprinzips im europäischen Integrationsprozess", in: Staatswissenschaften und Staatspraxis, Nr. 3/1992, S. 349-378.

365 Vgl. Raworth, Philip: „A Timid Step Forwards: Maastricht and the Democratisation of the European Community", in: European Law Review, Vol. 16, Nr. 1/1994, S. 16-34.

366 Rahmenvereinbarung zwischen EP und Kommission (N7-0075/2010, OJ L 304 20.11.2010, S. 0047).

gen oder den Vorschlag in das jährliche Arbeitsprogramm des Folgejahres aufzunehmen. Diese faktische Verstärkung des parlamentarischen Aufforderungsrechts reicht nahe an ein echtes Initiativrecht heran, ohne aber die Grenze zu überschreiten, die eine Verschiebung der institutionellen Balance zugunsten des Parlaments, letztlich auch zugunsten des Rates und zu Lasten der Kommission bedeutet hätte.

Factbox: Auszug aus dem Rahmenabkommen zwischen dem EP und der Kommission

---

Zeitplan für das Arbeitsprogramm der Kommission

Dem Arbeitsprogramm der Kommission liegt eine Liste der Gesetzgebungsvorschläge [...] für die folgenden Jahre bei. [...] Das Arbeitsprogramm der Kommission kann damit die Grundlage für einen strukturierten Dialog mit dem Parlament im Hinblick auf die Bemühungen um Einvernehmlichkeit darstellen.

Das Arbeitsprogramm der Kommission enthält ebenfalls die geplanten Initiativen zu den nicht zwingenden Rechtsakten, zur geplanten Rücknahme von Rechtsakten und zur Vereinfachung von Rechtsakten.

1. Im ersten Halbjahr eines Jahres nehmen die Mitglieder der Kommission einen anhaltenden und regelmäßigen Dialog mit den entsprechenden parlamentarischen Ausschüssen über die Umsetzung des Arbeitsprogramms der Kommission für dieses Jahr und über die Vorbereitung des künftigen Arbeitsprogramms der Kommission auf. Auf der Grundlage dieses Dialogs erstattet jeder Ausschuss des Parlaments der Konferenz der Ausschussvorsitze über dessen Ergebnis Bericht.

2. Parallel dazu führt die Konferenz der Ausschussvorsitze eine regelmäßige Aussprache mit dem für die interinstitutionellen Beziehungen zuständigen Vizepräsidenten der Kommission [...].

3. Im Juni unterbreitet die Konferenz der Ausschussvorsitze der Konferenz der Präsidenten einen zusammenfassenden Bericht, der die Ergebnisse der Prüfung der Durchführung des Arbeitsprogramms der Kommission und die Prioritäten des Parlaments für das anstehende Arbeitsprogramm der Kommission umfasst; das Parlament unterrichtet die Kommission darüber.

4. Auf der Grundlage dieses zusammenfassenden Berichts nimmt das Parlament in der Juli-Tagung eine Entschließung an, in der es seinen Standpunkt darlegt, insbesondere einschließlich von Anträgen, die sich auf legislative Initiativberichte stützen.

5. Jedes Jahr wird in der ersten Tagung im September eine Debatte über die Lage der Union stattfinden, in deren Verlauf der Präsident der Kommission eine Ansprache hält [...]. Zu diesem Zweck wird der Präsident der Kommission dem Parlament parallel dazu schriftlich die wichtigsten Elemente darlegen, an denen sich die Vorbereitung des Arbeitsprogramms der Kommission für das folgende Jahr orientieren wird.

6. Ab Anfang September können die zuständigen Ausschüsse des Parlaments und die jeweiligen Mitglieder der Kommission für eine ausführliche Aussprache über die künftigen Prioritäten in den einzelnen Politikbereichen zusammenkommen. [...].

7. Im Oktober nimmt die Kommission ihr Arbeitsprogramm für das darauffolgende Jahr an [...].

8. Das Parlament kann eine Aussprache durchführen und in der Tagung im Dezember eine Entschließung annehmen [...]

10.5 Parlamentarisierung der EU-Gesetzgebung

Der Überblick der vertragsrechtlichen Fundierung parlamentarischer Verfahren in der EU zeigt, dass die parlamentarischen Politikgestaltungs- und Kontrollkompetenzen seit Beginn der EU-Integration beträchtlich gestärkt wurden. Die nach wie vor verbleibenden Defizite sind allerdings offensichtlich. Denn auch nach Lissabon mangelt es einer Begründung, welche Gesichtspunkte für die vorgenommene Differenzierung der Parlamentsbeteiligungsrechte maßgeblich sind.

Die Beschreibung der vertraglich festgelegten Rechte soll in den folgenden Abschnitten in zweierlei Hinsicht analysiert werden. In einem ersten Schritt zeigen wir auf, wie und unter welchen Bedingungen sich die Parlamentskompetenzen über die Zeit entwickelt haben. In einem zweiten Schritt soll dann die reale Intensität der Parlamentarisierung genauer erfasst werden, indem wir vor allem die primärrechtliche Entwicklung der Entscheidungsverfahren gegen ihre effektive Nutzung bilanzieren.[367] Zu analysieren ist dabei die Umsetzung der über Verträge sanktionierten Anreiz- und Restriktionsstrukturen, die sich den Organen als Handlungskontext anbieten.[368]

Betrachten wir die primärrechtliche Entwicklung der dem EP zur Verfügung gestellten Anreize, dann ist zunächst ein langsamer, aber doch konstanter Ausbau der Parlamentsrechte festzustellen. Das relative Ausmaß der „Nicht-Beteiligung" des Parlaments an den Politikgestaltungsrechten des Ministerrates hat seit 1958 beträchtlich abgenommen (von 72,09 % zum Zeitpunkt des EWG-Vertrages hin zu 34,9 % mit Inkrafttreten des Lissabonner Vertrages 2009).

Betrachtet man allerdings die absolute Zu- bzw. Abnahmerate bestimmter Verfahrensarten (Abb. 13), dann zeigt sich, dass auch die Zahl derjenigen Verfahrensnormen zugenommen hat, bei denen das Parlament an der Entscheidung des Rates nicht beteiligt wird (von 62 Verfahren bei Inkrafttreten des EWGV 1958 auf 112 zum Zeitpunkt des Inkrafttretens des Lissabonner Vertrages). Dieser absolute Anstieg an „Nicht-Beteiligungen" wurde durch die Einführung des Kooperationsverfahrens (1987–2009) und des OGV für mittlerweile 85 Fälle teilweise kompensiert. Die Entwicklung und Verteilung der Entscheidungsverfahren folgt somit keinem einheitlichen Muster der einfachen Auswechselung „parlamentsloser" oder -„schwacher" durch „parlamentsmächtige oder -„intensive" Prozeduren, sondern eher einer den europäischen Integrationsprozess typisierenden Asymmetrie zwischen „Kompetenzallokation" und „Legitimätsallokation": Die Zuordnung der Beteiligungsanreize des EP zur Sicherstellung der parlamentarisch-demokratischen Verantwortung hinkt der primärrechtlichen Begründung diesbezüglicher Rechtsgrundlagen hinterher.[369] Jachtenfuchs hat dies mit dem Topos der ungleichmäßigen Europäisierung umschrieben:[370] Im Verlauf der Integration hätten sich die Handlungs- und Verhandlungszusammenhänge schneller europäisiert als die darin handelnden Akteure. Auch Zürn[371] macht mit dem Begriff der ungleichzeitigen Denationalisierung deutlich, dass die de-

---

367 Vgl. zur theoretischen Herleitung Maurer 2002 und Maurer 2012.
368 Vgl. Olsen, Johan P.: Europeanisation and Nation-State Dynamics, ARENA Working Paper No. 3/1996, (Oslo).
369 Vgl. Lepsius, M. Rainer: „Der europäische Nationalstaat: Erbe und Zukunft", in: Ders.: Interessen, Ideen und Institutionen, Opladen 1990, S. 266-267.
370 Vgl. Jachtenfuchs, Markus: „Die Europäische Union – ein Gebilde sui generis?", in: Wolf, Klaus-Dieter (Hrsg.): Projekt im Europa im Übergang? Probleme, Modelle und Strategien des Regierens in der Europäischen Union, Baden-Baden 1997, S. 19.
371 Vgl. Zürn, Michael: „Jenseits der Staatlichkeit. Über die Folgen der ungleichzeitigen Denationalisierung", in: Leviathan, Vol. 20, Nr. 4/1992, S. 490-513.

Abb. 13: Entwicklung der Beteiligungsrechte des EP 1957 bis 2009 (absolut)

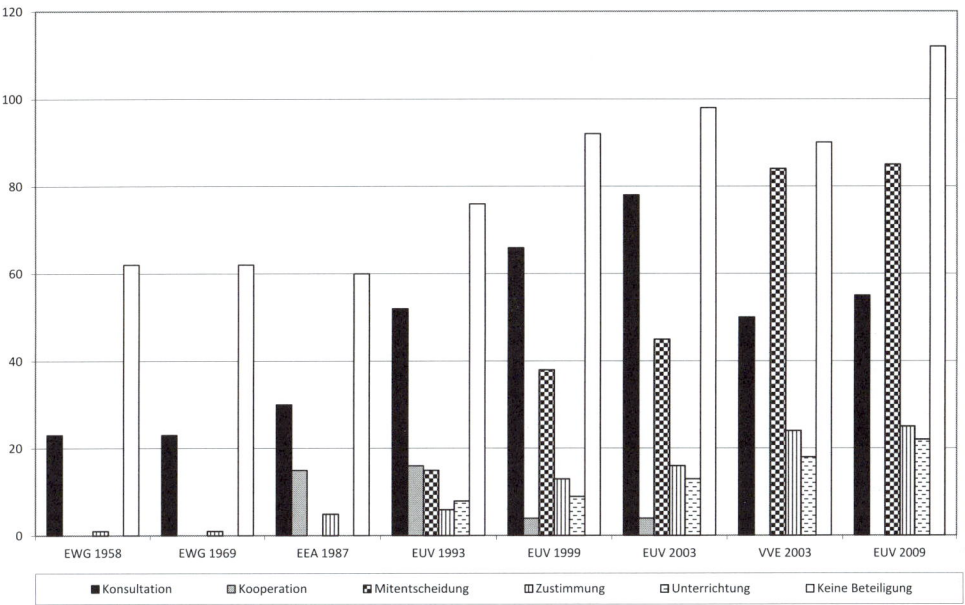

Abb. 14: Entwicklung der Beteiligungsrechte des EP 1957 bis 2009 (relativ)

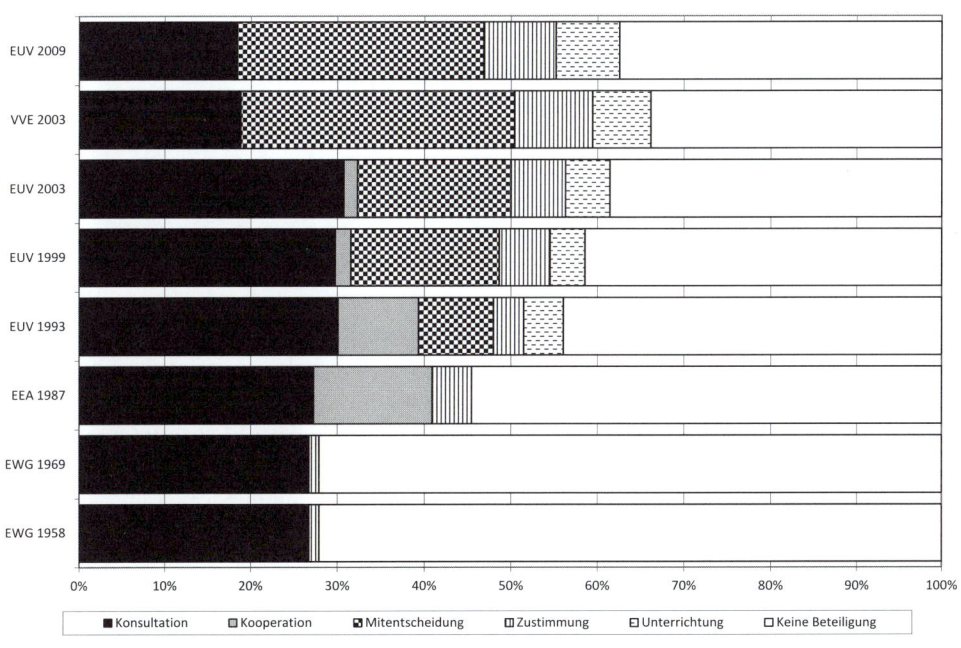

Quelle: Maurer 2012

mokratischen Verfahren der vergleichsweise rascheren Internationalisierung der Problembearbeitung hinterherhinken. Anders als vom Bundesverfassungsgericht in seinem Maastricht-Urteil von 1992 behauptet, unterliegt die Entwicklung parlamentarisch-demokratischer Fundierungen der EU somit nicht einfach vorrechtlichen, strukturellen – „einflussresistenten" – Bedingungen wie gemeinsame Sprache, Volk oder Kultur, sondern ist grundsätzlich bearbeitbar und – dies folgt aus der Beobachtung der Entwicklung der Vertragsgrundlagen – auf das Ziel der gesteuerten Reparlamentarisierung der EU angelegt. Das EP steht hierbei als Vertretungsinstanz der Bürgergesellschaften im Zentrum der Demokratisierungsbemühungen auf der Grundlage von Verträgen und Vertragsreformen. Schließlich kann aus der Beobachtung über die „nachhinkende" Parlamentarisierung der EU gerade mit Blick auf die Maastrichter und Lissabonner Vertragsreformen keine einfache Regelmäßigkeit abgeleitet werden, da beispielsweise die mit Maastricht 1993 sanktionierte Begründung einer bildungs-, jugend- und kulturpolitischen Zuständigkeit der EG unmittelbar mit dem Mitentscheidungsverfahren verknüpft und die mit Lissabon 2009 erfolgte EP-Beteiligung in der Handelspolitik durch OGV (für ihre internen Aspekte) und Zustimmungsverfahren (für die externen Aspekte) gewissermaßen von 0 auf 100 in einem Schritt realisiert wurde. Das einleitend dargelegte Diktum des parlamentarischen Demokratiedefizits bestätigt sich somit zumindest hinsichtlich seines Verlaufscharakters – als Kennzeichen des Integrationsprozesses selbst. Erst seit der EEA, in sehr viel intensiveren Maße aber durch den Maastrichter und den Lissabonner Vertrag konnte das EP Mitentscheidungsrechte der auf die EU übertragenen Politiken geltend machen, die mit den Mitwirkungsrechten der Mehrheit westeuropäischer Parlamente durchaus vergleichbar sind, teilweise sogar weit darüber hinaus gehen.

10.5.1 Politikgestaltungsfunktion in der Praxis

Das OGV wird als komplex, langwierig, unübersichtlich und intransparent kritisiert. Das Verfahren wird oft als symptomatisch für einen „general trade-off" zwischen der Effizienz des Entscheidungssystems der EU einerseits und der Mitwirkung des EP andererseits gesehen.[372] An der These des Effizienzverlusts der EU aufgrund der Stärkung des Parlaments im Gesetzgebungsverfahren wird nach wie vor, trotz gegenteiliger empirischer Befunde[373] festgehalten:[374] Insbesondere im Mitentscheidungsverfahren sei, so die Behauptung, „die Entscheidungsfähigkeit der EU bereits eher verringert als erhöht worden".[375] Im Ergebnis – und mit Blick auf die Ausdehnung der Parlamentsrechte durch den europäischen Verfassungskonvent und den Lissabonner Vertrag – dürfte daher auch „die Ausweitung der Haushalts- und Gesetzgebungsmacht des Parlaments [...] die europäische Entscheidungsfindung noch einmal deutlich erschweren, auch weil sich die in der Zweiten Kammer versammelten mitgliedstaatlichen Interessen – wie ein Blick in die bisherige Geschichte der Entscheidungsfindung im Ministerrat zeigt – nur ungern majorisieren lassen werden".[376] Diese dank ihrer Verbreitung in Medien und Publizistik

---

372 Vgl. Scharpf, Fritz W.: „Mehrebenenpolitik im vollendeten Binnenmarkt", in: Staatswissenschaft und Staatspraxis, Nr. 5/1994, S. 475-501.

373 Kreppel, Amie: „What Affects the European Parliament's Legislative Influence? An Analysis of the Success of EP Amendments", in: Journal of Common Market Studies, Vol. 37, Nr. 3/1999, S. 521-535; Maurer 2002; Shackleton, Michael/Raunio, Tapio: „Codecision since Amsterdam: A laboratory for institutional innovation and change", in: Journal of European Public Policy, Vol. 10, Nr. 2/2003, S. 171-187.

374 Vgl. Höreth, Marcus: „Das Demokratiedefizit läßt sich nicht wegreformieren. Über Sinn und Unsinn der europäischen Verfassungsdebatte", in: Internationale Politik und Gesellschaft, Nr. 4/2002, S. 11-38.

375 Höreth 2002, S. 21.

376 Ebenda, S. 21

immer wiederkehrenden Annahmen entbehren jeder empirischen Grundlage. Untersuchungen über die Entscheidungsgeschwindigkeit der EU-Organe zeigen, dass das OGV erstens weniger Zeit in Anspruch nimmt als Verfahren, bei denen die Mitwirkungsrechte des Parlaments geringer ausgeprägt sind.[377] Sie zeigen zweitens, dass die durchschnittliche Dauer der Mitentscheidungsverfahren langsam aber stetig zurückging. Kurz: Ein „trade-off" zwischen Parlamentsbeteiligung und Entscheidungseffizienz kann auf der Ebene der EU schlicht nicht nachgewiesen werden.

Im Zeitraum vom Inkrafttreten der EEA am 1. Juni 1987 bis 31. Dezember 2013 war das EP in den folgenden Verfahren beteiligt:

- 2139 Mitentscheidungs- bzw. Ordentlichen Gesetzgebungsverfahren,
- 449 Kooperationsverfahren,
- 453 Zustimmungsverfahren,
- 3740 obligatorischen Konsultationsverfahren und
- 914 Haushalts- bzw. Haushaltsentlastungsverfahren.

In acht Mitentscheidungsverfahren konnte keine Einigung erzielt werden. 139 Vorschläge wurden von der Kommission zurückgezogen oder aber aufgrund der Änderungen der Rechtsgrundlage nicht weiter verfolgt. Weitere 204 Verfahren befanden sich im Verhandlungsprozeß. Die seit dem Amsterdamer Vertrag geltende Möglichkeit der endgültigen Verabschiedung eines Rechtsaktes bereits nach der ersten Parlamentslesung nutzten Parlament und Rat dabei zunehmend intensiv. Seit der 6. Wahlperiode werden etwa zwei Drittel aller Verfahren in diesem Stadium abgeschlossen.

Die Rohdaten verdeutlichen den seit Inkrafttreten des Maastrichter Vertrages beobachtbaren Trend zur Konzentration des EP auf legislative Tätigkeiten zu Lasten der einfachen, nicht-legislativen Selbstbefassungen, Initiativen und Dringlichkeiten: War das Parlament 1993 nur in 48,44 % aller Ratsakte in einem der in Frage kommenden Legislativverfahren involviert, so betrug dieser Anteil 1999 bereits 60,05 % und lag 2011 bei 52 %. Gliedert man hierbei die größtenteils verwaltungstechnischen Routineakte des Rates im Bereich der Agrar-, Fischerei- und Zolltarifpolitik aus, so erhöht sich die EP-Beteiligungsquote erstens allgemein auf etwa 90 % und der Anteil des Kooperations- und Mitentscheidungsverfahrens von 30,87 % (für alle Ratsakte) auf etwa 75 %. Die geringen Beteiligungsraten des EP in den Jahren 1995, 2000, 2005 und 2010 gründen in den Wahlen zum EP im jeweiligen Vorjahreszeitraum und der nachfolgenden Neubestellung der Kommission. In diesen Phasen nimmt die legislative Tätigkeit der EU-Institutionen insgesamt ab. Der Vergleich zwischen den relativen Zu- bzw. Abnahmeraten der Entscheidungsverfahren aufgrund von Vertragsreformen mit den tatsächlichen Ausnutzungsquoten der zur Verfügung stehenden Verfahrensvorschriften gibt somit Aufschluss über den quantitativ messbaren Erfolg bzw. Misserfolg bei der schrittweisen „Parlamentarisierung" des EU-Entscheidungssystems:

---

377   Vgl. Kreppel 1999; Maurer 2002, S. 159-165.

Abb. 15: Anteil der EP-relevanten Verfahren am Entscheidungsvolumen des Ministerrats 1987–2013 (Prozentanteile)

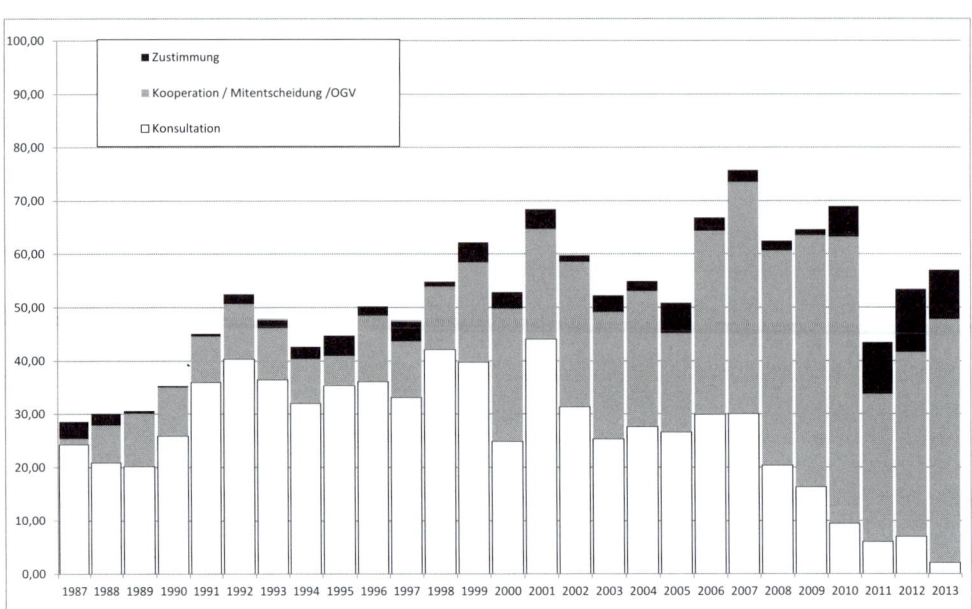

Quelle: Maurer 1999; 2002; 2012. Eigene Berechnung auf der Grundlage der Jahresberichte der Kommission und der Datenbank OEIL des EP.

Erfolgreich verlief die Zurückdrängung der „Nicht-Beteiligung" des Parlaments sowohl im Rahmen der Fortentwicklung der EU-Verträge als auch im Rahmen der Vertragsumsetzung. In beiden Untersuchungsfeldern ist ein beträchtlicher Rückgang zu verzeichnen. Gleichwohl fällt die Ausnutzung der „parlamentsmächtigen" Verfahren – Kooperation und Mitentscheidung bzw. OGV – an der Summe aller vom Rat bzw. von Parlament und Rat verabschiedeter Rechtsakte geringer aus, als ihr relativer Bedeutungszuwachs im Anschluss an die Vertragsreformen hätte vermuten lassen. Auch der durch Maastricht induzierte, relative Rückgang des Konsultationsverfahrens im Verhältnis zu Mitentscheidung und Kooperation wird durch den bis 2004/2007 anhaltend hohen Anteil dieser Prozedur im Rahmen der Vertragsimplementierung konterkariert. Erst seit 2007 fällt der Anteil des Konsultationsverfahrens kontinuierlich ab, während der Anteil des OGV zwischen 30 % und 50 % schwankt. Auffällig ist schließlich der drastische Anstieg an Zustimmungsverfahren seit Inkrafttreten des Lissabonner Vertrages. Schwankte der Anteil dieses Verfahrens bis 2009 zwischen 0,5 % und 3 % aller Ratsakte, so lag er 2012 bei fast 12 %. In diesem Bereich haben sich die verfahrensrelevanten Vertragsreformen in den Politikfeldern der Internationalen Abkommen und der Handelspolitik unmittelbar und massiv zugunsten des EP niedergeschlagen.

Die Beteiligungsraten des EP stechen noch deutlicher hervor, wenn man nicht die jährliche Summe aller rechtsverbindlichen Ratsakte, sondern die der Gesetzgebungsvorschläge der Kommission als Ausgangsparameter wählt. Die Einschränkung auf dieses Kriterium ist legitim, da das Parlament ohnehin nur dann am Gesetzgebungsverfahren des Rates in einer der drei möglichen Varianten beteiligt ist, wenn diese einen entsprechenden Vorschlag der Kommission als Grundlage haben.

Abb. 16: Anteil der EP-relevanten Verfahren am Entscheidungsvolumen des Ministerrats auf der Grundlage von Gesetzgebungsinitiativen der Kommission 1987–2013 (Prozentanteile)

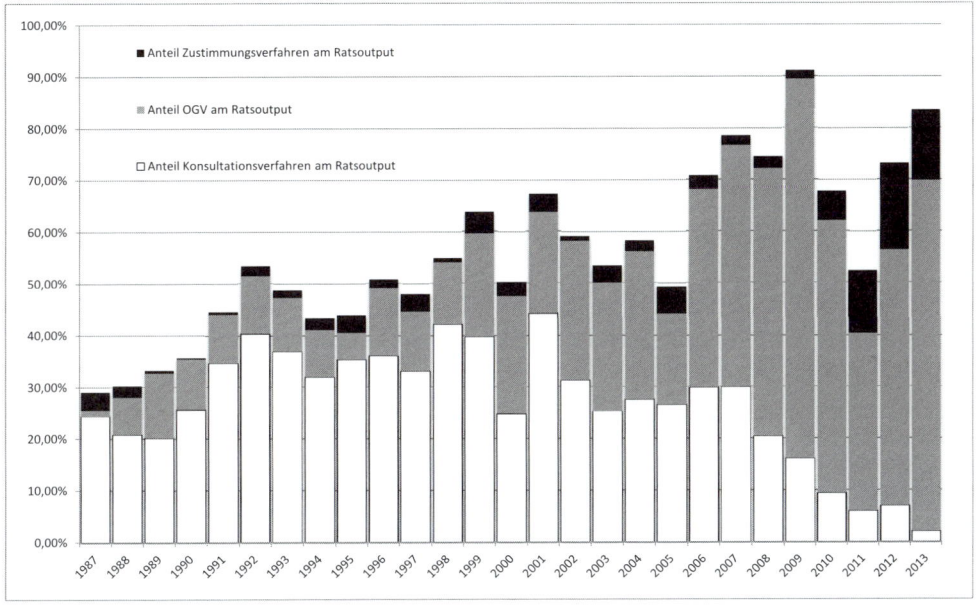

Quelle: Maurer 1999; 2002; 2012. Eigene Berechnung auf der Grundlage der Jahresberichte der Kommission und der Datenbank OEIL des EP.

Die Parlamentsbeteiligung über das OGV stieg demnach im Jahr des Inkrafttretens des Lissabonner Vertrages auf 73,37 % aller rechtsverbindlichen, vom Rat (mit)autorisierten Akte an, fiel dann bis 2011 auf 34,30 % ab und stieg danach kontinuierlich an. Das 2013 erreichte Niveau von 67,72 % dürfte sich spätestens im Jahr 2015 bestätigen, während für das Wahl- und Konstituierungsjahr 2014 ein geringerer Anteil zu erwarten ist. Das die OGV-Werte zwischen 2009 und 2010 relativ drastisch abfallen, gründet in der regelmäßig nach Inkrafttreten neuer Verträge zu beobachtenden Welle von Gesetzespaketen („Omnibusverfahren"), bei denen bereits seit längerem in Verhandlung befindliche Gesetzgebungsmaßnahmen aufgrund der reformierten Verfahrensnormen „en bloc" nach den dann neuen Verfahren verabschiedet werden. Die Oszillation der Parlamentsbeteiligung entlang der Variablen „Europawahlen" und „Vertragsrevisionen" gleicht derjenigen im Verhältnis zum Rechtsaktvolumen des Rates ermittelten. Bei der Messung der EP-Mitwirkung im Verhältnis zur Produktionsrate von Kommissionsinitiativen fällt aber sehr viel deutlicher auf, welche Wirkungen die Schaffung des Mitentscheidungsentscheidungsverfahrens und die Ausdehnung seines Anwendungsbereichs über die Vertragsreformen von Amsterdam und Lissabon hatte: Seit 2006 pendelt die Parlamentsbeteiligungsrate um etwa 70% aller Kommissionsvorschläge, wobei auf das OGV ein seitdem steigender Anteil von zuletzt fast 68 % entfielen. Im Vergleich der beiden Graphiken wird damit auch deutlich, dass der Rat eine ungebrochen hohe Quote an verbindlichen Entscheidungen produziert, die autonom, ohne Vorschlag der Kommission, verabschiedet werden und an denen das EP in aller Regel nicht mitwirkt.

Tab. 19: Die Parlamentstätigkeit im Überblick: Effektive Nutzung der Mitwirkungsrechte des EP 1987 bis 2014 (11. November 2014)

Jahr	Akte des Rates nach Definition des EUR-LEX*	Hiervon: Einfache EP-Konsultation	EP-Kooperationsverfahren Lesungen			EP-Mitentscheidungsverfahren bzw. OGV Lesungen				EP-Zustimmungsverfahren	EP-Haushaltsentschließungen	EP-Dringlichkeits- und Inititiativentschließungen
			1.	2.	Abgeschlossen	1.	2.	3.	Abgeschlossen			
1987	623	152	13	9	7					20	21	290
1988	628	131	45	45	44					14	39	316
1989	634	128	55	71	63					3	19	319
1990	614	159	70	49	56					2	27	282
1991	581	209	62	37	50					3	26	271
1992	738	243	70	66	62					11	28	257
1993	546	199	50	46	52	5	-	-	-	8	25	345
1994	468	168	33	21	21	18	34	8	23	11	31	298
1995	456	164	26	12	10	35	19	7	16	17	25	253
1996	484	164	31	34	25	34	37	9	31	8	27	231
1997	410	154	19	15	17	34	27	21	32	15	24	188
1998	461	215	38	24	24	41	43	11	36	4	16	168
1999	597	177	0	17	17	69	34	12	37	17	18	146

Jahr	Akte des Rates nach Definition des EUR-LEX*	Hiervon: Einfache EP-Konsultation	EP-Kooperationsverfahren Lesungen 1.	2.	Abgeschlossen	EP-Mitentscheidungsverfahren bzw. OGV Lesungen 1.	2.	3.	Abgeschlossen	EP-Zustimmungsverfahren	EP-Haushaltsentschließungen	EP-Dringlichkeits- und ititiativentschließungen
2000	581	113				60	53	18	63	14	22	170
2001	521	190				85	51	22	68	16	32	154
2002	525	136				90	56	20	77	4	31	135
2003	561	129				94	67	11	96	16	35	109
2004	711	163				69	29	13	96	11	42	94
2005	498	113				90	32	0	54	24	43	134
2006	771	158				74	34	10	107	13	40	140
2007	732	152				119	22	6	54	14	39	141
2008	724	120				140	29	1	123	21	48	153
2009	828	132				82	23	10	150	55	70	137
2010	540	11				79	14	0	57	66	33	126
2011	633	12				82	16	4	80	42	37	110
2012	649	11				82	11	0	68	44	30	107
2013	701	14				132	12	1	116	45	36	119
2014	869	13				178	9	0	126	36	21	75

Quelle: Maurer 1999; 2002 und eigene Berechnung ab 2003 auf der Grundlage der Gesamtberichte der EU-Kommission (1987–2004), des Observatoire Législatif des EP, der Datenbank EURLEX und der Statistiken des EP über die 7. Wahlperiode. *Die EURLEX-Datenbank differenziert nicht zwischen Ratsakten, die auf Vorschlag der EU-Kommission beschlossen werden, und solchen, die der Rat autonom oder nur auf Empfehlung der Kommission fällt.

Innerhalb des Parlaments haben die Einführung und die tatsächliche Nutzung des OGV die schon in der Folge der Einheitlichen Akte (1987) einsetzende Konzentration der Europaabgeordneten auf legislative Tätigkeiten erheblich verstärkt. Der Maastrichter Vertrag sah zunächst „nur" 15 Handlungsermächtigungen für das OGV vor. Bei der Analyse der tatsächlichen Nutzung des Verfahrens ist festzustellen, dass 63,3 % aller bis zum Ende der 4. Legislaturperiode abgeschlossenen OGV auf der Grundlage des Art. 114 AEUV (ex-Art. 95 EGV) basierten. Die Bedeutung dieses Artikels für die Realisierung des 1987 ausgesprochenen Binnenmarktziels spiegelt sich eindrucksvoll in seiner parlamentarischen Auslastung. Die Konzentration von Parlament und Ministerrat auf Art. 114 AEUV schwächte sich erst im Verlauf der 5. Legislaturperiode deutlicher auf 38 % aller Mitentscheidungsverfahren ab. Dagegen stieg die Nutzung der Rechtsgrundlagen für die dienstleistungs- und niederlassungsrechtlichen Vorschriften, die Umwelt-, Verbraucherschutz- und Gesundheitspolitik, die Verkehrs- und die Sozialpolitik beträchtlich an. Auffällig für die Siebte Wahlperiode sind dementsprechend die relativ starken Anteile der Rechtsgrundlagen für die Agrar- und Fischereipolitik (Art. 42 und 43 AEUV) sowie für die autonome Handelspolitik (Art. 207 AEUV).

Die Nutzung des OGV wirkt sich jedoch nicht nur auf die ungleichmäßige Auslastung der einzelnen Rechtsgrundlagen, sondern auch auf die inhaltliche Schwerpunktsetzung der parlamentarischen Ausschüsse aus. Festzustellen ist hierbei eine langsam gewachsene Kerngruppe an Europaabgeordneten, die sich auf legislative Tätigkeiten und damit kontinuierlich am Wandel des EP vom ursprünglichen Redeparlament zu einem Arbeitsparlament beteiligt. Die Ausdehnung des Anwendungsbereichs des OGV durch den Lissabonner Vertrag hat den damit einhergehenden Konzentrations- und Spezialisierungstrend und folglich auch die Fragmentierung des Parlaments in „legislative", „einfach-beratende" und „nicht-legislative" Arbeitsgremien auf weitere Ausschüsse ausstrahlen lassen. Konkret zeigt die diesbezügliche Verteilung der OGV zunächst eine Konzentration auf drei Parlamentsausschüsse. Über den Umwelt- (ENVI), den Wirtschafts- (ECON) und den Rechtsausschuss (JURI) hinaus waren aber bereits seit 1999 in immer stärkerem Maße auch der Verkehrs- (TRAN), der Industrie- (ITRE) sowie der Bildungs- und Kulturausschuss (CULT) häufig, d.h. in mehr als 5 % aller Verfahren federführend beteiligt. Der Lissabonner Vertrag hat diesen Trend der stärkeren Legislativauslastung der Ausschüsse fortgeschrieben: Der „Club" der mehrheitlich mit legislativen Aufgaben befassten Ausschüsse hat sich seit Ende 2009 um den Haushaltsausschuss (BUDG), den Ausschuss für Freiheiten und Rechte der Bürger (LIBE), den Handelsausschuss (REX/INTA), den Landwirtschafts- (AGRI) und den Fischereiausschuss (PECH) erweitert. Als Folge dieser Umorientierung reduziert sich die Gruppe derjenigen Ausschüsse, in denen die Abgeordneten noch ihre Rollenprofile als freie Mandatare im Rahmen der Interaktions- und Kommunikationsfunktion pflegen können, auf die Ausschüsse für Auswärtige Angelegenheiten (AFET), für Konstitutionelle Angelegenheiten (AFCO) sowie für die Rechte der Frau (FEMM).

Abb. 17: Nutzung der Handlungsermächtigungen 1993–2014

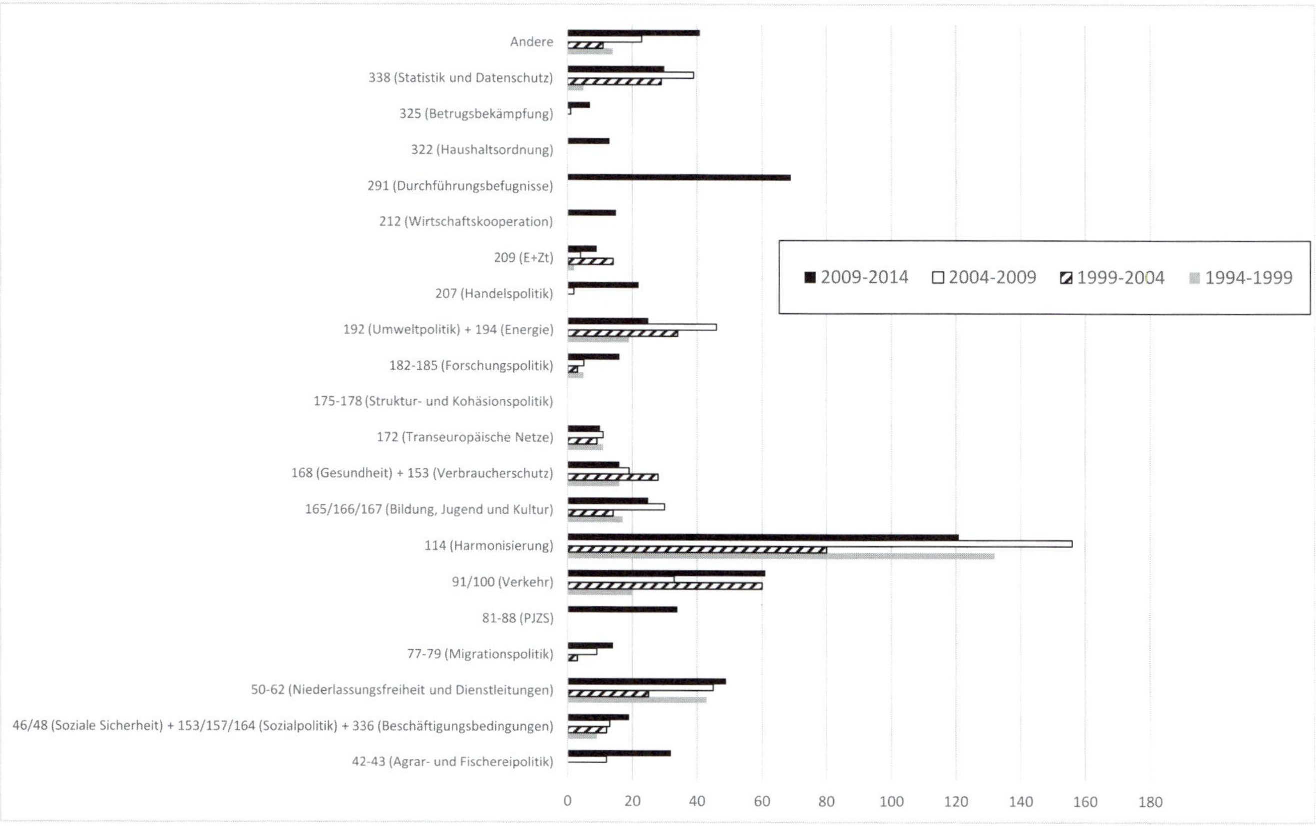

Quelle: Eigene Zusammenstellung nach Maurer 1999a, 2002 und 2012 auf der Basis der OEIL-Datenbank des EP. Erläuterung: Die Nummerierung der Vertragsartikel folgt dem AEUV.

Abb. 18: Auslastung der Parlamentsausschüsse im OGV (1993–2014)

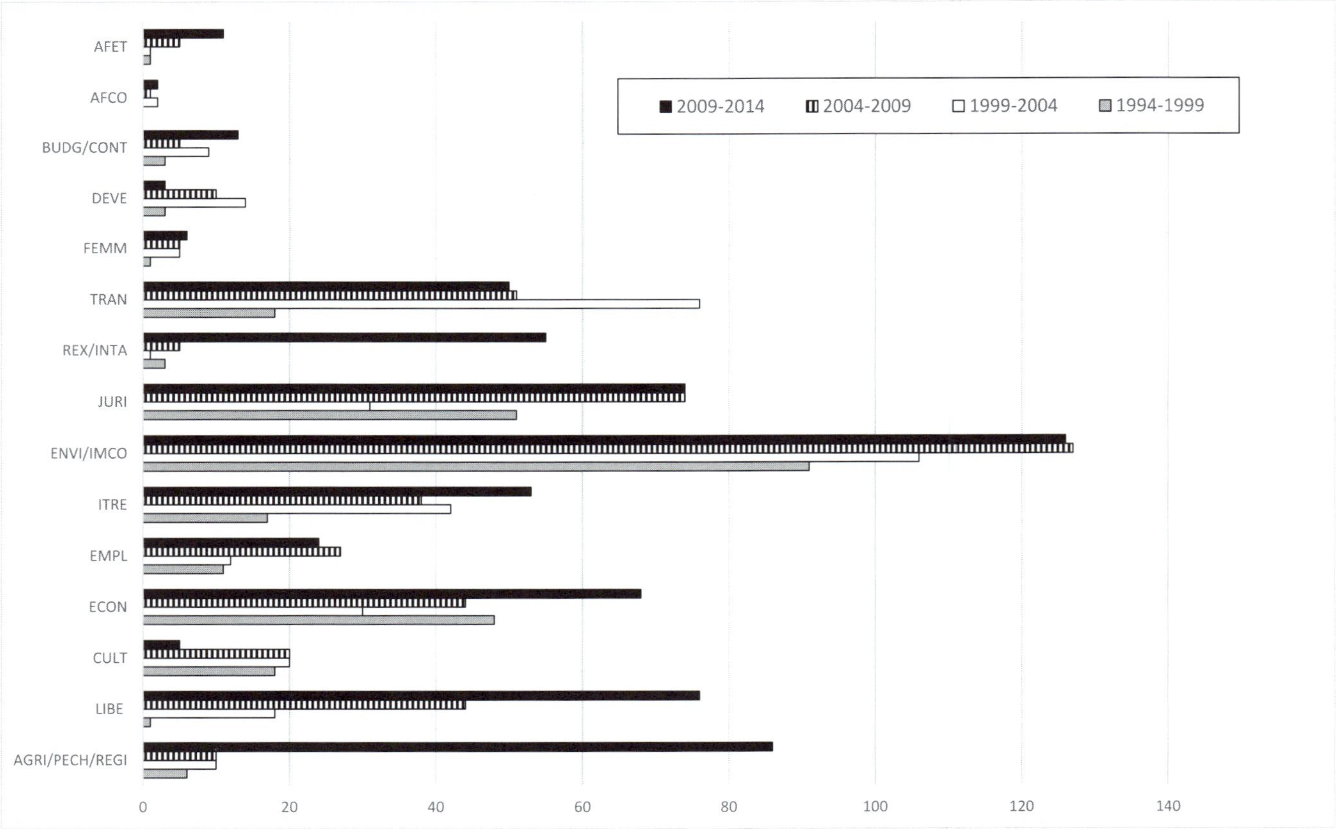

Quelle: Eigene Zusammenstellung nach Maurer 1999a, 2002 und 2012 auf der Basis der OEIL-Datenbank des EP.

10.5.2 Folgen der Professionalisierung des Europäischen Parlaments als Arbeitsparlament

Aufgrund seiner in den EU-Verträgen ursprünglich auf Informations- und Kontrollrechte be-schränkten Funktionen galt das Parlament lange Zeit als der Gruppe der – weitgehend ein-flusslosen – Redeparlamente zugehörig. Die Einführung des Kooperations- und des Mitent-scheidungsverfahrens hatte allerdings nachhaltigen Einfluss auf die Funktionsweise und das in-terne Management des EP. In der Praxis entwickelten sich die drei für den Vermittlungsaus-schuss zuständigen „Ständigen Mitglieder" und Vizepräsidenten des Parlaments zu Spezialisten für die transversal wirkenden, politikfeldübergreifenden Aspekte der Mitentscheidungsverfah-ren. Hierunter fallen die Auseinandersetzungen über die Wahl des zur Umsetzung des jeweili-gen Rechtsaktes zu wählenden Verfahrens, Fragen über die Budgetierung von Programmen und sonstigen Fördermaßnahmen sowie praktische Fragen bezüglich der Zusammensetzung der Parlamentsdelegation im Vermittlungsausschuss. Bereits nach den ersten fünfzehn Sitzun-gen des Vermittlungsausschusses wurden ab Februar 1995 „ständige" Vertreter des Haushalts-ausschusses und des Ausschusses für Konstitutionelle Angelegenheiten hinzugezogen.

Im Zeitraum bis zum Inkrafttreten des Lissabonner Vertrages führte die Bereitstellung des OGV zur signifikanten Professionalisierung und Spezialisierung[378] einer relativ klein bleiben-den Anzahl von Abgeordneten. Aufgrund der funktionellen Reichweite des Gros der Rechtsak-te waren und sind sie gezwungen, technische Expertisen selbst zu entwickeln oder aber inner-halb des Parlaments auf geeignete Weise sicherzustellen. Natürlich ist Fachwissen von Europa-abgeordneten kein Novum im Parlament und auch kein neues Element für die Rolle der Abge-ordneten im Bereich der Gesetzgebung. Allerdings offeriert das OGV anders als alle anderen Verfahren weitaus mehr Verhandlungsspielraum auf dem Gebiet der substanziellen Normdefi-nition, da die beteiligten Organe gezwungen sind, technische Details gleichberechtigt im Inter-esse der Bürgerinnen und Bürger, Staatsregierungen und der von der jeweiligen Maßnahme be-troffenen Wirtschaftsteilnehmer zu lösen. Schließlich führen Änderungsanträge des Parla-ments, die der Rat nicht anzunehmen bereit ist, zur Einberufung der Trilogsitzungen oder des Vermittlungsausschusses und im günstigsten Fall zur Ausarbeitung technisch hochkomplexer Rechtsaktentwürfe. Da der Kontext von Trilog und Vermittlung die Mitwirkung Dritter aus-schließt und die MdEP spätestens in dieser Phase auf sich alleine gestellt sind, hilft auch die intensivste Lobbyarbeit im Vorfeld der interinstitutionellen Verhandlungen wenig, wenn sie nicht mit der fachspezifischen „Ausbildung" der Abgeordneten einhergeht.

Auch im Bereich des internen Parlamentsmanagements entfaltete die Einführung des Mitent-scheidungsverfahrens nachhaltige Wirkungen. Als direkte Reaktion auf das Interinstitutionelle Abkommen zwischen Parlament, Rat und Kommission vom 21. Oktober 1993 über die ver-waltungstechnische Umsetzung von ex-Art. 251 EGV schuf das Parlament zunächst ein eigen-ständiges Sekretariat für die administrative Begleitung der Delegationen im Vermittlungsaus-schuss. Das Vermittlungssekretariat setzt sich seitdem aus vier höheren Verwaltungsbeamten sowie weiteren sechs technisch-logistischen und Sekretariatskräften zusammen. Da nicht nur Vertreter aus Politik- und Rechtswissenschaft, sondern vor allem auch die Medien die Komple-xität und offensichtlich nur schwer nachvollziehbaren Elemente der Prozessstruktur, der Ak-teursrollen sowie der Gewinn- und Verlustchancen beklagen, bietet das Vermittlungssekretari-

---

378 Vgl. Bowler, Shaun/Farell, David: „The Organizing of the European Parliament, Committees, Spezialisation and Co-ordination", in: British Journal of Political Science, Vol. 25, Nr. 1/1995, S. 219-243.

at zahlreiche Hilfsdienste der Informationsaufbereitung und -verbreitung auf, um die jeweils in Frage kommenden Dokumente, Protokolle und Schlussfolgerungen aus allen Phasen des OGV zugänglich zu machen.

Bekanntlich führte bereits das Kooperationsverfahren zu „better organization and voting discipline within the Parliament. The need to obtain an absolute majority of Parliament's membership in order to reject or amend a common position in second reading led to better concertation between the political groups, […] and was also a stimulus for reorganizing voting time (by bunching key votes at central moments of the week) and for improving group whipping systems in order to increase attendance".[379] Im Rahmen der hiermit angesprochenen Strategie der Disziplinierung der Abgeordneten und der damit einhergehenden Vermeidung von wenig erfolgversprechender Duplikation sieht die Geschäftsordnung in Art. 69 GOEP vor, dass Änderungsanträge für die zweite Lesung im Regelfall nur auf der Grundlage der bereits in erster Lesung beschlossenen und vom Rat daraufhin nicht inkorporierten Änderungsanträge formuliert und zur Abstimmung gestellt werden dürfen. Änderungsanträge des „zweiten Versuchs" sollen also nur dann zur Abstimmung gestellt werden, wenn sie der Bekräftigung der Position der Parlamentsmehrheit aus der ersten Lesung dienen. Wenn aber der Rat in seiner ersten Lesung inhaltlich bzw. hinsichtlich der Rechtsgrundlage vom Initiativvorschlag der Kommission abzuweichen beabsichtigt, soll das Parlament seine Änderungsanträge in zweiter Lesung auf diese Abweichungen des Rates fokussieren. Beide Regeln sind problematisch:

Erstens birgt das Wiederherstellungsgebot zur effektiven Durchsetzung der Änderungsanträge gegen den in der ersten Lesung geäußerten Willen des Rates ein erhebliches Risiko des Scheiterns. Denn anders als die Änderungen in erster Lesung müssen diejenigen in zweiter Lesung mit der absoluten Mehrheit der Parlamentsmitglieder verabschiedet werden. In allen zurückliegenden Legislaturperioden bedeutete dies nichts anderes als den faktischen Zwang von SPE/S&D und EVP zur „großen Koalition", da beide Fraktionen eher selten imstande waren, Alternativkoalitionen zu bilden, die ihren parteipolitischen Interessen eher entsprachen. Dagegen konnten Änderungsanträge in erster Lesung effektiv genutzt werden, um auch gegenüber der europäischen Öffentlichkeit deutlich zu machen, dass das Ergebnis der Europawahlen sichtbare Folgen für die inhaltliche Ausrichtung der Parlamentsarbeit haben kann. Warum aber soll Fraktion A zur Erreichung der absoluten Mehrheit einem Änderungsantrag von Fraktion B in zweiter Lesung zustimmen, den Fraktion A aus politisch-ideologischen Gründen in der ersten Phase nicht mittragen wollte oder aber explizit abgelehnt hat? Letztlich zwingt das Wiederherstellungsgebot somit zur Aufgabe etwaiger vorhandener, wahlmobilisierender weil identitätsstiftender Differenz zwischen den Fraktionen. Dies verleiht zwar den Änderungsanträgen in zweiter Lesung aufgrund der höheren Unterstützerzahl im Parlament mehr Nachdruck als den Anträgen der ersten Lesung. Andererseits leidet aber der Wettbewerb der Fraktionen untereinander unter dieser Regel; in letzter Konsequenz stimmen Abgeordnete in zweiter Lesung für Änderungsanträge, deren Inhalte sie kaum innerhalb ihrer Partei geschweige denn ihrer Wählerschaft glaubhaft vermitteln können.

Zweitens ist die gebotene Fokussierung neuer Änderungsanträge in zweiter Lesung abhängig von der Textinterpretation und Perzeption der ersten Ratslesung durch die Fraktionen und einzelnen Abgeordneten. Im Konflikt zwischen dem allgemeinen Prinzip der Gestaltungsfreiheit aller Abgeordneten und Fraktionen einerseits und dem effizienzfördernden Prinzip der Selbst-

---

379 Jacobs 1997, S. 5.

beschränkung andererseits behält letzteres solange die Oberhand, wie das OGV selbst nur von einem Bruchteil der Abgeordneten als Gelegenheit zur Profilierung wahrgenommen wird. Unterstellt man Europaabgeordneten den Willen zur Wiederwahl, dann besteht nur wenig Grund zur Annahme, dass sie sich immer und bedingungslos einer Disziplin unterwerfen, die zwar dem Gesamtparlament als Akteur dient, nicht aber denjenigen, die das Parlament als Arena der parteipolitischen Auseinandersetzung konstituieren.

Parlament und Rat haben seit Mitte der 1990er Jahre vielfältige Formen der verfahrensvereinfachenden Zusammenarbeit eingerichtet. Mittelbares Resultat der langsamen „Familiarisierung" der Vertreter von Parlament, Rat und in geringerer Weise der Kommission ist dabei eine Intensivierung informeller Zusammenkünfte zwischen den beteiligten Akteuren mit der auch für den Deutschen Bundestag identifizierten Folge der Auslagerung von Willensbildungsprozessen vom der Öffentlichkeit zugänglichen Plenum in Ausschüsse, Unterausschüsse und Arbeitsgruppen.[380] Die Basis für diese Form der Informalisierung der Zusammenarbeit von Rat und Parlament lieferte der bereits 1975 für die Haushaltsverfahren eingerichtete Mechanismus interinstitutioneller Triloge zwischen Kommission, der Ratspräsidentschaft und den Vertretern des EP auf Ausschussebene.[381] Auf der Grundidee der Triloge aufbauende Verfahren der informellen Zusammenarbeit sind:

- das seit 1994 genutzte schriftliche Verfahren, bei dem die Einigung innerhalb und zwischen den Delegationen von Rat und Parlament vor einer bereits einberufenen Vermittlungssitzung festgestellt wird,
- die seit 1995 praktizierte Erstellung gemeinsamer Arbeitsdokumente (synoptische Darstellungen des Kommissionsvorschlags, der Änderungsanträge des EP-Ausschusses und der Reaktionen des Rates hierauf), die als Grundlage der Trilog- und Vermittlungssitzungen herangezogen werden,
- die seit 1995 eingeführte Praxis, während der Vermittlungssitzungen das Vorliegen einer unterhalb dieser Verhandlungsebene bereits erzielte Einigung ohne weitere Aussprache als „A-Punkte" festzustellen,
- die seit 1994 schrittweise vollzogene Annäherung der beiden Juristischen Dienste von Parlament und Rat zur Einführung eines gemeinsamen Systems der sprachjuristischen Revision von Rechtsaktentwürfen,[382]
- die seit 1997 zu beobachtende Praxis direkter Sondierungsgespräche zwischen EP-Berichterstattern und Ratspräsidentschaft in der Phase der ersten Parlamentslesung, um den Verfahrensabschluss bereits nach der ersten Lesung des Parlaments zu ermöglichen.

Als Ergebnis dieser verstärkten, direkten Zusammenarbeit zwischen den beiden Organen verzeichnen Beobachter nicht nur ein gesteigertes gegenseitiges „Vertrauen"[383] in die Problemlösungskapazitäten des jeweils anderen Organs, sondern auch eine schrittweise verbesserte Ab-

---

380 Vgl. Weber-Panariello, Philippe A.: Nationale Parlamente in der Europäischen Union, Baden-Baden 1995, S. 198.

381 Die erste Trilogsitzung fand vor der Eröffnungssitzung des Vermittlungsausschusses im Verfahren zur Schaffung der beiden Jugend- und Bildungsprogramme SOKRATES und JUGEND FÜR EUROPA im Dezember 1994 statt. Seit Übernahme der spanischen Ratspräsidentschaft im Juli 1995 wurden sie fester Bestandteil der informellen Zusammenkünfte der beteiligten Organe; Vgl. Maurer, Andreas: „Socrates, Erasmus und Comenius. Die Reform der Bildungsprogramme der Europäischen Union", in: integration, Nr. 2/1995, S. 117-124.

382 Seit 1996 nimmt das Parlament auch informell an der sprachjuristischen Überprüfung der Gemeinsamen Standpunkte des Rates teil.

383 Vgl. EPDCC 1999, S. 8.

stimmung der Arbeitsrhythmen und -methoden von Rat und Parlament.[384] Verliererin dieses Annäherungsprozesses zwischen den beiden „Legislativkammern" der EU ist zunächst die Kommission. War das Parlament im Kooperationsverfahren auf die verfahrensgangentscheidende Filterfunktion der Kommission angewiesen, so greift es im OGV „nur noch" auf die technisch-politische Expertise des Initiativorgans zurück, die ihrerseits durch eigenständige parlamentarische Wissenschafts- und Folgenabschätzungsdienste in Frage gestellt wird. Der seit Inkrafttreten des Amsterdamer Vertrages intensivierte Trend der Informalisierung interinstitutioneller Beziehungen unterhalb der vertragsrechtlich zwingend vorgegebenen Ebene der Zusammenarbeit schlägt sich in der drastischen Zunahme der OGV wieder, die bereits in der Phase der ersten Parlamentslesung abgeschlossen werden: Waren in der Wahlperiode 1999–2004 noch 88 (22 %) aller Dossiers Gegenstand des Vermittlungsverfahrens und damit einer dritten Lesung, während 115 Fälle (28 %) in erster Lesung und 200 Dossiers (50 %) in zweiter Lesung beendet wurden, so schlossen Parlament und Rat in der zurückliegenden Wahlperiode bis Mai 2014 beachtliche 422 (85,25 %) Mitentscheidungsverfahren in der ersten Lesung, 40 (8,08 %) vor sowie 25 (5,05 %) nach der zweiten Lesung und „nur" noch 8 (1,61 %) in dritter Lesung im Anschluss an die förmliche Vermittlung.

Tab. 20: Abgeschlossene Mitentscheidungsverfahren 1.11.1993–30.6.2014

	Abgeschlossen nach 1. Lesung	Abgeschlossen vor der 2. Lesung	Abgeschlossen nach 2. Lesung	Abgeschlossen nach 3. Lesung
Vierte Wahlperiode (1993–1999)	2,33 %	0,00 %	53,02 %	44,65 %
Fünfte Wahlperiode (1999–2004)	28,54 %	0,00 %	49,63 %	21,84 %
Sechste Wahlperiode (2004–2009)	72,03 %	9,25 %	13,66 %	5,07 %
Siebte Wahlperiode (2009–2014)	85,25 %	8,08 %	5,05 %	1,61 %

Quelle: Eigene Berechnung auf der Grundlage des Observatoire Législatif

Diese Entwicklung wirkt sich insgesamt zwar positiv auf die Effizienz des Verfahrens aus; parallel aber auch nachhaltig negativ auf die Außenperzeption des Parlaments:[385] Unbestreitbar ist die Gefahr, dass das Parlament auf lange Sicht zum „Komplizen" einer „Eurobürokratie" mutiert, die sich nur in Ausnahmefällen offen um die Transparenzsicherung des Gesamtentscheidungssystems und den davon ausgehenden Handlungs- und Verhandlungsergebnisse kümmert. Das EP teilt mittlerweile diese Bedenken hinsichtlich der Offenheit und der Rechenschaftspflicht des Gesetzgebungsprozesses, da sie auch nach ersten Reformversuchen gegen En-

---

384 Vgl. Corbett/Jacobs/Shackleton 2011, S. 244-245.
385 Vgl. Costa, Olivier/Dehousse, Renaud/Trakalova, Aneta: Codecision and „early agreements". An improvement or a subversion of the legislative procedure?, Notre Europe, Paper Nr. 84, Paris 2011;Burns, Charlotte (2013): "Consensus and compromise become ordinary–but at what cost? A critical analysis of the impact of the changing norms of co-decision upon European Parliament committees", in: Journal of European Public Policy, Vol. 20, Nr. 7, S. 988-1005; Burns, Charlotte (2006): "Co-decision and Inter-Committee Conflict in the European Parliament Post-Amsterdam", in: Government and Opposition, Vol. 41, Nr. 2, S. 230-248.

de der 6. Wahlperiode anhielten.[386] Tatsächlich orientiert sich das EP seit April 2008 an einem „Verhaltenskodex für Verhandlungen im Rahmen der Mitentscheidung", der einheitliche Regeln für die Abgeordneten und die Bediensteten des EP im Hinblick auf die Verhandlungen in den verschiedenen Phasen des OGV festlegt, um die Transparenz der informellen Triloge zu verbessern. Dementsprechend sollen die Zusammensetzung, das Mandat des Verhandlungsteams sowie die kontinuierliche Rückbindung der EP-Delegation an den federführenden Ausschuss in den Sitzungsprotokollen der Ausschüsse nachvollziehbar gemacht werden. Die Revision dieses Kodex erfolgte im März 2011, indem die Konferenz der Präsidenten zur Überarbeitung der intrainstitutionellen Arbeitsmethoden des Parlaments im Zusammenhang mit interinstitutionellen Verhandlungen über Gesetzgebungsverfahren einlud und den Ausschuss für konstitutionelle Angelegenheiten (AFCO) aufforderte, die Verfahren im Zusammenhang mit der Führung interinstitutioneller Verhandlungen wirksamer, transparenter und inkludenter zu gestalten. Den Bericht des AFCO-Ausschusses (Berichterstatter: Enrique Guerrero Salom) nahm das Plenum am 20. November 2012 an. Die daraufhin überarbeitete Geschäftsordnung trat am 10. Dezember 2012 in Kraft. Der für die Revision der Parlamentsgeschäftsordnung zuständige Berichterstatter, Enrique Guerrero Salom, bringt das Dilemma des EP selbstkritisch auf den Punkt: „Die Frage der interinstitutionellen Verhandlungen und Vereinbarungen in Gesetzgebungsverfahren ist – durch die Grundsätze der Offenheit und demokratischen Rechenschaftspflicht – verknüpft mit der repräsentativen Demokratie auf europäischer Ebene [...]: Wenn die Wähler nicht wissen können, was ihre gewählten Vertreter gesagt und wie sie abgestimmt haben, werden sie nicht in der Lage sein, sie bei den nächsten Wahlen zur Rechenschaft zu ziehen. In diesem Zusammenhang wäre die Einführung verbindlicher Regeln für Verhandlungen in Gesetzgebungsverfahren, die die Offenheit und damit die Rechenschaftspflicht stärken, ein Schritt hin zu einer Stärkung der repräsentativen Demokratie auf europäischer Ebene. Andererseits sollte [...] das Erfordernis der Effizienz berücksichtigt werden [...]."[387]

Zur Verdichtung der informellen Regeln änderte das Parlament am 20. November 2012 Art. 70 (neu Art. 73) seiner Geschäftsordnung in mehreren Punkten, um die Verfahren durch die Einbeziehung einiger Schlüsselelemente des Verhaltenskodexes in den verbindlichen Teil der Geschäftsordnung wirksamer, transparenter und integrativer zu gestalten.[388] Dementsprechend legt Art. 73 GOEP nun fest, unter welchen Bedingungen der Beschluss auf Ausschussebene gefasst werden soll, um Trilogverhandlungen aufzunehmen. Außerdem werden in dieser Bestimmung die Zusammensetzung und Mandat des Verhandlungsteams, die regelmäßige Berichterstattung des betreffenden Ausschusses über die Fortschritte und das Ergebnis der Verhandlungen und die erneute Konsultation des Ausschusses zum vereinbarten Text vor der Abstimmung im Plenum ausgestaltet. Zentral ist demnach die Formulierung des zweiten Absatzes,

---

386 Nach dem Ergebnis der Arbeitsgruppe zur Parlamentsreform, die durch einen Beschluss der Konferenz der Präsidenten im Februar 2007 eingesetzt wurde, wurde ein neuer Artikel über „die interinstitutionelle Verhandlungen im Rahmen von Gesetzgebungsverfahren" in die Geschäftsführung eingefügt, den ein nicht verbindlicher „Verhaltenskodex für die Verhandlungen über Mitentscheidungsdossiers" – von der Konferenz der Präsidenten im September 2008 angenommen – beigefügt wurde (der Verhaltenskodex gilt immer noch). Nähere Informationen finden sich im Tätigkeitsbericht für die 6. Wahlperiode (PE427.162v 01-00) und im Halbzeittätigkeitsbericht für die 7. Wahlperiode (DV\903361EN.doc).

387 Vgl. Bericht des Europäischen Parlaments Nr. A7-0281/2012 vom 25. September 2012 über die Änderung von Artikel 70 der Geschäftsordnung des Europäischen Parlaments betreffend interinstitutionelle Verhandlungen im Rahmen von Gesetzgebungsverfahren, (2011/2298(REG)), S. 9-10.

388 Vgl. Beschluss des Europäischen Parlaments vom 20. November 2012 zu der Änderung von Artikel 70 der Geschäftsordnung des Europäischen Parlaments betreffend interinstitutionelle Verhandlungen im Rahmen von Gesetzgebungsverfahren (2011/2298(REG)).

nach der „Verhandlungen [...] erst aufgenommen [werden], nachdem der zuständige Aus-
schuss von Fall zu Fall für jedes betroffene Gesetzgebungsverfahren und mit der Mehrheit sei-
ner Mitglieder einen Beschluss über die Aufnahme von Verhandlungen gefasst hat. Mit diesem
Beschluss werden das Mandat und die Zusammensetzung des Verhandlungsteams festgelegt.
Derartige Beschlüsse werden dem Präsidenten zur Kenntnis gebracht, der die Konferenz der
Präsidenten regelmäßig über den neuesten Stand informiert." Fraglich bleibt mit Blick auf die
Umsetzung dieser Bestimmung, ob auch die Öffentlichkeit über das Mandat informiert wird.
Denn schließlich besteht „das Mandat [...] aus einem Bericht, der im Ausschuss angenommen
und zur späteren Prüfung durch das Plenum eingereicht wird." In Ausnahmefällen, wenn der
zuständige Ausschuss es für hinreichend begründet erachtet, dass vor Annahme eines Berichts
im Ausschuss Verhandlungen aufgenommen werden, kann das Mandat „aus einer Reihe von
Änderungsanträgen oder aus einer Reihe klar definierter Ziele, Prioritäten oder Leitlinien bestehen" (Art. 73 Abs. 2GOEP). Zwar hält sich Art. 73 in der Frage der Veröffentlichung des
Mandats bedeckt. Allerdings folgt aus der Entschließung des Europäischen Parlaments vom
14. September 2011 zum Zugang der Öffentlichkeit zu Dokumenten (Art. 104 Abs. 7) für die
Jahre 2009–2010 (2010/2294(INI)), dass das EP nicht länger nur den Rat für seine restriktive
Auslegung der Verordnung Nr. 1049/2001 vom 30. Mai 2001 über den Zugang der Öffentlichkeit zu Dokumenten des Europäischen Parlaments, des Rates und der Kommission kritisieren kann, sondern gerade im Hinblick auf die von ihm beanspruchte Legitimationsfunktion
selbst aufgefordert ist, die Vernebelungspraxis seiner Trilogmandate abzustellen.[389]

10.6 Verhältnis zwischen Gesetzgebungs-, Kontroll- und Interaktionsfunktion

„Parliaments generally have an important function to play as a platform and forum as well as
an articulator and transmitter of ideas. Parliaments, however weak or strong their role in the
scrutiny of legislative proposals, remain the theatre in which the policies of the Executive are
discussed".[390] Auch für das EP und seine Abgeordneten ist die Wahrnehmung ihrer Rolle als
Verfechter politischer Ideen und Interessen eine der bereits in der Montanunion angelegten
Aufgaben. Das EP ist grundsätzlich befugt, über jede Frage der EU öffentlich zu beraten. Die
Nutzung dieses Beratungsrechts „entspricht der Rolle und den Möglichkeiten des Parlaments,
politische Grundsatzdebatten zu führen".[391] Es kann hierzu unter Rückgriff auf sein allgemeines Selbstbefassungsrecht Entschließungen annehmen und diese den anderen Unionsorganen,
den Regierungen und den Parlamenten der Mitgliedstaaten vorlegen. Die Geschäftsordnung
des Parlaments gestattet es den Abgeordneten, dem Plenum Entschließungsanträge zu präsen-
tieren oder aber in schriftlichen Verfahren in ein Register aufzunehmen. Das Präsidium des
Parlaments ermächtigt die Ausschüsse zur Ausarbeitung von Initiativberichten und zur intensiveren Beratung von Initiativanträgen einzelner Abgeordneter. Die Beratungsbefugnis erstreckt
sich auf alle laufenden Tätigkeiten der EU sowie auf alle Fragen, die im Zusammenhang mit
dem Integrationsprozess stehen. Die Behandlungsbreite ergibt sich dabei erstens aus der prinzi-

---

389 Zu den ersten Erfahrungen mit den neuen Mandatierungsregeln in der Siebten Wahlperiode vgl. EPDCC
(2014): Tätigkeitsbericht über Verfahren der Mitentscheidung und Vermittlungsverfahren 14. Juli 2009 –
30. Juni 2014 (7. Wahlperiode), Brüssel 2014, Dok. Nr. DV\1031024DE.doc, S. 23-24.
390 Corbett/Jacobs/Shackleton 1995, S. 271.
391 Bieber, Roland: Organe der erweiterten Europäischen Gemeinschaften: Das Parlament, Baden-Baden 1974,
S. 102.

piellen Offenheit des Unionsvertrages und den Vertragszielen, zweitens aber auch aus dem freien Mandat der Abgeordneten, die sich neben der aktiven Mitwirkung an den komplexen Entscheidungsprozessen auch um von ihnen an- bzw. wahrgenommene oder an sie direkt heran getragene Anliegen der Bürgerinnen und Bürger und von Interessengruppen kümmern müssen. Anders als im Falle der gesetzgeberischen Mitwirkung zur effektiven Nutzung der EU-Verträge, die ihren Ursprung formell in der Europäischen Kommission hat, können die Abgeordneten über Eigeninitiativentschließungen, Dringlichkeitsdebatten und -entschließungen weitgehend ungebunden die europapolitische Tagesordnung der EU-Institutionen beeinflussen. Den Abgeordneten stehen aufgrund ihres allgemeinen Selbstbefassungsrechts alle Möglichkeiten offen, Themen des öffentlichen Lebens – ihres Wahlkreises, ihrer Fraktion, ihrer Partei oder einzelner Interessengruppen – in das Parlament hineinzutragen. Die verstärkte Mitwirkung des EP an der Generierung allgemein verbindlicher Regeln der EU hat sich in einer Konzentration der Ausschüsse auf legislative Arbeiten sowie in einem erheblichen Rückgang der Nutzung typischer und bis Mitte der 1980er Jahre die Arbeit des EP bestimmender Kontroll- und nicht-legislativer Politikgestaltungsfunktionen niedergeschlagen. Als Indikator zur Messung dieses Rückgangs kann die selbständige Befassung mit Initiativ- und Dringlichkeitsresolutionen herangezogen werden: „Initiative reports and resolutions reflect awareness and interest of MEP in making an issue public to the outside world - towards the Union's citizenry but also towards the Council and the Commission".[392] Nicht nur die einzelnen Abgeordneten, sondern auch die Fraktionen nutzen diese Instrumente „to give evidence of their general interests, their attention paid to a given issue or of their willingness to shape the policy agenda".[393] Im Vergleich zu den legislativen Rechten ermöglichen die Interaktionsmöglichkeiten des Parlaments in stärkerem Maße die Verdeutlichung parteipolitischer Profile. Während nämlich zur erfolgreichen Durchsetzung von Änderungsanträgen in der zweiten und dritten Lesung des OGV die absolute Mehrheit der Mitglieder des Parlaments benötigt wird, können Initiativ- und Dringlichkeitsentschließungen bereits mit der einfachen Mehrheit der anwesenden Abgeordneten verabschiedet werden. Initiativ- und Dringlichkeitsentschließungen erlauben es somit den Fraktionen in sehr viel stärkerem Maße, aus dem Zwang der „großen Koalition" in der Gesetzgebung auszubrechen und ihre sozioökonomischen und außenpolitischen Interessen auch gegenüber den Wählerinnen und Wählern zum Ausdruck zu bringen. Sie nutzen hierbei vor allem den Charakter des Parlaments als Arena der öffentlichen Auseinandersetzung. Neben dieser der Interaktions- und Kommunikationsfunktion des Europäischen Parlaments zuzurechnenden Orientierung lassen sich Initiativ- und Dringlichkeitsentschließungen jedoch auch den anderen Parlamentsfunktionen zuordnen:

1. Unter dem Gesichtspunkt der Nutzbarmachung ihrer Beratungsrechte für die Politikgestaltungsfunktion können Europaabgeordnete bereits im Vorfeld der förmlichen Initiierung neuer Rechtsakte eingreifen, indem sie durch Eigeninitiativentschließungen neue Maßnahmen anregen, die Revision bereits bestehender EU-Maßnahmen einfordern oder sich in den Verlauf bereits initiierter Entscheidungsverfahren mit dem Ziel einschalten, bestimmte Inhalte zurückzunehmen oder zu ändern. Für die Fraktionen stellen Initiativresolutionen somit ein Kerninstrument ihrer politischen Arbeit dar, das es ihnen erlaubt, parteipolitische Standpunkte offenzulegen und hiermit ihre Politikpräferenzen zu verdeutlichen.

---

392 Maurer, Andreas: (Co-)Governing after Maastricht: The European Parliament's institutional performance 1994-1999, European Parliament, Working document: Political Series POLI 104, Brussels/Luxembourg 1999, S. 31.
393 Maurer 1999, S. 31-32.

2. Mit Blick auf die Systemgestaltungsfunktion stellen die Initiativentschließungen ein in der Integrationsgeschichte häufig genutztes Instrument der Kompensation fehlender Rechte des Parlaments im Rahmen der Vertragsänderungsverfahren dar.[394]

3. Hinsichtlich der mit dem Lissabonner Vertrag sanktionierten Asymmetrie zwischen den starken Zustimmungsrechten des Parlaments zu internationale Abkommen einerseits und den ausbleibenden Mitwirkungsfunktionen in der Mandatierung der Verhandlungsführer für derartige Abkommen andererseits greift das Parlament in zunehmendem Maße auf eine Strategie der Artikulation seiner Mindestanforderungen an internationale Abkommen durch Eigeninitiativentschließungen zurück. Grundlage hierfür bilden in der Regel die informell dem EP von der Kommission zur Verfügung gestellten Mandatsentwürfe, die dann ohne direktes Zitat kommentiert werden.

Als Folge der Einführung des Kooperationsverfahrens 1987 und des Mitentscheidungsverfahrens 1993 reduzierte sich die Zahl der selbständigen Initiativentschließungen und Dringlichkeitsanträge zwischen 1993 und 2003 von 345 auf 94. Die Zahl der Eigeninitiativberichte und -resolutionen pro MdEP lag 2003 bei 0,15; im Vergleich zu dem Zeitraum, in dem das EP zwar direkt gewählt wurde, gleichwohl aber noch nicht mit weitergehenden Legislativrechten ausgestattet war (1979–1987), hatte sich dieser Anteil um mehr als die Hälfte reduziert.

Abb. 19: Initiativentschließungen des EP 1979–2014

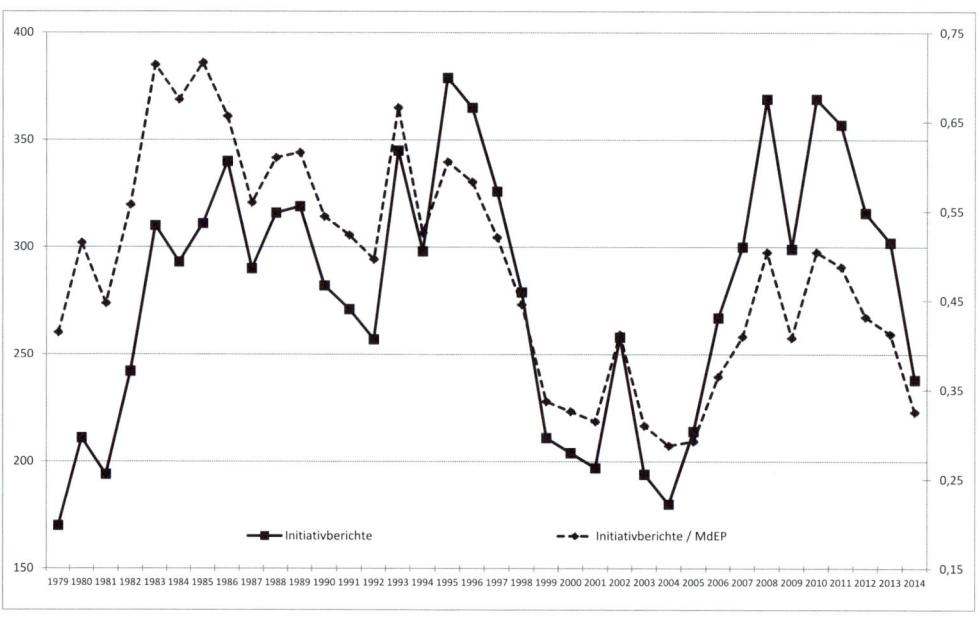

Quelle: Eigene Zusammenstellung nach Maurer 1999, 2002 u. 2012 auf der Grundlage der Jahresberichte der EU-Kommission, 1980 bis 2011 und des Observatoire Législatif des EP (2011–2014).

Dieser Konjunkturverlauf der Initiativ- und Dringlichkeitsentschließungen bis 2003 deutet auf einen unmittelbaren Zusammenhang zwischen der vertraglichen Fortentwicklung der EU und

---

394 Vgl. Große Hüttmann, Martin: „Vom abstrakten zum konkreten Systemgestalter. Die Rolle des Europäischen Parlaments in den Regierungskonferenzen bis Nizza", in: Maurer/Nickel (Hrsg.), S. 35-46.

dem Ausmaß der Nutzung der beiden originären Parlamentsinstrumente hin. Das Wachstum von 1984 bis 1986 spiegelt noch die intensiven Bemühungen des 1984 zum zweiten Mal direkt gewählten Parlaments um den Ausbau einer eigenständigen außen- und sicherheitspolitischen Rolle der EU wider, ebenso die Initiativen des Parlaments zur Ausarbeitung eines Verfassungsvertrags mit dem Ziel der Gründung einer EU. Daneben konzentrierte sich das Parlament auf Fragen der Menschenrechte, der Gleichberechtigungs- und Gleichstellungspolitik, der Umwelt- und der Entwicklungspolitik.[395] Die Einführung des Kooperations- und des Zustimmungsverfahrens durch die EEA (1987) induzierte dann einen ersten Abschwung in der Beratung und Verabschiedung von Initiativ- und Dringlichkeitsentschließungen. Die Debatten über den im Februar 1992 unterzeichneten Maastrichter Vertrag kehrten diesen Trend für das Beratungsjahr 1993 um. Allerdings ging die Intensität der Nutzung der selbständigen Beratungsrechte mit dem Inkrafttreten des Maastrichter Vertrages wieder zurück und lag bereits 1995 wieder in dem bis 1992 beobachtbaren Trend. Seitdem nahm die Zahl der Initiativberichte und -entschließungen des EP kontinuierlich ab und lag 2003 weit unterhalb des für 1979 ermittelten Werts. Berücksichtigt man neben der absoluten Zahl der Initiativ- und Dringlichkeitsentschließungen zusätzlich die Tatsache, dass sich das EP zwischen 1985 (Beitritte Griechenlands, Spaniens und Portugals) und 1995 (Beitritte Schwedens, Finnlands und Österreichs) vergrößert hat, dann fällt der Rückgang dieser Aktivitäten noch deutlicher aus. Beide Erweiterungswellen führten nicht dazu, dass die Europaabgeordneten die nicht-legislativen Aktivitäten vermehrt ausgeübt hätten. Seit 2003 hat sich der bis dahin beobachtbare Trend umgekehrt und pendelt sich auf einem mit dem Zeitraum 1995/96 vergleichbaren Niveau ein. Die Ursache hierfür liegt zum einen in der strategischeren Nutzung der Initiativberichte als Instrumente der Politikgestaltung, insbesondere im Hinblick auf zustimmungsbedürftige Dossiers. Zum anderen schlägt sich in dieser Zahl allerdings auch die Tatsache nieder, dass das Gros der Abgeordneten aus den 2004/2007 der Union beigetretenen Staaten einen geringen Anteil an Berichterstatterpositionen im OGV geltend macht und sie dieses Defizit durch Initiativanträge kompensieren. Die im Vergleich zu den 1980er Jahren schwache Wahrnehmung der Interaktionsfunktion des Parlaments liegt dagegen vor allem im Zeitbudget durch den Zuwachs an legislativen Beteiligungsrechten.

Ähnliche Verschiebungen und Trendwechsel lassen sich auch mit Blick auf die Nutzung der den Abgeordneten zur Verfügung stehenden Fragerechte feststellen. Tatsächlich hatte sich die Zahl der Fragen pro Mitglied des Parlaments von durchschnittlich zehn Fragen im Zeitraum 1979–1987 auf sieben im Zeitraum 1993–2004 reduziert.

---

395 Vgl. Grabitz/Schmuck/Steppat/Wessels 1988, S. 427-428.

Abb. 20: Entwicklung der parlamentarischen Anfragen 1979–2014

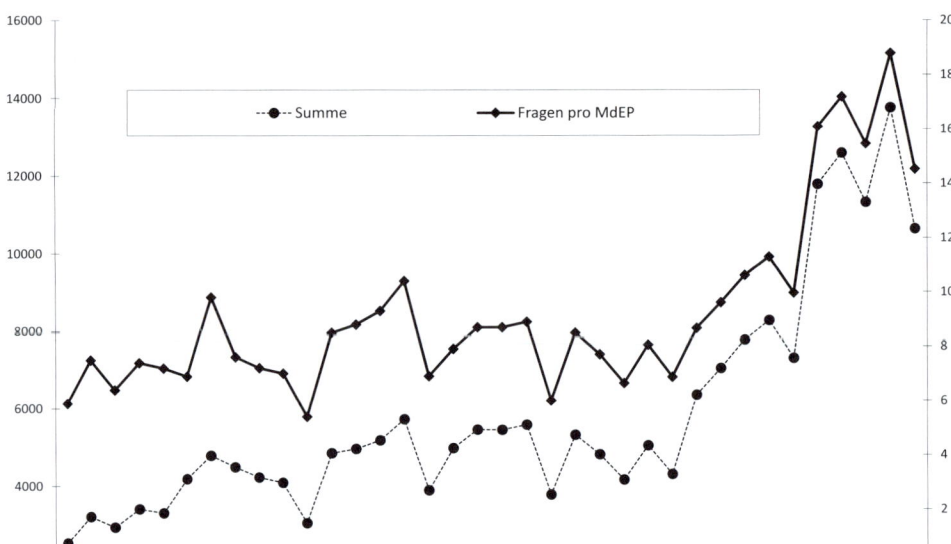

Quelle: Eigene Berechnung nach Maurer 1999, 2002 u. 2012 auf der Basis der Jahresberichte der Europäischen Kommission und der Fragendatenbank (http://www.europarl.europa.eu/plenary/en/parliamentary-q
uestions.html) des EP.

Die bis 2004 wellenförmig verlaufende Entwicklung der Anzahl parlamentarischer Anfragen
lässt sich mit den Europawahlen erklären. Insbesondere der gleichbleibend hohe Anteil neu ins
Parlament gewählter Abgeordneter scheint in der Folgezeit nach den Wahlen zunächst regen
Gebrauch vom Fragerecht zu machen. Daneben nutzen auch die im legislativen Bereich tätigen
Abgeordneten und Ausschüsse das Fragerecht als Informationsquelle für die weitere Behandlung anstehender Normsetzungsverfahren. Allerdings entwickelt sich diese Form der Interes-
senaggregation und -mediation spätestens vor den Wahlen wieder zurück, weil erstens der Le-
gislativzyklus für mehrere Monate ins Stocken gerät und zweitens der Schwerpunkt der individuellen Parlamentarierarbeit deutlich auf der Vorbereitung der Wahlen liegt. Der drastische
Anstieg der parlamentarischen Anfragen seit 2004/2005 hat im Wesentlichen zwei Ursachen:
Erstens kompensieren Abgeordnete der letzten Erweiterungswelle ihre fehlenden Funktions-
wahrnehmungen in der Politikgestaltung durch dieses Instrument und zweitens werden insbesondere die schriftlichen Anfragen vor allem von den fraktionslosen Abgeordneten genutzt, um
ihrer politischen Ausrichtung Ausdruck zu verleihen. Das Verhältnis zwischen Fragen von
Fraktionsmitgliedern und solchen von Fraktionslosen ist dabei relativ stabil: Im Jahr 2005
standen 365 schriftlichen Anfragen von Fraktionsmitgliedern 5 075 Fragen von Fraktionslosen
gegenüber (0,07); im Jahr 2010 kamen 884 schriftliche Anfragen aus dem Kreis der Fraktionen und 10 953 Fragen von fraktionslosen Mitgliedern (0,08).

11 Budgetbefugnisse

11.1 Mehrjähriger Finanzrahmen

Der mehrjährige Finanzrahmen (MFR) legt die jährlichen Obergrenzen für Verpflichtungen pro Ausgabenkategorie (entspricht jeweils einem Haupttätigkeitsbereich der Union) und die Obergrenzen der Mittel für Zahlungen fest und wird für einen Zeitraum von mindestens fünf Jahren aufgestellt. Er soll sicherstellten, dass sich die Ausgaben innerhalb der Grenzen der Eigenmittel der Union bewegen und enthält des Weiteren alle für den reibungslosen Ablauf des Haushaltsverfahrens notwendigen Bestimmungen. Das Verfahren für die Festlegung eines MFR ist in Art. 312 AEUV festgeschrieben. Der Rat erlässt eine Verordnung, die nach Zustimmung der Mehrheit der Mitglieder des EP einstimmig angenommen werden muss. Um das Verfahren zu erleichtern, werden EP, Rat und Kommission dort auch aufgefordert, „alle erforderlichen Maßnahmen" zu treffen, „um den Erlass des Rechtsakts zu erleichtern." Zu diesem Zweck werden regelmäßige Treffen zwischen den Präsidenten des EP, der Kommission und des Rates einberufen. Gleichwohl autorisieren die drei Organe die mehr als 60 innerhalb des MFR zu erlassenden Programm- und Finanzierungsvorhaben über das OGV. Das Parlament hat sich hierbei unter Verweis auf Art. 14 Abs. 1 und Art. 15 Abs. 1 EUV[396] erfolgreich dem Ansatz des Europäischen Rates widersetzt, dessen politische, rechtlich unverbindliche Schlussfolgerungen des Europäischen Rates als nicht verhandelbar anzunehmen. Da das EP seine Zustimmung zum MFR an die im OGV zu erlassenden Einzelmaßnahmen knüpft, ist die Arbeitsbelastung aller in Frage kommenden Ausschüsse hoch, da sie sowohl gegenüber dem Rat mit konsistenten Positionen aufwarten als auch innerhalb des Parlaments ihre unterschiedlichen Prioritäten in den europäischen Finanzierungspolitiken aushandeln müssen. Für die zurückliegenden MFR-Verhandlungen dokumentierte das EP insgesamt 364 Triloge.[397]

11.2 Haushaltsverfahren

Die EU-Organe stellen jährlich einen Gesamthaushaltsplan auf. Art. 313 AEUV regelt dazu die Modalitäten der Feststellung, wobei sowohl dem EP als auch dem Rat eine maßgebliche Rolle als gemeinsame Haushaltsbehörde zukommt. Das vertragliche Verfahren wurde bis zum Lissabonner Vertrag durch interinstitutionelle Vereinbarungen zwischen Rat, Kommission und EP ergänzt.[398] Seitdem unterliegt das grundlegend überholte Verfahren einer eigenständigen Normenhierarchie, die dem Parlament weitreichende Mitwirkungsrechte und Verantwortung bei der Gestaltung der Ausgabenpolitik der EU verleihen. Haushalts- und Haushaltskontrollrecht gehören zu den grundlegenden demokratischen Rechten eines Parlaments. Bis zum Lissabonner Vertrag teilte sich das Haushaltsverfahren allerdings in Entscheidungsphasen des Rates und des Parlaments, wobei der Rat bei den sog. obligatorischen Ausgaben (d.h. Ausgabenverpflichtungen, die unmittelbar aus den EU-Verträgen hervorgehen) und das EP bei den sog. nichtobligatorischen Ausgaben als jeweils letzte Entscheidungsinstanz über den Einsatz der Finanzmittel fungierte. Im Bereich der Haushaltskontrolle war und ist das EP dagegen immer al-

---

396 Nach Artikel 14 Abs. 1 EUV wird das Parlament „gemeinsam mit dem Rat" als Gesetzgeber tätig, und nach Artikel 15 Abs. 1 EUV wird der Europäische Rat „nicht gesetzgeberisch tätig".
397 Vgl. EPDCC (2014): S. 16-20.
398 Vgl. Theato Diemut/Graf, Rainer: Das Europäische Parlament und der Haushalt der Europäischen Gemeinschaft, Baden-Baden 1994.

lein verantwortlich, da der Rat nur eine Empfehlung abgibt, die dann Grundlage der Letztentscheidung des EP ist.

Rolle und Gewicht des Parlaments im Haushaltsverfahren hingen somit immer von seinen haushaltsplanerischen Mitwirkungsoptionen bei der Definition der Ausgabenart, der mehrjährigen und der jährlichen Bestimmung der Ausgabenhöhe sowie der dafür erforderlichen Einnahmen ab. Bis 1970 verfügte nur der Rat über eine Haushaltsbefugnis. Die aus den nationalen Parlamenten delegierten Abgeordneten wurden lediglich zum Ratsentwurf für den Haushaltsplan konsultiert. Der Rat berücksichtige zwar die Änderungsanträge der „Versammlung" in einer zweiten Lesung; eine besonders geartete Vetooption besaßen die Abgeordneten damit jedoch nicht. Erst die Verträge vom 22. April 1970 und 22. Juli 1975 führten zu einer Stärkung der parlamentarischen Haushaltsbefugnisse: So gewährte der im Rahmen der Einführung des Eigenmittelsystems der EWG beschlossene Vertrag von 1970 dem EP erstmalig die Letztentscheidungsgewalt über die nichtobligatorischen Ausgaben und der Vertrag von 1975 die Möglichkeit, den gesamten Haushaltsplan abzulehnen. Beschränkt waren die Haushaltsbefugnisse des EP allerdings weiterhin durch die mittelfristige Finanzplanung der EU und die Festsetzung des Höchstsatzes für die Erhöhung der nichtobligatorischen Ausgaben, der auf der Grundlage makroökonomischer Indizes berechnet wurde (Entwicklung des BSP der EU, durchschnittliche Veränderung der nationalen Haushalte, Entwicklung der Lebenshaltungskosten in den Mitgliedstaaten). Dieser Höchstsatz konnte nur im Einvernehmen von Parlament und Rat überschritten werden. Die Haushaltsbefugnisse des EP hingen daher entscheidend von der Definition der Ausgabenarten als obligatorische oder nicht-obligatorische Haushaltsausgaben ab. Nach einer längeren Phase institutioneller Streits über die Auslegung der Verfahrensvorschriften einigten sich die drei Organe in interinstitutionellen Vereinbarungen auf eine weitgehend reibungslose Praxis. Zunächst verständigten sie sich auf eine Vereinbarung, die den Ablauf des Haushaltsverfahrens konkretisierte und damit eine Rahmenregelung für die Ausgaben gewährleistete. In Anwendung dieses Verfahrens legten die Organe ihre Haushaltsprioritäten fest und verhandelten eine mehrjährige, „finanzielle Vorausschau", die den genehmigten Höchstbetrag und die Zusammensetzung der Ausgaben für den jeweils in Frage kommenden Zeitraum definierte. Entsprechend dieser Vorausschauen galt für die einzelnen Ausgabenrubriken eine zwingend festgelegte Obergrenze. Änderungen der finanziellen Vorausschau aufgrund akuter, nicht vorhersehbarer Bedürfnisse waren ausgeschlossen. Die finanzielle Vorausschau stellt somit einfach eine Willensäußerung zur Einhaltung eines budgetären Programms dar, sondern ein die vertraglich vorgesehenen Haushaltsfreiheiten des EP wesentlich einschränkendes Korsett.

Der Lissabonner Vertrag hat die Haushaltsbestimmungen einer grundlegenden Revision unterzogen und sieht nun eine dreistufige Normenhierarchie vor. Auf der ersten Normstufe wird durch Art. 311 AEUV die Begrenzung der Eigenmittel sowie die Einführung neuer Mittelkategorien bzw. die Abschaffung bestehender Kategorien vom Rat einstimmig beschlossen; vorgesehen ist hierzu lediglich eine Konsultation des Europäischen Parlaments und die Ratifizierung des Eigenmittelbeschlusses durch die nationalen Parlamente. Als zweite Normstufe wird dann die bislang jenseits der Verträge ausgestaltete finanzielle Vorschau als „mehrjähriger Finanzrahmen" (Art. 312 AEUV) vertraglich verankert. Aufgrund der Vorbehalte der beiden größeren Fondsempfängerländer Spanien und Polen wird dieser Finanzrahmen grundsätzlich einstimmig angenommen. Der Rat kann jedoch einstimmig entscheiden, in das Verfahren der qualifizierten Mehrheit zu wechseln. In beiden Verfahren muss das EP dem mehrjährigen Finanzrahmen mit der Mehrheit seiner Mitglieder zustimmen. Auf der dritten Normstufe wird dann der Jahreshaushalt der Union durch das Haushaltsverfahren nach Art. 314 AEUV beschlossen. Dieses Verfahren orientiert sich nun im Wesentlichen am OGV nach Art. 294 AEUV. Entsprechend den jahrzehntelang und lautstark vorgetragenen Forderungen des EP ist somit die Unterscheidung zwischen obligatorischen und nicht-obligatorischen Ausgaben abgeschafft worden. Da jedoch die Eigenmittelobergrenze den Finanzrahmen bindet und dieser wiederum die jährlichen Obergrenzen für die Ausgabenkategorien im Haushaltsplan festschreibt, unterliegt die Haushaltsgesetzgebung des Parlaments nunmehr einer klaren Prüf- und Zustimmungspflicht, die durch die Mitgliedstaaten und ihre Parlamente ausgeübt wird. Insofern ist das EP im Hinblick auf die Erstellung des Jahreshaushalts der EU gestärkt worden und teilt sich mit dem Rat die Verantwortung für die Verteilung aller Finanzmittel der Union. Andererseits wird durch die Abhängigkeit des Haushaltsverfahrens von den beiden anderen Normstufen deutlich, dass nicht das Parlament, sondern die Staaten über die längerfristige Ausgabenpolitik der Union und die hierfür erforderlichen Eigenmittel entscheiden.

Im Haushaltsverfahren selbst wird die Stellung des EP gegenüber dem Rat deutlich gestärkt. So kann sich das Parlament nach dem Vermittlungsverfahren mit einer 3/5-Mehrheit über das Votum des Rates hinwegsetzen, während der Rat ein ablehnendes Votum des Parlaments nicht überstimmen kann. Lehnt das Parlament den Entwurf des Vermittlungsausschusses ab, muss die Kommission einen neuen Entwurf für einen Haushaltsplan vorlegen. Faktisch beschränkt wird dagegen die Gestaltungsmacht des Parlaments durch die Streichung der bisherigen Unterscheidung zwischen obligatorischen und nicht-obligatorischen Ausgaben. Auf der parlamentarischen Habenseite zu verbuchen ist zwar die volle Mitsprache über alle Ausgabenrubriken der EU zu verbuchen; diesem Zugewinn steht andererseits aber der Verlust autonomer Gestaltungsfreiräume gegenüber, die das EP bis Lissabon im Bereich der nicht-obligatorischen Ausgaben einzufordern vermochte.

Abb. 21: Haushaltsverfahren

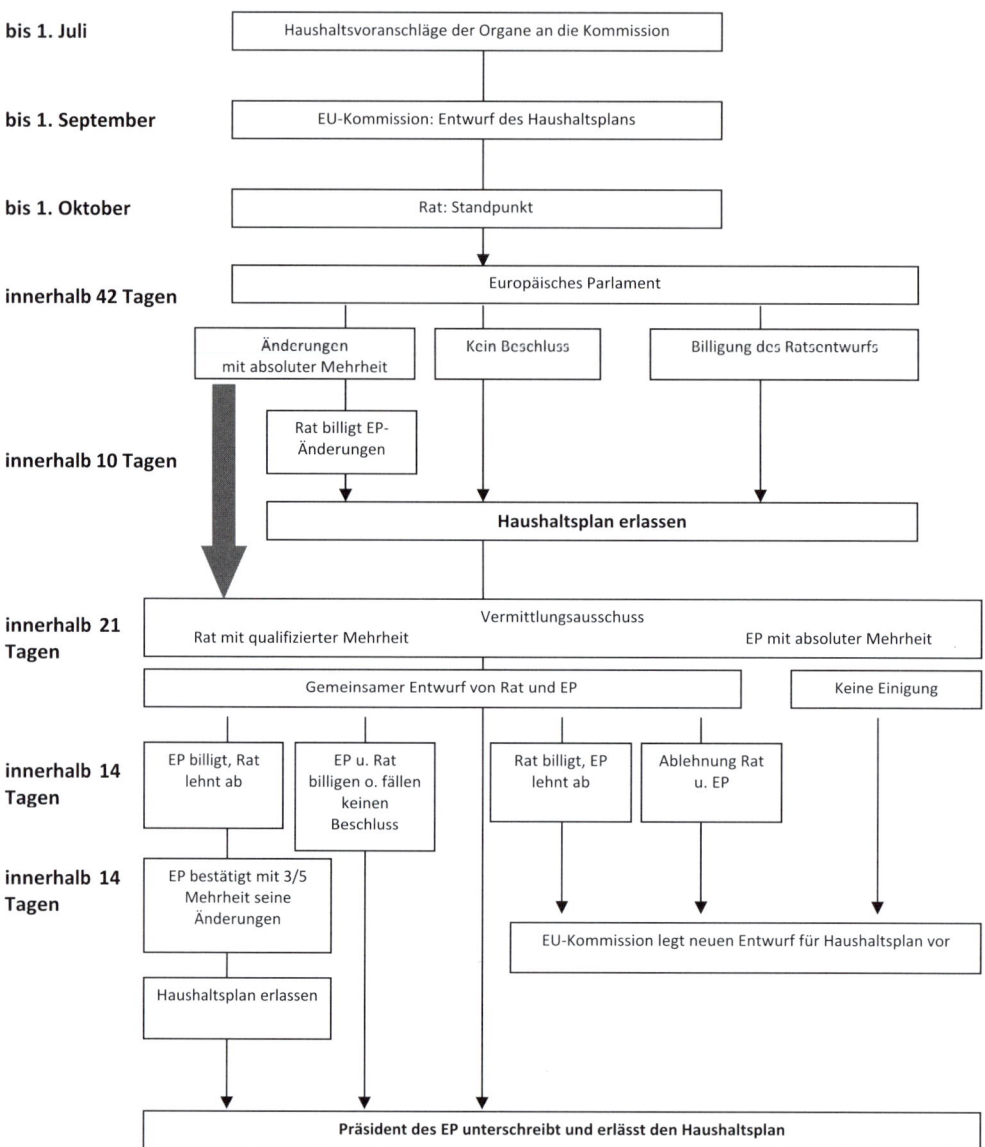

12 Wahl- oder Kreationsfunktion in der Praxis

> (7) Art. 17 Abs. 7 EUV
>
> (8) Der Europäische Rat schlägt dem Europäischen Parlament nach entsprechenden Konsultationen mit qualifizierter Mehrheit einen Kandidaten für das Amt des Präsidenten der Kommission vor; dabei berücksichtigt er das Ergebnis der Wahlen zum Europäischen Parlament. Das Europäische Parlament wählt diesen Kandidaten mit der Mehrheit seiner Mitglieder. Erhält dieser Kandidat nicht die Mehrheit, so schlägt der Europäische Rat dem Europäischen Parlament innerhalb eines Monats mit qualifizierter Mehrheit einen neuen Kandidaten vor, für dessen Wahl das Europäische Parlament dasselbe Verfahren anwendet.
>
> (9) Der Rat nimmt, im Einvernehmen mit dem gewählten Präsidenten, die Liste der anderen Persönlichkeiten an, die er als Mitglieder der Kommission vorschlägt. [...]
>
> Der Präsident, der Hohe Vertreter der Union für Außen- und Sicherheitspolitik und die übrigen Mitglieder der Kommission stellen sich als Kollegium einem Zustimmungsvotum des Europäischen Parlaments. Auf der Grundlage dieser Zustimmung wird die Kommission vom Europäischen Rat mit qualifizierter Mehrheit ernannt.

12.1 Ernennung der Kommission

Die Rolle des Europäischen Parlaments als Rekrutierungs- oder Kreationsorgan stellte bis zum Maastrichter Vertrag nur eine untergeordnete Funktion der parlamentarischen Kontrolle dar, weil sich aus dem Parlamentsrecht des Misstrauensvotums gegen die Kommission die Auslösebedingung für die Einsetzung eines neuen Kollegiums ergab. Bereits 1989 wies Jacqué auf die hieraus ableitbaren Rahmenbedingungen, Chancen und Risiken der Verwirklichung einer Kreationsfunktion des EP hin. Eine aktivere Beteiligung des EP an der Ernennung der Kommission ließ sich unter den Rahmenbedingungen der alten EWG aus den Regeln zum Misstrauensvotum ableiten. Mit der dem Misstrauensverfahren inhärenten Logik, ein Gleichgewicht zwischen der seinerzeit exklusiven Ernennungskompetenz der Regierungen der Mitgliedstaaten und der exklusiven Kontrollkompetenz des EP zu schaffen, gaben sich die Europaabgeordneten allerdings nie zufrieden. Seit dem Faure-Bericht über die Fusion der Exekutivorgane der Gemeinschaften[399] mahnte das Parlament konsequent Mitwirkungsrechte bei der Ernennung der Kommission an.[400] Die Fusion der drei alten Gemeinschaften (Europäische Gemeinschaft für Kohle und Stahl – EGKS; Europäische Wirtschaftsgemeinschaft – EWG; Europäische Atomgemeinschaft – EURATOM) nahm das EP erstmals zum Anlass, seine unmittelbare Mitwirkung an der Bestellung und Legitimation der Kommission einzufordern: „L'Exécutif est également appelé à collaborer étroitement avec l'Assemblée qui, en la notion de censure, possède le moyen de manifester son désaccord avec lui. Il serait de lors opportun que, faisant pendant à la nomination par les Gouvernements, l'Assemblée ait le pouvoir de donner à cet Exécutif une investiture lors de sa nomination. Ce vote constituerait un acte d'approbation du choix fait par les gouvernements et une confiance à l'équipe qui viendrait d'être nommée; il

---

399 Vgl. Faure, Maurice: Parlement européen, Rapport Faure sur la fusion des exécutifs, DOC. PE 84/1960-1961 du 7 novembre 1960.

400 Vgl. Miert van, Karel: „The appointment of the President and the Members of the European Commission", in: Common Market Law Review, Vol. 10, Nr. 3/1973, S. 257-273.

représenterait également l'aspect positif de ce pouvoir dont la notion de censure est l'aspect négatif".[401] Eine derart gestaltete, gemeinsam mit den mitgliedstaatlichen Regierungen geteilte Verantwortung der Ernennung der Kommission hätte aus Sicht der Abgeordneten den Vorteil, „d'équilibrer, sur le plan de la Communauté, l'influence des gouvernements des Etats membres et l'influence d'un organe purement communautaire dans le choix des membres de l'Exécutif et dans le contrôle de leur activité. Elle donnerait à l'Assemblée l'occasion de tenir un débat de politique générale et permettrait aux groupes politiques d'apprécier l'équilibre qui aurait présidé aux choix des gouvernements".[402]

Aber erst die Direktwahl des Parlaments 1979 – seine nunmehr unmittelbare Legitimation durch die Bürgerinnen und Bürger der Gemeinschaft – gab der 1960 aufgestellten, doppelten Legitimationsthese neuen Auftrieb. Einen Durchbruch verbuchte das Parlament dann in Gestalt der Feierlichen Deklaration zur Europäischen Union von Stuttgart vom 19. Juni 1983. In Anwendung des in Abschnitt 2.3.5. der Deklaration niedergeschriebenen Konsultationsverfahrens holte der Europäische Ratspräsident vor Ernennung des Kommissionspräsidenten die Stellungnahme des Erweiterten Präsidiums des EP ein. Nach der Ernennung der Kommissionsmitglieder legte der designierte Kommissionspräsident dem Parlament ein Arbeitsprogramm vor, der dann die Abhaltung eines rechtlich unverbindlichen „Vertrauensvotums" folgte. Der Europäische Rat von Hannover (28. Juni 1988) bestätigte und ergänzte dieses Verfahren, indem er in Anerkennung der nach Stuttgart geänderten Geschäftsordnung des EP das Mandat von Jacques Delors nach Anhörung des Präsidenten und des Erweiterten Präsidiums des EP verlängerte.

12.1.1 Regeln und Praxis des Maastrichter Vertrages

Der Maastrichter Vertrag „konstitutionalisierte" dieses Miternennungsrecht des Parlaments in ex-Art. 158 EGV: Die Regierungen der Mitgliedstaaten einigten sich nach Anhörung des EP auf diejenige Persönlichkeit, die sie zum Kommissionspräsidenten zu ernennen beabsichtigten. Im zweiten Schritt nominierten sie, in Konsultation mit dem designierten Kommissionspräsidenten, die übrigen Kommissionsmitglieder. Das designierte Kollegium stellte sich sodann geschlossen einem Zustimmungsvotum des Parlaments. Durch dieses Verfahren, insbesondere durch die den Regierungen auferlegte Pflicht, den designierten Kommissionspräsidenten zur Frage der übrigen Kommissionskandidaten zu konsultieren, vergrößerte sich zum einen dessen Autonomie und damit auch seine politische Stellung gegenüber den Mitgliedstaaten.[403] Bereits im September 1993 änderte das Parlament in einer umfassenderen Reform seine Geschäftsordnung, um sie dem EU-Vertrag anzupassen. In der Frage der Amtseinsetzung der Kommission gingen die Abgeordneten gegenüber den Regierungen und der Kommission in die Offensive: Ex-Art. 33 GOEP (nunmehr Art. 118 GOEP) erteilt seitdem dem Parlamentspräsidenten den Auftrag, vor der Vorstellung des Kommissionskollegiums und seines Programms sowie der darauffolgenden Abstimmung in der Plenarsitzung die Kandidaten aufzufordern, sich „entsprechend ihren in Aussicht genommenen Zuständigkeitsbereichen den zuständigen Ausschüssen vorzustellen". Die Entscheidung über die Umsetzung dieser öffentlichen Hearings obliegt den Ausschüssen, wobei sie sich jedoch an entsprechenden Leitlinien zu orientieren haben (Anl.

---

401 Faure 1960, S. 4.
402 Ebenda., S. 4.
403 Vgl. Maurer, Andreas: „Das Europäische Parlament und das Investiturverfahren der Kommission – Bilanz eines Experiments", in: Integration, Vol. 18, Nr. 2/1995, S. 88-97.

XVI der GOEP). Jeder Ausschuss teilt dem Parlamentspräsidenten in einem Bericht über die Anhörung seine Schlussfolgerungen mit. Dieses Verfahren konnte und kann nur Anwendung finden, wenn die Kandidatinnen und Kandidaten der Einladung zu den Anhörungen Folge leisten. Denn formal-rechtlich bestand weder 1994 noch heute – nach Lissabon – eine dahingehende Verpflichtung. Im Gegenteil, die Kommissionskandidaten könnten sich auf das nunmehr in Art. 17(7) Uabs. 3 und Art. 17(8) EUV normierte Kollegialitätsprinzip berufen, wonach sie sich nur als Ganzes der Abstimmung des Parlaments stellen.[404] Aber genau diesen Bedenken trat das Parlament mehrfach entgegen, indem es selbst die Notwendigkeit unterstrich, das Kollegialitätsprinzip wahren zu wollen. Die Gründe hierfür sind offensichtlich: Ein offen-expliziter Bruch mit diesem Prinzip könnte dazu führen, dass die Regierungen die von ihnen benannten Kommissare als Vertreter ihrer Interessen ansehen und dementsprechend nominieren würden. Die Aufkündigung des Kollegialitätsprinzips stellte nicht nur einen Verstoß gegen den EU-Vertrag dar, sondern hätte damit auch einen Machtverlust des Parlaments zur Folge. Würden einzelne designierte Kommissare in extensiver Auslegung von Art. 118 GOEP den Einladungen nicht Folge leisten, wäre damit aber wiederum das Kollegialitätsprinzip verletzt; diesmal aber durch die unmittelbar Betroffenen. Aus der Geschäftsordnung des EP leiten sich weitere Probleme wie die Frage der Zuordnung von anhörenden EP-Ausschüssen und damit nicht vollständig kongruenten Kommissionsportfolios ab, die allerdings seit 1994 regelmäßig durch eine enge Zusammenarbeit zwischen dem Parlament und designierten Kommissionspräsidenten gelöst werden konnten. Stand in den informellen, auf der Feierlichen Deklaration von Stuttgart fußenden, Ernennungsverfahren der Kommission Delors nur das Arbeitsprogramm im Vordergrund des parlamentarischen und öffentlichen Interesses, so werden seit 1994 die Kommissare und ihre ihnen zugewiesenen Aufgaben in Verbindung mit dem Arbeitsprogramm in den Mittelpunkt gestellt. Die Beurteilung erfolgt damit entlang eines Kohärenzkriteriums, das sich erst durch das Zusammenspiel zwischen den Parlament und designierter Kommission entwickelt. Da über die Kommission nur als Einheit abgestimmt werden kann, der designierte Präsident aber aufgrund der Anhörungsergebnisse darüber informiert wird, welche Personen oder Aufgabenbereiche Anlass zu Ablehnung oder Kritik geben, eröffnet das Parlament dem Kommissionspräsidenten einen Handlungsspielraum, der ihm nachträgliche, vom Parlament geforderte Eingriffe in die Geschäftsbereiche und Programminhalte erlaubt, ohne das Prinzip der Kollegialität zu verletzen. Erst der Lissabonner Vertrag hat diese besondere Form der Leitlinienkompetenz des Kommissionspräsidenten in Art. 17(6) EUV bestätigt.

12.1.2 Politisierungsimpulse durch den Amsterdamer Vertrag

Der Amsterdamer Vertrag (1999) wandelte das Konsultationsrecht des EP zum Kandidaten für das Amt des Kommissionspräsidenten in ein Zustimmungsrecht um. Seitdem besteht die Möglichkeit, die Bürgerinnen und Bürger für Wahlen zum EP auf der Basis einer Personalentscheidung im Hinblick auf den Kommissionschef zu mobilisieren. Weil die Legislaturperiode des Parlaments, seit Maastricht um sechs Monate versetzt, der Amtsdauer der Kommission entspricht und das Verfahren zur Einsetzung der Kommission unmittelbar nach der Wahl des Parlaments beginnt, konnten die europäischen Parteien auf die Auswahl der als Kommissionspräsident vorzuschlagenden Persönlichkeit schon im Vorfeld der Benennungsprozedur erheblichen

---

404 In der Debatte über die neue Geschäftsordnung übermittelte Altkommissar Pinheiro dem Parlament die Bedenken der Kommission, indem er energisch auf den Konflikt zwischen Artikel 33 GO und dem Kollegialitätsprinzip hinwies. Vgl. Debates of the European Parliament, No. 3-434/47 of 14 September 1993.

Einfluss nehmen. In der Konsequenz war somit seit 1999 ein Verfahren denkbar, dass die Europawahlen attraktiver machen würde: „In einem ersten Schritt – vor den Wahlen zum EP – einigen sich die europäischen Parteien auf ihre jeweiligen Spitzenkandidaten für das Amt des Kommissionspräsidenten sowie auf dessen Arbeitsprogramm. Hiermit ermöglichen sie in einem zweiten Schritt die Personalisierung und parteipolitische Zuspitzung des Europawahlkampfes, in dem die Spitzenkandidaten als Katalysatoren einer grenzüberschreitenden Diskussion über ihre Programme auftreten. Nach der Konstituierung des neu gewählten Parlaments bestätigen die Parteien, die über die erforderliche Mehrheit für die Zustimmung zum Kommissionspräsidenten verfügen, ihre „Personalentscheidung" und signalisieren somit den Regierungen der Mitgliedstaaten ihr Meinungsbild über das bevorstehende Investiturverfahren".[405]

Natürlich hing die Realisierung und Aktivierung eines solchen Verfahrens und die sich hieraus langfristig ausbildende Kreationsfunktion des EP von einer Reihe unbekannter Größen ab: „Einigen sich die großen Europarteien auf einen gemeinsamen Kandidaten? Wie erfolgt die Auswahl (durch eine Urabstimmung der Mitglieder, die Parteivorstände oder die Parteikongresse, mit Mehrheit oder einstimmig?) Wie vereinbaren die Parteien die gegenseitige Unterstützung ihrer Kandidaten nach der Wahl des Parlaments?"[406] Diese Fragen wurden im Kontext des Amsterdamer Vertrages nicht einmal ansatzweise diskutiert, da die Widerstände innerhalb der nationalen Parteien zur Änderung der Geschäftsgrundlagen ihrer europäischen Parteizusammenschlüsse infolge der Stärkung des EP und damit der Autonomisierung und politischen Stärkung der Europarteien und Parlamentsfraktionen eher zu- als abnahmen.

Für unsere Analyse der Europawahl 2014 von Bedeutung ist daher: Seit dem Amsterdamer Vertrag besteht die realistische Option, die formelle Legitimation des Kommissionspräsidenten durch einen europäischen Wahlakt mit demokratischem und politischen Leben zu füllen. Mit Änderung von ex-Art. 32 und 33 GOEP machte das EP zudem auch deutlich, dass es sich im künftigen Investiturverfahren nicht länger nur um ein „Zustimmungsvotum für die Kommission", sondern um eine „Wahl der Kommission" handelt.[407]

12.1.3 Regeln des Lissabonner Vertrages

Durch den Lissabonner Vertrag wird das seit den 1990er Jahren praktizierte Investiturverfahren der Kommission bestätigt. Neu ist die Übernahme des parlamentarischen Sprachgebrauchs im Hinblick auf die Definition des gesamten Prozedere: Das Parlament „wählt" den Präsidenten der Europäischen Kommission auf der Grundlage von Art. 17 Abs. 7 und 8 EUV. Zwar „nur" auf Vorschlag des mit qualifizierter Mehrheit entscheidenden, Europäischen Rates, aber „nach entsprechenden Konsultationen" und „unter Berücksichtigung der Wahlen zum Europäischen Parlament". Hierzu dokumentierten die vertragsschließenden Parteien in einer dem Lissabonner Vertrag angehängten, rechtlich nicht bindenden Erklärung 11 ihre Auffassung, dass das EP und der Europäische Rat „im Einklang mit den Verträgen gemeinsam für den reibungslosen Ablauf des Prozesses, der zur Wahl des Präsidenten der Europäischen Kommission führt, verantwortlich sind. Vertreter des Europäischen Parlaments und des Europäischen Rates werden daher vor dem Beschluss des Europäischen Rates die erforderlichen Konsultationen in dem Rahmen durchführen, der als am besten geeignet erachtet wird. Nach Artikel 17 Absatz 7 Unterabsatz 1 betreffen diese Konsultationen das Profil der Kandidaten für das Amt des Präsiden-

---

405 Maurer 2002, S. 206.
406 Maurer 2002, S. 206-207.
407 Europäisches Parlament 1999: Änderungen 16, 17 und 123

ten der Kommission unter Berücksichtigung der Wahlen zum Europäischen Parlament. Die Einzelheiten dieser Konsultationen können zu gegebener Zeit einvernehmlich zwischen dem Europäischen Parlament und dem Europäischen Rat festgelegt werden".

Abb. 22: Investiturverfahren der Europäischen Kommission

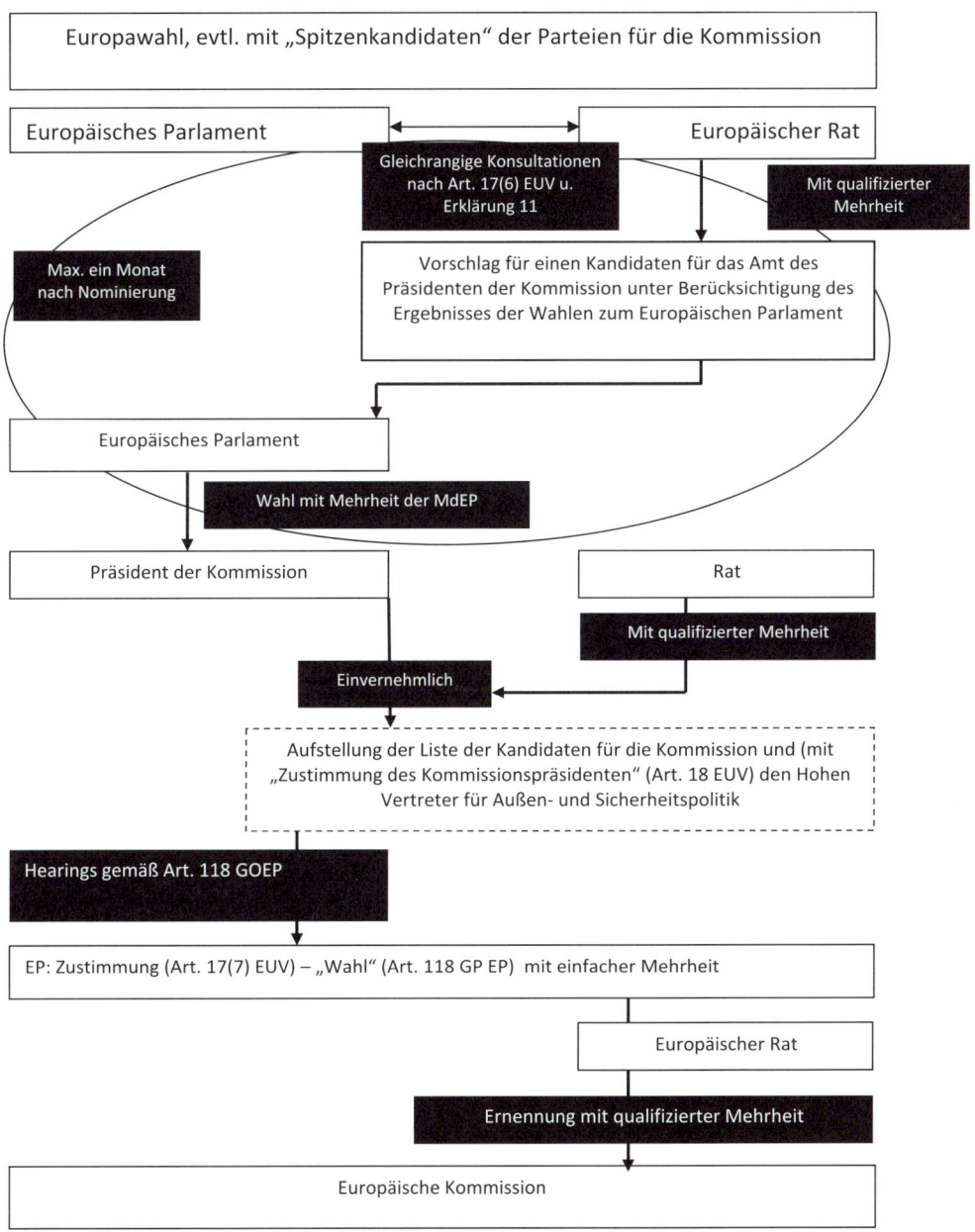

Quelle: Maurer 2014

Die beiden Einschübe in Art. 17 EUV und die Erklärung 11 sollten aus Sicht des EP sicherstellen, dass 2014 diejenige Europäische Partei den Kommissionspräsidenten stellen dürfen wird, die aus den Europawahlen als stärkste Fraktion hervorgeht und in der Lage ist, eine Koalition mit mehr als der Hälfte der Europaabgeordneten zu bilden.[408] Allerdings lässt sich hieraus weder eine Verpflichtung des Europäischen Rates auf die Nominierung des siegreichen Spitzenkandidaten noch ein „Vertragsbruch"[409] herleiten, wenn sich dessen Fraktionen bereits vor dem Europäischen Rat auf einen aus ihrer Sicht mehrheitsfähigen Kandidaten verständigen und dem Europäischen Rat ein entsprechendes Angebot unterbreiten. Denn auch die Formulierung, dass der Europäische Rat dem EP einen Kandidaten für das Amt des Kommissionspräsidenten „nach entsprechenden Konsultationen" vorschlägt, lässt sich nicht dahingehend interpretieren, dass es eine Rangfolge im Nominierungsverfahren gibt, nach der der Europäische Rat auf jeden Fall den ersten Schritt und das EP den zweiten Schritt geht. Hätten die Vertragsarchitekten eine entsprechende Rangordnung vorgeben wollen, wäre die in der Normentypologie des europäischen Primärrechts übliche Formulierung zu wählen gewesen, dass der Europäische Rat den Kandidaten nach „Anhörung", „Stellungnahme" oder „Konsultation" des EP nominiert.[410] Nur eine solche Formulierung hätte klargestellt, dass der Europäische Rat dem EP immer vorangeht. Die geltenden Formulierungen in Art. 17 EUV und Erklärung 11 deuten dagegen auf eine gewollte Gleichrangigkeit von EP und Europäischem Rat hin, zumal sich die

---

408 Vgl. die Entschließung des Europäischen Parlaments vom 7. Mai 2009 zu der Auswirkungen des Vertrags von Lissabon auf die Entwicklung des institutionellen Gleichgewichts der Europäischen Union, insbesondere den Abschnitt „Wahl des Präsidenten der Kommission: 37. [Das EP...] verweist [...]darauf, dass der Umstand, dass ein Kandidat für das Amt des Präsidenten der Kommission vom Europäischen Rat vorgeschlagen werden kann, der mit qualifizierter Mehrheit beschließt, und dass die Wal dieses Kandidaten durch das Europäische Parlament die Stimmen einer Mehrheit der ihm angehörenden Mitglieder erfordert, einen weiteren Anreiz darstellt, der alle am Prozess Beteiligten veranlasst, den erforderlichen Dialog zu entwickeln, um das erfolgreiche Ergebnis des Prozesses sicherzustellen; 38. verweist darauf, dass der Europäische Rat gemäß dem Vertrag von Lissabon verpflichtet ist, die Wahlen zum Europäischen Parlament zu berücksichtigen und vor der Benennung des Kandidaten geeignete Konsultationen zu führen, bei denen es sich nicht um formelle institutionelle Kontakte zwischen den beiden Organen handelt; [...] 39. regt an, dass der Präsident des Europäischen Rates vom Europäischen Rat das Mandat erhält, diese Konsultationen (allein oder mit einer Delegation) zu führen, dass er Rücksprache mit dem Präsidenten des Europäischen Parlaments hält, um die notwendigen Treffen mit sämtlichen Fraktionsvorsitzenden im Europäischen Parlament zu organisieren, nach Möglichkeit in Begleitung der Vorsitzenden (oder einer Delegation) der europäischen politischen Parteien, und dass er anschließend dem Europäischen Rat Bericht erstattet." Vgl. auch die Entschließung des Europäischen Parlaments vom 13. März 2014 zur Umsetzung des Vertrags von Lissabon in Bezug auf das Europäische Parlament, insbesondere den Abschnitt „Legitimität und politische Rechenschaftspflicht der Kommission (Einsetzung und Ablösung der Kommission): 1. [Das EP...] erklärt, dass die Legitimität und die politische Rolle der Kommission durch das neue Verfahren, bei dem der Präsident der Kommission vom Parlament gewählt wird, gestärkt werden, und dass die Europawahl dadurch an Bedeutung gewinnt, dass die Entscheidung der Wähler bei der Wahl zum Europäischen Parlament direkter mit der Wahl des Präsidenten der Kommission verknüpft wird; 2. betont, dass die im Vertrag von Lissabon vorgesehenen Möglichkeiten zur Stärkung der demokratischen Legitimität der Europäischen Union vollständig umgesetzt werden sollten, unter anderem durch die Benennung von Kandidaten für das Amt des Präsidenten der Europäischen Kommission durch die Parteien, wodurch die Europawahl eine neue politische Dimension erhält und die Entscheidung der Wähler enger mit der Wahl des Präsidenten der Kommission durch das Europäische Parlament verknüpft wird; [...] 4. bekräftigt, dass alle europäischen Parteien ihre Kandidaten für das Amt des Präsidenten der Kommission rechtzeitig vor dem geplanten Zeitpunkt der Europawahl benennen sollten; 5. erwartet, dass die Kandidaten für das Amt des Präsidenten der Kommission eine wichtige Rolle in der Kampagne für die Europawahl spielen, indem sie in allen Mitgliedstaaten das politische Programm ihrer jeweiligen europäischen Partei verbreiten und dafür werben.

409 Merkel, Angela: Mitschrift der Pressekonferenz von Bundeskanzlerin Merkel zum informellen Treffen der Staats- und Regierungschefs der Europäischen Union am 27. Mai 2014, Berlin, 28. Mai 2014; www.bundesregierung.de/Content/DE/Mitschrift/Pressekonferenzen/2014/05/2014-05-28-merkel-bruessel.html.

410 Insofern begeht das EP selbst einen schwerwiegenden Fehler zu seinen Lasten, wenn es in der Entschließung vom 13. März 2014 zur Umsetzung des Vertrags von Lissabon in Bezug auf das Europäische Parlament meint, „dass im Vertrag von Lissabon festgelegt ist, dass der Europäische Rat das Ergebnis der Wahl zum Europäischen Parlament berücksichtigen und das neue Parlament konsultieren sollte, bevor es einen Kandidaten für das Amt des Präsidenten der Kommission vorschlägt."

vertragsschließenden Parteien in der Erklärung darauf eingelassen haben, dass die Europäischen Ratskonsultationen mit dem – und nicht des – EP vor dem Nominierungsbeschluss des Europäischen Rates stattfinden.

In der Bilanz stellt das Europawahlergebnis somit spätestens seit der Amsterdamer Vertragsreform einen wichtiger Faktor dar, den der Europäische Rat bei seiner Nominierungsentscheidung berücksichtigen muss, um sich der Mehrheit im EP zu vergewissern. Dass der Lissabonner Vertrag eine weiche und interpretationsoffene Formulierung wie „Berücksichtigung" wählt, gründet dabei nicht in einer irgendwie gearteten Missachtung des EP, sondern in der instabilen Ausgangslage des EP, die der Europäische Rat nach den Europawahlen vorfindet: Denn anders als in den allermeisten Mitgliedstaaten ist am Tag nach der Europawahl die Fraktionszusammensetzung, die relative Fraktionsstärke und daher eben auch die notwendige Mehrheitsallianz unklar. Die Zeit bis zur ersten Sitzung des neu gewählten Parlaments wird dabei intensiv zur Fraktionsbildung genutzt, wobei es – ebenfalls im Gegensatz zu den meisten EU-Staaten – immer wieder überraschende Wechsel nationaler Parteien zwischen den EP-Fraktionen zu beobachten gibt.[411] Denn letztlich hängt eben von der Größe einer Fraktion viel ab; von der Anzahl der Büros und aus dem EU-Budget finanzierten Mitarbeiter über die wichtigen Funktions- und Führungsposten innerhalb des Parlaments bis hin zur Klärung der Frage, welche Fraktionskoalition eine Mehrheit für die Wahl des Kommissionspräsidenten zu Stande bringt.[412]

Welches Gewicht der Europawahl, dem Vorschlagsrecht des Europäischen Rates und dem zustimmenden bzw. ablehnenden Wahlrecht des EP zukommt, haben die Vertragsarchitekten offen gelassen. Es dürfte daher seit Inkrafttreten des Lissabonner Vertrages allen Beteiligten klar gewesen sein, dass es spätestens im Mai 2014 unterschiedliche Interpretationen darüber geben wird, was unter der „Berücksichtigung" des Europawahlergebnisses und der „entsprechenden Konsultationen" zwischen dem Europäischen Rat und dem EP zu verstehen ist. Unterstellt man beiden beteiligten Akteurskollektiven, den Staats- und Regierungschefs einerseits und den Europaabgeordneten andererseits, handlungsspielraummaximierende Grundinteressen, dann verwundert es kaum, dass sich das EP auf den Standpunkt stellte, dem Europäischen Rat einen parlamentsgenehmen i.e. mehrheitsfähigen Kommissionskandidaten aufzunötigen und daher bereits die Europawahl so zu gestalten, dass das EP entsprechend agieren kann. Kurz, die seit dem Amsterdamer Vertrag mögliche Strategie entlang des Prinzips der Spitzenkandidaten erhielt durch die Lissabonner Vertragsunschärfe einen wesentlichen, aber keinen neuartigen Impuls.

Der erstmals nach den Regeln des Lissabonner Vertrages durchgeführten Investitur der neuen Kommission „Barroso II" ging ein umfassendes Verfahren voraus. In einem ersten Schritt

---

411 Vgl. Maurer, Andreas/Parkes, Roderick/Wagner, Markus: „Explaining group membership in the European Parliament: the British Conservatives and the Movement for European Reform", in: Journal of European Public Policy, Vol. 15, Nr. 2/2008, S. 246-262; Maurer, Andreas: „Das Europäische Parlament", in: Weidenfeld, Werner/Wessels, Wolfgang (Hrsg.): Jahrbuch der Europäischen Integration 2009, Baden-Baden 2010, S. 47-54; Whitaker, Richard/Lynch, Philip: "Understanding the Formation and Actions of Eurosceptic Groups in the European Parliament: Pragmatism, Principles and Publicity", in: Government and Opposition, Vol. 49, Nr. 2/2014, S. 232-263.

412 Vgl. hierzu auch Hobolt, Sara B.: "A vote for the President? The role of Spitzenkandidaten in the 2014 European Parliament elections", in: Journal of European Public Policy, Vol. 21, Nr. 10/2014, S. 1528-1540; Maurer, Andreas: "Die Kreationsfunktion des Europäischen Parlaments im Spannungsfeld zwischen Politisierungsimpulsen und Systemerfordernissen", in: Zeitschrift für Politik, Vol. 61, Nr. 3/2014, S. 301-326; Christiansen, Thomas: „EU-Spitzenkandidaten – neue Impulse und ihre Folgen für das politische System der EU", in: Integration, Vol. 38, Nr. 1/2015, S. 26-43.

stimmte das Parlament am 16. September 2009 mehrheitlich für die Bestätigung Barrosos (382 Stimmen für den Kandidaten und 219 gegen ihn, bei 117 Enthaltungen). In den darauf folgenden Wochen reichten die Regierungen ihre Vorschläge für die Kommissionsposten beim designierten Präsidenten ein und verhandelten mit ihm über die Ressorts für die einzelnen Kandidaten. Am 19. November 2009 einigten sich die Mitgliedstaaten außerdem darauf, die bisherige Handelskommissarin Catherine Ashton für das neue Amt der HVUASP zu benennen. In den Anhörungen befragten die Abgeordneten die designierten Kommissionsmitglieder jeweils drei Stunden lang zu ihren politischen Ideen und Zielen, zu ihren vorgesehenen Fachressorts sowie zu ihrer Persönlichkeit und bisherigen Laufbahn. Am 9. Februar 2010 stimmte das EP dann über die neue Europäische Kommission ab und bestätigte die politische Führung der EU-Behörde um Kommissionspräsident Barroso: 488 Abgeordnete stimmten für die Bestätigung, 137 dagegen und 72 Parlamentarier enthielten sich der Stimme.

Abb. 23: Abstimmungsergebnisse in den Investiturverfahren der Kommission 1995–2014

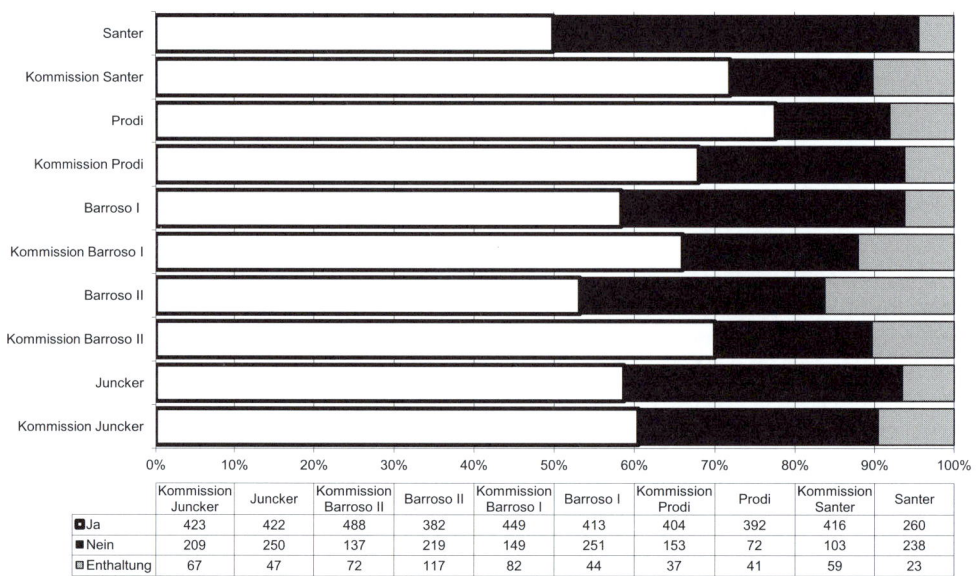

	Kommission Juncker	Juncker	Kommission Barroso II	Barroso II	Kommission Barroso I	Barroso I	Kommission Prodi	Prodi	Kommission Santer	Santer
☐ Ja	423	422	488	382	449	413	404	392	416	260
■ Nein	209	250	137	219	149	251	153	72	103	238
☐ Enthaltung	67	47	72	117	82	44	37	41	59	23

Quelle: Maurer 2014.

12.1.4 Wahl des Kommissionspräsidenten 2014

Bei der Abstimmung am 15. Juli 2014 wählte das EP Jean-Claude Juncker in geheimer Abstimmung mit 422 Stimmen zum Präsidenten der Europäischen Kommission. 250 Abgeordnete stimmten gegen ihn, während sich 47 Parlamentarier enthielten. Von 729 abgegebenen Stimmen waren 10 ungültig. Damit erhielt Juncker Unterstützung im EP, die vergleichbar ist mit derjenigen für José Manuel Barroso 2004, aber doch weit unterhalb derjenigen liegt, die Romano Prodi 1999 erhielt. Aus der Debatte unmittelbar vor der Wahl und anschließenden Pressekonferenzen der Fraktionen lässt sich schließen, dass Juncker offenbar vom Gros der S&D, der EVP und der ALDE und einem Teil der Grünen gewählt wurde, wohingegen die Fraktionen der EKR, der EFDD und der GUE/NGL weitgehend geschlossen gegen ihn gestimmt haben.

Der Vergleich zwischen Fraktionsstärke und Abstimmungsergebnis deutet allerdings darauf hin, dass eine gewichtige Minderheit der EVP ihrem eigenen „Spitzenkandidaten" die Unterstützung versagte. Stichhaltig belegen lässt sich dies aufgrund des geheimen Wahlverfahrens nicht. Aber die Vorgeschichte von Junckers Wahl zeigt, dass seine eigene Partei bereits seit seiner Nominierung gespalten war. Während die Sozialdemokraten, Linken, Liberalen und Grünen ihre Kandidaten nahezu uneingeschränkt unterstützen, machte bereits die Nominierung Jean-Claude Junckers auf dem EVP-Kongress am 6. und 7. März 2014 in Dublin deutlich, dass sich gut ein Viertel der Delegierten nicht auf das Verfahren der Spitzenkandidatur einlassen wollte. Von 812 Stimmberechtigten votierten nur 382 für Juncker und 245 für den Gegenkandidaten Barnier. Die so dokumentierte Unentschlossenheit der EVP setzte sich dann im Eiertanz ihrer Regierungschefs fort. Denn nicht nur der britische Premierminister, sondern auch die EVP-Mitglieder Reinfeldt (Schweden), Orban (Ungarn) und Rutte (Niederlande) wendeten sich offen gegen Juncker. Selbst die deutsche Bundeskanzlerin setzte sich erst unmittelbar vor dem Europäischen Rat vom 27. Mai 2014 offen für den ehemaligen luxemburgischen Premier ein, nachdem sie zuvor kaum eine Gelegenheit ausließ, um zu betonen, dass aus der Spitzenkandidatur und dem Sieg Junckers kein Automatismus folge.

12.1.5 Wahl der Kommission 2014

Mit der Wahl des Kommissionspräsidenten ist ein wichtiger, aber doch nur ein kleiner Teil des gesamten Investiturverfahrens abgeschlossen. Unmittelbar im Nachgang der Wahl Jean-Claude Junckers begann das Nominierungsprozedere für die Kandidaten, die für die einzelnen Ämter im Kollegium vorgeschlagen worden waren.

Die Kriterien zur Bewertung der designierten Kommissare sind in der Anl. XVI GOEP (Leitlinien für die Zustimmung zur Kommission) festgelegt. Demnach bewertet das EP die Kandidaten „aufgrund ihrer allgemeinen Befähigung, ihres Einsatzes für Europa und ihrer persönlichen Unabhängigkeit. Es bewertet ferner die Kenntnis ihres künftigen Geschäftsbereichs und ihre Kommunikationsfähigkeiten. Das Parlament achtet besonders auf die ausgewogene Vertretung von Männern und Frauen. Es kann sich zur Aufteilung der Geschäftsbereiche durch den gewählten Präsidenten äußern." In Vorbereitung auf die Investitur der Kommission Prodi forderte das Parlament zudem, dass „eine relevante Zahl der Mitglieder der Kommission aus den Reihen der aktuellen Mitglieder des EP ausgewählt werden [...] und dass alle benannten Persönlichkeiten bereits bedeutende politische, institutionelle und parlamentarische Erfahrungen in Europaangelegenheiten erworben haben [...], wobei auf jeden Fall [...] das Gleichgewicht [...] zwischen den politischen Strömungen zu wahren ist."[413] Zu einem direkten Schlagabtausch über die Nichtbeachtung des Parteienproporzes kam es erstmals 1999. Die Europawahlen hätten bei strikter Auslegung der Parlamentsvorgaben eine größere Anzahl von Kommissionsmitgliedern aus dem Lager der EVP-ED erwarten lassen. Demgegenüber stand aber ein Europäischer Rat, der sich mit Ausnahme dreier EU-Staaten aus Staatschefs sozialdemokratisch geführter Regierungen zusammensetzte. Angesichts der EVP-ED-Kritik an den aus ihrer Sicht parteipolitisch fehlerhaften Benennungen einzelner Kommissionsmitglieder verpflichtete sich Kommissionspräsident Prodi daher gegenüber der Konferenz der Präsidenten des EP am 7. September 1999 erstmals, die persönliche Verantwortung der Kommissare gegenüber ihm

---

413 Vgl. Bericht über die institutionellen Auswirkungen der Zustimmung des EP zur Benennung des Präsidenten der Kommission und über die Unabhängigkeit der Mitglieder des Kollegiums (Bericht Brok), A4-488/98, Art. 11.1.

sicherzustellen und das Rahmenabkommen mit dem Parlament derart auszugestalten, „to strengthen the Commission's responsibility and legitimacy."[414] Tatsächlich kam dieses angekündigte Ziel der Legitimitätssteigerung der Kommission in mehreren Punkten des am 5. Juli 2000 vom EP gebilligten Rahmenabkommens zum Ausdruck: Erstens beteiligte die Kommission das Parlament unabhängig von den Zugeständnissen der Staats- und Regierungschefs direkt an den Arbeiten der Regierungskonferenz 2000 (Vertrag von Nizza); zweitens erklärte sie sich bereit, „if Parliament expresses a lack of confidence in a Commissioner, the President of the Commission will examine seriously whether he should request that Member to resign"; drittens verpflichtete sich Prodi dazu, das EP „of any decision concerning the allocation of responsibilities to any Member of the Commission" zu informieren; und viertens wurde für die von EU-Mitgliedstaaten oder von Drittstaaten an die Kommission vertraulich weitergeleiteten Informationen ein Mediationsmechanismus zwischen den Präsidenten von EP und Kommission in diejenigen Fällen sichergestellt, in denen das Parlament die Vertraulichkeit anzweifelt.[415]

Auf diese Weise schuf das EP in extensiver Auslegung seiner im Amsterdamer Vertrag normierten Kreationsrechte eine dichte Legitimationskette zwischen Parlament und Kommission, die die parteipolitische Durchdringung der Kommission durch die Regierungen der Mitgliedstaaten mit einer faktischen Infragestellung des Kollegialitätsprinzips und der relativen Ressortautonomie der Kommissare beantwortete.

Zum Verlauf der Anhörungen der designierten Kommissare macht Anl. XVI GOEP detaillierte Vorgaben. Da bereits in der ersten Runde der Parlamentsanhörungen zur Kommission Santer (1994) Unklarheiten hinsichtlich der Überschneidungen von Kommissionsportfolios und parlamentarischen Ausschusszuständigkeiten zu beobachten waren, hat sich das EP auf besondere Mechaniken der Zusammenarbeit zwischen den Ausschüssen geeinigt: Betrifft der Geschäftsbereich des designierten Kommissionsmitglieds sichtbar die Zuständigkeiten eines einzigen Ausschusses, wird der Kandidat auch nur von diesem Ausschuss angehört. Tangiert der Geschäftsbereich des designierten Kommissionsmitglieds zu etwa gleichen Teilen die Zuständigkeiten von mehr als einem Ausschuss, wird der Kandidat von den betroffenen Ausschüssen gleichermaßen angehört. Betrifft der Geschäftsbereich des designierten Kommissionsmitglieds dagegen zu einem größeren Teil die Zuständigkeiten eines Ausschusses und nur „am Rande" die Zuständigkeiten von mindestens einem weiteren Ausschuss, wird der Kandidat von dem in erster Linie zuständigen, „federführenden" Ausschuss angehört, wobei der oder die anderen Ausschüsse als „assoziierte Ausschüsse" beteiligt werden. Die konkreten Folgen dieser Abstufungen werden sichtbar in der Reihenfolge der an den Kandidaten zu stellenden Fragen sowie in der Verteilung der Frage- bzw. Redezeiten während der Anhörung. Für die in nichtöffentlicher Sitzung zu erstellende Bewertung der designierten Kommissare beraten im ersten Fall die Koordinatoren und der Ausschussvorsitz, im zweiten Fall die Koordinatoren und alle in Frage kommenden Ausschussvorsitze, und im dritten Fall nur die Koordinatoren und der Ausschussvorsitz des federführenden Ausschusses.

---

414 European Parliament: Online-Dokument aus OEIL-The Legislative Observatory, Reference ACI/2000/2117 on Doc. PE R-0299/2000, 5 July 2000, S. 1.
415 Vgl. Ebenda, S. 2.

Tab. 21: Anhörungen der designierten Kommissionsmitglieder in den Ausschüssen des EP 1999–2014

Prodi 1999–2004		Barroso 2004–2009	
de Palacio	TRAN + REGI	Barrot	TRAN
		Hübner	REGI
Fischler	AGRI	Borg	PECH
		Fischer Boel	AGRI
Busquin	ITRE	Piebalgs	ITRE
Liikanen	ITRE	Verheugen	ITRE
Lamy	ITRE	Potočnik	ITRE
		Kovács	ITRE
		Reding	ITRE + CULT
Nielson	DEVE	Michel	DEVE
Wallström	DEVE	Kallas	CONT + BUDG
Schreyer	BUDG	Grybauskaitė	BUDG + CONT
Diamantopoulou – Dimas	EMPL	Špidla	EMPL + FEMM
Monti	ECON	Üdre > Kovács	ECON + IMCO
Solbes Mira	ECON	Kroes	ECON
		Almunia	ECON
Patten	AFET	Ferrero-Waldner	AFET
Verheugen	AFET	Rehn	AFET
Reding	CULT	Figel	CULT + EMPL
		Orban	CULT + AFCO
Byrne	ENVI	Dimas	ENVI
		Kyprianou	ENVI + IMCO
Vitorino	LIBE	Buttiglione > Frattini	LIBE
Bolkestein	JURI	Buttiglione > Frattini	JURI
Barnier	AFCO + TRAN + REGI	Wallström	AFCO + CULT
Kinnock	BUDG + AFCO + DROI	McCreevy	IMCO + ECON
		Kuneva	IMCO + ENVI
		Mandelson	INTA

Barroso 2009–2014		Juncker 2014–2019	
Kallas	TRAN	Šefčovič > Bulc	TRAN + ITRE
Hahn	REGI	Crețu	REGI
Damanaki	PECH	Vella	ENVI + PECH + TRAN
Cioloş	AGRI	Hogan	AGRI
Öttinger	ITRE	Bratušek VP > Šefčovič VP	ITRE + ENVI

265

Barroso 2009–2014		Juncker 2014–2019	
Tajani	ITRE	Bieńkowska	ITRE + IMCO + ENVI + JURI
Geoghegan-Quinn	ITRE	Moedas	ITRE
		Cañete	ITRE + ENVI
Kroes	ITRE + CULT	Öttinger	ITRE + CULT + IMCO + JURI + LIBE
Jeleva > Georgieva	DEVE	Mimica	DEVE
Piebalgs	DEVE	Stylianides	DEVE
Šemeta	CONT + BUDG + IMCO	Georgieva VP	BUDG + CONT + JURI
Lewandowski	BUDG + CONT	Dombrovskis VP	ECON + EMPL
Andor	EMPL	Thyssen	EMPL + CULT + FEMM
		Katainen VP	ECON + EMPL + ITRE + TRAN + REGI
Almunia	ECON	Hill	ECON
Rehn	ECON	Moscovici	ECON + IMCO + INTA
Ashton	AFET	Vestager	ECON
Füle	AFET	Mogherini VP	AFET
Vassiliou	CULT + EMPL	Hahn	AFET
Potočnik	ENVI	Navracsics	CULT + ITRE
Hedegaard	ENVI	Andriukaitis	ENVI + AGRI
Dalli	ENVI + IMCO	Avramopoulos	LIBE
Malmström	LIBE	Jourova	IMCO + LIBE + JURI + FEMM
Reding	LIBE + JURI + FEMM		
Šefčovič	AFCO + CONT	Timmermans VP	Konferenz der Präsidenten
Barnier	IMCO + ECON		
Mimica	IMCO	Ansip VP	IMCO + LIBE + ITRE
De Gucht	INTA	Malmström	INTA

Die im Anschluss an die Parlamentsanhörungen mit den Kommissionskandidaten vom Parlamentspräsidenten an den Kommissionspräsidenten gerichteten Schreiben sparten bislang nie an teils harscher Kritik an einzelnen designierten Kommissaren. Das EP hat es dabei bisher vermieden, in dieser Phase der Bildung der Kommission und der Neuverteilung einzelner Portfolios offen eine stärkere parteipolitische Kongruenz zwischen den beiden Organen einzufordern. Kritik an einzelnen Kommissaren konzentrierte sich dabei immer auf ihre fachpolitische Kompetenz, mangelhafte Kenntnisse über die Funktionsweise der EU, die Überschätzung ihrer eigenen Rolle im Verhältnis zum Kommissionskollegium oder die Geringschätzung des EP. Die Ursache für diese „Parteienblindheit" liegt in der strategischen Großkoalition der beiden größten Fraktionen sowie in der sich dem EP stellenden Notwendigkeit, nicht nur gemeinsam mit dem Kommissionspräsidenten, sondern – über ihn vermittelt, gewissermaßen „über Bande" – auch gemeinsam mit den Regierungen der Mitgliedstaaten einen Kompromiss auszuhandeln. Die hierbei zu Tage tretende Konfliktkonstellation zweier formal gegeneinander stehender, real aber aufeinander angewiesener Akteure, die vor allem um ihre institutionellen Interessen und Machtreservoirs bemüht sind, verhindert die konsequente, parteipolitische Aufladung ihrer jeweiligen Interessenaggregate.

Abb. 24: Zusammensetzung der Kommission nach parteipolitischer Herkunft der Kommissare

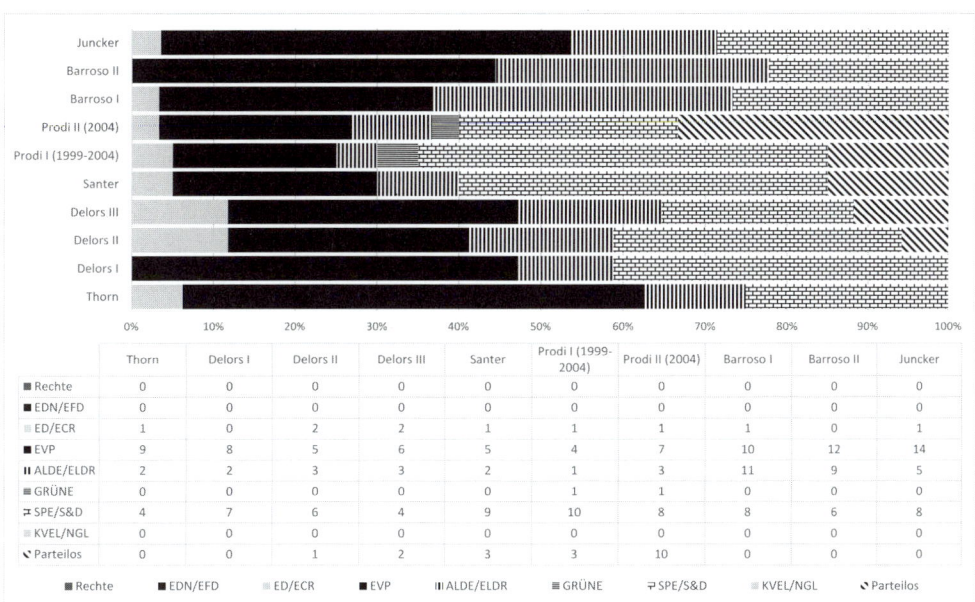

	Thorn	Delors I	Delors II	Delors III	Santer	Prodi I (1999-2004)	Prodi II (2004)	Barroso I	Barroso II	Juncker
■ Rechte	0	0	0	0	0	0	0	0	0	0
■ EDN/EFD	0	0	0	0	0	0	0	0	0	0
▦ ED/ECR	1	0	2	2	1	1	1	1	0	1
■ EVP	9	8	5	6	5	4	7	10	12	14
‖ ALDE/ELDR	2	2	3	3	2	1	3	11	9	5
▩ GRÜNE	0	0	0	0	0	1	1	0	0	0
⇄ SPE/S&D	4	7	6	4	9	10	8	8	6	8
▦ KVEL/NGL	0	0	0	0	0	0	0	0	0	0
↘ Parteilos	0	0	1	2	3	3	10	0	0	0

■ Rechte　■ EDN/EFD　▦ ED/ECR　■ EVP　‖ ALDE/ELDR　▩ GRÜNE　⇄ SPE/S&D　▦ KVEL/NGL　↘ Parteilos

Quelle: Maurer 2014.

Die letzten Kommissionskollegien rekrutierten sich bislang aus mindestens drei europäischen Parteien: Der EVP, der S&D und der ALDE. Während die S&D in der Kommission Santer und der Kommission Prodi I deutlich über ihrem EP-Status und die EVP unterrepräsentiert war, waren die Kommissionskollegien unter Präsident Barroso durch ein deutliches Übergewicht der ALDE gekennzeichnet. Diese Übergewichtung zugunsten der liberalen Parteienfamilie bei vollständiger Vernachlässigung ihrer massiven Schwächung in den Europawahlen 2014, bestätigt sich auch bei der Kommission Juncker.

Seit der Investitur der „Kommission Santer" 1994 verknüpft das Parlament seine über die Zustimmung zur Kommission erfolgte „Personalentscheidung" mit einer besonderen Form interinstitutioneller Abkommen. Dabei handelt das Parlament ein Regelwerk aus, das die Kommission in den Grenzen der Vertragsnormen, oftmals aber über die konkreten Vertragsformulierungen hinaus, auf spezifische Informations-, Kooperations- und Dokumentationsverfahren verpflichtet. Diese „Rahmenabkommen" dienen einer funktionalen, politikbereichsübergreifenden Verdichtung des Prinzips der loyalen Zusammenarbeit nach Art. 13 Abs. 2 AEUV. Diese Rahmenvereinbarung ist vom Topos einer neuen, „besonderen Partnerschaft" zwischen dem Parlament und der Kommission geprägt auf der Grundlage neuartiger, interinstitutioneller Arbeitsmechanismen und Strukturen. Diese stärken die politische Verantwortung und Legitimität

der Kommission, bauen den konstruktiven Dialog aus und sollen den Informationsfluss zwischen den beiden Organen und die Zusammenarbeit in Bezug auf die Verfahren und die Planung verbessern. Zwar legen die Partner eingangs der Rahmenvereinbarung großen Wert auf die Feststellung, am Vertragsgrundsatz des kollegialen Charakters der Kommission nicht rütteln zu wollen. Diesen Grundsatz legen Kommission und Parlament jedoch extensiv in Richtung einer Verantwortungskette aus, die im Verhältnis der einzelnen Kommissare gegenüber dem Kommissionspräsidium ihren Anfang nimmt und bei der Verantwortung des Kommissionspräsidenten gegenüber dem Parlament schließt: „Fordert das Parlament den Präsidenten der Kommission auf, einem Mitglied der Kommission das Vertrauen zu entziehen, so prüft dieser sorgfältig, ob er dieses Mitglied gemäß Artikel 17 Absatz 6 EUV auffordern sollte, sein Amt niederzulegen. Entweder fordert der Präsident dieses Mitglied zur Niederlegung des Amtes auf, oder er erklärt in der nächsten Tagung vor dem Parlament, warum er dies ablehnt."
Dass die Rahmenvereinbarung eine Sollbruchstelle im Machtgefüge zwischen Parlament und Rat darstellt, zeigt die heftige Kritik des Rates an der Verpflichtung der Kommission, im Hinblick auf den Zugang zu ihren Sitzungen und die Übermittlung von Informationen, den Grundsatz der Gleichbehandlung von Parlament und Rat anzuwenden. Formal zu Recht moniert der Rat, dass die Verträge diesen postulierten Gleichbehandlungsgrundsatz an keiner Stelle normieren und eine Selbstverpflichtung der Kommission hierauf nicht statthaft sei. Dagegen lässt sich jedoch argumentieren, dass zum Beispiel aus den Formulierungen in Art. 14(1) EUV und Art. 289 AEUV durchaus eine faktische Gleichrangigkeit von Parlament und Rat abgeleitet werden kann, an der sich die Kommission zu orientieren hat. Die Rahmenvereinbarung schränkt den Grundsatz schließlich explizit auf die Funktionen von EP und Rat als Gesetzgebungsorgane und Teile der Haushaltsbehörde ein. Das Gegenargument des Rates, dass sich die Rollen der beiden betroffenen Organe beispielsweise bei der Durchführung der Rechtsakte der Union (Art. 291 AEUV), dem Abschluss internationaler Übereinkünfte (Art. 218 AEUV) oder der Kontrolle über die Ausführung des Haushaltsplans der Union (Art. 319 AEUV) unterscheiden und das EP daher nicht das Bestehen eines allgemeinen Grundsatzes der Gleichbehandlung von Parlament und Rat geltend machen kann, um der Kommission auf dieser Grundlage neue, über die Verträge hinausgehende Verpflichtungen aufzuerlegen, ist daher wenig überzeugend. Denn die vom Rat aufgeführten Beispiele gehören eben gerade nicht in die Kategorie Gesetzgebung und Haushaltserstellung, sondern stellen Spezialbestimmungen zur Durchführung dieser Rechtsetzungsinstrumente dar. Mit Verweis auf Art. 207 AEUV wäre der Grundsatz theoretisch sogar auf den Bereich der bi- und multilateralen Handelsabkommen der EU ausdehnbar, da dieser Artikel explizit eine Gleichbehandlung des EP mit dem Handelsausschuss des Rates durch die Kommission erklärt. Das es zu dieser Konkretisierung des Gleichbehandlungspostulats nicht gekommen ist, liegt in erster Linie an den bis Mitte 2010 unklar gebliebenen Kooperationsstrukturen der drei Organe in der internationalen Handelspolitik sowie den weit auseinander liegenden Interpretationen der Organe zu den Verfahrensfragen bei internationalen Abkommen (Art. 218 Abs. 10 AEUV), gerade auch im Verhältnis zum Verfahren für Handelsabkommen (Art. 207 AEUV).

Die seit Ende der 1980er Jahre praktizierten Kommissionsinvestiturverfahren zeigen deutlich, dass das EP sich zwar an einer vergleichbaren Praxis der Anhörungen des amerikanischen Senats orientiert, diese aber nicht blind kopiert, sondern eigenständig ausgebaut hat. Während der US-Senat jedes einzelne Mitglied der Administration ablehnen kann, ohne dass dies Auswirkungen auf die gesamte Regierung oder gar den Präsidenten hätte, entscheidet das EP über die Investitur der Kommission als Kollektiv. Hieraus erwächst eine höhere Verantwortung für das Verfahren. Nickel hat zutreffend bilanziert, das es ungerecht wäre, dem EP „vorzuwerfen, es sei zahnlos und würde das amerikanische Vorbild nicht erreichen. Die Fälle sind nicht vergleichbar. Im amerikanischen Fall nimmt das föderale Organ Senat eine Einzelfallprüfung jedes Regierungskandidaten vor. In der Europäischen Union nimmt das unitarische Organ Parlament eine Prüfung des Kollektivs der vorgeschlagenen Kommission vor. […] Keine andere Exekutive der Welt – mit Ausnahme der USA – muss sich einem vergleichbaren Prozedere unterwerfen, wobei in völliger Transparenz die Qualität der Kandidaten erst schriftlich und dann mündlich untersucht wird. Kein anderes Parlament der Welt führt ein solches Verfahren durch, um seine eigene Investiturentscheidung vorzubereiten. Der daraus fließende Gewinn an Legitimation für die kommende Kommission, aber auch für das Parlament, ist erheblich".[416] Das Investiturverfahren stellt im Übrigen einen wesentlichen Beitrag zur Kompensation fehlender Initiativrechte des EP dar, weil eine direkte Bindung zwischen Parlament und Kommission auf der Basis zuvor festgelegter Bezugsmerkmale im Bereich des Arbeitsprogramms und der hierfür zuständigen Kommissionsmitglieder hergestellt wird. Im Ergebnis scheint das von Jacqué für die Beziehungen zwischen Kommission und Parlament diskutierte Funktionskonzept „Einsetzung und Unterstützung einer Regierung"[417] an Erklärungskraft gewonnen zu haben. Denn durch das nun bestehende Verfahren wird die Ernennung der Kommission denationalisiert bzw. supranationalisiert sowie potentiell politisiert und personalisiert.[418] Es ist aber nicht zu übersehen, dass sich die Kommission nicht nur einem zunehmendem Druck durch das Parlament, sondern auch durch die Mitgliedstaaten und den Europäischen Rat sowie Querelen innerhalb des Kollegiums ausgesetzt sieht, der das Erscheinungsbild der Kommission in der Öffentlichkeit nachhaltig negativ beeinflusst. Ob das EP strategischen und längerfristig wirkenden Gewinn aus der mit anderen Institutionen geteilten Umklammerung der Kommission ziehen kann, hängt letztlich von der Effektivität seiner Arbeit im Rahmen derjenigen Funktionen ab, bei denen die relative, durch den EUV zumindest im Bereich des OGV vorbestimmte Überlegenheit gegenüber der Kommission zum Tragen kommt. Darüber hinaus ist die potentiell demokratisierende Wirkung des stärker an den EP-Wahlen ausgerichteten Investiturverfahrens alleine kein Garant für ihre Realisierung. Hierzu bedarf es einer europäischen Parteienlandschaft und hierauf aufbauenden Wahlkämpfen, wie sie bisher nur in Ansätzen zu beobachten waren.

12.2 Europäische Zentralbank und Rechnungshof

Das Parlament verfügt über weitere Beteiligungsrechte in den Personalauswahlverfahren für bestimmte EU-Organe und -Institutionen. Der Präsident, der Vizepräsident und die weiteren Mitglieder des Direktoriums der Zentralbank werden von den Staats- und Regierungschefs auf Empfehlung des Rates und nach Anhörung des Europäischen Parlaments aus dem Kreis der in

416 Nickel, Dietmar: „Das Europäische Parlament als rekrutierendes Organ – unter besonderer Berücksichtigung der Einsetzung der Kommission", in: Maurer, Andreas/Dietmar Nickel (Hrsg.): Das Europäische Parlament. Supranationalität, Repräsentation und Legitimation, Baden-Baden 2005, S. 65-92, hier S. 80.
417 Jacqué, Jean-Paul: „Strategien für das EP: Abschied von nationalen Konfliktlinien", in: Schmuck, Otto/ Wessels, Wolfgang (Hrsg.): Das EP im dynamischen Integrationsprozess. Auf der Suche nach einem zeitgemäßen Leitbild, Bonn 1989, S. 217-225.
418 Vgl. Hix, Simon/Lord, Christopher: „The making of a president: the European Parliament and the confirmation of Jacques Santer as president of the Commission", in: Government and Opposition; Vol. 31, Nr. 1/1996, S. 62-76.

Währungs- oder Bankfragen anerkannten und erfahrenen Persönlichkeiten für acht Jahre ausgewählt und ernannt. Eine Wiederernennung ist nicht zulässig. Bevor der zuständige Ausschuss für Wirtschaft und Währung eine Empfehlung darüber abgibt, ob ein Kandidat die Zustimmung erhalten soll, werden die vorgeschlagenen Kandidaten einzeln angehört. Stimmt das Parlament für eine Ablehnung eines Kandidaten, fordert der Präsident den Rat auf, seinen Vorschlag zurückzuziehen und einen neuen zu unterbreiten.

Die Mitglieder des Rechnungshofes werden vom Rat – gemäß den Vorschlägen der Mitgliedstaaten – mit qualifizierter Mehrheit nach Anhörung im EP für eine Amtszeit von sechs Jahren ernannt. Eine Wiederernennung von Mitgliedern ist dabei zulässig. Vor Abgabe der Stellungnahme des EP werden die Kandidaten vom Ausschuss für Haushaltskontrolle einzeln angehört. Auch hier gilt: Gibt das Parlament zu einer einzelnen Kandidatur eine negative Stellungnahme ab, so fordert der Präsident des Europäischen Parlaments den Rat auf, die Kandidatur zurückzuziehen und dem Parlament einen neuen Vorschlag zu unterbreiten.

12.3 Europäischer Bürger- und Datenschutzbeauftragter

Die ersten Forderungen des EP für die Einsetzung eines Europäischen Bürgerbeauftragten gab es bereits in der Zeit kurz nach den ersten Direktwahlen im Jahr 1979. Konkretisiert hat sich diese Idee allerdings erst ab 1990 im Rahmen der Debatten um eine Europäische Staatsbürgerschaft. Der Maastrichter Vertrag verankerte die Ernennung eines Europäischen Bürgerbeauftragten durch das EP sowie das Recht jedes Unionsbürgers, sich an diesen zu wenden (ex-Art. 8d und ex-Art. 138e). Ex-Art. 138e Abs. 4 legte auch fest, dass es Aufgabe des EP sei, „nach Stellungnahme der Kommission und nach mit qualifizierter Mehrheit erteilter Zustimmung des Rates die Regelungen und allgemeinen Bedingungen für die Ausübung der Aufgaben des Bürgerbeauftragten" festzulegen. Dies geschah am 9. März 1994 mit der Verabschiedung des Statuts[419] des Europäischen Bürgerbeauftragten, das seitdem mehrfach – zuletzt 2008 – überarbeitet wurde.

Das EP wählte am 12. Juli 1995 den Finnen Jacob Söderman zum ersten europäischen Bürgerbeauftragten. 2003 trat der Grieche Nikiforos Diamandouros seine Nachfolge an. Dieser unterrichtete das EP am 1. März 2013 davon, dass er das Amt am 1. Oktober 2013 – also vor Ablauf der regulären Amtszeit am Ende der 7. Wahlperiode – niederlegen werde. Am 13. Oktober 2013 wählte das EP die Irin Emily O'Reilly als erste Frau ins Amt. Als einzige Kandidatin stellte sie sich zu Beginn der 8. Wahlperiode der Wiederwahl und wurde am 16. Dezember 2014 durch ein Mehrheitsvotum im Plenum bestätigt. Allen drei bisherigen Amtsinhabern ist die Tatsache gemein, dass sie vorher jeweils nationale Bürgerbeauftragte in ihren Herkunftsländern waren.

Der Aufruf zu Bewerbungen um das Amt erfolgt zu Beginn jeder Wahlperiode durch den Parlamentspräsidenten und die anschließende Veröffentlichung im Amtsblatt der Europäischen Union. Jeder Kandidat muss formell von mindestens 40 MdEP aus zwei unterschiedlichen Mitgliedstaaten unterstützt werden, wobei jedes Mitglied jeweils nur eine Bewerbung unterstützen darf. Der Petitionsausschuss prüft eingegangene Bewerbungen auf deren Zulässigkeit und hört

---

419 Statut des Europäischen Bürgerbeauftragten, Entschließung des Europäischen Parlaments vom 18. Juni 2008 zum Erlass eines Beschlusses des Europäischen Parlaments zur Änderung seines Beschlusses 94/262/EGKS, EG, Euratom vom 9. März 1994 über die Regelungen und allgemeinen Bedingungen für die Ausübung der Aufgaben des Bürgerbeauftragten (2006/2223(INI)), ABl. C 286 E/172 vom 27.11.2009; siehe auch Anl. XI, GOEP.

die Kandidaten an. Nach Vorlage einer Liste der zulässigen Bewerber erfolgt die Wahl in geheimer Abstimmung im Plenum. Die Ernennung erfolgt für die Dauer einer Wahlperiode, wobei die Wiederernennung eines Amtsinhabers zulässig ist.

Voraussetzung für eine Bewerbung um dieses Amt sind die Unionsbürgerschaft, Erfahrung und die nachgewiesene Befähigung für die Aufgaben eines Bürgerbeauftragten sowie die Gewähr für eine unabhängige und unparteiische Amtsführung. Bei seinem Amtsantritt legt der Bürgerbeauftragte eine Verpflichtung zu völliger Unabhängigkeit vor dem Europäischen Gerichtshof ab. Es ist ihm untersagt während der Amtszeit anderen politischen oder administrativen Tätigkeiten – ob gegen Entgelt oder ehrenamtlich – nachzugehen. Im Falle einer „schweren Verfehlung" oder sollte er die „Voraussetzungen für die Ausübung seines Amtes" nicht mehr erfüllen, kann das EP beim Europäischen Gerichtshof die Amtsenthebung beantragen.

Die Rechtsgrundlage für die Schaffung eines Europäischen Datenschutzbeauftragten (EDSB) bildet Art. 16 AEUV, in dem das Recht auf Schutz persönlicher Daten sowie die Kontrolle der Einhaltung von Vorschriften über den Schutz von natürlichen Personen bei der Verarbeitung personenbezogener Daten durch eine unabhängige Behörde festgeschrieben ist. Die Einrichtung der Behörde, das Verfahren für die Ernennung sowie Aufgaben und Regelungen für die Ausübung der Aufgaben des EDSB sind in der Datenschutzverordnung[420] enthalten. Die Stellen des EDSB und seines Stellvertreters werden durch die Kommission öffentlich ausgeschrieben. Die Kommission erstellt mit einem interinstitutionellen Auswahlausschuss eine Vorauswahlliste der Bewerber, die zum Gespräch geladen werden. Anschließend wird dem EP und dem Rat eine engere Auswahl vorgelegt. Der im EP zuständige Ausschuss für bürgerliche Freiheiten, Justiz und Inneres kann die Bewerber vor einer Entscheidung zu einer öffentlichen Anhörung laden – und hat von dieser Möglichkeit bislang auch immer Gebrauch gemacht. Auf Basis einer engeren Auswahl bzw. der Entscheidung für einen Wunschkandidaten versucht man dann zu einem Konsens mit dem Rat zu kommen. Ernannt werden der EDSB und der stellvertretende EDSB dann in gegenseitigem Einvernehmen mit einem gemeinsamen Beschluss für eine Amtszeit von fünf Jahren. Eine Wiederernennung des Amtsinhabers ist zulässig. Bewerben kann sich jeder Unionsbürger, der über „herausragende Erfahrung und Sachkunde für die Erfüllung der Aufgaben" verfügt und „an deren Unabhängigkeit kein Zweifel besteht". Der EDSB kann im Falle schwerer Verfehlungen oder wenn er die Voraussetzungen für das Amt nicht mehr erfüllen sollte, auf Antrag des EP, des Rates oder der Kommission des Amtes enthoben oder z.B. auch Ruhegehaltsansprüche verlieren. Die gleichen Regelungen gelten auch für den Stellvertreter. Der Niederländer Peter Hustinx und sein Stellvertreter, der Italiener Giovanni Buttarelli, traten ihre fünfjährige Amtszeit als EDSB bzw. Stellvertretender EDSB im Januar 2009 an. Auf eine Wiederernennung hat Hustinx schließlich verzichtet und so wurde die Neubesetzung 2014 ausgeschrieben. Die Nachfolge trat mit 4. Dezember 2014 der bisherige Stellvertreter Buttarelli an und das Amt seines Stellvertreters übernahm der bisherige polnische Generalinspekteur für Datenschutz, Wojciech Wiewiórowski.

---

420 Vgl. Verordnung (EG) Nr. 45/2001 des Europäischen Parlaments und des Rates vom 18. Dezember 2000 zum Schutz natürlicher Personen bei der Verarbeitung personenbezogener Daten durch die Organe und Einrichtungen der Gemeinschaft und zum freien Datenverkehr, ABl. L 8 vom 12.1.2001. Die darin enthaltenen Regelungen wurden später ergänzt durch Beschluss Nr. 1247/2002/EG des Europäischen Parlaments, des Rates und der Kommission vom 1. Juli 2002 über die Regelungen und allgemeinen Bedingungen für die Ausübung der Aufgaben des Europäischen Datenschutzbeauftragten, ABl. L183 vom 12.7.2002.

13 Rolle als außenpolitischer Akteur

Die Bandbreite und Vielfalt der außenpolitischen Aktivitäten des EP werden weder in der europäischen Öffentlichkeit wahrgenommen noch in der europäischen Integrationsforschung gebührend berücksichtigt.[421] Und dies, obwohl die Europaabgeordneten in ihrer Delegationsarbeit und in den relevanten Ausschüssen sichtbar nach außenpolitischer Profilierung und Einflussnahme streben. Insbesondere in Menschenrechtsfragen tritt das EP wesentlich artikulierter auf als die Mitgliedstaaten. Dies liegt im Wesentlichen daran, dass die Europaabgeordneten freier – vom in Parteiendemokratien in der Regel selbst auferlegten Korsett der Stützung der Regierung durch die im Parlament vertretene Mehrheit – und selbstständiger als Abgeordnete nationaler Parlamente agieren können. Daher können sich die EP-Fraktionen auch flexibler in der Formierung politischer Koalitionen bewegen.

Die Sicherheits-, Außen- und Verteidigungspolitik gehören in den EU-Mitgliedstaaten zum traditionellen Reservat der Exekutive. Das konkrete Ausmaß der Regierungsdominanz über das Parlament wie auch die Verteilung der Steuerungs- und Koordinierungszuständigkeiten innerhalb der Exekutive schwanken in Europa von Land zu Land. Ähnlich wie die nationalstaatlich konturierte unterliegt die europäische Außen- und Sicherheitspolitik im Hinblick auf die Frage der demokratisch-parlamentarischen Steuerung spezifischen Charakteristika. Das EP greift im gesamten Feld des auswärtigen Handelns der Union, einschließlich der GASP und GSVP, zunächst auf das klassische Instrumentarium der Anfragen, Anhörungen, Eigeninitiativentschließungen und Empfehlungen an den Rat zurück.[422] Das Parlament verfolgt darüber hinaus eine eigenständige, vom Rat und den Mitgliedstaaten der EU weitgehend unabhängige Außen- und präventiv-nichtmilitärisch angelegte „Sicherheitspolitik" zum Schutz der Menschenrechte und zur Förderung der Demokratie.[423] Weitere Anknüpfungspunkte finden sich in den mit Drittländern geschlossenen Abkommen und den hierbei eingefügten Vertragskapiteln zum „politischen Dialog", zur Respektierung und Förderung der Menschenrechte und zu den Bedingungen und Verfahren der einseitigen Suspendierung der Abkommen aufgrund der Nichteinhaltung dieser Menschenrechtsklauseln. Diese Komponenten werden in allen seit 1993 in Gang gesetzten Strategien der Union gegenüber den Ländern Asiens, des Mittelmeers, den Ländern Lateinamerikas, Afrikas und des Pazifiks einbezogen. Die politische, in erster Linie wirtschaftspolitisch unterfütterte Verteidigung der Menschenrechte gilt als eines der wichtigsten Anliegen des EP, vor allem in der Außenkommunikation.

Bis zum Inkrafttreten des Lissabonner Vertrages waren die dem „außenpolitischen Handeln" der Union zuzurechnenden Politiken, insbesondere die Handelspolitik, die Gemeinsame Außen- und Sicherheitspolitik (GASP) und die Europäische Sicherheits- und Verteidigungspolitik (ESVP) weitgehend als „parlamentsfreie Räume" konzipiert.[424] Die „zweite Säule" der EU

421 Vgl. jedoch nun Stavridis, Stelios/Irrera, Daniela (Hrsg.): The European Parliament and its International Relations, London/New York, Routledge 2015.

422 Vgl. Hilf, Meinhard/Schorkopf, Frank: „Das Europäische Parlament in den Außenbeziehungen der Europäischen Union", in: Europarecht, Nr. 2/1999, S. 185-202, hier S. 197-200.

423 Vgl. Europäisches Parlament (Hg.): Das EP und die Verteidigung der Menschenrechte, Luxemburg: Amt für amtliche Veröffentlichungen der EU 1998.

424 Vgl. Bieber, Roland: „Democratic Control of European foreign policy", in: European Journal of International Law, Vol. 1, Nr. 1-2/1990, S. 148-173; Diedrichs, Udo: „The European Parliament in CFSP: More than a Marginal Player?", The International Spectator, Vol. 39, Nr 2/2004, S. 31-46; Grip, Lina: "The European Parliament and WMD Non-proliferation: Policy-Making Processes and Decision-Making Outcomes", in: European Foreign Affairs Review, Vol. 18, Nr. 4/2013, S. 563–584.

musste bis Ende 2009 rechtlich und politisch von den anderen Bereichen des auswärtigen Handelns im Rahmen der „ersten Säule" des EG-Vertrags getrennt behandelt werden. Denn innerhalb des EG-Vertrags verfügte das EP bei der Entwicklungszusammenarbeit sowie den internationalen Aspekten der Umwelt- und Forschungspolitik über weitreichende, legislative Einflussmöglichkeiten.[425] Im Bereich der internationalen Abkommen war die Zustimmung des EP an bestimmte Bedingungen geknüpft, wobei Handelsabkommen explizit hiervon ausgenommen waren. In der „zweiten Säule" der GASP hingegen verpflichtete ex-Art. 21 EUV Ratsvorsitz und Kommission lediglich zur regelmäßigen Unterrichtung des Parlaments sowie zu dessen Anhörung zu den „wichtigsten Aspekten und grundlegenden Weichenstellungen der Gemeinsamen Außen- und Sicherheitspolitik".[426]

Explizit umfassten die Instrumente der Unterrichtung und Anhörung nur die allgemeinen Entwicklungslinien der GASP, nicht aber ihr eigentliches Instrumentarium in Gestalt der gemeinsamen Strategien, Aktionen oder Positionen. Der Vertrag sah auch keine Information über geplante Rechtsakte vor. Darüber hinaus entschied alleine die Ratspräsidentschaft über Informationsumfang, -inhalt und -zeitpunkt.[427] Gleichwohl erreichte das EP über den Hebel seiner Hauhaltsrechte schrittweise eine Verbesserung seiner Position. Denn die mit der GASP verbundenen Verwaltungsausgaben waren immer aus dem Gemeinschaftshaushalt gedeckt und fielen somit unter die EP-Haushaltskompetenz.[428]

Rat, Parlament und Kommission verständigten sich 1994 zunächst darauf, GASP-Maßnahmen nicht nur aus den mitgliedstaatlichen Haushalten, sondern auch aus dem Kommissionshaushalt zu finanzieren. Das Parlament gewann durch die Einstellung GASP-relevanter Mittel in die Reserven des Haushalts eine relative Entscheidungsmacht. Rein administrative Ausgaben wurden dagegen durch Mittel aus dem Budgetposten des Rates gedeckt und damit dem direkten Zugriff des EP entzogen. Erst der Amsterdamer Vertrag von 1997 bereinigte diese unklare Situation: Das EP erhielt ein allgemeines Mitgestaltungsrecht für alle GASP-relevanten Ausgaben.

In der 1999 geschlossenen, interinstitutionellen Vereinbarung zum Haushaltsverfahren sicherte der Rat bereits „unverzüglich und in jedem Einzelfall" eine umfassende Unterrichtung über die Planung kostenwirksamer GASP-Beschlüsse zu;[429] eine Verpflichtung, die später durch eine

---

425 Vgl. Thym, Daniel: „Die neue institutionelle Architektur europäischer Außen- und Sicherheitspolitik", in: Archiv des Völkerrechts 42, Nr. 1/2004, S. 44-66; Thym, Daniel: „Reforming Europe's Common Foreign and Security Policy", in: European Law Journal 10, Nr. 1/2004, S. 5-22; Crum, Ben: „Parliamentarization of the CFSP through Informal Institution-making? The Fifth European Parliament and the EU High Representative", in: Journal of European Public Policy, Vol. 13, Nr. 3/2006, S. 383-401; Thym, Daniel: Parliamentary Involvement in European International Relations, WHI - Paper 5-08, Berlin 2008.

426 Wessel, Ramses: The European Union's Foreign and Security Policy, Dordrecht 1999, S. 133f.

427 Vgl. Parlement européen, Avis de la commission des affaires étrangères, de la sécurité et de la politique de défense, à l'attention de la commission institutionnelle sur le fonctionnement du traité sur l'Union européenne dans la perspective de la CIG de 1996, Rapporteur: Enrique Barón Crespo, PE 211.022/def., 21 février 1995; sowie: Parlement européen/Commission institutionnelle, Document de travail sur Le processus dans le domaine de la PESC, rapporteur: Raymonde Dury, PE 211.310.

428 Vgl. Vorschlag des EP: Interinstitutional Conference, EP Delegation, Draft Interinstitutional Agreement between the European Parliament and the Council on the procedures for implementing the CFSP, Brussels, 7 December 1994, PE 207.087/rev. 4.

429 Vgl. Maurer, Andreas/Kietz Daniela: „Interinstitutional Agreements: The Unnoticed Parliamentarisation of CFSP", in: Kietz, Daniela/Slominski, Peter/Maurer, Andreas/Puntscher Riekmann, Sonja (Hrsg): Interinstitutionelle Vereinbarungen in der Europäischen Union. Wegbereiter der Verfassungsentwicklung, Baden-Baden 2010, S. 199-224.

Beschleunigung und Verstetigung des Informationsflusses konsolidiert wurde.[430] Die Information über bevorstehende GASP-Maßnahmen garantierte dem EP jedoch kein förmliches Mitspracherecht bei deren Annahme durch den Rat. Anders als im obligatorischen Anhörungsverfahren war eine Stellungnahme des Parlaments in der GASP nicht vorgesehen. Auch die Mitwirkungsrechte des EP in den vom EG-Vertrag erfassten Bereichen des auswärtigen Handelns waren in erheblichem Maße beschränkt. Grundnorm für alle völkerrechtlichen Verträge, die die EU als Rechtsperson mit dritten Staaten oder Organisationen schloss, war ex-Art. 300 EGV, der eine hierarchische Abstufung der Parlamentsrechte etablierte.

Vor dem Hintergrund der geringen Beteiligung des EP im Bereich des auswärtigen Handelns der Union war die Erwartungshaltung an den Europäischen Verfassungskonvent aufgrund seiner vorrangig parlamentarischen Zusammensetzung groß. Tatsächlich erreichte das EP eine weitgehende Parlamentarisierung der allermeisten Politikbereiche des auswärtigen Handelns im vormals durch den EG-Vertrag umfassten Rahmen. Besonders hervor stach dabei die Aufwertung der Rolle und Funktion des EP in der internationalen Abkommenspolitik.

In Folge des Lissabonner Vertrages ist für alle internationalen Abkommen der gemeinsamen Handelspolitik, der Agrar- und der Fischereipolitik und auch für die meisten Abkommen aus dem Bereich der Umweltpolitik die Zustimmung des Parlaments erforderlich.[431] Für die vorgelagerten Phasen der Mandatserteilung zur Aufnahme von Verhandlungen und deren Durchführung hat sich das EP mit der Kommission auf ein faktisches Konsultationsrecht geeinigt, welches insbesondere für die handelspolitischen Abkommen ein besonderes Verfahren statuiert. Somit ist die Kommission rechtlich verpflichtet, das Parlament zumindest in der Handelspolitik regelmäßig und in dem gleichen Umfang, in dem sie den vom Rat bestellten Handelsausschuss (HAR) informiert, über den „Stand der Verhandlungen" zu unterrichten. Nach Auffassung des EP bezieht sich die Formulierung „Stand der Verhandlungen" auf alle Phasen des abkommensspezifischen Entscheidungszyklus, von den Empfehlungen der Kommission an den Rat über die Mandatserteilung und dessen Durchführung bis hin zum Abschluss des Abkommens. Die Kommission willigte in der Rahmenvereinbarung über die Zusammenarbeit mit dem EP ein, das Parlament „umgehend und umfassend in allen Phasen der Verhandlungen zu und des Abschlusses von internationalen Übereinkünften einschließlich der Festlegung von Verhandlungsleitlinien" zu unterrichten, wobei die Unterrichtung „so rechtzeitig [erfolgt], dass [das EP] seinen Standpunkt zum Ausdruck bringen kann und die Kommission den Standpunkten des Parlaments im Rahmen des Möglichen Rechnung tragen kann".[432]

Der Rat greift diese Bestimmungen allerdings an, da er die Verhandlungsphasen und entsprechenden Dokumente, über die das Parlament unterrichtet werden muss, auf den Zeitraum nach Beginn der Verhandlungen begrenzen will und ein Vetorecht in der Weitergabe aller oder bestimmter Teile der zugrunde liegenden EU-Dokumente geltend macht. Dagegen geht das

---

430 Vgl. Nr. 40 der Interinstitutionellen Vereinbarung vom 6. Mai 1999 zwischen dem EP, Rat und Kommission über die Haushaltsdisziplin und die Verbesserung des Haushaltsverfahrens (ABl. 1999 C 172, 1). Während der Haushaltsverhandlungen für das Jahres 2003 erreichte das Parlament als „Gegenleistung" für die Finanzierung der EU-Polizeimission in Bosnien-Herzegowina EUPM aufgrund einer gemeinsamen Erklärung von Kommission, Rat und EP eine Konsolidierung seiner Informationsrechte; näher Pressemitteilung der 2466. Tagung des Rates Wirtschaft und Finanzen (Haushalt) am 25. November 2002 in Brüssel, Rats-Dok. 14610/02 (Presse 365), S. 8-9 und Diedrichs 2004, S. 39.

431 Vgl. Brakeland, Jean-François: „Politique commerciale et aide humanitaire", in: Amato, Giuliano/Bribosia, Herve/De Witte, Bruno (Hrsg.): Genesis and Destiny of the European Constitutional Treaty, Bruxelles 2007, S. 849-874, hier S. 868.

432 Rahmenvereinbarung 2010, S. 47.

Parlament davon aus, dass seine Unterrichtung ab den Empfehlungen und Mandatsentwürfen zur Aufnahme internationaler Verhandlungen beginnt. Beide Positionen etablieren ein Spannungsfeld, das sich in der Praxis bewähren muss. Tatsächlich stießen bisher die EP-Ausschüsse für Handel und Fischerei auf weniger, jene für Verkehr, Umwelt, Auswärtige Angelegenheiten sowie der EP-Unterausschuss für Menschenrechte dagegen auf erhebliche Probleme im Zugang zu Informationen aus den frühen Phasen internationaler Verhandlungen.

Im Bereich der GASP und ESVP entschieden sich Konvent und Regierungskonferenz gegen einen Ausbau der Rechte des EP.[433] Nach Art. 13 EUV verfügt die EU „über einen institutionellen Rahmen, der zum Zweck hat, ihren Werten Geltung zu verschaffen, ihre Ziele zu verfolgen, ihren Interessen, denen ihrer Bürgerinnen und Bürger und denen der Mitgliedstaaten zu dienen sowie die Kohärenz, Effizienz und Kontinuität ihrer Politik und ihrer Maßnahmen sicherzustellen." Postuliert wird hiermit die in der Vertragskonstruktion selbst nicht erbrachte Verknüpfung der institutionell-prozeduralen Regeln der weithin vergemeinschafteten Politikbereiche des ehemaligen EG-Vertrages und der GASP/GSVP. Über die effektive Verbindung zwischen den supranationalen und intergouvernementalen Politikbereichen sowie über die Verschränkung der Institutionen innerhalb der GASP und der GSVP schweigt Art. 13 EUV. Die Institutionen unterliegen somit auch nach Lissabon in starkem Maße dem situations-, kontext- und interessenabhängigen Zugriff der mitgliedstaatlichen Regierungen und keiner sanktionsbewährten Kontrolle durch den Gerichtshof.

Die Lissabonner Vertragsregeln zu Information und Konsultation des EP entsprechen im Wesentlichen den alten Bestimmungen von ex-Art. 21 EUV.[434] „Neu" ist lediglich die Klarstellung, dass die Beteiligung des Parlaments sich auch auf die GSVP bezieht.[435] Auch der gewachsene haushaltsrechtliche Sonderstatus der militärischen GASP/GSVP-Operationen und die hieraus folgende, formale Ausgrenzung des EP werden im Lissabonner Vertrag in Art. 41 Abs. 2 EUV übernommen. Neu eingeführt ist dagegen eine primärrechtliche Regelung zur Finanzierung von Vorbereitungsmaßnahmen für GSVP-Operationen. Hier wird zwischen zivilen und militärischen Operationen unterschieden.

Eine der wichtigsten institutionellen Neuerungen des Lissabonner Vertrages ist die Einrichtung des Amtes der Hohen Vertreterin/des Hohen Vertreters der Union für Außen- und Sicherheitspolitik (HVUASP) durch die Zusammenlegung der ehemaligen Ämter des beim Rat angesiedelten, Hohen Vertreters für die GASP und des für Außenbeziehungen zuständigen Kommissars. Die HVUASP verfügt innerhalb der Kommission über einen Sonderstatus, der im Verfahren ihrer Ernennung und ihrer etwaigen Entlassung dokumentiert wird: Sie wird vom Europäischen Rat mit qualifizierter Mehrheit im Einvernehmen mit dem Präsidenten der Kommission ernannt; der Europäische Rat kann sie nach dem gleichen Verfahren entlassen. In ihrer Funktion als Vizepräsidentin der Kommission reicht sie ihren Rücktritt auch ein, falls der Präsident der Kommission sie dazu auffordert. Als „normales" Mitglied der Kommission muss sich die HVUASP auf jeden Fall dem Zustimmungsvotum des EP stellen und mit der Kommission zurücktreten, falls das Parlament einen Misstrauensantrag gegen diese annimmt. Die dreifache

433 Vgl. Neuwahl, Nanette: „A Partner with a Troubled Personality: EU Treaty-Making in Matters of CFSP and JHA after Amsterdam", in: European Foreign Affairs Review, Nr. 3/1998, S. 177-195.

434 Fortschritte der GASP/ESVP sollen nun zweimal jährlich Gegenstand einer umfassenden Aussprache sein (bisher: jährlich).

435 Dem Wortlaut nach bezieht sich Art. 21 EUV einzig auf die GASP und erfasst nicht ausdrücklich die ESVP. Da diese nach der Konzeption des EU-Vertrags als Teilgruppe der GASP konzipiert ist (Art. 17 I EUV: Die GASP „umfasst" auch die ESVP), gilt derzeit rechtlich nichts anderes.

Verantwortung der HVUASP gegenüber dem Europäischen Rat und Rat, gegenüber dem Kommissionskollegium und gegenüber dem EP etabliert sowohl neuartige Kooperationsmöglichkeiten als auch Sollbruchstellen für die beteiligten Organe. Da der hybride Status die HVUASP ohnehin in Loyalitätskonflikte zwischen Rat und Kommission verwickelt, hat sich das EP bereits in der Phase der Investitur effektiv darum bemüht, die politische Verantwortung der HVUASP in enger Anbindung an die Kommission abzusichern. Als institutionelles Bindeglied zwischen den exekutiven Befugnissen von Rat und Kommission im Bereich des auswärtigen Handelns soll die HVUASP die Gesamtheit europäischer Außenpolitik parlamentarisch verantworten.[436]

Ähnliche Rückkopplungsstränge gelten für die nunmehr ausdrücklich vorgesehene Anhörung von EU-Sonderbeauftragten. Die interinstitutionelle Zusammenarbeit zwischen dem Europäischen Auswärtigen Dienst (EAD) und dem EP besteht nicht nur als Postulat auf dem Papier, sie manifestiert sich auch in den regelmäßigen Besuchen der HVUASP und ihrer Vertreter in den Ausschusssitzungen des AFET, SEDE, DEVE und DROI. Aus der Zusammenführung der außenpolitischen Praxis des EP mit jener des EAD ergeben sich Synergieeffekte, wodurch mittel- bis langfristig mehr Kohärenz, Kontinuität und Effizienz in der GASP/GSVP zu erwarten ist. Über seine Haushaltskompetenzen kann das EP indirekt über den Auf- und Ausbau des Europäischen Auswärtigen Dienstes mitentscheiden; einschließlich der zivilen Missionen der GASP und der GSVP und der Verwaltungsaufgaben, die sich aus der Koordinierung militärischer Operationen der EU ergeben.

In der Summe ist vor allem in den auch nach Inkrafttreten des Lissabonner Vertrages intergouvernemental strukturierten Bereichen der GASP und GSVP ein erhebliches Mitwirkungsdefizit des EP zu diagnostizieren. Die Gründe hierfür liegen zum einen in den institutionellen Regeln beider Politikfelder und zum anderen in der deutlichen Ausgrenzung parlamentarischer Mitwirkungsrechte in den Außenpolitiken der Mitgliedstaaten der EU.[437] Die außerhalb des Geltungsbereichs der EG entwickelten Formen der intergouvernementalen GASP sind erst mit dem Maastrichter Vertrag auf einer einheitlichen Vertragsebene außerhalb der EG strukturiert worden, ohne eindeutig die Frage der kompetenzrechtlichen Zuordnung und institutionellen Verortung zu klären. Ergebnis der Maastrichter Verhandlungen war stattdessen ein eigenständiger Vertragstitel im EUV, der sich qualitativ – hinsichtlich der vorgesehenen Handlungsinstrumente und Verfahren sowie der rechtlichen Verbindlichkeit und Durchschlagskraft der unter diesen Titeln gefassten Sekundärakte[438] – und institutionell – hinsichtlich der Zuständigkeiten der Organe und Institutionen[439] – erheblich von den geltenden Regeln und Prinzipien der EG unterschied. Bei allen formal-rechtlichen Verknüpfungen, die der Lissabonner Vertrag zwischen GASP/GSVP und ehemaliger EG geschaffen hat, bleibt doch festzuhalten, dass der in Maastricht eingeschlagene Pfad der konzeptionellen Trennung beider Bereiche durch Lissabon –

---

436 Vgl. Thym 2004a, S. 5-22; Thym 2004b, S. 44-66; Raube, Kolja: "The European External Action Service and the European Parliament", in: The Hague Journal of Diplomacy, Vol. 7, Nr. 1/2012, S. 65-80; Wisniewski, Elisabeth: "The Influence of the European Parliament on the European External Action Service", in: European Foreign Affairs Review, Vol. 18, Nr. 1/2013, S. 81-102; De Bondt, Anthony: "The EEAS and the European Parliament. How formal and informal accountability mechanisms are symbiotic", in: European Policy Review, Vol.1, Nr. 1/2015, S. 24-36.

437 Vgl. Cassese, Antonio (Hrsg.): Parliamentary Foreign Affairs Committees: The national setting, New York 1982; Maurer 2002; Von Ondarza, Nicolai: Legitimatoren ohne Einfluss? Nationale Parlamente in Entscheidungsprozessen zu militärischen EU- und VN-Operationen im Vergleich, Baden-Baden 2012.

438 Vgl. Koenig/Pechstein 1995, S. 78-98.

439 Vgl. Monar, Jörg: „Interinstitutional Agreements: The phenomenon and its new dynamics after Maastricht", in: Common Market Law Review, Vol. 31, Nr. 4/1994, S. 693-719.

machtpolitisch motiviert – verwässert, nicht aber aufgehoben wurde. Die GASP und die GSVP bleiben primär auf die Zusammenarbeit der Mitgliedstaaten ausgerichtet und somit grundsätzlich intergouvernemental organisiert. Dieses Prinzip drückt sich sowohl im Grundsatz der Einstimmigkeit als auch in der herausragenden Rolle des Rates und des Europäischen Rates aus.[440]

In diesem Sinne stellt die formelle Abschaffung der Säulenstruktur der EU und die Schaffung einer einheitlichen Rechtspersönlichkeit der „Union" als Ganzes eine der zentralen Änderungen des Lissabonner Vertrages dar. Gleichwohl legt Art. 24 Abs. 1 (2) EUV unmissverständlich fest: „Für die Gemeinsame Außen- und Sicherheitspolitik gelten besondere Bestimmungen und Verfahren. Sie wird vom Europäischen Rat und vom Rat einstimmig festgelegt und durchgeführt, soweit in den Verträgen nichts anderes vorgesehen ist. Der Erlass von Gesetzgebungsakten ist ausgeschlossen." Diese Festschreibung des intergouvernementalen Prinzips wird schließlich auch in der Schlussakte des Vertrags von Lissabon in den von Großbritannien durchgesetzten – rechtlich unverbindlichen – Erklärungen 13 und 14 zur GASP dokumentiert, in denen auf die Eigenständigkeit der mitgliedstaatlichen Sicherheits- und Verteidigungspolitik verwiesen wird.

Im Hinblick auf die HVUASP stellen die Vertragsparteien in Erklärung 14 fest, dass die Schaffung dieses „Doppelhuts" nicht zu einer Aufwertung der Kompetenzen der Europäischen Kommission in den Entscheidungsverfahren der GSVP führt. Darüber hinaus unterstreicht die Erklärung, „dass der Kommission durch die Bestimmungen zur Gemeinsamen Außen- und Sicherheitspolitik keine neuen Befugnisse zur Einleitung von Beschlüssen übertragen werden und dass diese Bestimmungen die Rolle des Europäischen Parlaments nicht erweitern."[441] Zwar sind diese Erklärungen rechtlich unverbindlich und ihre Aussagekraft tritt eindeutig hinter die vertraglichen Regeln zurück. Gleichwohl geben sie eine „rote Linie" vor, die innerhalb des Systems des Rates und des Europäischen Rates wirksam wird, wenn sich Mitgliedstaaten gegen Vorgaben der Kommission bzw. der HVUASP wehren, weil ihnen diese zu „supranational" erscheinen.

Insgesamt deutet das über die GASP/GSVP vermittelte Erscheinungsbild der EU und ihrer Institutionen und Instrumente weniger auf die Generierung eigenständiger Akteursfunktionen, sondern vielmehr auf ihre situations- und interessenabhängige Nutzbarmachung als „Vehikel oder Instrumente der Staaten" hin.[442] Dagegen lässt sich einwenden, dass es vor allem die supranationalen Organe Kommission und Parlament waren, die den Prozess der Europäisierung der Außenbeziehungen der Mitgliedstaaten befördert haben und ihn in Richtung einer weiteren „EU-isierung" auch künftig befördern werden.[443] Der Lissabonner Vertrag gesteht dem EP im vergemeinschafteten Kompetenzgefüge des auswärtigen Handelns der Union eine wichtige Rolle zur demokratischen Legitimierung der Politikinstrumente sowie zur Betonung und Durchsetzung europäischer Werte und Prinzipien gegenüber Drittländern zu. In dieser Sicht wirken sich die vertragsrechtlich oder institutionell geschaffenen Berührungspunkte zwischen

---

440 Vgl. Von Kielmansegg, Sebastian Graf: Die Verteidigungspolitik der Europäischen Union. Eine rechtliche Analyse, Stuttgart 2005, S. 268-271.
441 Erklärung Nr. 14 zur Gemeinsamen Außen- und Sicherheitspolitik, Abs. 2 Schlussakte des Vertrags von Lissabon.
442 Link, Werner: Die Neuordnung der Weltpolitik: Grundprobleme globaler Politik an der Schwelle zum 21. Jahrhundert, München 1998, S. 106; Mearsheimer, John: „The false promise of International Institutions", in: International Security, Nr. 3/1994, S. 5-49, hier S. 7.
443 Vgl. Sandholtz, Wayne: „Choosing Union: Monetary politics and Maastricht", in: International Organisation, Vol. 47, Nr. 1/1993, S. 1-39.

den Bereichen der GASP/GSVP und den supranationalen Bestimmungen – zur Handels- und Entwicklungspolitik sowie zu den internationalen Aspekten der Umwelt-, Forschungs- und Bildungspolitik – langfristig integrierend aus.

13.1 Ausschuss für auswärtige Angelegenheiten

Der Ausschuss für Auswärtige Angelegenheiten (AFET) ist mit 71 Mitgliedern der größte EP-Ausschuss. Obwohl er formal kaum über Legislativmacht verfügt, tummeln sich gewichtige Abgeordnete in diesem prestigeträchtigen Ausschuss. In keinem anderen Gremium ist die Zahl ehemaliger Premier- und Außenminister so hoch. Außenpolitische Themen haben in der Regel einen hohen Nachrichtenwert, so dass durch die Mitgliedschaft im AFET eine gewisse mediale Präsenz gesichert ist.

Der Ausschuss geht zurück auf den im Januar 1992 aus dem Politischen Ausschuss gebildeten und 56 Abgeordnete umfassenden Ausschuss für „Auswärtige Angelegenheiten, Sicherheit und Verteidigungspolitik", dem das EP zwei Unterausschüsse – Sicherheit und Abrüstung sowie Menschenrechte mit je 25 Mitgliedern – beiordnete.[444] Im Rahmen der vollständigen Überarbeitung der Geschäftsordnung zur Anpassung an den Maastrichter Vertrag fügte das Parlament im September 1993 ein neues Kapitel X – Art. 91 und 92 ein und legte die Befugnisse des Ausschusses und seiner beiden Unterausschüsse fest.[445] Der Unterausschuss für Menschenrechte (DROI) unterstützt den AFET in Fragen der Menschenrechte, des Schutzes von Minderheiten und der Förderung demokratischer Werte in Drittländern.[446] Im Hinblick auf seine Zuständigkeiten in der GSVP wird der AFET durch den Unterausschuss für Sicherheit und Verteidigung (SEDE) unterstützt. Der SEDE geht ebenso wie der DROI auf eine 1984 erfolgte Gründung als Unterausschuss des Politischen Ausschusses zurück. Beide löste das Parlament 1999 bis 2004 auf, um sie dann in der 6. Wahlperiode nach den Direktwahlen 2004 erneut als Unterausschüsse des AFET einzurichten.

Die inhaltlichen Zuständigkeiten des AFET (Anl. VI GOEP) überarbeitete das EP zuletzt 2013, um sie am 15. Januar 2014 durch einen Geschäftsordnungsbeschluss förmlich zu fixieren:

1. die Gemeinsame Außen- und Sicherheitspolitik (GASP) sowie die Gemeinsame Sicherheits- und Verteidigungspolitik (GSVP). Dabei wird der Ausschuss von einem Unterausschuss für Sicherheit und Verteidigung unterstützt;

2. die Beziehungen zu anderen Unionsorganen und -einrichtungen, der UNO sowie anderen internationalen Organisationen und interparlamentarischen Versammlungen für Angelegenheiten, die in seinen Zuständigkeitsbereich fallen;

3. die Kontrolle des Europäischen Auswärtigen Dienstes;

---

444   Vgl. Jacobs/Corbett/Shackelton 1992, S. 100–110; 126.

445   Die im Anschluss an den Amsterdamer Vertrag erneut geänderte Geschäftsordnung gliederte die Bestimmungen zu „Internationalen Abkommen, Vertretung der Union nach außen und Gemeinsame Außen- und Sicherheitspolitik" nun in Kapitel XI in Art. 97 – Internationale Abkommen, Art. 98 – Anwendung und Aussetzung internationaler Abkommen, Art. 99 - Ernennung des Hohen Vertreters für die GASP, Art. 100 - Benennung von Sonderbeauftragten für die GASP, Art. 101 – Erklärungen des Hohen Vertreters und der Sonderbeauftragten im Parlament, Art. 102 – Internationale Vertretung der EU, Art. 103 – Konsultation und Unterrichtung des Parlaments im Rahmen der GASP, und Art. 104 – Empfehlungen im Rahmen der GASP.

446   Vgl. Smith, Karen: „The European Parliament and human rights: norm entrepreneur or ineffective talking shop?", in: Dossier El Parlamento Europeo en la Política Exterior, Nr. 11/2004, o.O.; http://iuee.eu/pdf-dossier /19/jPGzMke8lRsBPmVPjzf8.PDF.

4. die Stärkung der politischen Beziehungen zu Drittländern durch umfassende Kooperations- und Hilfsprogramme oder internationale Übereinkünfte wie Assoziierungs- und Partnerschaftsabkommen;

5. die Eröffnung und Überwachung sowie den Abschluss von Verhandlungen über den Beitritt europäischer Staaten zur Union;

6. alle im Rahmen des Europäischen Instruments für weltweite Demokratie und Menschenrechte, des Europäischen Nachbarschaftsinstruments, des Instruments für Heranführungshilfe, des Instruments, das zu Stabilität und Frieden beiträgt und des Partnerschaftsinstruments für die Zusammenarbeit mit Drittstaaten angenommenen Rechtsvorschriften, die entsprechende Programmplanung und Kontrolle sowie die ihnen zugrunde liegende Politik;

7. die Überwachung und Weiterbehandlung u. a. der Europäischen Nachbarschaftspolitik (ENP), insbesondere im Hinblick auf die jährlichen ENP-Fortschrittsberichte;

8. Fragen im Zusammenhang mit der Demokratie, der Rechtsstaatlichkeit, den Menschenrechten in Drittländern, einschließlich der Rechte von Minderheiten und den Grundsätzen des Völkerrechts. Dabei wird der Ausschuss von einem Unterausschuss Menschenrechte unterstützt, der die Kohärenz zwischen allen externen Politikbereichen der Union und ihrer Menschenrechtspolitik sicherstellen soll unbeschadet der einschlägigen Bestimmungen sind Mitglieder anderer Ausschüsse und Organe mit Zuständigkeiten in diesem Bereich eingeladen, an den Sitzungen des Unterausschusses teilzunehmen;

9. die Beteiligung des Parlaments an Wahlbeobachtungsmissionen, gegebenenfalls in Zusammenarbeit mit anderen zuständigen Ausschüssen und Delegationen.

Die Bestimmungen der 2010 mit der Kommission geschlossenen Rahmenvereinbarung gelten für den AFET nur insoweit als Handlungen der Kommission betroffen sind. Die HVUASP und hierbei insbesondere ihre Zuständigkeiten im Hinblick auf die Verhandlung internationaler Abkommen im Bereich der GASP nach Art. 37 EUV in Verbindung mit Art. 218 Abs. 3 und 218 Abs. 6, 2. Satz AEUV sind von der Vereinbarung explizit ausgenommen. Kompensatorisch wirkt hier allerdings die Erklärung der HVUASP zur politischen Rechenschaftspflicht, die sie im Anschluss an den Gründungsbeschluss zum EAD schriftlich niedergelegt hat.[447] Dementsprechend wendet die HVUASP die Vorgaben der Rahmenvereinbarung über die Aushandlung internationaler Übereinkünfte an, „sofern die Zustimmung des Parlaments erforderlich ist." In Anwendung dieser Erklärung wird der AFET nunmehr über Instrumente wie vertrauliche Briefings, vertraulich gekennzeichnete Verhandlungsunterlagen und informelle Sitzungen mit den Verhandlungsführern weitaus umfassender als vor Inkrafttreten des Lissabonner Vertrages informiert. Gleichwohl wirkt sich für den AFET der Umstand negativ aus, dass die HVUASP auf die loyale Zusammenarbeit mit dem Rat angewiesen ist und Einsprüchen von Mitgliedstaaten gegen die Weiterleitung von Dokumenten in stärkerem Maße Rechnung tragen muss als die Kommissare „ohne Doppelhut".

Der Ausschuss koordiniert zudem die Arbeit der Gemischten Parlamentarischen Ausschüsse und der Parlamentarischen Ausschüsse für die Zusammenarbeit sowie die Tätigkeit der interparlamentarischen Delegationen, Ad-hoc-Delegationen und Wahlbeobachtungsmissionen in seinem Zuständigkeitsbereich.

---

447 Vgl. Legislative Entschließung des Europäischen Parlaments vom 8. Juli 2010 zu dem Vorschlag für einen Beschluss des Rates über die Organisation und die Arbeitsweise des Europäischen Auswärtigen Dienstes (08029/2010 – C7-0090/2010 – 2010/0816(NLE)), Anlage I: Erklärung der Hohen Vertreterin[(1)]über die politische Rechenschaftspflicht.

13.1.1 Unterausschuss für Menschenrechte[448]

Die EU beruht auf den Grundsätzen der Freiheit, der Demokratie, der Achtung der Menschenrechte und Grundfreiheiten sowie der Rechtsstaatlichkeit. Seit 1984 ist der Unterausschuss „Menschenrechte" mit der Aufgabe betraut, Menschenrechtsverletzungen außerhalb der Union zu untersuchen und dem Ausschuss für auswärtige Angelegenheiten darüber Bericht zu erstatten. Das Parlament greift hierbei auf mehrere Instrumente zurück: Als quantitativ am häufigsten genutztes Instrument gelten die Dringlichkeitsentschließungen während der Plenardebatten über aktuelle, dringliche und wichtige Fragen. Jahresberichte über die Menschenrechtssituation in der Welt und die Unionspolitik in diesem Bereich werden seit 1984 angenommen und durch öffentliche Anhörungen und den 1985 geschaffenen Sacharow-Preis abgerundet. Als verbindlicheres Instrument des Parlaments gilt die seit der in der EEA in Art. 310 (ex-Art. 238) AEUV zugestandene Befugnis, die Zustimmung zu Assoziierungsabkommen zwischen der EU und Drittstaaten und zu sonstigen internationalen Abkommen mit erheblichen Auswirkungen auf den Haushalt zu erteilen oder zu verweigern. Dieses Vorrecht hat es dem Parlament ermöglicht, zum Zeitpunkt des Abschlusses oder im Kontext der Verhandlungen über eine Verlängerung, Ergänzung oder Änderung solcher Abkommen im Sinne der Berücksichtigung von Menschenrechtsverletzungen in den betreffenden Ländern Druck auszuüben.[449]

Der DROI fungiert als Stimme des Parlaments in Menschenrechts- und Demokratiefragen. Der Unterausschuss umfasst 30 ständige und 20 stellvertretende Mitglieder. Seine Hauptaufgabe besteht darin, einen menschenrechtspolitischen Ansatz in allen Aspekten der EU-Außenpolitik sowie in der Außenpolitik des EP zu verankern. Um dies zu gewährleisten, fordert der DROI die vertraglich verbriefte Rechenschaftspflicht von Rat und Kommission regelmäßig und lautstark ein. Seine Mitglieder nehmen an den Wahlbeobachtungsmissionen des EP teil und leisten so einen sichtbaren Beitrag zur Stärkung von Menschenrechten und Demokratie in Drittländern. Delegationsreisen finden in regelmäßigen Abständen in die Türkei und auch in andere Beitrittskandidatenländer statt.

Neben der Ausarbeitung von Berichten und Stellungnahmen zu den parlamentarischen Berichten anderer Ausschüsse (vorwiegend DEVE, LIBE, INTA und AFCO) spielen die Dringlichkeitsdebatten[450] zu akuten Menschrechtsverletzungen im Plenum eine besonders wichtige Rolle. Behandelt werden entweder umfassende Problemlagen in einem Land bzw. einer Region oder aber auch Einzelschicksale. Die betroffenen Regierungen oder Parlamente werden direkt angesprochen und zum Handeln aufgefordert. Die Debatten, denen unmittelbar im Anschluss die Abstimmungen über die Entschließungsanträge folgen, finden regelmäßig am Donnerstag-

---

448 Vgl. hierzu auch Europäisches Parlament (2009), GD EXPO (Referat Menschenrechte), Zusammenfassung der Tätigkeiten des Unterausschusses für Menschenrechte - 6. Wahlperiode, 2004-2009, CM\784298DE.doc, sowie: Europäisches Parlament (1994): The European Parliament and Human Rights Luxembourg: Office of Official Publications of the European Community.

449 Das Parlament legt besonderen Wert auf die Verbindung zwischen der Wahrung der Menschenrechte und den Abkommen mit Drittländern. Seine bereits seit Mitte der 1980er Jahre wiederholt dokumentierte Forderung, diese Abkommen mit einer Menschenrechtsklausel zu versehen, deren Verletzung die Aufkündigung des Abkommens nach sich ziehen kann (Grundsatz der „Konditionalität"), greift seit Mitte 1990er Jahre. Insbesondere das Zustimmungsrecht im Ratifizierungsverfahren dieser Abkommen hat der Konditionalitätsforderung mehr Gewicht verliehen. Als Beispiel kann hier die Verlängerung des Abkommens mit Marokko und Syrien im Jahr 1992 angeführt werden.

450 Ein Ausschuss, eine Fraktion oder mindestens 40 Mitglieder können Anfragen an den Rat oder die Kommission richten und beantragen, dass sie auf die EP-Tagesordnung gesetzt werden. Die Konferenz der Präsidenten wählt in der Regel drei brisante Themen aus. Das Referat Menschenrechte liefert den Fraktionsmitarbeitern für Menschenrechte die notwendigen Informationen, da diese für die Ausarbeitung der Fraktionsposition zuständig sind (Dringlichkeitsverfahren gem. Art. 135 GOEP).

nachmittag während der Straßburger Plenarwochen statt. Meist gelingt es – nach vorausgegangenen Kompromissverhandlungen zwischen den Fraktionen – „*Joint Resolutions*" (gemeinsame Entschließungsanträge zweier bzw. mehrerer Fraktionen) zu verabschieden. Diese Stellungnahmen des Parlaments werden dann formell vom EP-Präsidenten an die Kommission, den Rat und die betroffenen Drittländer übermittelt. Im Anschluss hieran befasst sich der DROI intensiv mit den Auswirkungen dieser Entschließungen auf das Handeln der Regierungen der Drittländer. Im Extremfall kann das Parlament von seinem Recht Gebrauch machen, seine Zustimmung zum Abschluss internationaler Abkommen mit Drittstaaten zu verweigern oder hinauszuzögern, falls schwerwiegende Verstöße gegen die Menschenrechte und demokratische Prinzipien vorliegen.

Tab. 22: Entschließungsanträge über Fälle von Verletzungen der Menschenrechte, der Demokratie und der Rechtsstaatlichkeit (Art. 135 GOEP) (gesamte 7. Wahlperiode)

Jahr	betroffene Länder[451]	gesamt
2009[452]	Aserbaidschan, China, Guinea, Iran, Kasachstan, Laos, Marokko, Nicaragua, Russland, Sri Lanka, Syrien, Uganda, Vietnam	12
2010	Myanmar (3), Ägypten (2), China (2), Malaysia (2), Simbabwe (2), Venezuela (2), DR Kongo, Libyen, Irak, Israel, Kambodscha, Kenia, Madagaskar, Mexiko, Nepal, Nordkorea, Pakistan, Philippinen, Russland, Südkorea, Syrien, Thailand, Uganda	29
2011	China (3), Pakistan (3), Aserbaidschan (2), Iran (2), Weißrussland (3), Afghanistan, Ägypten, Bahrain, Brasilien, Eritrea, DR Kongo, Indien, Indonesien, Jemen, Kambodscha, Madagaskar, Nepal, Simbabwe, Sri Lanka, Sudan, Syrien, Thailand, Tunesien, Uganda, Ukraine, USA (Guantánamo)	32
2012	Tunesien, Ägypten, Bahrain, Israel, Japan, Weißrussland (2), Venezuela, Nordkorea, Philippinen, China, Aserbaidschan (3), Südafrika, Kambodscha, Vereinigte Arabische Emirate, Pakistan, Myanmar, Burma (2), Iran (2), Libyen, Indien, Kongo, Sahelzone (Mauretanien, Mali, Niger), Sinai (Israel, Ägypten), LGBTI-Rechte in Afrika	30
2013	China, Sri Lanka, Zentralafrikanische Republik (2), Bangladesch (2), Bolivien, Katar, Irak (2), Sudan, Bahrain (2), Kongo, Ägypten, Djibouti, Nigeria, Burma, Aserbaidschan, Rußland, Ruanda, Indien (2), USA (Guantánamo), Vietnam, Kasachstan, Israel, Laos, Pakistan, Simbabwe, Christen in Syrien, Pakistan, Iran	31
2014[453]	Nordkorea, Pakistan, Syrien, Sinai (Israel, Ägypten), Uganda (2), Nigeria (2), Rußland (2), Moldawien, Bahrain, Thailand, Kambodscha, Laos, Bandgladesch, Indien	13

Die Bemühungen um einen menschenrechtspolitischen Dialog zwischen den drei Hauptorganen spiegeln sich nicht zuletzt in der Zusammensetzung der Ausschusssitzungen wieder. Die Kommission ist in der Regel durch die Direktion „VI-B-Menschenrechte und Demokratie" des

---

451 In Klammern ist gegebenenfalls die Gesamtzahl von Entschließungsanträgen genannt, die zu Problemlagen im jeweiligen Land verabschiedet wurden.

452 2009 war Wahljahr und daher fielen nur die vier Plenartagungen zwischen September und Dezember 2009 in die 7. Wahlperiode.

453 2014 war wiederum Wahljahr und daher fand die letzte Plenarsitzung der 7. Wahlperiode am 17. April 2014 statt.

EAD, der jeweilige Ratsvorsitz meist durch den Vorsitzenden der COHOM (Ratsarbeitsgruppe für Menschenrechtsfragen) vertreten. Seit 2004 wird der/die Vorsitzende des DROI auch offiziell zu den COHOM-Sitzungen und zu den informellen Tagungen der Arbeitsgruppe für Frieden und Sicherheit des Rates (COPS) eingeladen.

Im Hinblick auf die Kontrollbefugnis gegenüber der Kommission führte der DROI zu Beginn der 6. Wahlperiode ein neues Verfahren ein, welches Anfragen zu spezifischen Menschenrechtsthemen an die Kommission[454] ermöglicht. Im Rahmen der EP-Haushaltsbefugnisse nimmt der DROI Einfluss auf die Finanzierungsinstrumente für die menschenrechtspolitische EU-Außenhilfe. So nimmt der Unterausschuss z.B. aktiv an der Überwachung des Einsatzes des Finanzinstruments „Europäischen Initiative für Demokratie und Menschenrechte" (EIDHR) teil.

Ein weiterer, wichtiger Arbeitsbereich des Unterausschusses sind die diversen bilateralen Dialoge und Konsultationen zu Menschenrechtsfragen, wie der strukturierte Dialog mit China, die Konsultationen mit Russland, der auf dem Partnerschafts- und Kooperationsabkommen basierende Dialog mit Usbekistan und der politische Dialog einschließlich der Konsultationsverfahren gemäß Art. 9 und Art. 96 des Cotonou-Abkommens mit den Ländern Afrikas und des Karibischen und Pazifischen Raums (AKP-Staaten). In diesem Zusammenhang berät der DROI auch die ständige Überprüfung von Sanktionen als wichtigen und in seinen Wirkungen unmittelbarsten Teil der Menschenrechtsinstrumente der EU-Außenpolitik.

Der Unterausschuss spielt schließlich auch eine wichtige Rolle, wenn es darum geht, die Förderung von Menschenrechten und Demokratie in der Tätigkeit einzelner Gremien des Parlaments, wie den interparlamentarischen Delegationen (z.B. EU-China), den Gemischten Parlamentarischen Ausschüssen (z.B. AKP-EU[455]) und den multilateralen parlamentarischen Versammlungen (z.B. EuroMed und EuroLat) zu verankern. Der parlamentarische Dialog über Menschenrechte und Demokratie mit den Mittelmeerländern erfuhr durch den „arabischen Frühling" einen neuen Impuls. So fanden in diesem Zusammenhang im Jahr 2011 insgesamt 9 Aussprachen im Plenum (mit 5 Entschließungsanträgen) sowie 3 Dringlichkeitsdebatten (jeweils mit Entschließungsantrag) statt. Mehrere Ad-hoc-Delegationen (darunter eine Wahlbeobachtungsmission nach Tunesien) und auch der damals amtierende Parlamentspräsident Jerzy Buzek reisten in die Region. Der AFET richtete eine Special *Monitoring Group on the Southern Mediterranean* ein, die insgesamt 5 Treffen abhielt, an denen u.a. Vertreter des EAD und der *International Organisation for Migration*, Wahlexperten, eine Gruppe von Frauen aus Ägypten und Vertreter verschiedener Parteien teilnahmen. Der AFET und auch das Plenum wurden regelmäßig durch die Hohe Vertreterin Catherine Ashton und den für Erweiterung und Nachbarschaftspolitik zuständigen Kommissar Štefan Füle über die Reaktionen der EU auf die Ereignisse in Nordafrika und im Nahen Osten informiert.

Der DROI arbeitet eng mit dem Ausschuss für bürgerliche Freiheiten, Justiz und Inneres (LIBE) zusammen; besonders in Fragen der Grundrechte, der Asyl- und Migrationspolitik sowie zum Menschen- und Organhandel. Sehr intensiv gestaltet sich auch die Kooperation mit dem

---

454 Im Zeitraum 2004–2009 wurden z.B. insgesamt 96 Fragen an die Kommission eingereicht, die sich auf bestimmte Länder (Kuba, China, Nordafrika, Türkei, usw.) und Menschenrechtsfragen (Straflosigkeit, Todesstrafe, Gewalt, Schutz von Kindern, usw.) fokussierten.

455 Das wichtigste Forum für den politischen Dialog zwischen den MdEP und ihrem Pendant aus den Ländern Afrikas, des Karibischen und Pazifischen Raums ist die Paritätische Parlamentarische Versammlung AKP-EU. Menschenrechtsfragen sind ein vorherrschendes Thema im gemeinsamen demokratiepolitischen Dialog (z.B. Sudan, Kongo).

Entwicklungsausschuss (DEVE), der sich speziell mit der Menschenrechtssituation in Entwicklungsländern und der diesbezüglichen Einhaltung des Cotonou-Abkommens befasst.

Ein wichtiges internationales Gremium für die Zusammenarbeit in Menschenrechtsfragen ist der UN-Menschenrechtsrat (HRC). Eine Delegation des DROI reist jährlich zur Haupttagung nach Genf, um sich in Menschenrechtsfragen abzustimmen. Ein regelmäßiger Dialog wird auch mit der Parlamentarischen Versammlung der OSZE und des Europarates geführt. Der DROI sieht sich in seiner Selbstdefinition als ein Forum für den Dialog mit der Zivilgesellschaft. In Brüssel ansässige Nichtregierungsorganisationen (z.B. Amnesty International) nehmen regelmäßig an den Ausschusssitzungen teil. Ein wichtiger Verbündeter des Unterausschusses ist das NRO-Netz für Menschenrechte und Demokratie (HRDN), dessen Vertreter zu fast allen Sitzungen eingeladen sind, um ihre Standpunkte darzulegen in der Aussprache darzulegen.

Sacharow-Preis für geistige Freiheit

Seit 1988 verleiht das EP den „Sacharow-Preis für geistige Freiheit", um Persönlichkeiten oder Organisationen für ihren Einsatz für Menschenrechte und Grundfreiheiten und gegen Unterdrückung und Ungerechtigkeit auszuzeichnen. Eine Kandidatur muss von mindestens 40 MdEP oder einer Fraktion des EP befürwortet werden. Jeder Vorschlag muss unterschrieben und begründet werden, wobei jeder MdEP nur einen Kandidaten unterstützen können.[456]

Der mit 50.000 EUR dotierte Preis wird jährlich während der Plenarwoche in Straßburg, in zeitlicher Nähe zum 10. Dezember, dem Tag der Unterzeichnung der Allgemeinen Menschenrechtserklärung der VN im Jahre 1948, verliehen. 2014 ging der Preis an Denis Mukwege, einen Arzt aus der Demokratischen Republik Kongo, der unzählige Opfer sexualisierter Kriegsgewalt behandelt hat und durch diese Arbeit zu einem sehr engagierten Menschenrechtsaktivisten geworden ist. Die Abstimmung über die drei Finalisten fand am 7. Oktober 2014 in einer gemeinsamen Sitzung des DEVE und des AFET statt.

Tab. 23: Sacharow-Preisträger 1988–2014

1988: Nelson Mandela, Führer des südafrikanischen ANC und Anatoli Martschenko, sowjetischer Dissident
1989: Alexander Dubček, tschechoslowakischer Politiker und Mitinitiator des Prager Frühlings
1990: Aung San Suu Kyi, Gründerin der Nationalen Liga für Demokratie in Myanmar
1991: Adem Demaçi, albanischer Schriftsteller aus dem Kosovo
1992: Madres de Plaza de Mayo, argentinische Menschenrechtsbewegung
1993: Oslobođenje, Zeitung aus Sarajevo
1994: Taslima Nasrin, Schriftstellerin aus Bangladesch
1995: Leyla Zana, kurdische Angehörige des türkischen Parlaments
1996: Wei Jingsheng, chinesischer Regimekritiker
1997: Salima Ghezali, algerische Journalistin und Menschenrechtsaktivistin
1998: Ibrahim Rugova, politischer Führer der albanischen Bevölkerung im Kosovo

---

456 Vgl. Satzung für den „Sacharow-Preis" für geistige Freiheit, Beschluss der Konferenz der Präsidenten vom Mai 2003 (geändert am 14. Juni 2006) (BE422.585/BUR); gestützt auf die Entschließung des Europäischen Parlaments vom 13. Dex. 1995 zur Einrichtung des Sacharow-Preises.

1999: Xanana Gusmão, Führer der Unabhängigkeitsbewegung in Osttimor
2000: ¡Basta Ya!, eine Organisation, die sich gegen den ETA-Terrorismus richtet
2001: Don Zacarias Kamwenho, Erzbischof von Lubango (Angola); Nurit Peled-Elhanan, israelische Dozentin; Izzat Ghazzawi, palästinensischer Schriftsteller
2002: Oswaldo José Payá Sardiñas, kubanischer Regimekritiker
2003: UN-Generalsekretär Kofi Annan und alle Mitarbeiter der Vereinten Nationen – „in besonderem Gedenken an Sérgio Vieira de Mello und die vielen anderen UN-Beamten, die in Ausübung ihres Dienstes für den Frieden in der Welt ihr Leben verloren"
2004: Der weißrussische Journalistenverband (BJV)
2005: Die kubanische Menschenrechtsbewegung „Damen in Weiß"; „Reporter ohne Grenzen"; die nigerianische Anwältin Hauwa Ibrahim
2006: Aljaksandr Milinkewitsch, weißrussischer Oppositionspolitiker
2007: Salih Mahmoud Osman, sudanesischer Menschenrechtsanwalt
2008: Hu Jia, chinesischer Bürgerrechtler
2009: Memorial, russische Menschenrechtsorganisation
2010: Guillermo Fariñas, kubanischer Regimekritiker und Arzt
2011: Mohamed Bouazizi (†), Tunesien; Asmaa Mahfouz, Ägypten; Ahmed al-Senussi, Libyen; Razan Zaitouneh und Ali Ferzat, Syrien; Aktivisten des Arabischen Frühlings
2012: Nasrin Sotoudeh und Jafar Panahi, Anwältin und Filmemacher, Iran
2013: Malala Yousafzai, pakistanische Aktivistin für die Rechte von Mädchen
2014: Denis Mukwege, kongolesischer Arzt, Menschenrechtsaktivist und Kämpfer gegen sexuelle Kriegsgewalt

13.1.2 Unterausschuss für Sicherheit und Verteidigung

Analog zum DROI arbeitet der Unterausschuss für Sicherheit und Verteidigung (SEDE) als selbstständige Einheit des AFET. Entschließungen und hierzu vorbereitete Berichte werden dabei im SEDE beraten und schließlich im AFET zur Abstimmung gestellt. Seine Zuständigkeiten sind in Abs. 1 des Mandats des AFET definiert: Demnach ist der AFET „zuständig für die Gemeinsame Außen- und Sicherheitspolitik (GASP) sowie die Europäische Sicherheits- und Verteidigungspolitik (ESVP). Dabei wird der Ausschuss von einem Unterausschuss für Sicherheit und Verteidigung unterstützt". Trotz der deutlich beschränkten Befugnisse des EP im Bereich der GASP und der GSVP, versucht das EP über den SEDE, die parlamentarische Kontrolle der GSVP zu verbessern (Diedrichs 2004; Bono 2006; Barbé/Herranz 2008). Dies umfasst auch die zivilen und militärischen Einsätze im Rahmen der GSVP sowie die Befehlsstrukturen. Der Unterausschuss wendet hierzu im Wesentlichen vier Methoden an:

1. das selbstständige Einholen von Informationen zu GSVP-relevanten Fragen und der interparlamentarische Informationsaustausch mit den Verteidigungsausschüssen der nationalen Parlamente über die Entwicklungen in der GSVP.

2. die Beratung und Abfassung von Berichten, Anfragen und Empfehlungen in diesem Politikbereich, wobei die Abstimmung immer über den AFET erfolgt.

3. die Überwachung der im Rahmen der GSVP durchgeführten zivilen Einsätze unter Inanspruchnahme der Haushaltsbefugnisse des EP.

4. die Entsendung von Delegationen zu zivilen und militärischen GSVP-Einsätzen. Darüber hinaus führt der Unterausschuss regelmäßig Anhörungen und Workshops mit Sachverstän-

digen durch. Der SEDE hat erfolgreich enge, systematische und regelmäßige Kontakt- und Informationsstrukturen zum Rat als Hauptgesprächspartner im Bereich der GSVP aufgebaut. Diese werden ergänzt um entsprechende, informelle Informations- und Kooperationsstrukturen zur Kommission, zum EAD, und zur NATO.

Der SEDE umfasst in der 8. Wahlperiode – ebenso wie der DEVE – 25 ständige (9 EVP, 8 S&D, 3 EKR, 3 ALDE, 2 KVEL/NGL, 2 Grüne/EFA, 2 EFDD, 1 NI) und 25 stellvertretende Mitglieder. Die Ausschussvorsitzende des SEDE wird durch vier Vize-Vorsitzende vertreten. Das Sekretariat des SEDE unterstützt den Unterausschuss sowie den AFET in dessen Zuständigkeitsbereich sowie die Delegation des EP bei der Parlamentarischen Versammlung der NATO. Diese Delegation wurde 2001 eingerichtet und setzt sich aus 10 ständigen (4 EVP, 3 S&D, 1 EKR, 1 ALDE, 1 KVEL/NGL) und 8 stellvertretenden Mitgliedern, die wiederum Mitglieder des SEDE sein sollen, zusammen. In regelmäßigen Abständen finden gemeinsame Treffen mit der NATO-PV und der EP-Delegation statt. Die NATO-PV besteht aus Vertretern der nationalen Parlamente der 28 NATO-Mitgliedstaaten, parlamentarischen Vertretern von 14 assoziierten Mitgliedstaaten und vier Partnerstaaten aus dem Mittelmeerraum, den zehn Vertretern des Europäischen Parlaments und Beobachterdelegationen aus sieben weiteren Ländern sowie den zwei interparlamentarischen Versammlungen der OSZE und des Europarats.

Der für die Gemeinsame Außen- und Sicherheitspolitik vorgesehene EU-Haushalt wird vom SEDE in enger Abstimmung mit dem EP-Haushalts- und Haushaltskontrollausschuss auf der Grundlage eines Verfahrens kontrolliert, das die Interinstitutionelle Vereinbarung zwischen dem Europäischen Parlament, dem Rat und der Europäischen Kommission über die Haushaltsdisziplin und die wirtschaftliche Haushaltsführung von 2006 festlegte.[457] Art. 43 dieses Abkommens legt fest, dass der Ratsvorsitz das EP jährlich zu einem vom Rat erstellten und bis zum 15. Juni des jeweiligen Jahres zu übermittelnden „zukunftsorientierten Dokument über die Hauptaspekte und grundlegenden Optionen der GASP, einschließlich der finanziellen Auswirkungen für den Gesamthaushaltsplan der Europäischen Union und einer Bewertung der im Jahr n-1 eingeleiteten Maßnahmen" vorlegt. Darüber hinaus unterrichtet der Ratsvorsitz das EP „im Wege gemeinsamer Beratungssitzungen, die mindestens fünfmal pro Jahr im Rahmen des regelmäßigen politischen Dialogs über die GASP stattfinden". Diese Beratungen müssen spätestens zum Zeitpunkt der Konzertierungssitzung vor der zweiten Lesung des Haushaltsplans im Rat festgelegt werden. Seitens des Parlaments nehmen die Ausschussvorsitzenden des AFET und des SEDE, seitens des Rates der Vorsitzende des Politischen und Sicherheitspolitischen Komitees teil. Die Beteiligung der Kommission wird nicht näher spezifiziert.

Im Rahmen der Umsetzung des EU-Haushalts unterrichtet der Rat das EP – unverzüglich, spätestens jedoch binnen fünf Arbeitstagen nach Annahme des endgültigen Beschlusses – detailliert zu jedem kostenwirksamen Beschluss im Bereich der GASP. Dieses Verfahren findet allerdings keine Anwendung auf Militäroperationen im Rahmen der GSVP, da im EU-Vertrag deren Finanzierung aus dem EU-Haushalt explizit untersagt wird. Aus diesem Grund haben die EU-Mitgliedstaaten einen so genannten „ATHENA-Mechanismus" geschaffen, der der Finanzierung gemeinsamer Kosten für Militäroperationen im Rahmen der GSVP dient. In der Praxis

---

457 Vgl. Interinstitutionelle Vereinbarung zwischen dem Europäischen Parlament, dem Rat und der Europäischen Kommission über die Haushaltsdisziplin und die wirtschaftliche Haushaltsführung, ABl. Nr. C 139 vom 14. Juni 2006, S. 1-17. Die Kommission hat 2010 einen Entwurf für ein neues IIA vorgelegt, der aber bislang weder im Parlament noch im Rat beraten wurde. Vgl. Europäische Kommission: Entwurf einer Interinstitutionellen Vereinbarung zwischen dem Europäischen Parlament, dem Rat und der Europäischen Kommission über die Zusammenarbeit im Haushaltsbereich, KOM/2010/0073 endg.

werden mit diesem Mechanismus etwa 15 % der Gesamtkosten einer GSVP-Operation abgedeckt. Die Differenz wird aus den nationalen Beiträgen der Mitgliedstaaten finanziert. Der SEDE wird hierbei über regelmäßige, informelle Kontakte mit dem Rat über die militärischen Einsätze im Rahmen der GSVP unterrichtet. Gleichwohl hat der SEDE keinen Einfluss auf die diesbezügliche Sitzungsfrequenz, den Inhalt und die Informationsdichte.

13.2 Entwicklungsausschuss

Mit EUR 55,2 Mrd. im Jahr 2012[458] leisteten die EU und ihre Mitgliedstaaten mehr als die Hälfte der weltweiten öffentlichen Entwicklungshilfe. Davon unterlagen den Haushaltsbefugnissen der Kommission rund EUR 13,7 Mrd. In ihrer Geberrolle verfolgt die EU gem. Art. 208 AEUV zwei prioritäre Zielsetzungen: Die Bekämpfung und auf längere Sicht die Beseitigung der Armut sowie die Kohärenz zwischen der Entwicklungspolitik und anderen EU-Politikbereichen[459]. Dazu zählen vor allem die EU-Maßnahmen in den Bereichen Handel, Landwirtschaft, Klima und Migration.

Obwohl die EU der größte Geber ist, liegt das entwicklungspolitische Agenda-Setting nach wie vor bei den Vereinten Nationen. So sieht sich die EU in der Armutsbekämpfung den UN Millenniums-Entwicklungszielen (MDGs) verpflichtet. Die Millenniumserklärung nahmen 189 Staats- und Regierungschefs im September 2000 mit dem Richtjahr 2015 an. Die Fortschritte fallen sehr unterschiedlich aus, doch sind vor allem die Länder Afrikas südlich der Sahara mit der Erfüllung der meisten MDGs in Verzug.[460] Auch die strategische Ausrichtung der EU-Entwicklungspolitik war lange unklar. Erst im Dezember 2005 haben EP, Rat und Kommission einen „Europäischen Konsens über die Entwicklungspolitik" verabschiedet, in dem die gemeinsamen Ziele und Grundsätze der Entwicklungszusammenarbeit niedergelegt sind.

Der Vertrag von Lissabon hat zwar keine signifikanten Änderungen im Politikfeld Entwicklungspolitik mit sich gebracht (Art. 208 bis 210 AEUV), doch kam es durch die Schaffung des EAD zu wesentlichen Änderungen in der intra- und interinstitutionellen Zusammenarbeit. Unmittelbar nach Abschluss der Lissabonner Vertragsverhandlungen wurde die alte Frage virulent, wie Entwicklungspolitik im institutionellen Gefüge am effektivsten gestaltet werden kann. So sah der ursprüngliche Entwurf der HVUASP für den Aufbau des EAD vor, die Strategie- und Programmplanung der Entwicklungszusammenarbeit teilweise in den EAD zu überführen, ohne jedoch den Dienst selbst auf die Ziele der EU-Entwicklungspolitik zu verpflichten.[461] Dieses Modell barg das Risiko in sich, dass die Entwicklungspolitik in den Dienst anderer außenpolitischer Interessen hätte gestellt werden können. Auch eine Renationalisierung der Entwicklungszusammenarbeit wäre dann nicht länger auszuschließen gewesen. In den Verhandlungen konnte das EP diesen Ansatz erfolgreich verhindern und durchsetzen, dass die Entwick-

---

458 Vgl. Europäische Kommission, Jahresbericht 2013 über die Entwicklungspolitik der Europäischen Union und die Umsetzung der Außenhilfe im Jahr 2012, November 2013
459 Im April 2011 legte die Kommission ein Arbeitsprogramm zur Förderung der Politikkohärenz im Interesse der Entwicklung über den Zeitraum 2010–2013 vor (SEK(201)421 endg. vom 21.4.2010).
460 So waren z.B. in Hinblick auf die Primarschulbildung für alle (MDG 2) und den Zugang zu Trinkwasser (MDG 7) gute Fortschritte zu verzeichnen. Auch bei den HIV-Infektionen und Todesfällen aufgrund von Malaria-Erkrankungen (MDG 6) wurde ein Rückgang erzielt. Die Gesundheitsversorgung der Mütter (MDG 5) und der Zugang zur Sanitärversorgung (Teil von MDG 7) bedürfen noch verstärkter Aufmerksamkeit.
461 Vgl. High Representative for Foreign Affairs and Security Policy: Draft Council decision establishing the organisation and functioning of the European External Action Service, Council, Doc. No. 8029/10, 25 March 2010.

lungszusammenarbeit nunmehr gemeinschaftlich vom EAD und der Europäischen Kommission geplant und programmiert wird, wobei die Federführung und das letzte Wort stets bei der Kommission liegen. Zudem gelang es dem EP, den EAD rechtlich auf die entwicklungspolitischen Grundsätze der EU zu verpflichten. Das Politikfeld Entwicklungszusammenarbeit ist somit analog zu den Bestimmungen des Lissabonner Vertrages anderen Politikfeldern gleichgestellt und darf keinesfalls der Außen-, der Sicherheits- oder der Verteidigungspolitik untergeordnet werden.

Die Entwicklungspolitik gehört zu jenen Bereichen, in denen die wesentlichen Instrumente durch das ordentliche Gesetzgebungsverfahren vereinbart werden. Die Rolle des EP ist allerdings auf jene gemeinschaftlichen Tätigkeiten begrenzt, die aus dem EU-Haushalt finanziert werden.

Obwohl der Europäische Entwicklungsfonds (EEF) einschließlich des diesbezüglichen Haushaltsentlastungsverfahrens[462] vom DEVE federführend kontrolliert wird, kann er keinen Einfluss auf die Mittelverwendung geltend machen, da der EEF nicht Teil des Unionsbudgets ist. Eine „Vollbudgetisierung" des EEF im Unionsrahmen würde die finanzielle Kontrollfunktion des EP wesentlich stärken und gibt daher immer wieder Anlass zur Diskussion (z.B. in den Verhandlungen über die Ausgestaltung des Finanzrahmens 2014–2020). Der DEVE überwacht darüber hinaus das Verwaltungsbudget derjenigen Kommissionsabteilungen, die sich mit der Zusammenarbeit im Bereich Entwicklungsarbeit befassen.

Auch der Politikbereich der „Humanitären Hilfe" für Entwicklungsländer gemäß Art. 214 AEUV fällt in den Kernzuständigkeitsbereich des DEVE. Allerdings ist dieser Bereich nicht mehr im Ressort des Entwicklungskommissars angesiedelt. Die Schaffung eines eigenständigen Kommissionsportfolios für „internationale Zusammenarbeit, humanitäre Hilfe und Krisenschutz" – mit Amtsantritt der Juncker-Kommission umbenannt in „Humanitäre Hilfe und Krisenmanagement"– hat das Politikfeld zumindest institutionell aufgewertet.

Der Entwicklungsausschuss zählt zu den „mittelgroßen" Ausschüssen und umfasst in der 8. Wahlperiode 28 ständige (8 EVP, 7 S&D, 2 EKR, 3 ALDE, 2 KVEL/NGL, 2 Grüne/EFA, 2 EFDD, 2 NI) und 26 stellvertretende Mitglieder. Der Ausschussvorsitzende des DEVE wird durch vier Vize-Vorsitzende vertreten. Der DEVE ist einer der „ältesten" Ausschüsse des EP; er ging aus dem am 20. März 1958 eingerichteten Ausschuss für Fragen der „Assoziierung der überseeischen Länder und Gebiete" hervor (Europäisches Parlament 2010c: 17). Bereits die römischen Verträge (1957) schrieben die Beziehungen der EG-Gründerstaaten zu ihren ehemaligen Kolonialgebieten als Gemeinschaftspolitik fest. Hierzu verregeln vor allem die Assoziierungsabkommen von Yaoundé I/II (1964–1969 und 1971–1975), Lomé I (1975), II (1980), III (1985) und IV (1990) und Cotonou (2000-2020)[463] die Partnerschaft zwischen den AKP-Staaten[464] und der EU.

---

462 Das EP prüft zum Abschluss jedes Haushaltsjahres die Umsetzung des EU-Haushaltsplans und erteilt oder verweigert Entlastung für dessen Ausführung. Dieses Verfahren erstreckt sich auch auf die Ausführung des EEF und erfolgt unter Leitung des Haushaltskontrollausschusses. Der DEVE gibt dazu entsprechende Stellungnahmen ab (Europäisches Parlament (2009): GD EXPO (Referat Menschenrechte), Zusammenfassung der Tätigkeiten des Unterausschusses für Menschenrechte - 6. Wahlperiode, 2004-2009, CM\784298DE.doc).

463 Das Cotonou-Abkommen ist ein völkerrechtlicher Vertrag zwischen der EG und der AKP-Staatengruppe. Er wurde am 23. Juni 2000 unterzeichnet und hat eine Laufzeit von zwanzig Jahren. Bisher erfolgten zwei Revisionen: 25. Juni 2005 (Beschluss 2005/599/EG, ABl. 209, 11.8.2005) und 14.5. 2010 (Ratsbeschluss 2010/648/EG, ABl. L 287, 4.11.2010).

464 Die AKP-Staatengruppe gibt es rein formal seit 1975 durch Unterzeichnung des Abkommen von Georgetown. Mittlerweile (Stand Mai 2012) ist Die Gruppe von 46 auf 79 (48 afrikanische, 16 karibische und 15 pazifische

Der Entwicklungsausschuss ist Hauptakteur des EP für die Förderung, Anwendung und Überwachung der Politik der Union in den Bereichen Entwicklung und Zusammenarbeit, insbesondere durch (Anl. VI GOEP)[465]:

a) den politischen Dialog mit den Entwicklungsländern, und zwar bilateral sowie in den einschlägigen internationalen Organisationen und interparlamentarischen Gremien,

b) die Hilfe für die Entwicklungsländer und die Kooperationsabkommen mit ihnen,

c) die Förderung demokratischer Werte, der Good Governance und der Menschenrechte in den Entwicklungsländern (In Menschenrechtsfragen agiert der DEVE in enger Zusammenarbeit mit dem DROI)

Der DEVE koordiniert die Arbeit der in seinen Zuständigkeitsbereich fallenden interparlamentarischen Delegationen und Ad-hoc-Delegationen (z.B. die Delegation für die Beziehungen zum Panafrikanischen Parlament). Der Ausschuss beteiligt sich an Wahlbeobachtungsmissionen, gegebenenfalls in Zusammenarbeit mit anderen zuständigen Ausschüssen und Delegationen, im Rahmen derer er zweimal im Jahr eigene Delegationen an Orte von besonderer Bedeutung (Krisenherde) entsenden kann. Eine zentrale Rolle spielt der DEVE bei der Umsetzung des AKP-EU-Partnerschaftsabkommens (Cotonou-Abkommen) und der Mitarbeit in dessen Paritätischer Parlamentarischer Versammlung (PPV). Insbesondere hier tritt das EP als Innovator in der Politikformulierung auf. Gem. Art. 17 des Cotonou-Abkommens lassen sich die Aufgaben der PPV in vier Bereiche gliedern: (1) Förderung demokratischer Prozesse durch Dialog und Konsultation (vor allem auch mit NROs); (2) Förderung der Völkerverständigung und Sensibilisierung der Öffentlichkeit für Entwicklungsfragen; (3) Erörterung von Fragen betreffend die EU-AKP-Partnerschaft; (4) Verabschiedung von Entschließungen und Empfehlungen an den Ministerrat.

Die PPV setzt sich aus 78 MdEP und 78 Parlamentariern[466] der AKP-Staaten zusammen. Den Vorsitz in der PPV führen zwei Ko-Präsidenten zusammen mit 24 Vizepräsidenten (jeweils 12 MdEP und 12 Parlamentarier der AKP-Staaten). Zwei der 12 Vizepräsidenten sind für die Beziehungen zu den NRO zuständig.

Seit 2003 verfügt die PPV über drei permanente Ausschüsse, wobei durchaus denkbar ist, dass sich die Zahl der Ausschüsse – in Anlehnung an das Ausschusswesen des EP – künftig erhöhen wird. Der zeitliche Modus der PPV-Treffen – 5 Tage alle 6 Monate, abwechselnd in einem AKP-Staat oder im EP – erscheint in Anbetracht der schieren Größe dieses Organs unzureichend. Allerdings hält die PPV seit 2008 zusätzliche Regionaltreffen ab, bei denen es in erster Linie um die regionale Integration der AKP-Gruppe und die laufenden Verhandlungen über die Wirtschaftspartnerschaftsabkommen (WPA)[467] geht. Seit September 2002 verhandelt die EU mit den sieben AKP-Regionen über den Abschluss von WPA, denen das EP aufgrund ihres en-

---

Staaten) angewachsen. Kuba, das der AKP-Gruppe seit 2000 angehört, ist dem Cotonou-Abkommen bisher nicht beigetreten. Mit Südafrika - seit 1998 AKP-Mitglied - bestehen Sonderabkommen.

465 Vgl. Zuständigkeiten der ständigen Ausschüsse des Parlaments. Angenommen am 6. Mai 2014 durch Beschluss des Parlaments.

466 Die Vertreter der AKP-Staaten sollten MdEP oder zumindest vom Parlament des betreffenden AKP-Staates benannte Vertreter sein.

467 Den Hintergrund dieser Abkommen bildet die Beendigung der sogenannten „WTO-Ausnahme": Zum 31. Dezember 2007 lief die Ausnahmegenehmigung der WTO für den präferenziellen Zugang der AKP-Staaten zu den EU-Märkten ohne Gegenseitigkeit aus. Dennoch war zu diesem Zeitpunkt noch kein WPA abgeschlossen, so dass das Risiko bestand, die AKP-Staaten auf Druck der WTO in einen handelspolitischen Rahmen „entlassen" zu müssen, der ihnen jedweden privilegierten Zugang zum EU-Markt untersagte. Erst seit dem 29. Dezember 2008 wird das WPA EG-Cariforum vorläufig angewendet. Alle anderen WPA-Verhandlungen haben allenfalls zum Abschluss von Interimsabkommen mit einzelnen Ländern oder Ländergruppen geführt.

gen Fokus auf den freien Warenverkehr sehr kritisch gegenüber steht.[468] Den Hintergrund der WPA bildet die Beendigung der sogenannten „WTO-Ausnahme": Zum 31. Dezember 2007 lief die Ausnahmegenehmigung der WTO für den präferenziellen Zugang der AKP-Staaten zu den EU-Märkten ohne Gegenseitigkeit aus.[469] Seitdem sind die AKP-Staaten dem Risiko ausgesetzt,[470] von der EU auf Druck der WTO in einen handelspolitischen Rahmen „entlassen" zu werden, der ihnen jedweden privilegierten Zugang zum EU-Markt untersagt. Seit dem 29. Dezember 2008 wird das WPA EG-Cariforum vorläufig angewendet. Alle anderen WPA-Verhandlungen führten bisher zum Abschluss von Interimsabkommen mit einzelnen Ländern oder Ländergruppen.[471]

Im Rahmen der PPV fanden hierzu bisher Regionaltreffen in Namibia (WPA „Südliches Afrika – SADC" im April 2008), Vanuatu (WPA „Pazifikregion – PACP" im November 2008), Guyana (WPA „Karibikregion – CARIFORUM" im Februar 2009), Burkina Faso (WPA „Westafrika – ECOWAS + Mauretanien" im Oktober 2009), den Seychellen (WPA „Ost- und südliches Afrika – ESA" im Juli 2010), Kamerun (WPA „Zentralafrikanische Staaten - CEMAC + DRC + STP" im April 2011), Sambia (WPA „Ost- und südliches Afrika – ESA" im Februar 2012), Samoa (WPA „Region Pazifik" im Juli 2012), Dominikanische Republik (WPA „Region Karibik" im Februar 2013), Nigeria (WPA „Westafrika" im Juli 2013) und Mauritius (WPA „Ostafrika" im Februar 2014) statt.

Von Parlament zu Parlament

Die EU-Entwicklungspolitik ist in ihrer Geberrolle noch immer stark auf die Exekutive in den AKP-Staaten konzentriert. Dies liegt darin begründet, dass neben den fehlenden politischen Rahmenbedingungen, massive personelle, technische und finanzielle Defizite bestehen, die auch das mangelnde Know-how der Abgeordneten mit einschließen. Seit der Gründung des Panafrikanischen Parlaments (PAP) der Afrikanischen Union 2004 stehen die Mitglieder des DEVE und vor allen die Mitglieder der EP-Delegation für die Beziehungen zum PAP (12 ständige und 12 stellvertretende Mitglieder) in engem Kontakt mit ihren afrikanischen Kollegen. Den beiden Parlamenten obliegt somit die Überwachung der Umsetzung der 2007 in Lissabon angenommenen EU-Afrika-Strategie. In der Zusammenarbeit mit dem PAP trägt das EP wesentlich zur Förderung der parlamentarischen Demokratie in der AU bei. Die meist jungen Parlamente afrikanischer Staaten fragen in erster Linie Unterstützung von den Europaabgeordneten im Aufbau der institutionellen Infrastruktur ab, damit sie in ihrer Zielformulierung und -durchsetzung auf Ebene der Partnerschaftsorgane an Gewicht gewinnen.

---

468 Vgl. dazu u.a. den Morgantini-Bericht über die Auswirkungen der Wirtschaftspartnerschaftsabkommen (WPA) auf die Entwicklung (2005/2162(INI), A6-0053/2006 endg.

469 Vgl. Ngangjoh-Hodu, Yenkong/Matambalya, Francis A.S.T. (Hrsg.): Trade Relations Between the EU and Africa. Development, challenges and options beyond the Cotonou Agreement, London, Routledge 2009, S. 7.

470 Vgl. Nyomakwa-Obimpeh, James: Time for a new generation of Trade Agreements between the EU and ACP countries?, TEPSA Brief, Brussels 20012. Zur Erhaltung des Marktzugangs für eine weitere Übergangszeit und geltend für diejenigen AKP-Staaten, die ein Interim-WPA paraphiert oder unterzeichnet hatten, erließ der Rat der EU eine entsprechend formulierte Verordnung, Nr. 1528/2007 vom 20.12.2007, die bis Ende 2013 läuft.

471 Vgl. Alavi, Amin: „EPAs, Cotonou and the WTO", in: Yenkong Ndangjoh-Hodu/Francis Shasha Matambalya (Hrsg.), Trade Relations between the EU and Africa, Routledge 2009, S. 185 ff.

13.3 Ausschuss für Internationalen Handel

Der Vertrag von Lissabon bringt einen eindeutigen Fortschritt im Bereich der Gemeinsamen Handelspolitik. Materiell wird die mit dem Lissabonner Vertrag vorgenommene Reform durch die sogenannte „kulturellen Ausnahme" (Art. 207 Abs. 4 AEUV) beschränkt: Bereits der Verfassungskonvent schlug hierzu vor, dass der Rat über die Aushandlung und den Abschluss von Abkommen im Bereich des Handels mit kulturellen und audiovisuellen Dienstleistungen immer einstimmig beschließen muss, falls diese die kulturelle und sprachliche Vielfalt in der Union beeinträchtigen können. Diese „Ausnahme" von der qualifizierten Mehrheitsregel dehnt der Vertrag von Lissabon auf den Handel mit sozialen, Bildungs- und Gesundheitsdienstleistungen aus, wenn entsprechende Abkommen die Organisation dieser Dienstleistungen auf nationaler Ebene „stören" und die Zuständigkeit der Mitgliedstaaten in Bezug auf die Bereitstellung dieser Dienste beeinträchtigen können. Über Abkommen zu Dienstleistungen, zu Fragen des geistigen Eigentums und zu ausländischen Direktinvestitionen muss der Rat ebenfalls immer einstimmig beschließen, wenn entsprechende Abkommen Bestimmungen enthalten, bei denen die Einstimmigkeit auch für die Verabschiedung der unionsinternen Bestimmungen erforderlich ist.

Trotz dieser Einschränkungen ist aber festzuhalten, dass der Vertrag von Lissabon die bereits im VVE vorgenommenen Verbesserungen bei den Vorschriften über die GHP bestätigt hat. Diese betreffen:

- die Anerkennung der GHP als ausschließliche Zuständigkeit der Union (Art. 3e) EUV);
- die Anerkennung des Abbaus nichttarifärer Handelshemmnisse als übergeordnetes Politikziel der GHP (Art. 206 AEUV);
- die Ausweitung des Geltungsbereichs der GHP auf die gewerblichen Aspekte des geistigen Eigentums und ausländische Direktinvestitionen (Art. 207 Abs. 1 AEUV). Insbesondere die Anwendungsausdehnung auf ausländische Direktinvestitionen bezieht damit einen Bereich ein, der bislang typischerweise durch nationale Regelungen der Steuer- und Wettbewerbspolitik sowie bilateraler Investitionsabkommen dominiert war;
- die Anwendung des ordentlichen Gesetzgebungsverfahrens auf alle unionsinternen Rechtsakte, die unter die GHP fallen (Art. 207 Abs. 2 AEUV);
- aufgrund der Anwendung des ordentlichen Gesetzgebungsverfahrens in der GHP die Zustimmungserfordernis des EP für alle Abkommen im Rahmen der GHP, und zwar unabhängig davon, ob es sich hierbei um spezifische Durchführungsmaßnahmen handelt oder nicht (Art. 218 Abs. 6a AEUV); und
- die Anwendung des Verfahrens der Konsultation des EP bei allen anderen internationalen Abkommen mit Ausnahme der GASP (Art. 218 6b AEUV).

Von größerer Tragweite für die Gestaltung der Beziehungen zwischen Parlament, Kommission und Rat ist die Bestimmung, dass die Kommission bei der Aushandlung und dem Abschluss von internationalen Abkommen im Rahmen der GHP der rechtlichen Verpflichtung unterliegt, das Parlament über die Fortschritte bei den Verhandlungen gleichberechtigt mit dem vom Rat bestellten Sonderausschuss (HAR, Art. 207 Abs. 3 AEUV) zu unterrichten. Diese Änderung formalisiert eine bereits bestehende, aber nur informelle, rechtlich unverbindliche Tradition der Unterrichtung des Parlaments. Durch das neue Regelwerk des AEUV werden die über 50 Jahre herrschenden Asymmetrien im Informationsfluss zwischen den drei Organen und ihrer Mitwirkung teilweise beseitigt. Das Parlament verfügt nach wie vor nicht über das Recht, den

Verhandlungsmandaten der Kommission für die Aushandlung eines Handelsabkommens zuzustimmen oder diese – etwa analog zum Vermittlungsausschuss im OGV – gemeinsam mit dem Rat zu verabschieden. Hierdurch bleibt ein Ungleichgewicht hinsichtlich der Rolle und der Befugnisse des Parlaments zwischen seinen EU-internen und seinen externen Zuständigkeiten im Bereich der GHP bestehen. Da der Informationsfluss zwischen Kommission und Parlament im Bereich der Handelspolitik bestimmten Vertraulichkeitsregeln unterliegt (schließlich würde die Offenlegung von Verhandlungsmandaten den Verhandlungsspielraum der Kommission beträchtlich einschränken), verständigten sich EP und Kommission in der 2010 geschlossenen Rahmenvereinbarung auch auf Regeln zur Weiterleitung und parlamentsinternen Behandlung vertraulicher Informationen.

Innerhalb des Parlaments ist der Ausschuss für Internationalen Handel (INTA) für alle Bereiche der GHP zuständig. Der Ausschuss ging zu Beginn der 6. Wahlperiode (2004–2009) aus dem Ausschuss für Außenwirtschaftsbeziehungen (REX) hervor. Dessen Arbeitspensum war bis zum Lissabonner Vertrag relativ gering, da in den ursprünglichen Vertragsregeln zur Handelspolitik keinerlei Rolle für das EP vorgesehen war.[472] Aufgrund dessen fusionierte der REX 1999 mit dem Ausschuss für Industrie, Forschung und Energie und wurde erst 2004, im Vorgriff auf die Reformen des Lissabonner Vertrages, in seiner aktuellen Struktur wiederbegründet.

Bis zum Inkrafttreten des Lissabonner Vertrages waren das EP und sein REX-Ausschuss immer nur über „Umwege" in der Auslegung der Rechtsgrundlagen an der GHP beteiligt. Die Zustimmung des Parlaments zu „reinen", nur auf ex-Art. 133 EGV begründeten Handelsabkommen war explizit ausgeschlossen. Rat und Kommission befassten das Parlament nur dann im Rahmen des Zustimmungsverfahrens mit handelspolitischen Abkommen, wenn diese selbst Teil einer sachlich breiter angelegten Vereinbarung, z.B. im Falle von Assoziierungs-, Partnerschafts- und Kooperationsverträgen, waren.

Auf der Grundlage des ersten „Verhaltenskodex", den das Parlament mit der Kommission 1990 zur Verregelung der interinstitutionellen Beziehungen beider Organe aushandelte;[473] errang das EP anlässlich der Investitur der Kommission „Santer" 1995 einen neuen „Verhaltenskodex",[474] der erstmals die Unterrichtung des EP bei internationalen und Handelsabkommen spezifizierte. Diese Unterrichtungsverfahren schrieben EP und Kommission in ihren folgenden Rahmenvereinbarungen 1999/2000 und 2004/2005 fort und verliehen somit dem REX-, aber auch allen anderen Parlamentsausschüssen im Falle ihrer Zuständigkeit über die Vertragsnormen hinausreichende Informations- und Konsultationsrechte. Der Lissabonner Vertrag, der die Zustimmungspflicht des EP explizit auf alle Handelsabkommen der EU erweiterte, stellt in diesem Zusammenhang eine seit langem vom EP geforderte Bestätigung seiner bereits seit 1995 praktizierten, informellen Mitwirkungsrechte dar. Die Reformen des Lissabonner Vertrages veranlassten das EP daher auch zu Beginn der 6. Wahlperiode, den INTA-Ausschuss als eigenständiges Fachgremium zu etablieren.

---

472 Vgl. Rengeling, Hans-Werner: „Zu den Befugnissen des Europäischen Parlaments beim Abschluss völkerrechtlicher Verträge im Rahmen der Gemeinschaftsverfassung", in: Ingo von Münch (Hrsg.): Staatsrecht - Völkerrecht - Europarecht. Festschrift für Hans-Jürgen Schlochauer zum 75. Geburtstag am 28. März 1981, Berlin 1981, S. 877-897.

473 Vgl. Code de Conduite - Parlement/Commission- amélioration des relations interinstitutionelles, JOCE, 1990 No. C 68, S. 70.

474 OJEC 1995 C 089, S. 69.

Der Ausschuss ist seitdem zuständig für alle Fragen im Zusammenhang mit der Festlegung und Durchführung der GHP und ihren Außenwirtschaftsbeziehungen. Dies umfasst die finanziellen, wirtschaftlichen und handelspolitischen Beziehungen zu Drittländern und regionalen Organisationen, Maßnahmen zur technischen Harmonisierung oder Standardisierung in Bereichen, die von Instrumenten des Völkerrechts erfasst sind, die Beziehungen der EU zu den einschlägigen internationalen Organisationen und zu Organisationen, die die regionale wirtschaftliche und handelspolitische Integration außerhalb der Union fördern, und die Beziehungen zur WTO einschließlich der „Parlamentarischen Konferenz zur WTO" (PCWTO), die das EP gemeinsam mit der Interparlamentarischen Union ausrichtet. Der Ausschuss unterhält darüber hinaus die Verbindung mit den interparlamentarischen Delegationen und Ad-hoc-Delegationen des EP, soweit die wirtschaftlichen und handelspolitischen Aspekte der Beziehungen zu Drittländern berührt sind.

Entsprechend der in Art. 207 Abs. 3 und 218 AEUV festgelegten Vertragsregeln ermächtigt immer der Rat die Kommission zur Aufnahme der Verhandlungen zu Handelsabkommen. Anschließend obliegt es der Kommission, die Verhandlungen nach Maßgabe der vom Rat erteilten Richtlinien und im Einvernehmen mit dem Handelsausschuss des Rates zu führen. Gemäß diesen Vertragsbestimmungen ist eine Beteiligung des Parlaments weder am Mandatierungsverfahren noch an den laufenden Verhandlungen vorgesehen. Die in der 2010 geschlossenen Rahmenvereinbarung zwischen Parlament und Kommission enthaltenen Bestimmungen über die Informations- und Konsultationsverfahren bei Internationalen Übereinkünften sind für den Handelsausschuss daher entscheidend, um die vertraglichen Mitwirkungsrechte des EP erfüllen zu können.

Die konkrete Unterrichtungs- und Konsultationspraxis zwischen INTA und der Kommission ist Gegenstand eines Briefwechsels zwischen dem Vorsitzenden des Ausschusses und dem Kommissar für Internationalen Handel vom 25. Februar und 26. Oktober 2010. Demnach erhält INTA sämtliche Unterlagen der Kommission, die diese im Zusammenhang mit bi- oder plurilateralen Handelsabkommen an den Rat bzw. dessen Handelsausschuss ab dem Zeitpunkt der Erstellung des Entwurfs eines Verhandlungsmandats übermittelt. Ebenfalls systematisiert ist die Unterrichtung des Ausschusses zu allen laufenden Verhandlungen, wobei Vertreter der Kommission vertrauliche Informationen in geschlossenen Ausschusssitzungen mündlich und schriftlich an den Vorsitzenden, die Koordinatoren der Fraktionen und die Berichterstatter des INTA weiterleiten. Entsprechende schriftliche Unterlagen werden hierbei personalisiert, mit spezifischen Wasserzeichen versehen und vom Sekretariat des Ausschusses nur gegen Unterschrift der Empfangsberechtigten herausgegeben. Schließlich haben INTA und die Kommission ein System des *„joint forward planning"* etabliert, bei dem sich Vertreter beider Organe im Vorfeld der Ausschusssitzungen über den Stand der Jahresplanung ihrer jeweiligen Arbeiten austauschen und die in der Rahmenvereinbarung geschaffenen Unterrichtungsroutinen des EP konkretisieren. Ergänzt werden diese Verfahren durch vertrauliche Sitzungen der Handelskommissarin mit den Fraktionskoordinatoren des Ausschusses, vertrauliche und öffentliche Briefings der Verhandlungsführer der Kommission über laufende Verhandlungen und die Mitwirkung des INTA-Vorsitzenden an einer der ersten Sitzungen des Handelsausschusses des Rates zu Beginn jeder rotierenden Ratspräsidentschaft.

In der Praxis sieht sich das EP trotz all dieser Regelungen allerdings immer wieder genötigt, sich den Zugang zu den als vertraulich gekennzeichneten Dokumenten der Kommission und des Rates immer wieder aufs Neue zu erstreiten. Auf Kritik stoßen hierbei vor allem die restriktiven Arrangements zur Nutzung der „Leseräume", die die Kommission, der Rat und das Parlament selbst eingerichtet haben, um Abgeordneten überhaupt Einsicht in die als vertrauliche Verschlusssachen klassifizierten Dokumente geben zu können. Nur ein eingeschränkter Personenkreis erhält unter strengen Sicherheitsvorkehrungen Einsicht in die Dokumente, wobei Art. 10 Abs. 4 des Beschlusses des Parlamentspräsidiums vom 15. April 2013 über die Regeln zur Behandlung vertraulicher Informationen durch das Europäische Parlament festhält, das „während der Einsichtnahme [...] der Kontakt mit der Außenwelt (auch über Telefon oder andere technische Hilfsmittel), das Aufzeichnen von Notizen und das Fotokopieren oder Fotografieren der eingesehenen vertraulichen Informationen untersagt" sind. In Zusammenhang mit den Arbeiten zum Transatlantischen Freihandels- und Investititionsabkommen (TTIP) kritisierte der INTA-Vorsitzende Bernd Lange (S&D, D) Ende 2014 gegenüber der neuen Handelskommissarin Cecilia Malmström die restriktive Auslegung dieser Regelungen, da sie nicht dazu geeignet seien, der Informationspflicht der Kommission gegenüber dem EP gerecht zu werden. Er forderte die Kommissarin daher zur Nutzung der in der Rahmenvereinbarung vorgesehenen Möglichkeit auf, „andere gleichwertige Regelungen" zu vereinbaren.[475] Bereits zu Beginn des Jahres 2015 zeitigte diese Initiative Erfolge, insofern nun alle MdEP Zugang zu allen als „EU restricted" klassifizierten Dokumenten der Kommission erhalten. Trotz dieser informell verabredeten Vereinfachungen bleiben die Möglichkeiten des Parlaments, Zugang zu vertraulichen Dokumenten von Kommission und Rat zu erhalten, begrenzt und letztlich immer vom Wohlwollen dieser beiden Organe abhängig. Sämtliche hierauf bezogenen Regelwerke wurden bislang unterhalb der Schwelle des verbindlichen Sekundärrechts und immer nur bilateral, zwischen EP und Kommission bzw. zwischen EP und Rat verabschiedet. Im Ergebnis sind die jeweiligen Einsichtnahmeverfahren so inkonsistent, dass das Parlament nie sicher sein kann, von einem der beiden Exekutivorgane nicht doch wieder über- oder hintergangen worden zu sein.[476]

13.4 Interparlamentarische Delegationen

Neben den ständigen Ausschüssen bilden die interparlamentarischen Delegationen des EP die zweite Ebene parlamentarischen auswärtigen Handelns.[477] Sie haben die Aufgabe, formelle Kontakte zu Parlamenten in Drittstaaten und internationalen Organisationen zu pflegen und auszubauen. Vor allem in den Beziehungen zu den Ländern, die nicht traditionell Partner der EU sind, sollen die Delegationen dazu beitragen, die im EU-Vertrag und in der Grundrechtecharta verankerten Werte wie Freiheit, Demokratie, Menschenrechte, Grundfreiheiten und

---

475 Vgl. Art. 3.2.4. des Anhangs II „Übermittlung vertraulicher Informationen an das Parlament" der Rahmenvereinbarung zwischen EP und Kommission von 2010.

476 Vgl. Devuyst, Youri: „The European Parliament and international trade agreements. Practice after the Lisbon Treaty", in: I. Govaere/E. Lannon/P. Van Elsuwege/S. Adam (Hrsg.): The European Union in the World, Essays in Honour of Marc Maresceau, The Hague 2013, S. 172-189. Zur Debatte über den Zugang des EP zu vertraulichen Dokumenten von Rat und Kommission vgl. Maurer, Andreas: Comparative study on access to documents (and confidentiality rules) in international trade negotiations, European Parliament, Directorate General for External Policies, Policy Department, Brussels/Luxembourg 2015; Curtin, Deirdre: „Official Secrets and the Negotiation of International Agreements: Is the EU Executive Unbound?", in: Common Market Law Review, Vol. 50, No. 2/2013, pp. 423–58; Curtin, Deirdre: „Overseeing Secrets in the EU: New Frontiers, Old Challenges", in: Journal of Common Market Studies, Vol. 52, No. 3/2014, pp. 684–700.

477 Vgl. Herranz, Anna: „The Interparliamentary delegations of the European Parliament. National and European Priorities at work", in: Barbé, Esther/Herranz, Anna (Hrsg.): The Role of Parliaments in European Foreign Policy, Barcelona 2005, http://www.iuee.eu/pdf-publicacio/20/dJAuHe5XbIihu1BuXf5Y.PDF.

Rechtsstaatlichkeit zu fördern. Durch diese spezifische Form der „parlamentarischen Diplomatie" hat das EP außenpolitische Expertise entwickelt und weltweite Netzwerke aufgebaut.

Neben den Delegationen, die das EP autonom einrichtet, um die parlamentarischen Kontakte zu Drittstaaten zu stärken, haben zahlreiche interparlamentarische Delegationen ihren Ursprung in vertraglichen Vereinbarungen wie Partnerschafts- und Kooperations- oder Assoziierungsabkommen. Auch mit potenziellen Beitrittskandidaten pflegen die Abgeordneten die Beziehungen durch bilaterale oder multilaterale Delegationen. EP-Delegationen sind ebenso in mehreren multilateralen parlamentarischen Versammlungen und interparlamentarischen Versammlungen (z.B. der OSZE, der NATO oder des Europarats) vertreten.

Seit der Gründung der ersten Delegation im Jahr 1972, der Delegation für die Beziehungen mit den USA,[478] ist die Anzahl interparlamentarischer Delegationen über die sieben Wahlperioden hinweg stetig angestiegen: von 7 im Jahr 1979, auf 41 im Jahr 2012 und schließlich auf 44 in der Wahlperiode 2014–2019. Dies ist einerseits die Konsequenz aus den oben genannten vertraglichen Verpflichtungen; andererseits entwickelten sich die regionale und inhaltliche Ausrichtung der Delegationen analog zu den Erweiterungsprozessen und globalen geopolitischen Veränderungen.

Über die Einrichtung, Art und die Zahl der Mitglieder einer ständigen Delegation entscheidet die Konferenz der Präsidenten. Die Verteilung der Sitze auf die unterschiedlichen Fraktionen sowie die fraktionslosen Abgeordneten erfolgt proportional zur Fraktionsgröße und nach dem für die Ausschüsse vorgesehenen Verfahren. Gewählt werden die Delegationsmitglieder während der ersten oder zweiten Tagung des neu konstituierten Parlaments. Im Regelfall ist jeder Abgeordnete – ausgenommen z.B. Fraktionsvorsitzende und der EP-Präsident – Vollmitglied in einer Delegation sowie stellvertretendes Mitglied in einer weitern.

Aus den unten angeführten Tabellen lassen sich signifikante Unterschiede in den Mitgliederzahlen entnehmen. Sie variieren zwischen 7 (Afghanistan-Delegation) und 76 Vollmitgliedern (PPV-AKP-EU-Delegation). Dies liegt in den Aufgaben der Delegationen, der Zusammensetzung der von ihnen bedienten Versammlungen (große multilaterale parlamentarische Versammlungen wie die PPV erfordern eine proportionale Delegationsstärke seitens des EP) sowie im politischen Stellenwert der Beziehungen – wie z.B. mit den USA und China – begründet.

Die Wahl der Delegationsvorsitzenden und ihrer Stellvertreter erfolgt nach demselben Verfahren wie die Wahl der Ausschussvorsitzenden. Die Zahl der Vorsitze pro Fraktion spiegelt die Mehrheitsverhältnisse im Parlament wieder und wird nach dem d'Hondt-Verfahren berechnet. In der Praxis stellen die beiden größten politischen Fraktionen, EVP und S&D, nicht nur die meisten Vorsitzenden, sondern sichern sich auch die Vorsitze der größten und politisch prestigeträchtigsten Delegationen. Neben der Leitung der Sitzungen hat ein Delegationsvorsitzender folgende Funktionen, Aufgaben und Rechte:

– Berichterstattung über die Tätigkeiten der Delegation an den Ausschuss für auswärtige Angelegenheiten (AFET),

– Rederecht in jedem Ausschuss zu einem Tagesordnungspunkt, der die Arbeit der Delegation betrifft,

---

478 Vgl. Archick, Kristin/Morelli, Vincent: The U.S. Congress and the European Parliament: Evolving Transatlantic Legislative Cooperation, US Congressional Research Service, 7-5700, Washington 2012, http://www.fas.org/sgp/crs/row/R41552.pdf.

– Koordination und Prüfung des ordnungsgemäßen Ablaufs der Arbeit der ständigen Delegationen im Rahmen der Konferenz der Delegationsvorsitzenden.

Die inhaltlichen Zuständigkeiten werden bei Einrichtung einer ständigen Delegation durch die Konferenz der Präsidenten festgelegt. Diese können jederzeit geändert, eingeschränkt oder erweitert werden. Die Delegationen agieren in enger Kooperation mit dem AFET, dessen Unterausschüssen DROI und SEDE, und dem DEVE, da diese beiden Ausschüsse die politische Verantwortung für die Tätigkeiten der Delegationen tragen und spezifische Kontrollfunktionen gegenüber Kommission, HVUASP und Rat ausüben. Die Delegationen stellen ihrerseits Informationen zum Stand der bilateralen Beziehungen sowie spezifische Berichte zur politischen, wirtschaftlichen und sozialen Lage in den jeweiligen Ländern zur Verfügung, die dann in die Arbeit der parlamentarischen Ausschüsse (neben den oben genannten sind dies häufig der INTA, ENVI, ITRE und PECH) und in die Plenardebatten einfließen. Wie Ausschüsse oder Fraktionen kann auch eine Delegation eine Dringlichkeitsdebatte zu einem konkreten Thema im Plenum beantragen.

Ihre regelmäßigen internen Sitzungen halten die Delegationen in ein- oder zweimonatigem Rhythmus in Brüssel oder Straßburg ab. Diskutiert werden sowohl aktuelle Themen als auch mittel- und langfristige Strategien für die Kooperation in für beide Seiten besonders relevanten Politikfeldern. Häufig nehmen Beamte des EAD teil, um die Abgeordneten über Aktivitäten der EU-Botschaften im jeweiligen Land bzw. der jeweiligen Region zu informieren. Nicht selten werden auch die Botschafter der Drittstaaten bei der EU zum Meinungsaustausch eingeladen. Wichtiger Bestandteil dieser Sitzungen ist ebenfalls die detaillierte Vorbereitung der interparlamentarischen Treffen, die ein- bis zweimal jährlich entweder an einem der Sitzungsorte des EP, im Partnerland bzw. in der Partnerregion oder in Ausnahmefällen auch im Land, das zu dem Zeitpunkt den EU-Ratsvorsitz innehat, stattfinden. Die Abgeordneten können dem Delegationsvorsitzenden Themenvorschläge für diese Treffen unterbreiten und dieser arbeitet dann mit seinen Pendants im Partnerland die Tagesordnung aus. Geht eine Delegation des EP auf Reisen, wird die Gesamtzahl der MdEP, die teilnehmen können, vom Delegationsvorsitzenden im Vorfeld festgelegt und diese Plätze dann proportional zu deren Größe auf die Fraktionen verteilt. Aus Effizienz-, aber nicht zuletzt auch aus Kostengründen (das Gesamtbudget für Delegationsreisen gerät immer wieder in öffentliche Kritik) ist eine solche Limitierung notwendig.

Es können verschiedene Arten von Delegationen unterschieden werden, wobei grundsätzlich zwischen Delegationen mit außer- und innereuropäischen Ländern und Ländergruppen sowie ständigen und Ad-hoc-Delegationen zu differenzieren ist. Am prominentesten sind sicherlich die Delegationen, die sich aus vertraglichen Vereinbarungen und Abkommen ergeben sowie die Delegationen für die Parlamentarischen Versammlungen internationaler Organisationen.

a) Delegationen in Parlamentarischen Versammlungen

Im Rahmen von gemeinsamen multilateralen parlamentarischen Versammlungen treffen sich EU-Abgeordnete in regelmäßigen Abständen in formellem Rahmen mit Abgeordneten bestimmter Staatengruppen.

Tab. 24: Delegationen in Parlamentarischen Versammlungen (8. Wahlperiode)

Delegation	Vorsitz	Zahl der Voll-mitglieder
Delegation in der Paritätischen Versammlung AKP-EU (PPV)	(Ko-Vorsitzender) Louis Michel (ALDE, BE)	76
Delegation in der Parlamentarischen Versammlung der Union für den Mittelmeerraum (EuroMed)	Martin Schulz[479] (S&D, D)	47
Delegation in der Parlamentarischen Versammlung EuroNest[480]	Heidi Hautala (Die Grünen/EFA, SF)	58
Delegation in der Parlamentarischen Versammlung Europa-Lateinamerika (EuroLat)	Ramón Jáuregui Atondo (S&D, ES)	74
Delegation in der Parlamentarischen Versammlung der NATO	Eva Kaili (S&D, GR)	10

b) Gemischte Parlamentarische Ausschüsse

Die Gemischten Parlamentarischen Ausschüsse (GPA) dienen zur Vertiefung der Beziehungen zu Beitrittskandidaten und Ländern, die ein Assoziierungsabkommen mit der EU abgeschlossen haben. Die GPA sind immer paritätisch besetzt, d.h. sie bestehen zu jeweils einer Hälfte aus MdEPs und zur anderen Hälfte aus Parlamentariern der Partnerstaaten. Zu Beginn der 8. Wahlperiode neu eingerichtet wurden die Delegationen für die Parlamentarischen Stabilitäts- und Assoziationsausschüsse EU-Albanien, -Montenegro und -Serbien, die aus der nun aufgelösten Delegation für die Beziehungen zu den Ländern Südosteuropas hervorgegangen sind. Rechtsgrundlage für die Einrichtung dieser Ausschüsse und den Dialog auf parlamentarischer Ebene bilden Stabilisierungs- und Assoziierungsabkommen (SAA) mit der Europäischen Union und haben folglich den gleichen Status wie die GPA.

Tab. 25: Gemischte Parlamentarische Ausschüsse (8. Wahlperiode)

Delegation	Vorsitz	Zahl der Voll-mitglieder
Delegation für die Beziehungen zu den Maghreb[481]-Ländern und der Union des Arabischen Maghreb	Pier Antonio Panzeri (S&D, IT)	18
Delegation für die Beziehungen zur Schweiz und zu Norwegen, im Gemischten Parlamentarischen Ausschuss EU-Island und im Gemischten Parlamentarischen Ausschuss Europäischer Wirtschaftsraum	Jørn Dohrmann (EKR, DK)	17
Delegation im Gemischten Parlamentarischen Ausschuss EU-Ehemalige Jugoslawische Republik Mazedonien	Alojz Peterle (EVP, SLO)	12
Delegation im Gemischten Parlamentarischen Ausschuss EU-Türkei	Manolis Kefalogiannis (EVP, GR)	25
Delegation im Gemischten Parlamentarischen Ausschuss EU-Chile	Constanze Krehl (S&D, D)	14
Delegation im Gemischten Parlamentarischen Ausschuss EU-Mexiko	Teresa Jimenez-Becerril Barrio (EVP, ES)	14

---

479 Für diese Parlamentarische Versammlung hat der jeweils amtierende Parlamentspräsident den Vorsitz inne.

480 Zu EuroNest gehören die östlichen Nachbarstaaten Aserbaidschan, Armenien, Georgien, Moldawien und die Ukraine.

481 Zum Maghreb zählen Marokko, Mauretanien, Algerien, Libyen und Tunesien.

Delegation	Vorsitz	Zahl der Voll-mitglieder
Delegation im Parlamentarischen Ausschuss Cariforum-EU[482]	Bolesław G. Piecha (EKR, PL)	13
Delegation für den Parlamentarischen Stabilitäts- und Assoziationsausschuss EU-Albanien	Monica Macovei (EVP, RO)	12
Delegation für den Parlamentarischen Stabilitäts- und Assoziationsausschuss EU-Montenegro	Anneliese Dodds (S&D, UK)	13
Delegation für den Parlamentarischen Stabilitäts- und Assoziationsausschuss EU-Serbien	Eduard Kukan (EVP, SLO)	15

c) Delegationen zu Parlamentarischen Kooperationsausschüssen

Die Parlamentarischen Kooperationsausschüsse (PKA) stehen in Zusammenhang mit Partnerschafts- und Kooperationsabkommen. Im Rahmen der ENP wird diesen Abkommen ein besonderer Stellenwert eingeräumt.

Tab. 26: Delegationen zu Parlamentarischen Kooperationsausschüssen (PKA) (8. Wahlperiode)

Delegation	Vorsitz	Zahl der Voll-mitglieder
Delegation in den Ausschüssen für parlamentarische Kooperation EU-Armenien, EU-Aserbaidschan und EU-Georgien	Sajjad Karim (EKR, UK)	18
Delegation im Ausschuss für parlamentarische Kooperation EU-Moldau	Andi-Lucian Cristea (S&D, RO)	14
Delegation im Ausschuss für parlamentarische Kooperation EU-Russland	Othmar Karas (EVP, AT)	31
Delegation im Ausschuss für parlamentarische Kooperation EU-Ukraine	Andrej Plenković (EVP, CRO)	16
Delegation in den Ausschüssen für parlamentarische Kooperation EU-Kasachstan, EU-Kirgistan und EU-Usbekistan sowie für die Beziehungen zu Tadschikistan, Turkmenistan und der Mongolei	Iveta Grigule (NI, LT)	18

d) Sonstige interparlamentarische Delegationen

Diese Delegationen richtete das EP entweder selbstständig oder aufgrund anderer Abkommen zwischen dem Drittstaat und der EU ein, um bilaterale Kontakte zu außereuropäischen Staaten zu pflegen.

---

482 Cariforum steht für Carribean Forum und es handelt es sich dabei um eine seit 1992 existierende Untergruppe der AKP-Staaten. Dem Forum gehören die 15 Vollmitglieder der Karibischen Gemeinschaft sowie die Dominikanische Republik an.

Tab. 27: Sonstige interparlamentarische Delegationen (8. Wahlperiode)

Delegation	Vorsitz	Zahl der Vollmitglieder
Delegation für die Beziehungen zu Südafrika	Johannes Cornelis van Baalen (ALDE, NL)	16
Delegation für die Beziehungen zu Irak	David Campbell Bannerman (EKR, UK)	8
Delegation für die Beziehungen zu Israel	Fulvio Martusciello (EVP, IT)	17
Delegation für die Beziehungen zur Arabischen Halbinsel	Michèle Alliot-Marie (EVP, F)	15
Delegation für die Beziehungen zum Palästinensischen Legislativrat	Martina Anderson KVEL/NGL, UK)	17
Delegation für die Beziehungen zu den Maschrik[483]-Ländern	Marisa Matias (KVEL/NGL, P)	17
Delegation für die Beziehungen zum Panafrikanischen Parlament (PAP)[484]	Michael Gahler (EVP, D)	12
Delegation für die Beziehungen zu Bosnien und Herzegowina und dem Kosovo	Tonino Picula (S&D, CRO)	13
Delegation für die Beziehungen zu Belarus	Bogdan Andrzej Zdrojewski (EVP, PL)	11
Delegation für die Beziehungen zu Kanada	Bernd Kölmel (EKR, D)	16
Delegation für die Beziehungen zu den Vereinigten Staaten	David McAllister (EVP, D)	57
Delegation für die Beziehungen zu Afghanistan	Petras Auštrevičius (ALDE, LIT)	7
Delegation für die Beziehungen zu den Ländern Südostasiens und der Vereinigung südostasiatischer Staaten (ASEAN[485])	Werner Langen (EVP, D)	26
Delegation für die Beziehungen zu Australien und Neuseeland	Michael Theurer (ALDE, D)	12
Delegation für die Beziehungen zu Indien	Geoffrey Van Orden (EKR, UK)	24
Delegation für die Beziehungen zu Iran	Janusz Lewandowski (EVP, PL)	12
Delegation für die Beziehungen zur Koreanischen Halbinsel	Nirj Deva (EKR, UK)	10
Delegation für die Beziehungen zur Volksrepublik China	Jo Leinen (S&D, D)	37
Delegation für die Beziehungen zu Japan	Petr Ježek (ALDE, CZ)	24
Delegation für die Beziehungen zu den Ländern Südasiens	Jean Lambert (Die Grünen/EFA, BE)	15
Delegation für die Beziehungen zu den Ländern Mittelamerikas	Sofia Sakorafa (KVEL/NGL, GR)	15

---

483 Zum Maschrik zählt man die Staaten des Nahen Ostens mit mehrheitlich arabischsprachiger Bevölkerung östlich von Libyen und nördlich von Saudi-Arabien: Ägypten, Palästina/Israel, Jordanien, Libanon, Syrien und Irak.

484 Das Panafrikanische Parlament (PAP) ist die parlamentarische Versammlung der Afrikanischen Union, dem Mitglieder (insgesamt 265) aus allen afrikanischen Ländern angehören. Bislang hat das PAP lediglich beratende Funktion und keine Legislativbefugnisse.

485 Abk. für Association of Southeast Asian Nations, den Verband Südostasiatischer Nationen, dem folgende Mitgliedstaaten angehören: Indonesien, Philippinen, Singapur, Thailand, Vietnam, Myanmar, Malaysia, Laos, Brunei, Kambodscha

Delegation	Vorsitz	Zahl der Voll-mitglieder
Delegation für die Beziehungen zur Föderativen Republik Brasilien	Paulo Rangel (EVP, P)	14
Delegation für die Beziehungen zu den Ländern der Andengemeinschaft	Luis de Grandes Pascual (EVP, ES)	12
Delegation für die Beziehungen zu den Ländern des Mercosur[486]	Francisco Assis (S&D, P)	19

Die Interparlamentarischen Delegationen sehen sich seit ein paar Jahren teilweise in Konkurrenz zu den bilateralen Kontakten, die die Ausschüsse zu Parlamenten in Drittstaaten unterhalten. So waren z.B. im Jahr 2010 insgesamt 30 EP-Delegationen zu Gesprächen in den USA, darunter aber nur einmal die Delegation für die Beziehungen zu den USA. Und umgekehrt überschneiden sich die Aktivitäten von Delegationen – vor allem wenn es um aktuelle Krisenherde geht – nicht selten mit dem Arbeitsplan des AFET. Dadurch entsteht parlamentsintern ein erhöhter Koordinationsbedarf z.B. zwischen Delegations- und Ausschussvorsitzenden. Entsprechende Strukturen wurden dafür bisher noch keine geschaffen. Künftig ist zu erwarten, dass die Zahl der EP-Delegation weiter ansteigt. Einige Delegationen, die bisher mit Staatengruppen bzw. Regionalorganisationen Beziehungen auf parlamentarischer Ebene unterhalten, werden sich aufteilen. Diese Tendenz manifestierte sich zu Beginn der 8. Wahlperiode durch folgende Neuerungen: Für die Beziehungen zu Brasilien richtete das EP eine neue Delegation ein. Vorher, von den Delegationen der EuroLat-Versammlung und des Mercosur mitbehandelt, haben der wirtschaftliche Aufschwung Brasiliens und die damit einhergehende Zunahme an politischer Bedeutung eine Etablierung von bilateralen Kontakten eingefordert. Außerdem wandelte das EP die Delegation für die Beziehungen zu den Ländern Südosteuropas in drei eigenständige Delegationen für die Parlamentarischen Stabilitäts- und Assoziationsausschüsse EU-Albanien, EU-Montenegro und EU-Serbien um. Offen ist auch die Zukunft der PPV der AKP-EU. Mit Auslaufen des Cotonou-Abkommens im Jahre 2020 wären die hierin gepflegten Beziehungen des EP entweder durch GPA im Rahmen der Wirtschaftspartnerschaftsabkommen oder durch eine revidierte Kooperationsstruktur mit den Parlamenten der AKP zu kompensieren.[487] Auf jeden Fall induziert die Proliferation der Delegationen eine Reduktion der Mitgliederzahl der bisherigen Delegationen, aber auch ein größeres Maß an Spezialisierung und damit einhergehender Fragmentierung.

13.5 Wahlbeobachtungsmissionen

Wahlbeobachtungen gelten als Schlüsselelement der EU-Außenpolitik in den Bereichen Menschenrechte, *Good Governance* und Demokratieförderung. Wahlbeobachtungsmissionen leiten sich aus dem Grundmandat der EU ab, in deren Gründungsvertrag[488] der Schutz und die Förderung der Menschenrechte sowie die Unterstützung von Demokratisierungsbewegungen als

---

486 Mercosur ist die Abk. für Mercado Común del Sur, den Binnenmarkt, zu dem sich 1991 zahlreiche südamerikanische Staaten zusammengeschlossen haben. Mitglieder sind Argentinien, Brasilien, Paraguay, Uruguay und Venezuela. Zu den assoziierte Mitgliedern gehören Chile, Bolivien, Peru, Kolumbien und Ecuador. Mexiko steht in Verhandlungen über eine assoziierte Mitgliedschaft.

487 Vgl. Nickel, Dietmar: Was kommt nach Cotonou? Die Zukunft der Zusammenarbeit zwischen der EU und den Afrika-, Karibik- und Pazifikstaaten, SWP-Studie, Nr. S 13, Berlin 2012.

488 Art. 6 des Vertrages über die Europäische Union besagt, dass Freiheit, Demokratie, Wahrung der Menschenrechte und Rechtsstaatlichkeit grundlegende europäische Werte sind.

Eckpfeiler der EU-Außen- und Entwicklungspolitik bezeichnet werden. Wahlbeobachtung bedeutet allerdings nicht nur die Überwachung einer Wahl vor Ort, vielmehr umfasst der Topos den kontinuierlichen Beobachtungs- und Unterstützungsprozess, der lange vor den eigentlichen Wahlen beginnt und auch danach durch die ständige Pflege der Beziehungen zu Parlamenten, NROs, Oppositions- und Demokratiebewegungen aufrechterhalten wird. Die Anwesenheit von Wahlbeobachtern verleiht einer Wahl mehr Glaubwürdigkeit, stärkt das Vertrauen der Öffentlichkeit in den Wahlvorgang und macht Wahlbetrug schwieriger.

Die EU setzte erstmals bei den ersten Mehrparteien-Parlamentswahlen in Russland 1993 Wahlbeobachter ein. Die starke Zunahme der Wahlbeobachtungen in den folgenden Jahren führte zur Annahme der Grundsatzerklärung für internationale Wahlbeobachtung, welche die Kommission im November 2005 und das EP im Mai 2007 billigte. Eine umfassende EU-Methodik[489] wurde erst durch die Mitteilung der Kommission über Wahlunterstützung und Wahlbeobachtung durch die EU vom April 2000 eingeführt. Das EP befürwortete diese Mitteilung in seiner Entschließung vom März 2001.[490]

Ganz grundsätzlich lassen sich drei Kategorien von Wahlbeobachtungsmissionen unterscheiden:[491]

1. *Missionen in Länder außerhalb Europas (EUEOM[492]):* Die EP-Wahlbeobachter werden in die EU-Wahlbeobachtungsmission eingebunden. Diese werden seit dem Vertrag von Lissabon durch den EAD durchgeführt. Leiter der Mission ist in der Regel ein Mitglied des Europäischen Parlaments, wobei Planung, Einsatz sowie die Abfassung einer vorläufigen Erklärung in enger Kooperation mit der Kommission erfolgen.

2. *Missionen in Europäische Länder (IEOM[493]):* Unter die Kategorie Europäische Länder fallen die Mitglieder des Europarates und der OSZE, die sich in entsprechenden Konventionen zur Durchführung demokratischer Wahlen verpflichtet haben. Die Parlamentarischen Versammlungen des Europarates und der OSZE[494] haben als Instrument das ODIHR mit der Wahlbeobachtungsorganisation betraut. In Ländern mit Beitrittskandidatenstatus[495] werden keine Missionen durchgeführt, denn dies würde den Schluss nahe legen, dass die Kopenhagener Kriterien[496] nicht erfüllt würden und folglich das Land nicht in die EU aufgenommen werden dürfte.

---

489 Die EU-Methodik ist in hohem Maße von der Methodik der OSZE und ihres Büros für demokratische Institutionen und Menschenrechte (BDIMR) beeinflusst.

490 Vgl. Europäisches Parlament (2008), Bericht über die EU-Wahlbeobachtungsmissionen: Ziele, Vorgehensweisen und künftige Herausforderungen, (2007/2217(INI), A6-0138/2008, S. 14.

491 Vgl. Gahler, Michael/Schlomach, Gerrit F.: „Parlamentarische Diplomatie des Europäischen Parlaments", in: Dialer, Doris/Lichtenberger, Eva/Neisser, Heinrich (Hrsg.): Das Europäische Parlament. Institution, Vision und Wirklichkeit, Innsbruck University Press 2010, S. 327–423.

492 EU Election Observation Missions.

493 International Election Observation Missions (IEOM) with the OSCE Office for Democratic Institutions and Human Rights (ODIHR).

494 Durch Art. 220 Abs. 1 EUV wurde die OSZE ausdrücklich zu jenen internationalen Organisationen hinzugefügt mit denen eine „zweckdienliche Zusammenarbeit" hergestellt werden soll, mit Nachdruck darauf, dass die Hohe Vertreterin den Standpunkt der EU-Mitgliedstaaten zu OSZE-Angelegenheiten koordinieren muss und auf dem Gebiet der Wahlbeobachtungsmissionen wirksamen Mechanismen der Zusammenarbeit zwischen der Parlamentarischen Versammlung der OSZE und dem Europäischen Parlament zu schaffen.

495 Beitrittsland: Kroatien; Kandidatenländer: Island, Die ehemalige jugoslawische Republik Mazedonien, Montenegro, Serbien, Türkei; Potentielle Kandidaten: Albanien, Bosnien und Herzegowina, Kosovo gemäß UN-Resolution 1244.

496 Jedes Land, das einen Antrag auf Mitgliedschaft in der EU stellt, hat die in Art. 49 EUV festgelegten Bedingungen einzuhalten und die in Art. 6 Absatz 1 EUV genannten Grundsätze zu achten. Im Jahr 1993 hat der Europäische Rat auf seiner Tagung in Kopenhagen Beitrittskriterien festgelegt, die 1995 vom Europäischen Rat in Madrid bestätigt wurden.

3. *Unabhängige Missionen:* Diese führt das EP in Eigenregie durch. Darunter fallen z.B. auch die Beobachterdelegationen der Fraktionen. Hier besteht allerdings die Gefahr, dass dadurch die Glaubwürdigkeit und Sichtbarkeit der offiziellen EP-Wahlbeobachtungsdelegationen untergraben werden.

Grundvoraussetzung für die Entsendung einer EP-Wahlbeobachtungsdelegation ist die Einladung durch die Regierung, das Parlament oder die nationale Wahlbehörde des Gastlandes[497] sowie eine internationale Koordinierung der Mission. Zudem muss es sich um eine allgemeine Wahl des nationalen Parlaments oder des Präsidenten handeln. Regionale Wahlen oder Kommunalwahlen werden nur in Ausnahmefällen beobachtet. Darüber hinaus muss die Sicherheit der Wahlbeobachter vor Ort gegeben sein und deren Status zwischen dem Gastland und der EU oder OSZE geregelt sein. Im Übrigen verpflichten sich die Abgeordneten in ihrer Funktion als Wahlbeobachter zur Einhaltung der von der entsendenden Organisation/Institution erstellten Verhaltensregeln („Code of Conduct for EU Election Observers", „Code of Conduct for OSCE/ODIHR Observers"). Die Beobachter sind ferner zu strikter Neutralität und Zurückhaltung gegenüber Medien und Öffentlichkeit verpflichtet.

Abgesehen von seiner technischen Rolle bei den Beobachtungen ist das EP aufgrund seiner demokratischen Legitimität und seines spezifischen Sachwissens über Wahlverfahren dazu angehalten, eine politische Rolle bei Wahlbeobachtungsmissionen zu übernehmen. Manipulationen vor, während und nach der Wahl sollen verhindert werden. Die Wahlbeobachter prüfen im Vorfeld, ob die technischen und rechtlichen Voraussetzungen für die Abhaltung einer Wahl gegeben sind: unabhängige Wahlkommission, demokratisches Wahlgesetz, Teilnahme der Opposition an der Wahl, Teilnahme von Frauen, freie Meinungsäußerung und freie Medienzugang, etc. Die Abgeordneten berufen sich dabei auf die Grundsatzerklärung über internationale Wahlbeobachtungsmissionen und den UN-Verhaltenskodex für internationale Wahlbeobachter, den das EP 2007 explizit übernahm.[498]

Bei der Bewertung einer Wahl konzentrieren sich die Beobachter vor allem auf die Neutralität der Wahlleitung und auf die Freiheit der Kandidaten und der politischen Parteien, sich zu versammeln und ihre Ansichten zu verbreiten. Sie prüfen auch, ob alle Kandidaten fairen Zugang zu staatlichen Mitteln und Medien haben, die Stimmberechtigten ohne Diskriminierung registriert werden und ob die Wahl selbst und die Auszählung der Stimmen betrugsfrei ablaufen.

EP-Koordinierungsgruppe „Demokratieaufbau und Wahlen"

Die von der Konferenz der Präsidenten am 8. November 2001[499] eingerichtete Koordinierungsgruppe „Wahlen" (DEG) fungiert als beratendes Gremium für die Konferenz der Präsidenten. Mit Beginn der 8. Wahlperiode und der Umstrukturierung der GD EXPO des EP wurde sie in *Democracy Support and Election Coordination Group* (DEG) umbenannt. Sie besteht aus 14 Mitgliedern, zu denen neben den Vorsitzenden der Ausschüsse AFET und DEVE, der Vorsitzende der Konferenz der Delegationsvorsitzenden sowie 10 Vertreter der Fraktionen ge-

---

497 2011 wären Delegationen nach Ägypten (Nov/Dez 2011) und Marokko (25. Nov. 2011) vorgesehen gewesen. Die EU wurde allerdings nicht offiziell eingeladen, sodass es zu keinem Einsatz kam.

498 Zu den hohen Standards und dem verfahrensrechtlichen Hintergrund des EP für Wahlbeobachtungen: Beschluss der Konferenz der Präsidenten vom 10. Dezember 2009 über die Durchführungsbestimmungen für Wahlbeobachtungsdelegationen einschließlich eines Verhaltenskodex.

499 Die Vorschriften zur Einrichtung einer Koordinierungsgruppe „Wahlen" wurden von der Konferenz der Präsidenten am 10. Dezember 2009 in überarbeiteter Fassung vorgelegt: Decision of the Conference of Presidents, Implementing Provisions Governing Election Observation Delegations, 10.12.2009, PE 422.562/CPG.

hören. Ex-officio Mitglieder sind der Vorsitz des DROI und der für Menschenrechte und Demokratie zuständige EP-Vizepräsident. Den Co-Vorsitz teilen sich die Ausschussvorsitzenden des AFET und des DEVE. Die Sitze der Fraktionen sind für die 8. Wahlperiode nach folgendem Schlüssel aufgeteilt: EVP (3), S & D (2), ALDE (1), Grüne/EFA (1), EKR (1), KVEL/NGL (1), EFDD (1). Fraktionslose Abgeordnete sind nicht vertreten. Ein Sekretariat mit sechs ständigen Mitarbeitern, das auch den Sitzungskalender für das jeweilige Jahr erstellt, unterstützt die Koordinierungsgruppe.

Tab. 28: Zusammensetzung der Democracy Support and Election Coordination Group (Stand November 2014)

Co-Vorsitz		
Name	**Fraktion**	**Nation**
BROK, Elmar (Vorsitzender des AFET)	EVP	DE
Linda McEvan (Vorsitzende des DEVE)	S&D	UK
Mitglieder		
Name	Fraktion	Nation
Michael Gahler	EVP	DE
Cristian Dan Preda	EVP	RO
Andrzej Grzyb	EVP	PL
Pier Antonio Panzeri[500]	S&D	IT
Ana Gomes	S&D	PT
David Martin	S&D	UK
Ryszard Czarnecki	EKR	PL
Izaskun Bilbao Barandica	ALDE	ES
Judith Sargentini	Die Grünen/EFA	NL
Georgios Katrougkalos	KVEL/NGL	GR
Fabio Castaldo	EFDD	IT

Ex-officio Mitglieder

Name	**Fraktion**	**Nation**
Alexander Graf Lambsdorff (Vizepräsident zuständig für Menschenrechte und Demokratie)	ALDE	DE
Elena Valenciano Martínez-Orozco (Vorsitzende des DROI)	S&D	ES

---

500 Vorsitzender der Konferenz der Delegationsvorsitzenden.

Die DEG ist für die Planung, Organisation, Koordination, Bewertung und Weiterbehandlung der EP-Wahlbeobachtungsmissionen zuständig. Bei der Auswahl der prioritären Länder für eine EU-Wahlbeobachtungsmission sowie bei der Bestellung jenes Abgeordneten, der die Wahlbeobachtungsmission leitet, hat die DEG seit 2011 gegenüber dem EAD ein informelles Anhörungsrecht. Der EAD legt die Zielländer nach Konsultation mit dem DEG und den zuständigen Ratsarbeitsgruppen fest. Hierin zeigt sich auch die verstärkte Zusammenarbeit zwischen EAD und EP in außenpolitischen Belangen. Die EU-Wahlbeobachtungsmissionen (IEOM) sind von Seiten der Kommission mit 70 % budgetiert, wobei 30 % für unvorhergesehene Einsätze vorgesehen sind. Die Schwerpunktländer werden vom HVUASP an die DEG übermittelt. Zweimal jährlich wird ein Zeitplan für sechs Monate erstellt, der der Konferenz der Präsidenten zur Annahme vorgelegt wird. Insgesamt dürfen maximal fünf Länder pro Halbjahr (+ 2 in Ausnahmefällen) vorgeschlagen werden.

Generell sollten die Wahlbeobachtungsmissionen maximal fünf Tage umfassen und nicht an Plenarsitzungstagen, sondern in den Wahlkreis bzw. Delegationswochen („Grüne Wochen") stattfinden. EP-Wahlbeobachtungsmissionen können nur in Ausnahmefällen in Länder entsandt werden, in denen keine Langzeitbeobachtungsmission eingesetzt ist.

Die EP-Wahlbeobachtungsdelegationen setzen sich aus mindestens drei und höchstens sieben Abgeordneten zusammen. In der oben dargestellten Systematik der Delegationen fallen sie in die Kategorie der Ad-hoc-Delegationen, deren Mitglieder von den Fraktionen nach dem D'Hondt-Verfahren (fraktionslose Abgeordnete werden dabei als Gruppe betrachtet) ernannt werden. Insgesamt müssen die Delegationen aus Mitgliedern von mindesten zwei Fraktionen und mindestens zwei Mitgliedstaaten bestehen.

Die Auswahl der Kandidaten erfolgt nach Erfahrung und Länderkompetenz. Daher nehmen in der Regel Mitglieder der zuständigen Ausschüsse und interparlamentarischen Delegationen sowie die Berichterstatter für das betreffende Land an den Beobachterdelegationen teil. Werden zwei Wahlgänge beobachtet, versucht die DEG sicherzustellen, dass die Zusammensetzung der Delegation für beide Runden möglichst identisch ist (z.B. Präsidentschaftswahlen im Senegal 2012).

Im Rahmen des parlamentarischen Dialogs soll das EP künftig auch nach erfolgten Wahlen nachhaltige Demokratieförderung betreiben. Im Jahresbericht der DEG für 2011[501] wird als Priorität für 2012 die Umbenennung der Wahlkoordinierungsgruppe in „Demokratie[502] – und Wahlkoordinierungsgruppe" (*Democray and Election Support Group*) genannt. Dadurch soll dem Faktum Rechnung getragen werden, dass gerade nach einem Wahlbeobachtungseinsatz die Aktivitäten des EP zur nachhaltigen, über den Zeitraum der Wahlbeobachtungsmission hinausgehenden, Förderung der Demokratisierung, der Menschenrechte und der Maßnahmen zur guten Regierungsführung („*good governance*") forciert werden. Nach Ansicht der DEG sollte die Umsetzung der offiziellen Empfehlung einer Wahlbeobachtungsdelegation durch „*Follow-up visits*" unterfüttert werden, bei denen auch Treffen mit Vertretern der Zivilgesellschaft eingeplant sind. Wahlen sollen künftig in stärkerem Maße als umfassender Prozess behandelt werden, um die langfristigen und häufig schwierigen, durch Rückschläge gekennzeichneten Prozesse der demokratischen Konsolidierung aktiv zu unterstützen.

---

501 European Parliament (2011): Election Coordination Group – Annual Activity Report 2011, S. 11.
502 „Bisher hat es die EU nicht geschafft, demokratische Strukturen zu fördern", kritisiert die belgische Europaabgeordnete Véronique De Keyser in ihrem Bericht über die außenpolitischen Maßnahmen der EU zur Förderung der Demokratisierung (2011/2032(INI)), A7-0231/2011, Europäisches Parlament, 16.6.2011.

Tab. 29: EP Wahlbeobachtungsmissionen 2009–2014 (7. Wahlperiode)

Land	Art der Wahl	Datum der Wahl	Rahmen	Vorsitzende(r) (Mitgliederzahl)
Libanon	PARL	07.06.2009[503]	EU	POMES RUIZ Jóse Javier, EVP, ES (5)
Moldawien	PARL	29.07.2009	OSZE	MARINESCU Marian-Jean, EVP, RO (7)
Mosambik	PRÄS-, PARL- und Provinzwahlen	28.10.2009	EU	NEDELCHEVA, Mariya, EVP, BU (7)
Ukraine	PRÄS	17.01.2010 und 07.02.2010 (Stichwahl)	OSZE	KOWAL Pawel, EKR, PL (10) und NEDELCHEVA, Mariya, EVP, BU (7)
Tadschikistan	PARL	28.02.2010	OSZE	JEGGLE Elisabeth, EVP, D (5)
Togo	PRÄS	04.03.2010	EU	GAHLER Michael, EVP, D (7)
Sudan	ALLG	11.-13.04.2010	EU	GOMES Ana, S&D, Pl (7)
Kirgisistan	PARL	10.10.2010	OSZE	NEVEĐALOVÀ Katarína, S&D, SK (6)
Tansania	ALLG	31.10.2010	EU	NEDELCHEVA Mariya, EVP, BU (6)
Aserbaidschan	PARL	07.11.2010	OSZE	JÄÄTTEENMÄKI Anneli, ALDE, SF (7)
Moldawien	PARL	28.11.2010	OSZE	MACOVEI Monica Luisa, EVP, RO (4)
Kosovo	PARL	12.12.2010	Unabhängig	PACK Doris, EVP, D (7)
Kosovo	PARL (Wiederholung in 3 Gemeinden)	09.01.2011	Unabhängig	LUNACEK Ulrike, Grüne/EFA, AT (2)
Sudan	Referendum über die Unabhängigkeit des Südsudan	09.-17.01.2011	EU	NEDELCHEVA, Mariya, EVP, BU (7)
Tschad	PARL	13.02.2011	EU	MUNIZ DE URQUIZA Maria, S&D, ES (7)
Uganda	ALLG	18.02.2011	EU	ZELLER Joachim, EVP, D (4)
Nigeria	PRÄS	16.04.2011	EU	NEDELCHEVA Mariya, EVP, BU (4)
Peru	PRÄS	05.06.2011	EU	BILBAO BARANCICA Izaskun, ALDE, ES (7)
Sambia	ALLG	20.09.2011	EU	MARTIN David, S&D, UK (2)
Tunesien	Konstitutionelle Versammlung	23.10.2011	EU	ALBERTINI Gabriele, EVP, IT (14)
Kirgisistan	PRÄS	30.10.2011	OSZE	VAIDERE Inese, EVP, LT (5)

---

503 Die erste Wahlbeobachtungsmission der 7. Wahlperiode in den Libanon fand kurioser Weise zugleich mit den vom 04.-07.06.2009 abgehaltenen Wahlen zum Europäischen Parlament statt. Auffallend dabei ist, dass keiner der teilnehmenden Abgeordneten während der 7. Wahlperiode mehr im Parlament vertreten war.

Land	Art der Wahl	Datum der Wahl	Rahmen	Vorsitzende(r) (Mitgliederzahl)
Nicaragua	PRÄS-, PARL- und PARLACEN-Wahl[504]	06.11.2011	EU	AYALA SENDER Inés, S&D, ES (7)
DR Kongo	PRÄS	28.11.2011	EU	PERELLO RODRIGUEZ Andres, S&D, ES (6)
Senegal	PRÄS (2 Wahlgänge)	26.02 und 25.03.2012	EU	PREDA Christian Dan, EVP, RO (6) und FISAS AYXELA Santiago, EVP, ES (6)
Armenien	PARL	06.05.2012	OSZE	LISEK Krysztof, EVP, PL (5)
Algerien	PARL	10.05.2012	EU	SAÏFI Tokia, EVP, F / PANZERI Pier Antonio, S&D, IT (7)
Osttimor	PRÄS- und PARL	07.07.2012	EU	MELO Nuno, EVP, P (7)
Georgien	PARL	01.10.2012	OSZE	CABRNOCH Milan, EKR, CZ (8)
Ukraine	PARL	28.10.2012	OSZE	KOWAL Pawel Robert, EKR, PL (15)
Sierra Leone	PRÄS-,PARL- und Kommunalwahlen	17.11.2012	EU	GABRIEL Mariya, EVP, BU (4)
Jordanien	PARL	23.01.2013	EU	PREDA Christian Dan, EVP, RO (7)
Armenien	PRÄS	18.02.2013	OSZE	CABRNOCH Milan, EKR, CZ (5)
Kenia	ALLG	04.03.2013	EU	LISEK Krzystof, EVP, PL (7)
Paraguay	ALLG	21.04.2013	EU	SALAFRANCA José Ignacio, EVP, ES (7)
Pakistan	ALLG	11.05.2013	EU	HOWITT Richard, S&D, UK (3)
Mali	PRÄS	28.07.2013	EU	STRIFFLER Michèle, EVP, F (6)
Aserbaidschan	PRÄS	09.10.2013	OSZE	ARLACCHI Pino, S&D, IT (7)
Madagaskar	PRÄS (1. und 2. Wahlgang)	25.10. und 20.12.2013	EU	BOULLAND Philippe, EVP, F (3 und 7)
Georgien	PRÄS	27.10.2013	OSZE	LISEK Krzystof, EVP, PL (5)
Tadschikistan	PRÄS	06.11.2013	OSZE	JEGGLE Elisabeth, EVP, D (5)
Nepal	PARL	19.11.2013	EU	VAN DER STOEP Daniel, NI, NL (3)
Honduras	ALLG	24.11.2013	EU	AYUSO Pilar, EVP, ES (5)
Guinea Bissau	ALLG	16.04.2013	EU	HALL Fiona, ALDE, UK (4)
Ukraine	PRÄS	25.05.2014	OSZE	FÄRM Göran, S&D, SE (7)
Ägypten	PRÄS	26.-28.05.2014	EU	GOEBBELS Robert, S&D, LUX (6)

Legende: PARL: Parlamentswahl; PRÄS: Präsidentschaftswahl; ALLG: Allgemeine Wahl

---

504 Das Mittelamerika-Parlament (PARLACEN) existiert seit 1991 und besteht aus gewählten Abgeordneten aus Guatemala, El Salvador, Honduras, Nicaragua, Panama und der Dominikanischen Republik.

Demokratische Parlamentswahlen haben nur einen begrenzten Wert, wenn die frisch gewählte Institution von der Exekutive weitgehend dominiert wird. Das EP wird sich daher intensiver für den Aufbau parlamentarischer Institutionen in Drittländern engagieren müssen. Eine weitere wichtige Entwicklung für die zukünftige Praxis besteht in der Bildung gemeinsamer Wahlbeobachtungsdelegation mit den Abgeordneten der PPV AKP-EU, der Parlamentarischen Versammlung Europa-Mittelmeer und der Parlamentarischen Versammlung EuroLat. Dies würde zu einem vertieften Dialog, zu einer größeren medialen Sichtbarkeit und zu Festigung der parlamentarischen Strukturen führen.[505]

13.6 Ausblick

Insgesamt sind die im Bereich des auswärtigen Handelns der EU festgelegten Beteiligungsmechanismen für das EP geringer ausgeprägt als in wesentlichen Bereichen des ehemaligen EG-Vertrages. Hiermit bestätigt sich ein in fünfzig Jahren europäischer Integration beobachtbarer Trend: Die Ausdehnung der funktionalen Reichweite des Integrationsprozesses ging der Schaffung von Mitwirkungsrechten des EP immer voraus. Die MdEP mussten sich ihre Rechte ständig neu erkämpfen. Vor diesem Hintergrund sind auch die im Lissabonner Vertrag erzielten Demokratisierungsschritte in der GASP „pfadabhängig", als optionale Folgemaßnahme der Schaffung und Konsolidierung von EU-Zuständigkeiten zu interpretieren.[506] Eine weitere Stärkung des EP kann daher nur durch die Nutzung seiner bestehenden Befugnisse in Verbindung mit der extensiven Auslegung der kompetentiellen und machtpolitischen Grauzonen der Verträge erwartet werden.

Das EP hat sich als handlungsfähiger Akteur europäischer Außenpolitik positioniert. Zahlreiche Informations-, Konsultations- und effektive Gestaltungsrechte wurden über das parlamentarische Selbstbefassungsrecht in enger Verbindung mit dem Selbstorganisationsrecht ausgebildet und gegenüber Kommission und Rat wirksam verteidigt.[507] Die Androhung von institutionell-systemrelevanten Haushaltsblockaden, aber auch die Suspendierung laufender Gesetzgebungs- und Zustimmungsverfahren zwingen die beiden anderen Organe immer wieder an den „interinstitutionellen Verhandlungstisch".

Durch den Vertrag von Lissabon wurde der parlamentarische Einfluss auf die GASP gestärkt, da sich die Hohe Vertreterin der Union für Außen- und Sicherheitspolitik im Rahmen ihres „Doppelhuts" als Vizepräsident/in der EK gegenüber dem EP verantworten muss. Es erscheint unrealistisch, dass bei einem verlorenen Misstrauensvotum der Europäischen Kommission, der europäische Außenminister im Rahmen seiner zweiten Funktion als Vertreter des Rates im Amt bleiben könnte. Besondere Bindungen der HVUASP an das Parlament leiten sich dabei insbesondere aus den Gründungsbeschlüssen zum Europäischen Auswärtigen Dienst (EAD) ab. Aus diesen leiten sich nicht nur besondere Berichts- und Konsultationspflichten der HVUASP ab, sondern auch besondere Rechenschaftspflichten der EU-Delegationsleiter und Sonderbeauftragten, die sich nach ihrer Ernennung, aber vor dem effektiven Dienstantritt einem Anhörungsverfahren im AFET stellen müssen. Hinsichtlich der haushaltspolitischen Aspekte der GASP, der GSVP und der Entwicklungspolitik stößt das Parlament an konstitutionelle Gren-

---

505 Vgl. Europäisches Parlament (2008), Bericht über die EU-Wahlbeobachtungsmissionen: Ziele, Vorgehensweisen und künftige Herausforderungen, (2007/2217(INI), A6-0138/2008, S. 18.
506 Vgl. Maurer, Andreas/Kietz Daniela 2010 S. 199-224.
507 Vgl. Ebenda.

zen und wird in den kommenden Jahren mit Nachdruck fordern, dass das gesamte Auswärtige Handeln der Union aus dem EU-Haushalt finanziert wird.

Im Hinblick auf die „zivilen" Politiken des auswärtigen Handelns der Union hat der Lissabonner Vertrag eine erhebliche Machterweiterung des EP erbracht. Die Beteiligung des EP an den Verhandlungen zum Handelsübereinkommens zur Bekämpfung von Produkt- und Markenpiraterie (ACTA) offenbarte allerdings erstmals neuartige Defizite.[508] Zwar hat sich die Kommission in allen mit dem EP vereinbarten Punkten an die Informations- und Konsultationsregeln der Rahmenvereinbarung gehalten. Aber gerade die Auseinandersetzungen über dieses Abkommen zeigten, dass sich das Parlament und seine Ausschüsse erfolglos die Zähne an der Kommission ausbeißen, wenn sie zu Verhandlungsaspekten Konsultationen führen wollen, für die nicht die Kommission, sondern die Mitgliedstaaten bzw. die für sie international verhandelnde Ratspräsidentschaft verantwortlich zeichnen. Diese Vernebelung der Rechenschaftspflicht ist auch künftig immer dann wahrscheinlich – und zeigt sich aktuell gerade wieder im Rahmen der Verhandlungen zu TTIP –, wenn internationale Abkommen Politikbereiche tangieren, die nicht in die Alleinzuständigkeit der EU fallen. Je „breiter" ein internationales Abkommen funktional angelegt ist und je mehr „gemischte Kompetenzen" betroffen sind, desto stärker agieren Mitgliedstaaten bzw. die Ratspräsidentschaft als separates Verhandlungsteam, auf das die Kommission und hierüber vermittelt eben auch das EP keinen besonderen Einfluss haben. Abhilfe könnten zwei Reformvarianten schaffen: Erstens eine Vereinbarung zwischen EP und Rat, die die 1964 für Assoziierungsabkommen („Luns-Verfahren")[509] und 1993 für Handelsabkommen („Westerterp-Verfahren)[510] vereinbarten Informationsverfahren analog zur Rahmenvereinbarung zwischen EP und Kommission aktualisiert. Dieser Schritt nötigt dem Rat erhebliche Zugeständnisse ab. Aber selbst wenn sich die Mitgliedstaaten zu einer solchen Reform bewegen ließen, bliebe das Parlament immer vom Wohlwollen des Rates abhängig. Denn gegenüber dem Rat verfügt das Parlament über keine Mittel zur effektiven Sanktionierung regelaversen Verhaltens, das mit der Drohkulisse des Misstrauensvotums gegenüber der Kommission vergleichbar wäre und entsprechend disziplinierende Wirkungen entfaltet. Mehr Rechtssicherheit wäre daher nur zu erreichen, wenn das EP in der zweiten Reformvariante im Hinblick auf die nächste Vertragsreform dafür werben würde, aus den gegenwärtig informellen Verfahren ein vertraglich verbrieftes Mitwirkungsrecht analog zu den Mandatierungsverfahren des US-Senats zu vereinbaren.[511] Eine solche Reform böte dann im Gegenzug auch realistische Chancen für die von Rat und Kommission angemahnte Verschärfung der Regeln über die Behandlung vertraulicher Dokumente im Parlament: Denn wäre das Parlament an der Verabschiedung der Verhandlungsmandate auf Augenhöhe mit dem Rat beteiligt, übernähme es auch die volle Verantwortung für den weiteren Umgang hiermit. Die Koautorenschaft am

---

508 Vgl. Uerpmann-Wittzack 2011.

509 Vgl. Accord Asemblée-Parlement / Conseil sur la négociation des accords d´association ('Procédure Luns'), Procès-Verbal du Conseil des 24/25 février 1964 (I/4/64, 20 mars 1964); doc S 861/63 (ASS 5), page 7; PE doc 30.01.1978, p. 21; P.V. Conseil 24-25 février 1964, p. 26; Conseil docI/4 d/65 (Annex), p. 4 du 14.01.1965.

510 Vgl. Endorsement by the Council in favour of the EP, referred to in Resolution on procedures for participation by the EP in the conclusion of trade agreements between the Community and third countries (so called 'Westerterp-procedure'), ABl. 1973 Nr. C 14, 16 v. 27.3.1973; Bull EP 34-1973, 3ff, v. 19.10.1973; Council Note of 16 Oct 1973, R/2641/73 (not published). Vgl. Walsche, Aline, de: „La procédure de conclusion des accords internationaux" in: Dony, Marianne/Louis, Jean-Victor (Hrsg.): Commentaire J. Mégret, Tome No. 12 - Relations extérieures, 2ieme éd., Université libre de Bruxelles 2005, S. 77-110, hier S. 96-106; sowie Macleod, Iain/Hendry, Ian/Hyett, Stephen: The External Relations Law of the European Communities, Oxford 1996, S. 98-100.

511 Vgl. hierzu: US Congressional Research Service: Treaties and other international agreements: The role of the United States Senate, 106th Congress, 2nd Session, S. Prt. 106-71, Washington 2001.

Mandat würde das Parlament effektiver in die Einhaltung von Verfahren einbinden, die den berechtigten Wunsch nach Öffentlichkeit und Transparenz der EU mit dem Vertraulichkeitsgebot bei internationalen Verhandlungen versöhnt.

Besonderes Augenmerk verdienen die Delegationen des EP als seine Augen und Ohren „im Feld", um den Wissenstand über die Partnerländer zu erhöhen und um europäisches Handeln in und gegenüber Drittstaaten und Internationalen Organisationen besser und unabhängig von den Informations- und Berichtsroutinen der Kommission und des EAD bewerten zu können. Aus dieser eigenständigen, „parlamentarischen Diplomatie" ziehen die Abgeordneten im Plenum und in den Ausschüssen großen Nutzen, da sie die Parlamentsanalyse in Vorschläge für die praktische Politikgestaltung an den Rat und die Kommission münzen. Mit den Wahlbeobachtermissionen verfügt das EP über ein wirksames Mittel, um den Stellenwert demokratischer Wahlen weltweit zu prüfen und Missbrauch und Unzulänglichkeiten gegebenenfalls durch Herstellung von Öffentlichkeit anzuprangern und Verbesserungsvorschläge zu unterbreiten.

Die Erweiterung der Befugnisse der außenpolitischen Ausschüsse induziert ein Dilemma im intraparlamentarischen Feld. War bisher vor allem der AFET mit seinen beiden Unterausschüssen SEDE und DROI für den gesamten Komplex der auswärtigen Beziehungen der Union und der DEVE für die Ausgestaltung der entwicklungspolitischen Zusammenarbeit verantwortlich, beansprucht der funktional deutlich aufgewertete INTA Rechte, die hinsichtlich der parlamentarischen Begleitung der Dossiers zu internationalen Abkommen eine Differenzierung der Zuständigkeiten aller drei Hauptausschüsse sowie der beiden AFET-Unterausschüsse notwendig macht. Hierbei ist auch zu berücksichtigen, dass andere Ausschüsse ein politikbereichsspezifisches Profil im Bereich der Internationalen Abkommen entwickeln, das immer wieder mit den Ansprüchen des AFET und teilweise auch mit jenen des INTA und des DEVE in Konflikt gerät. Mittelfristig kommt das Parlament nicht umhin, die Frage der Ausschusszuständigkeiten den Bestimmungen des Lissabonner Vertrages anzupassen. Anstelle des partei- bzw. fraktionspolitisch motivierten Wildwuchses in der Definition der Ausschussmandate wäre durchaus denkbar, dass sich die Zuständigkeiten der Ausschüsse künftig systematisch an den Rechtsgrundlagen der Abkommen orientieren. Da diese im Falle von politisch breiter angelegten Abkommen eher gleichberechtigt kombiniert denn hierarchisiert werden, stellt sich für das Parlament die Aufgabe, das bereits praktizierte, aber doch vielen Hindernissen und Sollbruchstellen ausgesetzte Verfahren der gemeinsamen Ausschüsse von Grund auf zu reformieren. Ohne eine entsprechende Reform gerät das Parlament in die Gefahr der „Fragmentierung von Außen". Denn letztlich sind im Kampf um parlamentarische Ausschusszuständigkeiten nicht die Abgeordneten, sondern der Rat und die Mitgliedstaaten die Nutznießer eines sich selbst blockierenden Parlaments. Sicher gilt der Einwand, dass am Ende immer das Plenum entscheidet und sich der Streit um Zuständigkeiten – Macht, Profil und Sichtbarkeit – im jeweiligen Beschluss des Parlaments auflöst. Wenn das Parlament aber effiziente Verfahren zur Begleitung und Kontrolle aller Phasen im Prozess hin zu einem internationalen Abkommen einrichten und festigen will, kommt es nicht an der Klärung der Vorrechte seiner unterhalb der Plenarebene agierenden Gremien herum.

14 Interparlamentarische Zusammenarbeit

EUV-Protokoll Nr. 1 über die Rolle der Nationalen Parlamente in der Europäischen Union

Art. 9

Das Europäische Parlament und die nationalen Parlamente legen gemeinsam fest, wie eine effiziente und regelmäßige Zusammenarbeit zwischen den Parlamenten innerhalb der Union gestaltet und gefördert werden kann.

Art. 10

Eine Konferenz der Europa-Ausschüsse der Parlamente kann jeden ihr zweckmäßig erscheinenden Beitrag dem Europäischen Parlament, dem Rat und der Kommission zur Kenntnis bringen. Diese Konferenz fördert ferner den Austausch von Informationen und bewährten Praktiken zwischen den nationalen Parlamenten und dem Europäischen Parlament, einschließlich ihrer Fachausschüsse. Sie kann auch interparlamentarische Konferenzen zu Einzelthemen organisieren, insbesondere zur Erörterung von Fragen der Gemeinsamen Außen- und Sicherheitspolitik, einschließlich der Gemeinsamen Sicherheits- und Verteidigungspolitik. Die Beiträge der Konferenz binden nicht die nationalen Parlamente und greifen ihrem Standpunkt nicht vor.

Auch nach den umfassenden Reformen des Lissabonner Vertrages besteht in Politik und Wissenschaft Uneinigkeit darüber, inwieweit die formale Aufwertung der nationalen Parlamente geeignet ist, um die mitgliedstaatlich verankerte, parlamentarische Teilhabe an europäischen Entscheidungs- und Rechtssetzsetzungsprozessen zu erhöhen. Nicht erst seit der Banken-Staatsschulden- und Eurokrise sind die europapolitischen Funktionen und Rollenprofile der nationalen Parlamente Gegenstand politikwissenschaftlicher und europarechtlicher Analysen und Debatten.[512]

Seit Ende der 1980er Jahre ist eine größtenteils vom EP initiierte und strukturierte Vernetzung derjenigen parlamentarischen Gremien zu beobachten, die sich auf mitgliedstaatlicher Ebene politikfeldübergreifend mit EU-Angelegenheiten befassen. Diese Zusammenarbeit fokussiert dabei sowohl auf die sogenannten EU- oder Europaausschüsse als auch auf die Fachausschüsse der Parlamente im Hinblick auf die Beratung europapolitisch „aufgeladener" Impulse. In der konzeptionell-strategischen Ausrichtung versucht das EP hiermit, den mit der sukzessiven Kompetenzübertragung von der nationalen auf die europäische Ebene einhergehenden Verlust nationalparlamentarischer Politikgestaltungskompetenzen durch interparlamentarische Kontrollverfahren der Exekutiven zu kompensieren.[513] Eine engere Zusammenarbeit mit den na-

---

512 Vgl. Becker, Peter/Pintz, Anne: Dei neue Rolle der nationalen Parlamente in der EU. Aus deutschen und europäischen Zeitschriften und Gutachten der Jahre 2010 bis 2012, SWP-Zeitschriftenschau 2, Juli 2012; Eberbach-Born, Birgit/Kropp, Sabine/Stuchlik, Andrej/Zeh, Wolfgang (Hrsg.): Parlamentarische Kontrolle und Europäische Union, Baden-Baden 2013.

513 Vgl. Maurer, Andreas: Les implications du Traité de Maastricht sur la coopération interparlementaire - le cas du Parlement européen et du Parlement francais, Bruxelles 1996; Maurer, Andreas: Perspektiven für die Kooperation zwischen dem Europäischen Parlament und den Nationalen Parlamenten, Europäisches Parlament/GD IV, Reihe Politik, Nr. W-19, Luxemburg 1996; Pöhle, Klaus: „Das Demokratiedefizit der Europäischen Union und die nationalen Parlamente. Bietet COSAC einen Ausweg?", in: Zeitschrift für Parla-

tionalen Parlamenten erscheint dabei aus Sicht vieler Europaabgeordneter unerlässlich, um die gewandelten Mitwirkungsrechte des EP effizient wahrnehmen zu können. Die vertiefte Kooperation zwischen den Parlamenten wurde bereits 1992 im Vertrag von Maastricht in Form zweier politischer Erklärungen (Nr. 13 und 14) dokumentiert. Hintergrund und wesentliches Motiv der interparlamentarischen Vernetzung war und ist bis heute die Annahme, dass sich beide Parlamentsebenen mit Informationen aus den laufenden Politikzyklen und Entscheidungsprozessen der EU unterstützen können. Normative Grundlage dieser auch unter dem Begriff des „Mehrebenenparlamentarismus"[514] oder „parlamentarischen Mehrebenenfelds" (*„multi-level parliamentary field"*[515]) erfassten Vernetzungsbemühungen ist das im EP entwickelte Prinzip der gegenseitigen Erleichterung und Hilfe bei der Kontrolle der Regierungen.

Ziele, Methoden und Instrumente der Stärkung der Mitwirkungsrechte der nationalen Parlamente im europäischen Entscheidungs- und Legislativprozess waren ein wichtiger Dreh- und Angelpunkt der zurückliegenden Konvents-, Verfassungs- und Lissabonner Vertragsdebatte.[516] Aufgrund seiner Zusammensetzung (MP und MdEP neben Vertretern der Regierungen und anderer EU-Organe) schenkte der Verfassungskonvent den wechselseitigen Beziehungen zwischen dem EP und den nationalen Parlamenten viel Aufmerksamkeit. Das Thema blieb auch auf den zum Lissabonner Vertrag hinführenden Regierungskonferenzen aktuell. Gleichwohl verengte sich hierbei der Fokus in zweierlei Hinsicht: erstens auf die im Vergleich zum Verfassungsvertrag (VVE) qualitativ angehobenen Einspruchs- und Blockade- bzw. Notbremsrechte der nationalen Parlamente und zweitens auf deren Mitwirkung in der Kontrolle der Einhaltung des Subsidiaritätsprinzips.[517]

Im Vertrag von Lissabon wird den nationalen Parlamenten erstmals unmittelbar eine offizielle Rolle zugestanden. Gemäß Art. 12 EUV tragen sie „aktiv zur guten Arbeitsweise der Union" bei. Zur Erfüllung dieses Auftrags gewährt der Vertrag den nationalen Parlamenten dabei nicht nur das Recht auf Information und Partizipation, sondern verpflichtet sie auch dazu, für den „verfahrensgerechten" Ablauf des Grundsatzes der Subsidiarität zu sorgen und sich an den Verfahren zur Änderung der Verträge zu beteiligen. Alle Legislativvorschläge der EU müssen seit Inkrafttreten des Vertrages an die Parlamente übermittelt werden, damit diese im Falle einer in den Mitgliedstaaten gesetzlich verankerten Mitwirkung durch die Abgabe von Stellungnahmen tätig werden. Konkretisiert wird diese Mitwirkungspflicht beim neu geschaffenen Instrument der Subsidiaritätsprüfung (bzw. Subsidiaritätsklage).

---

mentsfragen, Vol. 29, Nr. 1/1998, S. 77-89; Costa, Olivier/Latek, Maria: „Paradoxes et limites de la coopération interparlementaire dans l'Union européenne", in: Journal of European Integration, Vol. 23, Nr. 2/2001, S. 139-164; Maurer, Andreas: Parlamentarische Demokratie in der Europäischen Union: Der Beitrag des Europäischen Parlaments und der nationalen Parlamente, Baden-Baden 2002; Larhant, Morgan: La cooperation interparlementaire dans l'UE: l'heure d'un nouveau départ?, Notre Europe, Policy paper Nr 16, Paris 2005.

514   Maurer 2002; Maurer, Andreas: „Mehrebenendemokratie und Mehrebenenparlamentarismus. Das Europäische Parlament und die nationalen Parlamente nach Lissabon", in: Kadelbach, Stefan (Hrsg.): Europäische Integration und parlamentarische Demokratie, Baden-Baden 2009, S. 19-58; Eppler, Annegret: „Vertikal und horizontal, bi- und multilateral: Interparlamentarische Beziehungen in EU-Angelegenheiten", in: Abels/Eppler 2011, S. 297-314; Maurer, Andreas: „Mehrebenenparlamentarismus und Interparlamentarische Zusammenarbeit in der Europäischen Union", in: Franzius, Claudio/Mayer, Franz/Neyer, Jürgen (Hrsg): Modelle des Parlamentarismus im 21. Jahrhundert. Neue Ordnungen von Recht und Politik, Baden-Baden 2015.

515   Vgl. Crum, Ben/John E. Fossum: „The Multilevel Parliamentary Field: A Framework for Theorizing Representative Democracy in the EU", in: European Political Science Review, Vol. 1, Nr. 2/2009, S. 249-271.

516   Vgl. Maurer, Andreas: „Konstitutioneller Wandel und „Realpolitik" im EU-System – Perspektiven zum Europäischen Verfassungsvertrag", in: Zeitschrift für Politik, Vol. 53, Nr. 3/2006, S. 300-332.

517   Vgl. Maurer, Andreas: „National Parliaments in the Architecture of Europe After the Constitutional Treaty", in: Gavin Barrett (Hrsg.): National Parliaments and the European Union: The Constitutional Challenge for the Oireachtas and Other Member State Legislatures, Dublin 2008, S. 47-103.

Die neuen Mitwirkungsrechte der nationalen Parlamente sollen einerseits zu einer Festigung der demokratiepolitischen Legitimation der EU führen; anderseits erhoffen sich die Vertragsautoren, hiermit ein neues, europapolitisch gelagertes Selbstverständnis der nationalen Parlamente im Umgang mit den Exekutivorganen im EU-System. Systematisch induziert die Nutzung der neuen Parlamentsrechte Pflichten für die Adressaten. Praktisch ergibt sich durch die verstärkte Auseinandersetzung der nationalen Europa- und Fachausschüsse mit europäischen Themen ein Mehraufwand, der auch personell und organisationell abgefedert werden muss. Seitens des EP legte der EP-Ausschuss für konstitutionelle Fragen (AFCO) 2009 einen neuen Initiativbericht („Brok-Bericht")[518] zur Entwicklung der Beziehungen zwischen dem EP und den nationalen Parlamenten im Rahmen des Vertrags von Lissabon vor. Demnach sollte „jede Form interparlamentarischer Zusammenarbeit [...] ihrer Art nach deliberativ sein, keine Entscheidungen im Hinblick auf die bestehenden Entscheidungszyklen der Union beinhalten und charakterisiert sein von gegenseitiger Anerkennung von Parlamenten und Parlamentariern als Spiegel der Gesellschaft". Die auf der Grundlage des Brok-Berichts am 7. Mai 2009 angenommene Entschließung enthält weitere Vorschläge zur Effektivierung der interparlamentarischen Beziehungen auf Grundlage des Vertrages von Lissabon[519], die ihren Niederschlag in Einzelbestimmungen der reformierten Geschäftsordnung finden.

Gemäß Art. 27 Abs. 3 GOEP ist die Konferenz der Präsidenten für die Beziehungen zu den nationalen Parlamenten zuständig. Im engeren Sinne unterliegt dieser Bereich dem EP-Präsidium. Im Dezember 2009 richtete die Konferenz der Präsidenten eine Lenkungsgruppe[520] für die Beziehungen zu den nationalen Parlamenten mit dem Auftrag ein, konkrete, praktische Empfehlungen auszuarbeiten, wie das EP die im Vertrag von Lissabon definierten Beziehungen zu den nationalen Parlamenten in seinen Gremien und Arbeitsprozessen ausgestalten kann. Die Lenkungsgruppe setzte sich zusammen aus den drei für die Beziehungen zu den nationalen Parlamenten zuständigen Vize-Präsidenten des EP, dem Vorsitzenden der Konferenz der Ausschussvorsitzenden, dem Vorsitzenden des Ausschusses für konstitutionelle Fragen, sowie jeweils einem Vertreter jeder Fraktion. Die Lenkungsgruppe ermittelt seitdem in ihren Jahresberichten den erreichten Stand der interparlamentarischen Beziehungen und spricht darin Empfehlungen für die Optimierung der Arbeitsweise in den unterschiedlichen, gemeinsamen Kooperationsgremien aus. Darüber hinaus koordiniert die Lenkungsgruppe die Positionen des EP für die Konferenz der Parlamentspräsidenten als auch die Teilnahme der EP-Delegationen an der Konferenz der auf EU-Angelegenheiten spezialisierten Ausschüsse (COSAC).

14.1 Europapolitische Profile der nationalen Parlamente der Mitgliedstaaten

Die nationalen Parlamente der EU-Mitgliedstaaten setzen sich aus ein oder zwei Kammern zusammen (Uni- oder Bikameralismus). Grundsätzlich verfügen föderal gegliederte Staaten über

---

518 Vgl. Europäisches Parlament (2009): Bericht über die Entwicklung der Beziehungen zwischen dem Europäischen Parlament und den nationalen Parlamenten im Rahmen des Vertrages von Lissabon, Berichterstatter: Elmar Brok, A6-0133/2009.

519 Vgl. Europäisches Parlament (2009): Entschließung vom 9. Mai 2009 zu der Entwicklung der Beziehungen zwischen dem Europäischen Parlament und den nationalen Parlamenten im Rahmen des Vertrags von Lissabon (2008/2120(INI), P6_TA(2009)0388).

520 Der Bericht der Lenkungsgruppe über „Die interparlamentarischen Beziehungen zwischen dem Europäischen Parlament und den nationalen Parlamenten im Rahmen des Vertrags von Lissabon 2010-2011" wurde 2012 veröffentlicht. Die folgenden Ausführungen basieren teilweise auf den Empfehlungen der Lenkungsgruppe.

eine zweite Kammer, aber nicht jeder EU-Mitgliedstaat, der eine solche Kammer hat, ist ein Bundesstaat – z.B. Frankreich oder Großbritannien.[521] Über den Zeitverlauf der EU-Integration haben die intra- wie interinstitutionelle Komplexität und Heterogenität der Parlamente zugenommen. Im gegenwärtigen Verbund der EU-28 existieren 15 Ein- und 13 Zweikammersysteme (Stand Juli 2013), wobei das kleinste Parlament in Luxemburg 60 direkt gewählte Mitglieder und die größte Volksvertretung, das Zweikammersystem in Großbritannien 1 392 Mitglieder aufweist. Neben Großbritannien zählen auch die bikameralen, nationalen Parlamente Frankreichs (908) und Italiens (952) mehr Abgeordnete als das Europäische Parlament.

Ähnlich unterschiedlich wie die Größe verhält sich die verfassungsrechtliche und politische Realität in den einzelnen Mitgliedstaaten, die ausschlaggebend dafür ist, in welchem Ausmaß und unter Rückgriff auf welche Verfahren sich die nationalen Parlamente in den Europäischen Entscheidungsprozess einbringen können.[522] Unabhängig von den spezifischen EU-Regeln zur Parlamentsbeteiligung unterscheiden sich bereits die parlamentarischen Regierungssysteme (z.B. Bundesrepublik Deutschland, Großbritannien, Italien, Spanien und Ungarn) von den präsidentiellen Regierungssystemen (z.B. Frankreich und Polen) durch ihre Wahl- oder Kreationsfunktion[523] und insofern auch im Hinblick auf die effektiven Chancen zur Wahrnehmung ihrer Kontroll- und Politikgestaltungsfunktionen.

Tab. 30: Die parlamentarischen Systeme der EU-Mitgliedstaaten

Mitgliedstaaten mit Einkammersystem	Mitglieder/Kammer	Wahlperiode (in Jahren)
Bulgarien – *Narodno Sabranie*	240	4
Dänemark – *Folketing*	179	4
Estland – *Riigikogu*	101	4
Finnland – *Eduskunta*	200	4
Griechenland – *Vouli ton Ellinon*	300	4
Lettland – *Saeima*	100	4
Litauen – *Lietuvos Respublikos Seimas*	141	4
Luxemburg – *Chambre des Députés*	60	5
Malta – *Kamra Tad-Deputati*	69	5

---

521 Vgl. Grabow, Karsten: Internationale Parlamentszusammenarbeit. Handbuch für die europäische und internationale Zusammenarbeit der Konrad-Adenauer-Stiftung, März 2011, S. 10 f.

522 Vgl. zur konzeptionellen Einordnung, parlamenarismustheoretischen Herleitung und Versuchen zur Erklärung der Varianz: Maurer 2002; Maurer, Andreas/Wolfgang Wessels (Hrsg.): National Parliaments on their Ways to Europe: Losers or Latecomers?, Baden-Baden 2001; Barrett, Gavin (Hrsg.): National Parliaments and the European Union: The Constitutional Challenge for the Oireachtas and Other Member State Legislatures, Dublin 2008; Raunio, Tapio: „National Parliaments and European Integration: What We Know and Agenda for Future Research", in: The Journal of Legislative Studies, Vol. 15, Nr. 4/2009, S. 317–334; O'Brennan, John/ Tapio Raunio (Hrsg.): National Parliaments within the Enlarged European Union: From 'victims' of integration to competitive actors?, Routledge 2007; Karlas, Jan: „Parliamentary control of EU affairs in Central and Eastern Europe: Explaining the variation", in: Journal of European Public Policy, Vol. 18, Nr. 2/2011, S. 258-273; Winzen, Thomas: „European integration and national parliamentary oversight institutions", in: European Union Politics, Vol. 14, Nr. 2/2013, S. 297-323; Winzen, Thomas: „National parliamentary control of European Affairs: a cross-national and longitudinal comparison", in: West European Politics, Vol. 35, Nr. 3/2012, S. 657-672.

523 Die Exekutive geht aus dem Parlament hervor und ist in der Amtsführung von parlamentarischer Unterstützung abhängig.

Portugal – *Assembleia da República*	230	4
Schweden – *Riksdag*	349	4
Slowakei – *Národná rada*	150	4
Ungarn – *Országgyűlés*	386	5
Zypern – *Vouli ton Antiprosópon*	80 (nur 56 besetzt; die 24 türkischen Mandate bleiben vakant)	5
Kroatien – *Sabor*	151	4

Mitgliedstaaten mit Zweikammersystem	Mitglieder der Ersten Kammer	Mitglieder der Zweiten Kammer	Mitglieder insgesamt	Wahlperiode der direkt gewählten Kammer (in Jahren)
Belgien – *Chambre des représentants/Sénat*	150	71	221	4
Deutschland – *Bundestag/Bundesrat*	620	69	689	4
Frankreich – *Assemblée nationale/Sénat*	577	343	920	5
Irland - *Dáil Éireann/Seanad Éireann*	166	60	226	5
Italien – *Camera dei deputati/Senato della Repubblica*	630	315	945	5
Niederlande – *Eerste Kamer der Staten-Generaal (Senat)/Tweede Kamer der Staten-Generaal (Abgeordnetenhaus)*	75	150	225	4
Österreich – Nationalrat/Bundesrat	183	62	245	5
Polen – *Sejm*/Senat	460	100	560	4
Rumänien – *Camera Deputaţilor Senatul*	331	137	468	4
Slowenien – *Državni zbor/Državni svet*	90	40	130	4
Spanien – *Congreso de los Diputados/Senado de España*	350	258	608	4
Tschechische Republik – *Poslanecká sněmovna/ Senát*	200	81	281	4
Vereinigtes Königreich – *House of Commons/House of Lords*	650	789	1 439	5

(Stand Juli 2013, Eigene Darstellung)

Im Juli 2013 waren 37 parlamentarische Kammern durch einen oder mehrere Vertreter ihrer Verwaltung im EP präsent. Seit 2010 sind sie gemeinsam mit der EP-Direktion für die Beziehungen zu den nationalen Parlamenten in einem gemeinsamen Parlamentsgebäude in Brüssel untergebracht. Wöchentliche Sitzungen dienen dem Informationsaustausch, der Optimierung der interparlamentarischen Informationsverwaltungsabläufe und der Initiierung und Durchführung interparlamentarische Sitzungen. Daneben sind die Vertreter der nationalen Parlamente regelmäßig eingeladen, an den interinstitutionellen Evaluierungs- und Planungskonferenzen zur Umsetzung der OGV sowie zu Fragen der delegierten und Durchführungsrechtsakte teilzunehmen. Die Praxis ist hierbei von einem hohen Maß an informell-vertraulicher, gegenseitiger

Information und Kooperation gekennzeichnet, die den politischen Dialog zwischen den Parlamenten erleichtert und einer gemeinsamen Ausübung der parlamentarischen Kontroll- und Öffentlichkeitsfunktionen den Weg bahnt.

Die nationalen Parlamente spielen in der Debatte um die Genese einer europäischen Öffentlichkeit eine wichtige Rolle. Anders als das EP stehen sie in einem unmittelbareren Kontakt zu den europäischen Bürgerinnen und Bürgern und können Entscheidungen der nationalen Regierungsvertreter im Europäischen Rat oder Ministerrat unter relativ hoher medialer Aufmerksamkeit öffentlich zur Diskussion stellen. Allerdings wird die Politik des europäischen Mehrebenensystems sowohl in der nationalparlamentarischen Debatte als auch in den Medien auf einen den Mitgliedstaaten vermeintlich enthobenen Raum „Brüssel" verkürzt und vor dem Hintergrund der nationalen politischen Kultur sowie der hierbei tradierten, gesellschaftlichen wie parteipolitischen Konfliktlinien und Interessenskonstellationen interpretiert. Da sich ihre Grundinteressen zudem regelmäßig im Mandatswettbewerb entlang national gelagerter Themenstellungen zu bewähren haben, rücken nationale Abgeordnete mit ihren europäischen Interessen oder Aufgaben nicht notwendigerweise in den Fokus der medialen Aufmerksamkeit. In der Regel gelingt ihnen dies nur, wenn sie die mediale Inszenierung mitgliedstaatlicher Parlamentspolitik nutzen, um sich vor oder gegen „Brüssel" zu stellen, um anlässlich von Regierungserklärungen (im Vorfeld oder nach Sitzungen des Europäischen Rates) Gegenentwürfe zur europapolitischen „Großvorhaben" (Vertragsänderungen, Beitritte zur EU etc.) vorzustellen oder aber – unter Verweis auf das „Königsrecht" des Parlaments – wenn es um die Einbringung von Haushaltsmitteln ihres Mitgliedstaates zugunsten der EU oder anderer Mitgliedstaaten geht.[524]

14.2 Gremien und Plattformen der interparlamentarischen Zusammenarbeit

Interparlamentarische Zusammenarbeit findet im EP als Zusammenarbeit zwischen Parlamenten, Parlamentsausschüssen, Abgeordneten sowie zwischen den Parlamentsverwaltungen statt. Für die Zusammenarbeit gelten Regeln in Form interparlamentarisch verabschiedeter Geschäftsordnungen, ungeschriebener, über die Zeit entwickelter Verfahrensroutinen, und innerhalb der Parlamente vereinbarter Regelwerke. Neben diesen Formen der interorganisationellen Zusammenarbeitet haben sich auch Kooperationsformate der parteipolitischen Familien bzw. der ihnen zugeordneten Parlamentsfraktionen entwickelt.[525] Auf nationaler Ebene sind es noch immer in erster Linie die Europaausschüsse, die das Fundament der interparlamentarischen Kooperation bilden. Der in den nationalen Parlamenten beobachtbare Institutionenwandel konzentriert sich in erster Linie auf die Revision der jeweiligen Binnenstruktur – in der Ausschussarbeit, im Plenum oder in den Parlamentsverwaltungen. Die meisten interparlamentarischen Sitzungen finden am Brüsseler Sitz des EP oder in demjenigen Mitgliedstaat statt, der den halbjährlich rotierenden Ratsvorsitz innehat, statt.

---

524 Vgl. Auel, Katrin/Raunio, Tapio (Hrsg.): National Parliaments, Electorates and EU Affairs, Institute for Advanced Studies, Political Science Series, Nr. 129, Vienna 2012; Kietz, Daniela: Politisierung trotz Parteienkonsens: Bundestag, Bundesrat und die Euro-Krise, Gütersloh 2013.

525 Innerhalb der EP-Fraktionen gibt es auf Mitarbeiterebene politische Referenten/Koordinatoren, die u.a. oder explizit für die Beziehungen zu den nationalen Parlamenten zuständig sind. Bei den Grünen/EFA ist aufgrund der Fraktionsstärke nur eine Person damit befasst, wohingegen bei der Fraktion S&D zwei politische Referenten (+Assistenz) dafür zuständig sind.

14.2.1 Konferenz der Europaausschüsse der nationalen Parlamente

Im Nachgang an eine europäische Parlamentarierkonferenz des belgischen Repräsentantenhauses im Mai 1987 eruierte das EP im Seeler-Bericht[526] Möglichkeiten zur Entwicklung der Beziehungen zwischen den nationalen Parlamenten und dem EP durch die verbesserte Koordinierung der mit EU-Angelegenheiten befassten Parlamentsgremien sowie über weitere formalrechtliche Optionen, um die in den nationalen Parlamenten bereits existierenden EU-Ausschüsse mit konsultativer Stimme an den Beratungen der EP-Ausschüsse teilnehmen zu lassen.[527] MdEP Seeler schlug dabei jedoch auch vor, dass die nationalen Parlamente im Gegenzug zum Angebot des EP erstens ihre EU-Ausschüsse politisch aufwerten und diese dann zweitens einer vorher festzulegenden Zahl von Abgeordneten des EP ein formales Rederecht einräumen sollten. Der Seeler-Bericht griff damit Vorschläge auf, die im EP bereits 1981 durch den Diligent-Bericht über die Beziehungen zwischen EP und nationalen Parlamenten formuliert wurden.[528] Im weiteren Verlauf der Beratungen innerhalb des EP definierte der Stavrou-Bericht 1989 erstmals das bei Seeler bereits angeklungene Prinzip der Gegenseitigkeit als eine „poursuite du développement de consultations et de contacts permanents et mutuels entre le Parlement européen et les parlements nationaux".[529] MdEP Stavrou stellte hierbei frustriert fest, dass die einseitige Öffnung des EP seit 1984 auf der Seite der nationalen Parlamente und ihrer Ausschüsse keine Entsprechung fand. Die mit den Berichten Diligent, Seeler und Stavrou explizierte Thematik der Informations- und hierauf gründenden Kontrolldefizite nationaler Parlamente dynamisierte sich aufgrund der Bemühungen der französischen Nationalversammlung zur Institutionalisierung interparlamentarischer Beziehungen außerhalb des unmittelbaren Einflussbereichs des EP. Anlässlich der im Mai 1989 in Madrid abgehaltenen Konferenz der Parlamentspräsidenten und -sprecher schlug Laurent Fabius als Präsident der französischen Nationalversammlung die Gründung einer im Sechsmonatsrhythmus tagenden Konferenz der auf Angelegenheiten der EG spezialisierten Ausschüsse vor. Die zentrale Aufgabe dieser „Conférence des organes parlementaires spécialisées dans les affaires de l'Union des parlements de l'Union européenne" – COSAC – wurde auf ihrer ersten Zusammenkunft in Paris am 16./17. November 1989 definiert: „Les organes spécialises en affaires européennes décident d'améliorer leur information réciproque par l'échange systématique des textes qu'ils adoptent, la communication de tous renseignements utiles sur leurs activités et le développement de leurs relations mutuelles. Dans le même esprit, ils se rencontrent, en principe chaque semestre, dans le pays qui exerce la présidence du Conseil de la Communauté pour traiter ensemble des grands thèmes de l'actualité communautaire et en décider conformément à leurs compétences respectives".[530] Mit der COSAC schufen sich das EP und die nationalen Parlamente ein nützliches Medium zum gegenseitigen Informationsaustausch; andererseits ließen aber die innerhalb

---

526 Vgl. Parlement européen (1989): Rapport sur les relations entre les parlements nationaux et le Parlement européen, par Hans-Joachim Seeler, Parlement européen 6 janvier 1989: Entschliessungsantrag: 16. Februar 1989, Amtsblatt der EG, Nr. C/69, 20.3.1989.

527 Vgl. Quinty, DanièleJoly, Gilles: „Le rôle des parlements européens et nationaux dans la fonction législative", in: Revue du Droit Public et de la Science Politique en France et à l'Etranger, Vol. 107, Nr. 2/1991, S. 393-436, hier S. 432.

528 Vgl. Europäisches Parlament (1981): Bericht über die Beziehungen zwischen dem Europäischen Parlament und den nationalen Parlamenten, von André Diligent, Europäisches Parlament, Sitzungdokument Nr. I-206/81, vom 27.5.1981.

529 Parlement européen(1989): Rapport sur la participation des députés des parlements nationaux aux travaux des commissions du Parlement européen, par Konstantinos Stavrou, Parlement européen, 27 avril 1989.

530 Sénat-Chambre des Représentants (1993): Belgie-Belgique; Sénat-Chambre des Représentants: Documents de base sur la coopération parlementaire au sein de la CE, Bruxelles, S. 12.

der COSAC ab 1990 ausgreifenden Bemühungen der französischen, britischen und zeitweise auch der belgischen Teilnehmer zur Institutionalisierung eines „neben" dem EP stehenden parlamentarischen Gremiums befürchten, dass die COSAC als entscheidungsorientierte Institution von ihrer ursprünglichen Funktion als Kommunikations- und Deliberationsforum abkommen würde.[531] Tatsächlich diente bereits die vierte COSAC-Sitzung von Luxemburg im Mai 1991 der Ausarbeitung einer Geschäftsordnung, wobei das EP frühzeitig Bedenken gegenüber der Erarbeitung eines derartigen Regelwerks formulierte. Immerhin: Geschäftsordnungen tragen zur Formalisierung des betreffenden Organs bei, indem Rechtsverhältnisse zwischen dem Organ, dem Organwalter und den verschiedenen Organmitgliedern geschaffen werden. Diese Formalisierung zielt letztlich nicht nur auf die Effizienz-, Kohärenz- und Kontinuitätssteigerung nach Innen, sondern auch auf die Identitätsbekundung des betroffenen Organs nach Außen ab.[532] Wesentlich ist in diesem Zusammenhang, dass die COSAC durch das Instrument der Geschäftsordnung gegenüber den Mitgliedstaaten und den EU-Organen als Einheit auftritt, der innerhalb des EU-Systems ein quasi-institutioneller Charakter beigemessen werden kann. Dabei ist unerheblich, ob dieser Charakter auch der europarechtlichen Prüfung Stand hält. Aus politikwissenschaftlicher Sicht wichtiger ist vielmehr, dass die Protagonisten der COSAC-Geschäftsordnung mit ihren Forderungen einen Pfad der institutionellen Fortbildung einzuschlagen beabsichtigten, der zwar nicht zwangsläufig und automatisch gegen die Stellung und Entwicklung des EP im institutionellen Gefüge der Union gerichtet war, der aber in den nachfolgenden Auseinandersetzungen um die Allokation weiterer parlamentarischer Mitgestaltungsmöglichkeiten zu einer weiteren Aufwertung der COSAC führen konnte. Genau diese Pfadentwicklung wollte allerdings die überwiegende Mehrheit des EP verhindern, so dass ab 1991 auch intensiver nach Optionen der informellen Kooperation zwischen EP und nationalen Parlamenten gesucht wurde. Vor dem Hintergrund der mit der Verabschiedung der COSAC-Geschäftsordnung 1991 erfolgten, stärkeren Institutionalisierung interparlamentarischer Kooperationsregime unterstrich der im Oktober 1991 vorgelegte Bericht des Vizepräsidenten des EP, Cravinho[533], daher vehement das von Stavrou definierte Prinzip der Gegenseitigkeit. Andere Strategien zur Ausdehnung und effizienteren Bearbeitung des Kontrollumfangs zielten auf eine Periodisierung der bereits existierenden, informellen Kooperationsformen ab und beabsichtigten damit insbesondere eine Verbesserung der Kontrollprozesse, ohne das Eingriffe in die Vorrechte des EP als Legislativ- und Kontrollorgan der EU zu befürchten waren. Bereits der Seeler-Bericht schlug die Durchführung gemeinsamer Sitzungen der EU-Ausschüsse nationaler Parlamente und der EP-Ausschüsse vor.

Die durch den Cravinho-Bericht initiierten Reformen zur Verlagerung des Schwerpunkts der interparlamentarischen Zusammenarbeit auf fachspezifische und informelle Kooperationsformen haben seit Mitte der 1990er Jahre die Entwicklung verschiedener Formen und Prozesse der interparlamentarischen Zusammenarbeit induziert.

Die im Lissabonner Vertragsprotokoll über die Rolle der nationalen Parlamente in der EU formal anerkannte COSAC stellt den wesentlichen Strukturrahmen der interparlamentarischen Zusammenarbeit dar. Sie tagt zweimal jährlich während jeder EU-Präsidentschaft, wird durch eine Troika-Sitzung der Vorsitzenden vorbereitet und von einem Sekretariat mit Beamten der

---

531 Vgl. Pöhle 1987; Scoffoni 1992; Laprat 1995; Maurer 1996a; Pöhle 1998.

532 Vgl. Bieber 1992, S. 38-39 und S. 105-106.

533 Vgl. Europäisches Parlament (1991): Bericht von Joao Cravinho, Vizepräsident des EP, für das Erweiterte Präsidium, über die Entwicklung der Beziehungen zwischen dem Europäischen Parlament und den Parlamenten der Mitgliedstaaten, Brüssel, 24. September 1991.

nationalen Parlamente und des EP unterstützt. Schwerpunkte der COSAC bildeten in den letzten Jahren Fragen der Umsetzung der Bestimmungen des PSV und des PNP, die Wirtschafts- und Währungskrise in der EU und die von der Kommission vorgelegte Strategie „EU 2020". Die COSAC hat sich ihren Status autonom erworben und wurde in dieser Form erst nachträglich – in der Logik des „form-follows-function"-Prinzips – anerkannt. Die Zusammensetzung der COSAC-Delegationen (jeweils sechs Abgeordnete aus EP und nationalen Parlamenten sowie jeweils drei Abgeordnete aus den Parlamenten der Beitrittskandidaten) steht den Parlamenten frei. In der Praxis rekrutieren sich die Delegationen allerdings aus den EU-Ausschüssen der nationalen Parlamente und dem Konstitutionellen Ausschuss des EP, wobei die Fraktionsstärken weitestgehend berücksichtigt werden.

Die COSAC ist auch nach Inkrafttreten des Lissabonner Vertrages das sichtbarste Gremium der interparlamentarischen Zusammenarbeit. Entsprechend der überarbeiteten Fassung der Geschäftsordnung vom 31. Mai 2011 versteht sich die COSAC als Forum für den Meinungs-, Informations- und Erfahrungsaustausch über die Rolle und die Funktionen der Parlamente. Gemäß Art. 10 Abs. 1 EUV soll die COSAC den Austausch von Informationen und *best practises* zwischen nationalen Parlamenten und dem Europäischen Parlament fördern und sich mit eigenen Beiträgen an die EU-Gesetzgeber wenden. Derartige Schlussfolgerungen oder Mitteilungen der COSAC werden im Konsensverfahren verabschiedet.

Diente die COSAC ursprünglich der kollektiven, wechselseitigen Information und Beratung der EU-Ausschüsse über vornehmlich institutionelle Fragen der EU, hat sie sich mittlerweile weitgehend zu einem interparlamentarischen Forum für Vertreter der nationalen Regierungen und der Kommission gewandelt. Die nationalen Parlamente verhalten sich zu diesem Wandel ambivalent: Aus der Sicht des organisierenden Parlaments verleiht die Mitwirkung hochrangiger Vertreter aus Kommission, Rat und Europäischem Rat der COSAC ein höheres Maß an medialer Aufmerksamkeit. Aus der Perspektive des „nur" teilnehmenden Parlaments konsumieren die Auftritte der Exekutiven aber die für den interparlamentarischen Dialog vorgesehene Zeit. Premierminister, Minister, Mitglieder der Europäischen Kommission und andere Vertreter der Exekutiven machen inzwischen fast zwei Drittel der COSAC-Redner aus. Nur noch 16 % der Hauptredner sind Parlamentarier.[534] Während nationale Parlamente kleinerer oder peripherer Staaten den Dialog mit den Exekutiven der EU als einen wesentlichen Teil der Tätigkeiten von COSAC betrachten, kritisieren Abgeordnete aus größeren, eher im Zentrum der EU liegenden Staaten vehement den Missbrauch dieser Gremiums und die damit einhergehende Bedeutungslosigkeit ihrer Teilnahme.

14.2.2 Konferenz der Präsidenten und Sprecher der Parlamente der EU

Protokollarisch auf der höchsten Ebene angesiedelt ist die Konferenz der Parlamentspräsidenten und -sprecher. Diese Form interparlamentarischer Kooperation auf der Ebene der Präsidenten und Sprecher der Parlamente geht auf eine Initiative des ehemaligen EP-Präsidenten Martino zurück. Die erste Sitzung fand im Januar 1963 statt. Formal kann die Konferenz Entschließungen annehmen. Die Konferenz ist ein prominentes Kooperationsmodell mit nur be-

---

534 Im Zeitraum von 2009 bis 2013 waren dies 21 Mitglieder der Kommission, darunter Präsident José Manuel Barroso (zweimal) und Vizepräsident Maroš Šefčovič (zehnmal), der Präsident des Europäischen Rates Herman Van Rompuy (einmal), der Hohe Vertreter für Bosnien-Herzegowina (einmal) und EU-Beamte (zwei) sowie sechs Premierminister, 18 nationale Minister und ein nationaler Beamter; zehn aktive MdEP und zwei ehemalige Präsidenten des EP sowie elf aktive Mitglieder nationaler Parlamente. Die übrigen Redner waren drei jüngere Bürger, fünf Wissenschaftler sowie zwei Unternehmensvertreter (insgesamt 10 Redner; 12 Prozent).

grenzter Wirkung. Ihr Kernproblem gründet in den divergierenden Vorrechten der Parlaments-präsidenten und -sprecher. Während etwa die Hälfte der Präsidenten über keinerlei Rechte in internationalen, i.e. interparlamentarischen Fragen verfügt (z.B. Spanien, Irland, Großbritan-nien), erlauben die Geschäftsordnungen der nationalen Parlamente Belgiens, Frankreichs, Por-tugals oder Deutschlands ihren Sprechern, im Namen des jeweils vertretenen Parlaments zu sprechen und an Abstimmungen teilzunehmen, sofern diese keine direkten organisationsspezifi-schen und politischen Folgen für das jeweilige Parlament haben. Trotz der extrem heterogenen Befugnisse ihrer Teilnehmer war die Konferenz aber im Stande, sich im Juni 2008 auf Leitlini-en der interparlamentarischen Zusammenarbeit zu einigen. Diese entfalten allerdings keinerlei Bindungswirkung in den Parlamenten oder anderen interparlamentarischen Formaten. Seit In-krafttreten des Lissabonner Vertrages befassten sich die Sprecher und Präsidenten mit den Op-tionen zur Einführung eines interparlamentarischen Überwachungsverfahrens für die GASP, insbesondere die Gemeinsame Sicherheits- und Verteidigungspolitik, sowie zur Funktion der interparlamentarischen Zusammenarbeit im Bereich der wirtschafts- und fiskalpolitischen Ko-ordinierung („Europäisches Semester"). Auf ihrer Sitzung in Brüssel 2011 verständigten sich die Präsidenten auf die Grundzüge eines interparlamentarischen Gremium zur Kontrolle von EUROPOL in Form regelmäßiger Sitzungen des EP-Ausschusses für bürgerliche Freiheiten, Justiz und Inneres mit den korrespondierenden Ausschüssen der nationalen Parlamente. Die Konferenz orientiert sich in ihrer Arbeit an einer erstmals im Mai 2010 angenommenen Ge-schäftsordnung. Dies ergänzend, unterzeichneten am 15. Mai 2010 die Parlamentspräsidenten aus Polen, Dänemark und Zypern erstmals eine Erklärung[535] über die vertiefte interparlamen-tarische Kooperation im Rahmen der 18-monatigen Triopräsidentschaft (1. Juli 2011–31. De-zember 2012).

14.2.3 Gemeinsame Ausschusssitzungen und parlamentarische Treffen

Im Vergleich zu den stärker formalisierten Kooperationsgremien der COSAC und der Konfe-renz der Präsidenten der Parlamente sind informelle Kooperationsformen wie interparlamenta-rische Treffen und gemeinsame Sitzungen der Fachausschüsse historisch gewachsen und haben mittlerweile in einigen Funktionsbereichen der EU-Integration an Bedeutung und Aufmerk-samkeit gewonnen. Besonders intensiv ist die Zusammenarbeit zwischen den Haushaltsaus-schüssen, den Justiz- und Innenausschüssen sowie den außenpolitischen Ausschüssen der Par-lamente. Dagegen stoßen die EP-Ausschüsse für Handels-, Agrar- und Fischereipolitik auf ver-gleichsweise wenig Interesse oder aber – aufgrund der Qualität des Kompetenztransfers zu-gunsten der Brüsseler Organe – auf keine korrespondierenden Ausschüsse in den mitgliedstaat-lichen Parlamenten. In den stärker involvierten Ausschüssen wirkt sich dagegen der informelle Charakter fruchtbar auf die Europäisierung der nationalen Debatten über konkrete EU-Vorha-ben aus. Ebenso ist eine erhebliche Steigerung der Zahl der Besuche nationaler Parlamentsdele-gationen im EP festzustellen. Es können sechs Interaktionstypen unterschieden werden:

- Gemeinsame Ausschusssitzungen (Joint Committee Meetings – JCM),
- Gemeinsame parlamentarische Treffen (Joint Parliamentary Meetings – JPM),
- Gemeinsame Sitzungen der Parlamentsverwaltungen,

---

535   Vgl. Declaration of cooperation among the Houses of the Parliaments of Poland, Denmark and Cyprus in con-
      nection with the preparation and accomplishment of the parliamentary dimension of the Presidencies of the
      three European Union Member States 1st July 2011 to 31st December 2012, 15th May 2010.

– Interparlamentarische Ausschusssitzungen (Interparliamentary Committee Meetings – ICM),
– Bilaterale Treffen des EP mit einem nationalparlamentarischen Ausschuss,
– Bilaterale Treffen der mit ähnlichen Fragen befassten Berichterstatter der Parlamente.

Aufgrund ihrer Mitgliederstruktur ist hierbei eine zunehmende Policy-Orientierung der nationalen Parlamente zu beobachten. Darüber hinaus treten bilaterale Treffen in immer stärkerem Ausmaß an die Stelle multilateraler, „großformatiger" Dialogstrukturen. Letztere haben allein durch den großen potentiellen Teilnehmerkreis einen zu langen administrativen Vorlauf, um dem oft auch kurzfristiger entstehenden Koordinationsbedarf gerecht werden zu können.

Abb. 25: Interparlamentarische Kooperation 1997–2013 nach Typ

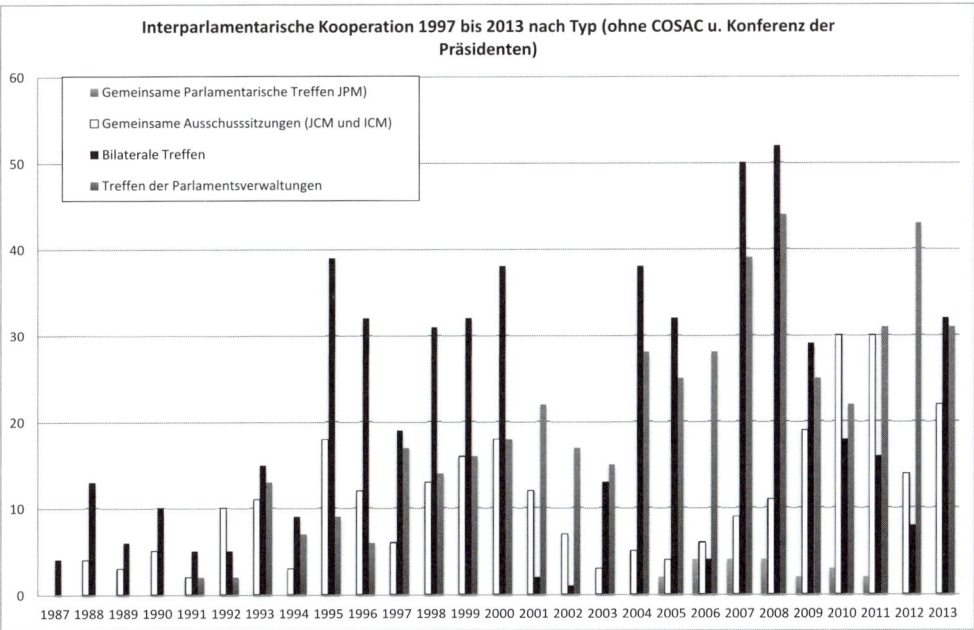

Quelle: Eigene Berechnung auf der Grundlage der Daten von Maurer 2002 und 2012 sowie der Halbjahresberichte des EP über die interparlamentarische Zusammenarbeit.

Abb. 26: Verteilung informeller, interparlamentarische Kooperationsformate der EP-Ausschüsse 1987–2013

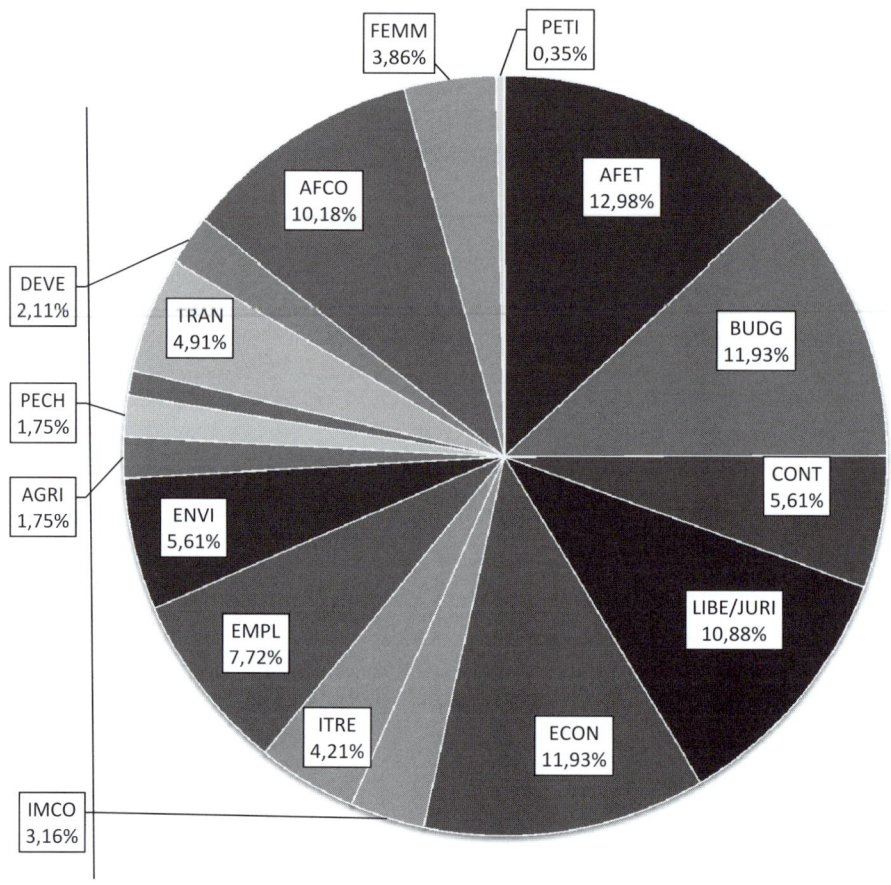

Quelle: Eigene Berechnung auf der Grundlage der Daten von Maurer 2002 und 2012 sowie der Halbjahresberichte des EP über die interparlamentarische Zusammenarbeit.

14.2.3.1 Gemeinsame Ausschusssitzungen

Auf Einladung des EP und des Parlaments des Landes, das den EU-Ratsvorsitz innehat, treffen sich Abgeordnete der Fachausschüsse, um Legislativvorschläge zu diskutieren und andere, fachspezifische politische Debatten zu führen. Geleitet werden diese Sitzungen gemeinsam vom Vorsitzenden des EP-Ausschusses und dem Vorsitzenden des entsprechenden Ausschusses im nationalen Parlament des Ratsvorsitzes. In der Regel werden *Joint Committee Meetings* (JCM) auf Initiative des EP – nach Beschluss des Präsidiums oder der Konferenz der Präsidenten – in den Räumlichkeiten des EP abgehalten.

Bei gemeinsamen Ausschusssitzungen erhalten nationale Parlamentsabgeordnete nicht nur Informationen über die Stellungnahmeentwürfe des jeweiligen EP-Ausschusses zu den betreffenden Tagesordnungspunkten, sondern auch über die Position anderer nationaler Parlamentsausschüsse und damit indirekt auch über die Standpunkte der nationalen Regierungen. JCM verabschieden keine gemeinsamen Schlussfolgerungen. Vielmehr geht es um die vertiefte Kooperation von Abgeordneten und die Diskussion über EP-Entwürfe in den Gesetzgebungsverfahren der EU mit dem Ziel der Reduzierung möglicher Sollbruchstellen im weiteren Verfahrensgang. Auf diese Weise werden die Gesetzgebungsentwürfe und hierzu vorliegenden Änderungsanträge des EP einem „Realitäts"- und Umsetzungscheck im Hinblick auf ihre Durchführbarkeit in den Mitgliedstaaten ausgesetzt.

Die Anzahl der MdEP, die an JCM teilnehmen können, variiert, da sie von der Zahl der Mitglieder im jeweiligen Ausschuss abhängt. Nationale Parlamente können bis zu vier Abgeordnete delegieren. Im Zeitraum 2008 bis 2011 fanden insgesamt sechs JCM statt, in deren Rahmen die Abgeordneten Fragen aus den Bereichen Bildung, Jugend und Kultur, auswärtige Angelegenheiten und Verteidigung, Justiz, Freiheit und Sicherheit, Binnenmarkt, Wettbewerb und Energieversorgung diskutierten.

14.2.3.2 Gemeinsame Parlamentarische Treffen

Die Idee der *Joint Parliamentary Meetings* (JPM) entstand zu Beginn der im Juni 2005 ausgerufenen und im Januar 2007 für beendet erklärten „Phase der Reflexion" zur Zukunft Europas, die der Ablehnung des Verfassungsvertrages (VVE) in Frankreich und den Niederlanden folgte. Das EP erhoffte sich durch die Schaffung eines Forums des interparlamentarischen Dialogs wichtige Impulse für den Weg aus der Ratifizierungskrise bzw. der konstitutionellen Sackgasse. Vor diesem Hintergrund widmeten sich bis Dezember 2007 vier JPM alleine der Frage, wie die im Verfassungskonvent verabredeten Reformen der EU nach dem Scheitern des VVE realisiert werden könnten. Nach der Unterzeichnung des Vertrages von Lissabon befassten sich die JPM dann mit spezifischen Sachthemen wie der Lissabon-Strategie, Fragen des Klimawandels, der inneren Sicherheit und der justiziellen Zusammenarbeit, Migration, Energie, der Umsetzung des Stockholmer Programms zur Justiz- und Innenpolitik, der Wirtschafts- und Finanzkrise, dem sozialem Zusammenhalt und der Zukunft der Staaten auf dem Westbalkan. Ziel dieser Debatten sind weder gemeinsame Positionen noch akkordierte Schlussfolgerungen, sondern die frühzeitige Miteinbeziehung der nationalen Parlamente in den sachpolitischen Diskurs auf europäischer Ebene im Vorfeld von Entscheidungen – und dabei vor allem auch von Entscheidungen außerhalb des ordentlichen Gesetzgebungsverfahrens, z.B. auf Ratsebene.

Das EP kann zu den halbjährlich stattfindenden Treffen bis zu 60 Abgeordnete (die Zahl der Vertreter pro Fraktion werden nach dem d'Hondt-System festgelegt) delegieren, die nationalen Parlamente je bis zu sechs Mitglieder. Geleitet werden die Sitzungen vom Präsidenten des EP und dem Präsidenten des nationalen Parlamentes, dessen Land den Ratsvorsitz innehat. Die Diskussionen finden im Plenum und in der Regel in zwei bis drei Arbeitsgruppen statt.

In ihrem jüngsten Jahresbericht[536] konstatiert die Lenkungsgruppe des EP abnehmendes Interesse an diesen Treffen seitens der Parlamentarier und einen damit einhergehenden Bedeutungsverlust. Da man die Fortführung der JPM aber grundsätzlich nicht in Frage stellt, werden Überlegungen angestellt, wie das Format beispielsweise über das Instrument einer eingehenderen Prüfung der jeweiligen Sachthemen auf ihre innen- wie europapolitische Relevanz weiterentwickelt werden kann. Außerdem sollen die vorbereitenden Sitzungen der Europäischen

---

536 Vgl. Europäisches Parlament (2012): Bericht der Lenkungsgruppe über „Die interparlamentarischen Beziehungen zwischen dem Europäischen Parlament und den nationalen Parlamenten im Rahmen des Vertrags von Lissabon" 2010-2011, S. 9.

Fraktionszusammenschlüsse nicht mehr wie bisher im Rahmenprogramm der JPM stattfinden, sondern zum integralen Bestandteil dieser Treffen werden.

14.2.3.3 Interparlamentarische Ausschusssitzungen

Ausschließlich vom EP betreut werden interparlamentarische Ausschusssitzungen zwischen den Fachausschüssen der Parlamente. Diese Sitzungen werden im Bedarfsfall von einem oder von mehreren Ausschüssen des EP initiiert und in Kooperation mit der Direktion für die Beziehungen mit den nationalen Parlamenten organisiert.[537] Jedes nationale Parlament kann bis zu vier Abgeordnete aus dem entsprechenden Ausschuss bzw. den entsprechenden Ausschüssen delegieren. Im Gegensatz zu den JPM werden fast ausschließlich Themen aus Politikfeldern behandelt, in denen das EP als Mitgesetzgeber im Rahmen des OGV fungiert. Die Sitzungen konzentrieren sich dementsprechend auf spezifische legislative Fragen, bezüglich derer aus Sicht des EP ein gemeinsames Handeln beider Parlamentsebenen sinnvoll erscheint, um beispielsweise Probleme der Umsetzung eines im Entscheidungsprozess befindlichen Legislativdossiers frühzeitig zu identifizieren.

Alleine zwischen Februar 2006 und Juni 2012 fanden insgesamt 60 JCM statt. Das Themenspektrum reichte dabei u.a. von Fragen der Energieeffizienz, dem Klimawandel, der Landwirtschaft und Fischerei, Verkehr über Wirtschaft und Finanzen, EU-Agenturen, Haushaltskontrolle, Konsumentenschutz, Berufsqualifikationen bis hin zu Entwicklungszusammenarbeit, Menschenrechten und Frauen in der Politik.

Seit dem Inkrafttreten des Vertrages von Lissabon haben diese Treffen an Relevanz gewonnen. Nach Einschätzung der Europaabgeordneten führt die in einer frühen Phase des legislativen Prozesses stattfindende interparlamentarische Zusammenarbeit zu einer qualitativen Verbesserung der Gesetzgebungsentwürfe des EP. Daneben sind diese Sitzungen gerade für die nationalen Abgeordneten eine Gelegenheit, ein fachspezifisches Netzwerk mit den Abgeordneten des EP, aber auch mit für ihre Themenbereiche wichtigen Akteuren in den anderen Institutionen aufzubauen.

Gegenüber der Lenkungsgruppe des EP haben in der jüngsten Vergangenheit mehrere Ausschüsse angeregt, auch einen postlegislativen Dialog über die Umsetzung von EU-Rechtsvorschriften in die ICM zu integrieren. Sie erwarten sich von einem solchen Dialog nicht nur eine Bestandsaufnahme, sondern auch einen perspektivischen Diskurs über die Weiterentwicklung des regelmäßig zu überprüfenden Rechtsbestands der EU und über künftige legislative Initiativen. Das Echo der nationalen Parlamente auf diesen Vorschlag ist allerdings geteilt, da einige dessen Relevanz infrage stellen, weil schließlich ihre Regierungen für die Umsetzung zuständig seien – und für die Regierungen wiederum die Europäische Kommission in ihrer Eigenschaft als „Hüterin der Verträge" der Bezugspunkt sei.

---

537 Das EP schuf 1991 ein eigenständiges Referat für die Beziehungen zu den Parlamenten der Mitgliedstaaten. Neben der Koordination und administrativen Betreuung der interparlamentarischen Tätigkeiten des EP und seiner Ausschüsse ist diese Abteilung mittlerweile zu einer eigenständigen, der GD „Präsidentschaft" untergeordneten Direktion mit zwei Referaten ausgebaut worden und auch für den ständigen Kontakt zu den Beamten nationaler Parlamente zuständig, die eine Verbindungsfunktion zwischen den Parlamenten wahrnehmen. Vgl. Maurer, Andreas: Les implications du Traité de Maastricht sur la coopération interparlementaire - le cas du Parlement européen et du Parlement francais, Bruxelles 1996; und Maurer, Andreas: Perspektiven für die Kooperation zwischen dem Europäischen Parlament und den Nationalen Parlamenten, Europäisches Parlament/GD IV, Reihe Politik, Nr. W-19, Luxemburg 1996.

14.2.4 Interparlamentarisches Informations- und Wissensmanagement

Gestützt werden die verschiedenen Typen der interparlamentarischen Zusammenarbeit seit Ende der 1970er Jahre durch das Europäische Zentrum für Parlamentarische Forschung und Dokumentation (EZPWD) und die 2006 eingerichtete, elektronische Informationsplattform „IPEX" (*Interparliamentary EU Information Exchange*). Während das EZPWD eine nur Mitgliedern des Netzwerkes zugängliche Plattform ist, bezieht IPEX auch die interessierte Fachöffentlichkeit in den interparlamentarischen Dialog mit ein.

14.2.4.1 Europäisches Zentrum für Parlamentarische Wissenschaft und Dokumentation

Das Europäische Zentrum für Parlamentarische Wissenschaft und Dokumentation (EZPWD) wurde 1977 auf Wunsch der Präsidenten der Europäischen Parlamentarischen Versammlungen der EWG, des Europarats und der WEU gegründet. Erklärtes Ziel war es, die interparlamentarische Kooperation der Verwaltungen in den Bereichen Wissenschaft, Dokumentation und Information zu verbessern und zu intensivieren. Struktur und Arbeitsweise schrieb 1996 eine Satzung fest, die die Parlamente zuletzt 2006 abänderten. Durch den gegenseitig gewährten Zugang zu nationalen und gemeinschaftlichen Datenbanken und die zentrale Sammlung von Studien und Forschungsergebnissen sollen Dopplungen in der Arbeit der wissenschaftlichen Dienste der Parlamente vermieden und die Ausarbeitungen einem breiteren Personenkreis zur Verfügung gestellt werden. Die in den Plattformen des EZPWD eingepflegten Dokumente sind – mit Ausnahme einiger weniger Veröffentlichungen für die Allgemeinheit – passwortgeschützt und daher nur für die Mitglieder des Netzwerkes zugänglich.

Mit Hilfe vergleichender Anfragen und Erhebungen in den teilnehmenden parlamentarischen Versammlungen liefert das Zentrum wertvolle Beiträge sowohl für den politischen Diskurs und die legislativen Prozesse als auch für die Verbesserung der Arbeitsweise und der Verwaltung der Parlamente. Gerade die Datenbank zu den vergleichenden Anfragen ist eine für alle Parlamente einzigartige Informationsquelle. Zu den Arbeitsmethoden gehört auch der Austausch von Erfahrungen und „best practices" – vor allem im Bereich der Weiterentwicklung der Informations- und Kommunikationstechnologie.

Zu den Mitgliedern des EZPWD gehören heute das EP, die Parlamente bzw. die Kammern der Parlamente der EU-Mitgliedstaaten und der Mitglieder des Europarates, sowie die Parlamentarische Versammlung des Europarates. Das Netzwerk führt somit 70 parlamentarische Kammern aus 47 Ländern zusammen. Das EZPWD steht darüber hinaus auch jenen Staaten zur Verfügung, die Beobachterstatus in der Parlamentarischen Versammlung des Europarates haben; diese verfügen jedoch über kein Stimmrecht in den Organen des EZPWD. Gleichzeitig hat das EZPWD Modellwirkung für vergleichbare Projekte interparlamentarischer Kooperation in Afrika, Asien und Südamerika.

Die Organe des EZPWD bilden:

- Die Sitzung der Generalsekretäre
- Die Generalsekretäre der Mitgliederversammlungen zeichnen für das EZPWD verantwortlich. Alle zwei Jahre billigen sie auf einer gemeinsamen Sitzung den Tätigkeitsbericht und das Aktionsprogramm und legen die Prioritäten für die folgenden zwei Jahre fest.
- Die Konferenz der Korrespondenten
- Die Generalsekretäre ernennen für ihre parlamentarischen Versammlungen jeweils einen hohen Beamten als Korrespondenten, der sein Parlament/seine Kammer dann in diesem Gremium vertritt, das zusammen mit den Ko-Direktoren für die Durchführung der Tätigkeiten des EZPWD zuständig ist und den Tätigkeitsbericht sowie das Aktionsprogramm prüft. Sitzungen der Konferenz der Korrespondenten finden mindestens einmal jährlich statt.
- Der Exekutivausschuss
- Er besteht aus den beiden Ko-Direktoren und fünf von der Konferenz der Korrespondenten gewählten Korrespondenten. Der Ausschuss tritt im Bedarfsfall auf Antrag von zwei Mitgliedern oder fünf Korrespondenten zusammen.
- Die Ko-Direktoren
- Die Generalsekretäre des EP und der Parlamentarischen Versammlung des Europarates benennen je einen hohen Beamten als Ko-Direktor. Ko-Direktoren können auch gleichzeitig Korrespondenten ihrer Versammlungen sein und sind für die Abwicklung der Tätigkeiten des EZPWD zuständig.

Kommt die Konferenz der Korrespondenten zu dem Schluss, dass ein Bereich eine engere, kontinuierlichere Kooperation erfordert, kann sie dafür einen Koordinator einsetzen, der vom Exekutivausschuss für einen Zeitraum von drei Jahren ernannt wird.

Die Lenkungsgruppe für die Beziehungen zu den nationalen Parlamenten im EP zieht eine positive Bilanz über die Kooperation mit dem EZPWD. Nicht nur der Umfang der Nutzung von Dienstleistungen habe kontinuierlich zugenommen; auch qualitativ sei die Relevanz des EZPWD für wichtige Reformvorhaben und hochrangige Arbeitsgruppen gestiegen. So hätten z.B. die EP-Arbeitsgruppe für die Verbesserung der Attraktivität der Plenartagungen und die EP-Arbeitsgruppe für den Verhaltenskodex in den Jahren 2010 und 2011 in besonderem Maße von den Beiträgen aus dem Netzwerk profitiert. Auch in die Maßnahmen zur Verbesserung der Sicherheitsstandards im EP sind die Ergebnisse vergleichender Anfragen eingeflossen. Gleichzeitig werden aber auch Befürchtungen geäußert, dass das Zentrum Opfer des eigenen Erfolges werden könnte und die drastisch gestiegene Zahl von Anfragen, der Qualität der Beiträge auf Dauer nicht zuträglich sein könnte.

14.2.4.2 Interparlamentarischer EU-Informationsaustausch

Die Einrichtung der Internetplattform IPEX (*Interparliamentary EU Information Exchange*) geht auf eine Empfehlung der Konferenz der Parlamentspräsidenten aus dem Jahr 2000 zurück. Die erste Website startete im Juni 2006. Im Zuge der Implementierung des Vertrages von Lissabon stiegen die Anforderungen an das System und führten zu einer kompletten Neugestaltung. Im Juni 2011 ging daher eine wesentlich leistungsfähigere IPEX-Version online. IPEX hat sich hiermit von einer reinen Datenbank zu einer transparenten, in allen EU-Amtssprachen operierenden Schnittstelle der interparlamentarischen Vernetzung entwickelt. Das Herzstück der interaktiven Website bildet eine dynamische Datenbank (mit erweiterter Suchfunktion), die in erster Linie Dokumente der Europäischen Kommission aus der Subsidiaritätsprüfung sowie eigenständig hochgeladene Inhalte der IPEX-Korrespondenten[538] aller teilnehmenden Parlamente – dazu gehören auch die Kandidatenländer – (wie z.B. den begründeten Stellungnahmen in Anwendung des PSV und den Newsflashes zu EU-relevanten Entscheidungen der Kammern) umfasst. Neu eingerichtete Funktionen helfen bei der Einhaltung der für das „Früherkennungsverfahren" des PSV relevanten Fristen und bieten eine Übersicht über den Stand des Prüfverfahrens in den einzelnen Kammern.

In jeweils eigenen Rubriken finden sich, neben allgemeinen Informationen über IPEX und die nationalen IPEX-Korrespondenten, Links zu den Websites der Parlamente sowie zu den wichtigsten Datenbanken und Websites der EU-Institutionen, ein Kalender mit allen interparlamentarischen Treffen und Veranstaltungen sowie Informationen zur Konferenz der EU-Parlamentspräsidenten. Technisch möglich, bislang aber wenig genutzt, ist die Einrichtung von Online-Diskussionsforen zu einzelnen Sachthemen oder übergeordneten, aktuellen EU-Themen. Damit soll IPEX um eine Komponente erweitert werden, die den politischen Dialog und die Vernetzung zwischen dem EP und den nationalen Parlamenten sowie der nationalen Parlamente untereinander weiter befördern soll. Darüber hinaus wurde durch den Zugang für externe Nutzer die Vorgänge transparenter und die potentielle Öffentlichkeitswirkung erhöht. Trotzdem wird ein erfolgreiches Funktionieren von IPEX am Ende in erster Linie von Qualität und Umfang der Beiträge sowie der Kooperationsbereitschaft der teilnehmenden Parlamente abhängen.

Die jüngsten Evaluierungsstatistiken vom April 2012 belegen eine positive Entwicklung. 36 von 40 Parlamenten bzw. Kammern nutzen IPEX täglich oder mindestens einmal wöchentlich; alle anderen ein oder zwei Mal monatlich. Häufiger konsultiert wird die Website mittlerweile von Mitarbeitern des EP – hauptsächlich bei der Suche nach Übersetzungen von Stellungnahmen der nationalen Parlamente. Weniger positiv hat sich die Akzeptanz bzw. das Interesse seitens der Abgeordneten entwickelt. In 25 Kammern konsultieren die Abgeordneten IPEX kaum, in drei Kammern nie. In 12 Kammern schwankt die Frequenz zwischen einmal wöchentlich und einmal monatlich.

Die Konferenz der Parlamentspräsidenten hat 2012 auf ihrem Treffen Vorschläge zum weiteren Ausbau von IPEX diskutiert. So soll die Öffentlichkeitswirksamkeit durch ein breiteres Angebot für externe Nutzer weiter erhöht werden und der interparlamentarische Dialog und Informationsaustausch zu Themen von übergeordnetem, gemeinschaftlichem Interesse angestoßen werden. Angedacht ist, besondere Dossiers für Themen wie das Europäische Semester und die wirtschaftspolitische Steuerung einzurichten.

---

538 Die Generalsekretäre der Parlamente ernennen einen bzw. pro Kammer einen sogenannten IPEX-Korrespondenten, der für das Hochladen von Dokumenten und Zusammenfassungen wichtiger Entscheidungen (und der entsprechenden Newsflashes) sowie für die Aktualisierung der Informationen über den Verfahrensstand der Subsidiaritätsprüfung in Echtzeit verantwortlich ist.

Organisation und Management von IPEX obliegen folgenden Gremien und Personen:

– Konferenz der Parlamentspräsidenten
  Sie legt die Zielsetzungen von IPEX fest.
– IPEX Vorstand
  Er wird für ein Jahr ernannt und besteht im Kern aus Vertretern der Trio-COSAC-Präsidentschaft, des EP und allen anderen Parlamenten, die konkret zum Funktionieren von IPEX beitragen. (COSAC, EZPWD, Europäische Kommission und Rat können an den Sitzungen teilnehmen und Beiträge leisten.) Der Vorstand ist verantwortlich für das Management und die Instandhaltung des Systems und überwacht den "Central Support". In einem jährlichen Bericht an die Generalsekretäre werden der Stand der Dinge dokumentiert und Vorschläge für die Weiterentwicklung des Systems unterbreitet. Der Vorstand trifft sich einmal jährlich mit den nationalen IPEX-Korrespondenten.
– Central Support
  Der Central Support besteht aus Vertretern der Parlamente, die dem Vorstand angehören. Er koordiniert die redaktionellen wie technischen Aufgaben, leistet Unterstützung für die IPEX-Korrespondenten und hilft dem Parlament, das den Vorsitz der Konferenz der Parlamentspräsidenten innehat, bei der Aktualisierung des Kalenders.
– IPEX Information Officer
  Er unterstützt die IPEX-Korrespondenten in allen technischem Fragen und den Central Support in Management und allen Maßnahmen zur täglichen Instandhaltung der Website.

14.3 Wirkung und Weiterentwicklung des Lissabonner Vertrages

14.3.1 Unterrichtung der nationalen Parlamente

Der Lissabonner Vertrag sieht erstmals eine unmittelbare Information und Konsultation der nationalen Parlamente durch die EU-Organe vor. Titel I „Unterrichtung der nationalen Parlamente" des Protokolls Nr. 1 "Über die Rolle der nationalen Parlamenten in der Europäischen Union (PNP-L)" sieht hierzu vor, dass den nationalen Parlamenten alle Konsultationsdokumente der Kommission (Grün-, Weißbücher sowie Mitteilungen), das jährliche Rechtsetzungsprogramm, Entwürfe von Gesetzgebungsakten, der Jahresbericht des Rechnungshofs sowie Entschließungen des Europäischen Parlaments[539] und des Ministerrats unmittelbar zur Verfügung gestellt werden. Die nationalen Parlamente sind daher unmittelbar zu informieren:

– über die dem Ministerrat vorgelegten Vertragsänderungsentwürfe (Art. 48 EUV),
– über Beschlüsse des Europäischen Rates zur Änderung der Bestimmungen zu den internen Politikbereichen der EU (Art. 48 Abs. 7 EUV); diese Beschlüsse werden außerdem erst nach Ratifikation in den Mitgliedstaaten rechtskräftig,
– vor einem Europäischen Beschluss des Europäischen Rates über den Übergang von einem spezifischen zum ordentlichen Gesetzgebungsverfahren (Mitentscheidungsverfahren) bzw. von der einstimmigen Beschlussfassung im Ministerrat zur qualifizierten Mehrheit (Art. 48 Abs. 7 EUV),
– bei Anträgen eines Drittstaates zum Beitritt in die EU (Art. 49 EUV),

---

539 In der Geschäftsordnung des Europäischen Parlaments heißt es dazu lapidar in Art. 130 „Das Parlament unterrichtet die nationalen Parlamente der Mitgliedstaaten regelmäßig über seine Aktivitäten".

- über die Bewertung der Durchführungsmaßnahmen im Rahmen der Politiken zum Raum der Freiheit, der Sicherheit und des Rechts (Art. 70 AEUV) sowie im Hinblick auf die politische Kontrolle von Europol und Eurojust (Art. 85 und 88 AEUV),
- über die Beratungen des Ständigen Ausschusses, der die Ratsarbeiten zum Raum der Freiheit, der Sicherheit und des Rechts vorbereitet (Art. 71 AEUV), sowie
- über Vorschläge der Kommission zur Komplettierung der EU-Zuständigkeiten, wenn hierdurch die Ziele des AEUV verwirklicht werden und die hierfür erforderlichen Befugnisse nicht explizit vorgesehen sind (Art. 352 AEUV).

Seit 1. September 2006 werden auch nichtlegislative Dokumente von der Kommission direkt an die nationalen Parlamente übermittelt, um den Dialog zwischen selbigen und der Kommission zu verbessern (Barroso-Initiative). Aus dem 17. Halbjahresbericht der COSAC[540] geht hervor, dass von 40 Parlamenten/Kammern[541] 85 % die direkt von der Kommission übermittelten Dokumente nutzen, wobei 15 % weiterhin auf jene Kommissionsdokumente zurückgreifen, die auch durch ihre Regierungen übermittelt werden. Vier Parlamente/Kammern erhalten nach wie vor keine EU-Dokumente von ihren Regierungen (der polnische *Sejm* und Senat, der griechische *Vouli ton Ellinon* und der zypriotische *Vouli ton Antiprosopon*). Seit Inkrafttreten des Vertrages von Lissabon hat zudem die belgische Regierung die Übermittlung von EU-Dokumenten an das Repräsentantenhaus eingestellt. Nur 20 Parlamente/Kammern erhalten die Dokumente des dem Ministerrat zugeordneten Ausschusses der Ständigen Vertreter (AStV/COREPER), 18 erhalten die Ratsarbeitsgruppendokumente und 14 auch Briefings oder mitgliedstaatliche Weisungen an Regierungsattachés. Deutlich wird an diesen Daten, dass der Informationsfluss zwischen den Regierungen und den Parlamenten von der Sicherheitsklassifikation der Dokumente abhängt: So erhalten 27 Parlamente Dokumente, die mit *limité* gekennzeichnet sind, 17 die als *restricted* gekennzeichneten Unterlagen und nur sieben die als vertraulich gekennzeichneten Dokumente. Lediglich der österreichische Nationalrat und Bundesrat erhalten alle Dokumente, d.h. auch diejenigen, die als geheim bzw. *„top secret"* eingestuft werden.[542]

18 der 40 Parlamente verfügen über einen direkten Zugang zu Teilen der Regierungsdatenbanken, die diese zur Organisation des Informationsfluss zwischen Brüssel und den Hauptstädten eingerichtet haben. Daneben verfügen einige Parlamente auch über interne Datenbanken, um die Regierungsdokumente zu sammeln und den intraparlamentarischen Informationsfluss zu steuern. So arbeiten die italienische *Camera dei deputati* und der *Senato della Repubblica* mit einer gemeinsamen Datenbank, um alle Stationen der Kontrolle von EU-Dokumenten nachzuvollziehen, während der polnische *Sejm* und das ungarische *Országgyűlés* über eigenständige „EUDOC"-Datenbank verfügen.

Die im Vorfeld des Verfassungskonvents monierten Schwachstellen im Hinblick auf den Kontrollumfang und die Mitwirkung der nationalen Parlamente an der Arbeit der EU-Organe werden durch die im Lissabonner Vertrag fixierten Rechte der nationalen Parlamente nicht voll-

---

540 Vgl. COSAC Seventeenth Bi-annual Report: Developments in European Union Procedures and Practices. Relevant to Parliamentary Scrutiny, April 2012.

541 In diesem Halbjahresbericht ist das kroatische Parlament noch nicht enthalten, da der Beitritt ja erst Mitte 2013 erfolgte.

542 Am 1. Januar 2012 trat das österreichische EU-Informationsrecht in Kraft. Durch dieses Gesetz wurde die Informationspflicht der Regierung gegenüber dem Parlament in EU-Fragen erweitert. Damit hat das Parlament auch mittelbaren Zugang auf das Extranet des Rates. Die Kontrollmöglichkeiten wurden zusätzlich erweitert, indem die Regierung über künftige EU-Projekte eine Informationspflicht gegenüber den beiden Kammern wahrzunehmen hat.

ständig behoben, da die vertragsrechtlich fixierten Informationsrechte auf den Bereich der Gesetzgebung beschränkt bleiben. Infolge der in den Art. 288 bis 292 AEUV statuierten Normenhierarchie der Handlungsformen der Union besteht daher auch im Rahmen des Lissabonner Vertrages kein den Regierungen auferlegter Zwang zur Information und Konsultation der nationalen Parlamente im Falle folgender Maßnahmen und Beschlüsse der EU-Organe:

- im Rahmen der multilateralen Überwachung der Wirtschaftspolitik:
- vor der Annahme der Grundzüge der Wirtschaftspolitik der EU-Mitgliedstaaten und der Union durch den Rat (Art. 121 AEUV) und
- vor der Annahme von Empfehlungen des Rates an diejenigen Mitgliedstaaten, deren Wirtschaftspolitik nicht mit den Grundzügen der EU-Wirtschaftspolitik vereinbar ist und insofern das Funktionieren der Wirtschafts- und Währungsunion zu gefährden droht (Art. 121 Abs. 4 AEUV);
- im Rahmen der Überwachung der Haushaltslage in den Mitgliedstaaten mit dem Ziel der Einhaltung der Haushaltsdisziplin (Art. 126 AEUV):
- vor der Veröffentlichung der Empfehlungen des Rates an ein EU-Mitglied („blaue Briefe"),
- vor einem Beschluss des Rates, durch den der Mitgliedstaat mit der Maßgabe in Verzug gesetzt wird, innerhalb einer bestimmten Frist Maßnahmen für den zur Sanierung erforderlichen Defizitabbau zu ergreifen, und
- vor einem Beschluss des Rates, in dem der betreffende Mitgliedstaat aufgefordert wird, (a) vor der Emission von Schuldverschreibungen und sonstigen Wertpapieren vom Ministerrat näher zu bezeichnende zusätzliche Angaben zu veröffentlichen oder (b) eine unverzinsliche Einlage in angemessener Höhe bei der Union zu hinterlegen, bis der Ministerrat zu der Auffassung gelangt, dass das übermäßige Defizit korrigiert worden ist, oder (c) die Europäische Investitionsbank ersucht wird, ihre Darlehenspolitik gegenüber dem Mitgliedstaat zu überprüfen, oder (d) eine Geldbuße verhängt wird;
- im Rahmen der jährlichen Überprüfung der Beschäftigungslage („Luxemburgprozess") vor der Annahme von beschäftigungspolitischen Empfehlungen an die Mitgliedstaaten (Art. 148 AEUV);
- vor einem Beschluss des Europäischen Rates über den Übergang von der einstimmigen Beschlussfassung im Ministerrat zur qualifizierten Mehrheit (Art. 31 Abs. 3 und 4 EUV);
- bei allen Maßnahmen des Rates und des Europäischen Rates im Bereich der Gemeinsamen Außen-, Sicherheits- und Verteidigungspolitik (GASP und GSVP) der EU;
- zu Beratungsunterlagen des Rates und des Europäischen Rates mit Blick auf die Vorbereitung von Beschlüssen aus den operativen Ausschüssen in der Handelspolitik, der GASP/ GSVP, der Währungsunion, der Beschäftigungspolitik und der Sozialschutzpolitik;
- zu Dokumenten aus dem Dialog zwischen den Sozialpartnern, deren Arbeiten zum Abschluss von Vereinbarungen führen können und im Rat Gegenstand eines Beschlusses sind; und
- zu den Anträgen über den Eintritt in eine spezifische Form der verstärkten Zusammenarbeit sowie über die Gründung, den Eintritt, den Austritt und den Ausschluss im Bereich der ständigen, strukturierten Zusammenarbeit der GSVP.

Dass die Vertreter der nationalen Parlamente im Konvent ihre fallbezogene, in der Summe beachtliche, Nichtbeteiligung mitgetragen haben, ist größtenteils darauf zurückzuführen, dass sie selbst die Thematik der nationalparlamentarischen Mitwirkung in EU-Angelegenheiten auf die

Problematik der Subsidiaritätskontrolle reduzierten.[543] Erst der Ausbruch der Wirtschafts-, Finanz- und Schuldenkrise und die zu ihrer Einhegung erfolgte Ausdifferenzierung der Handlungsinstrumente durch den Europäischen Rat haben zu einer Perspektiverweiterung der Parlamente geführt.

Eine stärkere Einbeziehung des EP und der nationalen Parlamente in den Prozess der makroökonomischen und fiskalpolitischen Koordinierung sowie in den Überprüfungsmechanismus für die GASP/GSVP ist notwendig, um die Legitimität und Rechenschaftspflicht des stark von den Regierungen dominierten Handelns zu gewährleisten.[544] Gemäß Art. 9 PNP-L sollen die Modalitäten der interparlamentarischen Zusammenarbeit im Bereich der GASP/GSVP gemeinsam festgelegt werden. Dabei sollte der Tatsache Rechnung getragen werden, dass es den nationalen Parlamenten vor allem bei Beginn einer GSVP-Aktion an den notwendigen Informationen über Konzept und die operationellen Pläne mangelt.[545] Es wird im weiteren Umsetzungsvollzug des Lissabonner Vertrages daher auch darüber gestritten, inwiefern EP und nationale Parlamente die Entwicklung der EU zu einem sicherheits- und verteidigungspolitischen Akteur so begleiten und kontrollieren könnten, dass es für keine der beiden Parlamentsebenen zu einem Verlust errungener Mitspracherechte kommt. Hauptargument des EP ist in diesem Kontext, dass finanzielle und budgetäre Angelegenheiten nach einer gemeinsamen parlamentarischen Kontrolle verlangen. Um hier einen vorläufigen *modus operandi* zu schaffen, sollen die Abgeordneten des EP und der nationalen Parlamente zweimal jährlich tagen.

So beschlossen die Konferenzen der Präsidenten der Parlamente der EU im April 2011 in Brüssel und im April 2012 in Warschau die Einrichtung einer „Interparlamentarischen Konferenz über die Gemeinsame Außen- und Sicherheitspolitik und die Gemeinsame Sicherheits- und Verteidigungspolitik". Sie ersetzt die „Konferenz der Vorsitzenden der Ausschüsse für Auswärtige Angelegenheiten" (COFACC) und die „Konferenz der Vorsitzenden der Verteidigungsausschüsse" (CODACC).

Vom 9. bis 11. September 2012 fand in Zypern erstmals eine derartige „Interparlamentarische Konferenz über die Gemeinsame Außen- und Sicherheitspolitik und die Gemeinsame Sicherheits- und Verteidigungspolitik" statt. Hierbei verständigten sich die Teilnehmer auf eine Geschäftsordnung, nach der die Konferenz einmal halbjährlich zusammentritt, entweder im die Ratspräsidentschaft innehabenden Mitgliedstaat oder im EP. Die Vorsitzführung erfolgt durch das Parlament der amtierenden Ratspräsidentschaft in enger Kooperation mit dem Europäischen Parlament. In der bis zuletzt umstrittenen Frage der Zusammensetzung einigten sich die Parlamentspräsidenten darauf, dass die nationalen Parlamente je sechs und das EP 16 Delegierte[546] in die Konferenz entsenden. Darüber hinaus sind die Parlamente der in der NATO zusammengeschlossenen Staaten sowie die Drittstaaten mit Beitrittskandidatenstatus zur EU mit jeweils 4 Beobachtern vertreten. Das Sekretariat der Konferenz wird von einer Troika der

---

543 Vgl. ausführlich hierzu Maurer 2002; sowie Maurer, Andreas: „Deliberation und Bargaining im Konvent - Die Funktionen der Phasenbildung", in: Ulrike Liebert/Josef Falke/Andreas Maurer (Hrsg.): Postnational constitutionalisation in the New Europe, Baden-Baden 2006, S. 103-129.

544 Vgl. Europäisches Parlament (2011): Entschließung zur Entwicklung der Gemeinsamen Sicherheits- und Verteidigungspolitik nach Inkrafttreten des Vertrags von Lissabon", angenommen am 11. Mai 2011, (2010/2299(INI)), A7-0166/2011, Ziffern 12 und 14.

545 Vgl. Europäisches Parlament: Entschließung vom 7. Juli 2011 zur Vorgehensweise des Europäischen Parlaments bei der Umsetzung der Art 9 und 10 des Protokolls Nr. 1 zum Vertrag von Lissabon über die Zusammenarbeit der Parlamente im Bereich der GASP/GSVP, P7_TA(2011)0337, Ziffer 4.

546 Die 16 Mitglieder wurden von den Fraktionen nach dem d'Hondtschen Höchstzahlverfahren benannt und hauptsächlich aus dem Ausschuss für auswärtige Angelegenheiten (AFET) und dem Unterausschuss für Sicherheit und Verteidigung (SEDE) rekrutiert.

Ratspräsidentschaften und dem Europäischen Parlament bereitgestellt. Eine ständige Einladung zur Teilnahme an der Konferenz ergeht an die Hohe Repräsentantin der EU für die Außen- und Sicherheitspolitik. Analog zur COSAC verabschiedet die Konferenz unverbindliche Schlussfolgerungen im Konsensverfahren.[547]

Auch in der sich seit 2008 verstärkenden Krise der WWU wird überdeutlich, dass weder das EP noch die nationalen Parlamente zu Randbeobachtern eines immer zentraleren Politikfelds degenerieren wollen,[548] während der Europäische Rat, die Kommission und die Europäische Zentralbank sowie die Eurogruppe die wirtschafts- und fiskalpolitische Integration vorantreiben. Aus demokratiepolitischer Sicht ist die WWU gegenwärtig durch ihre Exekutivlastigkeit zu Lasten der Parlamente und die damit einhergehende Vernebelung politischer Rechenschaftspflicht gekennzeichnet. Weder dem Ministerrat, geschweige denn der Euro-Gruppe steht im Rahmen der WWU ein demokratisches Institut gegenüber, das auch nur halbwegs mit den Funktionsparametern der Parlamente in Bereichen wie dem Binnenmarkt vergleichbar wäre. Denn in den Vertragsvorgaben über die WWU ist das EP lediglich in Art. 121 Abs. 6 AEUV zur prozeduralen Ausgestaltung der multilateralen Überwachungsverfahren, in Art. 129 Abs. 3 AEUV zur Änderung bestimmter Vorschriften der ESZB- und EZB-Satzung und in Art. 133 AEUV zum Währungsrecht über das OGV vollwertig, d.h. auf Augenhöhe mit dem Ministerrat beteiligt. In allen anderen Bereichen sind die Parlamentsrechte dagegen auf die einfache Anhörung oder Unterrichtung beschränkt: Und in den auf die Euro-Zone bezogenen Handlungsermächtigungen wird das EP weder konsultiert noch unterrichtet. Der weitgehende Ausfall des EP als demokratische Mitwirkungs- und Kontrollinstanz in der WWU wird auch nicht durch die nationalen Parlamente ausgeglichen.[549]

Das Gros der bislang vorgebrachten Lösungsansätze zur Behebung des Demokratiedefizits der WWU zielt auf die Überführung der parlamentsschwachen Entscheidungsprozeduren in das OGV und die Stärkung der nationalparlamentarischen Kontrollrechte ab.

1. Über das vereinfachte Vertragsänderungsverfahren nach Art. 48 Abs. 7 (2) EUV könnte der Europäische Rat einstimmig und nach Zustimmung des EP das besondere Gesetzgebungsverfahren durch das OGV ersetzen. Anwendung finden könnte diese Option auf die Art. 113 und 115 AEUV zur Steuerharmonisierung sowie Artikel 127 Abs. 6 AEUV zur Übertragung der Bankenaufsicht auf die EZB und Art. 129 Abs. 4 AEUV zur Änderung der Satzungen von ESZB und EZB. Analog wäre auch das besondere Gesetzgebungsverfahren nach Art. 126 Abs. 14 AEUV zum Defizitverfahren und zur Änderung der Referenzwerte in das OGV zu überführen.

2. Alternativ wäre der Übergang zum OGV im Rahmen der verstärkten Zusammenarbeit auf Grundlage von Art. 333 Abs. 2 AEUV möglich. Hierbei würden die an der verstärkten Zu-

---

547 Vgl. Inter-Parliamentary Conference for the Common Foreign and Security Policy (CFSP) and the Common Security and Defence Policy (CSDP), Nicosia, 9-10 September 2012: Rules of Procedure of the Interparliamentary Conference for the CFSP and the CSDP, http://www.cyparliament2012.eu/easyconsole.cfm/id/349.

548 Vgl. Cooper, Ian: Parliamentary Oversight of the EU after the Crisis: On the Creation of the 'Article 13' Interparliamentary Conference, LUISS Guido Carli School of Government Working Paper, No. SOG-WP21/2014; Auel, Katrin/Höing, Oliver: Scrutiny in Challenging Times – National Parliaments in the Eurozone Crisis, European Policy Analysis Nr. 19/2013.

549 Vgl. ausführlich: Maurer, Andreas: From EMU to DEMU: The Democratic Legitimacy of the EU and the European Parliament, Istituto Affari Internazionali Working Papers, No. 1311, Rome, 2013; Wessels, Wolfgang et.al.: Democratic Control in the Member States of the European Council and the Euro zone summits, Study requested by the European Parliament's Committee on Constitutional Affairs and commissioned to the Trans European Policy Studies Association and Notre Europe – Jacques Delors Institute, European Parliament, Luxembourg 2013.

sammenarbeit teilnehmenden Mitgliedstaaten einstimmig Rechtsakte in der verstärkten Zusammenarbeit nach dem OGV beschließen. Anwendung finden könnte diese Option auf Art. 113 und Art. 115 AEUV für die Steuerrechtsharmonisierung. Ausgeschlossen wären dagegen die Art. 126 Abs. 14 AEUV zum Defizitverfahren und zur Änderung der Referenzwerte, Art. 127 Abs. 6 AEUV zur Übertragung der Bankenaufsicht auf die EZB und Art. 129 Abs. 4 AEUV zur Änderung der ESZB- und EZB-Satzung, weil diese Handlungsgrundlagen dem Einstimmigkeitsvorbehalt aller 28 Mitgliedstaaten unterliegen.

3. Die dritte Alternative bestünde darin, besondere Rechte des EP und der nationalen Parlamente nicht durch eine Änderung der Rechtsgrundlagen, sondern in Revisionen bereits erlassener Sekundärrechtsakte selbst vorzunehmen. So könnten die Mitwirkungsrechte des EP z.B. in der Verordnung des Rates zur Übertragung besonderer Aufgaben der Bankenaufsicht auf die EZB nach Art. 127 Abs. 6 AEUV in Richtung des OGV angehoben werden.

Im Gegenzug zur beabsichtigten Stärkung des EP werden aber auch Beschränkungen des EP-Status und dessen effektive Spaltung in die Diskussion eingebracht. Diese reichen über die Schaffung einer Euro-Kammer bestehend aus Delegationen nationaler Parlamentarier[550] bis hin zur Gründung eines Euro-Parlaments, das sich je zur Hälfte aus EP- und nationalen Abgeordneten zusammensetzen soll.[551] Der Präsident des Europäischen Rates, Vertreter der deutschen Bundesregierung und einige der in der sogenannten „Zukunftsgruppe" versammelten Außenminister stellen darüber hinaus die Idee der Begrenzung der Abstimmungsrechts auf die MdEP aus den Euro-Mitgliedstaaten zur Diskussion.[552] Dagegen steht die Idee, innerhalb des EP einen Ausschuss zu ermächtigen, in bestimmten, die Euro-Zone betreffenden Fragen plenarersetzende Beschlüsse zu fassen und diesen Ausschuss als parlamentarisches Kontrollgremium mit besonderen Informationsrechten für die Ratsverfahren zur WWU einzusetzen.[553] Dieser von der Kommission in ihrer Mitteilung vom 28. November 2012 aufgenommene Vorschlag[554] anerkennt zwar die besondere Integrationsfunktion des EP, blendet allerdings das parlamentarische Demokratiedefizit der nationalen Parlamente aus. Letztlich eröffnet hier der Fiskalpakt eine Möglichkeit zur Problembehebung. Denn in Art. 13 des Fiskalpakts werden beide Parlamentsebenen ermächtigt, über die Struktur, Organisation und Durchführung einer „Konferenz von Vertretern der zuständigen Ausschüsse des Europäischen Parlaments und von Vertretern der zuständigen Ausschüsse der nationalen Parlamente" zu bestimmen. Erste Umsetzungsüberlegungen hierzu[555] schlugen vor, dass die Konferenz zur effektiven, kontrollieren-

---

550 Vgl. Joschka Fischer: „Vergesst diese EU", in: Die Zeit 46/2011.

551 Vgl. Michael Roth: „Der Euro braucht ein Parlament", http://michaelroth.eu/de/detail.php?rubric=EUROPA& nr=2135.

552 Gegen dieses Konzept spricht zum Einen dass das EP nach Art. 14 EUV die Vertretung der Unionsbürger und nicht der Mitgliedstaaten und zum Anderen dass der Euro die Währung der Union und nicht der Euro-Zone ist. Die Realisierung eines Euro-Zonen-Parlaments hätte außerdem massive Konsequenzen für den inneren Zusammenhalt, sprich die „Integrationsfunktion" des EP.

553 Vgl. Manuel Sarrazin: Für eine demokratische Wirtschaftsregierung für die EU der 27, 23. Oktober 2012, http://www.manuelsarrazin.de/meinung/23-10-2012/f%C3%BCr-eine-demokratische-wirtschaftsregierung-f% C3%BCr-die-eu-der-27.

554 Vgl. Speakers of Parliament (2013): Working paper of the meeting of the Speakers of Parliament of the Founding Member States of the European Union and the European Parliament in Luxembourg on January 11th, 2013, http://www.ipex.eu/IPEXL-WEB/dossier/files/download/082dbcc53b70d1c2013ccdba1ba42a62.do; Vgl. Europäische Kommission: Ein Konzept für eine vertiefte und echte Wirtschafts- und Währungsunion. Auftakt für eine europäische Diskussion, COM(2012) 777 final, 28. November 2012, S. 42 und 44.

555 Vgl. Rapport d'Information par Christophe Caresche, déposé par la Commission des affaires européenes portant observations sur le projet de loi de ratification du Traité sur la stabilité, la coordination et la gouvernance au sein de l'Union économique et monétaire, Paris, 25. September 2012 ; http://www.assemblee-nationale.fr/1 4/europe/rap-info/i0202.asp#P647_122413.

den Begleitung der Umsetzungsmaßnahmen des Fiskalpakts mindestens zweimal jährlich tagt: Im Frühsommer sollten die bis April seitens der Mitgliedstaaten vorzulegenden Stabilitäts- und hierauf bezogenen Reformprogramme diskutiert werden; im Herbst stünden dann die bis Oktober der Kommission vorzulegenden, nationalen Haushaltsentwürfe zur Debatte. In beiden Sitzungen ginge es in erster Linie um den gegenseitigen, Informationsaustausch und die gemeinsame Erörterung der fiskal-, wirtschafts- und sozialpolitischen Aspekte der mitgliedstaatlichen Haushalte. Ideal gesetztes Ziel wären dabei gemeinsam von EP und nationalen Parlamenten angenommene, an die EU-Organe gerichtete Stellungnahmen. Diese Vorschläge knüpfen an die 2013 auf Initiative des EP eingerichtete, „Parlamentarische Woche zum Europäischen Semester" an: Die „Parlamentarische Woche" führt die Wirtschafts-, Währungs-, Beschäftigungs-, Sozial- und Haushaltsausschüsse der beiden Parlamentsebenen zur Beratung des Jahreswachstumsberichts, der nationalen Reformprogramme und der Stabilitäts- und Konvergenzprogramme in der Mitte des Semesterzyklus zusammen. Sitzungen fanden bislang vom 28. bis 30. Januar 2013 und vom 20. bis 22. Januar 2014 statt. Diese Praxis fortentwickelnd ermächtigt Art. 13 des Fiskalpakts beide Parlamentsebenen dazu, über die Struktur, Organisation und Durchführung einer „Konferenz von Vertretern der zuständigen Ausschüsse des Europäischen Parlaments und von Vertretern der zuständigen Ausschüsse der nationalen Parlamente" zu bestimmen. Der Ausgangsimpuls zur Ausfüllung des in Art. 13 Fiskalpakt gesetzten Rahmens ging vom Abgeordneten der französischen Nationalversammlung, Christophe Caresche aus, der im September 2012 erste Überlegungen zur Diskussion stellte.

Zur Zusammensetzung dieses Ausschusses schlug Caresche eine analoge Verteilung zur „Interparliamentary Conference for the CFSP and the CSDP" vor. In diesem Feld konnten sich das EP und die nationalen Parlamente Ende April 2012 auf die wesentlichen Struktur- und Verfahrensfragen ihrer Zusammenarbeit einigen. In der bis zuletzt umstrittenen Frage der Zusammensetzung einigten sich die Parlamentspräsidenten darauf, dass die nationalen Parlamente je sechs und das EP 16 Delegierte in die Konferenz entsenden, plus je 4 Beobachter der NATO-Staaten und der EU-Beitrittskandidaten (Interparliamentary Conference for the CFSP 2010). Dementsprechend wäre für den von Caresche vorgeschlagenen, interparlamentarischen Art.-13-Ausschuss denkbar, dass jedes mitgliedstaatliche Parlament der „Eurozone" sechs und das EP 16 voll rede- und stimmberechtigte Abgeordnete entsenden, während die Parlamente der „Pre-Ins" mit jeweils 6 rede-, aber nicht stimmberechtigten Abgeordneten und die Parlamente des Vereinigten Königreichs, Dänemarks und Schwedens mit jeweils 4 Beobachtern vertreten wären. Während die Parlamentspräsidenten der sechs EU-Gründerstaaten in einem gemeinsamen Schreiben den Vorschlag Caresche's im Hinblick auf Eigenständigkeit und Zusammensetzung der Art.-13-Konferenz weitestgehend unterstützen,[556] äußerten die Vorsitzenden der Europaausschüsse der nationalen Parlamente der nordischen und der baltischen Staaten sowie Tschechiens, Luxemburgs, Irlands, der Slowakischen Republik, Rumäniens, Ungarns, Sloweniens, Belgiens und des House of Lords Bedenken gegenüber der Eigenständigkeit der Konferenz und schlugen vor, die Abgeordneten der Art.-13-Konferenz im Zusammenhang der 1989 gegründeten, zweimal jährlich tagenden Konferenz der Europaausschüsse (COSAC) tagen zu lassen. Zudem dokumentiert der Entwurf einer Empfehlung der EP-Ausschussvorsitzenden zur Revision der Geschäftsordnung vom Frühsommer 2013 die kritische Haltung des EP gegenüber dem Vorschlag: Weil innerhalb des WWU-Rahmens und des Fiskalpakts deutlich stärkere Kompetenzen der EU und Handlungsermächtigungen des Ministerrats, der Eurogrup-

---

556 Vgl. Speakers of Parliament 2013.

pe und des Europäischen Rates angesprochen würden und Maßnahmen in diesem Zusammenhang nicht nur politisch, sondern rechtlich verbindlich wären, sollte das EP in der Art.-13-Konferenz sichtbar stärker vertreten werden als die nationalen Parlamente.

Die erste Tagung der Art.-13-Konferenz fand unter litauischem Vorsitz vom 16. bis 18. Oktober 2013 statt. Vorgelegt wurde hierbei auch eine Geschäftsordnung des hierin als „Interparliamentary Conference on Economic and Financial Governance of the European Union (IC-EFG)" betitelten Kooperationsformats.[557] Die IC-EFG sollte dabei an die Stelle der parlamentarischen Woche zum Europäischen Semester treten. Zur Frage der Zusammensetzung wählte der Entwurf eine vage Formulierung, wonach „the composition and size of delegations shall be determined by each Parliament. The hosting Parliament(s) may, for budgetary or limited facilities reasons, suggest an optimal delegation size." Diese Formel suggerierte ein lockeres Verständnis des Konferenzmandats als Forum des Informationsaustauschs. Im Widerspruch dazu sah Art. 3.2 der Geschäftsordnung aber ein Verfahren für superqualifizierte Mehrheitsentscheidungen vor: „In general the Interparliamentary Conference on EFG shall seek to take decisions, including on the adoption of the Conclusions, by consensus. If this is not possible, decisions shall be taken with a qualified majority of at least 3/4 of the votes cast. The majority of 3/4 of the votes cast must at the same time constitute at least half of all votes. Each Parliament has two votes. In the case of bicameral Parliaments, each Chamber is given one vote." Diesen Artikel bestritten das britische und irische Parlament sowie der Deutsche Bundestag energisch auf der zweiten Tagung der IC-EFG (20. bis 22. Januar 2014) in Brüssel. In den Änderungsanträgen schlug der Bundestag die ersatzlose Streichung vor, weil „die Art. 13-Konferenz [...] keine Schlussfolgerungen verabschieden", und stattdessen nur dem interparlamentarischen Meinungsaustausch dienen sollte. Allenfalls könnte die jeweilige Präsidentschaft aus Ihrer Sicht eine Zusammenfassung der Konferenzbeiträge veröffentlichen (sog. „Presidency conclusions").[558] Da sich auf der anderen Seite gewichtige Parlamente aus Frankreich, Griechenland und Rumänien fanden, die sich explizit für die Möglichkeit der Beschlussfassung mit superqualifizierter Mehrheit aussprachen, ging die IC-EFG ohne Ergebnis auseinander. Bis auf weiteres ist daher von einem flexiblen Forum auszugehen, dass seine konkreten Funktionen und Verfahren noch finden muss. Einigkeit scheint allerdings darin zu bestehen, in der IC-EFG keine besondere Differenzierung entlang des Status der Parlamente innerhalb bzw. außerhalb der Eurozone zu etablieren.[559]

In welchen Bereichen der WWU eine verstärkte Mitwirkung der Parlamente sinnvoll und praktikabel erscheint, muss entsprechend der Funktionskataloge der Parlamente abgewogen werden. Beide Parlamentsebenen nehmen ihre Mitwirkungsfunktionen im Kontext eines hochdifferenzierten Systems der interinstitutionellen „*checks and balances*" war; die hierauf gründenden Legitimationskulissen parlamentarischer Mitgestaltung am Zustandekommen europäischen Sekundärrechts sind bei der Zuordnung bzw. Neuordnung parlamentarischer Aufgaben

---

557 Vgl. IC-EFG Draft Rules (2013): Draft Rules of Procedure of the Interparliamentary Conference on Economic and Financial Governance of the European Union, Vilnius, 2 October 2013; http://www.ipex.eu/IPEXL-WEB/dossier/files/download/082dbcc5420d8f4801425188fc754fd8.do

558 Vgl. Deutscher Bundestag (2014): Geschäftsordnung der Interparlamentarischen Konferenz für die wirtschaftliche und finanzielle Steuerung der Europäischen Union; Änderungsanträge der deutschen Delegation, 25. März 2014; http://www.ipex.eu/IPEXL-WEB/dossier/files/download/082dbcc5452b142001456a262f7335a9.do.

559 Vgl. detailliert: Cooper, Ian: Parliamentary Oversight of the EU after the Crisis: On the Creation of the 'Article 13' Interparliamentary Conference, LUISS Guido Carli School of Government Working Paper No. SOG-WP21/2014, http://dx.doi.org/10.2139/ssrn.2488723.

genauso zu würdigen wie die Bedingungen einer Reform der EU. Anders: Es hilft wenig, einfach ein Zustimmungsrecht des EP zur Ratifizierung von völkerrechtlichen Verträgen wie dem Fiskal- oder dem ESM-Vertrag einzufordern, ohne die in diesem Feld bereits ausgeübten Funktionen der nationalen Parlamente zu berücksichtigen. Genauso abwegig ist dann aber auch die Forderung zur Schaffung einer Kammer der nationalen Parlamente innerhalb des EU-Institutionensystems, wenn hierbei nicht auf die bereits wahrgenommenen Funktionen des EP rekurriert wird. Kurz, jede Reform, jede Stärkung der Parlamente im EU-Prozess ist auf ihre Funktionalität und ihre Wirkungen im weiteren Kontext des institutionellen Aufbaus der EU zu bewerten.

14.3.2 Subsidiaritätskontrolle

Nach Art. 6 des Protokolls Nr. 2 über die Anwendung der Grundsätze der Subsidiarität und der Verhältnismäßigkeit (PSV) können die nationalen Parlamente binnen acht Wochen nach dem Zeitpunkt der Übermittlung eines Legislativvorschlags[560] in einer begründeten Stellungnahme an die Präsidenten des Europäischen Parlaments, des Rates und der Kommission darlegen, weshalb der Entwurf ihres Erachtens nicht mit dem Subsidiaritätsprinzip vereinbar ist (Subsidiaritätsrüge). Kommt ein Drittel der nationalen Parlamente[561] – jedem Mitgliedstaat werden zwei Stimmen zugerechnet[562] – zu dem Ergebnis, dass ein Gesetzesentwurf der EU gegen das Subsidiaritätsprinzip verstößt, ist die Kommission gezwungen, die Vorlage nochmals zu prüfen. Dieser Vorgang wird als „gelbe Karte" bezeichnet. Liegen innerhalb von acht Wochen begründete Stellungnahmen von mindestens der Hälfte der nationalen Parlamente vor, spricht man von der „orangen Karte". Die Kommission muss dann begründen, warum sie trotzdem der Meinung ist, dass ihr Vorschlag nicht gegen das Subsidiaritätsprinzip verstößt. Diese Begründung wird gemeinsam mit den Stellungnahmen der nationalen Parlamente dem EP und dem Rat übermittelt. Kommen 55 % der Mitglieder im Rat bzw. 50% der MdEP zu dem Schluss, dass der Kommissionsvorschlag dem Subsidiaritätsprinzip sehr wohl zuwider läuft, gilt der Rechtsakt als gescheitert. Gemäß Art. 42 Abs. 3 GOEP werden die begründeten Stellungnahmen der nationalen Parlamente an den in der Sache zuständigen Ausschuss weitergeleitet und dem für die Einhaltung des Subsidiaritätsprinzips zuständigen Ausschuss (Rechtsausschuss) zur Information übermittelt. Außer in dringenden Fällen gem. Art. 4 PNP-L findet die Schlussabstimmung in dem in der Sache zuständigen Ausschuss nicht vor Ablauf der Frist von acht Wochen statt. Der zuständige Ausschuss kann, nachdem er die begründeten Stellungnahmen der nationalen Parlamente und der Kommission geprüft und die Ansichten des Rechtsausschusses gehört hat, dem Parlament empfehlen, den Vorschlag gänzlich abzulehnen, oder eine andere Empfehlung vorlegen, die Abänderungen im Hinblick auf die Einhaltung des Subsidiaritätsprinzips enthalten kann. Die Stellungnahme des Rechtsausschusses wird einer solchen Empfehlung beigefügt.

Da in diesem Verfahren den Subsidiaritätsrügen der Parlamente nicht zwingend Rechnung getragen werden muss, sieht das PSV ein zusätzliches juristisches Kontrollinstrument am Ende des Entscheidungsverlaufs vor: Diejenigen nationalen Parlamente, die eine negative Stellung-

---

560 Allen Vorschlägen muss hierbei eine Begründung im Hinblick auf die Grundsätze der Subsidiarität und der Verhältnismäßigkeit beigefügt werden (fiche de subsidiarité).

561 In Angelegenheiten, die die Verwirklichung des Raums der Freiheit, der Sicherheit und des Rechts betreffen, genügt nach Artikel 76 AEUV ein Viertel der Stimmen.

562 Einkammerparlamente verfügen über zwei, in Zweikammerparlamenten verfügt jede Kammer über eine Stimme.

nahme verfasst haben, verfügen demnach über die Möglichkeit, nach der Verabschiedung des fraglichen Rechtsaktes vor dem Europäischen Gerichtshof wegen Verletzung des Subsidiaritätsprinzips eine Nichtigkeitsklage einzureichen.

Zweieinhalb Jahre nach Inkrafttreten des Vertrags von Lissabon war im Mai 2012 erstmals das nötige Quorum für eine Subsidiaritätsrüge erreicht. 12 von 40 nationalen Kammern sahen im Vorschlag für die sog. „Monti II-Verordnung" („Verordnung über die Ausübung des Rechts auf Durchführung kollektiver Maßnahmen im Kontext der Niederlassungs- und Dienstleistungsfreiheit")[563] einen Verstoß gegen das Subsidiaritätsprinzip. Die Argumente gegen den Kommissionsvorschlag bezogen sich in erster Linie auf den Mehrwert der Verordnung als solche, die Wahl der Rechtsgrundlage, die Kompetenz der EU in diesem Bereich legislativ aktiv zu werden, die Auswirkungen des in Art. 2 festgelegten Grundprinzips, die Bezüge auf das Prinzip der Verhältnismäßigkeit sowie den gleichberechtigten Zugang zu Streitbeilegungsmechanismen und zum Frühwarnmechanismus.

Die 12 von den Kammern der Parlamente von Belgien, Dänemark, Finnland, Frankreich, Lettland, Luxemburg, Malta, Polen, Portugal, Schweden, den Niederlanden und Großbritannien eingereichten Rügen entsprachen 19 der damals 54 Stimmen, über die die nationalen Parlamente im Früherkennungsmechanismus des PSV verfügen. Nach deren Prüfung kam die Kommission zu dem Schluss, dass keine Verstöße gegen das Subsidiaritätsprinzip vorlägen. Gleichzeitig räumte sie aber ein, dass auch aufgrund der Diskussionen zwischen den relevanten Akteuren auf europäischer Ebene – insbesondere zwischen EP und Rat – davon auszugehen sei, dass der Kommissionsvorschlag nicht die nötige politische Unterstützung erhalten werde. Am 12. September 2012 teilte die Kommission schließlich mit, dass sie ihren Vorschlag zurückziehen würde.

2013 erhielt die Kommission für ihren Vorschlag zur Schaffung einer Europäischen Staatsanwaltschaft (European Public Prosecutor's Office – EPPO)[564] eine weitere *gelbe Karte*. 14 nationale Parlamentskammern aus 11 Mitgliedstaaten übermittelten begründete Stellungnahmen; diese machten 18 von (inzwischen) insgesamt 56 Stimmen aus – im vorliegenden Fall hätten bereits 14 genügt, da es sich um einen Gesetzgebungsakt betreffend den Raum der Freiheit, der Sicherheit und des Rechts handelte.

Die nationalen Kammern kritisierten in ihren Stellungnahmen, dass die Verordnung inhaltlich „zu weit" gehe (schwedischer Reichstag, slowenische Staatsversammlung), der Europäischen Staatsanwaltschaft zu weitreichende Befugnisse einräume (erste und zweite niederländische Kammer), und dass sie über die zur Zielerreichung erforderlichen Maßnahmen hinausgehe (schwedischer Reichstag und weitere nationale Parlamente). Weitere Argumente gegen die Verordnung waren ihr eventueller Verstoß gegen die tschechische Verfassung bzw. gegen Bestimmungen der Grundrechtecharta (tschechischer Senat sowie britisches Ober- und Unterhaus), eine mögliche Gefährdung des Schutzes der Rechte von Verdächtigen (zyprisches Repräsentantenhaus) und ein behaupteter Nachteil für die Mitgliedstaaten durch den Verlust ihrer Möglichkeiten zur Prioritätensetzung bei Strafverfolgungsmaßnahmen (je beide britischen und niederländischen Kammern).

---

563 Vgl. Europäische Kommission (2012): Vorschlag für Verordnung des Rates über die Ausübung des Rechts auf Durchführung kollektiver Maßnahmen im Kontext der Niederlassungs- und der Dienstfreiheit, COM(2012) 130 final, 2012/0064 (APP), Brüssel 21.3.2012.

564 Vgl. Europäische Kommission (2013): Vorschlag für eine Verordnung des Rates über die Errichtung der Europäischen Staatsanwaltschaft, COM(2013) 534 final, 2013/0255 (APP), Brüssel 17.07.2013.

Abb. 27: Prozessverlauf im Früherkennungssystem in Anlehnung an das PNP-L und das PSV

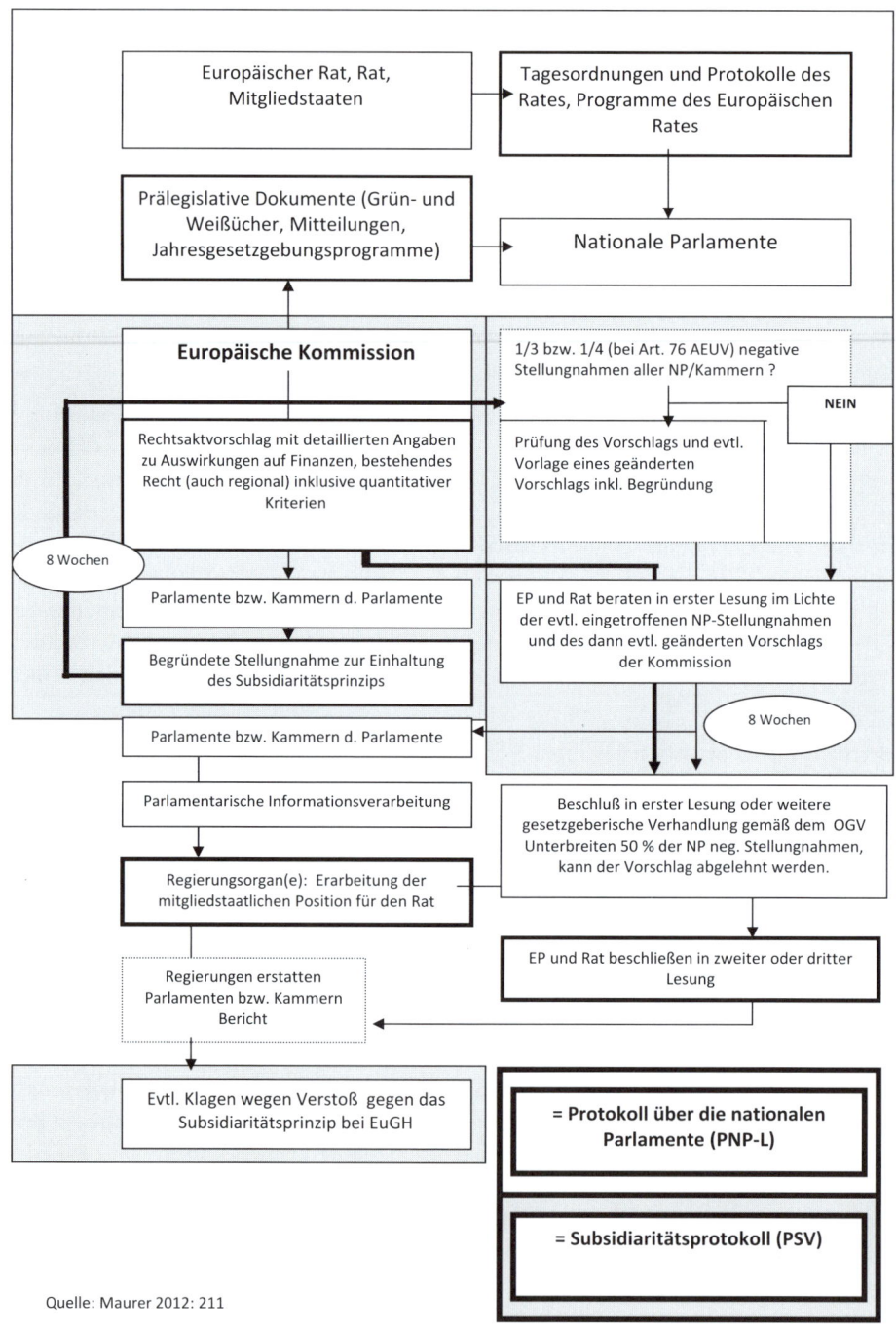

Quelle: Maurer 2012: 211

Die Kommission hielt in ihrer Reaktion[565] an ihrem Vorschlag fest, kündigte aber an, den Stellungnahmen gebührend Rechnung tragen zu wollen und dementsprechend den politischen Dialog mit den nationalen Parlamenten fortzusetzen.

Tatsächlich geht ein Großteil der von den nationalen Parlamenten eingereichten Stellungnahmen inhaltlich weit über das Thema Subsidiarität hinaus, indem die Vorlagen in der Substanz diskutiert werden. Der EP-Rechtsausschuss unterscheidet daher ganz klar zwischen „begründeten Stellungnahmen" und sonstigen „Beiträgen". Bei den Beiträgen handelt es sich gem. Art. 142 Abs. 4 GOEP um alle den EU-Legislativprozess betreffenden Dokumente, die dem EP von einem nationalen Parlament offiziell übermittelt werden und ausschließlich an den für den in dem betreffenden Dokument behandelten Gegenstand zuständigen Ausschuss weitergeleitet werden.

Der Problematik, dass sich der politische Dialog und der Subsidiaritätskontrollmechanismus zwangsläufig überschneiden, trug Kommissionspräsident Barroso in seinem Schreiben an die nationalen Parlamente vom 1. Dezember 2009 Rechnung, indem er sie aufforderte, „in ihren Stellungnahmen soweit möglich zwischen Aspekten des Subsidiaritätsprinzips und Anmerkungen zum Inhalt eines Legislativvorschlags zu unterscheiden und ihre Aussagen (präzise) zu formulieren". Nicht ohne Grund organisierte die COSAC vor Inkrafttreten des Lissabonner Vertrages acht Testläufe. Die Parlamente sollten ihre Prüfverfahren innerhalb der Fristvorgaben durchführen und gegebenenfalls Subsidiaritätsrügen an die Kommission formulieren. Anfänglich reichten nur 17 Kammern ihre Beiträge fristgerecht ein, wohingegen sich am letzten Testlauf – kurz vor Inkrafttreten des Lissabonner Vertrages – insgesamt 36 von 40 Kammern beteiligten. Auffällig war dabei die geringe Anzahl an Subsidiaritätsrügen; das Maximum lag 2009 bei drei begründeten Stellungnahmen.[566]

Im Grunde ist es nicht verwunderlich, dass die Parlamente 2011 die Schwelle für „gelbe" oder gar „orange"[567] Karten nicht erreichten. Nur etwa 10 % der bei der Kommission eingegangenen Beiträge (von insgesamt 622) fielen in die Kategorie der begründeten Stellungnahmen, in denen Parlamente einen Verstoß gegen das Subsidiaritätsprinzip monierten. Das Gros der Beiträge befasste sich mit den Politikbereichen Steuern, Landwirtschaft, Binnenmarkt und Justiz.[568] Die effektive Nutzung der Subsidiaritätsklage hängt somit in der Praxis wesentlich von der Selbstwahrnehmung der Parlamente und ihrer Akteure ab. „Kontrollbewusste Parlamente"[569] verhalten sich sicherlich anders als am Konsens orientierte „Mitwirkungsparlamente". Allerdings zeigt die Art und Weise, in der die meisten nationalen Parlamente das PSV umsetzen und den Subsidiaritätskontrollmechanismus verwenden, den hauptsächlich politischen Charakter dieses Instruments.

---

565 Vgl. Europäische Kommission (2013): Mitteilung der Kommission an das Europäische Parlament, den Rat und die nationalen Parlamente über die Überprüfung des Vorschlags für eine Verordnung des Rates über die Errichtung der Europäischen Staatsanwaltschaft in Bezug auf den Subsidiaritätsgrundsatz gemäß Protokoll Nr. 2, COM(2013) 851 final, Brüssel 27.11.2013.

566 Vgl. Maurer 2012, S. 234ff.

567 Wird eine Empfehlung zur Ablehnung des Vorschlags mit einfacher Mehrheit im EP-Plenum angenommen, oder unterstützt der Rat mit der Mehrheit von 55 % der Mitgliedstaaten den Einspruch der nationalen Parlamente, wird das Gesetzgebungsverfahren nicht fortgesetzt. Dieser Vorgang ist als ‚orange Karte' bekannt.

568 Vgl. Bericht der Kommission über die Anwendung der Grundsätze der Subsidiarität und der Verhältnismäßigkeit (19. Bericht über „Bessere Rechtsetzung" 2011), COM(2012)373 final, Brüssel, den 10.7.2012.

569 Vgl. dazu ausführlich: Jančić, Davor: National Parliaments in the European Constitutional Order: Political Accountability Beyond Borders?, 41st UACES Conference „Exchanging Ideas on Europe 2011", University of Cambridge, Robinson College, 5-7 September 2011.

14.4 Perspektiven

Im europäischen Mehrebenenparlamentarismus kommt es angesichts der starken Stellung der Regierungen zu einer faktischen Entparlamentarisierung sowohl auf nationaler als auch auf supranationaler Ebene, die nur teilweise und zeitverschoben – im Nachgang zur vertraglichen Kompetenzallokation zugunsten des Ministerrates – durch eine formelle „Re-Parlamentarisierung" durch Kompetenzzuwächse der nationalen Parlamente und des Europäischen Parlaments ausgeglichen werden kann. Sven Hölscheidt (2011) konstatiert mit Blick auf die nationalen Parlamente einen rein formalen Parlamentarisierungsschub, da in der politischen Praxis durch die stetige Übertragung von Hoheitsrechten auf die europäische Ebene die Gesetzgebungsfunktion sowie der europapolitische Einfluss auf die nationale Regierung schwinde. Dennoch spricht Mellein (2011) von unmittelbaren und grundsätzlich justiziablen, nationalparlamentarischen Mitwirkungsrechten im EU-Entscheidungsprozess, die das Hauptbetätigungsfeld, nämlich die Kontrolle der Regierungsvertreter im Ministerrat, aufwertet und ergänzt. Zwar führt der Vertrag von Lissabon das Recht der nationalen Parlamente ein, Einspruch gegen Anträge der Kommission einzulegen. Allerdings reduziert sich dieses Recht auf Fragen der Durchsetzung des Subsidiaritätsprinzips und verengt damit die Mitwirkung der Parlamente im Vorfeld der Verabschiedung europäischen Sekundärrechts.

Die vertragsschließenden Parteien der EU haben die Subsidiaritätskontrolle vordringlich eingeführt, um die demokratische Legitimation der EU zu stärken. Auch die Öffentlichkeitsfunktion der nationalen Parlamente sollte dadurch einen neuen Impetus erfahren. Schließlich geht es bei den Anreizstrukturen der Parlamente auch darum, mittel- bis langfristig einen europäischen Kommunikationsraum bzw. eine EU-Öffentlichkeit entstehen zu lassen. Doch angesichts der Komplexität und Kompliziertheit europäischer Entscheidungsprozesse ergibt sich für die nationalen Parlamente ein Kommunikationsdilemma: Wie soll Öffentlichkeit hergestellt werden, wenn die einfließende EU-Information kaum parlamentsintern verarbeitet werden kann? Letztlich haben die Parlamente noch kein Verfahren der öffentlichkeitsgewinnenden Informationsselektion gefunden, das wahrscheinlich einen erheblichen Motivations- und Zeitaufwand bedürfte. Problematisch ist dabei auch, dass es für nationale Abgeordnete nicht selbstverständlich ist, komplexe EU-Themen zu kommunizieren, die angesichts der Aufmerksamkeitszyklen nationaler Medien kaum Resonanz finden.

Eine weitere, vom EP aufmerksam verfolgte Schwachstelle des europäischen Mehrebenenparlamentarismus besteht in der mangelhaften Ausgestaltung des Prinzips der Gegenseitigkeit zwischen nationalen Parlamenten und dem EP. Das Prinzip der Gegenseitigkeit in der interparlamentarischen Zusammenarbeit fand seinen förmlichen Niederschlag erstmals in der dem Maastrichter Vertrag angehängten Erklärung Nr. 13 zur Rolle der einzelstaatlichen Parlamente in der Europäischen Union: „Nach Ansicht der [Regierungs]Konferenz ist es [...] wichtig, dass die Kontakte zwischen den einzelstaatlichen Parlamenten und dem Europäischen Parlament insbesondere dadurch verstärkt werden, dass hierfür geeignete gegenseitige Erleichterungen und regelmäßige Zusammenkünfte zwischen Abgeordneten, die an gleichen Fragen interessiert sind vorgesehen werden." Die im März 1994 vorgelegte Bilanz des EP über die Umsetzung der interparlamentarischen Zusammenarbeit legte folglich den Fokus auf weniger formalisierte Kooperationsmöglichkeiten und forderte die Realisierung des Prinzips der Gegenseitigkeit vehement ein. Der Grund hierfür lag in der beträchtlichen Schieflage, die sich beim Blick auf die Zugangsmöglichkeiten der EP-Abgeordneten in den nationalen Parlamenten ergab und die mit den seit 1989 insbesondere in Frankreich und Großbritannien fortlaufend geäußerten Forderungen einer stärkeren Formalisierung der Rolle nationaler Parlamente in den Institutionen der EU kontrastierte.[570] Nur eine Minderheit der nationalen Parlamente bot den Europaabgeordneten Zugangsmöglichkeiten, die mit denjenigen des EP für nationale Parlamentsabgeordnete auch nur annähernd vergleichbar gewesen wären.[571] Das Haupthindernis liegt auch heute, zwanzig Jahre nach der Normierung des Gegenseitigkeitsprinzips, in dem durch die meisten nationalen Parlamente formulierten Erfordernis, dass Europaabgeordnete die Staatsangehörigkeit oder aber ein Mandat im betreffenden Mitgliedstaat besitzen müssen. Beide Anforderungen stehen der denationalisierten Struktur des EP entgegen.

Tab. 31: Mitwirkungsmöglichkeiten der Europaabgeordneten in den nationalen Parlamenten

Parlament/Kammer	Plenum		EU Ausschuss		Andere Ausschüsse	
	Rederecht (RR)	Stimmrecht (SR)	RR	SR	RR	SR
AT Nationalrat	---	---	XX	---	---	---
AT Bundesrat	---	---	XX	---	---	---
BE Repräsentantenhaus	---[572]	---	XX	XX	XX[573]	---
BE Senat[574]	---	---	---	---	---	---
BG	XX	---	XX	---	XX	---
CRO	---	---	XX	---	XX[575]	---
CY[576]	---	---	---	---	---	---
CZ Deputiertenkammer	---	---	XX	---	XX	---
CZ Senat	---	---	XX	---[577]	XX	---[578]
DK	---	---	---	---	---	---
EST	---	---	XX	---	---	---
SF	---	---	---	---	---[579]	---
FR Nationalversammlung	---	---	XX[580]	---	---	---
FR Senat	---	---	XX[581]	---	---	---
DE Bundesrat	---	---	---	---	---	---
DE Bundestag	---	---	XX	---	---	---

570 Vgl. Maurer 2002, S. 348.
571 Vgl. Pöhle 1998, S. 73.
572 MdEP können nur dann im Plenum sprechen, wenn sie als Berichterstatter des gemischten Beratenden Europaausschusses ihren Bericht vorstellen sollen.
573 Alle in Belgien gewählten MdEP dürfen nach Art. 34 der GO des Repräsentantenhauses an allen Fachausschusssitzungen teilnehmen, sofern der Vorsitz nach Zustimmung der Ausschussmitglieder keine Einwände formuliert hat.
574 Der belgische Senat ist Teil des föderalen Gemischten Ausschusses für EU-Angelegenheiten, der sich aus je 10 Abgeordneten der beiden belgischen Parlamentskammern und 10 MdEP zusammensetzt.
575 Nach Art. 57 § 2 GO des kroatischen Parlaments dürfen dessen Ausschüsse MdEP zu Sitzungen laden.
576 Im Regelfall sind alle zypriotischen MdEP eingeladen, an alle Ausschusssitzungen teilzunehmen.
577 Nach Abschnitt 119c der GO des Tschechischen Parlaments können in Tschechien gewählte MdEP mit beratender Stimme an den Ausschussitzungen teilnehmen.
578 Dito.
579 Nach Abschnitt 37 GO des Finnischen Parlaments können MdEP nur auf explizite Einladung der Ausschüsse als „Experten" mitwirken.
580 Der EU Ausschuss kann MdEP zu seinen Sitzungen einladen.
581 Der EU Ausschuss kann MdEP zu seinen Sitzungen einladen.

Parlament/Kammer	Plenum		EU Ausschuss		Andere Ausschüsse	
GR	---	---	XX	---	---[582]	---
HU	XX	---	XX	---	XX	---
IRL	---	---	XX	---	XX[583]	---
IT Deputiertenkammer[584]	---	---	XX	---	XX	---
IT Senat[585]	---	---	XX	---	XX	---
LT	---	---	---	---	---	---
LIT[586]	XX	---	XX	---	XX	---
LUX[587]	---	---	XX	---	XX	---
NL Senat	---	---	XX	---	XX	---
NL Repräsentantenhaus	XX[588]	---	XX	---	XX	---
PL	---	---	XX	---	XX[589]	---
PO	---	---	XX	---	---	---
RO	---	---	---	---	---	---
SK	---	---	XX	---	---	---
SLO	---	---	XX	---	XX	---
ESP	---	---	---	---	---	---
SE	---	---	---	---	---	---
UK Commons	---	---	---	---	---	---
UK Lords	---	---	---	---	---	---

Quelle: European Parliament (2014): Spotlight on Parliaments in Europe, Nr. 1, October 2014; auf der einer Umfrage der österreichischen Parlamentsverwaltung im EZPWD-Netzwerk (Rücklaufquote: 80,487 %). Eine Online-Befragung der Europaabgeordneten aus dem Jahre 2011 kommt zu dem Ergebnis, das 54% mindestens einmal im Jahr an Ausschuss- oder Plenardebatten eines mitgliedstaatlichen Parlaments teilnehmen.[590]

---

582 Nach Art. 44 § 3 GO des Griechischen Parlaments dürfen griechische MdEP nach Zustimmung des Parlamentspräsideten an den Ausschusssitzungen teilnehmen.

583 Irische MdEP können an den Sitzungen des Gemeinsamen Europaausschusses teilnehmen.

584 Nach Regel 127-ter GO der Deputiertenkammer können die Ausschüsse MdEP nach Zustimmung des Parlamentspräsidenten zu ihren Sitzungen einladen.

585 Nach Regel 127-ter GO der Deputiertenkammer können die Ausschüsse MdEP nach Zustimmung des Parlamentspräsidenten zu ihren Sitzungen einladen.

586 Das Gesetz über den Status und die Arbeitsbedingungen der in Litauen gewählten MdEP ermöglicht diesen die Teilnahme an Ausschusssitzungen mit beratender Stimme, die schriftliche und mündliche Vorlage von Vorschlägen und Anmerkungen sowie ein umfassendes Rederecht im Parlamentsplenum nach dessen Genehmigung, um Fragen an Berichterstatter zu stellen.

587 Die Fachausschüsse können MdEP mit beratender Stimme zu ihren Beratungen hinzuziehen.

588 Auf Anfrage können MdEP anläßlich der Jahresplenardebatte zur EU aktiv teilnehmen.

589 MdEP können an allen Ausschusssitzungen mit Ausnahme des Verfassungsausschusses und der nach Art. 111 der Verfassung eingesetzten Untersuchungsausschüsse teilnehmen.

590 Vgl. Crum, Ben/Miklin, Erik: Inter-Parliamentary Contacts of Members of the European Parliament: Report of a Survey, RECON Online Working Paper 2011/08, March, http://www.astrid-online.it/Riforma-de/Studi-e-ri/Archivio-27/Miklin-Crum_Recon_8_2011.pdf.

15 Transparenz und Öffentlichkeit

> **Art. 11 EUV**
>
> (1) Die Organe geben den Bürgerinnen und Bürgern und den repräsentativen Verbänden in geeigneter Weise die Möglichkeit, ihre Ansichten in allen Bereichen des Handelns der Union öffentlich bekannt zu geben und auszutauschen.
>
> (2) Die Organe pflegen einen offenen, transparenten und regelmäßigen Dialog mit den repräsentativen Verbänden und der Zivilgesellschaft.
>
> (3) Um die Kohärenz und die Transparenz des Handelns der Union zu gewährleisten, führt die Europäische Kommission umfangreiche Anhörungen der Betroffenen durch.
>
>
> **Art. 15 AEUV**
>
> (3) Jeder Unionsbürger sowie jede natürliche oder juristische Person mit Wohnsitz oder satzungsgemäßem Sitz in einem Mitgliedstaat hat das Recht auf Zugang zu Dokumenten der Organe, Einrichtungen und sonstigen Stellen der Union, unabhängig von der Form der für diese Dokumente verwendeten Träger, vorbehaltlich der Grundsätze und Bedingungen, die nach diesem Absatz festzulegen sind.
>
> Die allgemeinen Grundsätze und die aufgrund öffentlicher oder privater Interessen geltenden Einschränkungen für die Ausübung dieses Rechts auf Zugang zu Dokumenten werden vom Europäischen Parlament und vom Rat durch Verordnungen gemäß dem ordentlichen Gesetzgebungsverfahren festgelegt.

Im Gefüge des institutionellen Dreiecks der EU nimmt das Europäische Parlament neben Rat und Kommission eine Sonderstellung ein, da es die einzig demokratisch legitimierte Institution ist. Der Direktwahlmodus, seine Zusammensetzung als mehrsprachiges, multikulturelles Organ und seine supranationalen Verhandlungs- und Entscheidungsstrukturen prädestenieren das EP daher auch als Knotenpunkt der Schaffung einer europäischen Öffentlichkeit.[591] Unterstellt man Abgeordneten ein rationales, funktinoserhaltendes Interesse an ihrer Wiederwahl, dann kann man zudem davon ausgehen, das sie politisch näher an den Bürgern agieren (wollen und müssen) als die Beamten der Kommission. Und anders als die ebenfalls um Wiederwahl bemühten Akteure im Rat orientieren sich wesentliche Teile des EP – seine Fraktionen, Ausschüsse, Delegationen und fraktionsübergreifenden „Intergroups" – in sehr viel stärkerem Maß an grenzüberschreitenden, den Staat transzendierenden Teilöffentlichkeiten.

Das Zusammenspiel von Bürgerinnen und Bürgern und Politik in der Europäischen Union vollzieht sich dabei vor allem in jenem Kommunikationsraum, der als Europäische politische Öffentlichkeit[592] – *„European Public Sphere"* – bezeichnet wird. Der Bedeutung von Öffent-

---

591 Vgl. Frank, Robert/Kaelble, Hartmut/Lévy, Marie-Françoise/Passerini, Luisa: Building a European Public Sphere/ Un espace public européen en construction. From the 1950s to the Present/ Des années 1950 à nos jours, Bruxelles 2000.

592 Jürgen Habermas hat dem Begriff „Öffentlichkeit" 1962 mit seinem Werk „Strukturwandel der Öffentlichkeit" (Frankfurt/Main) zum sozialwissenschaftlichen Durchbruch verholfen. Waren für Habermas erste Formen von Öffentlichkeit noch Versammlungen in Kaffeehäusern, so liegt der Fokus heute auf der massenmedial erfassten und vermittelten Öffentlichkeit. Vgl. auch: Bach, Maurizio (Hrsg.): Die Europäisierung nationaler Gesellschaften, Sonderheft 40 der Kölner Zeitschrift für Soziologie und Sozialpsychologie, Opladen 2000.

lichkeit ist ein normatives Element inhärent, da diese im EU-Kontext keine bereits vorhandene oder sich quasi naturgesetzlich entwickelnde Größe darstellt, sondern politisch erzielt werden kann bzw. – in der Sicht ihrer Protagonisten – erreicht werden soll. Europäische Öffentlichkeit setzt dabei drei notwendige Akteure voraus: erstens die politische Handlungsebene, zweitens die entsprechend ihres Legitimationsanspruchs durch sie vertretenen Bürger und drittens die zwischen Bürgerschaft und Handlungsebene vermittelnden Institutionen (Medien, NRO's etc.[593]). Neben den drei Akteursebenen umfasst der Topos der Europäischen Öffentlichkeit somit auch ein Handlungsprinzip (Transparenz, Zugänglichkeit der Handlungsebenen einschließlich ihrer Aktionsweisen und Dokumente), den kommunikativen Aggregatzustand eines Kollektivs (die Summe der Bürger) und die sich zwischen Handlungsebene und Bürgerschaft etablierende Interaktionsstruktur (offene Kommunikationsräume – *public spheres*). Da sich Europäische Öffentlichkeit weniger politikbereichs- bzw. funktions- oder institutionenübergreifend, sondern zumeist über Ausschnitte des politischen Systems, seiner funktionalen Reichweite oder Interaktionsstrukturen etabliert, wird in Anlehnung an die USA auch häufig der Begriff *publics* verwendet, um spezifische „Teilöffentlichkeiten" zu bezeichnen.

Trenz merkt in diesem Zusammenhang zu Recht an, dass nationalstaatliche Öffentlickeitsmodelle nicht einfach auf die EU übertragen werden können. Der Mangel an gemeinsamer Sprache oder gemeinsamer (politischer) Kultur, der innerhalb nationalstaatlich entwickelter System ein „Wir-Gefühl" entstehen lässt, das seinerseits den diffusen Hintergrund für die „nationale Öffentlichkeit" bietet, lässt sich innerhalb der EU nicht einfach über die Bereitstellung eines supranationalen Parlaments kompensieren. Eine der wesentlichen Legitimationsgrundlagen für die EU besteht somit in der langfristigen Genese transnationaler Handlungs- und Kommunikationsräume, um politisch aktive Bürgerinnen und Bürger an einem supranationalen Identitätsbildungsprozess partizipieren zu lassen. Die Herausbildung einer europäischen Öffentlichkeit erfolgt dabei über Mechanismen der vertikalen (hinsichtlich der Interaktion zwischen den Steuerungsebenen politischer Gemeinwesen) und horizontalen (hinsichtlich der Interaktion innerhalb der Steuerungsebenen) Europäisierung.[594] Nach Peters und Weßler (2006) kann daher auch von einem Mehrebenensystem an Öffentlichkeiten (*multi-level public sphere*) gesprochen werden. Empirisch belastbar ist mittlerweile die Analyse europäischer Teilöffentlichkeiten durch die Synchronisierung europapolitischer Debatten.[595] Diese tritt ein, wenn dieselben EU-Themen *(z.B. Jugendarbeitslosigkeit, Eurokrise)* nicht nur innerhalb und zwischen den europapolitisch wirksamen Steuerungsebenen, sondern auch vermittelt über die Medien, Netzwerke etc. in unterschiedlichen EU-Mitgliedstaaten debattiert werden.[596] Aufgrund der sehr unterschiedlichen Kompetenzen und Entscheidungsbefugnisse der EU in den einzelnen Politikfeldern

---

593 Koopmans, Ruud/Pfetsch, Barbara: „Obstacles or motors of Europeanization? German media and the transnationalization of public debate", in: Communications, Vol. 31, Nr. 2/2006, S. 115-138; Pfetsch, Barbara/Adam, Silke/Eschner, Barbara Eschner: „The contribution of the press to Europeanization of public debates", in: Journalism, Vol. 9, Nr. 4/2008, S. 465- 492.

594 Koopmans, Ruud/Erbe, Jessica: Towards a European Public Sphere? Vertical and Horizontal Dimensions of Europeanised Political Communication, Discussion Paper SP IV 2003-403, Wissenschaftszentrum Berlin für Sozialforschung (WZB), Berlin 2003.

595 Eder, Klaus/Kantner, Cathleen: „Transnationale Resonanzstrukturen in Europa. Eine Kritik der Rede vom Öffentlichkeitsdefizit", in: Bach 2000, S. 306-33; Brüggemann, Michael/Sifft, Stefanie/Kleinen von Königslow, Katharina/Peters, Bernhard/Wimmel, Andreas: „Segmentierte Europäisierung - Trends und Muster der Transnationalisierung von Öffentlichkeiten in Europa", in: Langenbucher, Wolfgang R./Latzer, Michael (Hrsg.): Europäische Öffentlichkeit und medialer Wandel, Wiesbaden 2006, S. 214-231.

596 Adam, Silke/Pfetsch, Barbara: „Europa als Konflikt in nationalen Öffentlichkeiten - Zur Politisierung von Integration vs. Abgrenzung in der Integrationsdebatte", in: Pfetsch, Barbara/Marcinkowski, Frank (Hrsg.): Politik in der Mediendemokratie, PVS-Sonderheft, Wiesbaden 2009, S. 559-584.

erscheint es plausibel, starke Europäisierungen und Teilöffentlichkeiten vor allem bei Debatten über Themen in hoch integrierten Politikbereichen (Agrar- oder Währungspolitik), Phasen krisenhafter Entwicklungen der EU (Wirtschafts- und Finanzkrise) oder aber im Kontext grenzüberschreitender Konfliktkonstellationen und Umbrüche (Vertragsrevisionen und diesbezügliche Ratifizierungskrisen) zu erwarten.

Im EP laufen Stränge der Genese europäischer Öffentlichkeit zusammen. Der Zugang zu den Dokumenten bis tief in das innere Gefüge der Steuerungsgremien und Fraktionen des EP und die Möglichkeit der physischen oder virtuellen Teilnahme an seinen Sitzungen sind ein wichtiges Instrument für die Umsetzung des Grundsatzes der Offenheit und Transparenz, dem sich gerade das Parlament als gewählte Volksvertretung besonders verpflichtet fühlen muss. Durch größtmögliche Transparenz erhoffen sich die Abgeordneten eine bessere Einbindung der Zivilgesellschaft in die Entscheidungsprozesse und – in der Folge und längerfristig – einen höhere Legitimität durch die Stärkung der demokratischen Grundsätze. Die Grundlegung von Akzeptanz der EU durch aktive Teilhabe und Billigung von europapolitischen Entscheidungen und Handlungen stellt ein zentrales Ziel parlamentarischer Kommunikationspolitik dar.

15.1 Zugang zu Dokumenten und Sitzungen

In Übereinstimmung mit Art. 1 Abs. 2 und Art. 10 Abs. 3 EUV, Art. 15 Abs. 3 UAbs. 3 AEUV und Art. 42 der Charta der Grundrechte der EU gewährleistet das EP die Transparenz seiner Tätigkeiten. Vorrangiges Ziel dieser primärrechtlich verankerten Bestimmungen ist es, durch den individuellen Rechtsanspruch eines jeden Unionsbürgers sowie jeder natürlichen oder juristischen Person mit (Wohn-)Sitz in einem Mitgliedstaat auf Zugang zu Dokumenten das Beschlussverfahren in der EU transparenter zu machen und damit das Vertrauen der Öffentlichkeit in die Rechtssetzung und die Verwaltung der EU zu stärken. So tagen Plenum und Ausschüsse grundsätzlich immer öffentlich und können via Live-Stream in allen Amtssprachen mitverfolgt werden. Ausnahmen bilden aus Gründen des Persönlichkeitsschutzes Beratungen des Petitionausschusses und die Beratungen über die Aufhebung der parlamentarischen Immunität im Rechtsausschuss. Eine weitere, innerhalb des Parlaments kontrovers diskutierte Ausnahme hat sich in Folge der Zuständigkeitserweiterungen des EP im Bereich der internationalen Abkommen ergeben. Da die Kommission nur bereit ist, unter Ausschluss der Öffentlichkeit – aber auch des Rates und der Mitgliedstaaten – Informationen über Verhandlungsmandatsentwürfe und laufende Verhandlungen mit dritten Staaten und Organisationen zu diskutieren, hat sich in einigen Parlamentsausschüssen (vor allem INTA, AFET, LIBE, ECON und PECH) seit Mitte der 2000er Jahre die Praxis etabliert, regelmäßig die Ausschussitzungen zu unterbrechen, um über einen Zeitraum von mehreren Stunden geschlossene Sitzungen abzuhalten.

Sekundärrechtlich ist der Dokumentenzugang in der EU nach wie vor durch die VO-EG Nr. 1049/2001[597] vom 30. Mai 2001 über den Zugang der Öffentlichkeit zu Dokumenten des Europäischen Parlaments, des Rates und der Kommission geregelt. Die Kommission hat zwischenzeitlich zwar mehrere Vorschläge zur Revision der veralteten Dokumentenzugangs-Verordnung vorgelegt (30. April 2008 und 21. März 2011). Gleichwohl konnten sich EP und Rat bislang nicht auf eine Neuauflage der Verordnung einigen.

---

597 Der Beschluss des Präsidiums vom 28. November 2001 über die Regelung über den Zugang der Öffentlichkeit zu den Dokumenten des Europäischen Parlaments zur Anwendung der Verordnung (EG) Nr. 1049/2001 wurde in geänderter Form am 22. Juni 2011 angenommen (ABl. C 216 vom 22. Juli 2011, S. 19).

VO-EG Nr. 1049/2001 sieht vor allem einen direkten und umfassenden Zugang zu jenen EP-Dokumenten vor, die in Zusammenhang mit den Gesetzgebungsprozessen stehen. Einschränkungen gelten z.B. zum Schutz der öffentlichen Sicherheit, der Privatsphäre, personenbezogener Daten, von Gerichtsverfahren und Untersuchungstätigkeiten – sofern kein überwiegendes öffentliches Interesse besteht. Ein Beispiel sind hier die vertraulichen Unterlagen, die den Mitgliedern des Rechtsausschusses im Rahmen der Verfahren zur Aufhebung der parlamentarischen Immunität übermittelt werden. Wenn z.B. dem Vorsitzenden des Rechtsausschusses vertrauliche Dokumente übermittelt werden, kommt ein entsprechendes Verfahren unter Ausschluss der Öffentlichkeit zur Anwendung. Bei diesen Aussprachen *in camera* dürfen nur noch Ausschussmitglieder sowie Beamte und geladene Sachverständige zugegen sein (Anl. VII GOEP).

Verweigert wird auch der Zugang zu Dokumenten, deren Verbreitung einen noch laufenden Entscheidungsprozess beeinträchtigen würde. Dies betrifft z.B. die Unterlagen für laufende Trilogverhandlungen. Auch die Mitgliedstaaten können die Weitergabe ihrer an das EP übermittelten Dokumente von einer vorherigen Zustimmung abhängig machen. Und umgekehrt sind auch die Behörden in den Mitgliedstaaten angehalten, an sie übermittelte Unterlagen der EU-Institutionen nicht ohne Rücksprache an Dritte weiterzugeben. Die Ausnahmen gelten höchstens für einen Zeitraum von 30 Jahren und können nur in besonderen Fällen (z.B. Schutz der Privatsphäre oder besonders sensible Dokumente) verlängert werden. In der Regel wird der Schutz aber nach Beschlussfassung durch das EP oder Abschluss der parlamentarischen Arbeiten aufgehoben.

Als „Dokumente des Parlaments" gelten Dokumente, die Amtsträger, Organe des Parlaments, Ausschüsse, Delegationen oder das Generalsekretariat erstellen sowie Dokumente von Mitgliedern des EP oder Fraktionen, die diese im Rahmen der in der Geschäftsordnung beschriebenen Arbeiten in den Gremien einreichen. Diese Dokumente werden in das Register der Dokumente des Parlaments aufgenommen und über das elektronische Bezugsregister direkt zugänglich gemacht. Die Dokumente, die in Zusammenhang mit den laufenden legislativen Arbeiten stehen, sind auf den Unterseiten „Plenartagung" und „Ausschüsse" der EP-Website in allen Amtssprachen abrufbar. Durch die technische Aktualisierung des Elektronischen Bezugsregisters (EBR) und den Re-Launch im Januar 2011 konnte die Benutzerfreundlichkeit und damit die Zugriffshäufigkeit enorm erhöht werden. Nach den Zugriffsstatistiken für das Jahr 2013[598] wurden 253 858 Aufrufe der Website registriert – ein Plus von 53 % im Vergleich zum Vorjahr. Dies entspricht einem Durchschnitt von 695 Aufrufen pro Werktag. Direkt konsultiert wurden 2013 über die Website insgesamt 106 604 Dokumente, wobei folgende Dokumentenarten auf das größte Interesse gestoßen waren: Antworten auf schriftliche Anfragen (41,74 %), schriftliche Anfragen (18 %), Kommissionsdokumente (3,2 %), vom EP angenommene Texte (2,99 %), Berichte (2,54 %), Berichtsentwürfe (1,97 %). Parlamentarische Anfragen als direktes Instrument der parlamentarischen Kontrolle von Kommission und Rat sind also von großem Interesse für die Nutzer.

Das EP archiviert seine legislative und politische Tätigkeit seit 1952. Ein digitales Archiv steht ab der 6. Wahlperiode (2004–2009) zur Verfügung. Das Referat „Archiv und Dokumentationszentrum" (CARDOC) des EP mit Sitz in Luxemburg veröffentlicht seit 2005 jährliche Informationsberichte, um die historischen Dokumentenbestände des EP bekannt zu machen. Zu-

---

598 Vgl. Jahresbericht 2013 des Europäischen Parlaments über den Zugang der Öffentlichkeit zu Dokumenten (Verordnung (EG) Nr. 1049/2001 – Artikel 17), PE533.146/BUR/ANL.

gang zu Dokumenten, die nicht in elektronischer Form zur Verfügung stehen oder den Kategorien angehören, die unter die Ausnahmeregelungen fallen, kann schriftlich über ein elektronisches Formular beantragt werden. Dem Antragsteller muss dabei innerhalb von 15 Tagen eine Antwort übermittelt werden.

Problematisch ist die gegenwärtige Handhabung insbesondere im Hinblick auf Dokumente anderer EU-Organe, die das EP im Rahmen seiner legislativen Tätigkeiten nutzt, wenn diese als vertraulich gekennzeichnet sind und sich in der Regel auf laufende Verhandlungen der EU mit dritten Staaten und Organisationen beziehen. Einige Ausschüsse des EP, insbesondere INTA, AFET, PECH und LIBE, erhalten von der Kommission auf Grundlage des 2010 geschlossenen Rahmenabkommens oder aber bilateraler Briefwechsel zwischen den Ausschussvorsitzenden und den Kommissaren Mandatsentwürfe, Protokolle und Zwischenentwürfe internationaler Abkommen. Bis 2010 versandte die Kommission diese Dokumente nicht als Kollegialorgan an das EP, sondern direkt und informell – über die Ausschusssekretariate – an die Ausschussvorsitzenden. Leiteten diese die Dokumente dann aber an die Berichterstatter, Schattenberichterstatter und andere Funktionsträger ihres Ausschusses weiter, mutierten „Kommissionsdokumente" zu „Dokumenten des EP". Hierdurch entstand ein Konflikt zwischen den allgemeinen Verordnungsregeln über den Zugang der Öffentlichkeit zu Parlamentsdokumenten einerseits und den zwischen den Organen vereinbarten Regeln über die Behandlung vertraulicher Informationen andererseits, wie sie das Parlament selbst in der Anl. VII zu seiner Geschäftsordnung „Vertrauliche Dokumente und sensible Informationen" niedergelegt hat. Im konkreten Fall der von Journalisten angeforderten Herausgabe der Parlamentsdokumente aus den ACTA-Verhandlungen behalf sich das Parlament 2010 mit einer im Ministerrat üblichen Praxis: Bis auf einige wenige Basisdaten, die in keinem Fall als vertraulich eingestuft werden konnten, wurden die Dokumente geschwärzt und in dieser Form registriert und weitergegeben. Über diesen Weg erfüllte das EP zwar die formalen Anforderungen. Die Öffentlichkeit wurde so aber nur über die Existenz, nicht aber über den Inhalt der Dokumente informiert. Das Parlament hat diese zurückhaltende Praxis im Hinblick auf den Zugang zu als vertraulich eingestuften Informationen in dreifacher Hinsicht bestätigt: (1) intern mit einem Beschluss seines Präsidiums vom 6. Juni 2011, ergänzt durch einen Beschluss des Präsidiums vom 15. April 2013, über die Regeln zur Behandlung vertraulicher Informationen durch das Europäische Parlament, (2) bilateral mit der Kommission in der 2010 geschlossenen Rahmenvereinbarung und (3) mit dem Rat in einer Interinstitutionelle Vereinbarung vom 12. März 2014 über die Übermittlung an und die Bearbeitung durch das Europäische Parlament von im Besitz des Rates befindlichen Verschlusssachen in Bezug auf Angelegenheiten, die nicht unter die Gemeinsame Außen- und Sicherheitspolitik fallen.[599]

---

599 Vgl. hierzu: Maurer, Andreas: Comparative study on access to documents and confidentiality rules in international trade negotiations, European Parliament, Policy Dept., Brussels 2015 (DOI(pdf): 10.2861/846769); Labayle, Henri: Openness, transparency and access to documents and information in the European Union, European Parliament, Policy Dept. C, Note, Brussels 2013; Rosén, Guri: Can You Keep a Secret? How the European Parliament got Access to Sensitive Documents in the Area of Security and Defence'. RECON Working Paper 22, Oslo 2011; Wills, Aidan/Vermeulen, Mathias/Born, Hans/Scheinin, Martin/Wiebusch, Micha/Thornton, Ashley: Parliamentary Oversight of Security and Intelligence Agencies in the European Union, European Parliament, Policy Dept. C, Study, Brussels 2011.

15.2 Mehrsprachigkeit

„In Vielfalt geeint" ist das Motto der EU, das erstmals 2000 öffentlich verlautbart wurde. Die Achtung der sprachlichen Vielfalt ist einer der demokratischen und kulturellen Pfeiler der Union und wird in Art. 22 der Charta der Grundrechte der EU explizit anerkannt. Zudem ist nach Art. 3 AEUV die Sprachenvielfalt zu wahren. Der Vertrag über die Europäische Union ist in allen 24 Sprachfassungen verbindlich (Art. 55 EUV) und garantiert jedem Unionsbürger das Recht, sich schriftlich in einer Amtssprache der EU an jede Institution zu wenden[600] und eine Antwort in derselben Sprache zu erhalten (Art. 24 AEUV).[601]

In seinen Entschließungen vom 5. September 2006[602] und 10. Juli 2007[603] vertrat das EP die Auffassung, dass die Mehrsprachigkeit die Bürgerinnen und Bürger in die Lage versetzt, ihr Recht auf demokratische Kontrolle auszuüben, und die Sprachendienste der EU dazu beitragen, dass die Organe offen und transparent bleiben. Die erste Verordnung der EU, Nr. 1/1958 legt fest, dass kein Gesetz in Kraft treten darf, das nicht zuvor in alle Amtssprachen übersetzt und im Amtsblatt der EU veröffentlicht wurde.

Die Rechte der MdEP in sprachlicher Hinsicht werden durch Art. 158 GOEP auf Grundlage der Grundsätze der „kontrollierten umfassenden Mehrsprachigkeit" gewährleistet. So wird das Recht der Abgeordneten, die Amtssprache ihrer Wahl sowohl im Plenum als auch in Ausschüssen und Delegationen zu benutzen und Dokumente ebenfalls in allen Amtssprachen zur Verfügung gestellt zu bekommen, uneingeschränkt gewahrt. Eine parlamentsinterne Datenerhebung,[604] die während der Plenartagung im Dezember 2010 und den Ausschusssitzungen des INTA am 25. und 26. Januar 2011 durchgeführt wurde, ergab allerdings, dass die MdEP rund ein Viertel (26 %) der 1 341 Plenarreden auf Englisch hielten, wobei lediglich 41 % von ihnen Muttersprachler waren. Der INTA-Ausschuss übertraf das Plenum in der Dominanz des Englischen nochmals: Von 94 Redebeiträge hielten die MdEP 57 in englischer Sprache (61 %), wovon 32 % auf Nicht-Muttersprachler entfielen. Zu einer Trendumkehr ist es in den Jahren seit diesen Erhebungen hörbar nicht gekommen.

Das Parlament stellt für alle Plenar-, Ausschuss- und Delegationssitzungen eine Simultanverdolmetschung sicher (Art. 158 GOEP). Bei 24 Amtssprachen sind damit mehr als 529 Sprachkombinationen möglich. Dolmetscher und Übersetzer machen etwa ein Drittel der Bediensteten des EP aus. Die Gesamtkosten für Übersetzen und Dolmetschen belaufen sich zwar nur auf 1 % des EU-Haushalts (ca. EUR 1,13 Mrd.) im Jahr; der Anteil der Kosten für die Sicherstellung der Mehrsprachigkeit des EP beläuft sich aber innerhalb des EP auf 33 % seiner Gesamtausgaben.

Die GD TRAD mit ihren drei Direktoraten beschäftigt rund 1 200 Mitarbeiter, unter ihnen etwa 440 verbeamtete Dolmetscher. Außerdem kann das EP auf eine Reserve von etwa 2 520

---

600 In einer Eurobarometerumfrage von 2011 gaben 44 % der Befragten an, dass sie Internetinhalte nur in ihrer Sprache nutzen.

601 Es gibt keine vergleichbare internationale Organisation, die auch nur halb so viele Sprache aufweist. Die Vereinten Nationen (193 Mitglieder) verwenden sechs offizielle Sprachen und der Europarat (47 Mitglieder) und NATO (28 Mitglieder) die beiden Sprachen Englisch und Französisch.

602 Entschließung des Europäischen Parlaments vom 5. September 2006 zum Sonderbericht Nr. 5/2005 des Europäischen Rechnungshofes über die Ausgaben für Dolmetschleistungen beim Parlament, bei der Kommission und beim Rat (2006/2001(INI)).

603 Entschließung des Europäischen Parlaments vom 10. Juli 2007 zum Sonderbericht Nr. 9/2006 des Europäischen Rechnungshofs über Ausgaben für Übersetzungsleistungen bei der Kommission, beim Parlament und beim Rat (2007/2077 (INI)).

604 EP Newshound (2011): English at the EP, (almost) a lingua franca? Edition 293/14, February 2011.

externen Konferenzhilfsdolmetschern zurückgreifen. Zusätzlich sind ca. 700 Übersetzer und 260 Hilfsübersetzer beschäftigt. 2010 übersetzten die Bediensteten ca. 1.720.000 Seiten. Dabei griff die GD auf 76 verbeamtete Sprachjuristen zurück, um die Qualität der übersetzten Texte zu prüfen. Übersetzt werden im Wesentlichen:[605]

- die Sitzungsunterlagen für das Plenum und die parlamentarischen Ausschüsse (Tagesordnungen, Berichtsentwürfe, Änderungsanträge, Berichte, Stellungnahmen, Entschließungen, schriftliche und mündliche Anfragen, Protokolle, Informationen für die Abgeordneten usw.)
- die Dokumente anderer politischer Organe wie die Gemischten Parlamentarischen Versammlungen (MdEP und Abgeordnete aus Drittstaaten);
- die Entscheidungen des Europäischen Bürgerbeauftragten;
- den Schriftverkehr mit den Bürgern und den Mitgliedstaaten;
- die Beschlüsse der internen Organe des Europäischen Parlaments (Präsidium, Konferenz der Präsidenten, Quästoren).

15.3 Lobbying und Transparenzinitiative

Seit dem Inkrafttreten des Vertrags von Amsterdam (1999) und weiteren, sukzessiven Kompetenzzuwächsen des EP hat das parlamentarische Lobbying spürbar an Quantität zugenommen und sich gleichzeitig qualitativ verändert. So wurde rund um die Arbeiten an der neuen EU-Datenschutzverordnung, die mit der Abstimmung im Plenum im März 2014 ihr vorläufiges Ende gefunden haben, besonders deutlich, dass das Lobbying im EP intensiver, professioneller, raffinierter und aggressiver – viele sagen schlicht „amerikanischer" – geworden ist. Hinzu kommt die gezielte Auswahl der Adressaten, da nicht alle EU-Abgeordneten jederzeit für Lobbys in gleichem Maße interessant sind. Besonders im Fokus stehen neben den Fraktionschefs oder Vorsitzenden der nationalen Delegationen vor allem die Berichterstatter und Verfasser von Stellungnahmen. Darüber hinaus versuchen Interessenvertreter darauf Einfluss zu nehmen, welche Abgeordneten oder Ausschüsse bestimmte ihnen zugedachte Funktionen im Verlauf des parlamentarischen Politikzyklus übernehmen.

Durch die Zunahme des Parlamentslobbyings und der damit verbunden Negativpresse gerieten nicht nur die MdEP, sondern auch die Lobbys selbst zunehmend in den öffentlichen Fokus. Auch die Lobbykritiker haben sich in den letzten Jahren professionalisiert und sind ihrerseits als Lobbyisten unterwegs. Decken und klären doch Transparency International, LobbyControl, ALTER-EU u.a. nicht nur auf, sondern engagieren sich gegenüber den EU-Institutionen für mehr Transparenz, ein verpflichtendes Lobbyistenregister, verbindliche ethische Regeln und besser ausgestaltete, sanktionsbewehrte Verhaltenskodices.

Der seitens des EP im Mai 2008 erstmals geforderte, sogenannte „legislative Fußabdruck"[606] könnte Lücken schließen, die das Transparenzregister und der Verhaltenskodex den MdEP bis-

---

605 Zur Übersetzung der in diesen Sprachen verfassten Texte hat das Europäische Parlament deshalb ein System von „Relais-Sprachen" eingeführt, das darin besteht, die Texte zunächst in die gebräuchlichsten Sprachen zu übersetzen (Englisch, Französisch oder Deutsch). Längerfristig könnten noch weitere Sprachen der Gemeinschaft (Spanisch, Italienisch und Polnisch) ebenfalls zu Relais-Sprachen werden.

606 Vgl. Entschließung des Europäischen Parlaments vom 8. Mai 2008 zu dem Aufbau des Regelungsrahmens für die Tätigkeit von Interessenvertretern (Lobbyisten) bei den Organen der Europäischen Union (2007/2115 (INI)), in der das EP darauf hinweist, „dass ein Berichterstatter, sofern er dies für angezeigt hält, auf freiwilliger Basis eine ‚Legislative Fußspur' verwenden kann, d. h. eine indikative Aufstellung (in der Anlage zu den Berichten des Parlaments) derjenigen registrierten Interessenvertreter, die bei der Ausarbeitung des entsprechenden Berichts konsultiert wurden und einen signifikanten Beitrag dazu geleistet haben; [...] dass es für die

her offen lassen. Durch die Auflistung aller in Zusammenhang mit einem Bericht stehenden Lobbyistenkontakte ließe sich ein klarer Konnex zwischen Interessensvertretung und dem Inhalt legislativer Texte herstellen. In Anwendung der Parlamentsentschließung von 2008 haben einzelne MdEP ihren Berichtsentwürfen freiwillig einen solchen legislativen Fußabdruck hinzugefügt. Darin listen sie formlos die Institutionen, Organisationen, Interessensvertreter etc. auf, mit denen sie gesprochen bzw. von denen sie Informationen erhalten haben.

15.3.1 Transparenzregister

Neue Impulse gehen von der Weiterentwicklung des gemeinsamen Transparenzregisters (TR) von Parlament und Kommission aus, das am 23. Juni 2011 aus der Taufe gehoben wurde. Das TR ist ein freiwilliges, interaktives und online abrufbares[607] Registrierungssystem für Interessensvertreter, das Parlament und Kommission einrichteten, um der Beschlussfassung im EU-Institutionengefüge in Übereinstimmung mit Art. 11 EUV mehr Transparenz zu verleihen. Grundprinzipien, Struktur, Anwendungsbereich und Verfahren legt eine Interinstitutionelle Vereinbarung (IIV)[608] fest, die der Geschäftsordnung des EP als Annex IX angefügt ist. In seiner Ausgestaltung stützt sich das Register auf jene Registrierungssysteme, die das Parlament 1996 und die Kommission 2008 eingeführt hatten.

In den Anwendungsbereich des Registers fallen alle Tätigkeiten, mit denen auf die Politikgestaltung oder -umsetzung sowie auf die Entscheidungsprozesse der EU-Organe unmittelbar oder mittelbar Einfluss genommen werden soll. Es erfasst sechs Kategorien[609]:

I.   Beratungsfirmen/Anwaltskanzleien/selbstständige Berater
II. In-House-Lobbyisten, Gewerbe- und Berufsverbände
III. Nichtregierungsorganisationen
IV. Denkfabriken, Forschungs- und Hochschuleinrichtungen
V.   Organisationen, die Kirchen und Religionsgemeinschaften vertreten
VI. Organisationen, die lokale, regionale und kommunale Behörden, andere öffentliche oder gemischte Einrichtungen vertreten

Das öffentlich zugängliche Register verpflichtet eingetragene Organisationen und Einzelpersonen zu Angaben über jene Personen, die aktiv als Lobbyisten auftreten, zu den Zielen und Politikbereichen, in denen sie Interessen vertreten sowie zu den finanziellen Mitteln, die dafür eingesetzt werden. Im Hinblick auf ihre Beziehungen zu den EU-Organen unterliegen die registrierten Organisationen und Einzelpersonen einem Verhaltenskodex, der u.a. folgende Regeln enthält: Die Angaben im Transparenzregister müssen aktuell, gemäß den festgelegten Erfordernissen vollständig und dürfen nicht irreführend sein. Beschwerden über Verstöße gegen den Kodex können mittels eines Standardformulars auf der Website des Registers eingereicht werden. Sanktionsmöglichkeiten reichen bei nachgewiesenen Verstößen von Entzug des Zugangsausweises bis zu vorübergehender oder gänzlicher Löschung aus dem Register.

Kommission gleichermaßen wichtig ist, ihren Gesetzesinitiativen derartige ‚Legislative Fußspuren' beizufügen"; vgl. auch die schriftliche Anfrage Nr. P-1552/09 vom 5. März 2009 von Anneli Jäätteenmäki (ALDE) an die Kommission „Gesetzesinitiativen der Kommission beizufügende „Legislative Fußspuren".

607 http://europa.eu/transparency-register/index_en.htm
608 Beschluss des Europäischen Parlaments vom 11. Mai 2011 zu dem Abschluss einer Vereinbarung zwischen dem Europäischen Parlament und der Kommission über ein gemeinsames Transparenz- Register (2010/2291(ACI)) (2012/C 377 E/29).
609 ABl. C 377 E/176 vom 7.12.2012, Anhang 1, 7/8.

Laut des im November 2013 veröffentlichten Jahresberichtes des gemeinsamen Transparenzregister-Sekretariats[610] waren am 31. Oktober 2013 insgesamt 5 953 Organisationen eingetragen[611] – dies entspricht einer Zunahme von rund 10 % im Vergleich zum Vorjahr. Entsprechend der Daten von Greenwood und Dreger[612] hatten sich damit rund 60 % der NGOs und rund 75 % der Akteure aus der Wirtschaft mit Sitz in Brüssel eingetragen.

Rund die Hälfte der Einträge (49,93 %) fällt unter die Kategorie II (In-House-Lobbyisten, Gewerbe- und Berufsverbände) und 25,81 % in die Kategorie III (NRO). Den signifikantesten Anstieg gegenüber 2012 verzeichnete das EP in der Kategorie II-Sub-Kategorie „Unternehmen und Unternehmensgruppen" (14 %) und „Gewerbe-, Wirtschafts- und Berufsverbände" (19 %). Bei der Kategorie VI „Organisationen, die lokale, regionale und kommunale Behörden, andere öffentliche oder gemischte Einrichtungen vertreten" waren dagegen kaum Zuwächse zu beobachten. Bei den hierunter fallenden Organisationen herrschte offenbar eher Verwirrung über das neue TR, da gemäß des Beschlusses des Europäischen Parlaments „(...) lokale, regionale und kommunale Behörden (einschließlich deren offizielle Vertretungen) aufgrund ihrer sich aus den Verträgen ergebenden institutionellen Rolle" nicht in den Anwendungsbereich des Registers fallen. Im Rahmen der ersten Revision des TR sollen daher vor allem in dieser Kategorie Präzisierungen erfolgen.

15.3.2 Gemeinsames Transparenzregister-Sekretariat

Das gemeinsame Transparenzregister hat ein interinstitutionelles Novum entstehen lassen – das für die Umsetzung, den reibungslosen Ablauf und die Weiterentwicklung des Systems verantwortliche, gemeinsame Transparenzregister-Sekretariat (*Joint Transparency Register Secretariat*, JTRS). Es ist die erste gemeinsame Verwaltungsstruktur zweier EU-Institutionen. Nach Art. 21 IIV gehört zu den Aufgaben des JTRS „die Umsetzung von Maßnahmen, die zur inhaltlichen Qualität des Registers beitragen", darunter v.a. die Bearbeitung von Beschwerden und die Durchführung von Qualitätsprüfungen. So wurden von März 2012 bis Oktober 2013 bei insgesamt 1 141 registrierten Einträgen Qualitätsprüfungen durchgeführt – davon 888 stichprobenartig und 253 aufgrund von konkreten Hinweisen. In 92 % der Fälle erwiesen sich die Beschwerden als gerechtfertigt; auch bei 62 % der durchgeführten Stichproben traten Mängel zu Tage (Jahresbericht 2013, 7). Die Hinweise kamen fast ausschließlich aus den EU-Institutionen und führten in vielen Fällen dazu, dass das EP Einträge für nicht zulässig erklärte und aus dem Register löschte. Umgekehrt kontaktierte das EP auch Organisationen, die nicht registriert waren, obgleich ihre Aktivitäten klar in den Anwendungsbereich des Transparenzregisters fielen.

Zahlreiche Beschwerden bezogen sich auf Punkt 4 des Verhaltenskodex, nach dem die im Transparenzregister „bereit gestellten Informationen (...) vollständig, aktuell und nicht irreführend" sein sollen. In diesem Zusammenhang stellt das *Under-Reporting* ein veritables Problem dar. Allzu oft werden bzgl. der für die Lobbyingaktivitäten eingesetzten finanziellen Mittel zu niedrige, veraltete oder gar keine Beträge angegeben. Stark angestiegen ist die Zahl von Be-

---

610   Joint Transparency Register Secretariat, Annual Report on the Operations of the Transparency Register 2013, presented by the Secretaries General of the European Parliament and European Commission to European Parliament Vice-President Rainer Wieland and European Commission Vice-President Maroš Šefčovič, November 2013.

611   Stand 22. Februar 2014: 6325.

612   Greenwood, Justin/Dreger, Justin: „The Transparency Register: a strong vanguard of European lobby regulation?", in: Interest Groups and Advocacy, Vol. 2, Nr. 2/2013, S. 139-162.

schwerden über das nicht konforme Auftreten und die unseriöse Arbeitsweise mancher Lobbyisten (siehe Punkte 1 bis 3 des Verhaltenskodex). Durch die Schaffung zusätzlicher personeller Ressourcen und neuer technischer Lösungen soll das Qualitätsmanagement in Zukunft vereinfacht und gleichzeitig verbessert werden. Mittelfristiges Ziel ist eine detaillierte Ex-ante-Kontrolle aller Registrierungen.

15.3.3 Revisionsprozess: Verpflichtendes Transparenszregister

Die Interinstitutionelle Vereinbarung enthält mit Art. 30 IIV eine Klausel, die festlegt, dass das gemeinsame Transparenzregister „spätestens zwei Jahre nach Aufnahme seines Betriebs überprüft" wird. Bereits im Sommer 2012 hatte die Kommission eine öffentliche Konsultation zum Transparenzregister durchgeführt, an der sich am Ende allerdings nur 253 Interessensvertreter – 233 (92 %) davon waren registrierte Organisationen und 20 (8 %) nicht registrierte Organisationen – beteiligt hatten. Zur Koordination des Revisionsprozesses wurde mit Beschluss vom 10. Juni 2013 eine hochrangige interinstitutionelle Arbeitsgruppe unter der gemeinsamen Leitung von Kommissionsvizepräsident Maroš Šefčovič und Parlamentsvizepräsident Rainer Wieland (EVP, Deutschland) eingesetzt. Der Gruppe gehörten Abgeordnete aller Fraktionen[613] sowie weitere Vertreter der Kommission und ein Beobachter des Rates an. In insgesamt neun Sitzungen hörte die Arbeitsgruppe Vertreter des JTRS, Experten, Wissenschaftler und *Stakeholder*-Organisationen internationaler Transparenzinitiativen sowie Wirtschaftsverbänden an. Außerdem beteiligte sie sich am „*OECD Forum on Transparency and Integrity in Lobbying*",[614] um das eigene System einem Leistungsvergleich mit anderen, vergleichbaren Aufsichtsbehörden zu unterziehen. Die Arbeiten schloss die Gruppe am 12. Dezember 2013 mit der Annahme einer Liste von 30 Empfehlungen und entsprechenden Vorschlägen für Änderungen der IIV ab. Im Januar 2014 begann der Ausschuss für konstitutionelle Fragen (AFCO) mit der Ausarbeitung eines Berichts[615] und der Stellungnahme zu den vorgeschlagenen Änderungen. Nach dessen Annahme am 15. April 2014 nahm das EP die geänderte IIV in die Geschäftsordnung auf (Anl. IX GOEP). Im Mittelpunkt des Revisionsprozesses standen Fragen zur Einführung eines verpflichtenden Registers, zu zusätzlichen Anreizen für die freiwillige Registrierung und zum anhaltenden Boykott des TR seitens der Anwaltskanzleien. Die Forderung nach einem verpflichtenden Register erreichte die EU nicht nur regelmäßig von außen; auch das EP hatte sie in seinem Beschluss vom 11. Mai 2011[616] festgelegt und seitdem immer wieder vorgebracht.

Zwei Sitzungen verwendete die Arbeitsgruppe ausschließlich auf dieses Thema. Externe Wissenschaftler meinten, dass Art. 10 Abs. 3 und Art. 11 Abs. 1 bis 3 EUV, die die Organe zu einer bürgernahen Entscheidungsfindung sowie zu einem offenen und transparenten Dialog verpflichten, als Rechtsgrundlage für eine verpflichtende Regelung ausreichten. Dagegen kamen die Rechtsdienste von EP und Kommission zu dem Schluss, dass es im AEUV keine einschlägi-

---

613 EP-Vizepräsidenten Anna Podimata (S&D, GR), Edward McMillan Scott (ALDE, GB), Oldřich Vlasák (ECR, CZ) und Isabelle Durant (Die Grünen/EFA, B), Quästor Jiří Maštálka (KVEL/NGL, CZ) und der Vorsitzende des AFCO Carlo Casini (EVP, I); außerdem Francesco Speroni (EFD, I), Martin Ehrenhauser (fraktionslos, A), Rafal Trzaskowski (EVP, PL) und Roberto Gualtieri (S&D, I) als AFCO Koordinatoren.

614 http://www.oecd.org/gov/ethics/lobbying-forum.htm

615 Europäisches Parlament (2014) Entwurf eines Berichtes über die Änderung der Interinstitutionellen Vereinbarung über das Transparenzregister (2014/2010(ACI)), Ausschuss für konstitutionelle Fragen, Berichterstatter: Roberto Gualtieri, 31.1.2014.

616 Beschluss des Europäischen Parlaments vom 11. Mai 2011 zu dem Abschluss einer Vereinbarung zwischen dem Europäischen Parlament und der Kommission über ein gemeinsames Transparenz-Register.

ge Regelung gäbe, auf deren Basis die konkrete Umsetzung eines verpflichtenden Registers möglich wäre. Art. 298 (2) AEUV beziehe sich im Hinblick auf die „offene Arbeitsweise" lediglich auf die Verwaltung und sei daher ungeeignet. Im Ergebnis käme daher nur die Kompetenzabrundungsklausel des Art. 352 AEUV als Rechtsgrundlage in Frage. Hierfür bedürfte es allerdings der Einstimmigkeit im Rat und lediglich der Zustimmung des EP. Vor diesem Hintergrund erneuerten die EP-Vertreter der Arbeitsgruppe zwar die Forderung nach einer Pflichtregistrierung für Lobbyisten und forderten die Kommission auf, sich aktiv für die Schaffung einer neuen Rechtsgrundlage einzusetzen, die eine Umsetzung im Rahmen eines ordentlichen Gesetzgebungsverfahrens – d.h. unter gleichberechtigter Mitwirkung des EP - möglich macht. Bliebe die Kommission bis Ende 2016 dahingehend untätig, sollte sie einen Vorschlag unterbreiten, der eine verpflichtende Registrierung auf den bestehenden Rechtsgrundlagen möglich macht. Eine erneute Evaluierung des gemeinsamen Transparenzregisters soll in jedem Fall vor Ende 2017 durchgeführt werden.

Vorschläge zur Frage der Schaffung zusätzlicher Anreize für eine freiwillige Registrierung reichen von weiter vereinfachten Zugangsmodalitäten zu den Parlamentsgebäuden über einen prioritären Zugang zu Informationen über spezielle Mailinglisten bis hin zum Zugang zu Expertengruppen und anderen Beratungsorganen der Institutionen, und Teilnahmerestriktionen im Hinblick auf Anhörungen der parlamentarischen Ausschüsse. Darüber hinaus sollen künftig alle Kontakte mit nicht registrierten Organisationen oder Einzelpersonen, deren Aktivitäten in den Anwendungsbereich des Registers fallen, auf ein Maß beschränkt werden, das lediglich sicherstellt, dass die in den Verträgen festgelegten Prinzipien und die Rechtskonformität gewahrt bleiben. Schon in der Vergangenheit hatten die zuständigen Dienste in Parlament und Kommission ihre Mitarbeiter angehalten, offizielle berufliche Kontakte auf im TR registrierte Personen zu beschränken bzw. Nicht-Registrierte aufzufordern, sich ins TR einzutragen. Gleiches wurde auch den MdEP sowie deren Mitarbeitern empfohlen. Keine wesentlichen Fortschritte wurden bezüglich der Registrierung von Anwaltskanzleien und selbstständig tätigen Anwälten erzielt. Diese boykottieren das TR bislang weitgehend mit dem Argument, dass sie aufgrund standesspezifischer Vertraulichkeitsregeln nicht angeben dürfen, wen sie im Rahmen ihrer Tätigkeit beraten bzw. vertreten. Die Empfehlungen der Arbeitsgruppe beschränkten sich darauf, die Schwere der Problembehebung zu unterstreichen, da entsprechende Regeln mit den nationalen Regelungen zum Anwaltsgeheimnis in Einklang gebracht werden müssten. Kleine Registrierungsanreize schafft die IIV dadurch, dass klarer definiert wird, welche anwaltlichen Tätigkeiten in den Anwendungsbereich des TR fallen. Die von den Kanzleien selbst geforderten Ausnahmeregelungen fanden dagegen keine Unterstützung.

Einer der größten Schwachpunkte des Transparenzregisters ist und bleibt die Tatsache, dass sich der Rat bislang nicht daran beteiligt. Seit 7. Juni 2012 nehmen Ratsvertreter lediglich als Beobachter[617] an den wöchentlichen Sitzungen des JTRS teil. Die Einladung von Parlament und Kommission, als Beobachter auch den Revisionsprozess zu begleiten, hatte der Rat angenommen und angekündigt, sich nach Ende dieser Arbeiten – endlich – klar zu positionieren. Und so bleibt zumindest vorerst eine leise Hoffnung, dass sich der Rat in absehbarer Zeit als vollwertiger Partner der Transparenzinitiative von EP und Kommission anschließen wird. Der für die interinstitutionellen Beziehungen und damit auch für das Transparenzregister zuständige erste Vize-Präsident der Kommission, Frans Timmermans, kündigte im Rahmen seiner An-

---

617 Vgl. den Bericht des Generalsekretariats des Rates über seine Beobachtungen: http://register.consilium.europa.eu/pdf/en/12/st13/st13528.en12.pdf

hörung im EP im Oktober 2014 an, dass er einen Vorschlag für ein verpflichtendes Register ausarbeiten wird, der ausdrücklich EP, Kommission und Rat einschließen soll.

15.4 Dialog mit den Bürgern

15.4.1 Bürgerbeauftragter

Die Ernennung eines Europäischen Bürgerbeauftragten durch das Europäische Parlament und das Recht jedes Unionsbürgers, sich an diesen zu wenden, verankerte der Maastrichter Vertrag in ex-Art. 8d und ex-Art. 138e EGV. Die Regelungen für die Amtsausübung legt das Statut des Europäischen Bürgerbeauftragten vom 9. März 1994 in seiner zuletzt 2008 geänderten Fassung fest.[618]

Laut einer Eurobarometerumfrage über Bürgerrechte und die Arbeit der EU-Verwaltung[619] ist eine knappe Mehrheit der EU-Bürger (52 %) der Ansicht, dass die wichtigste Aufgabe des Bürgerbeauftragten darin besteht, die Öffentlichkeit über ihre Rechte zu informieren. Für 48 % der europäischen Bürger ist das Recht auf Freizügigkeit und die freie Wahl des Wohnsitzes innerhalb der EU das wichtigste Bürgerrecht. An zweiter Stelle folgt das Recht auf gute Verwaltung durch die EU-Behörden (33 %) und erst an dritter Stelle das Recht, Beschwerden beim Bürgerbeauftragten einzureichen (32 %).

Nach Art. 2 des Beschlusses des Europäischen Parlaments über die Regelungen und allgemeinen Bedingungen für die Ausübung der Aufgaben des Bürgerbeauftragten[620] (gestützt auf ex-Art. 195 Abs. 4 EGV und ex-Art. 107d Abs. 4 EAGV) können jeder EU-Bürger und jede natürliche oder juristische Person mit Wohnort oder Sitz in einem EU-Mitgliedstaat den EU-Bürgerbeauftragten unmittelbar oder über ein MdEP mit einer Beschwerde über einen Missstand im Rahmen der Tätigkeit der Organe der EU-Institutionen befassen und ihre Rechte einfordern. Beschwerden können nicht anonym eingebracht werden; ein Beschwerdeführer kann aber beantragen, dass die Beschwerde vertraulich behandelt wird. Der Bürgerbeauftragte kann auch auf eigene Initiative tätig werden. In jedem Fall sind die Organe und Institutionen der EU verpflichtet, dem Bürgerbeauftragten Auskünfte zu erteilen und die notwendigen Unterlagen zur Verfügung zu stellen. Nach Abgabe einer begründeten Stellungnahme durch das befasste Organ oder die befasste Institution legt der Bürgerbeauftragte dem EP sowie dem Organ oder der Institution einen Bericht vor, in dem er auch Empfehlungen zur Behebung des Missstandes abgibt.

EU-Ombudsmann Nikiforos Diamandouros hatte nach zehnjähriger Amtszeit Ende Mai 2013 seinen letzten Jahresbericht[621] vorgelegt: 2012 erhielt er 2 442 Beschwerden (2011: 2 510) und eröffnete die Rekordanzahl von 465 Untersuchungen (2011: 396), von denen 390 noch 2012 abgeschlossen werden konnten. Bei den meisten Untersuchungen ging es um Transparenzmän-

---

618 Entschließung des Europäischen Parlaments vom 18. Juni 2008 zum Erlass eines Beschlusses des Europäischen Parlaments zur Änderung seines Beschlusses 94/262/EGKS, EG, Euratom vom 9. März 1994 über die Regelungen und allgemeinen Bedingungen für die Ausübung der Aufgaben des Bürgerbeauftragten (2006/2223(INI))

619 Eurobarometer Spezial „Der Europäische Bürgerbeauftragte", Erhebung durchgeführt von TNS Opinion & Social im Auftrag des EU-Parlaments und des Europäischen Bürgerbeauftragten von 9. Februar bis 8. März 2011.

620 Vom EP angenommen am 9. März 1994 (ABl. L 113 vom 4.5.1994, S. 15) und geändert durch seine Beschlüsse vom 14. März 2002 (ABl. L 92 vom 9.4.2002, S. 13) und vom 18. Juni 2008 (ABl. L 189 vom 17.7.2008, S. 25).

621 European Union (2013): European Ombudsman Annual Report 2012, Luxemburg.

gel (21,5 %). Davon betrafen 52,7 % die Europäische Kommission, 16,8 % das Europäische Amt für Personalauswahl, 5,2 % das EP, 3,0 % den Europäischen Auswärtigen Dienst (EAD), 1,5 % die Europäische Investitionsbank (EIB), und 20,9 % die Agenturen und anderen Einrichtungen der EU. Inhaltlich bezogen sich die Beschwerden auf folgende Hauptkategorien: 27,7 % auf die Rechtmäßigkeit der Anwendung von Vorschriften, 10,3 % auf Fragen der Fairness und Gleichbehandlung, 8,0 % auf die unangemessene Dauer von Entscheidungen; 6,7 % auf den Zugang zu Dokumenten, 6,0 % auf die vertragliche Verpflichtung zur Begründung von Entscheidungen und die Angabe von Berufungsmöglichkeiten, 5,2 % auf Fälle von Diskriminierung und 4,1 % auf die Verletzung der Sorgfaltspflicht. In absoluten Zahlen kamen die meisten Beschwerden aus Spanien (340), gefolgt von Deutschland (273), Polen (235), Belgien (182), Großbritannien (162), Frankreich (138), Italien (138) und Österreich (45). Setzt man die Zahl der Beschwerden in Relation zum Anteil des Mitgliedstaates an der Gesamtbevölkerung der EU, ergibt sich für die ersten sieben Plätze folgendes Ranking: Luxemburg, Zypern, Malta, Belgien, Slowenien, Irland, Bulgarien. Österreich liegt auf Platz 17 und Deutschland auf Platz 22.

15.4.2 Petitionsverfahren

Gemäß Art. 227 AEUV und Art. 44 der Charta der Grundrechte der Europäischen Union kann jeder Unionsbürger bzw. jede natürliche oder juristische Person mit Wohnsitz in einem Mitgliedstaat der EU vom Recht Gebrauch machen, eine Petition an das Europäische Parlament zu richten. Im Gegensatz zum Ombudsmann ist das Petitionsrecht keine neue Entwicklung. Bereits 1953 verankerte Art. 42 der Geschäftsordnung der Gemeinsamen Versammlung der EG-KS dieses Recht.[622] Nach den ersten direkten Wahlen 1979 gab sich das Parlament 1981 eine neue Geschäftsordnung, die in ex-Art. 128 erstmals ein explizites Petitionsrecht einführte. Aufgrund des Integrationsschubs durch die Einheitliche Europäische Akte von 1987 (EEA), die der EG Kompetenzen in einigen neuen Politikfeldern verlieh und den Bekanntheitsgrad der Institutionen steigerte, begann die Zahl der Petitionen Mitte der 1980er zu steigen. Um das Petitionsrecht zu stärken und die wachsende Zahl der Petitionen zu bearbeiten, gründete das EP 1987 einen eigenen Petitionsausschuss.[623] Zuvor waren Petitionen im Ausschuss für die Geschäftsordnung bzw. vor 1975 in den thematisch zuständigen Fachausschüssen behandelt worden. Da das Petitionsrecht nur in der Geschäftsordnung verankert war, handelte es sich um eine reine Selbstverpflichtung des Parlaments, die die anderen Organe oder die Mitgliedstaaten nicht binden konnte. Die effiziente Nutzung des Petitionsrechts hing daher weitgehend von der Kooperationsbereitschaft der anderen Institutionen ab.[624] Versuche, das Petitionsrecht in die Verträge aufzunehmen, wurden deshalb schon in den 1970er Jahren unternommen. So forderte das Parlament im Kontext der Debatte über das „Europa der Bürger", dass das Petitionsrecht „in den Verträgen selbst zu verankern [sei], weil es – wie allgemein in demokratisch organisierten Ländern – Verfassungsrang besitzt."[625] Auch der Parlamentsentwurf eines Vertrages zur Grün-

---

622 Meese, Jon Marcus: Das Petitionsrecht beim Europäischen Parlament und das Beschwerderecht beim europäischen Bürgerbeauftragten. Frankfurt 2000, S. 34; Marias, Epaminondas: „The right to petition to the European Parliament after Maastricht", in: European Law Review April, Vol. 19, Nr. 2/1994, S. 169-184.

623 Magnette, Paul: Contrôler l'Europe –Pouvoirs et responsabilité dans l'Union européenne. Brüssel 2003, S. 127.

624 Surrel, Hélène: „Le droit de pétition au parlement européen", in: Revue du marché commun, Nr. 335/1990, S. 219-234, hier S. 220.

625 Stellungnahme des Rechtsausschusses (Bayerl) für den Bericht des Politischen Ausschusses über die Zuerkennung von Sonderrechten an die Bürger der Europäischen Gemeinschaft in Durchführung des Beschlusses der Pariser Gipfelkonferenz (M. Scelba), EP Dok. 346/77, 20 (Ziff. VI). Zitiert nach Meese, 2000, S. 37.

dung der Europäischen Union vom 14. Februar 1984 enthielt das Petitionsrecht der Bürger in Art. 18. Gleichzeitig versuchte das EP, Rat und Kommission im Rahmen einer Interinstitutionellen Vereinbarung zu entsprechenden Selbstverpflichtungen zu bewegen. Die IIV vom 12. April 1989[626] bedeutete zwar eine erste Anerkennung des Petitionsrechts durch die anderen Institutionen und war insofern ein Erfolg, der Wortlaut blieb jedoch so vage, dass sich keine Verpflichtung zur Kooperation mit dem Petitionsausschuss des EP ableiten ließ.[627] Erst mit Inkrafttreten des Maastrichter Vertrages wurde das Petitionsrecht dann Teil des Gemeinschaftsrechts.

Gegenstand einer Petition können nur Angelegenheiten sein, die in den Tätigkeitsbereich der EU fallen. Dazu gehören beispielsweise die Anerkennung von beruflichen Qualifikationen, der Binnenmarkt, der freie Verkehr von Waren und Personen, Umweltfragen, Verbraucherschutz und alle in den Verträgen festgeschriebenen Rechte von Unionsbürgern. Die formalen Erfordernisse für die Zulässigkeit einer Petition und die Details für das Verfahren im Petitionsausschuss sind in Art. 201 bis 203 GOEP festgelegt: Hierzu gehören die Nennung von Namen, Staatsangehörigkeit und Wohnsitz der Petenten, die Benennung eines Vertreter und Stellvertreters, falls mehrere natürliche oder juristische Personen eine Petition eingereicht haben sowie die Abfassung der Petition in einer der Amtssprachen der EU bzw. die Beifügung einer Übersetzung in einer der Amtssprachen.

Das Verfahren im Petitionsausschuss (PETI) verläuft in folgenden Schritten:

1. Petitionen werden in der Reihenfolge des Eingangs und unter der Voraussetzung der Erfüllung der Formalkriterien in ein Register eingetragen. Die registrierten Petitionen werden im Rahmen einer Plenarsitzung bekannt gegeben.

2. Der Präsident überweist die eingetragenen Petitionen an den PETI.

3. Der PETI überprüft, ob die Petitionen gem. Art 227 AEUV zulässig sind. Wird darüber kein Konsens erzielt, muss mindestens ein Viertel der Mitglieder des PETI einen Antrag auf Zulassung stellen.

4. Hat der PETI eine Petition für zulässig erklärt, wird diese ein öffentliches Dokument und in einer Datenbank zugänglich gemacht. Zum Schutz ihrer Privatsphäre können Petenten „vertrauliche Handhabung" beantragen.

5. Im Ausschuss werden die Petitionen im Rahmen der Sitzungen oder im schriftlichen Verfahren behandelt. Petenten können zu den Sitzungen eingeladen werden oder ihre Teilnahme beantragen. Vertreter der Kommission werden ebenfalls in die Sitzungen eingeladen.

6. Der Ausschuss kann beschließen, eine Informationsreise in einen Mitgliedstaat bzw. eine Region zu unternehmen, sollte dies für die Prüfung von Fakten und die Ausarbeitung von Lösungsvorschlägen nötig sein.

7. Der Ausschuss kann die Kommission um Unterstützung und Übermittlung aller in Zusammenhang mit der Petition stehenden Informationen ersuchen.

8. Der Ausschuss kann während seiner Arbeiten auch Stellungnahmen anderer Ausschüsse zu einem zu prüfenden Sachverhalt einholen. Die Stellungnahmen des PETI können dem Plenum in Form eines Initiativberichts oder eines Entschließungsantrags zur Abstimmung vorgelegt werden.

---

626 Interinstitutionelle Vereinbarung. Amtsblatt der EG: 1989 C 120: 90.
627 Corbett /Jacobs/Shackleton 2000, S. 277; und Marias 1994, S. 170.

9. Die Petenten werden im Anschluss über die gefassten Beschlüsse und deren Begründung unterrichtet.

Aus dem jährlichen Tätigkeitsbericht des PETI[628] geht hervor, dass 2012 insgesamt 2 322 Petitionen eingereicht wurden. 337 davon standen nicht in Einklang mit Art. 227 AEUV und wurden daher nicht in das Register eingetragen. Nach Prüfung der verbliebenen 1. 986 Petitionen erklärte der PETI weitere 580 Petitionen für nicht zulässig. Von den 1 406 für zulässig erklärten Petitionen konnten 510 (36,2 %) noch im selben Jahr mit einer Antwort des Ausschusses an die Petenten abgeschlossen werden, 853 (60,7 %) leitete der PETI an die Kommission zur Stellungnahme, 59 (4,2 %) an andere Stellen und 297 (21,1 %) zur Information an andere Stellen weiter. Inhaltlich hatten 25,1 % der Petitionen Fragen in Zusammenhang mit den Grundrechten von Unionsbürgern zum Gegenstand. Dazu gehörten beispielsweise die Rechte von Menschen mit Behinderungen, Kinder-, Minderheiten- und Eigentumsrechte, der Schutz des Rechtes auf freie Meinungsäußerung und auf Privatsphäre, der Zugang zu Dokumenten und Informationen sowie Fälle von Diskriminierung, denen sich Menschen ausgesetzt sehen, wenn sie ihr Recht auf Freizügigkeit als Privatpersonen und als Wirtschaftstreibende ausüben. 14,1 % der Petitionen bezogen sich auf Umweltweltfragen und dabei mehrheitlich auf Probleme mit Schadstoffbelastungen, Wasserrecht und Umwelt- und Naturschutzgesetzgebung. 7,2 % der Petitionen bezogen sich auf den Binnenmarkt, 5,5 % auf Gesundheit, 5,1 % auf Verbraucherrechte und 3 % auf artgerechte Tierhaltung. 5 Petitionen zogen Klagen beim EuGH nach sich. Die meisten Petitionen kamen mit einem Anteil von 23,9 % von deutschen Staatsbürgern, gefolgt von Spaniern (15,7 %) und Italienern (12,1 %). Bezogen haben sich die Petitionen mehrheitlich auf die EU als Ganzes (27,3 %); 15% auf die Anwendung von EU-Recht durch spanische, 12,5 % durch deutsche und 8,6 % durch italienische Behörden.

Die Beschwerden, die den Mitgliedern des PETI durch die Petitionen zur Kenntnis gelangen, sind ein wichtiger Gradmesser für die Mängelfeststellung in der Umsetzung von EU-Recht in den Mitgliedstaaten oder Probleme, auf die Bürger bei der Ausübung ihrer Rechte als Unionsbürger stoßen. In der Folge startet der Ausschuss häufig selbst politische Initiativen – z.B. in Form von Anhörungen (auch gemeinsam mit anderen Ausschüssen) – oder lässt seine Erkenntnisse durch Stellungnahmen zu Berichten in die legislativen Arbeiten anderer Ausschüsse einfließen.

Auf Grundlage einer Eurobarometer-Umfrage,[629] nach der sich lediglich 36 % der Unionsbürger gut über ihre Rechte informiert fühlen, forderte der PETI in seinem Jahresbericht 2012 mit Nachdruck, die Öffentlichkeitsarbeit zum Petitionsverfahren zu intensivieren, trügen doch „die Mitglieder des Petitionsausschusses (…) durch ihre Arbeit auch zu einer stärkeren Sensibilisierung für die Rechte bei, die Bürger und Einwohner der Europäischen Union genießen". Außerdem sei der PETI der einzige parlamentarische Ausschuss, „der den Bürgern systematisch die Möglichkeit bietet, ihre Anliegen den Mitgliedern des Europäischen Parlaments unmittelbar vorzutragen, und der einen pluralistischen Dialog zwischen den EU-Organen, den staatlichen Behörden und den Petenten in völliger Transparenz ermöglicht". Maximale Bürgernähe und Partizipation versucht der Ausschuss selbst mit folgenden Maßnahmen zu erreichen:

---

628 Entschließung des Europäischen Parlaments vom 10. Oktober 2013 zu der Tätigkeit des Petitionsausschusses im Jahr 2012 (2013/2013(INI)).

629 Flash Eurobarometer 365 „Unionsbürgerschaft der Europäischen Union", TNS Political & Social im Auftrag der Europäischen Kommission, Februar 2013.

– Petenten werden in den Ausschuss eingeladen und angehört. In der 7. Wahlperiode waren in jeder Sitzung des PETI Petenten anwesend – im Schnitt 240 pro Jahr.

– Neugestaltung des Online-Auftritts und Verbesserung von Social Media Tools; derzeit werden bereits rund 70 % der Petitionen elektronisch eingereicht. Das *Live-Streaming* der Ausschusssitzungen ist für den PETI essentiell, zumal nur eine geringe Zahl von Petenten nach Brüssel reisen kann.

– Organisation von Informationsreisen, den sogenannten *fact finding missions*, um die Probleme vor Ort in Augenschein zu nehmen.

– Kooperation mit den Informationsbüros des EP in den Mitgliedstaaten.

15.4.3 Bürgeranfragen und Bürgerforen

Für alle Fragen, die in Zusammenhang mit der Funktions- und Arbeitsweise sowie den Befugnissen und Tätigkeiten des Europäischen Parlaments stehen, kann sich jeder interessierte Bürger in allen Amtssprachen – auch per Online-Formular – an das Referat für Bürgeranfragen wenden. Das Referat erteilt ebenfalls Auskünfte über die parlamentarischen Aktivitäten und die damit in Zusammenhang stehenden Dokumente wie z.B. Berichte, Entschließungsanträge, schriftliche und mündliche Anfragen der Abgeordneten. Allgemeine Anfragen zu einzelnen Politikbereichen oder zu rechtlichen Fragen werden dagegen nicht beantwortet. Auf der Website des Referats finden sich außerdem nützliche Links, über die Informationen zum Petitionsrecht, zu den Informationsbüros in den Mitgliedstaaten, zum Besucherdienst des EP, zu Möglichkeiten für ein Praktikum, oder zum Dokumentenregister verbreitet werden. Eine andere Möglichkeit, sich an europäischen Debatten über die politikbereichsübergreifenden, gesellschaftlichen Herausforderungen zu beteiligen, bieten die als „Agora" in Erscheinung tretenden Bürgerforen, zu denen das EP seit 2007 insgesamt vier Mal eingeladen hat. Die Bürgerforen befassten sich 2007 mit der „Zukunft Europas", 2008 mit dem Klimawandel, 2011 mit der Wirtschafts- und Finanzkrise und den neuen Formen der Armut und zuletzt 2013 mit der Jugendarbeitslosigkeit. Die Konferenz der Präsidenten legt zu den Foren im Vorfeld die Diskussionsthemen fest und entscheidet darüber, welche parlamentarischen Ausschüsse auf Grundlage der in der Geschäftsordnung festgelegten inhaltlichen Zuständigkeiten eingebunden werden sowie welcher Ausschuss wie viele teilnehmende Organisationen einladen darf. Jede dieser Organisationen wird dann aufgefordert, einen Vertreter zu benennen, den sie nach Brüssel entsendet. Von Seiten des EP nehmen Mitglieder der ausgewählten Ausschüsse und der EP-Präsident oder einer seiner Stellvertreter teil, um die Plenarsitzung zu eröffnen und am Ende die Ergebnisse vorzustellen. In der Regel treten so etwa 500 Vertreter der Zivilgesellschaft für drei Tage in Brüssel mit Vertretern der EU-Institutionen zu Plenardebatten und Diskussionen in interdisziplinären Arbeitsgruppen zusammen.[630]

15.4.4 Das Parlament im Urteil der Bürger

Die Arbeit des EP ist durch den Spagat zwischen Konkordanz und Konflikt gekennzeichnet. Einerseits sieht sich die überwiegende Mehrheit der Abgeordneten in interinstitutionellen

---

[630] Alle Debatten werden aufgezeichnet und die Ergebnisse der Arbeitsgruppen in Berichten zusammengefasst, deren Grundlage Arbeitspapiere sind, die bereits im Vorfeld auf dem Agora Online-Forum erarbeitet wurden. Die Berichte der Arbeitsgruppen werden im Plenum zur Diskussion gestellt, um einen gemeinsamen Text mit konkreten Empfehlungen an die Politik zu verabschieden. Diese Schlussfolgerungen wie auch die gesamte Dokumentation der Agora übermitteln die Organisatoren des EP den parlamentarischen Ausschüssen, den anderen EU-Organen als auch allen teilnehmenden Organisationen.

Machtkonflikten mit dem Europäischen Rat und dem Rat immer wieder genötigt, mit satten, fraktionsübergreifenden Mehrheiten deutlich Verhandlungspositionen zu beziehen. Andererseits veranlasst aber die Perspektive der Europawahl Abgeordnete, Ausschüsse und das Plenum dazu, unter dem Vorzeichen der wahlmobilisierenden „Politisierung" verstärkt parteipolitische Konfliktpotentiale und Trennlinien zu akzentuieren, um der Arenafunktion des Parlaments mehr Geltung zu verleihen.

Den Hintergrund für dieses Wechselspiel zwischen seiner Akteurs- und Arenafunktion bildet die Wahrnehmung des Parlaments bei den Wahlbürgerinnen und -bürgern: Tatsächlich scheint diese Verbindung massiv in Frage gestellt. Die seit Ende der 1970er Jahre erhobenen Daten des Eurobarometer weisen nicht nur darauf hin, dass die allgemein-affektive Unterstützung der EU-Integration, sondern auch das Vertrauen der BürgerInnen in das EP eingebrochen ist. Oszillierte die allgemeine Orientierung der BürgerInnen zur EU zwischen 1995 und 2011 um 48% „für" und 28% „gegen" die EU, so fiel die positive Zustimmungsrate im November 2012 auf einen historischen Tiefstand von 29%. Die als Differenz zwischen explizit positiven und negativen BürgerInnenorientierungen gemessene „Nettozustimmung" zur EU fiel von 64% im Jahre 1991 auf nur noch +1% im November 2012!

Abb. 28 Affektive Unterstützung der EU 1973–2012 EU Gesamt (inkl. Nettorate)

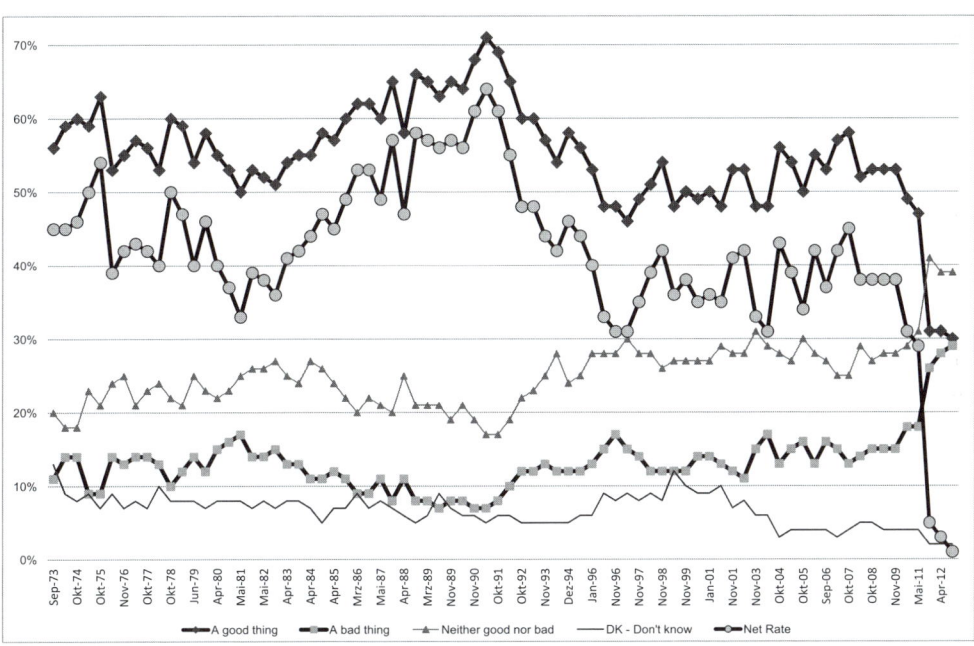

Quelle: Eigene Berechnung auf der Grundlage des Eurobarometer

Die Daten über das Institutionenvertrauen im Hinblick auf das EP untermauern den hieraus ablesbaren Legitimationsschwund der EU.

Abb. 29: Vertrauen in das EP 1999–2014, EU-Durchschnitt

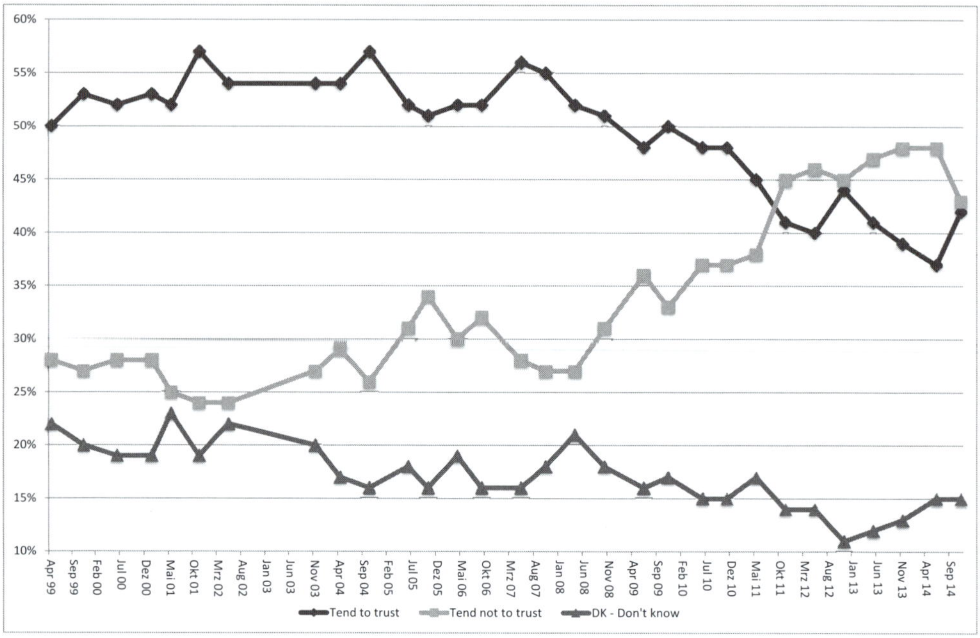

Quelle: Eigene Berechnung auf der Grundlage des Eurobarometers

Das Vertrauen in das EP schwankte zwischen 1993 und 2008 um 50%, wobei der Anteil derer, die dem EP explizit nicht vertrauten, seit 2002 langsam aber stetig anstieg. Im November 2012 überstieg dann die Zahl derjenigen, die dem EP eher misstrauen, erstmals den Anteil derjenigen, die dem EP vertrauen. Dieser Trendwechsel muss den Abgeordneten zu denken geben. Denn offensichtlich sind sie im Urteil der BürgerInnen nicht in der Lage, die ihnen zur Verfügung stehenden Anreizstrukturen des 2009 in Kraft getretenen, Lissabonner Vertrages „vertrauensgewinnend" umzusetzen. Die Eurobarometerdaten deuten zumindest darauf hin, dass das EP – im Übrigen gemeinsam mit Kommission und Ministerrat, mitgliedstaatlichen Regierungen und Parlamenten – an Rückhalt in der UnionsbürgerInnenschaft verliert. Die relativ abstrakten Rohdaten aus der Umfrageforschung bestätigen einen Trend des breitflächigen Europaskeptizismus, der sich im Aufstieg populistischer, zumeist rechtsextremistischer und xenophober Parteien und BürgerInnenbewegungen in nahezu allen Mitgliedstaaten der EU Gehör verschafft. Die Parteien der seit 2011 als Europäische Partei anerkannten „Europäische Allianz für Freiheit" (FPÖ, Vlaams Belang, Schwedendemokraten, Front National), der innerhalb der EP-Fraktion der EFD zusammengeschlossenen „Bewegung für ein Europa der Freiheit und Demokratie" (Lega Nord, Solidarna Polska, LAOS) sowie der 2012 als Europäische Partei anerkannten „Allianz der Europäischen Nationalen Bewegungen" (Jobbik, Fiamma Tricolore, British National Party) konnten in den vergangenen Jahren in erheblichem Maße zulegen. Ähnlich wie die seit September 2013 im Aufbau befindliche, sich ebenfalls als „Antisystempartei" identifizierende „European Pirate Party" versuchen diese Europäischen Parteien, sich als Sprachrohr der Euro- und Europakritik zu formieren und für die Europawahlen gemeinsame Wahlplattformen zu bilden. Sie profitieren dabei nicht alleine von den im Vergleich zu nationalen

Wahlen geringeren Sperrklauseln, sondern auch vom unterschwelligen EU-Institutionenskeptizismus in den „etablierten" Parteien, die nicht willens oder in der Lage sind, das von ihnen verantwortete EU-System in Anerkennung der aktuellen gesellschaftspolitischen „Cleavages" zu reformieren.

Im Laufe der letzten 30 Jahre hat sich Eurobarometer (EB) zu einem festen, nicht unumstrittenen[631] Bezugspunkt zur Erhebung der öffentlichen Meinung in der EU entwickelt. Dabei war die Rolle der öffentlichen Meinung im und für den europäischen Integrationsprozess lange Zeit nebensächlich. Integrationstheorien wie der Neofunktionalismus oder föderalistische Ansätze ignorierten die öffentliche Meinung und konzentrierten sich stattdessen auf Probleme der elitengesteuerten Integrationsentwicklung, ohne die damit einhergehende Verengung der Analyseebene selbst zu hinterfragen.[632] So betonte Ende der 1950er Jahre Ernst B. Haas in seinem Grundlagenwerk „The Uniting of Europe": Es sei „as impracticable as it is unnecessary to have recourse to general public opinion surveys, or even to surveys of specifically interested groups. [...] It suffices to single out and define the political elites in the participating countries, to study their reactions to integration and to assess changes in attitude on their part".[633] Erst in der revisionistischen Phase des Neofunktionalismus widerrief Haas diese Position explizit und erkannte der öffentlichen Meinung eine eigenständige Rolle im europäischen Integrationsprozess zu.[634] Eher unabhängig von den integrationstheoretischen, -politischen und -ideologischen Debatten beschäftigten sich bis Mitte der 1960er Jahre nur einige wenige, empirisch arbeitende Sozialwissenschaftler mit Bevölkerungsorientierungen auf der Grundlage von Modellen, die die Bedeutung der öffentlichen Meinung ernster nahmen.[635] Als „nützlicher theoretischer Interpretationsrahmen der Entwicklung der öffentlichen Meinung zu Europa"[636] wurde dabei das Modell des „permissive consensus" von Lindberg und Scheingold entwickelt. Lindberg und Scheingold vertraten die Ansicht, dass die Einstellungen der Bürgerinnen und Bürger in dem von ihnen untersuchten Zeitraum (Ende der 1940er bis Ende der 1960er) die Entwicklung der europäischen Integration nicht determiniert bzw. kaum beeinflusst haben und den Akteuren der Integrationspolitik sozusagen „freie Hand" ließen. Ermöglicht wurde diese „stillschweigende Zustimmung" vor allem dadurch, dass die politischen Eliten keinen besonderen Widerspruch zum Integrationsprozess äußerten. „Solange keine intensiven Kontroversen sichtbar wurden, übernahm auch eine bemerkenswert große und über die Jahre wachsende Mehrheit der Bevölkerung die zustimmende Überzeugung von der Wünschbarkeit und Nützlichkeit

---

631 Vgl. etwa Höpner, Martin/Jurczyk, Bojan: „Kritik des Eurobarometers. Über die Verwischung der Grenze zwischen seriöser Demoskopie und interessengeleiteter Propagana", in: Leviathan, Vol. 40, Nr. 3/2012, S. 326-349; Nissen, Sylke: Beobachtung oder Intervention. Das Eurobarometer im Prozess der Europäischen Integration, Universität Leipzig: Serie Europa – Europe Series No.4/2012; Pausch, Markus: „Die Eurobarometermacher auf der Zauberinsel. Konstruktion einer öffentlichen Meinung durch Umfrageforschung", in: SWS-Rundschau, Vol. 48, Nr. 3/2008, S. 356-361; Laumen, Anne/Maurer, Andreas: Jenseits des „Permissive Consensus", Stiftung Wissenschaft und Politik, Working paper Nr. FG 1-13, Berlin 2006, http://www.swp-berlin.org/fileadmin/contents/products/arbeitspapiere/korrKS_EU_Oeffentl_Meinung.pdf.

632 Vgl. Husz, Dóra: „Public Opinion – A stumbling block to enlargement? An analysis of the relation between costs and benefits of eastern enlargement and their perception in current EU member-states.", in: Perspectives, Nr. 20/2003, S. 5-39.

633 Ernst B. Haas: The Uniting of Europe, London 1958, S. 17.

634 Vgl. Sinnott, Richard: „Bringing Public Opinion Back In", in: Niedermayer, Oskar/Sinnott, Richard (Hrsg.): Public opinion and internationalized governance, Oxford 1995 (=Beliefs in Government; Vol. 2), S. 11-32.

635 Vgl. Sinnott 1995, S. 29.

636 Reif, Karlheinz: „Ein Ende des ‚Permissive Consensus'?" Zum Wandel europapolitischer Einstellungen in der öffentliche Meinung der EG-Mitgliedstaaten, in: Hrbek, Rudolf (Hrsg.), Der Vertrag von Maastricht in der wissenschaftlichen Kontroverse. Baden-Baden 1993, S. 25.

der europäischen Integration."[637] Dabei gaben die Bürger den Eliten ihr stilles Einverständnis, ohne weitreichende Kenntnisse über die EG oder ein starkes Interesse am Integrationsprozess zu haben. Der ökonomische Fortschritt und wachsender Wohlstand sowie die sicherheits- und friedensstiftende Wirkung der Europäischen Integration beförderte den „permissive consensus" zudem.[638] Scheingold und Lindberg deuteten aber an, dass der "permissive consensus" kein Dauerzustand bleiben müsse: „[...] if the Community were to broaden its scope or increase its institutional capacities markedly, [...] there [would] be reason to suspect that the level of support or its relationship to the political process would be significantly altered."[639]

Die von Scheingold und Lindberg formulierten Bedingungen sind mittlerweile Realität. Der Zeitpunkt, ab dem die EG/EU deutlicher ihre Spuren im Alltagsleben hinterließ und somit auch immer mehr zum Objekt kontroverser Meinungsbildung wurde, lässt sich allerdings nicht exakt bestimmen. Sicher ist, dass es sich hierbei um einen Prozess handelt, der bereits mit Beginn der gemeinsamen Agrarpolitik im Jahre 1962 begonnen haben dürfte: Diese wurde seitens der Bürgerinnen und Bürger (nicht nur der Bauern) durch die immer teureren Preise für Agrarprodukte mittelbar als „Negativvertrag" der europäischen Integration wahrgenommen. Deutlich sichtbarere Konsequenzen brachte sicherlich die EEA 1987: Die Abschaffung protektionistischer Maßnahmen innerhalb der Gemeinschaft setzte nationale Industrien dem Konkurrenzdruck von Firmen aus anderen Mitgliedstaaten aus. Die bei weitem sichtbarsten Eingriffe in das Alltagsleben der Bürgerschaft vollzogen sich durch restriktivere Geld- und Finanzpolitiken, vor allem durch den effektiven Verlust der nationalen Souveränität in der Währungspolitik im Zuge des Maastrichter Vertrages. Auch schienen immer mehr Bürger die Effekte der über die Jahre gestiegenen Integrationsdichte zu spüren.[640]

Was von den Integrationstheorien angenommen wurde, spürten die Akteure der Integrationspolitik spätestens seit Anfang der 1990er Jahre. Bis dato hielten auch sie den Integrationsprozess zunächst für eine Angelegenheit der Eliten, fern von Stimmungen der breiten Bevölkerung.[641] Doch der negative Referendumsausgang in Dänemark und das nur knapp positive Referendum Frankreichs zum Maastrichter Vertrag machten den Akteuren der Integrationspolitik schmerzhaft bewusst, dass die öffentliche Meinung großen, mithin entscheidenden Einfluss auf europäischer Ebene ausüben kann. Jacques Delors gab zu: „Der Aufbau Europas wurde lange Zeit in nahezu geheimer Diplomatie vorangetrieben, abgeschottet von der öffentlichen Meinung in den Mitgliedstaaten. Es war die Methode der Gründungsväter der Gemeinschaft, eine Art aufgeklärtes Despotentum. Kompetenz und geistige Unabhängigkeit wurden als ausreichende Legitimation zum Handeln, die Zustimmung der Bevölkerung im nach hinein als ausreichend betrachtet. [...] Diese ‚Methode Jean Monnets' war in der Gründungsphase der Gemeinschaft durch die Kühnheit des Projekts vermutlich gerechtfertigt. Aber sie ist jetzt an ihre Grenzen gestoßen".[642] Referenden wie die in Norwegen über die Mitgliedschaft, in Dänemark und Schweden über die Einführung des Euro oder in einigen Mitgliedstaaten über den Verfassungsvertrag sind offensichtliche Ereignisse, die zeigen, welche Auswirkungen die öffentliche

---

637 Reif 1993, S. 24.
638 Ebenda, S. 25f.
639 Lindberg, Leon/Scheingold, Stuart: Europe's Would-Be Polity: Patterns of Change in the European Community, Engelwood Cliffs 1970, S. 277.
640 Vgl. McLaren, Laureen M.: Identity, interests, and attitudes to European integration, Basingstoke 2006, S. 8f.
641 Vgl. Immerfall Stefan/Sobisch, Andreas: „Europäische Integration und europäische Identität. Die Europäische Union im Bewußtsein ihrer Bürger", in: Aus Politik und Zeitgeschichte, Nr. B-10/1997, S. 26.
642 Delors, Jacques: „Entwicklungsperspektiven der Europäischen Gemeinschaft", in: Aus Politik und Zeitgeschichte, Nr. B-1/1993, S. 3.

Meinung auf die EU-Politik der Regierungen in den Mitgliedstaaten haben kann, wenn sie nicht nur über Meinungsumfragen, sondern unmittelbar und sanktionsbewährt abgefragt wird.[643] Referenden sind in diesem Zusammenhang aber nur die – spürbare – Spitze des Eisbergs. Die öffentliche Meinung bzw. Orientierungen der Bevölkerung (entnommen aus verschiedensten Meinungsumfragen) finden in politischen Reden und offiziellen Dokumenten zunehmend Beachtung. Immer häufiger wird die „Öffentlichkeit" als wesentliche Legitimationsressource für die Unterstützung, Begründung oder aber Ablehnung bestimmter Integrationsschritte herangezogen. Darüber hinaus fällt dem öffentlichen Meinungsbild eine Schlüsselrolle in der Debatte über die demokratische Legitimation der EU zu.[644] Angesichts dieser Entwicklungen besteht derzeit kaum mehr Zweifel, dass Bevölkerungsorientierungen den Integrationsprozess beeinflussen können. Es verwundert daher nicht, dass in der EU-bezogenen Wissenschaft die Beiträge über Bevölkerungseinstellungen zu sämtlichen integrationspolitischen Themen zunehmen. Dabei wird in der Regel auf das „Eurobarometer" zurückgegriffen, das Einblick in die Bürgerorientierungen zur europäischen Integration gibt.

Die Veröffentlichung der ersten Eurobarometer-Umfrage datiert vom Frühjahr 1974, unmittelbar nach der ersten EU-Erweiterungsrunde. Die Umfragen sollen der EU dabei helfen, mehr über die öffentliche Meinung in der EU zu erfahren und ihre Informationspolitik und Öffentlichkeitsarbeit dementsprechend auszurichten. Darüber hinaus war es das Ziel der Gründer des Eurobarometers, die Bürgerinnen und Bürger der EU einander näher zu bringen, indem sie mehr über deren Meinungen und Gedanken erfahren. Zurück geht das Eurobarometer auf den niederländischen Europaabgeordneten Wilhelmus Schuijt,[645] der in einem Bericht vom Februar 1972 forderte, dass Meinungsumfragen in und zur EG systematisch und regelmäßig durchgeführt und ihre Ergebnisse dem zuständigen Parlamentsausschuss vorgelegt werden sollten. Schuijt war aktiver Verfechter der Idee, mithilfe einer eigenständigen, europäischen Informations- und Kommunikationspolitik eine „echte" europäische öffentliche Meinung zu generieren.

Beim Eurobarometer handelt es sich um – in der Regel von der Europäischen Kommission in Auftrag gegebene – Meinungsumfragen in den Mitgliedstaaten der EU. Der Startschuss für die Eurobarometer-Umfragen („Standard-Eurobarometer") fiel im Jahre 1973. Dabei standen laut Jacques-René Rabier, dem ersten EU-Generaldirektor für Informationspolitik und Gründer von Eurobarometer, mehrere Ziele im Vordergrund: Zum einen sollte die öffentliche Meinung keine unbekannte Größe mehr sein und als Orientierung für die Informationspolitik der Gemeinschaft dienen. Zum anderen sollten die Mitgliedstaaten über ein Instrument zur Sichtbarmachung der Standpunkte der Bürger in anderen Mitgliedstaaten einander näher gebracht werden. Das EB sollte ferner langfristige Trends aufdecken bezüglich der Bevölkerungseinstellungen gegenüber dem europäischen Integrationsprozess, dem Gemeinsamen Markt und den politikbereichsspezifischen Einigungsbestrebungen Westeuropas.[646] Von Beginn stellte das EB

---

643   Vgl. McLaren 2006, S. 11.

644   Vgl. Sifft, Stefanie/Bruggemann, Michael/Konigslow, Katharina Kleinen V./Peters, Bernhard/Wimmel, Andreas: "Segmented Europeanization: Exploring the Legitimacy of the European Union from a Public Discourse Perspective", in: Journal of Common Market Studies, Vol. 45, Nr. 1/2007, S. 127-155.

645   Wilhelmus Johannes (Wim) Schuijt (1909-2009) war ein niederländischer Politiker der Katholieke Volkspartij, der von 1958 bis 1977 Mitglied und ab 1970 auch Vizepräsident des Europäischen Parlamentes war. Gleichzeitig war er auch – damals noch möglich - Mitglied des niederländischen Parlaments.

646   Vgl. Rabier, Jacques-René: „European barometer and socio-political research", in: European Journal of Political Research, Vol. 4, Nr. 1/1976, S. 141-146; Rabier, Jacques-René: Rede anlässlich der Konferenz „35th anniversary of Eurobarometer-Understanding European public Opinion". Sciences Po-Paris, 21 November 2008; Reif, Karlheinz: „Organisatorische Randbedingungen und Probleme empirischer Sozialforschung aus europäischer Perspektive. Das Eurobarometer der EG-Kommission", in: Sahner, Heinz (Hrsg.): Sozialforschung im

die Umfragen kontinuierlich zweimal jährlich (im Frühjahr und Herbst) zum gleichen Zeitpunkt in allen Mitgliedstaaten. Neben dieser Kontinuität gab es im Lauf der Zeit mehrere Neuerungen:[647] Bedingt durch die Erweiterungsrunden stieg die Gesamtzahl der durchgeführten Interviews pro Umfrage von etwa 9 000 auf 25 000. Unverändert blieb allerdings die Stichprobengröße: Pro Mitgliedsland werden, abgesehen von einigen wenigen Ausnahmen,[648] 1 000 Interviews geführt.[649] Zudem gibt es mittlerweile nicht mehr nur das Standard Eurobarometer, sondern auch

- „Special Eurobarometer" zu besonderen Fragestellungen und Ereignissen (bspw. Spezial-Eurobarometer 251 über „Die Zukunft Europas"),
- „Flash Eurobarometer", basierend auf kurzen, telefonischen Interviews mit starkem Aktualitätsbezug (bspw. Eurobarometer-Blitzumfrage: „The European Constitution: post-referendum survey in the Netherlands"),
- Qualitative Eurobarometer-Analysen, und
- "Candidate countries Eurobarometer" (CCEB) seit 2001.

Das Eurobarometer ist zu einem der wichtigsten Referenzwerte geworden. Auch in der Wissenschaft genießen die Eurobarometer-Daten hohe Anerkennung. Als klare Stärken dieses Instruments gelten die Reichhaltigkeit der Datensätze, der verfügbare Speicher vergleichbarer Daten über eine große Zeitspanne und über eine große Anzahl politischer Systeme (dies ermöglicht sowohl Querschnitt- als auch Längsschnittanalysen), die mehrsprachige Veröffentlichung und die allgemeine, kostenfreie Zugänglichkeit der Datensätze bereits kurz nach der Feldforschung. Auf keine andere demoskopische Studie wird so häufig Bezug genommen wie auf die Eurobarometer-Umfragen.[650] Und das in vielen wissenschaftlichen Disziplinen, wie bspw. der Politischen Ökonomie, der politischen Philosophie, der Soziologie und der Vergleichenden Politikwissenschaft – auch jenseits der Grenzen Europas, besonders in den USA.[651] Trotz allem dürfen die Probleme, die mit jeder Meinungsforschung einhergehen, nicht unter den Tisch gekehrt werden. Als problematisch wird immer wieder angeführt, dass es sich bei den Umfragen um eine künstlich hergestellte Interviewsituation handelt und somit gewisse Phänomene, wie die situative Reaktivität bedacht werden müssen. Ferner stellt sich das Problem der Validität: Ist die angewandte Methode wirklich geeignet, das zu messen, was gemessen werden soll? Geben die EB-Daten Auskunft über das, was wir wissen wollen?[652] Bei Trendanalysen auf der Grundlage der Eurobarometer-Umfragen sollte darüber hinaus stets darauf geachtet werden, dass eventuell entdeckte Muster nicht automatisch auf Veränderungen in der politischen Realität bzw. der „Lebenswirklichkeit" der Bürgerschaft hindeuten. Denn die Antworten der Befragten können durch mehrere Faktoren in beträchtlichem Maße beeinflusst worden sein, wie durch die Änderung des Wortlauts der Frage, die Änderung der Antwortvorgaben oder die Änderung

---

vereinten Deutschland und in Europa, München 1991, S. 43-53; Entretien avec M. Jacques-René Rabier, octobre 2003. <http://europa-eu.int/comm/public_opinion/docs/entretien_rabier.pdf>.

647 Ausführlich zu der Entwicklung der Eurobarometer-Umfragen siehe Schmitt, Hermann: „The Eurobarometers: Their Evolution, Obvious Merits, and Ways to Add Value to Them", in: European Union Politics, Vol. 4, Nr. 2/2003, S. 243.

648 Kleinere Stichproben in Luxemburg und Malta, größere bzw. zusätzliche Stichproben in Deutschland und im Vereinigten Königreich (1300 davon 300 in Nordirland).

649 Vgl. <http://europa.eu.int/comm/public_opinion/description_fr.htm>.

650 Eine (unvollständige) Bibliographie mit Veröffentlichungen, die auf Eurobarometer-Daten basieren unter <http://www.gesis.org/en/data_service/eurobarometer/publications-eb_bibliography.htm> .

651 Vgl. Schmitt 2003, S. 245.

652 Niedermayer, Oskar/Sinnott, Richard: „Introduction", in: Niedermayer, Oskar/Sinnott, Richard (Hrsg.), Public opinion and internationalized governance, Oxford 1995 (=Beliefs in Government; Vol. 2), S. 3.

der Reihenfolge der Fragen. Nur äußerst selten gehen die Nutzer der EB-Daten der Frage nach, ob offensichtliche Trends in den Daten auch tatsächlich auf Veränderungen der Bürgerorientierungen zurückzuführen sind.[653]

Das Europäische Parlament gibt regelmäßig Studien zur Erforschung der öffentlichen Meinung in den Mitgliedstaaten in Auftrag. Dank dieser Studien will das Parlament besser verstehen, wie die Bürgerinnen und Bürger seine Tätigkeit und die der Europäischen Union insgesamt wahrnehmen und was sie künftig erwarten. Im Rahmen von Eurobarometer werden auch spezifische Daten für den sogenannten „Parlemeter" erhoben, mit dem berechnet wird, wie die Bürgerinnen und Bürger das EP wahrnehmen, welches „Image" sie mit ihm verbinden und was sie über die Rolle und Arbeitsweise der Institution wissen. So war der „Parlemeter" vom Dezember 2013 (Feldforschung im Juni 2013) *„One Year to go to the 2014 European Elections"* ein wichtiges Instrument zur Vorbereitung der zentralen Mobilisierungskampagne „Act-React-Impact" des EP-Generalsekretariats für die Europawahlen im Mai 2014.

15.4.5 Exkurs zur Umfragemethodik des Eurobarometers

In der Umfrageforschung wurden verschiedene Konzeptualisierungen von Bürgerorientierungen gegenüber politischen Systemen entwickelt. Die wohl bekanntesten, sich auf die nationale Ebene beziehenden Klassifizierungsansätze stammen von David Easton sowie von Almond und Verba. Als Grundlage für Sekundäranalysen dient darüber hinaus auch die Konzeptualisierung von Niedermayer und Westle, da sie sich speziell auf die supranationale Systemebene der EU bezieht.[654] Niedermayer und Westle definieren Orientierungen „as anything people have in mind with respect to a specific object".[655] Von Orientierungen kann von dem Moment an gesprochen werden, an dem sich eine Person der Existenz eines Objekts bewusst ist bis hin zu dem Augenblick, an dem eine Person Verhaltensabsichten bzgl. des jeweiligen Objektes verspürt. Die gesamte Bandbreite möglicher Orientierungen gliedert sich – je nach potentieller Verhaltensnähe – in kognitive, evaluative und konative Orientierungen:[656] Kognitive Orientierungen gelten als die schwächste Form der Auseinandersetzung mit dem Objekt; es geht hierbei um Wahrnehmung, Interesse und neutrale Kenntnisse. Charakteristisch für diese Art von Orientierungen ist das Fehlen jeglicher Bewertung. Operationalisiert werden können kognitive Orientierungen direkt durch die Untersuchung des selbst eingeschätzten Interesses oder indirekt mithilfe der Frage, ob mehr Information über ein Objekt gewünscht wird.[657] Unter evaluativen Orientierungen hingegen versteht man die Bewertung eines Objekts entlang eines positiv-negativ-Kontinuums. Unterschieden werden kann zwischen affektiven Vorlieben bzw. Abneigungen und utilitaristischen (d.h. nutzenorientierten) Bewertungen, die aufgrund einer Kosten-Nutzen-Kalkulation generiert werden.[658] Bei konativen Orientierungen handelt es sich um die stärkste Form der Auseinandersetzung mit einem Objekt. Gezielt geht es um Verhaltensabsichten, die, mit einem unterschiedlichen Grad an Wahrscheinlichkeit versehen, realisiert werden können. Als Beispiel für eine konative Orientierung kann die Absicht, eine Petition zu un-

653 Vgl. Schmitt 2003, S. 246.
654 Vgl. Niedermayer, Oskar/Westle, Bettina: „A typology of orientations", in: Niedermayer, Oskar/Sinnott, Richard (Hrsg.), Public opinion and internationalized governance. Oxford 1995 (=Beliefs in Government; Vol. 2), S. 40f.
655 Ebenda., S. 44.
656 Niedermayer verwendet leicht abweichende Bezeichnungen (psychological involvement, evaluations, behavioural intentions), die aber zu gleichen Aussagen kommen. Vgl. Niedermayer/Westle 1995, S. 48.
657 Ebenda., S. 44.
658 Ebenda., S. 50.

terzeichnen, genannt werden. Diese verschiedenen Arten von Orientierungen können sich auf ein Objekt (die EU) als Ganzes oder auf einzelne Objektkomponenten beziehen. Verschiedene Komponenten sind: die politische Gemeinschaft, die politische Ordnung, die politischen Entscheidungsträger und die Politikfelder.[659]

Bei der Analyse der evaluativen Orientierungen stellt sich die Frage, ob es einen deutlichen Rückgang der affektiven und/oder utilitaristischen EU-Unterstützung durch die europäische Bürgerschaft gibt. Die Entwicklung der Unterstützung, die dem Orientierungsobjekt „politische Gemeinschaft EU" seitens der Bevölkerung entgegengebracht wird, lässt sich anhand von vier Indikatoren verfolgen, die gemeinhin als „unification indicator", „membership indicator", „dissolution indicator" and „benefits indicator" bezeichnet werden.[660] Der Unterstützungsgrad spiegelt sich in den Antworten auf vier Fragetypen des EB wieder, nämlich:

– der Frage nach der Beurteilung der Bemühungen zur (Ver)Einigung Westeuropas („unification indicator"),
– der Beurteilung der Mitgliedschaft des eigenes Landes in der EU („membership indicator"),
– der emotionalen Reaktion auf ein hypothetisches Scheitern der EU („dissolution indicator") sowie
– der Beurteilung der Mitgliedschaft des eigenen Landes als Vor- oder Nachteil („benefits indicator").[661]

Die genauen EB-Fragestellungen lauten dabei:

– „Membership-indicator": „Ist allgemein gesehen die Mitgliedschaft [des Staates …] in der Europäischen Union Ihrer Meinung nach – eine gute Sache – eine schlechte Sache – weder gut noch schlecht?"
– „Benefit-indicator": „Hat ihrer Meinung nach [des Staates …] insgesamt gesehen durch die Mitgliedschaft in der Europäischen Union Vorteile, oder ist das nicht der Fall?"

Die Analyse dieser beiden Indikatoren beruht auf der Berechnung sogenannter Nettoindizes: Zunächst werden die verschiedenen möglichen Antwortkategorien der beiden Fragetypen zu drei allgemeinen Kategorien, nämlich zu positiven, indifferenten und negativen Orientierungen, zusammengefasst. Der Nettoindex ergibt sich dann aus der Differenz zwischen dem Anteil der positiven und negativen Antworten.[662] Die erhaltenen Werte variieren auf einer Skala von -1 bis hin zu +1 und geben das Ausmaß an, zu dem die positive bzw. negative Orientierung der Bürger überwiegt: Ein Wert von +1 bedeutet, dass alle Befragten die EU positiv bewerten; ein Wert von -1 gibt an, dass alle Befragten der EU negativ gegenüberstehen; bei einem Wert von

---

659 Ebenda., S. 40ff.
660 Sinnott, Richard: Assessing the Implications of EU Enlargement for the Existing Member States, EUI Working Papers RSCAS No. 11, Florence 2004, http://www.iue.it/RSCAS/WP-Texts/04_11.pdf.
661 Die Einordnung der verschiedenen Fragetypen als Indikator für diffuse oder spezifische Unterstützung wird in der Literatur kontrovers diskutiert (vgl. bspw. Niedermayer, Oskar: „Trends and Contrasts", in: Niedermayer, Oskar/Sinnott, Richard (Hrsg.): Public opinion and internationalized governance, Oxford 1995 (=Beliefs in Government; Vol. 2), S. 54f.; Lindberg, Leon N./Scheingold, Stuart: Europe's Would-Be Polity. Patterns of Change in the European Community, Englewood Cliffs, N.J. 1970; Inglehart/Rabier/Reif 1987.
662 Das Fehlen der Indifferenz-Kategorie hat zwar Auswirkungen auf die Anzahl der Antworten in der positiven und negativen Kategorie, nicht aber auf ihre Differenz. Vorausgesetzt wird dabei, dass alle diejenigen, die eigentlich keine Meinung haben, durch den Wegfall einer Indifferenz-Antwortvorgabe aber eine positive bzw. negative Antwort geben, sich zufällig bzw. gleichgewichtig auf die positive und negative Kategorie verteilen. Vgl. Oskar Niedermayer: „Bevölkerungsorientierungen gegenüber dem politischen System der Europäischen Gemeinschaft", in: Wildenmann, Rudolf (Hrsg.): Staatswerdung Europas? Optionen für eine Europäische Union, Baden-Baden 1991, S. 323.

0 gleicht sich der Anteil positiver und negativer Antworten aus.[663] Der Nettoindex ermöglicht eine vergleichende Analyse der beiden Indikatoren. Denn die Antwortvorgaben auf die „Membership"- und „Benefits"-Frage sind verschieden; die Anzahl der Antwortmöglichkeiten, die eine Neutralität oder Indifferenz ausdrücken, ist nicht identisch. Zweitens erlaubt der Nettoindex eine genauere und überzeugendere Interpretation der längerfristigen Trends als eine ausschließliche Betrachtung der positiven Bewertungen. Denn letztere birgt die Gefahr falscher Rückschlüsse: So suggeriert jeder Zuwachs an positiven Bewertungen eine Zunahme der Unterstützung der EU seitens der Bevölkerung. Dies muss aber nicht unbedingt der Fall sein, wenn sich bei entsprechender Reduzierung der indifferenten Aussagen gleichzeitig der Anteil der negativen Antworten erhöht hat. Ist die Zunahme der negativen Stimmen sogar höher als die der positiven Stimmen, ist von einer Verschlechterung der Stimmungslage in dem jeweiligen Land auszugehen. Der Nettoindex würde dies zeigen.[664] Es ist also Vorsicht geboten, wenn ausschließlich die positiven oder die negativen Bewertungen für Aussagen über die Entwicklung der öffentlichen Meinung herangezogen werden.

15.5 Kommunikationspolitik des Europäischen Parlaments

Auf der kommunikationspolitischen Bühne des Europäischen Parlaments tummelt sich eine Vielfalt an Akteuren. Die Unterscheidung kann grundsätzlich zwischen der individualisierten Kommunikationspolitik der Europaabgeordneten und Fraktionen sowie der institutionellen Kommunikationspolitik der Generaldirektion Kommunikation (GD COMM) und des EP-Präsidenten unterschieden werden. In seinem Grundkonzept orientiert sich die Kommunikationspolitik des EU-Parlaments an dem 2006 von der EU-Kommission veröffentlichten „Weißbuch über eine Europäische Kommunikationspolitik"[665] mit drei Schwerpunkten: Zuhören – Kommunizieren – Lokal handeln. Hiermit zeichnete sich erstmals eine Entwicklung weg von manipulativer EU-PR hin zu partizipativ und politikvermittelnden Kommunikationsstrategien ab. Das Präsidium des EP einigte sich im Juli 2011 auf eine eigene Kommunikationsstrategie, die den Fokus auf folgende Schwerpunkte legt:

– Hervorheben der wichtigen politischen Rolle: Das EP als transparente,[666] demokratisch legitimierte und die Interessen der Bürger vertretende Institution;

– Verbreitung und bessere Rezeption des Informationsangebotes der Abgeordneten durch die Kommunikationsdienste des EP und umgekehrt;

– Verbesserte Aufklärung der Bürger über die legislativen Prozesse und stärkere Einbindung der Bürger,

Es geht in der neuen Kommunikationsstrategie also in erster Linie darum, die politische Rolle des EP hervorzuheben, so dass sich die mit dem Inkrafttreten des Vertrags von Lissabon einhergehende Ausweitung der Parlamentsbefugnisse auch in der medialen Selbstdarstellung widerspiegelt und gleichzeitig ein besseres Informations-, Kommunikations- und Partizipationsangebot für die Bürgerinnen und Bürger implementiert wird, die durch das gezielte Reputati-

---

663 Vgl. Niedermayer, „Trends", S. 57.
664 Ebenda.
665 Europäische Kommission (2006): Weißbuch über eine Europäische Kommunikationspolitik, 1.2.2006, KOM(2006) 35 endg.
666 Darüber hinaus ist es die Insitution mit der transparentesten Arbeitsweise. Ein Großteil der Sitzungen sind öffentlich und meist auch via Webstream zu verfolgen. Tagesordnungen, und Sitzungsdokumente sind auf derm Website abrufbar.

onsmanagement umworben werden sollen. Dabei wird suggeriert, dass deren Interesse durch die Hervorhebung der Bedeutung des EP quasi automatisch geweckt werden kann.

15.5.1 Pressedienst

Den Kern der EP-Kommunikationsstrategie bildet die Bündelung von institutionellen und individuellen – d.h. von den 751 EU-Abgeordneten angebotenen – Kommunikationsdiensten.[667] Aufgabe der DG COMM ist es dabei, die Abgeordneten mit Instrumenten zu versorgen, mit denen sie ihre Standpunkte und Initiativen rascher kommunizieren können. Von zentraler Bedeutung ist der interne Pressedienst. Die im Rahmen des Pressedienstes tätigen Pressereferenten verfassen – politisch möglichst neutrale – Presseaussendungen, Newsflashes, Briefings und Informationsmaterial zu den laufenden Arbeiten in den parlamentarischen Gremien. Das Material ist über die Website des EP auch allen Bürgerinnen und Bürgern zugänglich. Darüber hinaus ist der Pressedienst den Journalisten auf Anfrage auch bei Recherchen behilflich.[668] Die für die Umsetzung der Kommunikation zuständige Generaldirektion für Kommunikation (GD COMM) besteht aus 730 Mitarbeitern (inkl. Informationsbüros) und verfügt über ein Jahresbudget von EUR 93 Mio. (Stand: 2012). Sie stellt die entsprechenden Plattformen zur Verfügung und sieht sich als Mittler in einem kooperativen Prozess zwischen EP als Institution, politischen Entscheidungsträgern, Bürgerschaft und Medien.

15.5.2 Nationale Informationsbüros

Das Europäische Parlament verfügt in jeder Hauptstadt der 28 Mitgliedstaaten über ein Informationsbüro. Daneben unterhält es in den großen Mitgliedstaaten (Deutschland, Großbritannien, Frankreich, Italien, Spanien und Polen) auch regionale Büros (München, Edinburgh, Strasbourg, Marseille, Mailand, Barcelona und Breslau). Die Informationsbüros sollen der Öffentlichkeit und den Medien die Arbeit des Parlaments näher bringen. Sie knüpfen außerdem Verbindungen zu nationalen und regionalen Behörden sowie Vertretern aus Gesellschaft und Wirtschaft und halten diese über die Entwicklungen im Parlament auf dem Laufenden. Sie beantworten Bürgeranfragen zum EP und der EU-Politik, helfen bei Recherchen, versorgen die Bürgerinnen und Bürger mit Informationen, Broschüren und Dossiers, organisieren Vorträge und Debatten zu aktuellen europäischen Themen, arbeiten eng mit Lehrern und akademischen Einrichtungen zusammen und stellen Lehrmittel zur Verfügung, etablieren Kontakte zu Berufsgruppen, Unternehmen und NGOs und pflegen eine EP-Subsite, die das Informationsangebot der zentralen Website um regionale und nationale Spezifika ergänzt.[669]

---

667 Auf der kommunikationspolitschen Bühne des Europäischen Parlaments tummelt sich eine Vielfalt an Akteuren. Unterschieden werden kann grundsätzlich zwischen der individualisierten Kommunikationspolitik der Europaabgeordneten und der institutionellen PR (z.B. Stabstellen, EuroparlTV, EP-Pressedienst) der EP-Verwaltung (GD COMM).

668 Das EP hat mit der Medienlogik bzw. den Selektionskriterien der Journalisten und ihrer mitgliedstaatlichen Redaktionen zu kämpfen. In der Brüsseler Realität ist diesbezüglich eine bizarre Entwicklung zu beobachten. Seit Jahren bauen die EU-Institutionen ihre Pressedienste aus. Gleichzeitig werden aber immer mehr Korrespondenten aus Brüssel abgezogen. Viele nationale Medien verzichten zunehmend auf den Einsatz „teurer" Journalisten vor Ort, wenn sich die Informationen auch kostenfrei per Download vom Schreibtisch aus abrufen lassen.

669 Die Informationsbüros organisieren in Eigenregie oder in Kooperation mit anderen Institutionen regelmäßig Veranstaltungen und laden Fachpublikationen, aber auch die breite Öffentlichkeit dazu ein. Zu nennen sind hierbei beispielsweise die so genannten Mittagsgespräche. Zu einem Mittagsgespräch lädt das Informationsbüro einen Europaabgeordneten ein, damit dieser von seiner Arbeit im Parlament berichtet und mit dem Publikum über aktuelle Themen diskutiert. Weiterhin veranstalten die Informationsbüros die so genannten Bürger-

Im Zuge einer verbesserten Strategie für die Online-Kommunikation der EP-Informationsbüros wurde den zum Teil erheblichen Unterschieden im Nutzerverhalten und in den Erwartungen an ein Online-Informations- und Kommunikationsangebot in den einzelnen Mitgliedstaaten Rechnung getragen. Im Rahmen der Aktion 14 „Bildung beständiger Netzwerke" sollen die EP-Informationsbüros themenspezifische Kommunikationspakete an zivilgesellschaftliche Gruppen weiterleiten, um den Multiplikatoreneffekt verstärkt zu nutzen. Jugendliche[670] gehören – spätestens seit der Europawahl 2009 – zur vorrangigen Zielgruppe der Aktivitäten der EP-Informationsbüros. Durch das regional- bzw. nationalspezifische Informationsangebot soll das Interesse an der Arbeit des EP gesteigert und dem Wunsch nach stärkerer Dezentralisierung als einem der Kernpunkte der neuen Kommunikationsstrategie Rechnung getragen werden. Umgekehrt dokumentieren die Presseaussendungen der Informationsbüros, die auf der zentralen EP-Website zur Verfügung gestellt werden, die jeweils nationale Perspektive. Durch die Möglichkeit, dass Europaabgeordnete über die Informationsbüros in regionalen oder lokalen Diskussionsforen in einen direkten Dialog mit den Bürgern eintreten können, erhofft sich das EP, mittel- bis langfristig einen Beitrag zum Entstehen einer EU-Öffentlichkeit leisten zu können.

Die Büros fungieren allerdings auch als Anlaufpunkt der Europaabgeordneten bei ihren Besuchen in den Hauptstädten. Analog zur Praxis „echter" diplomatischer Vertretungen organisieren die Informationsbüros daher auch umfangreiche Besuchs-, Veranstaltungs- und Gesprächsprogramme mit Vertretern der Regierungen und nationaler Parlamente. Schließlich erfüllen die Büros eine wichtige Rolle bei der Entsendung von Journalisten nach Straßburg, um über die Plenarsitzungen zu berichten. In zunehmendem Maße versuchen die Informationsbüros auch, Gruppen von jungen oder regional verankerten Journalisten zu Besuchen des EP einzuladen.

Das Informationsbüro in Berlin wurde 1994 als Außenstelle des 1978 in Bonn eröffneten deutschen Informationsbüros gegründet. Nach der deutschen Wiedervereinigung und mit dem Umzug des deutschen Regierungssitzes nach Berlin ist auch das Informationsbüro im Jahr 1999 endgültig nach Berlin gezogen und teilt sich die neuen Räumlichkeiten im „Europäischen Haus" mit der Kommission. Gemeinsam betreiben sie das Bürgerinformationsbüro - den so genannten Europa-Punkt. Das Informationsbüro in München ist eines von sechs regionalen Informationsbüros, die in den großen EU-Mitgliedstaaten neben den Hauptstadtbüros betrieben werden. Das Münchener Büro eröffnete im Jahr 2000 und ist für die Kommunikation des EP in Süddeutschland zuständig. Das Informationsbüro gibt so Publikationen mit regionalem Bezug heraus. Dies geschieht in Kooperation mit der Regionalvertretung der Europäischen Kommission, die ebenso in München vertreten ist. Das von der Generaldirektion Information und Öffentlichkeitsarbeit (nunmehr GD KOMM) 1995 in Wien eingerichtete und 1996 formell eröffnete *„Informationsbüro des Europäischen Parlaments für Österreich"* beschäftigt 8 Mitarbeiter und einen Praktikanten. Aufgrund der limitieren Finanzmittel – das Informationsbudget 2013 belief sich auf EUR 220 200 – ist es auf Kooperationen vor Ort angewiesen. Besonders eng ist die Zusammenarbeit mit der österreichischen Vertretung der Europäischen Kommissi-

---

foren. Bei der unter dem Titel Mitreden über Europa organisierten Veranstaltungsreihe sind Bürger dazu eingeladen, vor Ort mit MdEP (z.B. „EP-Berichterstatter im Dialog") wie Experten zu einem bestimmten Themenschwerpunkt über Europa zu diskutieren und in Dialog zu treten.

670 Im Anschluss an die Wahlen zum Europäische Parlament 2009 wurde die jungen EU-Bürger zur prioritären Zielgruppe erklärt, da der Anteil der Nichtwähler unter ihnen besonders hoch war. Die Zielgruppe Jugendliche kann natürlich noch in Untergruppen, wie z.B. Schüler, Erstwähler, Studenten und junge Arbeitnehmer unterteilt werden. Aktion 21 der Kommunikationsstrategie versucht mit einer speziellen Europarl-Website für Kinder die jüngsten EU-Bürger zu erreichen.

on. Seit Juli 2009 sind beide Vertretungen im Haus der Europäischen Union in der Wiener Wipplinger Straße untergebracht. 2013 verzeichnete das Wiener EP-Infobüro knapp 11 000 Besucher und weitere 43 000 auf Messen, an Informationsständen und auf Veranstaltungen außerhalb des Hauses der EU. Die Anzahl der Fans auf Facebook konnte 2013 von ca. 4 700 auf ca. 6 700 erhöht werden. Seit März 2013 verfügt das Informationsbüro über einen eigenen Twitter-Account.

15.5.3 EuroparlTV und Social Media

EuroparlTV – seit 30.1.2008 der offizielle Internet-TV-Sender des EP – bietet Live-Übertragungen von Parlaments- und Ausschusssitzungen, Nachrichten- und Diskussionssendungen, Kurzreportagen sowie Lehrvideos. Angesprochen werden soll damit – u.a. auf einem eigenen Kanal – auch ausdrücklich ein junges Publikum. Das Programm wird zum Teil als Voice-over, zum Teil mit Untertiteln in 24 Sprachen angeboten. EuroparlTV besteht aus drei verschiedenen Kanälen, die sich an unterschiedliche Zielgruppen wenden:

– *„Parlamentsnachrichten"* bietet Berichterstattung über Live-Veranstaltungen des Parlaments, insbesondere Debatten und Interviews;

– *„Junges Parlament"* richtet sich vorrangig an Kinder und Jugendliche in ihrer Eigenschaft als künftige Wähler;

– *„Das Parlament entdecken"* wendet sich an Zuschauer mit einem speziellen Interesse an EU-Politik, z.B. sachkundige Bürger, Verbände, Sozialpartner, Lobbyisten, Akademiker sowie Mitarbeiter der Institutionen.

In einer groß angelegten Marketing-Kampagne bewarb das EP seinen Sender EuroparlTV in den Medien und Universitäten. Tatsächlich konnten respektable Zuwachsraten verzeichnet werden. So unterhält EuroparlTV mittlerweile[671] 193 Partnerschaften mit Fernsehsendern, Websites, Agenturen und Universitäten. Im Schnitt hatte die Website im Jahr 2014 allerdings nur etwa 53 100 Besucher pro Monat (+25 % im Vergleich zu 2012). Ein Plus von 181 % konnte bei der Zahl der monatlich gesehenen Videos erzielt werden. In absoluten Zahlen sind das rund 130 816 pro Monat. Das EP unterhält auch eine „Audiovisual Library", deren Inhalte immer wieder per Mail angeboten werden. Auch das Live-Streaming der öffentlichen Ratssitzungen ist mittlerweile über EuroparlTV verfügbar.

EuroparlTV war in seiner Entstehungsphase heftig umstritten, da die Frage, wer über die Inhalte bestimmen sollte, zu heftigen Auseinandersetzungen zwischen den Fraktionen führte. Mit der Einrichtung eines „Advisory Board", dem Vertreter aller politischen Familien angehören, konnte ein Minimalkompromiss erzielt werden. Das Board diskutiert in regelmäßigen Sitzungen die Effektivität des WebTV-Teams und Perspektiven für künftige Sendeformate. Die Befugnisse dieses Gremiums gehen auf einen Beschluss der Konferenz der Präsidenten und eine Redaktionscharta zurück: Grundsätzlich werden die Entscheidungen im Konsens gefällt; im Konfliktfall entscheidet das Präsidium des EP. Eine „Editorial Charter", die von allen politischen Familien als verbindlich akzeptiert wird, gilt hierbei als Richtschnur der Konfliktaustragung. Aufgrund der hohen Kosten bei relativ geringen Besucherzahlen regte sich in den letzten Jahren regelmäßig Widerstand gegen EuroparlTV. Dank der relativ positiven Zuwachsraten und auch in Hinblick auf die Wahlen im Jahr 2014 fiel aber der Vorschlag, den Sender komplett einzustellen, nicht auf fruchtbaren Boden. Im Gegenzug kürzte das EP aber den Etat von

---

671 Stand November 2013.

EUR 8,5 Mio. (2010) auf EUR 7 Mio. für das Jahr 2013. Zwei Drittel aller Kosten entstehen dabei allein durch die Mehr- bzw. Vielsprachigkeit des Angebots. Da hiervon keiner der entscheidungsberechtigten Akteure abrücken will, fallen die Einsparungen ausschließlich zu Lasten der Produktionskosten.

Eine intensivere Kommunikation mit den Bürgern mittels eines dezentralisierten Systems ist die Kernphilosophie der aktualisierten Kommunikationsstrategie des Parlaments. Mit einem Aktionsplan sollte ein proaktiver, fortschreitender Dialog zwischen dem EP und den Bürgern in Gang gesetzt werden. Das EP will dort sein, wo Kommunikation stattfindet. Umgekehrt sollen die Bürger an die Orte der Entscheidungsfindung gebracht werden. Die Instrumente des Internets bieten dabei eine zentrale Möglichkeit, um beide Akteurskreise einander anzunähern. Die Zielgruppen der Kommunikationsstrategie sind die breite Bevölkerung, die Zivilgesellschaft und die Jugend. Statistiken zeigen, dass z.B. Fans und Freunde des EP auf Facebook zum Großteil der Altersgruppe zwischen 18 und 34 Jahren angehören.[672] Die Web 2.0 Tools sind somit Kernelmente der neuen Kommunikationsstrategie des EP, da sich die Charakteristika von Sozialen Medien mit den Kriterien demokratischer politischer Öffentlichkeitsarbeit – Zugangsoffenheit, Partizipation, Pluralität und Interaktivität – decken. Allein durch die Verknüpfung der Facebook- und Twitter-Accounts des EP mit denen der EU-Abgeordneten ergeben sich beeindruckende Synergie- und Multiplikatoreneffekte.

Hinter UNICEF (4,9 Mio. Likes) und dem Weißen Haus in Washington (3,1 Mio. Likes) rangiert das Europäische Parlament mit aktuell 1,6 Mio. Likes (Stand November 2014) an dritter Stelle im Ranking der beliebtesten Institutionen auf Facebook. Die meisten „Fans" kommen aus Italien, gefolgt von Rumänien, Spanien und Großbritannien. Doch auch außerhalb der EU – wie z.B. in Pakistan, Brasilien und Tunesien – hat die Seite mittlerweile eine Fangemeinde. Das EP hat offensichtlich auf Facebook eine perfekte Plattform gefunden, um nicht nur seine Inhalte zu kommunizieren, sondern auch mit vielen Bürgern in eine breit akzeptierte Form des – kurzatmigen – Dialogs zu treten. In einer einzigen Woche kann die Seite des EP rund eine halbe Million Besucher zählen, die Beiträge „*liken*", teilen, kommentieren bzw. einfach Posts anklicken und lesen. Durch die Verknüpfung der Seite mit den Netzen der Abgeordneten und Fraktionen sowie mit Freunden der „Follower" entsteht ein Netzwerk von geschätzten 130 Mio. Menschen!

Um das Informationsangebot der unterschiedlichen Akteure (Abgeordnete, Fraktionen, Parlamentspräsident, Pressedienst, Informationsbüros in den Mitgliedstaaten) zusammenzuführen und es auch den Bürgern zur Verfügung zu stellen, die die sozialen Netzwerke nicht nutzen, wurde Anfang Juli 2012 der sogenannte *Newshub* eingerichtet. In Echtzeit – und somit natürlich ohne vorherige redaktionelle Bearbeitung – werden neue Posts auf Facebook, Flickr, Instagram, Tumblr, RSS-Feeds, Youtube-Videos, Einträge auf den persönlichen Websites oder Blogs, aber mittlerweile vor allem Tweets angezeigt. Die Meldungen verbleiben für jeweils fünf Tage im System und können chronologisch, nach Thema, Sprache oder Verfasser (alphabetisch, nach Herkunftsland oder politischer Familie geordnet) gefiltert werden. Die Zahl der Beiträge zu einzelnen Themen wird statistisch erfasst. Die am häufigsten verwendeten Begriffe werden automatisch als „Topics" zusammengefasst und dann in einer Liste der am meisten

---

672 Die in diesem Abschnitt verwendeten statistischen Daten wurden am 21. September 2012 auf persönliche Anfrage von den für Kommunikation zuständigen Vize-Präsidenten des EP Anni Podimata und Othar Karas zur Verfügung gestellt.

diskutierten Themen dargestellt. Innerhalb von fünf Tagen aggregiert der Newshub rund 10 000 Beiträge.

15.6 Besucherdienst

Das Europäische Parlament versucht die Bürgerinnen und Bürger auch dadurch für sich zu gewinnen, indem es der breiten Öffentlichkeit die Gelegenheit gibt, seine Tätigkeiten hautnah kennen zu lernen. So besteht die Möglichkeit, an einer geführten EP-Besichtigung, an einer Plenartagung sowie einer Ausschuss- oder Fraktionssitzung teilzunehmen oder einen Abgeordneten zum Gespräch zu treffen. Die Abgeordneten sind laut GOEP dazu berechtigt, Besuchergruppen[673] nach Brüssel, Straßburg oder Luxemburg[674] einzuladen. Jeder Abgeordnete kann auf Kosten des EP maximal 110 Personen pro Jahr einladen und für sie einen Zuschuss (Reisekosten für eine Bahnfahrt 2. Klasse vom Wohnort an einen der Arbeitsorte des EP und Verpflegungszuschuss) beantragen. In einem Wahljahr sind die Einladungen anteilig folgendermaßen aufzuteilen: höchstens 55 Besucher im ersten Halbjahr und höchstens 55 Besucher im zweiten Halbjahr. Wiedergewählte Mitglieder können die ihnen noch verbleibenden Einladungen auf das zweite Halbjahr übertragen. Jede Besuchergruppe muss mindestens 10 Besucher umfassen. Die Höchstzahl der Teilnehmer richtet sich nach den vorhandenen Kapazitäten. MdEP können bis zu fünf bezuschusste Gruppen pro Jahr einladen.[675] Im Rahmen dieses privilegierten Besucherprogramms besuchen jährlich rund 400 000 Personen das EP. Im Jahr 2012 wurden dabei EUR 23 Mio. (EUR 19,3 Mio. 2010, EUR 21,3 Mio. 2011) an die Besucher des Europäischen Parlaments „ausgeschüttet".

Seit dem 14. Oktober 2011 verfügt das EP über ein Besucherzentrum, das Parlamentarium. Seit der Eröffnung konnten bislang (Stand Februar 2015) 1,02 Mio. Besucher gezählt werden. Beim Parlamentarium handelt sich um eine Art lebendiges Museum; es gilt als erste und bislang einzige Dauerausstellung der Welt, deren Nutzung in 24 Sprachen und vier Gebärdensprachen möglich ist. 700 mit Apps ausgestattete iPods kommen hierbei zum Einsatz. Jedem Besucher wird leihweise ein Multimedia-Guide zur Verfügung gestellt, der für den Besuch des Parlamentariums notwendig ist. So können Besucher z.B. in einem Raum mit 360°-Videoscreen virtuell den Platz eines Europaabgeordneten einnehmen und an einer Abstimmung teilnehmen. Von der Möglichkeit, im Rahmen eines für Jugendliche ab 14 Jahren konzipierten Rollenspiels in Gruppen von 16 bis 32 Teilnehmern in die Haut der MdEP zu schlüpfen, haben bislang rund 24 000 junge Menschen Gebrauch gemacht und dabei das Angebot der Durchführung in allen Amtssprachen (mit Ausnahme von Gälisch und Kroatisch – beide Versionen sind noch in Entwicklung) genutzt.

---

673 Regelung über den Empfang von Besuchergruppen und die Programme EUROSCOLA, EUROMED-SCOLA und EURONEST-SCOLA, Beschluss des Präsidiums vom 16. Dezember 2002. Konsolidiert am 3. Mai 2004, vom Präsidium am 3. Juli 2006, 10. Oktober 2007, 7. Juli 2008, 2. Februar 2011, 30. November 2011 und 26. Februar 2013 geändert.

674 So sollen die Gebäude des Europäischen Parlaments in Luxemburg in thematische Stadtführungen einbezogen werden: Präsentation der historischen und architektonischen Bedeutung durch Ausstellungen oder Faltblätter.

675 Anträge für Besuche der Plenartagungen in Brüssel sollten aufgrund der beschränkten Kapazitäten an Sitzungssälen und Tribünenplätzen auf einen Besuch pro Jahr begrenzt werden. Der Plenarbesuch dauert höchstens drei Stunden und umfasst eine Einführung über Aufbau und Arbeitsweise des EP durch den Besucherdienst, einen Vortrag von mindestens einem Abgeordneten und einem Besuch der Tribüne des Plenarsaals. Für alle privaten Besuchergruppen, die Abgeordnete über die offiziellen Gruppen hinaus einladen, sind diese selbst verantwortlich.

Euroscola ist ein im Jahr 1990 ins Leben gerufenes Projekt des Europäischen Parlaments,[676] das Schülerinnen und Schülern im Alter zwischen 16 und 18 die Möglichkeit gibt, für einen Tag in die Rolle eines Europaabgeordneten zu schlüpfen und die parlamentarischen Tätigkeiten zu simulieren. Das EP will damit Einblick in die Entscheidungsprozesse der EU gewähren, die Schüler für die sprachliche und kulturelle Vielfalt begeistern und so die Entstehung eines europäischen Bewusstseins fördern. Pro Jahr finden im Schnitt 20 Euroscola-Sitzungen in Straßburg statt, an denen insgesamt rund 10 000 Schüler aus allen EU-Mitgliedstaaten teilnehmen. Die Auswahl der Teilnehmer erfolgt auf nationaler Ebene im Rahmen eines Wettbewerbs für Schulen, den die Informationsbüros des EP in den Mitgliedstaaten organisieren. Aus den ca. 150 000 weiterführenden Schulen in Europa beteiligen sich jedes Jahr rund 40 000 Klassen an diesem Wettbewerb. Aus diesen 40 000 Klassen werden dann 10 000 Schüler (500 Schüler pro Euroscola-Sitzung) ausgewählt, die – begleitet von zwei Lehrern pro Klasse – nach Straßburg eingeladen werden.

Teilnehmen können auch Schulen aus Kandidatenländern. Das Informationsbüro des Europäischen Parlaments in Straßburg prüft deren Bewerbungen. Ergänzend zu diesem Projekt gibt es auch die Programme EUROMED-Scola und EURONEST-Scola, an denen Schülern der gleichen Altersklasse aus den EU-Mitgliedstaaten sowie den 10 Partnerländern des Barcelona-Prozesses[677] bzw. den sechs Ländern der Östlichen Partnerschaft[678] teilnehmen können. Ziele dieses Programms sind die Förderung des gegenseitigen Verständnisses durch interkulturellen Dialog, die Achtung von Menschenrechten und Grundfreiheiten und die friedliche Konfliktbeilegung.

Für Okt./Nov. 2015 ist die Eröffnung des „Hauses der Europäischen Geschichte" geplant, welches auf eine Idee des ehemaligen EP-Präsidenten Hans-Gert Pöttering zurückgeht. Er wollte einen „Ort der Geschichte und der Zukunft, an dem das Konzept der Europäischen Idee weiterwachsen soll". Neben der Wissensvermittlung über die europäischen Geschichte und den europäischen Integrationsprozess soll es eine offene Plattform für Diskussion und Reflexion sowie eine Schnittstelle für Institutionen und Netzwerke sein, die sich mit europäischer Geschichte befassen.

Fact-Box: Haus der Europäischen Geschichte

Im Juni 2009 beschließt das EP, das Eastman-Gebäude im Parc Léopold um die Hälfte zu vergrößern, um dort das Haus der Europäischen Geschichte unterzubringen (Kosten rund 56 Mio. EUR).[679] Die Bauarbeiten dafür beginnen 2012. Neben den üblichen Ausstellungsflächen beherbergt das neue Museum auch ein Café samt Terrasse für rund 100 Personen. Das Eastman-Gebäude beherbergte Büros des EP und war lange Zeit der zentrale Ort für die Schuman-Praktikanten des EP. Ursprünglich war es eine Zahnklinik für arme Kinder, die der Gründer von Kodak, George Eastman, gestiftet hatte.

---

676 Details zur Durchführung des Programms Euroscola in: Regelung über den Empfang von Besuchergruppen und die Programme Euroscola, EUROMED-Scola und EURONEST-Scola, Beschluss des Präsidiums vom 16. Dezember 2002, PE422.557/BUR.

677 Algerien, Ägypten, Marokko, Israel, Jordanien, Libanon, Palästinensische Behörde, Syrien, Tunesien, Türkei.

678 Armenien, Aserbaidschan, Belarus, Georgien, Moldau, Ukraine.

679 Entwicklungsphase 2011 bis 2015: EUR 31 Mio. für die Renovierung und Erweiterung des Gebäudes, EUR 21,4 Mio. für die Dauerausstellung und die ersten Wechselausstellungen (EUR 15,4 Mio. für die Umgestaltung der Ausstellungsflächen und anderer Flächen, EUR 6 Mio. für Mehrsprachigkeit), EUR 3,75 Mio. für den Aufbau der Sammlung.

16 Systemgestaltungsfunktionen und Perspektiven

Als „Herren der Verträge"[680] ändern die Mitgliedstaaten das europäische Primärrecht nach vertraglich vorgezeichneten Verfahren. Reformen der funktionalen Reichweite, der Institutionen und verfahrensrechtlichen Grundlagen der EU sind dabei in erster Linie Gegenstand intergouvernementaler Verhandlungen, die in die Änderung der Verträge münden. Derartige Vertragsrevisionen wurden – nach dem Vertrag über die Fusion der Organe der drei Europäischen Gemeinschaften vom April 1965 – fünfmal durchgeführt: 1985 bis 1987 durch die Einheitliche Europäische Akte (EEA), 1991 bis 1993 durch den Vertrag von Maastricht, 1995 bis 1999 durch den Vertrag von Amsterdam, 1999 bis 2000 durch den Vertrag von Nizza, 2002 bis 2004 durch das zweistufige Verfahren aus Konvent und Regierungskonferenz zum Vertrag über eine Verfassung für Europa und 2004 bis 2009 durch den Lissabonner Vertrag. Das EP hat in dieser gut 25-jährigen Reformkaskade mit zahlreichen Initiativen versucht, für seine Vorstellungen über die Systemgestaltung und dessen Fortentwicklung zu werben.[681]

Das Parlament übt Systemgestaltungsfunktionen als systemprägender und vertragsgestaltender Akteur im Rahmen der „parakonstitutionellen", „unterverfassungsrechtlichen" Weiterentwicklung des EU-Systems aus.[682] Hierunter fallen nicht alleine vertragsändernde Regierungskonferenzen, sondern auch solche Maßnahmen der EU, die mittelbar eine Änderung der vertraglich gesetzten Grundlagen mit sich bringen. So generieren Neuaufnahmen eines Staates zur EU immer auch Veränderungen im institutionellen Gefüge der Unionsorgane. EU-Beitritte unterliegen einem Zustimmungsvorbehalt des EP. Die Europaabgeordneten haben aus dieser Notwendigkeit eine Strategie entwickelt, bei der sie ihre Zustimmung von Zugeständnissen der Mitgliedstaaten zugunsten der institutionellen Position des EP abhängig gemacht haben. Die Fortentwicklung des politischen Systems der Union vollzieht sich gleichwohl in erster Linie auf der Ebene der Vertragsänderungsverfahren nach Art. 48 des EU-Vertrags.

Der Systemwandel der EU ist aber nicht ausschließlich Gegenstand der unmittelbaren Vertragsänderungen oder der durch Beitritte mittelbar erzwungenen Vertragsanpassungen, die auf Sitzungen des Europäischen Rats ihren Abschluss finden, bevor ihr Ergebnis die hohe Hürde der Ratifizierung überstehen muss. Zwischen den „Gipfeln" der Zusammenkünfte der Staats- und Regierungschefs schließt das EP regelmäßig – in den „Tälern" der Vertragsumsetzung – „Interinstitutionelle Abkommen" (IIA) bzw. Vereinbarungen (IIV) mit den anderen Unionsorganen ab, die in zum Teil bedeutenden Änderungen des interinstitutionellen und verfahrensmäßigen Gefüges der EU resultieren.[683]

---

680 BVerfGE 89, 2 BvR 2134, 2159/92, 370 f. (Maastricht Urteil); bestätigt durch: BVerfG, 2 BvR 2661/06 (Lissabon-Urteil), 6.7.2010, Abs. 57 und 97.

681 Vgl. Schwarze, Jürgen: „Verfassungsentwicklung in der Europäischen Gemeinschaft. Formen und Verfahren", in: Schwarze, Jürgen/Bieber, Roland (Hrsg.): Eine Verfassung für Europa, Baden-Baden 1984, S. 15-48; und für die Einordnung von IIV als Form der Verfassungsentwicklung Bieber, Roland: „Verfassungsentwicklung in der Europäischen Gemeinschaft. Formen und Verfahren", in: Schwarze/Bieber, Ebenda, S. 49-61.

682 Vgl. Maurer, Andreas/Wessels, Wolfgang: Das Europäische Parlament nach Amsterdam und Nizza: Akteur, Arena oder Alibi?, Baden-Baden 2003, S. 46ff.

683 Vgl. Schwarze, Jürgen: „Möglichkeiten und Grenzen interinstitutioneller Vereinbarungen nach Maastricht", in: Europarecht, Beiheft 2/1995, S. 49-67; Tournepiche, Anne-Marie: Les accords interinstitutionnels, Bordeaux: Univ. Diss. 2000; Bobbert, Christian: Interinstitutionelle Vereinbarungen im Europäischen Gemeinschaftsrecht, Frankfurt/Main 2001; Godet, Romain: Accords interinstitutionnels et équilibre institutionnel dans la Communauté Européenne, Paris: Univ. Diss. 2001; von Alemann, Florian: Die Handlungsform der interinstitutionellen Vereinbarung. Eine Untersuchung des Interorganverhältnisses der europäischen Verfassung, Berlin 2006.

Mit der ständigen Einsetzung eines Ausschusses für institutionelle bzw. – seit 2004 – für konstitutionelle Fragen unterstreicht das Parlament auch organisatorisch seinen Anspruch auf eine kontinuierliche Auseinandersetzung mit Fragen der Systemgestaltung. Ausgangspunkt der Ambitionen des EP zur primärrechtsorientierten Fortentwicklung des politischen Systems der EU bildeten die Forderungen nach seiner Direktwahl. Die „Crocodile Initiative" kulminierte 1984 in der Vorlage des „Spinelli-Entwurfs" für einen „Vertrag der Europäischen Union", auf den mittlerweile realisierte Reformen wie das Mitentscheidungsverfahren bzw. das OGV, die Querschnittsklausel zur Umweltpolitik und Nachhaltigkeit oder das Subsidiaritätsprinzip zurückgehen. In den weiteren Reformetappen hat sich das Parlament schrittweise die – in den Verträgen bis 2009 nicht vorgesehene – Befugnis zur Teilnahme an Regierungskonferenzen und den diesen vorgeschalteten Beratungen erkämpft und dabei nachhaltigen Einfluss auf die Reformentscheidungen genommen.[684]

Regierungskonferenzen zur Primärrechtsrevision sind formal intergouvernementale Verhandlungen. Akteure sind in der Regel hochrangige Beamte der Mitgliedstaaten, die Außenminister und die europäischen Staats- und Regierungschefs.[685] Gleichwohl haben sowohl die Kommission und das EP an diesen Verhandlungen unter bestimmten Restriktionen Einfluss nehmen können.[686] Das EP unternahm mit seinem im Februar 1984 beschlossenen „Entwurf eines Vertrages zur Gründung der Europäischen Union" einen ersten, weitreichenden Reformvorstoß. Die nach ihrem Berichterstatter Altiero Spinelli benannte Initiative sah eine erhebliche Ausweitung der Kompetenzen des EP vor, das gleichberechtigt als zweite Kammer neben dem Rat an der Gesetzgebung mitwirken sollte. Vor dem Hintergrund des Spinelli-Entwurfs sah sich der Europäische Rat veranlasst, im Juni 1984 einen Ad-hoc-Ausschuss für institutionelle Fragen einzusetzen. Dieser legte im Juni 1985 einen Bericht vor, in dem ein echtes Mitentscheidungsrecht für das EP und die generelle Einführung von qualifizierten Mehrheitsabstimmungen im Rat vorgeschlagen wurde. Nach zähen Verhandlungen im Rahmen der sich anschließenden Regierungskonferenz gingen die Vorschläge des Ausschusses – zusammen mit dem von der Kommission 1985 vorgelegten Weißbuch zur Vollendung des Binnenmarktes – in die 1986 unterzeichnete Einheitliche Europäische Akte (EEA) ein. Auch wenn die Verhandlungen über die EEA eine formale Beteiligung des EP ausschlossen, war der Kreis derjenigen, die die Verhandlungen im Rahmen des vorbereitenden Ausschusses führten, erkennbar „parlamentarisch" unterwandert: So nahmen der ehemalige Vorsitzende des Institutionellen Ausschusses des EP, Ferri, als Vertreter des italienischen Ministerpräsidenten sowie zwei Europaabgeordnete als Vertreter des belgischen und des griechischen Regierungschefs an den Verhandlungen teil.[687]

Auch von der Regierungskonferenz zum Maastrichter Vertrag war das EP förmlich ausgeschlossen; es konnte aber mit Unterstützung der nationalen Parlamente Italiens und Belgiens

684   Vgl. Große Hüttmann, Martin: „Vom abstrakten zum konkreten Systemgestalter. Die Rolle des Europäischen Parlaments in den Regierungskonferenzen bis Nizza", in: Maurer/Nickel 2005, S. 35-46; Basedahl, Nina: Einflußnahme bei begrenzter Partizipation: Die Beteiligung des Europäischen Parlaments an der Regierungskonferenz 1996/7, Baden-Baden 2000.

685   Vgl. Moravcsik, Andrew: „Preferences and Power in the European Community, A Liberal Intergovernmentalist Approach", in: Journal of Common Market Studies, Vol. 31, Nr. 4/1993, S. 473-524, hier S. 473; Moravcsik, Andrew: „Liberal Intergovernmentalism and Integration: A Rejoinder", in: Journal of Common Market Studies, Vol. 33, Nr. 4/1995, S. 611-628; Moravcsik, Andrew/Nicolaïdis, Kalypso: „Explaining the Treaty of Amsterdam: Interest, Influence, Institutions", in: Journal of Common Market Studies, Vol. 37, Nr. 1/1999, S. 59-85.

686   Vgl. Christiansen, Thomas: „Theorizing EU Treaty Reform: beyond diplomacy and bargaining", in: Journal of European Public Policy, Vol. 9, Nr. 1/2002, S. 12-33; Basedahl 2000; Große Hüttmann 2005.

687   Vgl. Corbett, Richard: The European Parliament's role in closer EU integration, London 1998, S. 180f.

für seine Reformziele werben. Denn diese machten ihren Ratifikationsbeschluss von der Bewertung des Vertragstextes durch das EP abhängig. Erst im Rahmen der Amsterdamer Regierungskonferenz setzte das EP die direkte Einbeziehung zweier Delegierter, Elmar Brok für die EVP und Elisabeth Guigou für die SPE/S&D, als Beobachter durch, die der Europäische Rat 1994 zunächst nur für die Beratungen der vorgeschalteten „Reflexionsgruppe" vorsah. Aufgrund der mit Maastricht sanktionierten, neuen politikgestalterischen Rechte und der hieraus resultierenden Vetomacht im Mitentscheidungs- und Zustimmungsverfahren – die Mitgliedstaaten waren auf die Unterstützung des EP zum Zollunionsabkommen mit der Türkei angewiesen – konnte das EP erfolgreich die Mitwirkung seiner Delegierten an der Regierungskonferenz einfordern. Parallel hierzu mandatierte das EP zwei Berichterstatter, David Martin (SPE/S&D) und Jean-Louis Bourlanges (EVP), mit der Aufgabe, die Regierungskonferenz zu verfolgen und ihre Ergebnisse zu bewerten. Und schließlich richtete der Generalsekretär des EP eine Task Force zur Regierungskonferenz ein, die den Abgeordneten in allen Stadien der Verhandlungen Analysen und Strategiepapiere zu den Reformfragen vorlegte und die mitgliedstaatlichen Delegationen mit entsprechenden Parlamentsagenden versorgte. Aufgrund der allgemein positiven Erfahrungen, die die Mitgliedstaaten mit der direkten Beteiligung von EP-Delegierten bei den Verhandlungen gemacht hatten, konnte das Amsterdamer Mitwirkungsmodell auch in der anschließenden Regierungskonferenz zum Vertrag von Nizza durchgesetzt werden. Das EP konzentrierte seine Systemgestaltungsfunktion dabei nicht alleine auf die Begleitung der Regierungskonferenz, sondern auch auf die unmittelbare Mitwirkung am Grundrechtekonvent sowie die Reform der internen Parlamentsorganisation im Hinblick auf die neu errungenen Rechte aus dem Amsterdamer Vertrag. Das EP legte besonderen Nachdruck auf die Notwendigkeit, bereits vor der Erweiterung um die Staaten Mittel- und Osteuropas sowie Slowenien, Zypern und Malta die aus seiner Sicht notwendigen „Amsterdam Left-overs" zu lösen.

Nach Abschluss der Beratungen im Konstitutionellen Ausschuss stimmte das Parlament am 31. Mai 2001 über die Vertragsbewertung ab. Hierbei stellte es fest, dass der Vertrag von Nizza den mit Maastricht begonnenen Prozess zur Schaffung einer politischen Union nicht zum Abschluss gebracht habe. Zur Lösung der identifizierten Defizite und Lücken setzten sich die Abgeordneten für ein Verfahren nach dem Muster und der Mandatsaufteilung des Grundrechtekonvents ein. Das EP forderte daher „die Einsetzung eines Konvents, gebildet aus Mitgliedern der nationalen Parlamente, des Europäischen Parlaments, der Kommission und der Regierungen, mit dem Auftrag, der Regierungskonferenz einen verfassungsrechtlichen Vorschlag zu unterbreiten, der auf den Ergebnissen der öffentlichen Debatte beruht und die Grundlage für die Tätigkeiten der Regierungskonferenz bilden muss".[688] Dieser neue Konvent sollte einer anschließenden Regierungskonferenz den Entwurf für eine Verfassung unterbreiten. Seine Vorstellungen hinsichtlich der Einberufung und der Aufgaben eines neuerlichen Konvents beriet das EP dabei erstmals auch mit Vertretern der nationalen Parlamente und hierbei vor allem im Rahmen der Konferenz der für EU-Angelegenheiten zuständigen Ausschüsse – COSAC.[689]

Der Konvent nahm seine Arbeit im März 2002 auf. Neben den für sich genommen bereits gewaltigen Einzelaufträgen diente die erneute Erprobung des spezifischen Beratungs- und Entscheidungsmodus eines vergleichsweise parlamentarischen, öffentlich tagenden und Öffentlich-

---

688 Europäisches Parlament (2001): Entschließung zum Vertrag von Nizza und zur Zukunft der Europäischen Union (2001/2022 INI), Art. 39.
689 Vgl. Maurer, Andreas: „Der Europäische Konvent: Ein Modell deliberativer Demokratie?", in: Integration, Vol. 26, Nr. 2/2003, S. 130-142.

keit generierenden Forums selbst als wichtigstes Ziel des EP. Aus dem argumentativen Bemühen aller Beteiligten um kollektiv akzeptierbare Problem- oder Konfliktlösungen sollte eine transnationale öffentliche Debatte entstehen, um den Verlauf und das Ergebnis des Konvents einer breiteren Öffentlichkeit zuzuführen als dies bei den vergangenen Regierungskonferenzen der Fall war. Tatsächlich wurde die Arbeit des Verfassungskonvents innerhalb wie außerhalb des EP nicht nur an seinen substantiellen Ergebnissen gemessen. Sowohl aus der Sicht einer normativen demokratietheoretischen Konzeption der EU[690] als auch aus der Perspektive der Mitglieder, Beobachter und interessierten Adressaten des Konvents bestand ein elementarer Zusammenhang zwischen Demokratie, Öffentlichkeit und Legitimität:[691] Die Legitimität des Konvents speiste sich daher eben nicht nur aus der Zustimmungswürdigkeit oder „rationalen Akzeptierbarkeit" seines Ergebnisses, sondern gerade auch aus der demokratischen und öffentlichen Prozedur seines Verfahrens. Innerhalb des Konvents entwickelten die 32 EP-Vertreter die Funktion des kollektiven Ideen- und Stichwortgebers. Dessen als Plenarentschließungen verabschiedete Beiträge für den Konvent – zur Rechtspersönlichkeit der EU[692], zur Rolle der nationalen Parlamente in der EU[693], zur Kompetenzordnung[694] sowie zur Hierarchie der Normen[695] – wurden als maßgebliche Referenzwerte für die diesbezüglichen Arbeiten in den Konventsarbeitsgruppen sowie in den nachfolgenden Plenarsitzungen herangezogen. Selbst die in der medial inszenierten Öffentlichkeit unmittelbar mit dem Konvent verknüpften Impulse der Staats- und Regierungschefs zitierten die Konventsbeiträge seltener als die Entschließungen des EP.[696] Faktisch erweiterte sich damit der Kreis der am Konvent mittelbar beteiligten Europaabgeordneten um dessen Ausschuss für Konstitutionelle Angelegenheiten – jedenfalls genossen die Beiträge aus dem EP offenbar eine vergleichbar große Autorität wie diejenigen aus dem Konventspräsidium und dessen Sekretariat.[697] Der relative Autoritätsgewinn der Europaabgeordneten im Konvent gründete dabei auch in strukturellen Vorteilen ihrer Mitgliedschaft im Konvent: Denn anders als die Vertreter der nationalen Parlamente und der Staats- und Regierungschefs arbeiten die Europaabgeordneten ständig in einer gemeinsamen, mit personellen und finanziellen Ressourcen ausgestatteten Institution. Außerdem ist ihre große Mehrheit an

---

690 Vgl. Schmalz-Bruns, Rainer: „Deliberativer Supranationalismus. Demokratisches Regieren jenseits des Nationalstaats", in: Zeitschrift für internationale Beziehungen, Vol. 6, Nr. 2/1999, S. 185-244; Joerges, Christian: „Transnationale deliberative Demokratie oder deliberativer Supranationalismus?", in: Zeitschrift für Internationale Beziehungen, Vol. 7, Nr. 1/2000, S. 145-163; Benhabib, Seyla: „Towards a Deliberative Model of Democratic Legitimacy", in: Diess. (Hrsg.): Democracy and Difference. Contesting the Boundaries of the Political, Princeton University Press 1996, S. 67-94.

691 Vgl. Maurer, Andreas: „Less Bargaining – More Deliberation: The Convention Method for Enhancing EU Democracy", in: Internationale Politik und Gesellschaft, Nr. 1/2003, S. 167-190.

692 Vgl. Europäisches Parlament: Report on the legal personality of the European Union, Rapporteur: Carlos Carnero González, A5-0409/2001, Brüssel, 21. November 2002.

693 Vgl. Europäisches Parlament: Bericht über die Beziehungen zwischen dem Europäischen Parlament und den einzelstaatlichen Parlamenten im Rahmen des europäischen Aufbauwerks, Berichterstatter: Giorgio Napolitano, A5-0023/2002, Brüssel, 23. Januar 2002.

694 Vgl. Europäisches Parlament: Report on the division of competences between the European Union and the Member States, Rapporteur: Alain Lamassoure, A5-0133/2002, Brüssel, 24. April 2002.

695 Vgl. Europäisches Parlament: Report on the typology of acts and the hierarchy of legislation in the European Union, Rapporteur: Jean-Louis Bourlanges, A5-0425/2002, Brüssel, 3. Dezember 2002.

696 Vgl. Maurer, Andreas: „Deliberation and Compromise in the Shadow of Bargaining. The Convention Method as a test for EU System-Development", in: Puntscher-Riekmann, Sonja/Wessels, Wolfgang (Hrsg.): The Making of a European Constitution, Wiesbaden 2006, S. 120-155.

697 Vgl. Maurer, Andreas: Die Rollendefinition des Europäischen Rates in der EU-Verfassung, SWP-Diskussionspapier, Berlin 2003; Wessels, Wolfgang/Reh, Christine: „Towards an Innovative Mode of Treaty Reform? Three Sets of Expectations for the Convention", in: Collegium, Nr. 24/2002, S. 17-41; Duff, Andrew: „Der Beitrag des Europäischen Parlaments zum Konvent: Treibende Kraft für einen Konsens", in: Integration, Vol. 26, Nr. 1/2003, S. 3-9.

die Mechanismen eines Arbeitsparlaments gewöhnt, in dem ein wesentlicher Teil der Entscheidungsfindung in der gemeinsamen Suche nach Problemlösungen auf parteipolitischer, interfraktioneller und gremienspezifischer Basis beruht. Die Europaabgeordneten stellten somit die einzige „Konventskohorte", die auch außerhalb des Konvents über stabile, institutionalisierte und funktionierende Strukturen zur Vor- und Nachbereitung der Konventssitzungen verfügte.[698] Um das parlamentarische Moment im Konvent zu erhalten und das systemgestaltende Gewicht des EP über den Verlauf des Konvent hinaus zu sichern, war das EP allerdings von Entscheidungen abhängig, die außerhalb seines unmittelbaren Einflussbereichs getroffen wurden. Tatsächlich lebte der gewachsene Einfluss des Parlaments davon, „dass der Konvent eine für jeden souveränen Verfassungsgebungsprozeß charakteristische Eigenständigkeit annimmt: [...] Der Konvent, und nicht die nachfolgende Regierungskonferenz, sollte die treibende Kraft der Konstitutionalisierung der Europäischen Union sein".[699] Theoretisch hätte der relative Einflussgewinn des Parlaments als Teil eines umfassenden, systemgestaltenden Prozesses durch die Regierungskonferenz zurückgedrängt werden können, wenn die Staats- und Regierungschefs nicht bloß das Schlussdokument des Konvents – unter Hinzufügung einiger Kompromisse zu zentralen Machtfragen der Staaten – angenommen, sondern eine eigenständige Agenda verfolgt hätten, in der das Ergebnis des Konvents ein wichtiger, aber eben nur einer von vielen Ansatzpunkten für die Regierungskonferenz gebildet hätte. Das EP konnte sich einer so gearteten Relativierung der Konventserträge erfolgreich widersetzen, indem es in den anschließenden Regierungskonferenzen bis hin zum Lissabonner Vertrag eine Allianz mit der überwiegenden Mehrheit der nationalen Parlamente schmiedete, die ihrerseits großes Interesse an ihren neu gewonnenen Mitwirkungs- und Vetorechten hatten.

Der vom EU-Konvent ausgearbeitete und von der Regierungskonferenz im Juni 2004 verabschiedete Europäische Verfassungsvertrag (VVE) wertete die Rolle des EP weitreichend auf. Zu nennen sind hierbei vor allem die beträchtliche Ausweitung des Mitentscheidungsverfahrens auf fast alle legislativen Entscheidungen der EU, die Gleichstellung des Parlaments mit dem Rat in den Verfahren zur Aufstellung des Haushaltsplans und der Haushaltsordnung, die Ausweitung der Zustimmungspflicht auf Vertragsänderungen und die Verabschiedung des Systems der Eigeneinnahmen, sowie die Umkehrung der Reihenfolge beim Wahlakt für den Präsidenten der Kommission. An der Normierung dieser neuen Parlamentsrechte, die die Regierungskonferenz vollständig in den Lissabonner Vertrag überführte, hatten die Europaabgeordneten maßgeblichen Anteil. Einen qualitativen Durchbruch erzielte das EP mit seinen Forderungen zur stärkeren und vertragsverbindlichen Mitwirkung an künftigen Systembildungsprozessen. Der Lissabonner Vertrag normiert nämlich eine vierstufige Verfahrenskette zur Änderung und Anpassung des Vertrages.

- Auf der *ersten Stufe* stehen zwei „ordentliche" Verfahren zur Änderung des Vertrages. Dieses sieht zwei Varianten vor: In der *ersten Variante* „Konvent plus Regierungskonferenz" muss der Präsident des Europäischen Rates nach Art. 48 Abs. 3 EUV einen Konvent einberufen, wenn der Europäische Rat nach Anhörung des EP und der Kommission mit einfacher Mehrheit die Prüfung der vorgeschlagenen Änderungen beschließt. Der Konvent soll die Änderungsentwürfe bewerten und im „Konsensverfahren" eine Empfehlung für die nachfolgen-

---

698 Vgl. Maurer, Andreas: „Deliberation und Bargaining im Konvent – die Funktionen der Phasenbildung", in: Liebert, Ulrike/Falke, Josef/Maurer, Andreas (Hrsg.): Postnational Constitutionalisation in the new Europe, Baden-Baden 2006, S. 103-130.
699 Duff 2003, Ebenda., S. 4.

de Regierungskonferenz abgeben. In der *zweiten Variante* „Regierungskonferenz ohne Konvent" kann der Europäische Rat aber nach Art. 48 Abs. 3 (2) EUV mit einfacher Mehrheit, aber nach Zustimmung des EP beschließen, auf die Einberufung eines Konvents zu verzichten, wenn dieser Modus auf Grund des Umfangs der geplanten Änderungen nicht gerechtfertigt ist. Liegt die Zustimmung des EP hierzu vor, wird auf der Grundlage eines Mandats des Europäischen Rates eine Regierungskonferenz zur Prüfung und etwaigen Änderung des Vertrages einberufen. Verweigert das Parlament die Zustimmung, muss die Regierungskonferenz auf der Grundlage der dann im Konsensverfahren von einem Konvent angenommenen Empfehlungen arbeiten.

– Auf einer *zweiten Stufe* sieht der EUV vor, dass der Europäische Rat eine „Änderung aller oder eines Teils der Bestimmungen des Dritten Teils des Vertrags über die Arbeitsweise der Union" nach Art. 48 Abs. 6 EUV erlassen kann. Diese kryptische Formulierung betrifft alle internen Politiken der Union vom Binnenmarkt über die Wirtschafts-, Innen- und Justizpolitik bis hin zur Bildungspolitik. Ein entsprechender Änderungsbeschluss des Europäischen Rates erfolgt einstimmig nach Anhörung des EP und der Kommission. Im Unterschied zum vereinfachten Vertragsrevisionsverfahren nach Art. 48 Abs. 7 EUV verfügen die nationalen Parlamente über keine besonderen Vetorechte. Gleichwohl sind die über Art. 48 Abs. 6 EUV autorisierten Änderungen Gegenstand von Ratifizierungsverfahren nach den nationalen verfassungsrechtlichen Bestimmungen. Die Bestimmung beschränkt allerdings die Eingriffstiefe der jeweiligen Reformen. Die nach diesem Verfahren angenommenen Vertragsänderungen dürfen nicht zu einer Ausdehnung der der Union übertragenen Zuständigkeiten führen. Hierzu ist letztlich wieder der Rückgriff auf das ordentliche Vertragsänderungsverfahren notwendig.

– Auf der *dritten Stufe* legt der Vertrag die Regeln für ein vereinfachtes Vertragsänderungsverfahren nach Art. 48 Abs. 7 EUV fest. Hierzu werden zwei Reformfelder identifiziert, um die Substanz des Reformvertrages ohne Einberufung einer Regierungskonferenz oder eines Konvents zu ändern: In Bereichen, in denen der Rat nach den Bestimmungen des Vertrages einstimmig entscheiden muss, kann der Europäische Rat nach Art. 48 Abs. 7(1) EUV einstimmig eine Überführung in den Entscheidungsmodus der qualifizierten Mehrheit beschließen. Und in Bereichen, in denen der Rat Maßnahmen nicht nach dem ordentlichen Gesetzgebungs-, sondern nach einem „besonderen Gesetzgebungsverfahren" annimmt, kann der Europäische Rat nach Artikel 48 Abs. 7 (2) EUV einstimmig beschließen, diese Verfahren in das OGV zu überführen. Beide Beschlüsse unterliegen der Zustimmung des EP sowie einem besonderen, sehr weitgehenden Vorbehaltsrecht der nationalen Parlamente: Legt auch nur ein einziges nationales Parlament innerhalb von sechs Monaten nach Übermittlung einer entsprechenden Vertragsänderungsinitiative sein Veto ein, scheitert das vereinfachte Vertragsänderungsverfahren. Im Gegenzug entfällt jedoch die Pflicht zur Ratifikation der Vertragsänderungsbeschlüsse. Diese Bestimmung entspricht weitestgehend der Passerelle in der ehemaligen, durch den Maastrichter Vertrag statuierten Justiz- und Innenpolitik (ex-Art. 42 EUV). Das Verfahren eröffnet die Möglichkeit, längerfristig auch diejenigen Bereiche in die qualifizierte Mehrheit oder das OGV zu überführen, bei denen dies im Konvent beziehungsweise in den Regierungskonferenzen 2003 und 2007 nicht gelungen ist. Die Einstimmigkeit der Übergangsentscheidung gewährleistet in diesem Zusammenhang, dass jeder Staat die Entscheidungshoheit über diesen wichtigen Schritt behält. Andererseits stellt die Passerelle als Befugniserweiterung des Europäischen Rates einen Schritt dar, der die institutionelle Balance zwischen den Organen Parlament, Rat und Kommission deutlich zugunsten des Europäischen Rates verändert. Im Falle einer erstmaligen Aktivierung des vereinfachten Vertragsänderungsverfahrens werden sich daher sicherlich grundsätzlichere Fragen der demokratischen Kontrolle des Europäischen Rates und seines Vorsitzenden stellen.

– Auf einer *vierten Stufe* bestätigt Art. 352 AEUV die seit langem geltende Flexibilitätsklausel zur einstimmigen Ergänzung bereits vertraglich sanktionierter Politiken. Sind im AEUV die zur Erreichung eines bestimmten Ziels erforderlichen Befugnisse nicht explizit vorgesehen, obwohl „ein Tätigwerden der Union im Rahmen der in den Verträgen festgelegten Politikbereiche erforderlich" erscheint, dann kann der Rat einstimmig auf Vorschlag der Europäischen Kommission und nach Zustimmung des EP die geeigneten Maßnahmen erlassen.

Der Lissabonner Vertrag hat schließlich auch die Entscheidungsverfahren zur Begründung der verstärkten Zusammenarbeit revidiert und hierbei eine erhebliche Aufwertung des EP statuiert. Hörte der Rat das EP vorher lediglich an, ist die Entscheidung zur Einleitung einer verstärkten Zusammenarbeit nun generell von der Zustimmung des Parlaments abhängig. Ausgenommen bleibt nur die GASP, in der der Rat einstimmig beschließt und das Parlament lediglich nachträglich informiert wird.

16.1 Fortentwicklung des politisch-institutionellen Systems seit Lissabon

Seit der Unterzeichnung des Lissabonner Vertrages leiteten die Mitgliedstaaten mehrere Änderungen der EU-Verträge ein. Hiermit sollten zunächst die während des schwierigen Ratifikationsprozesses gegenüber Irland und der Tschechischen Republik zugesagten Garantien umgesetzt werden. Darüber hinaus mussten aufgrund des verspäteten Inkrafttretens des Lissabonner Vertrags die Übergangsbestimmungen hinsichtlich der Zusammensetzung des EP angepasst werden. Zuletzt brachte der Europäische Rat eine begrenzte Vertragsänderung auf den Weg, um mit der Änderung von Art. 136 AEUV die Rechtsgrundlage für die die Schaffung eines Europäischen Stabilitätsmechanismus in der Währungsunion zu konkretisieren. Diese Vertragsanpassungen dokumentieren die Fortsetzung einer vom EP und den Mitgliedstaaten angetriebenen Dynamik zur Anpassung der primärrechtlichen Integrationsgrundlagen an akute Herausforderungen. Insofern kann die mit dem Lissabonner Vertrag sanktionierte Normenhierarchie im Bereich der Vertragsänderungen und -anpassungen als durchaus gelungen bewertet werden.

16.1.1 Vertragsänderung zur Einfügung eines Protokolls zu den Anliegen der irischen Bevölkerung bezüglich des Vertrags von Lissabon

Im Anschluss an den negativen Ausgang des irischen Referendums zum Lissabonner Vertrag vom 12. Juni 2008 beschloss der Europäische Rat auf seiner Tagung vom 11.–12. Dezember 2008,[700] dass Irland im Hinblick auf die von dessen Premierminister vorgebrachten Anliegen der irischen Bevölkerung im Zusammenhang mit der Steuerpolitik, dem Recht auf Leben, Bildung und Familie und der traditionellen Neutralitätspolitik rechtliche Garantien gegeben werden sollten, die sowohl Irland als auch den anderen Mitgliedstaaten entgegenkommen. Der Eu-

---

700 Vgl. http://www.consilium.europa.eu/ueDocs/cms_Data/docs/pressData/de/ec/104697.pdf

ropäische Rat nahm am 19. Juni 2009[701] einen Beschluss zu den Anliegen der irischen Bevölkerung bezüglich des Vertrags von Lissabon an und erklärte hierbei, dass anlässlich des Abschlusses des nächsten Beitrittsvertrags die Bestimmungen dieses Beschlusses in ein Protokoll aufgenommen werden, das dem EUV und dem AEUV beigefügt wird. Im Anschluss an diesen Beschluss und auf Grundlage von Art. 48 Abs. 2 EUV legte die irische Regierung am 20. Juli 2011 einen Entwurf für ein Protokoll zu den Anliegen der irischen Bevölkerung bezüglich des Vertrags von Lissabon vor. Der Ministerrat leitete diesen Vorschlag am 11. Oktober 2011 dem Europäischen Rat zu, dessen Präsident dann das EP am 25. Oktober 2011 auf der Grundlage von Art. 48 Abs. 1 EUV konsultierte und gemäß Artikel 48 Abs. 3(2) EUV um die Zustimmung des Parlaments ersuchte, keinen Konvent einzuberufen und stattdessen die Vertragsergänzung auf dem Wege einer „kleinen Regierungskonferenz" in die Wege zu leiten. Das EP stimmte diesem Ersuchen sowie dem Protokollentwurf am 18. April 2012 mit 586 gegen 26 Stimmen bei 34 Enthaltungen zu.[702]

16.1.2 Ablehnung der Vertragsänderung zur Anwendung des Protokolls über die Grundrechtecharta auf die Tschechische Republik

Auf der Tagung des Europäischen Rates vom 29./30. Oktober 2009 verständigten sich die Staats- und Regierungschefs der EU darüber,[703] dass der Lissabonner Vertrag zum Zeitpunkt des Abschlusses des nächsten Beitrittsvertrages geändert werden sollte, um dem EUV und dem AEUV ein Protokoll über die Anwendung der Charta der Grundrechte auf die Tschechische Republik anzufügen. Dieses Protokoll sollte die Ausnahmebestimmungen des Lissabonner Vertragsprotokolls Nr. 30 über die Anwendung der Grundrechtecharta in Polen und Großbritannien auf die Tschechische Republik ausdehnen. Der Ständige Vertreter der Tschechischen Republik bei der EU legte dem Ministerrat am 5. September 2011 einen Entwurf seiner Regierung auf der Grundlage von Art. 48 Abs. 2 EUV zur Ergänzung der Verträge vor. Anschließend unterbreitete der Ministerrat dem Europäischen Rat am 11. Oktober 2011 einen entsprechenden Vorschlag, woraufhin der Europäische Rat das EP nach Art. 48 Abs. 3 (1) EUV konsultierte, ob die vorgeschlagenen Vertragsänderungen im Wege einer „kleinen Vertragsänderung" geprüft und angenommen werden könnten. Das Parlament diskutierte hierbei zunächst einen umfassenden Bericht zur Frage der Gültigkeit und Anwendbarkeit der Grundrechtecharta in Großbritannien, Polen und der Tschechischen Republik. Hierbei schlug Berichterstatter Andrew Duff (ALDE) vor,[704] den Europäischen Rat aufzufordern, entsprechend Art. 48 Abs. 3(3) EUV keinen Konvent einzuberufen, da „die Auswirkungen dieses Vorschlags – wenn überhaupt – begrenzt wären".[705] Im weiteren Verlauf ging das EP dann noch einen Schritt weiter und beriet über die Frage, ob denn der Antrag der tschechischen Regierung im Rahmen einer „kleinen Regierungskonferenz" umgesetzt werden könnte. Hierzu schlug Berichterstatter Duff im Mai 2013 vor, die vorgeschlagene Änderung der Verträge nicht weiter zu prüfen, weil

---

701 Vgl. http://www.consilium.europa.eu/uedocs/cms_data/docs/pressdata/de/ec/108654.pdf
702 Vgl. http://www.europarl.europa.eu/sides/getDoc.do?pubRef=-//EP//TEXT+TA+P7-TA-2012-0124+0+DOC+X ML+V0//DE&lan-guage=DE
703 Vgl. http://www.consilium.europa.eu/uedocs/cms_data/docs/pressdata/de/ec/110896.pdf
704 Vgl. http://www.europarl.europa.eu/meetdocs/2009_2014/documents/afco/pr/898/898318/898318de.pdf
705 Europäisches Parlament (2012): Empfehlung vom 25. September 2012 zu dem Vorschlag des Europäischen Rates, im Hinblick auf das dem Vertrag über die Europäische Union und dem Vertrag über die Arbeitsweise der Europäischen Union beizufügende Protokoll über die Anwendung der Charta der Grundrechte der Europäischen Union auf die Tschechische Republik keinen Konvent einzuberufen (00091/2011 – C7-0386/2011 – 2011/0818(NLE)).

(a) das tschechische Parlament den Vertrag von Lissabon ohne Vorbehalte ratifiziert habe, (b) sich der tschechische Senat am 6. Oktober 2011 gegen eine Anwendung des Protokolls Nr. 30 auf die Tschechische Republik ausgesprochen habe, (c) es zweifelhaft erscheine, ob sich im tschechischen Parlament überhaupt die erforderliche Mehrheit für die Ratifizierung eines neuen Protokolls über die geographische Ausdehnung des Anwendungsbereichs von Protokolls Nr. 30 auf die Tschechische Republik finden würde und weil (d) nicht auszuschließen sei, dass vor dem tschechischen Verfassungsgericht gegen dieses neue Protokoll geklagt würde.[706] In der Schlussabstimmung über den Bericht forderte das EP den Europäischen Rat daher auf, die von der Tschechischen Republik „vorgeschlagene Änderung der Verträge nicht zu prüfen".[707]

16.1.3 Die Vertragsänderung zur Änderung des Protokolls Nr. 36 über die Übergangsbestimmungen im Hinblick auf die Zusammensetzung des Europäischen Parlaments

Entsprechend Art. 14 Abs. 2 EUV liegt die Höchstzahl der Abgeordneten des Europäischen Parlaments bei 751 Mitgliedern. Jeder Mitgliedstaat ist mit mindestens sechs Abgeordneten vertreten; die maximale Sitzzahl liegt bei 96. Somit konnten nach Inkrafttreten des Lissabonner Vertrages 15 Abgeordnete mehr in das EP entsandt werden als es ex-Art. 190 Abs. 2 EGV (736 MdEP) in der durch Art. 2 des Protokolls Nr. 10 über die Erweiterung der Europäischen Union angepassten Form vorsah. Bereits die Lissabonner Regierungskonferenz befasste sich am 13. Dezember 2007 mit den Auswirkungen des – ursprünglich für den 1. Januar 2009 vorgesehenen – Inkrafttretens des Vertrags auf die Zusammensetzung des EP in der Legislaturperiode 2009–2014. Der Vertrag machte dabei keine Angaben über die Zusammensetzung des Europäischen Parlaments. Nach Art. 14 Abs. 2(2) EUV ist hierzu ein Beschluss des Europäischen Rates auf der Grundlage eines Vorschlags des Parlaments erforderlich. Einen entsprechenden Beschlussentwurf legte das EP mit seiner Entschließung vom 11. Oktober 2007 vor.[708] Der Europäische Rat stimmte diesem Vorschlag am 14. Dezember 2007 mit der Maßgabe zu, die Anzahl der Italien zustehenden Abgeordneten nicht, wie vom EP vorgeschlagen, mit 72, sondern mit 73 festzusetzen. Im Ergebnis erhielten somit zwölf Mitgliedstaaten insgesamt 18 zusätzliche Parlamentssitze. Die Zuordnung folgte der Annahme, dass über die 15 hinzukommenden Sitze hinaus drei weitere Plätze zu vergeben wären, weil drei der 99 an Deutschland gebundenen Sitze entsprechend der vertraglich definierten Höchstzahlregelung frei werden würden. Aufgrund des ablehnenden Votums in Irland im Juni 2008 und des anschließenden Ratifikationsstillstands in den ausstehenden Mitgliedstaaten musste die ursprünglich geplante Anwendung des Lissabonner Vertrages auf die Zusammensetzung des EP im Juni 2009 ausgesetzt werden. Die Zusammensetzung des EP erfolgte demnach auf der Grundlage des Vertrags von Nizza. Nach Inkrafttreten des Lissabonner Vertrages am 1. Dezember 2009 bestand somit eine Grauzone hinsichtlich der rechtsgültigen Überführung der Einigung zwischen Europäischem Rat und Europäischem Parlament in den Vertragsrahmen.

---

706 Vgl. Europäisches Parlament (2013): Bericht vom 16. Mai 2013 über den Entwurf eines Protokolls über die Anwendung der Charta der Grundrechte der Europäischen Union auf die Tschechische Republik (Artikel 48 Absatz 3 des Vertrags über die Europäische Union), (00091/2011 – C7-0385/2011 – 2011/0817(NLE)).

707 Europäisches Parlament (2013): Entschließung des Europäischen Parlaments vom 22. Mai 2013 zu dem Entwurf eines Protokolls über die Anwendung der Charta der Grundrechte der Europäischen Union auf die Tschechische Republik (Artikel 48 Absatz 3 des Vertrags über die Europäische Union) (00091/2011 – C7-0385/2011 – 2011/0817(NLE)).

708 Vgl. European Parliament resolution of 11 October 2007 on the composition of the European Parliament (2007/2169(INI)).

Vor diesem Hintergrund einigte sich der der Europäische Rat am 11.–12. Dezember 2009[709] in einer Erklärung darauf, nach Inkrafttreten des neuen Vertrags die Zahl der Europaabgeordneten entsprechend dem Beschlussentwurf vom Dezember 2007 zu erhöhen. Da aber der Vertrag in Verbindung mit dem Beschlussentwurf nicht nur eine Erhöhung der Gesamtzahl der Abgeordneten von 736 auf 751, sondern auch eine Verminderung der Anzahl der 99 im Juni 2009 gewählten deutschen Abgeordneten auf 96 impliziert hätte und aus demokratiepolitischen Gründen keine Abberufung der überzähligen Parlamentarier möglich erschien, musste eine Vorkehrung für die zeitlich bis 2014 befristete Erhöhung der im EUV verankerten Sitzanzahl von 751 auf 754 getroffen werden. Hierzu unterbreitete die spanische Regierung am 4. Dezember 2009 einen Vorschlag, dem zufolge Art. 2 des Protokolls Nr. 36 über die Übergangsbestimmungen zum Vertrag von Lissabon durch ein Änderungsprotokoll ergänzt werden sollte: Entsprechend diesem Vorschlag sollte sich das EP bis zum Ende der Siebten Legislaturperiode aus 754 Abgeordneten zusammensetzen, wobei die zusätzlichen 18 Mandate Spanien (vier Sitze), Frankreich, Österreich und Schweden (je zwei Sitze) sowie Bulgarien, Italien, Lettland, Malta, der Niederlande, Polen, Slowenien und dem Vereinigten Königreich (je ein Sitz) zugewiesen wurden. Auf Grundlage dieses Vorschlags konsultierte der Europäische Rat am 11. Dezember 2009 das EP und die Europäische Kommission nach Art. 48 Abs. 3 EUV. Sowohl das Parlament (am 6. Mai 2010 mit 499 gegen 94 Stimmen bei 4 Enthaltungen)[710] als auch die Kommission (am 27. April 2010) gaben jeweils befürwortende Stellungnahmen zu den vorgeschlagenen Änderungen ab. Zudem stimmte das Parlament auch der Einberufung einer Regierungskonferenz ohne Einberufung eines vorgelagerten Konvents zu. Hieran anschließend beschloss der Europäische Rat am 17. Juni 2010 die Einberufung der Regierungskonferenz auf der Grundlage des von Spanien vorgeschlagenen Änderungsprotokolls.[711] Die Verhandlung und die Unterzeichnung des Änderungsprotokolls erfolgten im Rahmen der vom spanischen Ratsvorsitz am 23. Juni 2010 einberufenen Regierungskonferenz in Brüssel.

16.1.4 Vertragsergänzung zur Änderung von Artikel 136 AEUV

Im Kontext der Banken-, Finanz- und Wirtschaftskrise einigte sich der Europäische Rat vom 24.–25. März 2011[712] auf eine Revision des AEUV, um die Einrichtung eines Stabilitätsmechanismus zur Wahrung der Stabilität des Euro-Währungsgebiets zu ermöglichen, ohne mit der „No-Bail-Out"-Regelung des Art. 125 AEUV zu kollidieren. Darüber hinaus erzielten die Staats- und Regierungschefs Einvernehmen über die tatsächliche Schaffung eines solchen Europäischen Stabilitätsmechanismus (ESM) sowie über dessen Instrumente, Institutionen und Funktionsmerkmale. Der ESM sollte ab Juli 2013 die Aufgaben des bis Juni 2013 befristeten Euro-Rettungsschirms übernehmen. Konkret sollte Aufgabe des ESM sein, „Finanzmittel zu mobilisieren und den Mitgliedstaaten des Euro-Währungsgebiets, die schwerwiegende Finanzierungsprobleme haben oder denen solche Probleme drohen, unter strikten Auflagen eine Fi-

---

709 Vgl. http://www.consilium.europa.eu/ueDocs/cms_Data/docs/pressData/de/ec/104697.pdf

710 Vgl. Entschließung des Europäischen Parlaments vom 6. Mai 2010 zu dem Entwurf eines Protokolls zur Änderung des Protokolls Nr. 36 über die Übergangsbestimmungen betreffend die Zusammensetzung des Europäischen Parlaments bis zum Ende der Wahlperiode 2009-2014: Stellungnahme des Europäischen Parlaments (Art. 48 Abs. 3 EU-Vertrag) (17196/2009 – C7-0001/2010 – 2009/0813(NLE)).

711 Vgl. Beschluss des Europäischen Rates vom 17. Juni 2010 über die Prüfung der von der spanischen Regierung vorgeschlagenen Änderungen der Verträge in Bezug auf die Zusammensetzung des Europäischen Parlaments durch eine Konferenz von Vertretern der Regierungen der Mitgliedstaaten und die Nichteinberufung eines Konvents (2010/350/EU).

712 Vgl. http://register.consilium.europa.eu/doc/srv?l=DE&f=ST%2010%202011%20REV%201

nanzhilfe bereitzustellen, um die Finanzstabilität des Euro-Währungsgebiets insgesamt zu wahren" (Schlussfolgerungen des Europäischen Rates). Über diesen Mechanismus wird Staaten mit hoher Staatsverschuldung eine Refinanzierung zu niedrigeren Zinssätzen ermöglicht, da sie sonst auf den Kapitalmärkten sehr hohe Risikoaufschläge entrichten müssten und damit ihr Schuldenproblem weiter verschärfen würden. Über die Zinsstruktur beschließt ein ESM-Verwaltungsrat nach den Grundsätzen des IWF.

Der Vertragsänderung ging eine komplexe Beschlusskette der Staats- und Regierungschefs des Europäischen Rates und der Euro-Gruppe voraus. Am 28./29. Oktober 2010 verständigte sich der Europäische Rat zunächst darauf, einen permanenten Krisenmechanismus zu schaffen, um die finanzielle Stabilität des Euro-Währungsgebiets als Ganzes sicherzustellen. Eine Erklärung der Eurogruppe vom 28. November 2010 legte anschließend Eckpunkte für einen solchen, permanenten Europäischen Stabilitätsmechanismus (ESM) fest. Anschließend einigte sich der Europäische Rat vom 16.–17. Dezember 2010 auf die vertragliche Schaffung einer Öffnungsklausel für die Einführung eines dauerhaften ESM im AEUV.[713] Formal leitete der Europäische Rat die Vertragsänderung mit dem Beschluss vom 23. März 2011 ein. Art. 136 AEUV sollte um eine Bestimmung ergänzt werden, die die Einrichtung eines Stabilitätsmechanismus ausdrücklich ermöglicht: „Die Mitgliedstaaten, deren Währung der Euro ist, können einen Stabilitätsmechanismus einrichten, der aktiviert wird, wenn dies unabdingbar ist, um die Stabilität des Euro-Währungsgebiets insgesamt zu wahren. Die Gewährung aller erforderlichen Finanzhilfen im Rahmen des Mechanismus wird strengen Auflagen unterliegen."[714] Diese Vertragsergänzung erfolgte auf der Grundlage von Art. 48 Abs. 6 EUV. Das EP gab hierzu am 23. März 2011 mit 494 gegen 100 Stimmen bei 9 Enthaltungen ein positives Votum zum Vertragsergänzungsentwurf ab,[715] wobei es weitere, substantielle Änderungsvorschläge vorbrachte, die der Europäische Rat allerdings nicht aufnahm. So sollte Art. 136 Abs. 1 AEUV die Einrichtung des ESM von einer expliziten Empfehlung der Kommission abhängig machen und nur nach Anhörung des EP beschlossen werden dürfen. Die Gewährung der erforderlichen Finanzhilfen im Rahmen des ESM sollten ebenfalls auf der Grundlage eines Vorschlags der Kommission beschlossen werden. Und schließlich forderte das Parlament, das die „Grundsätze und Regeln für die für die Finanzhilfen im Rahmen des Mechanismus geltenden Auflagen und ihre Kontrolle [...] in einer nach dem ordentlichen Gesetzgebungsverfahren erlassenen Verordnung festgelegt" werden. In der vom Europäischen Rat dagegen angenommenen Fassung wird der ESM jedoch durch einen Vertrag zwischen den Mitgliedstaaten des Euro-Währungsgebiets als zwischenstaatliche Organisation mit Sitz in Luxemburg nach dem Völkerrecht errichtet. Die Änderung von Art. 136 AEUV sollte spätestens am 1. Januar 2013 in Kraft treten; der ESM sollte dann nahtlos die Aufgabe der EFSF und des EFSM übernehmen. Der Vertrag zum ESM wurde in einer ersten Fassung am 11. Juli 2011 paraphiert, dann aber in Folge der Beschlüsse zum Fiskalpakt überarbeitet und am 2. Februar 2012 erneut unterzeichnet. Der Vertrag sollte in Kraft treten, wenn so viele Unterzeichnerländer ihre Ratifikations-, Genehmigungs- oder Annahmeurkunden beim Generalsekretariat des Rates hinterlegt hatten, dass deren Erstzeichnungen mindestens 90 % der gesamten vereinbarten Zeichnungen ausmachen. Mit der Hinterle-

---

713 Vgl. http://www.consilium.europa.eu/uedocs/cms_data/docs/pressdata/de/ec/118604.pdf
714 Vgl. https://www.consilium.europa.eu/uedocs/cms_data/docs/pressdata/de/ec/120313.pdf, Anlage II.
715 Vgl. Entschließung des Europäischen Parlaments vom 23. März 2011 zu dem Entwurf eines Beschlusses des Europäischen Rates zur Änderung des Art. 136 des Vertrags über die Arbeitsweise der Europäischen Union hinsichtlich eines Stabilitätsmechanismus für die Mitgliedstaaten, deren Währung der Euro ist (00033/2010 – C7-0014/2011 – 2010/0821(NLE)).

gung der deutschen Ratifikationsurkunde war diese Bedingung erfüllt und der Vertrag konnte am 27. September 2012 in Kraft treten.

16.2 Systemgestaltung jenseits der Vertragsänderungen

Zur Erfüllung der im Lissabonner Vertrag normierten, an die EU-Organe gerichteten Umsetzungsaufträge erarbeitete das EP zwischen 2009 und 2010 anhand einer dreistufigen Serie von Initiativentschließungen und Rahmenverordnungen ein konzeptionelles Gerüst, entlang dessen es seine Vorschläge formulierte: Ein erstes Paket umfasste diverse Entschließungen wie jene vom 13. Januar 2009 zu den Perspektiven für den Ausbau des Dialogs mit den Bürgern im Rahmen des Vertrags von Lissabon.[716] Außerdem beinhaltete es Entschließungen vom 7. Mai 2009 zu den neuen Aufgaben und Zuständigkeiten des Parlaments bei der Umsetzung des Vertrags von Lissabon,[717] zur Entwicklung der Beziehungen zwischen dem Europäischen Parlament und den nationalen Parlamenten im Rahmen des Vertrags von Lissabon,[718] und zu den Auswirkungen des Vertrags von Lissabon auf die Entwicklung des institutionellen Gleichgewichts der Europäischen Union[719] sowie schließlich die Entschließung vom 11. Mai 2011 zur Entwicklung der Gemeinsamen Sicherheits- und Verteidigungspolitik nach Inkrafttreten des Vertrags von Lissabon.[720]

Ein zweites, stärker auf Vorschläge der Kommission reagierendes und unmittelbarer legislativ wirkendes Paket umfasste die Entschließung vom 12. November 2009 zu den übergangsweise geltenden haushaltstechnischen Verfahrensleitlinien im Hinblick auf das Inkrafttreten des Vertrags von Lissabon,[721] die im März 2010 verabschiedete Entschließung über die Auswirkungen des Vertrags von Lissabon auf den interinstitutionellen Gesetzgebungsprozeß,[722] die Entschließung vom 5. Mai 2010 zu den Auswirkungen des Inkrafttretens des Vertrags von Lissabon auf die laufenden interinstitutionellen Beschlussfassungsverfahren[723] und die Entschließung vom 7. Juni 2011 zu den internationalen Luftverkehrsabkommen im Rahmen des Vertrags von Lissabon.[724]

Das dritte Paket betraf schließlich Maßnahmen, die den Übergang vom ehemaligen EG-Vertrag zu den Regeln des Vertrags über die Arbeitsweise der Europäischen Union regeln sollten. Hierunter fielen fünf „Omnibus"-Verordnungen vom 18. Juni (Teile I und II), 23. September (Teil III), 16 Dezember 2008 (Teil IV) und 24. November 2009 (Teil V) zur Anpassung bereits

---

716 Vgl. Entschließung vom 13 . Januar 2009 zu den Perspektiven für den Ausbau des Dialogs mit den Bürgern im Rahmen des Vertrags von Lissabon (2008/2067(INI)).

717 Vgl. Entschließung vom 7. Mai 2009 zu den neuen Aufgaben und Zuständigkeiten des Parlaments bei der Umsetzung des Vertrags von Lissabon (2008/2063(INI)).

718 Vgl. Entschließung vom 7 . Mai 2009 zu der Entwicklung der Beziehungen zwischen dem Europäischen Parlament und den nationalen Parlamenten im Rahmen des Vertrags von Lissabon (2008/2120(INI)).

719 Vgl. Entschließung vom 7. Mai 2009 zu der Auswirkungen des Vertrags von Lissabon auf die Entwicklung des institutionellen Gleichgewichts der Europäischen Union (2008/2073(INI)).

720 Vgl. Entschließung vom 11. Mai 2011 zu der Entwicklung der Gemeinsamen Sicherheits- und Verteidigungspolitik nach Inkrafttreten des Vertrags von Lissabon (2010/2299(INI)).

721 Vgl. Entschließung vom 12. November 2009 zu den übergangsweise geltenden haushaltstechnischen Verfahrensleitlinien im Hinblick auf das Inkrafttreten des Vertrags von Lissabon (2009/2168(INI)).

722 Vgl. Entschließungsantrag vom 17.3.2010 (PE439.720v 01-00 / B7-0221/2010) gemäß Artikel 58 und 59 der Geschäftsordnung zu den Auswirkungen des Inkrafttretens des Vertrags von Lissabon auf die laufenden interinstitutionellen Beschlussfassungsverfahren (KOM(2009)0665 – „Omnibus").

723 Vgl. Entschließung vom 5. Mai 2010 zu den Auswirkungen des Inkrafttretens des Vertrags von Lissabon auf die laufenden interinstitutionellen Beschlussfassungsverfahren (KOM(2009)0665) – „Omnibus".

724 Vgl. Entschließung vom 7. Juni 2011 zu dem internationalen Luftverkehrsabkommen im Rahmen des Vertrags von Lissabon (2010/2207(INI)).

in Kraft befindlicher Rechtsakte an den Ratsbeschluss (2006/512/EG) über das sogenannte Regelungsverfahren mit Kontrolle im Rahmen der Komitologie, die in diesem Zusammenhang verabschiedete Entschließung des EP vom 5. Mai 2010 zur legislativen Befugnisübertragung (2010/2021(INI))[725] und die anschließend mit Rat und Kommission bis Februar 2011 in erster Lesung ausgehandelte Verordnung zur Festlegung der allgemeinen Regeln und Grundsätze, nach denen die Mitgliedstaaten die Wahrnehmung der Durchführungsbefugnisse durch die Kommission kontrollieren.[726]

Grundlegend für die Ordnung und Organisation der Gesetzgebungsakte der EU war dabei die Einigung, die Parlament und Rat bis Anfang 2011 zum Transfer des ehemaligen Systems der Komitologie in das Normengerüst der delegierten Rechtsakte und der Durchführungsrechtsakte erzielten. Die mit dem Lissabonner Vertrag eingeführten Normkategorien der delegierten Rechtsakte (Art. 290 AEUV) und Durchführungsrechtsakte (Art. 291 AEUV) unterscheiden sich entsprechend der vom Gesetzgeber erlaubten Regelungsdichte, dem Handlungsspielraum, über den die Kommission als zentrale Umsetzungsinstanz gegenüber den Mitgliedstaaten verfügt, und den Kontrollrechten des EP und des Rates, die Typ und Verfahren der Umsetzung in jedem Basisrechtsakt vereinbaren. Parlament und Rat können die Kommission demnach ermächtigen, delegierte Rechtsakte nach Art. 290 AEUV zu erlassen, die den Basisrechtsakt „in nicht wesentlichen Punkten" ergänzen oder ändern, wobei die beiden legislativen Organe der Kommission die Delegation jederzeit entziehen oder gegen einen Entwurf für einen delegierten Rechtsakt Einspruch erheben können. In beiden Fällen reicht es aus, wenn eines der beiden Gesetzgebungsorgane einen entsprechenden Veto- oder Entzugsbeschluss fasst. Durchführungsrechtsakte erlässt die Kommission dagegen auf der Grundlage von Art. 291 AEUV dann, wenn für die Umsetzung eines Basisrechtsakts einheitliche Bestimmungen erforderlich sind.

Den Verhandlungen über die Umsetzung der beiden Normtypen gingen die eingangs zitierten Interimsvereinbarungen in Form sogenannter „Omnibus"-Akte voraus. Zur Vermeidung von Rechtsunsicherheit über die Fortgeltung von Verordnungen, Richtlinien und Beschlüssen, die Umsetzungsbefugnisse an die Kommission auf der Grundlage des „Komitologie-Beschlusses" von 2006 übertragen,[727] nahmen Parlament und Rat somit zunächst Anpassungen bestehender Rechtsvorschriften an das „Regelungsverfahren mit Kontrolle" vor. Dieses Verfahren verlieh dem Parlament ein Vetorecht gegenüber den Vorschlägen der Kommission, die diese den jeweiligen Komitologie-Ausschüssen übermittelte.

Im nächsten Schritt unterbreitete die Kommission im Dezember 2009 eine Mitteilung über die Umsetzung von Art. 290 AEUV, der Basisnorm über die delegierten Rechtsakte. Hierzu war kein verbindlicher, horizontaler Rechtsakt erforderlich; Parlament und Rat können unmittelbar auf den Vertragsartikel rekurrieren und in jedem Einzelfall den Geltungsbereich, den Inhalt, Zeiträume und weitere Modalitäten einer Befugnisübertragung an die Kommission festlegen. Gleichwohl hielten es das EP und die Kommission für notwendig, dass sich alle beteiligten Organe vorab auf einen allgemeinen Rahmen für diese Befugnisübertragungen verständigen. Konkret forderte das EP bereits im Mai 2009, „dass sich die Institutionen auf eine Standardformulierung für derartige Delegierungen einigen, die von der Kommission selbst regelmäßig

---

725 Vgl. Entschließung vom 5. Mai 2010 zur legislativen Befugnisübertragung (2010/2021(INI)).
726 Vgl. ABl. L 055 vom 28/02/2011 S. 13-18.
727 Vgl. Beschluss des Rates vom 28. Juni 1999 zur Festlegung der Modalitäten für die Ausübung der der Kommission übertragenen Durchführungsbefugnisse (1999/468/EG), geändert durch den Beschluss 2006/512/EG, ABl. L 200 vom 22.7.2006, S. 11.

in Gesetzgebungsvorschläge eingefügt werden könnte".[728] Auf der Grundlage der Kommissionsmitteilung und der Entschließung des Europäischen Parlaments vom 5. Mai 2010 zur legislativen Befugnisübertragung[729] einigten sich die Organe auf ein sogenanntes „Common Understanding", dass unverbindliche Standardformulierungen in Form von Musterartikeln beinhaltet. Die Konferenz der Präsidenten des Parlaments billigte diese Vereinbarung am 3. März 2011. Im Anschluss an die Übermittlung des Parlamentstextes leitete die ungarische Ratspräsidentschaft allen mitgliedstaatlichen Delegationen den Text am 14. April 2011 weiter.[730] Vorab sicherte das EP seine institutionellen Interessen bei der Umsetzung von Art. 290 AEUV frühzeitig im mit der Kommission geschlossenen Rahmenabkommen vom 20. Oktober 2010 ab.[731] Hierin verpflichte das EP die Kommission auf die Bestimmung Nr. 15, nach der die Kommission das Parlament zu solchen Ausschusssitzungen zuzulassen hat, in denen mitgliedstaatliche Vertreter als „Sachverständige" über die Ausübung der Delegation nach Art. 290 AEUV beraten. Konkret sieht das Rahmenabkommen vor, dass auch „Sachverständige" des Parlaments auf dessen Antrag zu entsprechenden Sitzungen der Kommission eingeladen werden können. Obgleich der Rat diese Regelung ungewohnt laut kritisierte,[732] hat es in der bisherigen Praxis der delegierten Rechtsakte und ihrer hierzu einberufenen Ausschüsse keine merklichen Probleme bezüglich der Parlamentsinformation und -beteiligung gegeben. Selbst in den bis 2009 vollständig gegenüber dem Parlament abgeschotteten Bereichen der Handels- und internationalen Abkommenspolitik ist die Kommission dazu übergegangen, Einladungen zu entsprechenden Ausschusssitzungen an die Parlamentsgremien auszusprechen. Der politisch wie rechtliche Status des „Common Understanding" ist allerdings umstritten. Die Vereinbarung stellt kein „Interinstitutionelles Abkommen" entsprechend Art. 295 AEUV dar, sondern eher eine informelle Verabredung über ein „Formulierungsangebot", dessen Autorenschaft nebulös bleibt. Hintergrund hierfür sind teilweise heftig verlaufene Auseinandersetzungen zwischen den Vorsitzenden der Parlamentsausschüsse, da sich einige der Fachausschüsse durch Vorabsprachen des in der Frage federführenden Rechtsausschusses mit Rat und Kommission übergangen fühlten.

Schwieriger als die Vereinbarung zu den delegierten Rechtsakten verlief die Auseinandersetzung über die bereits im Lissabonner Vertrag explizit in Auftrag gegebene Verordnung zur Umsetzung von Art. 291 AEUV. Die Kommission unterbreitete ihren Entwurf im März 2010.[733] Im Kern schlug sie vor, dass sie in allen Fällen eines Durchführungsakts von einem Ausschuss unterstützt wird, dem sie vorsitzt und der sich aus Vertretern der Mitgliedstaaten zusammensetzt. Im Unterschied zum alten Komitologiesystem mit vier Ausschusstypen, die sich vor allem im Hinblick auf ihre Einspruchsrechte gegenüber der Kommission unterschieden, schlug diese nun nur noch zwei Ausschussverfahren vor: Im „Beratungsverfahren" sollte der Ausschuss über keine besonderen Vetorechte gegenüber der Kommission verfügen; im „Prüfverfahren" sollte dagegen eine qualifizierte Mehrheit der Vertreter der Mitgliedstaaten

---

728 Vgl. Punkt 68 der Entschließung des Europäischen Parlaments vom 7. Mai 2009 zu den neuen Aufgaben und Zuständigkeiten des Parlaments bei der Umsetzung des Vertrags von Lissabon.

729 Vgl. Entschließung vom 5. Mai 2010 zur legislativen Befugnisübertragung (2010/2021(INI)).

730 Vgl. Rat der Europäischen Union: Dokument Nr. 8753/1/11: Vereinbarung - Delegierte Rechtsakte, Brüssel, 14. April 2011. REV 1.

731 Vgl. Beschluss des Europäischen Parlaments vom 20. Oktober 2010 zur Revision der Rahmenvereinbarung über die Beziehungen zwischen dem Europäischen Parlament und der Europäischen Kommission (2010/2118(ACI))

732 Vgl. Conseil de l'Union Européenne, Avis du Service Juridique: Résolution du 9 février 2010 du Parlement européen sur un futur accord-cadre sur les relations entre le Parlement européen et la Commission pendant la législature 2009-2014, Doc. No. 7149/10, Bruxelles, 4 mars 2010.

733 Vgl. KOM/2010/0083 endg. - COD 2010/0051.

die Vorschläge der Kommission abwehren und einen „Berufungsausschuss" anrufen können, der über die Auffassungsunterschiede berät.

Für die erste Lesung des Art.-291-Verordnungstextes war im EP erneut der Rechtsausschuss federführend. Stellungnahmen formulierte etwa die Hälfte der Ausschüsse. Der den weiteren interinstitutionellen Verhandlungsverlauf prägende Konflikt zeichnete sich frühzeitig ab, da die Ausschüsse DEVE, INTA, REGI, AGRI, und PECH die von der Kommission vorgeschlagene Auflistung derjenigen Politikbereiche, in denen das Prüfverfahren zur Anwendung kommen sollte, ersatzlos strichen. Sie vertraten die Ansicht, das Parlament und Rat in jedem Basisrechtsakt selbstständig entscheiden sollten, ob die Kommission im Beratungsverfahren oder im Prüfverfahren Durchführungsmaßnahmen vorschlagen und verabschieden darf. Der Handelsausschuss begründete seine Ablehnung der Liste zudem mit dem Argument, dass mitgliedstaatliche Einspruchsrechte im Prüfverfahren gegen die Sachlogik eines Politikbereichs stünden, der in die ausschließliche Zuständigkeit der Union fällt.

Tatsächlich ist schwer nachzuvollziehen, warum alleine die Zuordnung eines Basisrechtsakts zu einem Politikfeld den Ausschlag dafür geben soll, dass sämtliche Stufen der Durchführung in nur einem Verfahren verabschiedet werden sollen, in dem ein Veto der mitgliedstaatlichen Vertreter die abschließende Entscheidung blockiert. Der Konflikt zwischen Parlament und Rat sowie innerhalb des EP zwischen dem Rechts- und Handelsausschuss spitzte sich Ende 2010 zu, da die Verhandlungen über die Verordnung zur Umsetzung der bilateralen Schutzklausel des Freihandelsabkommens zwischen der EU und Korea sich genau zu dieser Frage festgefahren hatten.[734] Die Ratspräsidentschaft vertrat unter dem Druck einiger stark vom Außenhandel profitierenden Staaten den Standpunkt, dass für die Umsetzung der einzelnen Verfahrensschritte beim Erlass handelspolitischer Schutzvorkehrungen weder delegierte noch Durchführungsrechtsakte, sondern der Rückgriff auf spezifische Schutzverfahren notwendig seien, die die Mitgliedstaaten vor der Herausbildung des Komitologiesystems geschaffen hatten und ihnen sowie dem Rat weitgehende Veto- und Entscheidungsrechte zu Lasten der Exekutivbefugnisse der Kommission zugestehen.[735] Der INTA-Ausschuss kam dagegen zur Auffassung, dass zur Umsetzung der bilateralen Schutzklausel einheitliche Rahmenbedingungen für vorläufige und endgültige Schutzmaßnahmen, Überwachungsmaßnahmen sowie die Einstellung einer Untersuchung oder eines Verfahrens ohne Maßnahmen erforderlich sind, die sich an Art. 291 AEUV zu orientieren hätten. Im Vorgriff auf die Umsetzungsverordnung zu Art. 291 AEUV sah der Bericht zur ersten Lesung zudem eine Abschichtung der Verfahrensarten im Hinblick auf die verschiedenen Phasen vor, die zur Verabschiedung einer Schutzmaßnahme führen. Für beobachtende und vorläufige Maßnahmen sollten dementsprechend „nur" Beratungsverfahren gelten, während zur Verabschiedung endgültiger Schutzmaßnahmen das Regelungs- bzw. neue Prüfverfahren vorgesehen war. Der Handelsausschuss versuchte somit, auf der Grundlage von Art. 291 AEUV eine verfahrenspolitische Entsprechung zur längst eingeübten Eskalationsleiter handelspolitischer Schutzmaßnahmen zu begründen. Von einer Einigung über diese Frage

---

734 Vgl. Protokoll der Plenarsitzung vom 6. September 2010 – Straßburg; TOP 16. Bericht über den Vorschlag für eine Verordnung des Europäischen Parlaments und des Rates zur Umsetzung der bilateralen Schutzklausel des Freihandelsabkommens zwischen der EU und Korea [KOM(2010)0049 - C7-0025/2010 - 2010/0032(COD)] - Ausschuss für internationalen Handel. Berichterstatter: Pablo Zalba Bidegain (A7-0210/2010). Zur Rolle des EP in den Verhandlungen des Freihandelsabkommens der EU mit Südkorea vgl. Ten Woelde, Sjoerd: Trading off Trade. The European Parliament's Voting Behaviour on the EU-South Korea Free Trade Agreement, Master Thesis, VU Amsterdam 2011.

735 Vgl. z.B. die Verfahren in der Verordnung (EG) Nr. 260/2009 des Rates vom 26. Februar 2009 über die gemeinsame Einfuhrregelung (kodifizierte Fassung), ABl. L 84 vom 31.3.2009, S. 1.

machte der Handelsausschuss sodann sein Votum über das Freihandelsabkommen mit Südkorea selbst abhängig. Im Ergebnis generierte der Ausschuss somit die Zielparameter des übergeordneten „Tauschgeschäfts" im Hinblick auf die Verordnung zur Umsetzung von Art. 291 AEUV. Das Parlament zwang den Rat, von der fast 50-jährigen Praxis der Verabredung besonderer Umsetzungsregeln in der Handelspolitik Abschied zu nehmen und diesen Bereich in das nach Lissabon normierte System der Art. 290 und 291 AEUV zu überführen. Da mit Ausnahme Italiens alle EU-Staaten ein schnelles Inkrafttreten des Handelsabkommens mit Südkorea befürworteten, gaben sie der belgischen Ratspräsidentschaft grünes Licht für einen Kompromiss. Im Dezember 2010 verständigten sich Parlament und Rat schließlich auf die Art.-291-Verordnung.[736] Entgegen der Bedenken einiger Fachausschüsse des Parlaments bleibt es demnach bei der nicht weiter begründeten Auflistung von Politikfeldern, die im Grundsatz dem „Prüfverfahren" zugeschlagen werden: Es wird seitdem immer herangezogen beim Erlass von Durchführungsmaßnahmen für EU-Programme, im Bereich der Agrar- und Fischereipolitik, der Handels-, Umwelt- und Steuerpolitik und bei Maßnahmen zur Sicherheit oder dem Schutz der Gesundheit von Menschen, Tieren und Pflanzen. Das „Beratungsverfahren" wendet die Kommission in allen anderen Bereichen sowie in begründeten Ausnahmefällen in den Politikfeldern des Prüfverfahrens an. Die Handelspolitik ist somit vollständig dem System des Art. 291 AEUV unterworfen worden. Allerdings gelten für einen Übergangszeitraum Ausnahmebestimmungen: Erstens muss der Berufungsausschuss bei der Annahme multilateraler Schutzmaßnahmen immer eine positive Stellungnahme mit qualifizierter Mehrheit annehmen. Und zweitens kann der Berufungsausschuss seine Stellungnahmen im Falle der Verabschiedung von Antidumpingmaßnahmen 18 Monate lang mit der einfachen Mehrheit seiner Mitglieder abgeben. Mit diesem Kompromiss in der Hand konnten schließlich auch die Verhandlungen zur Schutzklauselverordnung des Freihandelsabkommens mit Südkorea abgeschlossen werden. Und obgleich die Art.-291-Verordnung das Beratungsverfahren für die Handelspolitik grundsätzlich ausschließt, war der Rat bereit, die vom EP vorgenommene Abschichtung der einzelnen Phasen hin zur Verabschiedung einer Schutzmaßnahme in Beratungs- und Prüfverfahren zu akzeptieren.[737]

Die Auseinandersetzungen über die konkrete Umsetzung eines neuen Vertrages zeigen deutlich, dass institutionelle Reformen nicht ausschließlich Gegenstand intergouvernementaler oder durch einen Konvent ausgehandelter Vertragsreformen sind, die auf Sitzungen des Europäischen Rats ihren Abschluss finden, bevor ihr Ergebnis in den Mitgliedstaaten ratifiziert werden muss. Zwischen diesen „Gipfeln" der Zusammenkünfte der Staats- und Regierungschefs erlassen die EU-Organe – in den „Tälern" der Vertragsumsetzung – Maßnahmen zur „Füllung" der von den Verträgen hinterlassenen Grauzonen. Darüber hinaus schließen sie sogenannte Interinstitutionelle Abkommen, die zum Teil bedeutende Änderungen im institutionellen und verfahrensmäßigen Gefüge der EU mit sich bringen. Derartige Abkommen dienen zunächst der konkreten Ausgestaltung der in Vertragsänderungen vorgenommenen Modifikationen; sie implizieren aber auch Optionen für künftige Vertragsrevisionen. Interinstitutionelle Abkommen stellen auf diese Weise Zwischenlösungen des ständig im Wandel begriffenen poli-

---

736 Vgl. Legislative Entschließung des Europäischen Parlaments vom 16. Dezember 2010 zu dem Vorschlag für eine Verordnung des Europäischen Parlaments und des Rates zur Festlegung der allgemeinen Regeln und Grundsätze, nach denen die Mitgliedstaaten die Wahrnehmung der Durchführungsbefugnisse durch die Kommission kontrollieren (KOM(2010)0083 – C7-0073/2010 – 2010/0051(COD))

737 Vgl. Verordnung (EU) Nr. 511/2011 des Europäischen Parlaments und des Rates vom 11. Mai 2011 zur Umsetzung der bilateralen Schutzklausel des Freihandelsabkommens zwischen der Europäischen Union und ihren Mitgliedstaaten und der Republik Korea, ABl. L 145 vom 31.5.2011, S. 19-27.

tisch-institutionellen Systems der EU dar. Das Instrument der IIA macht damit auch deutlich, dass die EU als dynamisches politisches System einem permanent angelegten Prozess institutioneller Veränderungen im Wechselverhältnis der Mitgliedstaaten untereinander sowie zwischen diesen und den Organen in Brüssel, Straßburg und Luxemburg unterworfen ist. Dieser Prozess pendelt zwischen konstitutionellen Vertragsänderungen und Phasen der Vertragsimplementierung.[738] Vertragsreformen fallen nicht als einfache Ergebnisse zwischenstaatlicher „Bargaining-Verhandlungen" vom Himmel. Sie sind vielmehr Reaktionen auf vorherige Trends, schreiben institutionelle Entwicklungen fest, die sich inner- oder außerhalb der bestehenden Vertragsvorkehrungen vollzogen haben, und versuchen sowohl institutionelle und prozedurale Schwächen anzugehen, die sich aus bestehenden Vertragstexten ergeben als auch die Union neuen inneren und äußeren Umständen anzupassen: „In so far as IGCs actually perform a function for national governments, this is rather ceremonial (states celebrating their status as states) and disciplinary (states exerting a slightly greater than usual degree of control over the agenda and time-scale of reform) than actually decisional. [...] IGCs constitute the attempt by governments to assert their control of the expanding portfolio of EU competences. But the wave of IGCs [...] demonstrates conclusively the opposite: governments have lost command and control not just over every-day EU business, but even over something as ‚intergovernmental' as treaty reform".[739]

Im historischen Längsschnitt stellen Vertragsrevisionen ein endemisches Element des europäischen Integrationsprozesses dar und Regierungskonferenzen sind in diesem Konzept selbst Objekte einer Dynamik, die die Regierungen der Mitgliedstaaten zwar begründet, aber nicht vollständig unter Kontrolle haben. Die Institutionen und Verfahren der EU sind somit „Schöpfungen" und „Schöpfer" zugleich. Das „struktur-rationalistische" Konzept der vertragsgenerierenden „Gipfel" und der vertragsimplementierenden „Täler" sieht daher System- und konstitutionelle Entwicklungen als kontinuierlichen Prozess, in dem über inkrementelle, Vertragsreformen vorgreifende Schritte im „Tal der Tagespolitik" Reformen vorangetrieben werden. Vertragsreformen werden also von vielen Akteuren herbeigeführt, und zwar in einem ständigen „Entdeckungsprozess" politischer Präferenzen. Das EP stellt in diesem Zusammenhang einen nicht zu unterschätzenden Akteur dar, der das Agenda-Setting in den „Tälern" des EU-Systems erfolgreich beeinflusst. Die vagen Formulierungen und die rechtlichen Lücken und Grauzonen in den EU-Verträgen lassen den EU-Institutionen Interpretationsspielraum im Hinblick auf den Ablauf von politischen Prozessen. IIA tragen zur Lösung der aus diesem Spielraum resultierenden interinstitutionellen Querelen über die Interpretation des Primärrechts bei. Schon frühere Untersuchungen zu IIA haben gezeigt, dass vor allem das EP versuchte, dieses Instrument zu nutzen, um solche Widersprüchlichkeiten oder Lücken im Vertrag in seinem

---

738 Vgl. Laursen, Finn: „Explaining the Intergovernmental Conference" in: Laursen, Finn/Vanhoonacker, Sophie (Hrsg.): The Intergovernmental Conference on Political Union, Maastricht, EIPA 1992, S. 229-248; Genco, Stephen J.: ‚Integration Theory and System Change in Western Europe: The Neglected Role of System Transformation Episodes', in: Holsti, Ole R. (Hrsg.): Change in the International System, Boulder 1980, S. 55-80.

739 Vgl. Christiansen, Thomas/Jørgensen, Knud Erik: „The Amsterdam Process: A Structurationist Perspective on EU Reform", in: European Integration Online Papers, Nr. 1/1999, http://eiop.or.at/eiop/texte/1999-001a.htm. Zum Verständnis der Vertragsreform als kontinuirlichem Prozess siehe insbesondere Christiansen 2002, Ebenda; Farrell, Henry/Héritier, Adrienne: „Formal and Informal Institutions Under Codecision: Continuous Constitution-Building in Europe", in: Governance, Vol. 16, Nr. 4/2003, S. 577-600; und Kietz, Daniela/Slominski, Peter/Maurer, Andreas/Puntscher Riekmann, Sonja (Hrsg): Interinstitutionelle Vereinbarungen in der Europäischen Union. Wegbereiter der Verfassungsentwicklung, Baden-Baden 2010.

Sinne zu interpretieren.[740] Waldemar Hummers umfassende empirische Daten untermauern die Feststellung, dass das Parlament eindeutig der Hauptinitiator sowie die treibende Kraft hinter dem Abschluss von IIA seit den 1960er Jahren war: „[IIA] haben im Grunde [...] eines gemeinsam, nämlich vor allem dazu zu dienen, dem Europäischen Parlament (EP) gründungsvertraglich nicht eingeräumte Kompetenzen zur Beteiligung am Willensbildungs- bzw. Rechtsetzungsprozeß in den Gemeinschaften im allgemeinen bzw. an den Tätigkeiten der anderen Organe im speziellen – wie z.B. im Rahmen des Haushaltsverfahrens – zu gewähren".[741] Aus dieser Perspektive dienen IIA dem EP als Instrumente zu Erweiterung seiner Kompetenzen unterhalb der Ebene der formalen Vertragsreformen. Erklärend verweist Hummer auf die in den Gründungsverträgen lange Zeit normierte Asymmetrie in der Machtverteilung zwischen Rat und Parlament. In einem Konflikt, der die letzten drei Jahrzehnte der Integrationsgeschichte erheblich prägte, verfolgte das Parlament eine Strategie der Ausbalancierung dieses Ungleichgewichts. Insbesondere seit seiner Direktwahl 1979 und dem hierdurch wahrgenommenen Legitimationszuwachs versuchten die Abgeordneten, sich aktiv an der Gestaltung der institutionellen Strukturen und der Ausdehnung der Aufgabenwahrnehmung der EU zu beteiligen. In einer Strategie der kleinen Schritte wirkte das EP zum einen auf Modifizierungen des Institutionensystems hin, um eine effizienteren Rechtsetzungsprozess zu gewährleisten. Zum anderen ging es den Abgeordneten darum, ihre eigene Position im Institutionengefüge zu stärken, um sich langfristig als mit dem Rat gleichberechtigter Teil der Legislative der Union zu etablieren. Der Rückgriff auf IIA kann als Teil dieser Strategie betrachtet werden. Interinstitutionelle Abkommen waren und sind in diesem Zusammenhang ein Instrument, um den inkrementellen Wandel des EU-Systems nachhaltig zu beeinflussen.[742] Nicht nur in Fragen des Haushaltsverfahrensrechts, sondern auch in den Bereichen der Außen- und Sicherheitspolitik, der Kontrolle der Kommission und des Rates im Rahmen der Komitologie und der Strukturierung der Arbeiten des Vermittlungsausschusses im Mitentscheidungsverfahren gelang es dem EP, über das Instrument der IIA weitergehende Kontroll- und Mitwirkungsrechte geltend zu machen.

---

740 Vgl. Läufer, Thomas: „Das Europäische Parlament nach der Direktwahl: Positionsstärkung durch intrakonstitutionellen Wandel?", in: Europarecht, Vol. 14/1979, S. 261–276, ders.: Das Europäische Parlament als Partner im interinstitutionellen Dialog – Law in the Making, in: Integration, Vol. 2, Nr. 1/1979, S. 19-32; Waelbroeck, Michel/Waelbroeck, Denis: Les ›Déclarations communes‹ en tant qu'instrument d'un accroissement des compétences du Parlement Européen, in: Louis, Jean-Victor/Waelbroek, Denis (Hrsg.): Le Parlement européen dans l'évolution institutionnelle, Bruxelles 1988, S. 79-86, hier S. 85.

741 Hummer, Waldemar: „Interorganvereinbarungen: Rechtsgrundlage – Rechtsnatur – Rechtswirkungen – Justiabilität", in: Kietz et.al., S. 51-110.

742 Vgl. Monar, Jörg: „Interinstitutional Agreements: The phenomenon and its new dynamics after Maastricht", in: Common Market Law Review, Vol. 31, Nr. 4/1994, S. 693-719; Snyder, Francis G.: „Soft law and Institutional Practice in the European Community", in: Martin, Stephen (Hrsg.): The Construction of Europe: Essays in Honour of Emile Noël, Dordrecht 1994, S. 197-225; Snyder, Francis G.: Interinstitutional Agreements: Forms and Constitutional Limitations, Florence: EUI 1995, EUI Working Papers in Law, Nr. 95/4, Florence 1995.

Tab. 32: Systemprägende Interinstitutionelle Abkommen und ihre Übertragung in das EU-Primär-recht

Interinstitutionelle Vereinbarungen bzw. Abkommen	EU-Vertragsregeln, die auf diesen Vereinbarungen beruhen
Luns-Verfahren (Handelspolitik und Abkommen), Minutes of the Council of 24 and 25 February 1964, Dok. Nr. S/861/63	Art. 207 und 218 AEUV
Westerterp-Verfahren (Abkommen in der Handelspolitik), Council Note of 16 October 1973, Dok. Nr. R/2641/73	Art. 207 und 218 AEUV
Gemeinsame Erklärung über ein Konzertationsverfahren zwischen Rat, Kommission und Europäischem Parlament, Amtsblatt der EG, Nr. 1975, C89/1	Art. 251 (Maastrichter Vertrag): Vermittlungsausschuss im Mitentscheidungsverfahren
Gemeinsame Erklärung über die Grundrechte, Amtsblatt der EG, Nr. 1977 C103/1	Art. 6 EUV (Maastrichter Vertrag): Bezug auf die Grundrechte; Grundrechtecharta 2000
Council's commitment to inform Parliament about the follow-up given to its opinion: Letters of the chairmen of the Council, EP Dok. Nr. 1-207/81, 27 May 1981	Konsultationsverfahren in den Verträgen
Gemeinsame Erklärung des Europäischen Parlaments, des Rates und der Kommission über Maßnahmen zur Verbesserung der Haushaltsdisziplin vom 30. Juni 1982, Amtsblatt der EG, Nr. 1982 C194/1	Haushaltspolitische Normenhierarchie im AEUV, Art. 310-325 AEUV
Gemeinsame Erklärung über Rassismus und Xenophobie, Amtsblatt der EG, Nr. 1986 C158/1	Art. 7 EUV (Vertrag von Amsterdam): Verletzung der fundamentalen Grundsätze der EU, Artikel 29 EUV (Vertrag von Nizza): Befugnisse von EUROPOL
Interinstitutionelle Vereinbarung vom 29 Juni 1988 über die Haushaltsdisziplin, Amtsblatt der EG, Nr. 1988 L185/33	Haushaltspolitische Normenhierarchie im AEUV, Art. 310-325 AEUV
Interinstitutionelle Erklärung vom 25. Oktober 1993 über Demokratie, Transparenz und Subsidiarität, Amtsblatt der EG, Nr. 1993 C329/133	Protokoll zum Subsidiaritätsprinzip (Amsterdam); Art. 5, 12 EUV (Lissabon) und Art. 69, 352(2) AEUV sowie Protokoll über die Anwendung des Subsidiaritätsprinzips (Lissabon)
Interinstitutionelle Vereinbarung über Verfahren zur Umsetzung des Subsidiaritätsprinzips, Amtsblatt der EG, Nr. 1993 C329/135	Protokoll zum Subsidiaritätsprinzip (Amsterdam); Art. 5, 12 EUV (Lissabon) und Art. 69, 352(2) AEUV sowie Protokoll über die Anwendung des Subsidiaritätsprinzips (Lissabon)
Interinstitutionelle Vereinbarung über Maßnahmen zum Vermittlungsausschuss nach Art. 189b, Amtsblatt der EG, Nr. 1993 C329/141	Art. 251 EGV (Vertrag von Amsterdam)
Interinstitutionelle Vereinbarung über die Haushaltsdisziplin, Amtsblatt der EG, Nr. 1993 C351/1	Haushaltspolitische Normenhierarchie im AEUV, Art. 310-325 AEUV
Interinstitutionelle Vereinbarung zur Komitologie und zum Untersuchungsrecht des EP, Amtsblatt der EG, Nr. 1995 C 043/30	Art. 290 und 291 AEUV (Lissabon)

Interinstitutionelle Vereinbarungen bzw. Abkommen	EU-Vertragsregeln, die auf diesen Vereinbarungen beruhen
Interinstitutionelle Vereinbarung zum Untersuchungsrecht des EP, Amtsblatt der EG, Nr. 1995 L 113/2	
Interinstitutionelle Vereinbarung zur offiziellen Kodifizierung der Gesetzgebung der EG, Amtsblatt der EG, Nr. 1995 C 43/30	Art. 290 und 291 AEUV (Lissabon)
GASP: Interinstitutionelle Vereinbarung über die Finanzierung der GASP, Amtsblatt der EG 1997, C 286/70	Art. 36 und 41 EUV (Lissabon)
Agenda 2000: Finanzielle Vorausschau 2000-2006, Interinstitutionelle Vereinbarung zur Haushaltsdisziplin, Amtsblatt der EG, 1999 C 17/1	Haushaltspolitische Normenhierarchie im AEUV, Art. 310-325 AEUV
Interinstitutionelle Vereinbarung: Rechtsgrundlagen und Haushaltsimplementierung im Anschluss an das Urteil C-106/96, Amtsblatt der EG 1998 C 344/1	Haushaltspolitische Normenhierarchie im AEUV, Art. 310-325 AEUV
Gemeinsame Erklärung über praktische Maßnahmen im Mitentscheidungsverfahren, Amtsblatt der EG 1999 C 279/165	Art. 251 EGV (Vertrag von Nizza)
Interinstitutionelle Vereinbarung zur Europäischen Betrugsbekämpfungsstelle OLAF und zu internen Untersuchungen, Amtsblatt der EG 2000 L 136/15	Art. 325 AEUV (Lissabon)
Interinstitutionelle Vereinbarung über die Ausübung der Exekutivbefugnisse der Kommission, Amtsblatt der EG 2000 L256/19	Art. 290 und 291 AEUV (Lissabon)
Interinstitutional Agreement on a more structured use of the recasting technique for legal acts, Amtsblatt der EG, 2001 C 077/1	
Interinstitutionelle Vereinbarung zum Schutz personenbezogener Daten, Amtsblatt der EG, 2002 L 183/1	Art. 39 EUV, Artikel 16 AEUV (Lissabon)
Budgetary discipline: flexibility instrument for the conversion of the spanish und portuguese fleets, Amtsblatt der EG, 2002 L 53/28	Haushaltspolitische Normenhierarchie im AEUV, Art. 310-325 AEUV
Interinstitutionelle Vereinbarung über den Zugang des EP zu sensiblen Ratsdokumenten in der ESVP, EP Dok. Nr. A5-0329/2002	Art. 36 EUV (Lissabon) sowie Interinstitutional Agreement between the European Parliament and the Council concerning the forwarding to and handling by the European Parliament of classified information held by the Council on matters other than those in the area of the Common Foreign and Security Policy, 16. Februar 2012, Council Doc. 6590/12 und Decision of the Bureau of the European Parliament of 15 April 2013 concerning the rules governing the treatment of confidential information by the European Parliament.

Quelle: Eigene Zusammenstellung auf der Basis der CELEX-Datenbank

Zu den zentralen Austragungsorten der grundlegenden Machtkonflikte zwischen Rat, EP und Kommission zählten zunächst die Handelspolitik (1960er Jahre),[743] die Haushalts- (1980er und 1990er Jahre)[744] und die Komitologieverfahren (1990er Jahre)[745] sowie die Beziehungen zwischen EP und Kommission (seit Maastricht). In diesen Feldern veränderte sich die Machtbalance zwischen Parlament, Rat und Kommission maßgeblich durch IIA zu Gunsten des Parlaments. Im Falle der handelspolitischen Abkommens-, Haushalts- und Komitologieverfahren mündeten diese Prozesse letztendlich in eine formale Revision der Europäischen Verträge. Auch wenn IIA die Verträge nicht ändern können,[746] gehen sie doch weit über die in den jeweiligen Verträgen beschlossenen Regelungen hinaus. In der Systemgestaltung hat das Parlament somit relativ erfolgreich Veränderungen des Institutionen- und Entscheidungssystems der EU initiiert, wobei es in ständiger Praxis auf die Instrumente der außervertraglichen Einigung zu neuen Regeln zurückgriff. Im Hinblick auf die Ausbildung der Systemgestaltungsfunktion des EP lässt sich unschwer eine Zunahme an kreativ geschaffenen Systembildungsimpulsen konstatieren. Diese gestaltete sich relativ zu den Verhandlungen der Regierungskonferenzen selbst, da hier eine schrittweise Zunahme an EP-Rechten und ein signifikanter Einfluss der Parlamentspositionen nachgezeichnet werden kann. Gleichwohl ist festzuhalten, dass nicht alle IIA-Anläufe des EP erfolgreich waren oder tatsächlich Änderungen des Primärrechts generiert haben. Im Anschluss an Kietz et al.[747] lassen sich sechs Kriterien ausmachen, die den Erfolg des Parlaments im Rahmen der IIA sowie deren Übernahme ins verbindliche Sekundär- oder Primärrecht erklären:

- Die Forderungen des EP zur Aushandlung eines IIA sind umso überzeugender, je wahrscheinlicher der Status Quo zu interinstitutionellen Konflikten führt, die ihrerseits mit erheblichen, negativen Auswirkungen auf die Wahrnehmung der Interessen des Rates bzw. dessen Mehrheit, verknüpft sind;

- Die Strategie des EP im Rahmen von IIA ist umso erfolgreicher, je überzeugender das EP seine Positionen mit der Androhung von Entscheidungsblockaden in Feldern verknüpfen kann, in denen es vertraglich zugesicherte Rechte effektiv wahrnimmt;

- IIA, die eine Schwächung der Kommission im Institutionengefüge induzieren, werden seitens des EP selbst nicht im Sinne der Primärrechtsübertragung unterstützt, weil sie die Wahrscheinlichkeit einer Intergouvernementalisierung der EU zu Lasten von EP und Kommission erhöhen;

- Das EP ist beim Transfer von IIA-Recht in EU-Primärrecht erfolgreich, wenn seine „Regelinterpretation" (der Verträge bzw. der hierbei entstehenden „Auslegungsgrauzonen") mit logischen, d.h. interinstitutionell konsensfähigen und rechtlich überzeugenden Argumenten un-

743 Vgl. Nicoll, William: Les procédures Luns/Westerterp pour l'information du Parlement européen, in: Revue du Marché Commun, Nr. 300/1986, S. 475-476.

744 Vgl. hierzu ausführlich Eiselt, Isabella/Pollak, Johannes/Slominski, Peter: „Codifying Temporary Stability? The Role of Interinstitutional Agreements in Budgetary Politics", in: European Law Journal, Vol. 13, Nr. 1/2007, S. 75-91; Eiselt, Isabella/Pollak, Johannes/Slominski, Peter (2010): „Zwischen Konflikt und Kooperation: Zur interinstitutionellen Interaktion im EU-Haushaltsverfahren", in: Kietz et.al., S. 195-218; und Becker, Peter: „Eine Finanzverfassung für die EU: Die neue Balance zwischen Rat und Parlament im Haushaltsverfahren", in: Kietz et.al., S. 219-241.

745 Vgl. Kietz, Daniela/Maurer, Andreas: „The European Parliament in Treaty Reform: Predefining IGCs through Interinstitutional Agreements", in: European Law Journal, Vol. 13, Nr. 1/2007, S. 20-47; Kietz/Maurer 2010, S. 157-198.

746 Vgl. Monar 1994, Ebenda. S. 719.

747 Vgl. Kietz et.al., Ebenda.

terfüttert ist, über die sich längerfristig auch skeptische Regierungen im Rat nur schwer hinwegsetzen können;

– Der Erfolg des EP ist umso wahrscheinlicher, je stärker es auf ein schlüssiges Gesamtkonzept hinwirkt, dass die betroffenen Verfahren und Instrumente nicht nur demokratischer, sondern auch effizienter und effektiver gestaltet, weil der Rat dann von einem Zugewinn an politischer Handlungsfähigkeit der EU ausgehen kann;

– Die Übernahme von IIA ins Primärrecht ist umso wahrscheinlicher, je stärker bzw. je länger sie Routinen etablieren, die über die Zeit durch die anderen Organe faktisch – durch aktive Mitwirkung an den vom EP eingeforderten Verfahren – als Änderung der interinstitutionellen Geschäftsgrundlagen hingenommen werden.

Literatur

Abels, Gabriele/Eppler, Annegret (Hrsg.) (2011): Auf dem Weg zum Mehrebenenparlamentarismus? Funktionen von Parlamenten im politischen System der EU, Baden-Baden, Nomos.

Andersen, Svein S./Burns, Tom (1996): "The European Union and the Erosion of Parliamentary Democracy: A Study of Post-parliamentary Governance", in: Andersen; Svein S./ Eliassen, Kjell A. (Hrsg.): The European Union: How Democratic Is It?, London, Sage, S. 227-251.

Andersen, Svein S./Eliassen, Kjell A. (1996): The European Union: How Democratic Is It?, London, Sage.

Armbrecht, Stefanie (2008): Politische Parteien im europäischen Verfassungsverbund. Neue Impulse durch VO (EG) Nr 2004/2003, Baden-Baden, Nomos, S. 201-263.

Arnim, Hans Herbert von (2004): 9053 Euro Gehalt für Europaabgeordnete? Der Streit um das europäische Abgeordnetenstatut, Berlin, Duncker & Humblot.

Assemblée nationale (2012): Rapport d'Information par Christophe Caresche, déposé par la Commission des affaires européenes portant observations sur le projet de loi de ratification du Traité sur la stabilité, la coordination et la gouvernance au sein de l'Union économique et monétaire, Paris, 25. September 2012 ; http://www.assemblee-nationale.fr/14/europe/rap-info/i0202.asp#P647_122413.

Attina, Fulvio (1990): "The Voting Behaviour of the European Parliament Members and the Problem of Europarties", in: European Journal of Political Research, Vol. 18, Nr. 5, S. 557-579.

Auel, Katrin (2007): "Democratic Accountability and National Parliaments: Redefining the Impact of Parliamentary Scrutiny in EU Affairs", in: European Law Journal, Vol. 13, Nr. 4, S. 487-504.

Auel, Katrin/Arthur Benz (Hrsg.) (2005): The Europeanisation of Parliamentary Democracy, Journal of Legislative Studies, Vol. 11, Nr. 3-4 (Special Issue).

Banchoff, Thomas/Smith, Mitchell P. (Hrsg.) (1996): Legitimacy and the European Union. The contested polity, London/New York, Routledge.

Bardi, Luciano (1994): "Transnational Party Federations, European Parliamentary Party Groups, and the Building of Europarties", in: Katz, Richard/Mair, Peter (Hrsg.): How Parties Organize: Change and Adaptation in Party Organisations in Western Democracies, London, Sage, S. 357-372.

Barrett, Gavin (2008): "The King is Dead, Long Live the King: The Recasting by the Reform Treaty of the Provisions of the Constitutional Treaty Concerning National Parliaments", in: European Law Review, Vol 33, Nr. 1, S. 66-84.

Barrett, Gavin (Hrsg.) (2008): National Parliaments and the European Union: The Constitutional Challenge for the Oireachtas and Other Member State Legislatures, Dublin, Clarus Pressn.

Basedahl, Nina (2000): Einflußnahme bei begrenzter Partizipation: Die Beteiligung des Europäischen Parlaments an der Regierungskonferenz 1996/7, Baden-Baden, Nomos.

Beckedorf, Ingo (1997): "Das Untersuchungsrecht des Europäischen Parlaments - Eine erste Bestandsaufnahme nach zwei parlamentarischen Untersuchungen", in: Europarecht, Nr. 3, S. 237-260.

Beetham, David/Lord, Christopher (1998): Legitimacy and the European Union, London/New York, Longman.

Benz, Arthur (1998): Ansatzpunkte für ein europafähiges Demokratiekonzept, in: Kohler-Koch, Beate (Hrsg.): Regieren in entgrenzten Räumen, PVS-Sonderheft Nr. 29, Opladen, S. 345-368.

Benz, Arthur (2004): "Path-Dependent Institutions and Strategic Veto Players: National Parliaments in the European Union", in: West European Politics, Vol. 27, Nr. 5, S. 875-900.

Bergman, Torbjörn (1997): "National Parliaments and EU Affairs Committees: Notes on Empirical Variation and Competing Explanations", in: Journal of European Public Policy, Vol. 4, Nr. 3, S. 373-387.

Bieber, Roland (1974): Organe der erweiterten Europäischen Gemeinschaften: Das Parlament, Baden-Baden, Nomos.

Bieber, Roland (1989): "Das Gesetzgebungsverfahren der Zusammenarbeit gemäß Art. 149 EWGV" in: Neue Juristische Wochenschrift, Nr. 22, S. 1395-1402.

Bieber, Roland (1990): "Democratic Control of European foreign policy", in: European Journal of International Law, Vol. 1, Nr. 1-2/1990, S. 148-173.

Bieber, Roland (1992): "Majority Voting and the Cooperation Procedure", in: Engel, Christian/Wessels, Wolfgang (Hrsg.): From Luxembourg to Maastricht. Institutional Change in the European Community after the Single European Act, Bonn, Europa Union Verlag, S. 51-65.

Bieber, Roland (1992a): Das Verfahrensrecht von Verfassungsorganen, Baden-Baden, Nomos.

Bieber, Roland (1999): "Demokratische Legitimation in Europa: Das Spannungsverhältnis zwischen den Funktionen von Europäischem Parlament und staatlichen Parlamenten", Die Union. Vierteljahresschrift für Integrationsfragen, Nr. 1, S. 55-68.

Bila, Jacqueline/Gehlen, Uwe/Groos, Hartmut/Hasenjäger, Beate (1998): Der Ausschuss für die Angelegenheiten der Europäischen Union des Deutschen Bundestages, Bonn, Deutscher Bundestag.

Böckenförde, Ernst-Wolfgang (1987): "Demokratie als Verfassungsprinzip", in: Isensee, Josef/Kirchof, Paul (Hrsg.): Handbuch des Staatsrechts, Bd. 1, Bonn, C.F. Müller, S. 289-378.

Bogdanor, Vernon (1986): "The Future of the European Community: Two Models of Democracy", in: Government and Opposition, Vol. 21, Nr. 2, S. 161-176.

Bogdanor, Vernon (1989): "Direct elections, representative democracy and European integration", in: Electoral Studies, Vol. 8, Nr. 3, S. 205-216.

Boudant, Joel (1992): "La crise identitaire du Parlement francais", in: Révue du droit public et de la science politique en France et à l'Etranger, Nr. 9-10, S. 1321-1402.

Bourguignon-Wittke, Roswitha et al. (1985): "Five Years of the Directly Elected European Parliament. Performance and Prospects", in: Journal of Common Market Studies, Vol. 24, Nr. 1, S. 39-59.

Bowler, Shaun/Farell, David (1995): "The Organizing of the European Parliament, Committees, Spezialisation and Co-ordination", in: British Journal of Political Science, Vol. 25, Nr. 1, S. 219-243.

Boyce, Brigitte (1993): "The democratic deficit of the European Community", in: Parliamentary Affairs, Vol. 46, Nr 4, S. 458-477.

Boyron, Sophie (1996): "Maastricht and the codecision procedure: a success story", in: International and Comparative Law Quaterly, Vol. 45, Nr. 2, S. 293-318.

Brakeland, Jean-François (2007): "Politique commerciale et aide humanitaire", in: Amato, Giuliano/Bribosia, Herve/De Witte, Bruno (Hrsg.): Genesis and Destiny of the European Constitutional Treaty, Bruxelles, Bruylant, S. 849-874.

Brinkhorst, Laurens Jan/Kapteyn, Paul J.G. (1976): "The Assembly", in: Smit, Hans/Herzog, Peter E. (Hrsg.): The Law of the European Economic Community. A Commentary on the EEC Treaty, Vol. 4., New York, Columbia Law School Project on European Legal Institutions.

Bruha, Thomas (1989): "Das Demokratisierungsdilemma der Europäischen Gemeinschaft", in: Beiträge und Berichte des Instituts für Politikwissenschaft der Hochschule St. Gallen.

Bundesverfassungsgericht (1993): Urteil vom 12. Oktober 1993 2 BvR 2134, 2159/92. Maastrichtvertrag, in: Entscheidungen des Bundesverfassungsgerichts, Bd. 89, Nr. 17, Tübingen, Mohr Siebeck.

Burns, Charlotte (2013): "Consensus and compromise become ordinary–but at what cost? A critical analysis of the impact of the changing norms of co-decision upon European Parliament committees", in: Journal of European Public Policy, Vol. 20, Nr. 7, S. 988-1005.

Burns, Charlotte (2006): "Co-decision and Inter-Committee Conflict in the European Parliament Post-Amsterdam", in: Government and Opposition, Vol. 41, Nr. 2, S. 230-248.

Carstens, Markus Otto (2010): Funktionsweisen europäischer Politikgestaltung durch Europäische Parteien und deren Abgeordnete, Dissertation: Innsbruck.

Cassese, Antonio (Hrsg.) (1982): Parliamentary Foreign Affairs Committees: The national setting, New York, Cedam/Oceana.

Christiansen, Thomas (1998): "Bringing Process Back in: The Longue Durée of European Integration", in: Journal of European Integration, Vol. 21, Nr. 1, S. 99-121.

Christiansen, Thomas/Jorgensen, Knud E. (1999): "The Amsterdam Process: A Structurationist Perspective on EU Reform", in: European Integration Online Papers, Vol. 3, Nr. 1.

Claasen, Claus Dieter (1994): "Europäische Integration und demokratische Legitimation", in: Archiv des öffentlichen Rechts, Band 119, S. 238-253.

Cohen, Joshua/Sabel, Charles (1999): Directly-Deliberative Polyarchy, unpublished paper, Columbia Law School 1999.

Communautées européennes (1964): Accord Assemblée-Parlement / Conseil sur la négociation des accords d'association ('Procédure Luns'), Procès-Verbal du Conseil des 24/25 février 1964 (I/4/64, 20 mars 1964); doc S 861/63 (ASS 5), page 7; PE doc 30.01.1978, p. 21; P.V. Conseil 24-25 février 1964, p. 26; Conseil docI/4 d/65 (Annex), p. 4 du 14.01.1965.

Communautés européennes (1972): Communautés européennes; Rapport du groupe ad hoc pour l'examen du problème de l'accroissement des compétences du Parlement européen Bulletin C.E. No 4/1972.

Communautés européennes (1975): Communautés européennes; Rapport Tindemans, Bulletin. C.E. No. supplementaire 1/1976.

Communautés européennes (1984): Communautés européennes; Projet de traité instituant l'Union européenne, Bulletin C.E. No. 2/1984, S. 7-27.

Conseil de l'Union Européenne (2010): Avis du Service Juridique: Résolution du 9 février 2010 du Parlement européen sur un futur accord-cadre sur les relations entre le Parlement européen et la Commission pendant la législature 2009-2014, Doc. No. 7149/10, Bruxelles, 4 mars 2010.

Constantinesco, Vlad (1989): "Die institutionelle Entwicklung des EP in der zweiten Wahlperiode", in: Schmuck/Wessels (Hrsg.) 1989, S. 119-144.

Coombes, David (1980): Die Parlamente im EG-System, Bonn, Europa Union Verlag.

Cooper, Ian (2006): "The Watchdogs of Subsidiarity: National Parliaments and the Logic of Arguing in EU", Journal of Common Market Studies, Vol. 44, Nr. 2, S. 281–304.

Corbett, Richard (1989): "Das neue Verfahren nach der EEA: Mehr Einfluss für das EP", in: Schmuck/ Wessels 1989, S. 185-198.

Corbett, Richard (1993): The Treaty of Maastricht, London/Harlow, Longman.

Corbett, Richard (1994): "Representing the People", in: Duff, Andrew/Pinder, John/Pryce, Roy (Hrsg.): Maastricht and Beyond: Building the European Union, London, Routledge S. 207-228.

Corbett, Richard (1998): The European Parliament's role in closer EU integration, London, Macmillan.

Corbett, Richard/Jacobs, Francis/Shackleton, Michael (1995): The European Parliament, Dritte Aufl., London, Cartermill.

Corbett, Richard/Jacobs, Francis/Shackleton, Michael (2000): The European Parliament, Fünfte Aufl., London, John Harper.

Corbett, Richard/Jacobs, Francis/Shackleton, Michael (2011): The European Parliament, Achte Aufl., London, John Harper Publishing.

Costa, Olivier (2001): Le Parlement européen, assemblée délibérante, Presses de l'Université de Bruxelles 2001.

Costa, Olivier/Dehousse, Renaud/Trakalova, Aneta (2011): Codecision and "early agreements". An improvement or a subversion of the legislative procedure?, Notre Europe, Paper Nr. 84, Paris.

Costa, Olivier/Latek, Maria (2001): "Paradoxes et limites de la coopération interparlementaire dans l'Union européenne", in: Journal of European Integration, Vol. 23, Nr. 2, S. 139-164.

Cotta, Maurizio (1984): "Direct elections of the European Parliament: A Supranational Political Elite in the Making?", in: Reif, Karlheinz (Hrsg.): European Elections 1979 and 1984: Conclusions and Perspectives from Empirical Research, Berlin, Quorum, S. 122-126.

Coultrap, John (1999): "From parliamentarism to pluralism: models of democracy and the European Union's 'democratic deficit'", in: Journal of Theoretical politics, Vol. 11, Nr. 1, S. 107-135.

Crum, Ben (2006): "Parliamentarization of the CFSP through Informal Institution-making? The Fifth European Parliament and the EU High Representative", in: Journal of European Public Policy, Vol. 13, Nr. 3, S. 383-401.

Crum, Ben/John E. Fossum (2009): „The Multilevel Parliamentary Field: A Framework for Theorizing Representative Democracy in the EU", European Political Science Review, Vol. 1, Nr. 2, S. 249-271.

Curtin, Deirdre (2013): "Official Secrets and the Negotiation of International Agreements: Is the EU Executive Unbound?" Common Market Law Review, Vol. 50, Nr. 2, S. 423–58.

Curtin, Deirdre (2014): „Challenging Executive Dominance in European Democracy". Modern Law Review, Vol. 77, Nr. 1, S. 1–24.

Dahl, Robert A. (1971): Polyarchy. Participation and Opposition, New Haven/London, Yale University Press.

Dahl, Robert A. (1997): Toward Democracy: A Journey. Reflections 1940-1997, 2 Bände, Berkely, University of California, Institute of Governmental Studies Press.

Dauses, Manfred (1999): "Nochmals zum Europäischen Parlament: Von der ‚beratenden' zur ‚bestätigenden' Versammlung?, in: Europäische Zeitschrift für Wirtschaftsrecht, Vol. 10, Nr. 4, 24. Februar, S. 97.

Dauses, Manfred A./Fugmann, Friedrich (1995): "Die politisch-institutionelle Stellung des EP nach dem Maastricht-Vertrag", in: Aus Politik und Zeitgeschichte, Heft B 3-4, S. 24-32.

Decker, Frank (2002): "Governance beyond the nation-state. Reflections on the democratic deficit of the European Union", in: Journal of European Public Policy, Vol. 9, Nr. 2, S. 256-272.

De Bondt, Anthony (2015): "The EEAS and the European Parliament. How formal and informal accountability mechanisms are symbiotic", in: European Policy Review, Vol.1, Nr. 1, S. 24-36.

Delmas-Derroze, Sabine (1999): "Le traité d'Amsterdam et le déficit démocratique de l'Union européenne", in: Revue du Marché Unique européen, Nr. 4, S. 143-182.

Delwit, Pascal/De Waele, Jean-Michel/Magnette, Paul (Hrsg.) (1999): A quoi sert le Parlement européen?, Bruxelles, Editions Complexe.

Devuyst, Youri (2013): „The European Parliament and international trade agreements. Practice after the Lisbon Treaty", in: Govaere, Inge/Lannon, Erwan/Van Elsuwege, Peter/Adam, Stanislas (Hrsg.): The European Union in the World, Essays in Honour of Marc Maresceau, The Hague, Brill, S. 172-189.

Di Fabio, Udo (1999): "Was der Staatenbund leisten kann. Europa ist auf dem Weg in die Mehrebenendemokratie", in: Frankfurter Allgemeine Zeitung, 6. April, S. 11.

Dialer, Doris/Lichtenberger, Eva/Neisser, Heinrich (Hrsg.) (2010): Das Europäische Parlament. Institution, Vision und Wirklichkeit, Innsbruck University Press.

Dialer, Doris (2010): „Die Ausschüsse des Europäischen Parlaments - Nuklei der politischen Arbeit", in: Dialer/Lichtenberger/Neisser (Hrsg.), S. 147-164.

Dialer, Doris (2010): „Political Leadership: Die Fraktionsvorsitzenden des Europäischen Parlaments", in: Dialer /Lichtenberger /Neisser (Hrsg.), S. 257-179.

Dialer, Doris/Lichtenberger, Eva (2009): „Nachwuchs für Straßburg - Das Europäische Parlament im Lokalaugenschein", in: Filzmaier, Peter/Plaikner, Peter/Duffek, Karl A. (Hrsg.): Stichwort Wählen, Wien/ Köln/Weimar, Böhlau, S. 97-108.

Dialer, Doris/Richter, Margarethe (2013): „Ran an die BürgerInnen: Die Kommunikationsstrategie des EU-Parlaments 2011-2014", in: Filzmaier, Peter/Plaikner, Peter/Hainzl, Christina/Ingruber, Daniela/ Duffek, Karl A. (Hrsg.): Wir sind EU-ropa. Von vielen EU-Öffentlichkeiten zu einer europäischen Öffentlichkeit, Wien, Facultas, S. 33-40.

Dialer, Doris (2013): „EU-Wahlen 2014: Aktionsplan und Kampagne des Europäischen Parlaments", in: Karlhofer, Ferdinand/Jeschke, Sven/Pallaver, Günther (Hrsg.): Medienzentrierte Demokratien: Befunde, Trends, Perspektiven, Festschrift für Univ.-Prof. Dr. Fritz Plasser, Wien, Facultas, S. 85-97.

Dialer, Doris/Richter, Margarethe (2014) (Hrsg.): Lobbying in der Europäischen Union. Zwischen Professionalisierung und Regulierung, Wiesbaden, Springer VS.

Dialer, Doris/Margarethe, Richter (2014): „Die „Cash-for-Amendments"-Affäre: Europaabgeordnete unter Generalverdacht?", in: Dialer/Richter (Hrsg.): S. 235-255.

Dialer, Doris/Richter, Margarethe (2013): „Catch the Lobbyist. Regulierung von Lobbying auf EU-Ebene", in: Thierry, Feri (Hrsg.): Politikberatung in Österreich. Herausforderungen - Strategien - Perspektiven, 2. Aufl. ,Wien, Braumüller, S. 267-272.

Dialer, Doris/Austermann, Frauke (2014): "Giving the EU One Voice Abroad: The European Union Delegations", in: Dialer, Doris/ Neisser, Heinrich/Opitz, Anja (Hrsg.): The EU's External Action Service - Potentials for a one voice Foreign Policy?, Innsbruck University Press, S. 97-117.

Dialer, Doris (2015): The Regional Policy Power of the EU Parliament after the European Elections 2014, in: Grabher, Gudrun M/Mathis-Moser, Ursula (Hrsg.): Regionalism(s). A Variety of Perspectives from Europe and the Americas, Wien, nap (new academic press), S. 89 - 106.

Dimitrakopoulos, Dionyssis G. (2001): "Incrementalism and path dependance: European integration and institutional change in national parliaments", in: Journal of Common Market Studies, Vol. 39, Nr. 3, S. 405-422.

Dreier, Horst (1986): "Das Majoritätsprinzip im demokratischen Verfassungsstaat", in: Zeitschrift für Parlamentsfragen, Vol. 17, Nr. 1, S. 94-110.

Dreischer, Stephan (2005): Der Machtaufstieg des Europäischen Parlaments und der Einfluss institutioneller Mechanismen, in: Patzelt, W. (Hrsg.): Parlamente und ihre Macht. Kategorien und Fallbeispiele institutioneller Analyse, Baden-Baden: Nomos, S. 145-170.

Duff, Andrew (1995): "Building a Parliamentary Europe", in: Télo, Mario (Hrsg.): Démocratie et Construction Européenne, Edition de l'Université de Bruxelles, S. 251-266.

Duff, Andrew (2003): "Der Beitrag des Europäischen Parlaments zum Konvent: Treibende Kraft für einen Konsens", in: Integration, Vol. 26, Nr. 1, S. 3-9.

Duina, Francesco/Raunio, Tapio (2007): "The Open Method of Co-ordination and National Parliaments: Further Marginalization or New Opportunities?", in: Journal of European Public Policy, Vol. 14, Nr. 4, S. 489–506.

Earnshaw, David/Judge, David (1995): "Early Days: The European Parliament, Co-Decision and the European Union Legislative Process Post-Maastricht", in: Journal of European Public Policy, Vol. 2, Nr. 4, S. 624-649.

Earnshaw, David/Judge, David (1995a): The Cooperation Procedure, European Parliament DG IV Working Paper, Political Series, W-11, Luxembourg.

Earnshaw, David/Judge, David (1997): "The Life and Times of the European Union's Co-operation Procedure", in: Journal of Common Market Studies, Vol. 35, Nr. 4, S. 543-564.

Earnshaw, David/Judge, David (2003): The European Parliament, Houndmills, Palgrave.

Easton, David A. (1965): A Systems Analysis of Political Life, Chicago, John Wiley & Sons.

Ehin, Piret (2008): "Competing Models of EU Legitimacy: the Test of Popular Expectations", in: Journal of Common Market Studies, Vol. 46, Nr. 3, S. 619-640.

Ehlermann, Claus-Dieter (1986): "Die Einheitliche Europäische Akte: Die Reform der Organe", in: Integration, Vol. 9, Nr. 3, S. 101-107.

Eickhoff, Jens-Peter (2008): Das Funktionsrecht des Europäischen Parlaments, Frankfurt a. Main: Peter Lang.

Engel, Christian/Wessels, Wolfgang (Hrsg.) (1992): From Luxembourg to Maastricht. Institutional Change in the European Community after the Single European Act, Bonn, Europa Union Verlag.

Eppler, Annegret (2011): "Vertikal und horizontal, bi- und multilateral: Interparlamentarische Beziehungen in EU-Angelegenheiten", in: Abels/Eppler (Hrsg.), S. 297-314.

Eulau, Heinz/Wahlke, John C./ Buchanan, William/ Ferguson, LeRoy C (1984): "The Role of the Representative: Some Empirical Observations on the Theory of Edmund Burke", in: American Political Science Review, Vol. 53, Nr.3, S. 742-756.

Europäische Gemeinschaften (1966): ‚Luxemburger Kompromiß' in: Bulletin der EWG, Nr. 3/1966, S. 9ff.

Europäische Gemeinschaften (1975): Gemeinsame Erklärung des Europäischen Parlaments, des Rates und der Kommission zur Einrichtung eines Konzertierungsverfahrens vom 4. März 1975.

Europäische Kommission (2010): Bericht über die Anwendung der Verordnung (EG) Nr. 2004/2003 über die Regelungen für die politischen Parteien auf europäischer Ebene und ihre Finanzierung (2010/2201(INI)) (A7-0062/2011).

Europäische Union (1990): Code de Conduite - Parlement/Commission- amélioration des relations interinstitutionelles, JOCE, 1990 No. C 68, 70.

Europäische Union (1999): Interinstitutionellen Vereinbarung vom 6. Mai 1999 zwischen dem EP, Rat und Kommission über die Haushaltsdisziplin und die Verbesserung des Haushaltsverfahrens (ABl. 1999 C 172, 1).

Europäische Union (2006): Interinstitutionelle Vereinbarung zwischen dem Europäischen Parlament, dem Rat und der Europäischen Kommission über die Haushaltsdisziplin und die wirtschaftliche Haushaltsführung, ABl. Nr. C 139 vom 14. Juni 2006, S. 1–17.

Europäisches Parlament (1994): The European Parliament and Human Rights Luxembourg: Office of Official Publications of the European Community.

Europäisches Parlament (1998b): Bericht des Europäischen Parlaments über die institutionellen Auswirkungen der Zustimmung des EP zur Benennung des Präsidenten der Kommission und über die Unabhängigkeit der Mitglieder des Kollegiums (Bericht Brok), A4-488/98.

Europäisches Parlament (2001a): Satzung des Vereins der ehemaligen Mitglieder des Europäischen Parlaments, Brüssel 19. Juni 2001, Wortlaut geändert am 9. Oktober 2008 und 18. Oktober 2012 (NT \441404DE.doc).

Europäisches Parlament (2005): Beschluss 2005/684/EG, Euratom des Europäischen Parlaments vom 28. September 2005 zur Annahme des Abgeordnetenstatuts des Europäischen Parlaments ; ABl. L 262 vom 7.10.2005, S. 1.

Europäisches Parlament (2007): Auf dem Weg zu einem einzigen Parlament. Der Einfluss der Gemeinsamen Versammlung der EGKS auf die Römischen Verträge: 1957-2007. Fünfzigster Jahrestag der Römischen Verträge, Luxemburg: Archiv- und Dokumentationszentrum des Europäischen Parlaments (CARDOC).

Europäisches Parlament (2011a): Bericht vom 28. April 2011 (PE 440.210v 01-00 / A7-0176/2011) über einen Vorschlag zur Änderung des Akts vom 20. September 1976 zur Einführung allgemeiner unmittelbarer Wahlen der Abgeordneten des Europäischen Parlaments (2009/2134(INI)).

Europäisches Parlament (2013): Bericht über die Festlegung der Sitze der Organe der Europäischen Union (2012/2308(INI)), Ausschuss für konstitutionelle Fragen (Berichterstatter: Ashley Fox, Gerald Häfner), A7-0350/2013 endg.

Europäisches Parlament-Präsidium (2008): Beschluss des Präsidiums des Europäischen Parlaments vom 19. Mai und 9. Juli 2008 mit Durchführungsbestimmungen zum Abgeordnetenstatut des Europäischen Parlaments; ABl. C 159/1 vom 13.7.2009.

Europäisches Parlament-Präsidium (2009): Decision of the Conference of Presidents, Implementing Provisions Governing Election Observation Delegations, 10.12.2009, PE 422.562/CPG.

Europäisches Parlament-Präsidium (2010): Regelung betreffend die Praktikanten/Praktikantinnen der MdEP, Beschluss des Präsidiums vom 19. April 2010 gem. Art. 23 Abs. 3 GOEP sowie gem. der Durchführungsbestimmungen zum Abgeordnetenstatut des Europäischen Parlaments (insbes. Art 33 Abs. 4 und Art 34 Abs. 4).

Europäisches Parlament-Präsidium (2012): Verhaltenskodex für die Mitlieder des Europäischen Parlaments im Bereich finanzielle Interessen und Interessenkonflikte, 1. Januar 2012; Annex zur Geschäftsordnung des EU-Parlaments.

Europäisches Parlament-Präsidium (2013b): Durchführungsmaßnahmen zum Verhaltenskodex für die Mitglieder des Europäischen Parlaments im Bereich finanzielle Interessen und Interessenskonflikte; Beschluss des Präsidiums vom 15. April 2013.

European Communities (1973): Endorsement by the Council in favour of the EP, referred to in Resolution on procedures for participation by the EP in the conclusion of trade agreements between the Community and third countries (so called 'Westerterp-procedure'), ABl. 1973 Nr. C 14, 16 v. 27.3.1973; Bull EP 34-1973, 3ff, v. 19.10.1973.

European Parliament (1994): European Parliament: Report on the Constitution of the European Union, by Mr. F. Herman, PE DOC A 3-0031/41.

Evans, Peter E./Jacobsen, Harold K./Putnam, Robert D. (Hrsg.) (1993): Double-Edged Diplomacy. International bargaining and domestic Politics, Berkeley, University of California Press.

Everling, Ulrich (1994): "Das Maastricht-Urteil des Bundesverfassungsgerichts und seine Bedeutung für die Entwicklung der Europäischen Union", in: Integration, Vol. 17, Nr. 3, S. 165-175.

Farrel, David M./Hix, Simon/Johnson, Mark and Scully Roger (2006): A Survey of MEPs in the 2004-09 European Parliament, Paper presented to the Annual Conference of the American Political Science Association, Aug.-Sept. 2006, Philadelphia.

Farrel, Henry/Adrienne Hèritier (2007): "Codecision and Institutional Change", in: West European Politics, Vol. 38, Nr. 2, S. 285-300.

Farrell, David/Hix, Simon/Scully, Roger (2011): EPRG MEP Survey Dataset: 2011 Release. In: http://www 2.lse.ac.uk-/government/research/resgroups/EPRG/MEPsurveyData.aspx;

Farrell, Henry/Adrienne Hèritier (2004): "Interorganizational Cooperation and Intraorganizational Power: Early Agreements under Codecision and Their Impact on the Parliament and the Council", in: Comparative Political Studies, Vol. 37, Nr. 10, S. 1184-1212.

Fitzmaurice, John (1978): The European Parliament, Farnborough, Saxon House.

Fitzmaurice, John (1988): "An Analysis of the European Community's Cooperation Procedure", in: Journal of Common Market Studies, Vol. 26, Nr. 4, S. 389-400.

Fligstein, Neil/McNichol, James A. (1998): "The institutional terrain of the European Union", in: Sandholtz, Wayne/Stone Sweet, Alec (Hrsg.): European Integration and Supranational Governance, Oxford, S. 59-91.

Follesdal, Andreas/Koslowski, Peter (Hrsg.) (1998): Democracy and the European Union, Berlin/New York/Tokyo, Springer.

Follesdal, Andreas/Simon Hix (2006): „Why There is a Democratic Deficit in the EU: A Response to Majone and Moravcsik." Journal of Common Market Studies, Vol. 44, Nr. 3, S. 533-562.

Foyer, Jean (1979): "Le contrôle des Parlements nationaux sur la fonction normative des Institutions communautaires", in: Revue du Marché Commun, Nr. 226, S. 161-168.

Garman, Julie/Hilditch, Louise (1998): "Behind the Scenes: an Examination of the Importance of the informal processes at work in conciliation", in: Journal of European Public Policy, Vol. 5, Nr. 2, S. 271-284.

Garzon Clariana, Gregorio (2013): „L'évolution du contrôle parlementaire de l'exécutif dans le droit de l'Union européenne", in: Liber amicorum Paul Demaret, Peter Lang, Bruxelles, S. 199-210.

Gauweiler, Marijke (1988): Die rechtliche Qualifikation interorganschaftlicher Absprachen im Europarecht, Mainz, Dissertation, Johannes Gutenberg-Universität.

Geiger, Rudolf (Hrsg.) (2003): Neuere Probleme der parlamentarischen Legitimation im Bereich der auswärtigen Gewalt, Baden-Baden, Nomos 2003.

Genco, Stephen J. (1980): "Integration Theory and System Change in Western Europe: The Neglected Role of System Transformation Episodes", in: Holsti, Ole R. (Hrsg.): Change in the International System, Boulder, Westview, S. 55-80.

Giebenrath, Roland (2000): Das Mitentscheidungsverfahren des Artikels 251 (ex-189b) EG-Vertrag zwischen Maastricht und Amsterdam, Baden-Baden, Nomos.

Glaesner, Hans-Joachim (1988): "La procédure de coopération", in: Louis, Jean Victor/Waelbroeck, Denis (Hrsg.): Le Parlement Europeén dans l'Évolution institutionnelle, Brüssel, S. 71-77.

Göldner, Markus (1988): Politische Symbole der europäischen Integration, Frankfurt a. Main, Peter Lang.

Gosalbo Bono, Ricardo (1992): "The international powers of the European Parliament, the Democratic Deficit and the Treaty on European Union", in: Yearbook of European Law, Vol. 12, Oxford, S. 85-138.

Gosalbo Bono, Ricardo (1995): "Co-decision: an Appraisal of the Experience of the European Parliament as Co-legislator", in: Yearbook of European Law, Vol. 15, Oxford, S. 53-92.

Grabitz, Eberhard (1992): Kommentar zum EWG-Vertrag, 5. Ergänzungslieferung, München, C.H. Beck.

Grabitz, Eberhard/Läufer, Thomas (1980): Das Europäische Parlament, Bonn, Europa Union Verlag.

Grabitz, Eberhard/Schmuck, Otto/Steppat, Sabine/Wessels, Wolfgang (1988): Direktwahl und Demokratisierung. Eine Funktionsbilanz des EP nach der ersten Wahlperiode, Bonn, Europa Union Verlag.

Grabitz, Eberhard/Schmuck, Otto/Steppat, Sabine/Wessels, Wolfgang (1986): "Das Europäische Parlament - verurteilt zur Machtlosigkeit? Auf der Suche nach einem neuen Leitbild", in: Aus Politik und Zeitgeschichte, Nr. B 28-26, S. 22-37.

Grabow, Karsten (2011): Internationale Parlamentszusammenarbeit. Handbuch für die europäische und internationale Zusammenarbeit der Konrad-Adenauer-Stiftung, St. Augustin, März.

Grip, Lina (2013): "The European Parliament and WMD Non-proliferation: Policy-Making Processes and Decision-Making Outcomes", in: *European Foreign Affairs Review, Vol.* 18, Nr. 4, S. 563–584.

Große Hüttmann, Martin (2005): "Vom abstrakten zum konkreten Systemgestalter. Die Rolle des Europäischen Parlaments in den Regierungskonferenzen bis Nizza", in: Maurer/Nickel (Hrsg.), S. 35-46.

Groud, Hervé (1991): "Les délégations parlementaires pour les communautés européennes. Adaption des assemblés au processus de construction européenne?", in: Revue du Droit Public et de la Science Politique en France et à l'Etranger, Nr. 5, S. 1309-1329.

Hänsch, Klaus (1986): "Europäische Integration und parlamentarische Demokratie", in: Europa-Archiv, Vol. 41, Nr. 7, S. 191-200.

Hänsch, Klaus (1995): The relationship between the European Parliament and National Parliaments, Speech given to the European Policy Forum on 23 January 1995, in: Agence Europe-Europe/Documents Nr. 1920.

Hefftler, Claudia/Neuhold, Christine/Rozenberg, Olivier/Smith, Julie (Hrsg.) (2015): The Palgrave Handbook on National Parliaments and the European Union, Houndmills/New York, Palgrave Macmillan 2015.

Herman, Valentine/Lodge, Juliet (1978): "Democratic Legitimacy and Direct Elections to the European Parliament", in: West European Politics, Vol. 1, Nr. 2, S. 226-251.

Herman, Valentine/Schendelen, Rinus van (Hrsg.) (1979): The European Parliament and the National Parliaments, Westmead, Saxon House.

Hix, Simon (1995): "Parties at the European Level and the Legitimacy of EU Socio-Economic Policy", in: Journal of Common Market Studies, Vol. 33, Nr. 4, S. 525-554.

Hix, Simon (1999): "Dimensions and alignments in European Union politics: Cognitive constraints and partisan responses", in: European Journal of Political Research, Vol. 35, Nr. 1, S. 69-106.

Hix, Simon (1999a): The Political System of the European Union, London, Palgrave Macmillan.

Hix, Simon (2000): How MEPs Vote, ESRC One Europe or Several? Programme, Briefing Note 1/00, April 2000.

Hix, Simon (2002): „Parliamentary Behaviour with Two Principals: Preferences, Parties, and Voting in the European Parliament", in: American Journal of Political Science, Vol. 46, Nr. 3, S. 688-698.

Hix, Simon (2004): „Electoral Institutions and Legislative Behaviour: Explaining Voting Defection in the European Parliament", in: World Politics, Vol. 56, Nr. 2, S. 194-223.

Hix, Simon/Lord, Christopher (1996): "The making of a president: the European Parliament and the confirmation of Jacques Santer as president of the Commission", in: Government and Opposition; Vol. 31, Nr. 1, S. 62-76.

Hix, Simon/Lord, Christopher (1997): Political Parties in the European Union, Houndsmills/London, Palgrave Macmillan.

Hix, Simon/Marsh, Michael (2011): "Second-order effects plus pan-European political swings: An analysis of European Parliament elections across time", in: Electoral Studies, Vol. 30, S. 4-15;

Hix, Simon/Noury, Abdul G./Roland, Gérard (2007): Democratic Politics in the European Parliament, Cambridge University Press.

Hobolt, Sara B. (2014): "A vote for the President? The role of Spitzenkandidaten in the 2014 European Parliament elections", in: Journal of European Public Policy, Vol. 21, Nr. 10, S. 1528-1540.

Hokovsky, Radko (2012): The Integration of MEPs from Central and Eastern Europe into the European Parliament, Czech Science Foundation.

Holzhacker, Ronald (2007): "Democratic Legitimacy and the EU", in: Journal of European Integration, Vol. 29, Nr. 3, S. 257-269.

Höreth, Marcus (1998): Die Europäische Union im Legitimationstrilemma. Zur Rechtfertigung des Regierens jenseits der Staatlichkeit, Baden-Baden, Nomos.

Hosli, Madelaine (1997): "Voting Strength in the European Parliament: The influence of national and of partisan actors", in: European Journal of Political Research, Vol. 31, Nr. 3, S. 351-366.

Hrbek, Rudolf (1995): "Der Vertrag von Maastricht und das Demokratie-Defizit der EU. Auf dem Weg zu stärkerer demokratischer Legitimation?", in: Randelzhofer, Albrecht/Scholz, Rupert/Wilke, Dieter (Hrsg.): Gedächtnisschrift für Eberhard Grabitz, München, C.H. Beck, S. 171-191.

Hrbek, Rudolf (2011): "Europawahlen als "Second-Order National Elections"? Ein Paradigma im Licht der Europawahlen 2004 und 2009", in: Mittag, Jürgen (Hrsg): 30 Jahre Direktwahlen zum Europäischen Parlament (1979-2009). Europawahlen und EP in der Analyse. Nomos, Baden-Baden, S. 63-79.

Huber, Peter M. (1992): "Die Rolle des Demokratieprinzips im europäischen Integrationsprozess", in: Staatswissenschaften und Staatspraxis, Nr. 3, S. 349-378.

Hummer, Waldemar (2010): "Interorganvereinbarungen: Rechtsgrundlage – Rechtsnatur – Rechtswirkungen – Justitiabilität", in: Kietz et.al. (Hrsg.), S. 51-110.

Hummer, Waldemar/Obwexer, Walter (1999): "Der ‚geschlossene Rücktritt' der Europäischen Kommission. Von der Nichtentlastung für die Haushaltsführung zur Neuernennung der Kommission", in: Integration, Vol. 22, Nr. 2, S. 77-94.

Inglehart, Ronald/Rabier, Jacques-René (1979): "Europe elects a Parliament: Cognitive Mobilization, Political Mobilization and Pro-European Attitudes as Influence on Voter Turnout", in: Government and Opposition, Vol. 14, Nr. 4, S. 479-507.

Ipsen, Hans-Peter (1972): Europäisches Gemeinschaftsrecht, Tübingen, Mohr.

Jachtenfuchs, Markus (1995): "Theoretical Perspectives on European Governance", in: European Law Journal, Vol. 1, No. 2, S. 115-133.

Jachtenfuchs, Markus (1997): "Die Europäische Union - ein Gebilde sui generis?", in: Wolf, Klaus-Dieter (Hrsg.): Projekt im Europa im Übergang? Probleme, Modelle und Strategien des Regierens in der Europäischen Union, Baden-Baden, Nomos, S. 15-35.

Jachtenfuchs, Markus/Kohler-Koch, Beate (1996): Europäische Integration, Opladen, Leske & Budrich.

Jacobs, Francis (1997): Legislative Co-Decision: A Real Step Forward?, paper presented at the ECSA Fifth Biennial Conference, Seattle, May 29-June 1, 1997.

Jacobs, Francis/Corbett, Richard/Shackleton, Michael (1992): The European Parliament, Second Edition, The High, Harlow, Longman.

Jacqué, Jean-Paul (1989): "Strategien für das Europäische Parlament: Abschied von nationalen Konfliktlinien", in: Schmuck, Otto/Wessels, Wolfgang (Hrsg.): Das Europäische Parlament im dynamischen Integrationsprozeß: Auf der Suche nach einem zeitgemäßen Leitbild, Bonn, Europa Union Verlag, S. 215-232.

Jasmut, Gunter (1995): Die politischen Parteien und die europäische Integration, Frankfurt a. Main, Lang.

Joerges, Christian (2000): "Transnationale deliberative Demokratie oder deliberativer Supranationalismus?", in: Zeitschrift für Internationale Beziehungen, Vol. 7, Nr. 1, S. 145-163.

Johannson, Jan (2010): Who are the Members of the European Parliament? Organization for European Interstate Cooperation (OEIC).

Judge, David (1995): "The Failure of National Parliaments", in: West European Politics, Vol. 18, Nr. 3, S. 79–100.

Judge, David/Earnshaw, David (2003): The European Parliament, Houndsmills/Basingstoke, Palgrave Macmillan.

Judge, David/Earnshaw, David (2011): "Relais actors" and Codecision First Reading Agreements in the European Parliament: The Case of the Advanced Therapies Regulation", in: European Journal of Public Policy, Vol 18, Nr. 1, S. 53-71.

Kaeding, Michael/Gath, Manuel (2014): "Die Europawahl 2014: Die verflixte achte Nebenwahl", in: Regierungsforschung.de – Journal der NRW-School of Governance, 17. September 2014; http://regierungsforschung.de/wp-content/uploads/2014/09/170914regierungsforschung.de_kaeding_gath_europawahl_2014.pdf

Kaiser, Karl (1969): "Transnationale Politik. Zu einer Theorie der multinationalen Politik", in: Ernst-Otto Czempiel (Hrsg.): Die anachronistische Souveränität. Zum Problem des Verhältnisses von Innen- und Außenpolitik, Politische Vierteljahresschrift, Sonderheft 1, Köln, S. 80-109.

Kantola, Johanna (2010): "Women's Political Representation in the European Union", in: The Journal of Legislative Studies, Vol. 15, Nr. 4, S. 379-400.

Karpen, Ulrich (2003): "Defizite parlamentarischer Kontrolle in der Europäischen Union?", in: Geiger, Rudolf (Hrsg.): Neuere Probleme der parlamentarischen Legitimation im Bereich der auswärtigen Gewalt, Baden-Baden, Nomos, S. 237-241.

Kielhorn, Achim (2001): Rollenorientierungen von Abgeordneten in Europa. Eine empirische Analyse von Bestimmungsgründen und Konsequenzen der Repräsentationsrolle von Parlamentariern in elf EU-Ländern. Dissertation, Freie Universität Berlin.

Kielmansegg, Peter Graf (1994): "Läßt sich die Europäische Gemeinschaft demokratisch verfassen?", in: Europäische Rundschau, Nr. 2, S. 22-33.

Kielmansegg, Peter Graf (1996): "Integration und Demokratie", in: Jachtenfuchs/Kohler-Koch (Hrsg.), S. 47-72.

Kietz, Daniela/Slominski, Peter/Maurer, Andreas/Puntscher Riekmann, Sonja (Hrsg) (2010): Interinstitutionelle Vereinbarungen in der Europäischen Union. Wegbereiter der Verfassungsentwicklung, Baden-Baden, Nomos.

Knudsen, Morten/Yves Carl (2008): "COSAC – its Role to Date and its Potential in the Future", in: Gavin Barrett (Hrsg.): National Parliaments and the European Union: The Constitutional Challenge for the Oireachtas and Other Member State Legislatures, Clarus Press, Dublin, S. 455-483.

Kohler, Beate (1978): Der Abgeordnete als Vertreter des europäischen Volkes? Die Demokratietheorie vor der Bewährungsprobe, in: Europarecht, Nr. 4, S. 191-220.

Kohler-Koch, Beate (2000): "Regieren in der Europäischen Union: Auf der Suche nach demokratischer Legitimität", in: Aus Politik und Zeitgeschichte, Heft B-6, S. 30-38.

König, Thomas (1997): Europa auf dem Weg zum Mehrheitssystem? Gründe und Konsequenzen nationaler und parlamentarischer Integration, Opladen, Westdeutscher Verlag.

Krauß, Stefan (1999): Parlamentarisierung der europäischen Außenpolitik. Das EP und die Vertragspolitik der EU, Opladen, Westdeutscher Verlag.

Kreppel, Amie (1999): "What Affects the European Parliament's Legislative Influence? An Analysis of the Success of EP Amendments", in: Journal of Common Market Studies, Vol. 37, Nr. 3, S. 521-535.

Kreppel, Amie (1999a): Rules, Ideology and Coalition Formation in the European Parliament: Past Present and Future, EPRG Working Paper, Nr. 4.

Kreppel, Amie (2003): "Necessary but not Sufficient: Understanding the Impact of Treaty Reform on the Development of the European Parliament", in: Journal of European Public Policy, Vol. 10, Nr. 6, S. 884-911.

Ladrech, Robert (1993): "Parliamentary Democracy and political discourse in EC institutional change", in: Revue d'Intégration européenne/Journal of European Integration, Vol. 17, Nr. 1, S. 53-69.

Ladrech, Robert (1995): "Problems and prospects for party politics at the European level. The case of socialist transnational party development", Paper presented to the 4th Biennial ECSA Conference, 11.-14. May 1995.

Lane, Jan-Erik/Maeland, Reinert/Berg, Sven (1995): "Research Note: The EU Parliament: Seats, States and Political Parties", in: Journal of Theoretical Politics, Vol. 7, Nr. 3, S. 395-400.

Laprat, Gérard (1991): "Reforme des Traités: Le Risque du double déficit démocratique", in: Revue du Marché Commun, Nr. 351, S. 710-721.

Laprat, Gérard (1995): "Parliamentary Scrutiny of Community Legislation: An Evolving Idea", in: Laursen, Finn/Pappas, Spyros A. (Hrsg.): The Changing Role of Parliaments in the European Union, Maastricht, EIPA, S. 1-19.

Larhant, Morgan (2005): La cooperation interparlementaire dans l'UE: l'heure d'un nouveau départ?, Notre Europe, Policy paper Nr 16, Paris.

Läufer, Thomas (1979): "Das Europäische Parlament nach der Direktwahl: Positionsstärkung durch intrakonstitutionellen Wandel?", in: Europarecht, Nr. 3, S. 261–276.

Laursen, Finn (1992): "Explaining the Intergovernmental Conference" in: Laursen, Finn/Vanhoonacker, Sophie (Hrsg.): The Intergovernmental Conference on Political Union, Maastricht, EIPA, S. 229-248.

Laursen, Finn, Pappas, Spyros A. (Hrsg.) (1995): The Changing Role of Parliaments in the European Union, European Institute of Public Administration, Maastricht.

Lautz, Andreas (1999): "Das erste Mißtrauensvotum des Europäischen Parlaments gegen die Europäische Kommission", in: Zeitschrift für Politikwissenschaft, Vol. 9, Nr. 4, S. 439-459;

Lepsius, Rainer M. (1991): "Nationalstaat oder Nationalitätenstaat als Modell für die Weiterentwicklung der Europäischen Gemeinschaft", in: Wildenmann, Rudolf (Hrsg.): Staatswerdung Europas? Optionen für eine Europäische Union, Baden-Baden, Nomos, S. 19-40.

Lijphart, Arend (1999): Patterns of Democracy. Government Forms and Performance in Thirty-Six Countries, New Haven/London, Yale University Press.

Lindberg, Leon N./Scheingold, Stuart (1970): Europe's Would-Be Polity. Patterns of Change in the European Community, Englewood Cliffs, N.J., Prentice-Hall.

Lodge, Juliet (1991): The democratic deficit and the European Parliament, Fabian Society, Discussion Paper Nr. 4, London, Januar.

Lodge, Juliet (1996): "The European Parliament", in: Andersen, Svein S./Eliassen, Kjell (Hrsg.): The European Union. How democratic is it?, London, Sage, S. 190-191.

Lord, Christopher (1991): "From Intergovernmental to Interparliamentary Union. Democratizing Pastiche Europe", in: Contemporary European Affairs, Vol. 3, Nr. 2-3, S. 229-244.

Lord, Christopher (1998): Democracy in the European Union, Sheffield Academic Press.

Lord, Christopher (2001). "Assessing Democracy in a Contested Polity", in: Journal of Common Market Studies, Vo. 39, Nr. 4, S. 641-661.

Louis, Jean Victor/Waelbroeck, Denis (Hrsg.) (1988): Le Parlement Européen dans l'Évolution institutionnelle, Editions de l'Université de Bruxelles.

Macleod, Iain/Hendry, Ian/Hyett, Stephen (1996): The External Relations Law of the European Communities, Oxford, Clarendon Press.

Magiera, Siegfried (1995): "Zur Reform der Normenhierarchie im Recht der EU", in: Integration, Vol. 18, Nr. 4, S. 197-208.

Mammadouh, Virginie/Raunio, Tapio (2003): "The Committee System: Powers, Appointments and Report Allocation", in: Journal of Common Market Studies, Vol. 41, Nr. 2, S. 333-352.

Marquand, David (1981): "Parliamentary accountability and the European Community" in: Journal of Common Market Studies, Vol. 19, Nr. 3, S. 221-236.

Masclet, Jean-Claude/Maus, Didier (Hrsg.) (1993): Les Constitutions nationales à l'épreuve de l'Europe, Paris, La Documentation Francaise 1993.

Maurer, Andreas (1995): "Das Europäische Parlament und das Investiturverfahren der Kommission – Bilanz eines Experiments", in: Integration, Vol. 18, Nr. 2, S. 88-97.

Maurer, Andreas (1996): "Die Demokratisierung der Europäischen Union: Perspektiven für das Europäische Parlament", in: Maurer, Andreas/Thiele, Burkard (Hrsg): Legitimationsprobleme und Demokratisierung der Europäischen Union, Marburg, Schüren, S. 15-39.

Maurer, Andreas (1996a): "Reformziel Effizienzsteigerung und Demokratisierung: Die Weiterentwicklung der Entscheidungsmechanismen", in: Jopp, Mathias/Schmuck, Otto (Hrsg.): Die Reform der EU. Analysen-Positionen-Dokumente zur Regierungskonferenz 1996/1997, Bonn, Europa Union Verlag, S. 27-29.

Maurer, Andreas (1996b): Les implications du Traité de Maastricht sur la coopération interparlementaire - le cas du Parlement européen et du Parlement francais, Editions Interuniversitaires, Bruxelles.

Maurer, Andreas (1996c): Perspektiven für die Kooperation zwischen dem Europäischen Parlament und den Nationalen Parlamenten, Europäisches Parlament/GD IV, Reihe Politik, Nr. W-19, Luxemburg.

Maurer, Andreas (1999a): (Co-)Governing after Maastricht: The European Parliament's institutional performance 1994-1999, European Parliament, Working document: Political Series POLI 104, Brussels/Luxembourg.

Maurer, Andreas (1999b): What next for the European Parliament, London, Kogan Press 1999.

Maurer, Andreas (2002): Parlamentarische Demokratie in der Europäischen Union: Der Beitrag des Europäischen Parlaments und der nationalen Parlamente, Baden-Baden, Nomos 2002.

Maurer, Andreas (2003): "Der Europäische Konvent: Ein Modell deliberativer Demokratie?", in: Integration, Vol. 26, Nr. 2, S. 130-142.

Maurer, Andreas (2006): "Konstitutioneller Wandel und "Realpolitik" im EU-System – Perspektiven zum Europäischen Verfassungsvertrag", in: Zeitschrift für Politik, Vol. 53, Nr. 3, S. 300-332.

Maurer, Andreas (2008): "National Parliaments in the Architecture of Europe After the Constitutional Treaty", in: Gavin Barrett (Hrsg.): National Parliaments and the European Union: The Constitutional Challenge for the Oireachtas and Other Member State Legislatures, Clarus Press, Dublin, S. 47-103.

Maurer, Andreas (2009): "Mehrebenendemokratie und Mehrebenenparlamentarismus. Das Europäische Parlament und die nationalen Parlamente nach Lissabon", in: Kadelbach, Stefan (Hrsg.): Europäische Integration und parlamentarische Demokratie, Baden-Baden, Nomos, S. 19-58.

Maurer, Andreas (2012): Parlamente in der EU, Stuttgart/Wien, UTB/Facultas.

Maurer, Andreas (2014): "Die Kreationsfunktion des Europäischen Parlaments im Spannungsfeld zwischen Politisierungsimpulsen und Systemerfordernissen", in: Zeitschrift für Politik, Vol. 61, Nr. 3/2014, S. 301-326.

Maurer, Andreas (2014a): „Parlamentarisches Regieren in der Eurozone", in: Von Alemann, Ulrich/Heidbreder, Eva G./Hummel, Hartwig/Dreyer, Domenica/Gödde, Anne (Hrsg.): Ein soziales Europa ist möglich. Grundlagen und Handlungsoptionen, Wiesbaden, VS Verlag, S. 311-336.

Maurer, Andreas (2014b): „Die Eurozone und die Europäische Union: Demokratiepolitische Probleme der Ausgründungskonzepte", in: Stratenschulte, Eckart D. (Ed.): Heilsame Vielfalt? Formen differenzierter Integration in Europa, Baden-Baden, Nomos, S. 61-82.

Maurer, Andreas/Parkes, Roderick/Wagner, Markus (2008): "Explaining group membership in the European Parliament: the British Conservatives and the Movement for European Reform", in: Journal of European Public Policy, Vol. 15, Nr. 3, S. 246-262.

Maurer, Andreas/Wolfgang Wessels (Hrsg.) (2001): National Parliaments on their Ways to Europe: Losers or Latecomers?, Baden-Baden, Nomos.

Maurer, Andreas/Wolfgang Wessels (2003): Das Europäische Parlament nach Amsterdam und Nizza: Akteur, Arena oder Alibi?, Baden-Baden, Nomos.

Maurer, Andreas/Dietmar Nickel (Hrsg.) (2005): Das Europäische Parlament. Supranationalität, Repräsentation und Legitimation, Baden-Baden, Nomos.

McElroy, Gail/Benoit, Kenneth (2007): "Party Groups and Policy Positions in the European Parliament", in: Party Politics, Vol. 13, Nr. 1, S. 5-28.

Meny, Yves et al. (2009): Der Aufbau eines Parlaments. 50 Jahre Geschichte des Europäischen Parlaments, Luxemburg: Amt für Veröffentlichungen der Europäischen Gemeinschaften.

Miert, Klaus van (1973): "The appointment of the President and the Members of the European Commission", in: Common Market Law Review, Vol. 10 Nr. 3, S. 257-273.

Mittag, Jürgen (2009): Europäische Parteien im Wandel, in: Aus Politik und Zeitgeschichte 23/24, 42-46.

Mittag, Jürgen (Hrsg) (2011): 30 Jahre Direktwahlen zum Europäischen Parlament (1979-2009). Europawahlen und EP in der Analyse. Nomos, Baden-Baden.

Monar, Jörg (1994): "Interinstitutional Agreements: The phenomenon and its new dynamics after Maastricht", in: Common Market Law Review, Vol. 31, Nr. 4, S. 693-719.

Monar, Jörg (2010): "The Rejection of the EU-US SWIFT Interim Agreement by the European Parliament: A Historic Vote and its Implications", in: European Foreign Affairs Review, Vol. 15, Nr. 2, S. 143-151.

Moravcsik, Andrew (2002): "Reassessing legitimacy in the European Union", in: Journal of Common Market Studies, Vol. 40, Nr. 4, S. 603-624.

Moravcsik, Andrew (2006): "What can we learn from the collapse of the European constitutional project?", in: Politische Vieteljahrresschrift, Vol. 47, Nr. 2, S. 219-241.

Moravcsik, Andrew/Nicolaidis, Kalypso (1999): "Explaining the Treaty of Amsterdam, Interests, Influence, Institutions", in: Journal of Common Market Studies, Vol. 37, Nr. 1, S. 59-85.

Morgan, David (1999): The European Parliament, Mass Media and the Search for Power and Influence, London, Ashgate.

Moser, Peter (1997): "The Benefits of the Conciliation Procedure for the European Parliament: Comment to George Tsebelis", in: Außenwirtschaft, Vol. 52, Nr. 1-2, S. 56-62.

Naßmacher, Karl Heinz (1972): Demokratisierung der Europäischen Gemeinschaften, Bonn, Europa Union Verlag.

Neuhold, Hanspeter/Hummer, Waldemar/Schreuer, Christoph (2004): Österreichisches Handbuch des Völkerrechts, Bd 1 – Textteil, 4. Aufl., Wien: Manz 2004.

Neunreither, Karlheinz (1971): "Bemerkungen zum gegenwärtigen Leitbild des Europäischen Parlaments", in: Zeitschrift für Parlamentsfragen, Vol. 2, Nr. 3, S. 321-323.

Neunreither, Karlheinz (1994): "The democratic deficit of the European Union: Towards closer cooperation between the European Parliament and the national Parliaments", in: Government and Opposition, Vol. 29, Nr. 3, S. 299-314.

Neunreither, Karlheinz (2005): "The European Parliament and National Parliaments: Conflict or Cooperation?", in: Journal of Legislative Studies, Vol. 11, Nr. 3-4, S. 466-489.

Neuwahl, Nanette (1996): "The European Parliament and association council decisions: the example of decision 1/95 of the EC/Turkey Association Council", in: Common Market Law Review, Vol. 33, Nr. 1, S. 51-68.

Nickel, Dietmar (1993): "Le Traité de Maastricht et le Parlement européen: Le nouveau paysage politique et la procédure de l'article 189b", in: Monar, Jörg/Ungerer, Werner/Wessels, Wolfgang (Hrsg.): The Maastricht Treaty on European Union, Brussels, European Interuniversity Press, S. 117-125.

Nickel, Dietmar (1997): "Ein Kommentar zum Amsterdamer Vertrag aus Sicht des EP", in: Integration, Vol. 20, Nr. 4, S. 219-227.

Nickel, Dietmar (2003): "Das Europäische Parlament als Legislativorgan – zum neuen institutionellen Design nach der Europäischen Verfassung", in: Integration, Vol. 26, Nr. 4, S. 501-509.

Nickel, Dietmar (2005): "Das Europäische Parlament als rekrutierendes Organ – unter besonderer Berücksichtigung der Einsetzung der Kommission", in: Maurer/Nickel (Hrsg.), S. 65-92.

Norris, Pippa (1997): "Representation and the democratic deficit", in: European Journal of Political Research, Vol. 32, Nr. 6, S. 273-282.

Nuttens, Jean-Dominique/Sicard, Francois (2000): Assemblées parlementaires et organisations européennes, Paris, La Documentation Francaise.

O'Brennan, John/Tapio Raunio (Hrsg.) (2007): National Parliaments within the Enlarged European Union: From 'victims' of integration to competitive actors?, Routledge, Abingdon.

Oberreuter, Heinrich (1994): "Das Parlament als Gesetzgeber und Repräsentationsorgan", in: Gabriel, Oskar W. (Hrsg.): Die EG-Staaten im Vergleich. Strukturen, Prozesse, Politikinhalte, 2. überarbeitete Auflage, Bonn, Bundeszentrale für Politische Bildung, S. 305-333.

Oeter, Stefan (1999): "Europäische Integration als Konstitutionalisierungsprozess", in: Zeitschrift für ausländisches öffentliches Recht und Völkerrecht, Vol. 59, Nr. 4, S. 901-917.

Olsen, Johan P. (1992): "Analysing Institutional Dynamics", in: Staatswissenschaften und Staatspraxis, Vol. 3, Nr. 2, S. 247-271.

Olsen, Johan P. (1996): Europeanisation and Nation-State Dynamics, ARENA Working Paper No. 3/1996, Oslo.

Ott, Andrea (1999): "Die Kontrollfunktionen des Europäischen Parlaments gegenüber der Europäischen Kommission - Eine Bestandsaufnahme nach dem Rücktritt der Kommission und dem Inkrafttreten des Amsterdamer Vertrages", in: Zeitschrift für Europarechtliche Studien, Nr. 2/1999, S. 231-252.

Page, Edward C./Dimitrakopoulos, Dionyssis (1997): "The dynamics of EU growth. A cross-time analysis", in: Journal of Theoretical Politics, Vol. 9, Nr. 3, S. 365-387.

Pahre, Robert (1997): "Endogenous Domestic Institutions in Two-Level Games and Parliamentary Oversight of the European Union", in: Journal of Conflict Resolution, Vol. 41, Nr. 1, S. 147–174.

Passos, Riccardo (2013): „The European Union's external relations a year after Lisbon: a first evaluation from the European Parliament", in: Koutrakos, Panos (Hrsg.): The European Union's External Relations a Year After Lisbon, The Hague: Centre for the law of EU external relations, Working paper 3.

Piodi, Franco (Hrsg. 2007): Vers un Parlement unique. L'influence de l'Assemblée commune de la CECA sur les Traités de Rome, Bruxelles (Parlement européen – CARDOC).

Pliakos, Asteris (1995): "L'Union europeenne et le Parlement Europeen: y a-t-il vraiment un deficit democratique?", in: Revue du droit public, Nr. 3, S. 749-764.

Pöhle, Klaus (1987): "Le Parlement européen et les parlements nationaux", in: Revue du Marché Commun, Nr. 309, S. 459-461.

Pöhle, Klaus (1998): "Das Demokratiedefizit der Europäischen Union und die nationalen Parlamente. Bietet COSAC einen Ausweg?", in: Zeitschrift für Parlamentsfragen, Vol. 29, Nr. 1, S. 77-89.

Pollak, Johannes/Slominski, Peter (2003): "Influencing EU Politics? The Case of the Austrian Parliament", Journal of Common Market Studies, Vol. 41, Nr. 4, S. 707–729.

Pridham, Geoffrey/Pridham, Pippa (1979): "Transnational Parties in the European Community I: The Party Groups in the European Parliament", in: Henig, Stanley (Hrsg.): Political Parties in the European Community, London, Alan & Unwin, S. 245-277.

Priestley, Julian (2008): Six Battles that shaped Europe's Parliament, London, John Harper.

Putnam, Robert D. (1988): "Diplomacy and Domestic Politics: The Logic of Two Level Games", in: International Organisation, Vol. 42, Nr. 3, S. 427-460.

Quinty, Danièle/Joly, Gilles (1991): "Le rôle des parlements européens et nationaux dans la fonction législative", in: Revue du Droit Public et de la Science Politique en France et à l'Etranger, Vol. 107, Nr. 2, S. 393-436.

Rasmussen, Anne (2007): Early conclusion in the codecision legislative procedure, EUI Working Papers, Nr. MWP 2007/31, Florence.

Raunio, Tapio (1996): "Parliamentary Questions in the European Parliament: Representation, Information and Control", in: Journal of Legislative Studies, Vol. 2, Nr. 4, S. 356-382.

Raunio, Tapio (1997): The European Perspective: Transnational Party Groups in the 1989-1994 European Parliament, London, Ashgate.

Raunio, Tapio (2000): "Second-rate Parties? Towards a better understanding of the European Parliament's party groups", in: Heidar, Knut/Kohle, Ruud (Hrsg.): Parliamentary Party Groups in European Democracies. Political parties behind closed doors, London, Routledge 2000.

Raunio, Tapio (2005): "Holding Governments Accountable in European Affairs: Explaining Cross-National Variation", in: Journal of Legislative Studies, Vol. 11, Nr. 3-4, S. 319-342.

Raunio, Tapio (2007): National Parliaments and OMC: Destined to Remain Apart?, Paper prepared for the SWP Conference "Fifty Years of Interparliamentary Cooperation", 13 June 2007, Bundesrat, Berlin.

Raworth, Philip (1994): "A Timid Step Forwards: Maastricht and the Democratisation of the European Community", in: European Law Review, Vol. 16, Nr. 1, S. 16-34.

Reif, Karlheinz/Schmitt, Hermann (1980): "Nine national second-order elections: A systematic framework for the analysis of European election results", in: European Journal of Political Research, Vol. 8, Nr. 1, S. 3-44.

Rittberger, Berthold (2005): Building Europe's Parliament: Democratic Representation Beyond the Nation-State, Oxford University Press.

Robinson, William I. (1996): Promoting Polyarchy - Globalization, US intervention and hegemony, Cambridge MT 1996.

Roger, Léa (2012): Analyzing parliamentary communication. The impact of role orientations on MEP's discursive behaviour in Committee debates, Dublin 2012; http://webpages.dcu.ie/~leg/Roger.pdf;

Roger, Léa (2012): Trustee versus Delegate – investigating the role performance of Members of the European Parliament. Paper to be presented at the ECPR Joint Session, Antwerp, 10th–15th April 2012.

Sasse, Christoph (1975): Regierungen, Parlamente, Ministerrat. Entscheidungsprozesse in der Europäischen Gemeinschaft, Bonn, Europa Union Verlag.

Scharpf, Fritz W. (1994): "Community and Autonomy: Multi-level Policy-Making in the European Union", in: Journal of European Public Policy, Vol. 1, Nr. 2, S. 219-242.

Scharpf, Fritz W. (1994): "Mehrebenenpolitik im vollendeten Binnenmarkt", in: Staatswissenschaft und Staatspraxis, Nr. 5, S. 475-501.

Scharpf, Fritz W. (1995): "Autonomieschonend und gemeinschaftsverträglich. Zur Logik einer europäischen Mehrebenen-Politik", in: Werner Weidenfeld (Hrsg.): Reform der Europäischen Union. Materialien zur Revision des Maastrichter Vertrages 1996, Gütersloh, S. 75-96.

Scharpf, Fritz W. (1999): Regieren in Europa: Effektiv und demokratisch?, Frankfurt/Main, Campus.

Schaub, Alexander (1970): Die Anhörung des EP im Rechtsetzungsverfahren der EWG, Inaugural Dissertation, Universität Bonn.

Schendelen, Marinus P.C.M. (1984): "Das Geheimnis des Europäischen Parlaments: Einfluß auch ohne Kompetenzen", in: Zeitschrift für Parlamentsfragen, Vol. 15, Nr. 8, S. 415-426.

Schimmelfennig, Frank (1996): Legitimate Rule in the European Union. The Academic Debate, Tübinger Arbeitspapiere zur Internationalen Politik und Friedensforschung, Nr. 27, Tübingen.

Schmalz-Bruns, Rainer (1999): "Deliberativer Supranationalismus. Demokratisches Regieren jenseits des Nationalstaats", in: Zeitschrift für internationale Beziehungen, Vol. 6, Nr. 2, S. 185-244.

Schmidt, Manfred G. (2000): Demokratietheorien, Dritte überarbeitete und erweiterte Ausgabe, Opladen, Westdeutscher Verlag.

Schmitt, Hermann/Thomassen, Jacques (2005): The EU Party System after Enlargement, Reihe Politikwissenschaft 105, Wien, Institut für Höhere Studien.

Schmitter, Philippe C. (1996): "Imaging the Future of the Euro-Polity with the Help of New Concepts", in: Marks, Gary/Scharpf, Fritz W./Schmitter, Philippe C./Streek, Wolfgang: Governance in the European Union, London, Sage.

Schmuck, Otto/Wessels, Wolfgang (Hrsg.) (1989): Das EP im dynamischen Integrationsprozess. Auf der Suche nach einem zeitgemäßen Leitbild, Bonn, Europa Union Verlag.

Schneider, Heinrich (1998): "Ein Wandel europapolitischer Grundverständnisse? Grundsatzüberlegungen, Erklärungsansätze und Konsequenzen für die politische Bildungsarbeit", in: Jopp, Mathias/Maurer, Andreas/Schneider, Heinrich (Hrsg.): Der Wandel europapolitischer Grundverständnisse, Bonn, Europa Union Verlag.

Schoo, Johann (1985): „Kontrollen bei der Durchführung des Gemeinschaftsrechts aus der Sicht des Europäischen Parlaments", in: Schwarze, Jürgen (Hrsg.): Gesetzgebung in der Europäischen Gemeinschaft, Baden-Baden, Nomos, S. 97-119.

Schöndube, Claus (1982): Das Europäische Parlament; in: Jahrbuch der Europäischen Integration 1981, Bonn, 78-86.

Schwarze, Jürgen (1995): "Möglichkeiten und Grenzen interinstitutioneller Vereinbarungen nach Maastricht", in: Europarecht-Beiheft 2, S. 49-62.

Schwarze, Jürgen (2012): EU-Kommentar, 3. Aufl., Baden-Baden, Nomos.

Scoffoni, Guy (1992): "Les relations entre le Parlement européen et les parlements nationaux et le renforcement de la légitimité démocratique de la Communauté", in: Cahiers de Droit Européen, Vol. 28, Nr. 1-2, S. 22-41.

Scully, Roger (1997): "Policy Influence and Participation in the European Parliament", in: Legislative Studies Quarterly, Vol. 22, Nr. 2, S. 233-252.

Scully, Roger (1997a): "The European Parliament and the Co-Decision Procedure: A Reassessment", in: Journal of Legislative Studies, Vol. 3, Nr. 3, S. 58-73.

Scully, Roger (1997b): "The European Parliament and Co-Decision: A Rejoinder to Tsebelis and Garret", in: Journal of Legislative Studies, Vol. 3, Nr. 3, S. 93-103.

Scully, Roger/Farrell, David M. (2003): "MEPs as Representatives: Individual and Institutional Roles". In: Journal of Common Market Studies, Vol. 41, Nr. 2, S. 269–288.

Sénat-Chambre des Représentants (1993): Belgie-Belgique; Sénat-Chambre des Représentants: Documents de base sur la coopération parlementaire au sein de la CE, Bruxelles.

Shackleton, Michael (2000): "The Politics of Codecision", in: Journal of Common Market Studies, Vol 38, Nr. 2, S. 325-342.

Shackleton, Michael/Raunio, Tapio (2003): "Codecision since Amsterdam: A laboratory for institutional innovation and change", in: Journal of European Public Policy, Vol. 10, Nr. 2, S. 171-187.

Smith, Julie (1994): Citizens' Europe? The European Elections and the role of the European Parliament, London, RIIA.

Smith, Julie (1999): Europe's Elected Parliament, Sheffield Academic Press.

Smith, Mitchell P. (1996): "Democratic Legitimacy in the European Union: Fulfilling the Institutional Logic", in: Journal of Legislative Studies, Vol. 2, Nr. 4, S. 283-301.

Son, Herman (1996): The Necessity for reinforcing the Close Inter-Parliamentary Cooperation within the EU Decision-Making Process, EU Law Series W-1, University of Exeter, Centre for European Legal Studies.

Sprungk, Carina (2011): "Parlamentarismus im europäischen Mehrebenensystem. Zum Wandel von Rollenanforderungen an nationale Parlamente in EU-Angelegenheiten", in: Abels/Eppler (Hrsg.), S. 211-226.

Stavridis, Stelios/Irrera, Daniela (Hrsg.) (2015): The European Parliament and its International Relations, London/New York, Routledge 2015.

Steffani, Winfried (1979): Parlamentarische und präsidentielle Demokratie, Strukturelle Aspekte westlicher Demokratien, Opladen, Westdeutscher Verlag.

Steffani, Winfried (1989): "Formen, Verfahren und Wirkungen der parlamentarischen Kontrolle", in: Schneider, Hans-Peter/Zeh, Wolfgang (Hrsg.): Parlamentsrecht und Parlamentspraxis, Berlin, Duncker und Humblot, S. 1325-1367.

Steffani, Winfried (1995): "Das Demokratie-Dilemma der EU. Die Rolle der Parlamente nach dem Urteil des Bundesverfassungsgerichts vom 12. Oktober 1993", in: Ders./Thaysen, Uwe (Hrsg.): Demokratie in Europa: Zur Rolle der Parlamente, Zeitschrift für Parlamentsfragen, Sonderband 1, Opladen.

Steffani, Winfried (Hrsg.) (1971): Parlamentarismus ohne Transparenz, Opladen, Westdeutscher Verlag.

Stoldt, Jürgen (1997): "Abschied auf Raten. Wie Luxemburg die lange Schlacht um das EP-Generalsekretariat verloren gibt", in: Forum für Politik, Gesellschaft und Kultur, Nr. 180, Dezember 1997, S. 29-34.

Stuart Mackenzie, Anne B. (1971): Questions in the European Parliament: An assessment of questions, written and oral in the European Parliament, LLM Thesis, University of Edinburgh.

Thomassen, Jacques/Schmitt, Hermann (1999): Introduction: Political Representation and Legitimacy in the European Union, Oxford University Press.

Tiemann, Guido/Treib, Oliver/Wimmel, Andreas (2011): Die EU und ihre Bürger, Wien, Facultas, 2011.

Treib, Oliver (2014): "The voter says no, but nobody listens: causes and consequences of the Eurosceptic vote in the 2014 European elections", in: Journal of European Public Policy, Vol. 21, Nr. 10, S. 1541-1554.

Trunk, Achim (2007): Europa ein Ausweg; Politische Eliten und europäische Identität in den 1950er Jahren, Oldenbourg, Wissenschaftsverlag.

Tsebelis, George (1994): "The Power of the European Parliament as a conditional Agenda-Setter", in: American Political Science Review, Vol. 88, Nr. 1, S. 128-142.

Tsebelis, George/Garret Geoffrey (1997): "Agenda-Setting, Vetoes and the European Union's Co-Decision procedure", in: Journal of Legislative Studies, Vol. 3, Nr. 3, S. 74-92.

Tsebelis, George/Garret, Geoffrey (1995): "Conditional Agenda-Setting and Decision-Making inside the European Parliament", in: Journal of Legislative Studies, Vol. 1, Nr. 1, S. 65-93.

Tsinisizelis Michael/Chryssochoou, Dimitris (1996): "From 'Gesellschaft' to 'Gemeinschaft'? Confederal Consociation and Democracy in the European Union", in: Current Politics and Economics of Europe, Vol. 4, Nr. 4, S. 1-33.

Vallance, Elisabeth/Davis, Elisabeth (1986): Women of Europe. Cambridge: Cambridge University Press.

Vedel, Georges (1993): "Souveraineté et supraconstitutionnalité", in: Pouvoirs, Nr. 67, S. 79-83.

Von der Groeben, Hans/Möller, Hans (Hrsg.) (1980): Die Europäische Union als Prozess, Baden-Baden, Nomos.

Waelbroeck, Michel/Waelbroeck, Denis (1988): "Les Déclarations communes en tant qu'instrument d'un accroissement des compétences du Parlement Européen", in: Jean-Victor Louis/Denis Waelbroek (Hrsg.): Le Parlement européen dans l'évolution institutionnelle, Université de Bruxelles, S. 79-86.

Wallace, Helen (1979): "The European Parliament: The Challenge of Political Responsibility", in: Government and Opposition (special edition), S. 433-443.

Walsche, Aline, de (2005): "La procédure de conclusion des accords internationaux" in: Dony, Marianne/Louis, Jean-Victor (Hrsg.): Commentaire J. Mégret, Tôme No. 12 - Relations extérieures, Zweite Aufl., Université libre de Bruxelles, S. 77-110.

Weiler, Joseph H. H. (1991): "The Transformation of Europe", in: The Yale Law Journal, Vol. 100, Nr. 8, S. 2403-2483.

Weiler, Joseph H. H. (1995): "The state "über alles" - Demos, Telos and the German Maastricht Decision", in: Due, Ole/Lutter, Marcus/Schwarze, Jürgen (Hrsg.): Festschrift für Ulrich Everling, Vol. II, Baden-Baden, Nomos, S. 1651-1688.

Weiler, Joseph H.H. (1992): "After Maastricht: Community Legitimacy in Post-1992 Europe", in: Adams, William James (Hrsg.): Singular Europe. Economy and Polity of the European Community after 1992, Michigan, The University of Michigan Press, S. 11-41.

Weiler, Joseph H.H./Haltern, Ulrich/Mayer, Franz (1995): European Democracy and ist Critique: Five Uneasy Pieces, EUI Working Paper No. 95/11, Robert Schuman Centre, Florence.

Weske, Simone (2011): Europapolitik im Widerspruch. Die Kluft zwischen Regierenden und Regierten, Opladen, VS Verlag 2011.

Wessels, Wolfgang (1992): "Staat und (west)europäische Integration - Die Fusionsthese", in: Kreile, Michael (Hrsg.): Die Integration Europas, PVS-Sonderheft Nr. 23, Opladen, S. 36-61.

Wessels, Wolfgang (1995): "Wird das Europäische Parlament zum Parlament?", in: Randelshofer, Albrecht/Scholz, Rupert/Wilke, Dieter (Hrsg.): Gedächtnisschrift für Eberhard Grabitz, München, C.H. Beck, S. 879-904.

Wessels, Wolfgang (1996): "The Modern West European State and the European Union: Democratic Erosion or a New Kind of Polity?", in: Andersen/Eliassen (Hrsg.): The European Union: How democratic is it?, London, Sage, S. 57-70.

Wessels, Wolfgang (2000): Die Öffnung des Staates. Modelle und Wirklichkeit grenzüberschreitender Verwaltungspraxis 1960-1995, Opladen, Westdeutscher Verlag.

Westlake, Martin (1994): A Modern Guide to the European Parliament, London, Pinter.

Westle, Bettina (1989): Politische Legitimität - Theorien, Konzepte, empirische Befunde, Baden-Baden, Nomos.

Whitaker, Richard (2014): "Tenure, turnover and careers in the European Parliament: MEPs as policy-seekers", in: Journal of European Public Policy, Vol. 21, Nr. 10, S. 1509-1527.

Whitaker, Richard/Lynch, Philip (2014): "Understanding the Formation and Actions of Eurosceptic Groups in the European Parliament: Pragmatism, Principles and Publicity", in: Government and Opposition, Vol. 49, Nr. 2, S. 232-263.

Wisniewski, Elisabeth (2013): "The Influence of the European Parliament on the European External Action Service", in: European Foreign Affairs Review, Vol. 18, Nr. 1, S. 81-102.

Wüst, Andreas M./Tausendpfund, Markus (2009): "30 Jahre Europawahlen", in: Aus Politik und Zeitgeschichte, Nr. 23/2009, S. 3-9.

Yordanova, Nikoleta (2009): The Rational behind Committee Assignment in the European Parliament. Distributive, Informational and Partisan Perspective, in: EUP - European Union Politics, Vol. 10, Nr.2, p. 261.

Zuleeg, Manfred (1993): "Demokratie in der Europäischen Gemeinschaft", in: Juristen-Zeitung, Nr. 22, S. 1069-1074.

Zürn, Michael (1992): "Jenseits der Staatlichkeit. Über die Folgen der ungleichzeitigen Denationalisierung", in: Leviathan, Vol. 20, Nr. 4, S. 490-513.

Zürn, Michael (1996): "Über den Staat und die Demokratie im europäischen Mehrebenensystem", in: Politische Vierteljahresschrift, Vol. 37, Nr. 1, S. 27-55.

Zürn, Michael (2000): "Democratic Governance Beyond the Nation-State: The EU and Other International Institutions", in: European Journal of International Relations, Vol. 6, Nr. 2, S. 183-221.

Autoren

Doris Dialer, Dr.phil., ist Akkreditierte Parlamentarische Assistentin (APA) im Europäischen Parlament und in der Legislaturperiode 2014-2019 für den Wirtschafts- und Währungsausschuss zuständig; Gründungsmitglied des Innsbruck Center for European Research (ICER) und Dozentin an der Donau-Universität Krems. Studium der Politikwissenschaft, Medienkunde, Zeitgeschichte und Translationswissenschaft (B.A.) an der Universität Innsbruck (Mag.), an der Universität Hamburg und an der Gadjah Mada University, Yogyakarta/Jakarta.

Andreas Maurer, Dr.rer.soc., ist Professor und Jean Monnet Chair für Politikwissenschaft und EU-Integration am Institut für Politikwissenschaft der Universität Innsbruck, Senior Fellow der Stiftung Wissenschaft und Politik, Berlin und Direktor des ICER. Studium der Politik- und Rechtswissenschaft, Soziologie und Sozialpsychologie an der Goethe-Universität, Frankfurt/Main (Dipl.Pol.), am Institut d'Études Politiques, Paris, am Europa-Kolleg Brügge (D.E.E.A.) und der Justus-Liebig-Universität Giessen.

Margarethe Richter, M.A., ist Akkreditierte Parlamentarische Assistentin (APA) im Europäischen Parlament und in der Legislaturperiode 2014-2019 zuständig für den Ausschuss für Industrie, Forschung und Energie; Dozentin an der Deutschen Universität für Weiterbildung in Berlin. Zuvor war sie für die Kanzlei Cleary, Gottlieb, Steen & Hamilton tätig. Studium der Wirtschaftsgeographie, Soziologie und Volkswirtschaft an der Ludwig-Maximilian-Universität München sowie International Political Analysis an der Université Paris-Sud.

Sachregister